中华传世藏书

【图文珍藏版】

永樂大典

精华本

[明]解缙 等⊙原著

刘凯⊙主编

第三册

线装書局

永樂大典

精華本

《江湖集》李希声诗

雪径清寒蝶未知,暗香谁遣好风吹。野桥漏泄春光处,正为横斜一两枝。

雄蜂雌蝶两纷纷,梅子花香着莫人。风急落英无藉在,已应先减几多春。

方澄孙《絧锦集》

尚居兰菊殿,岂占杏桃先?梅自伤迟暮,人犹作早看。艾性夫剩语,一阳未嘘枯。霜木醉梦里,照眼忽横枝。令我折屐喜。

张嵲诗《忽见早梅》

积雪凝闽岭,凌风识暗。香疏花径雨,瘦卧影人溪。长万里难为,赠九回空绕。肠绿原聊驻,屐试待月荒。

《华镇云溪居士集·早梅花二首并序》

　　余往在会稽,早梅花时。虽蹀雪冲寒,必先采撷置研席间。素华射窗,流芳盈室,弦歌其侧,欣适无涯。迫随牒薄游,越江而北。心赏一夫浸更岁时。今兹春初,梅荣南国,慨然遐想,千里增怀,作诗二章,姑以自释。

早岁越溪上,茅斋欲雪辰。虽无十日饮,常得一枝春。不识霄汉路,空缁京洛尘。遥怜远严壑,芳秀为谁新。

毕竟成何事,无端走四方,年年思素质,岁岁失幽香。东国溪云好,南枝海日长。何时一杯酒,相对浅清傍。

次韵和道守曾大夫堂前早梅花

画堂深处腊前开,应叹孤根庾岭隈。不比一枝随驿至,肯愁三弄逐风来。华繁素逼窗纱月,香重寒销印篆灰。贤守吟看多丽句,清新未羡宛陵梅。

何澹《小山杂著·早梅二首》

庾岭香腮想未真,东明才见一枝新。阳和衣被几花卉,繁杏夭桃次第春。

姑射仙肌不受尘,旧妆重传恰如新。东君少试回天手,已占人间几许春。

蔡君谟诗

曾把早梅枝,思君在别离。虽云有万里,万里有还期。

《文同丹渊集》

十月冻墙隈,英英见蚤梅。应从九地底,先领一阳来。

马虚中《霞外集·山中早梅》

孤根彻后土，破冷争春回。惜哉冰雪姿，落此荆榛隈。若生白玉堂，不负黄金垒。一见一惆怅，再歌再徘徊。未央宫中花，直待羯鼓催。

王之道《相山集·和章序臣梅花二首》

之道比因诸公以职事多出。无复有以诗相牵帅者，笔砚逐埃没。今日偶得早梅数枝，不敢独有，漫送序臣，乃辱妙句，辄嗣元韵奉谢。

三月诗筒绝往来，有诗谈尘许追陪。梅花雅欲撩佳句，犯雪凌霜为我开。

多谢苍头语我来，恍如相见笑相陪。新诗高妙梅清绝，展读花前病眼开。

王灼诗《次韵尹俊卿梅花绝句》

人间几桃李，漫漫化泥尘。不恨收功晚，新年第一春。

释契《嵩镡津集》

亭亭映晚景，皎皎出林端。小园连云淡，孤芳冒雪寒。人间殊未见，物外最无看。但欲方琼玉，宁将胜牡丹。

王景初《兰轩集·早梅》

万物收荣避岁寒，一枝惊向腊前看。都缘鼎鼎和羹晚，故使山林得伴难。有根诗人休折去，无情羌管莫吹残。冰霜窟里阳和露，此是乾坤造化端。

王恽《秋涧集·咏早梅四首》

招曲山同探
早梅香信腊前开，竹外横斜映野台。待着一杯相慰藉，约君同往肯前来。

松风亭下一樽开，终日裴徊醉竹台。沾带冷香归去晚，夜深犹傍枕边来。

花开花谢催人老，花本无心人自哀。折得一枝香在手，且分春色入城来。

梅花风韵不凡才，冰雪方凝始见开。任使和羹无翠实，等闲斤斧不为灾。

舒岳祥《阆风集·喜见早梅花》

朔雪吹吟屋，春风驻酒家。野塘冰上雁，官柳月中鸦。王馔寒沙笋，金斋夜雨芽。开窗有新事，喜见早梅化。

蒲寿宬诗《早梅》

荷已全凋菊未残，一枝的砾照江干。暖风莫诧揎先意，留取清芬待岁寒。

《江湖后集》李龚父诗

草木尽凋残,孤标独耐寒。瘦成唐杜甫,高抵汉袁安。雪里开春国,花中立将坛。年年笑红紫,翻作背时看。

山崦早梅

晴逼寒笆春满邻,汉苑芳额渐轻匀。东风未放全消息,雨萼愁香不见人。

韦珏诗《早梅》

芳信㧑先露雪葩,小春忽见玉无瑕。世人尽说南枝暖,更看枝南第一花。

《诗海绘章·陈元老早梅》

春榜寒梅占作魁,粉香前夜岭南开。人间腊月未曾到,天上花王先遣来。已共雪霜同晓白,不烦雷雨趁时催。夕阳溪下渔翁笛,一典蓬窗酒一杯。

舒信道诗《和早梅二首》

霜林尽处碧溪傍,小露檀心媚夕阳。天下三春无正色,人间一味有真香。相思谁向风前寄,更晓那辞雪后芳。朝夕催人头欲白,故园正在水云乡。

白釉象首龙柄壶

依然想见故山傍,半倚垣阴半向阳。短笛楼头三弄夜,前村雪里一枝香。可能明月来同色,不待东风已自芳。幸免杜郎伤岁暮,莫辞吟对钓渔乡。

《云南志略》段祥诗《早梅》

四望空山万木摧,溪梅真得景悠哉。高陪翠竹迎春早,冷放寒花傲雪开。疏影夜横松榻静,暗香风自水滨来。数声画角霜天晓,清煞萤窗老秀才。

《澧阳志》郭贯诗

冬至后一日独坐,分司精舍教授李伯栋,提领张用夫持早梅一枝相访,洗盏命酌,翌日有诗。

才放冰梢三两花,已分春色到诗家。幽香自与吟怀远,高韵能教饮兴加。相伴青灯映书卷,也胜晓月印窗纱。无瓶坐对清无寐,细听檐风落玉沙。

周巽泉诗

孟冬天地闭,萼绿数花开。步绕溪上见,香从谷中来。冉冉年将尽,忽忽春又回。征鸿避霜雪,行子隔风埃。归来履芳躅,慰我平生怀。

僧慧洪诗《次韵张敏叔画早梅二绝》

要看江南滴残春,作阵惊飞乱蝶群。好在一枝长不死,谩烦诗句扫烟云。

玉骨冰姿过眼空,却须摹刻倩诗工。暗香错莫谁知写,多谢黄昏一再风。

徐安国《西窗集·早梅摹山溪》

青枝骨瘦,已有生春意。椒萼露微,花便觉香魂旖旎。惜花公子可是赋情深,携瘦竹,绕疏篱,终日成孤倚。　赏心乐事,又也何曾废。烟露湿铅华,误啼妆三年客里,江南芳信,政自不愆期。吴山远,越山长,梦寐添憔悴。

柳耆卿词瑞鹧鸪

天将奇艳与寒梅,乍惊艳杏腊,前开暗想,花神巧作江南信。鲜染胭脂细,剪裁寿阳妆罢无端饮。凌晨酒入香腮,恨听烟坞深中,谁恁吹羌管逐风来。绛雪纷纷落翠苔。

程大昌词万年欢

秋后花窠,放两枝三朵,来通芳信。诗眼惊观,谓是春光倒运,便即移尊就赏,更不惜黄封赤印。何期道,青女专时露华,忽变霜阵。　诗翁笑,但休问那阳和有脚,骎骎日进。待得灰飞梅畹,果先骋俊。次后连天红紫,向东风万般娇韵。恁时节玉勒,狄鞍郊原,莫论远近。

古梅

宋范成大《梅谱》

古梅,会稽最多。四明、吴兴亦间有之。其枝樛曲万状,苍藓鳞皴,封满花身。又有苔须垂于枝,间或长数寸。风至绿丝飘飘可玩。初谓古木久历风日致然,详考会稽所产,虽小株亦有苔痕,盖别是一种,非必古木。余尝从会稽移植十本,一年后花虽盛发,苔皆剥落殆尽。其自湖之武康所得者,即不变移,风土不相宜。会稽隔一江,湖苏接壤,故土宜或异同也。凡古梅多苔者,封固花叶之眼。惟罅隙间始能发花,花虽稀而气之所钟,丰腴妙绝。苔剥落者,则花发仍多与常梅同。去成都二十里有卧梅,偃蹇十余丈,相传唐物也,谓之"梅龙"。好事者载酒游之,清江酒家有大梅如数间屋,傍枝四垂,周遭可罗坐数十人,任子严运使买得,作凌风阁临之。因遂进筑大圃,谓之"盘园"。余生平所见梅之奇古者,惟此两处为冠,随笔记之,附古梅后。

《桐汭志》

古梅在玉溪之北,俗号曰"千枝梅"。枝柯盘屈,姿态奇古,筑亭其上。扁曰"回春"。骚人雅士多载酒赏焉。宣和间,用事者尝图以进。淳熙六年,郡守赵希仁摹刻于石梅,今

不存。

《会稽志》

古梅,会稽余姚皆有之,老干奇怪,而绿藓封枝,苔丝四垂,疏花点缀,极为可爱。他处所未见也。俞亨宗诗云:"疏疏瘦蕊含清馥,矫矫虬枝缀碧苔。疑是髯龙离雪殿,苍鳞遥驾玉妃来。"

温州府《乐清县志》

身如枯槎,其枝樛曲。苔须藓鳞,而作花疏瘦可观。日晒名为乾梅,而周官祭祀以供笾。

《王会之集·古梅行》

苍龙蛰大泽,浩莫知岁华。不肯作霖雨,偃蹇眠烟霞。玉皇欲强起,六丁下欲舁。紫蛇掣金电,霹雳转香车。振鬣欲腾奋,夭矫势攫拿。神通学蝉蜕,僵作老树丫。大枝露鳞爪,雨蚀成笞污。小枝半朽折,苔藓封楂牙。生意未甘寂,时着三五花。花少香气壮,积雪应难遮。牧竖恶皱散,梓匠嗔虬斜。日月自今古,独免斤斧加。可谓遁世巧,全真傲幽遐。岂知好事者,僻性寻枯鬖。丛薄一见面,倚仗生惊嗟。携锄剔明月,移入莲宇夸。诗翁争着句,诗价方喧哗。老我有深意,默默不汝嘉。戒汝更藏拙,慎勿抽新芽。寒崖枯木上,何用开冰葩。古樵当厌汝,乞与山人家。我即乘之上,河汉千载不数张骞槎。

重聘古梅行

千金卜得繇非熊,木德将兴猎太公。槐安与国已陈迹,盛衰直与阴阳通。和羹自昔亲受记,饮冰啮雪工磨砻。此中洞洞无所有,彻上彻下俱玲珑。苔肤蜕骨半荣悴,连峰峭厉飞铜骏。生意虽偏未尝断,犹有王气居南东。南柯突出已奇甚,连蜷夭矫翔虬龙。东边新梢更绝特,转要作势将腾空。风号竹坞月黯淡,露洒松塈示玲琮。一花玉立苍鬣表,万花辟易难为容。辙环四海无处觅,只今岁晚才相逢。酹酒高歌盟万古,天意决不寒孤风。

北涧禅师诗
《国清寺绝顶更好亭下古梅》

花开更好亭前枝,亭日更好花更奇。我犹未到春已到,春不到此将焉归。千山万山俨环抱,一树两树藏嵌崎。晓妆弗受朱粉污,老去自着莓苔衣。澹交霜髯与苍玉,雅宜茅舍横疏篱。云英风味有余裕,石鲸鳞甲饶华滋。恍然罗浮月中见,髣髴绀发森冰肌。又如大窖冻不死,凛凛素节无瑕疵。纷纷红紫不解事,与君角逐何迟迟。待文作兴不足道,凡民碌碌终奚为。孤芳拔俗千万丈,未暇相与论襟期。贞姿皓态美无度,幽意独许鲜风知。悠然凭高一披拂,僧窗处处开晴霏。窗间跏趺拥风叶,照几碧眸岸电驰。渊渊方寸湛古井,一沤不动清涟漪。天香闷此无尽藏,潜于鼻观通几微。水流山空但自叹,理与神遇端如斯。乡来孤山水清浅,龟肤鹤膝相参差。青铜盘屈破香雪,紫铁矫揉骈明玑。膏肓泉石政为此,冠冕草木今其谁。天公亦复加靳惜,阔着湖水无边涯。八篇只遣处士赋,一点不放红尘飞。是中泉石固深秀,惜欠晴湖山四围。客如我辈亦不恶,拟赓疏影横斜

诗。后车合改效鞲辙，亦若佩弦仍佩韦。

《江湖续集》徐义夫诗

官舍庭前古梅，寻常开拶。岁暮，余整归装，而乃蚤化，不容自嘿。

狰狞古怪虬龙枝，着花传舍宾岁晚。往往来来几番人，老大相期疑未谖。顾我冷眼惯相看，嗅花嚼蕊当餐饭。横斜峭拔耐雪霜，肯媚阳和齐婉娩。把酒邀月共说诗，疏影上衣成缲绻。朔风吹梦入家山，鼓舞倦矣客今返。谁谓花先常岁期，彻夜万范玉一本。花应有心饯我行，吐芳非为冬日暖。我亦逆知此花意，孤洁难与俗人混。似嫌托根富贵场，不若栖身山林稳。惜乎花只不能言，一花一心诚恳恳。任他世间竞醻桃李春，花独与我结交岁寒远。

《泾川志》陈天麟与客饮
乾明寺东古梅下诗

寥寥耆旧尽，欣欣花木新。十梅亦老矣，手植知何人。不种官路傍，社栎同百春。想当太平时，来者纷蹄轮。我来几世后，寻芳披棘榛。众枝叠玉蕊，光风卷香尘。坐客稍稍醉，坠英欲成茵。老圃亦后来，始园从谁询。渊明饮松下，故事良可遵。饮散弃花去，明月迹已陈。

曾巩诗《思藏主送古梅求诗》

折得前村雪里枝，殷勤来聘老夫诗。诸公静看横斜影，便是当年一字师。

陆游《渭南集·古梅》

梅花吐幽香，百卉皆可屏。一朝见古梅。梅亦堕凡境。重叠碧藓晕，夭矫苍虬枝。谁汲古涧水，养此尘外姿。

吾州古梅

旧得名云蒸，雨渍绿苔生。一枝只好僧窗看，莫售千金入风城。山阴古梅，枝干皆苔藓，都下甚贵重之。

《朱晦庵集》

丘子服来访，道间得古梅，折以为赠。刘叔通、江文卿俱来，各有佳句，因各次韵为答三首。

老枝横出数花新，谁寄寒斋雪夜春。江路犹应有幽伴，只愁难得赏心人。用于服韵。

独树临孤岸，疏枝放浅花。不须烦驿使，正耐雪斜斜。用叔通韵。

西湖居士寻诗处，今堕软红车马尘。半树横枝空好在，只应无地觅高人。用文卿韵。

《范石湖大全集·古梅二首》

孤标元不斗芳菲，雨瘦风皱老更奇。压倒嫩条千万蕊，只消疏影两三枝。

谁似西湖处士才，诗中篱落久尘埃。陆郎旧有梅花课，未见今年句子来。

张镃《玉王照堂次韵茂洪古梅》

天教萼绿伴羊权，羞损尘尘粉黛妍。不必修真事灵诀，与花端合共长年。

袁起岸《东塘集》

江岸茅舍傍，古梅奇甚，携酒即之。
不为村深与水隈，也依篱落及时开。几年寂寞无人问，一日声名动客杯。

楼纶诗《古梅遗张时可》

枝封苍藓澹花疏，一种风流高更孤。试问约斋三百树，林中还有此枝无？

许纶《涉斋集·次韵古梅二首》

予近得乡中瓯浦梅坡，皆老梅
绿苔枝上玉疏疏，折赠诗人意不孤。恼杀渠依归未得，梅坡千树有如无。

玉鉴堂前迹已疏，残香应伴鹤声孤。郎潜桂隐藏身却，新为梅花着句无？

韩淲《涧泉集·初六日民瞻古梅留饮》

眼到梅花便有诗，园居支径入疏篱。崔嵬自与人高古，烂熳谁知我笑嬉。烟湿远荒吟不尽，雨收幽隐醉为宜。新年陡觉新愁少，坐对南枝更北枝。

过杨解元看古梅

春风晴日草玄家，城北坡陀一径斜。远以云山供境界，静惟书籍是生涯。敲门忽有醉吟客，隔屋初无桃李花。夭矫龙蛇只梅树，孤芳真足对年华。

张侃《拙轩集·野航池边古梅二首》

池边梅花种几时，枝柯古怪苔纹园。可怜守分不入宜，开时却有天然姿。因看冬夜月初上，景像森然最难状。梅枝写影已清奇，不用画师作图障。

凡花虽艳艳在眼，梅花带清清入骨。时人喜艳不喜清，绮言丽语寓轻忽。池边之梅格又高，霜月次第上林皋。平生爱梅被梅恼，梅亦怜吾非年少。

探野航古梅

池边梅未绽，不是怯霜风。待得阳和到，清香一线通。

周益公诗《中秋古梅盛开
次子中兄韵》乙卯

抱瓮畦夫破井苔，炎天日日灌陈荄。探枝春夜无声雨，赢得冰花带叶开。初无他法，盛

夏汲水灌溉，遂如此。

李邦献诗《仁寿堂古梅》

手植千叶梅盛开，作二十八字。

手种黄梅已着花，此身依旧在天涯。二年客罢携家去，赢得东风两鬓华。在绍兴二十五年。

法喜诗《次李大夫韵》

人自飘零梅自花，关河归计渺无涯。明年逐食家何处，更有新诗访物华。

杨方诗

尚有黄梅一树斜，几年义柱惜繁花。新诗连壁皆惆怅，想见当时北客家。跋云：绍兴末年，三守李姓是公盖有关河之思。

赵时焕《耻斋集》

梅龙阅世今几春，皮毛剥破生苍鳞。通身苔藓云气湿，恰如初蜕离海滨。蜿蜒恍惚露半腹，花光补之难貌真。只恐天上行雨去，呼吸风雷惊世人。

徐霖《径畈集》

萋萋细碧江南地，上有梅花朔易天。铁石空余心已尽，霜明日润若为妍。题云临川郡治仁寿堂前古梅蜿健枯石，不啻龙跳而凤下也。

杨梦锡《草堂集》

雪后古梅正芳月，夜常不轻来访。相与一笑梅下。常不轻和篇附。

幽栖地僻经过少，花径不曾缘客扫。积雪飞霜此夜寒，不知明月为谁好。公来肯访浣花老，但话宿昔伤怀抱。忽忆两京梅发时，巡檐索共梅花笑。

常不轻次韵见寄兼呈李史君

郭相谋深古来少，词翰升堂为君扫。忆君诵诗神凛然，相逢苦觉人情好。歌词自作风格老，百壶且试开怀抱。皂盖能忘折野梅，浣花溪里花饶笑。

虞俦《尊白堂集·次韵古梅》

怪底昌园一种梅，老枝强项独迟开。伶俜鹤膝翻嫌瘦，皱散龙鳞不受摧。羞把冰肌混桃李，故将粉面映莓苔。广平铁石心犹在，宁有诗情似玉台。

苏泂诗《再和古梅》

柟羹之说昔有闻，岂得不如鲁泮芹。闻名尚救渴将军，会稽竹箭胡能群。初花的皪美无度，情事淡泊春空云。树犹如此人何堪，再三叹息殷仲文。江南晚生敬耆旧，汲水封植敢不勤。清霜既降河水涸，笑持双鬓举似君。人间凉燠易更变，有底寒谷回氤氲。神奇正尔出臭腐，枯木何怪生奇芬。诸生径登李杜坛，此老行策伊传勋。吾诗称赞愧不足，

举止羞涩如羊欣。

和九兄古梅

处女何因发半华，一生蓝缕在贫家。冷灰豆爆真奇事，枯树中间忽数花。

次韵古梅

独立枝南万事非，岁寒引云合知几。伯夷自信西山饿，公望何须东海归。笛外数声空入梦，江头一树忽斜晖。相看有愧垂垂老，莫遣无端片片飞。

徐玑《灵渊集·题方上人房古梅》

房即故道旧记所居。
曾听道公语，先师爱此梅。但知传说老，不记若年栽。

半树枯重发，疏花晚自开。方兄头又白，常喜故人来。

熊西玉《冕山瞿梧集·古梅》

风度飘飘一世豪，偶然犹自外离骚。诸公惯作婆娑态，动说山人索价高。

《宝祐濡须志》刘用行诗
《无为县斋古梅》

疏疏密密卧檐牙，古县清贫有此花。彭泽菊松无酝藉，河阳桃李太铅华。临池照影成双好，与雪争辉自一家。消得抱琴鸣膝上，夜深燃烛对琼葩。

孙介《烛湖集·石龟古梅》癸亥

妙绝人间独此逢，石龟岭下野桥东。亭亭玉骨冰肌子，栉栉苍髯绿鬓翁。偃蹇生怀千古意，萧疏元是一家风。何妨少入时人眼，鼎鼎终论第一功。

程端礼《畏斋集》

建平邑庠堂后古梅，久困斩伐，同王明府赋。
槎牙堂后梅，郁郁含早春。托根已得所，植兹泮水滨。能爱此树一何少，斧斤斩伐从比邻。条梅已尽根干存，况此憔悴谁复珍。我愿尔为禹庙之梁，勿作爨人之薪。君不见爨人无知蔡邕死，禹庙之梁为龙变化如鬼神。能兴雨泽沾时人。

舒岳祥《阆风集·和俟其
按察咏县学古梅》

前身自是傅岩梅，持斧江南得得来。一笑见花同臭味，百妖潜影入莓苔。只将冷淡全超俗，肯向繁稼浪占魁。爱惜耆儒如此树，二天雨露好培栽。

再和

四教堂前百岁梅，北方豪杰为渠来。清癯自许根封雪，劲峭何妨骨锁苔。影里青衿

饱弦诵，花前玉节照枏魁。林逋只向孤山种，不及文宣庙里栽。

马虚中《霞外集·赋古梅得心字》

重叠苔衣结树身，静中生意见天心。冻痴疏蕊香仍在，老折枯条冷不禁。崛强瘦蛟愁出水，伶仃小蝶倦依林。明年四月冥冥雨，青子还看满绿阴。

石良辅《节斋集·柯山斋还铜瓶
古梅与俱作诗以谢之》

苍藓点云铜作骨，瑶英黏雪粉含腮。客窗无寐单衾冷，为送清香入梦来。

《卫后乐先生集·忆环谷梅梅》

百花头上春先到，雪压霜欺意更奇。岁岁倚栏相望处，水边竹外最南枝。

故园一别换年华，客里看花更忆花。昨夜西窗无限月，伴人春瘦一枝斜。

《古今诗统·古梅》

湘妃危立冻蛟背，海月冷挂珊瑚枝。丑怪惊人能妩媚，断魂只有晓寒知。

百千年藓着枯树，一两点春供老枝。绝壁笛声那得到，直愁斜日有蜂知。

韦珪诗

晓月清江寂寞滨，心含太极独先春。风霜历尽苍颜在，孤竹赤松吾故人。

陈梦庚《竹溪集·题横清古梅》

千百年藤抱藓枝，影斜十丈插清漪。老龙饮涧精神别，未许林逋说自诗。

《江湖续集》程清臣《古梅诗》

水边山脚友渔樵，梅欲窥人故故招。树剥龙鳞黏碧藓，杖尧鹤膝糁红椒。诗如老杜吟东阁，梦约逋仙过断桥。好待月窗清影瘦，传他神子上生绡。

张炜《芝田小集》

泉石照幽质，冰霜缔深盟。虬枝走枯健，鳞葩缀轻盈。色洁时所妒，香淡诗同清。寥寥孤山下，开谢谁关情。

《卢疏斋集·题部从事铁壁包君古梅诗卷》

铁壁仙人有所思，为谁涧护岁寒枝。无人解共梅花叹，惆怅河清又一时。"包希仁笑比黄河清"见沈存中《笔谈》。

国朝僧无诘《兰雪轩集·题何自明所藏古梅》

谁将东阁繁花写，寄与扬州从事看。恰似小楼山月上，一枝斜搭玉阑干。

岭南地暖东风早，白玉堂前又不如。昨日曾因诗思恼，芒鞋踏雪到西湖。

宋韩淲《涧泉集·杨民瞻索古梅曲次其韵》古梅曲

园居好处，是古梅飞动，欺霜凌雪。底问纷华桃李态，自倚天姿明洁。城外灵山，桥头玉水，多少佳风月。岁寒时候，南枝尤与横绝。

几回唤酒寻诗，诗成小醉，絮帽浑敧侧。领略不辞身跌宕，一洗群儿啁哳。正始遗音，元和新样，到了都难说。草玄经在，对花何闷孤寂。

陆游《渭南集·月上海棠》

成都城南有蜀王旧苑，尤多梅，皆二百余年古木。

斜阳废苑朱门闭，吊兴亡遗恨泪痕里。淡淡宫梅，也依然点酥剪冰，凝愁处，似忆宣华旧事。

行人别有凄凉意，折幽香，谁与寄千里。伫立江皋杳难逢，陇头归骑音尘远。楚天危楼独倚。宣华故蜀苑名。

姜白石词·越之昌源古梅妙天下 小重山

御苑接湖波，松下春风细。云绿戋戋玉万枝，别有仙风味。　长信昨来看，忆共东皇醉。此树婆娑一惘然，苔藓生春意。

张叔夏《玉田集》尾犯

山庵有梅古甚。老僧云：此树近百年矣。余盘礴花下，竟日忘归，因有感于孤山，为赋此调。

一白受春知，独爱老来，疏瘦偏宜。胡黄昏，许松竹相依。晖藓枯槎半折，影浮波渴龙倒窥。岁华凋谢，水边篱落，雪后忽横枝。　百花头上立，且休问向北开迟。老了何郎不成便无诗。惟只有西州倦客，怕说着西湖旧时。难忘处放鹤山空无人归。

江梅

范石湖《梅谱》

江梅遗核，野生不经栽接者，又名"直脚梅"，或谓之"野梅"。凡山间水滨荒寒清绝之处，皆此本也。花稍小而疏瘦，有韵香最清，实小而硬。梅名品江梅，粉红色香，类杏。

唐《杜工部集·江梅》

梅蕊腊前破，梅花年后多。绝知春意早，最奈客愁何？雪树元同色，江风亦自波。故园不可见,巫岫郁嵯峨。

郑谷《光启集·江梅》

且缓飞,前辈有歌词。莫惜黄金缕,难忘白雪枝。吟看归不得,醉嗅立如痴。和雨和烟折,含情寄所思。

王适诗《江滨梅》

忽见寒梅树,开花汉水滨。不知春色早,疑是弄珠人。

刘敞《公是先生集·江梅》

江南谁折一枝春,玉骨冰肤尽不真。撩乱清香随驿使,尘埃满眼正愁人。

王之道《相山集·酬章序臣二首》

比得江梅数枝于里人,因以遗序臣,章公既报我以两绝,又有唐律,因用韵和呈。
风梢摇落雪飞花,谁传江梅到我家。曾把数枝分暗馥,要催群卉助光华。高吟两绝那容继,胜赏双清蔑以加。春不世情应委曲,十年留滞在天涯。

老懒观梅喜见花,一枝聊复寄君家。清香朴袂传春信,疏影摇窗借日华。小小池塘从掩映,依依杨柳漫交加。和羹风味今犹古,回首青青遂有涯。

《陈简斋集·江梅》

风雪集岁暮,江梅开不迟。朝来幽窗底,明珰缀青枝。汉《舆服志》:皇后白珠□,杜牧之独酌诗:踏碎双明□。上天播淑气,百卉分四时。淑气见《玉延赋》宋玉九下皇天,平分此四时今。寒村直西子,曹植《扇赋》:"发西子之玉颜。"陆士衡连珠:"万夫婉娈,非侯西子之颜。"足以昌吾诗。昌黎《孟郊墓铭》:以昌其诗。

王十朋《梅溪集》

园林尽摇落,冰雪独相宜。预报春消息,花中第一枝。

王灼《颐堂集》

云澹江皋晚,飞香到短蓬。望穷浑不见,恨满白苹风。

邹辨《郧溪集》

杭州别乘有余才,戏作佳篇寄我来。已教吴娘学新曲,凤山亭下赏江梅。

陆游《渭南续稾·江上梅花》

老来乐事少关身,犹喜樽前见玉人。岂是凄凉偏薄命,自缘纤瘦不禁春。娟娟月上明江练,黯黯天低糁玉尘。绝涧断桥幽独处,护持应有主林神。

吕居仁诗

江梅消息未真传,微露芳心几杖前。不信冰霜能作恶,要令桃李便争先。斜枝似带千峰雪,冷艳偷回二月天。准拟从君出城去,竹舆仍胜百花轝。

《朱晦庵大全集》

元范尊兄示及十梅诗,风格清新,意寄深远,吟玩累日,欲和不能。昨夕自白鹿玉涧归,偶得数语。

大雪天地闭,穷阴渺寒滨。谁知江南信,已作明年春。

项安世《悔薰后编·江梅》

千林憔悴独含春,笑倚黄昏未识鞶。红小粉疏烟幂幂,影低香远水粼粼。从教雪路宁愁冷,遮莫茅檐可怕贫。欲问横枝缘底瘦,似无如有最禁人。

张元幹《归来集》

密雪飞花万水僵,南枝的皪待朝阳。还知百果输先手,政为孤根压众芳。

曹协《云庄集》

北风号乔林,万象无容姿。高标自有时,正与冰雪宜。老干俨枯木,疏花粲横枝。刻玉费天巧,不为俗眼窥。托质在空谷,清高终见知。论功鼎鼐间,枝头子离离。

《艾性夫剩语·追晦庵先生十梅韵》

贞姿抱冰雪,粲粲楚江滨。照水淡寒影,寄人生远春。

李彭日《涉园集》

江梅疏蕊弄晴曛,割取江东一信春。圣得耐寒惊蛱蝶,竟来占醉倒纶巾。未容作赋重招屈,岂敢含毫论过秦。何日大梅梅子熟,从渠高浪白如银。

郭印《云溪集》

姿韵清高自一家,不将夭艳唤蜂衙。冲寒万木浑无叶,回暖孤根独放花。要与雪霜争皎洁,肯随桃李趁繁华。更看结实调羹在,疏影寒香未足夸。

韩性《五云漫薰》

落尽瑶琼春向深,不须重举岁寒心。南风池馆无穷树,惟有江梅好绿阴。

韦珪诗

花下寒潮漱石矶,朔风卷雪溅苔衣。西湖自有清香在,只把吟蓬载月归。

郝经《陵川集·江梅行》

江城画角吹吴霜,破月着水天昏黄。波澄烟妥林影澹,雪梅带雪横溪塘。此时承平

风物盛,家家种玉栽琳琅。朝来伴使宴江馆,银瓶乱插吹银管。霏微香雾入红袖,零乱春云绕金碗。都将和气变荒寒,锦瑟愁生燕玉暖。为言仪真梅最多,苔花古树深烟萝。一年十月至二月,红红白白盈江沱。自从天马饮江水,草根啮尽梅无柯。杨子人家楚三户,今年幸有烧残树。忽闻星使议和来,尽贮筠笼待供具。从今江梅好颜色,烂醉长吟嚼佳句。

黄人杰词

江陵二车席次为江梅蜡梅赋 浣溪沙

的皪江梅共蜡梅,剪金裁玉一时开,黄姑相伴雪儿来。　别驾公余无个事,得将诗酒与栽培,为春留客小徘徊。

元《姚牧庵集·谢王子勉提刑送江梅 江梅引》

西湖不近上林隈,问江梅定谁栽,莫是冥鸿衔子远飞来。紫陌游人多不识,但惊看青霞一树开。

独有使君怜寂寞,为持杯能几回。玉纤横管东风外,落日楼台不恨明朝飞雪苍苔。恨杀南溪调鼎手,恐迟暮而今霜鬓摧。

又

年年江上见寒梅,几枝开暗香来。疑是月宫仙子下瑶台。冷艳一枝折入手,断魂远相思切寄与谁。

怨极恨极嗅玉蕊,念此情家万里。暮霞散绮楚天外,几片轻飞,为我多愁。特地点征衣。我已飘零君又老,正心碎,那堪闻塞管吹。

直脚梅,详前江梅下。

野梅

宋范石湖《梅谱》

野梅凡山间水滨荒寒清绝之处,皆有之。详江梅。

唐《皮日休集·行次野梅》

茑拂萝梢一树梅,玉妃无偶独徘徊。好临王母瑶池发,合傍萧家粉水开。共月已为迷眼伴,与春先作断肠媒。不堪便向多情道,万片霜华雨损来。

陆龟蒙诗《奉和次韵》

飞棹参差拂早梅,强欺寒色尚低回。风怜薄媚留香与,月会深情借艳开。梁殿得非萧帝瑞,齐宫应是玉儿媒。不知谢客离觞醒,临水则添万恨来。

梅圣俞《宛陵集·野梅花》

江南腊月前溪上,照水野梅多少株。艳薄自将同鹄羽,粉寒曾不逐蜂须。桃根有妹犹含冻,杏树为怜尚带枯。楚客且休吹玉笛,清风飘尽更应无。

《朱晦庵大全集》

野风吹孤芳,迥立正愁绝。皂盖莫徘徊,堪看不堪折。

野梅

陈藻《乐轩集》

野水桥边几树梅,岁寒欸欸向人开。精神别带阳春到,造化匀分腊月来。满眼松筠皆臭味,一天霜雪是胚胎。看花远地身还老,买屋何年手自栽。

《艾性夫剩语》

苍凉遁荒野,交与桃李绝。远聘不肯来,为君三磬折。

马虚中《霞外集》

凋尽群芳一树奇,傍山傍水最相宜。如何惯守坚贞操,不怕风霜怕笛吹。

韦珪诗

不因地僻减清香,春到孤根到处芳。抱月荒村甘寂寞,任他桃李在门墙。

李垄诗《野梅叹》

苍岑大野临回冈,有树破腊扬孤芳。枝头粘得太古雪,月底散出无边香。一清炯然抱幽寂,老与朴嫩埋冰霜。青苔黄薛裹寒骨,槁面不入春风场。春风依稀煦桃李,桃李纷华盍羞死。绸缪世味尚甘腴,愁酸谩托青青子。

林雪巢诗《野梅》

野梅空山中,正为照人开。如何绿窗底,疏枝带苍苔。颇似古君子,无人自不谐。竹径酒初醒,一信清香来。

国朝周巽泉《性情集》

郊外一枝雪,村边十月春。行吟逢处士,索笑向佳人。茅屋寒烟外,板桥流水滨。欲乘芳兴去,云树隔嶙峋。

野有梅,思君子也。君子在野,
感物而托兴焉。

野有梅,山有璞。岁将晏兮,微霰初落。我思美人,如玉追琢。

山有璞,野有梅。岁云暮矣,飞雪皑皑。美人既见,我心孔谐。

吁嗟美人兮,赠我以琼英,酬以□□聊结中情。愿守贞白,毋渝初盟。

五言古体

玄冥启芳藉,化机动元英。六华凝中素,一气分太清。涵养成佳实,味之以和羹。硕果如不食,剥尽还复生。

宋玄僖《庸庵集·野梅图》

凄凄山泽畔,惨惨雪霜中。独有忧心者,时来嗅朔风。

费时举词 蓦山溪

当时曾见,上苑东风暖。今岁却相逢向烟村。亭边驿畔,垂鞭立马,一饷黯无言。江南信,寿阳人,怅望成肠断。
琼妆雪缀,满野空零乱,谁是倚栏干。更那堪胡笳羌管,疏枝残蕊。犹赖不娇春。水清浅,月黄昏,冷淡从来惯。

葛郯词 鹧鸪天

千树家园锁旧津,谁移数点在孤村。海仙探蕊禽留影,楚客穿花蝶舞魂。桥断港,水横门。残霞零落晚烟昏。只因留住三更月,暗里香来别是春。
万本家园雾暗津,不须踏影下前村。须知苔雪水云窟,自有罗浮冰雪魂。横水馆,倚楼门,参旗有约共黄昏。此中有句无人见,谁在樽前领略春。

梅

红梅

范石湖《梅谱》

红梅粉红色，标格犹是梅，而繁密则如杏，香亦类杏。诗人有"北人全未识，浑作杏花看"之句。与江梅同开，红白相映，园林初春绝景也。梅圣俞诗云："认桃无绿叶，辩杏有青枝。"当时以为著。《题东坡诗》云："诗老不知梅格在，更看绿叶与青枝。"盖谓其不韵。为《红梅解嘲》云：承平时，此花独盛于姑苏。晏元献公始移植西冈圃中。一日贵游赂园吏得一枝分接，由是都下有二本。尝与客饮花下，赋诗云："若更开迟三二月，北人应作杏花看。"客曰："公诗固佳，待北俗何浅耶？"晏笑曰："伧父安得不然。"王琪君玉时守吴郡，闻盗花种事，以诗遗公曰："馆娃宫北发精神，粉瘦琼寒露蕊新。园吏无端偷折去，凤城从此有双身。"当时罕得如此，比年展转移接，殆不可胜数矣。世传吴下红梅诗甚多，惟方子通一篇绝唱，有"紫府与丹来换骨，春风吹酒上凝脂"之句。

《摭遗新说·红梅传》

蜀州有红梅数本，清香赭艳，花之殊品者也。郡侯构阁环堵以固之。梅盛芳，则郡侯开宴赏之，他时皆扃钥，游人莫得见之。一日，梅已芳，郡将未至，有两妇人高髻大袖，凭栏语笑。守梅吏仰视，因验扃钥如故，而上有人，何耶？乃走报郡侯。侯遣人往验，既启钥，不见人，惟于阁东璧有诗一首，其词曰："南枝向暖北枝寒，一种春风有两般。凭伏高楼莫吹笛，大家留取倚栏干。"诗意清美，字体神秀，岂神仙中人乎。

《全芳备祖》

南唐苑中有红罗亭，四面专植红梅。周必大诗："红罗亭深宫漏迟。宫花四面谁得知？初疑太真欲起舞，霓裳拂拭天然姿。"

《临安志》

杭州有红梅阁，土人有福州红、潭州红、柔枝红、千叶红、邵武红。

《夷坚志》

宜兴县斋前红梅一树，交阴半亩。有赵令者，花时饮客，酒散月明，见红裳女子，自此恍若有遇。老卒曰：某令之女死，葬于此。植树识之，令发视棺，正联络根下，两和微蚀，一窍如钱。启视，貌如玉，真国色也。遂舁置密室，加以茵藉，而四体和柔，于是每夕与之接焉。已而惙然疲痿，其家穴壁，取焚之。令亦殂。

王黄州《小畜集·红梅花赋》

凡物异于常者，非祥即怪也。夫梅花之白，犹乌羽之黑，人首其黔矣。吴苑有梅，亦红其色，余未知其祥邪怪邪？姑异而赋之。其辞曰：

水国方腊，江天未春，何青帝之作怪？放红梅而媚人。修柯焰发，碎朵霞匀，认夭桃以何早，谓红杏以非邻。烧空有艳，照水无尘，仙人之绛雪团来，烟苞向暖；王母之霞浆染出，露蕊含津。樱欲燃而取类，火生木以非真。上界之霓旌，乍降行春之双斾，初陈谁歌？麝脐散幽香而不断，谁浇猩血？泼繁英而尚新，尽觉渥丹而非素，休论返朴以还淳。至若雪漉漉，风习习，风欺雷打枝枝湿，徐福舟中五百人，鳌顶未逢皆掩泣；又若烟漠漠，露瀼瀼，露洗烟笼树树芳，汉皇宫里三千女，鲸钟听后齐严妆，足使万木羞耻，千花伏藏，掩素娥之抱朴，陋白帝之含章。榆燧晓散，兰灯夜张，宜玳瑁之筵畔，耐燕脂之脸傍。蜀水春时，濯文君之锦段；骊山宴处，舞妃子之霓裳。向暖如醉，凌寒似伤，虽与物以无竞，亦令人之发狂。宋玉窥来，难展施朱之手；何郎折去，应惭傅粉之光。先疑寡耦，媚可齐房。入何人之玉笛？泛谁氏之瑶觞？含情可狎，不谁难量。吟成陆凯之诗，未知标格；羞破寿阳之面，懒出闺房。天使异众，人嫌弗常。苟群萃之不异，在声名之莫彰。梅之白兮终碌碌，梅之红兮何扬扬。在物犹尔，唯人是比。木之萃兮人之文彩，木之实兮人之措履。苟华实之不符，在颜色而何以。苟履行之克修，虽猖狂而何耻。矧乎梅之材兮，可以为画梁之用，梅之实兮，可以荐金鼎之味。谅构厦以克荷，在和羹而且止。梅兮梅兮，岂限乎红白而已。

钱塘《韦骧集·红梅赋》

于宜梅之时，得花似梅，而所不宜者也。非梅耳。问其种，则曰梅也。接之以杏则红矣。问其实，则曰：所益者异而不能也。予感而为赋。其辞曰：

羌梅之丹兮，众女慕兮。子女恶兮，何用智之深蠹兮。特戕贼其所赋兮，虽乘时而则故兮。质已迁而非素兮，第其华之惟务兮。胡丧实而不顾兮。彼以为巧而拙孰喻兮，岂身亦然而不克悟兮。其本何诛而在所措兮。毋自女弃而堪与之恕兮。噫！

李石《方舟集·红梅阁赋》

阉茂岁春，次于嵝下。始至，有谒主人可者，虚治寝之右偏，洁窗棂之邃雅。主顾谓客，且焉此舍，横书与琴，中食息矣。始以迄今，时之易矣。彷彷徉徉，如遗如忘。主人之谓谁？而客，亦不知身之为客也。夜半朔风，隐然动地，草木摇落，鸟惊蛰闭，姚黄魏紫，灰冷无气。猗彼嘉树，俨乎庭前，含大素以独秀，破小萼之微丹。友松与篁，真伯中间咄。严霜其何畏？似古人之岁寒。夜色希微，檐月沈浮，揽衣起步，谁与献酬。耿耿清质，忍令暗投。影横陈以向夕，香彻晓而不收。客曰："美哉！天赞我也。其何不承？有琴我援，有酒我酌，我亦有身，曷云不乐？蹈大方于无闷，味至理于淳朴。望三山之匪遥，欲翔风之寥阔。实进块之匪予，庶怀归之敢作。然后主人命客之不薄也。既醉而夕，既醒而晨，具衣与巾，以谢主人。主人曰："噫！此客能勤矣哉！"

《清容居士传·红梅赋》

闲闲仙羽，朝归绛都，冰停雪峙，湛焉澄居。候寒圭之微影，察众芳之荣枯。草藏荄而永闳，木脱叶以无徒。彼阴阳之眇密，曷能返乎玄虚。于是天回景温，机扶候促，吉云丰融，美虹缬属。睠炎州之嘉植，浃乎其忍此垢触也。俨蕊珠之扬灵，贮初服于太素。沐九芒之粹精，蝽翠气以内护。颒容耿以自持兮，抱吐密而莫吐。衣赤霜之羽袍，曳文锦之灵佩。弃明月之寒玱，缀飞琼以为琲。匪徇色以自矜，表昭质之莫昧。凛世垒之如焚，艳微愠以郤背。惟深根固蒂之不可恃兮，将求化以养晦，翳炜炜之滑稽，惧乎恶朱者之见毁。鹄浴日以觳雏，鹤舞丹而希寿。念形色之莫践，从变幻以眩售。万籁凝寂，穆然长思，绚此的皪，申之以辞。辞曰：

貌充心明，道之腴兮。葆光架贞，慎德枢兮。渥丹自持，惟受初兮。不烁不胜，莫可渝兮。时至神完，吾其敷兮。吾其敷兮，物莫与俱兮。

《罗昭谏集·红梅诗》

天赐胭脂一抹腮，盘中磊落笛中衰。虽然未得和羹便，曾与将军止渴来。

宋梅圣俞《宛陵集·送红梅行之有诗依其韵和》

缀缀红梅肥似蜡，濛濛飞雨洒如脂。吴郎齿软食不得，翻忆张公大谷梨。

家住寒溪曲，梅先杂暖春，学妆如小女，聚笑发丹唇。野杏堪同舍，山樱莫与邻。休吹江上笛，留伴庾园人。

张舜民《席上赋红梅》

吾家有嘉树，红蕊开朝雾，笑杏少清香，鄙梅多俗趣。江居别乘居，似见句溪圃。坐中忽苦疑，结子看春暮。

吴正仲《求红梅接头》

君家梅溪上，但见梅花白。我家家树红，求枝寄归客。翦接如交情，本末不相隔。明年举酒时，醉颊生微赤。

红梅篇

昨夜轻雷起风雨，芍药红芽竹栏土。南庭梅花如杏花，东家残朱涂颊醺。萼为裳衣蕊为组，枝为高居干为户。蛱蝶未生蜂未来，赤身掩敛无金缕。终然有子当助傅说羹，落亦不学飞燕皇后回风舞。此意又笑麻姑与王母，勾引何人擗麟脯。是非方朔谩汉武，只知此桃不知语。树不着口数，而今言之已莫补，放我浑丹凤凰羽。

郑獬《郧溪集·迫晚风雪出省咏张公达红梅之句》

雪花障路飞，飘湿红杏鞯。归马碧蹄疾，踏破白玉田。揽辔独长想，物境真可怜。朝绂未挂身，豪逸倚少年。结客上高楼，珠箔遮碧天。烧酒紫烟沸，割炙白膏鲜。美人挪素手，笑弄琵琶弦。醉眼生乱云，不省到家眠。俊游或如失，倒指还惨然。薄暮出华省，下马灯已燃。强笑破老颜，寄恨挥华笺。玩世张公子，嗜酒真神仙。抛掷咏红梅，负伊清樽前。公达诗云："红梅花下一樽酒，抛掷清香是负伊"。再读再三叹，心断空脑悄悄。起予如蚕丝，织愁成短篇。

《陈古灵集·和程公闻红梅》

谁把繁英染绛脂，晓妆红淡腊前时。栽培上苑无多地，嘱付行人第一枝。朔雪有情相掩映，东风何事少嘘吹。莫嫌冷落天涯远，他日和羹气味移。

王荆公诗《红梅》

春半花才发，多应不奈寒。北人初未识，浑作杏花看。梅宛陵诗："驿使前时走马回，北人初识越人梅。"《西溪诗话》云：晏元献诗曰："若更迟开三二月，北人应作杏花看。"苕溪渔隐曰：介甫《红梅诗》与元献诗暗合，然介甫句意视元献为工。江南岁尽多风雪也，有红梅漏泄春颜色，凌寒终惨澹，不应摇落始愁人。杜诗："漏泄春光有柳条。"言方冬凝凛，红梅虽春意，终觉惨澹，不必时当摇落，而后愁。

《苏东坡集·谢关景仁选红梅栽》二首

年来芳信负红梅，江畔垂垂又欲开。缤：老杜诗："江边几树垂垂发，朝夕催人自白头。"珍重多情关令尹，师：《史记》关令尹喜以谓景仁也。直和根拨送春来。

为君栽向南堂下，记取他年着子时。酸酽不堪调众口，使君风味好言攒眉。尧卿《庐阜杂记》曰：远法师结白莲社，尝以书召渊明。渊明曰："弟子性嗜酒，法师若许饮，即往矣。"远因许之，遂造焉。远因勉入社，渊明攒眉而去。此诗就梅实酸而言攒眉并说，风味则是引用渊明事矣。

又红梅三首

怕愁贪睡独开迟，自恐冰容不入时。故作小红桃杏色，次公曰：《杜诗点注》：桃花舒小红。尚余孤瘦雪霜姿。寒心未肯随春态，酒晕无端上玉肌。诗老不知梅格在，更看绿叶与青枝。石曼卿《红梅诗》："认桃无绿叶，辨杏有青枝。"任曰：先生《诗文发源》载石曼卿诗云云。此至陋语，村学堂中体也。

雪里开花却是识，子仁古诗："前村深雪里，昨夜一枝开。"开谓梅也。何如独占上春时。也知造物含深意，故与施朱发妙姿。次曰宋玉云：施朱太赤。细雨裹残千颗泪，轻寒瘦损一分肌。不应便杂夭桃杏，半点微酸已着枝。

幽人自恨探春迟，子仁曰："杜牧诗：自是寻春去较迟，不须惆怅怨芳时。"不见檀心未吐时。

丹鼎夺胎那是宝。朱砂红银,谓之不夺胎也。玉人颒颊更多姿。次日:颒,普经切。《楚辞·远游》云:"玉色颒以艳颜兮,精神粹而始壮。"《博雅》:艳颒,怒色也。玉人怒则颊红。抱丛暗蕊初含子,落盏浓香已透肌。乞与徐熙画新样,养直曰:《图画见闻志》云:徐熙,钟陵人,世为江南士族。善画花木。竹间璀璨出斜枝。

沈存中《长兴集·雨中红梅盛开折送李野夫》

轻苞满槛簇花钿,云幕低垂黯淡天。巫峡人归冲暮雨,阿溪家远隔非烟。少分山客红云破,拟夺星郎锦帐鲜。未上春风惜寒晚,故教开向众芳前。

《毛东堂先生集·红梅》

何处曾临阿母池,浑将绛雪点寒枝。东墙羞颊逢谁笑,南国酡颜强自持。几过风霜仍好色,半呼桃杏听群儿。青春独养和羹味,不为黄蜂饱蜜脾。

张文潜《宛丘集》

同仲达雪后逾小山,游蔡氏园,得红梅数枝奇绝,因赋二首。

与君崎嶬踏春泥,邂逅红梅得一枝。失脚孤山风露格,却成卯酉醉春肌。李正封牡丹诗有"国色朝酣酒"之句。

北风凛凛留高树,融雪涓涓聚小塘。三亩山园半春草,无人为结小丁香。

《王东半先生集·和向监庙红梅》

向来冰艳敌寒室,直待春来试浅红。大抵一般标格在,两般颜色不须同。

已为春风一醉来,不知妆镜为谁开。虙妃只解如飘雪,也费陈王八斗才。

南人误种桃李栏,北人疑作杏花看。更须结子成佳实,留到清和伴牡丹。

再赋红梅

为怯清宵短,燃膏约凭栏。颊疑西子醉,花误北人看。点露胭脂破,啼妆风雨残。莫嫌翠袖薄,犹得护春寒。

比玉比冰俱未切,恰是红儿兼比雪。东君主掌不坚牢,也作堪怜也堪折。

和李商隐赋红梅

公主檐间睡起时,匀红行绕大安池。北人未识春迷眼,妃子偏怜酒入肌。更若施朱疑太赤,不须生女白如脂。由来风骨都相似,岂为丹青别赋诗。

梅蕊年年破腊时,玉花飞舞集鸾池。独将艳色添真色,任尔冰肌映雪肌。带恨不妨红作泪,洗妆终见白凝脂。可怜渠有风流句,只作歌词不作诗。

王亚之元夕招客庭下，红梅两侏相对盛开

君家不种通神钱，只种春色留庭前。庭前春色谁最妍，二女解□来江边。沉沉华屋清夜起，火树银花月如水。自然颜色变韶稚，况乃新妆露初洗。春初艳粉秋初莲，绛绡广袂罗群仙。华清池畔娇无力，赤凤楼中困未眠。后来更许谁相拟，海棠欲睡薰穠李。亦知等级且追陪，格外风流不相似。一枝乞得归茅屋，窗里铜瓶窗外竹。不禁清绝意萧然，大似佳人依草木。阆苑花无世上缘，妆香还入四禅天。明朝风雨催归去，花月重圆又一年。神清遂美肤清恶，泾渭由来两清浊。要求绘笔尽芳妍，更问尊前老丈学。

《李忠愍公集·红梅》

东风一戏剧，会使红绿争。粲粲墙角花，朝霞剪芳英。自怜冰雪志，猥与桃杏并。未应素节改，但觉羞颜赪。孤标翳尘土，疏香掩蓬荆。游蜂颇知已，飞绕千回轻。其奈逐臭夫，对之白眼横。主人情不薄，爱君成瘦生。今来摄从事，吏课殊少程。何时把杯酒？一洗千枯荣。

王十朋《梅溪集》

桃李莫相妒，天姿元不同。犹余雪霜态，未肯十分红。

元宾赠红梅数枝

江海孤洁太绝俗，红杏酣酣风味薄。梅花精神杏花色，春入莲洲初破萼。花在寿乐堂前莲渚中。胆瓶分赠两三枝，醒我沉疴不须药。时某以疾在告。愿公及早办芳樽，酒晕冰肌易销落。

次韵洪景卢编修省中红梅

不为怕寒贪睡迟，东君妙意端可知。雪英零落眼界寂，放此孤瘦红南枝。蓬莱更向逸远地，园在著廷后。山木宁有夭饶姿。冰容戏作桃杏色，醉脸雅与神仙宜。江兄蜡友已前辈，黄生后出非同时。丹心独与劲节侣，疏影共浸清涟漪。骚人相顾最不恶，何用车马纷蚩蚩。典衣莫惜共携酒，对华一展思乡眉。

林季仲《竹轩杂著·陪赵守登楼赏红梅》

大洁时争嫉，独醒人更疑。漫随百色媚，不改岁寒姿。霞带寿阳脸，酒融姑射饥。凭谁慰孤寂，新有倚楼诗。

赵殿撰《赏红梅》次韵

西湖独未赋红梅，留待知音细细开。好把新诗补遗逸，不才空与作云来。

秉烛照红梅，再次前韵即席

王妃初醉下瑶台，紫雾深深拨不开。却恐错穿桃杏径，高烧银烛照归来。

陆游《剑南续藁·红梅绝句二首》

苎萝山下越溪女,戏作长安时世妆。白白朱朱虽小异,断知不是百花香。

雪里溪头已占春,小园又试晚妆新。放翁老去风情在,恼得梅花醉似人。

黄公度《知稼翁集》

不与雪霜分素艳,却随红杏竞芳辰。自知孤洁群心妒,故着微红伴早春。
少年桃李竞青春,回顾寒梅已丈人。强欲施朱追俗好,谁知翻是失天真。

洪适《盘州集》

不谓天然白,今同杏与桃。玉肌添酒晕,还是冠风骚。

葛立方《归愚集·次韵
法观送红梅栽》

罗袜初凌一水间,霜深应怯夜来寒。含章檐下浑冰雪,却要骚人带醉看。

李壁《雁湖集·次韵张季长
红梅七言》三首

江路悠悠无驿使,道南持寄悭公心。似嫌大洁惊凡卉,故染轻红伴醉吟。绝艳偷春来雪径,绛葩翻露出琼林。病余不得陪真赏,只玩新章抵碎金。

琳馆清闲异马曹,红梅折得助挥毫。眼明北客初疑杏,笑倚东风亦类桃。露涴檀心滋鼎实,春生玉面散宫醪。从今约略施丹粉,未害从来品格高。

雪里横枝冻不禁,故将浓丽变轻盈。色分鹤顶真如醉,影借蟾辉也自清。晚觉郑公殊妩媚,生憎夷甫大鲜明。上林依旧群芳首,翻笑唐昌浪得声。

《范石湖大全集·红梅》

酒力欺朝寒,潮红上妆面。桃李漫同时,输了春风半。

岭上红梅

雾雨胭脂照松竹,江南春风一枝足。满城桃李各嫣然,寂寞倾城在空谷。城中谁解惜娉婷,游子路傍空复情。花不能言客无语,日暮清愁相对生。

次韵知郡安抚元夕赏倅厅红梅三首

春入林梢一再风,破寒匀染费天工。虽然媚荡新妆别,只与横斜旧格同。午枕乍醒铅粉退,晓奁初罢蜡脂融。后来颜色休论似,夹路漫山取次红。

真色生香世绝逢,烟花池面两溶溶。楚邻不待施朱好,虢国翻嫌傅粉浓。晴日暖云春照耀,温风霁月夜春容。酒阑且驻纱笼看,慢破团团一璧龙。

司花一笑为谁开,知得朱辒得得来。疏影有情当洞户,蔫香无语堕空杯。风生翰墨留连看,月入笙歌次第催。来岁如今翻旧唱,五云丛里望三台。

新安绝少红梅,惟倅厅特盛。通判
朝议,召幕僚赏之。坐皆有诗。
亦赋古风一首。

华灯收尽江梅落,别有横枝照林薄。天教阆苑染芳根,小住山城慰萧索。腾腾醉后酒红醺,淡淡妆成笑靥新。斟酌东君已倾倒。为渠都费十分春。别乘胸怀有风月,催唤清尊洗愁绝。花知主客俱不允,一夜光风融绛雪。楼头烟暝吹单于,花梢挂星光有无。归来境熟落春梦,梦入锁香红绮疏。

赵蕃《淳熙稿·严先辈诗选红梅次韵》

尽道梅花白,能红又一奇。浑疑丹换骨,不是酒侵肌。看此敷腴色,思侬少壮时。盛年虽不再,犹拟岁寒知。

吴芾《湖山集·归来到江梅下有感》

惜花端拟醉花时,不谓花开失素期。去日横枝才蓓蕾,归来满树已离披。虽知胜赏输同舍,尚爱余芳绕曲池。花亦念予情不浅,更留残萼索题诗。

《楼攻愧先生集》

潘端叔惠红梅一本。全体皆红梅也,香亦如之,但色红尔。来自湖湘,非他种比。自此当称为红江梅以别之。王文公、苏文忠、石曼卿诸公有《红梅诗》,意其皆未见此种也。感叹不足,为赋二十绝。
旧家桃李种河阳,今日红梅自楚湘。根垈送春君意重,为移绝艳到吾乡。

黄姑曾为点冰肌,亦有缁尘染素衣。何似胭脂天赐与,暗香犹在是耶非。

为君手种向南堂,误认昌州移海棠。元是玉妃生酒晕,帐中仍带返魂香。

前身施粉忌太白,今日施朱恐太红。说似傍人则不信,清香万斛在花中。

殿后轻红色漫穠,绛桃空自笑春风。何人击碎珊瑚树,恼得瑶姬面发红。

旧见寒花蜡带红,宁知沁入雪肤中。绝怜金谷佳人坠,到地余香散晓风。

梅花几种尽相闻,老矣才欣见此君。相与对花文字饮,绝胜歌舞醉红裙。

人间丹桂亦微黄,未见红葩解有香。惟喜此花兼众美,麝脐薰彻绛纱囊。

初移湘水一枝春,剩馥还欣为我分。梦入山房三十树,何时醉倒看红云。

岁晚红英绕冻柯,玉人无那醉颜酡。广平赋就如逢汝,铁石心肠可奈何。

少陵年后咏花开,未见胭脂一抹腮。可惜当时诗兴动,止因东阁看官梅。

坡翁着意赋三诗,谩说稴香已透肌。若见此花应绝倒,惜君生晚不逢时。

花品无庸定等差,国香国色属吾家。海棠正自惭粗俗,莫问漫山桃李花。

不学江头玉树寒,寿阳红粉旧妆残。婵娟可是斩随俗,莫作金沙锁骨看。

客来试兴倚栏干,拂拂清香触鼻端。尽做北人浑不识,不应敢作杏花看。

全体江梅腊里芳,紫绵新拂汉宫妆。临川借得江梅句,倾国天教抵死香。

诗老为花空自忙,想应未识此奇芳。青枝绿叶何须辨,桃杏安能如许香。

只说梅花似雪飞,朱颜谁信暗香随,不须添上徐熙画,付与西湖别赋诗。

缟裙练帨玉为肌,谁点微赪向北枝。若使罗虬见颜色,定须将此比红儿。

自昔梅花雪作团,红梅晚出可人看。江梅不解追时好,只守冰姿度岁寒。

南枝零落北枝残,朱喜新蕤苦耐寒。莫道北人浑不识,南人几作杏花看。

许纶《涉斋集》

梅格依然在,诗家莫认桃。纵烦金井水,终近楚人骚。

《蔡九峰集》

一树芳菲露短墙,彩霞千缕带斜阳。东君赋予知何意,剩与姻脂便啬香。

杨诚斋《荆溪集·南斋前众树披猖,
红梅居间不肆,因为剪剔》

道是司花定有神,元来造化在诗人。扫除碧树无情朵,放出红梅恣意春。

项安世《悔藁后编·次李校书韵嘲阁下红梅》

托迹千花冀可曹,冰姿何敢露秋毫。只随婢子希红药,肯信仙家有碧桃。照影日华烘玉颊,承恩衢勺醉香醪。自抛腊雪茆檐梦,应羡春风画阁高。

瘦影从来雪不如,宿醒谁见绮霞舒。道山堂下春风面,还向天涯伴校书。馆中红梅一株最盛,年例作赏花会。

已赋四花,复得红梅,因念阁下旧赏,遂足五花之韵

吾衰不馥梦蓬瀛,忽见红梅眼暂惊。独树正当云阁起,艳妆斜照石渠明。赖随朔雪传春信,长倚东风诧晓醒。岁晚江湖逢驿使,羞多无奈脸霞生。

韩淲《涧泉集·春山看红梅》

年年常得醉君家,今日红梅正着花。点注初非桃有艳,横斜宁与李争华。依然竹外居林下,况复山颠与水涯。步绕孤根香更在,高怀无惜共流霞。

次韵红梅

暗香疏影入深杯,人怪新妆不是梅。只恐冰清惊俗眼,故移酒晕入花腮。兰生林处元同臭,杏满园时肯乱陪。迟日艳阳天气里,有欢赢得倒金罍。

《周益公大全集·次洪迈馆中红梅韵》

红罗亭深宫漏迟,宫花四面谁得知。南唐苑中有红罗亭,四面专植红梅。见《杂志》。蓬山移植自何世,国色含酒纷满枝。初疑太真欲起舞,霓裳拂饰天然姿。又如东家窥墙女,施朱映粉尤相宜。不然朝云颊薄怒,自持似对襄王时。须臾燕支着雨落,整妆俯照含风漪。游蜂戏蝶日采掇,嗟尔何异氓之蚩。提壶火急就公饮,他日堕马空啼眉。

红梅盆景

《朱晦庵大全集·红梅》

闻说寒梅尽,寻芳去已迟。冷香无宿蕊,穠艳有繁枝。正复非同调,何方续旧诗。广平偏妩媚,铁石误心期。

似桃非桃杏非杏,独与江梅相蚤晚。天姿约略带春醒,便觉花容太柔婉。霞筋渍湒玉妃醉,应误刘郎来阆苑。会须参作比红诗,莫学墙头等闲见。

章甫《自鸣集·诸公过，易足为
红梅一醉，醉后率然成数语》

一冬雪与寒俱少，膏泽春来颇倾倒。畏寒病懒不出门，未觉心情被春恼。花木今春种种迟，眼明始见红梅枝。容华颇称俗子意，风骨独有诗人知。人生百年谁满百，去日渐多来日窄。衰颜已减旧年红，短发明年应更白。瓮头有酒不用沽，肴蔌得随家有无。主人颓然客亦走，明朝无事重来不。

《陈景万集句·红梅五言二首》

轻红照碧池郑谷。，背日两三枝。祖可。不肯先桃杏，左纬。芬芳共此时。薛逢。

妆早胭脂冷，毛滂。吟看莫忍休。方干。不将冰雪面，吕居仁。压得杏花羞。左纬。

七言二首

神疑姑射今仍在，韩持国。天赐胭脂一抹腮。罗隐。要避冰霜发妍笑，惠琏。故应不向腊前开。鲍钦止。

寿阳妆韵太矜持，卢襄。酒晕无端上玉肌。东坡。辨杏认桃君莫谩，王履道。却呼桃杏听群儿。毛滂。

曹彦约《昌谷集·同官约
赋红梅成五十六字》

淡中着色似狂颠，心与梅同迹不然。夺我焉支宁免俗，岂无膏沐独争先。辨桃认杏何人拙，压雪欺霜政自妍。只恐东君招不得，好修犹在竹篱边。

再赋四十字

雪月共高寒，求多意未阑。林逋五品服，宋璟九还丹。老友松筠健，贤宗鼎鼐酸。任渠蜂蝶闹，难作武陵看。

《刘后村集》

忆昔矜容色，如今懒抹涂。谁能面皮皱，施粉又施朱。

阆苑花神妒艳，晏家园吏偷春。当时传一二本，今日化千亿身。

《方秋崖集·君用致
红梅云，不开数年矣》

山家已作枯槎看，带雪移来却自春。一夜揣摩花意思，宁将醉面向村人。

再用韵奉酬

灞桥净洗冰霜面，拂略潮红笑向春。莫作野桃看过了，烦诗说似武陵人。

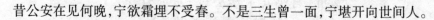

昔公安在见何晚，宁欲霜埋不受春。不是三生曾一面，宁堪开向世间人。

陈杰《自堂存藁·红梅》

千树江头雪作裳，一枝故故犯时妆。分明莹薄裁琼玉，不比胭脂抹海棠。琼红玉。

张泸滨诗

杜园九日红梅，主人以为瑞，彭潜心索赋。

鞠后西风醉饮醇，酝香酿影夺初春。几年江县依缘旧，一笑孙枝造化新。钿翠半偏如意误，钥鱼晓放守宫人。是谁不识花为瑞，分寸跻攀及太真。

徐恢诗《红梅》

江梅闲尽蜡梅稀，又是红梅占晓枝。却忆东坡诗上语，淡妆浓抹总相宜。

喻良能《香山集》

亦好江梅变红，仲文季直二弟有诗，因次韵。

萧萧亦好耐寒枝，天与风流一段奇。刻玉不唯工傲雪，施朱端欲妙凝脂。佳人赪颊今才见，公子酡颜顷未知。便好作轩名顿有，二难连璧赋清诗。

吴顾《金溪集·次邦宪
宣德红梅诗韵五首》

攀条弄蕊仡罗人，半弸金翘笑整巾。惯见冰肌斜映月，似惊酒面暗生春。诗翁思苦饶先醉，画史愁多恐失真。寄语东风为披拂，莫教容易惹芳尘。

年来恼乱探花人，裂尽陶公漉酒巾。傅粉早工欺白雪，施朱更欲媚阳春。衣冠未怪多侪俗，花木无情亦丧真。他日和羹何所赖，纷纷行见满前尘。

玉骨冰肌冷照人，匀红轻渥绛罗巾。更无凡木能争艳，定向壶中别得春。久稔新诗能写物，须知樽酒可藏真。寄声闭户英夫子，体取居尘不染尘。中立以诗促邦宪具酒赏红梅，而平昔未尝赴僚友酒会。邦献答诗，有"墨子回车"之句，故及之。

留情赋咏尽闻人，似得吴姬为执中。蝶翅稍应容辨色，桃腮无复敢娇春。似嫌素艳同姑射，着意新妆学太真。栽近华堂歌舞地，未容车马送织尘。

绝品花逢绝谷人，吟看屡倒接䍦巾。刲烦自昔多余刃，痛饮于今莫负春。喜事擅名虽有素，屡空此语恐非真。文刚以诗促邦宪为红梅会，而邪兜弩以"甑生尘"，故有是句。典衣贳酒犹非恶，醉任清歌落暗尘。

任希夷《斯庵集·仲一弟
梅花一绝并简丘玉父》

粲粲霜林白玉围,谁将红糁乱青枝。天怜粉面太孤绝,故遣施朱出一奇。

李曾伯《可斋集·和傅山父红梅韵》

独立千林压众葩,正由风骨傲烟霞。谁教群玉峰头客,也染红裙一幅纱。

节士耻随时世妆,若为妩媚着春裳。如何清淡甘天分,莫与儿曹较色香。

何澹《小山杂著·红梅》

冷淡梳妆不入时,故将粉面以朱施。风标可作孤山殿,枝叶能令北客疑。及与松筠论旧故,未容桃李强追随。芳名亦占群花上,所恨无功到鼎彝。

馆中赏红梅

石渠南畔小阑干,一种孤芳万玉攒。应为癯儒嫌冷淡,故将素面污铅丹。花前酒盏浑如梦,池上诗盟幸不寒。去岁尝废故事,故云。美景要须公管领,转头还作隔年看。

徐安国《西窗集·红梅
未开以汤催趁之》

频将温水泛花枝,催得红梅片片飞。恰似邻家穷媳妇,半生犹着嫁时衣。

方澄孙《絅锦小藁·红梅》

不但色穠华,更觉香幽迥。笑杀海棠仙,死抱渊材恨。

吴则礼《北湖居士集》

楚州红梅如许红,作魔犹有几信风。天公笑人但饱饭,不辨青春看花眼。呼儿径买北神酒,浇我澜翻说诗口。莫教一片飞黄昏,唤取百舌来细论。

客有自南徐来者,云红
梅已开,作此。

十日天寒守圭窦,今朝对客何佳哉。春催江上红梅发,雪唤淮南青子来。从儿作相论句发,乞我浇嚵持酒杯。半世儒冠今种种,端须揪取鼻头回。

贾劲之盍簪堂红梅欲发,作此问讯。

江南风雨余几信,有底淮南春事迟。凭君料理玉妃面,快作酒红生晕时。

韩元吉《南涧集·红梅》

不随群艳竞年芳,独自施朱对雪霜。越女漫夸天下白,寿阳还作醉时妆。半依修竹余真熊，错认夭桃有暗香。月底瑶台清梦到，霓裳新换舞衣长。

林希逸《竹溪集·临清堂前观红梅作》

滨溪竹伴老梅丛，一种风姿与杏同。直者倒垂横者瘦，水中同样影青红。

姜特立《梅山续藁·红梅》

元冥也自不落莫，探借春风红树枝。姑射身全映霞佩，寿阳妆误点胭脂。长于山杏难为弟，配以江梅合作妃。满面发红缘底事，如逢宋玉莫相窥。

《刘忠肃公集·再次红梅
二篇兼简李质夫》：

色不夭穠始是华，仙家林观倚云霞。春酣白玉醅香入，日射红鸾扇影遮。攒萼乱须能淡伫，抱枝寒蓓更疏斜。阆都谁与论高下，未愧蟠桃赏碧花。

春工着意与年华，换白添红翦绛霞。肉色腻匀宜日上，天香清冷怯霜遮。半临回岸细波动，巧映朱扉锦径斜。为寄瑶林主人语，争妍应有曲房花。

次韵蔡景繁红梅三首

故人江驿寄瑶华，紫玉枝头散嫩霞。日暗露桃春尚浅，醉余妆面粉难遮。绿溪地静东风过，雕槛香寒晓月斜。水满琉璃聊自喜，不堪尘眼只空花。

萧疏仙梗擢芳华，巧刻圆琼傅淡霞。素质本非桃杏比，酡颜聊避雪霜遮。香含暮雨栏边散，艳倚春风鬓上斜。闻说尊前偏属赏，青黄朱粉更无花。

仙圃瑶林冠物华，靓英明媚洗晴霞。酥装却费胭脂晕，纨扇应烦绛粉遮。天上念奴春睡足，风前飞燕舞容斜。后房宜劝歌声小，爱惜今年第一花。

苏泂《冷然斋集·红梅》

游仙一曲梦初回，依旧江南鼎鼐才。岁晚应嫌太孤寂，未妨随俗引三杯。

天与清高孰我过，岁寒只合老岩阿。无端自学闲桃杏，只恐情多事亦多。

等观非白亦非红，开落那知色是空。绿叶成阴花又子，几将心事托东风。

空墙碧水芳菲处，泣尽胭脂恨不销。不遣二妃陪舜葬，故应泪沁雪枝条。

韩子苍诗《和古甫红梅绝句》

春风着意并寒梅，浅白轻红一道开。竹屋西头如有骆，扶藜不问主人来。

路入君家百步香，隔帘初试汉宫妆。直疑梦到昭阳殿，一簇轻红绕淡黄。

石曼卿诗

梅好唯伤白,今红是绝奇。认桃无绿叶,辨杏有青枝。烘笑从人赠,酡颜任笛吹。未应娇意急,发赤怒春迟。

饶德操诗

娇朱浅浅透冰光,瘦倚疏篁半出墙。雅有风情胜桃杏,巧含春思避冰霜。融明醉脸笼轻晕,敛掩仙裙蹙嫩黄。日暮风英堕行袂,依微如着领巾香。

赵周臣《澄水集》

试院中愁坐,叔献学博忽送红梅小桃数枝。坐念春物骀荡,西园开钥,不得一观,作诗破闷,兼简张文学仲山。
数日天气殊未佳,文书如山眼生花。忽遣官梅入吾室,政尔东君解留客。

蜡梅无韵空有香,红梅亦复清而庄。此花韵胜开较晚,天许风流嫁海棠。

海棠春骄睡未足,环儿酒晕红潮玉。不应更有林下风,翠袖天寒倚修竹。

银瓶亦有小桃枝,茜裙游女窥荆篱。青枝绿叶不须问,自有月影溪光知。

冰花不肯相媚妩,来伴诗人作诗苦。横斜影落水心中,融入诗中作奇语。

古来诗人例多穷,把酒对花酒已空。亦知寒食只数日,醉梦不到西园中。

天上公子被花恼,一笑回波嘲栲栳。不须区区索酒钱,但可煎茶对花前。

张侃《拙轩集·红梅》

天然标致出群品,绿叶青枝说太狂。卯酉醲醋红玉软,春风触拨瑞龙香。清癯尚余山泽相,淡薄强随时世妆。更道北人初不识,杏花应不敢承当。

程公许《沧州尘缶编》

群仙遥夜倚栏时,东阁诗成一段奇,休遣北人轻辨认,杏繁较似乏清姿。

《中州元气集·房灏诗》

天生玉骨更朱颜,一种春风显两般。草木也随时事变,艳妆要入俗人看。

麻九畴

姑山仙子绛罗襦,只是当年玉雪肤。向使刘郎前度见,桃花那得冠玄都。

且随凡艳屈真心,纵点胭脂未肯深。喜杀选花场上客,前村容易雪中寻。

元是风神林下秀，不应肯抹市倡红。未能免俗花犹尔，何怪时妆列汉宫。

施粉翻嫌太白多，故将丹色调阳和。黄昏一任群花妒，奈尔从来玉骨何。

已教结子更朱颜，天意谁言好处悭。不似狂花等闲落，一声长笛满关山。

李石《方舟集》

零落孤根玉雪团，天孙剪月试天寒。凡间讳白骄红紫，却把梅花作杏看。

《中兴江湖集·高氏红梅花》

带雪匆匆别楚云，天寒依约见湘君。只疑不合瑶池去，引得春风八九分。

方惟深《和周楚望红梅用韵》

清香皓质世称奇，试作轻红更自宜。紫府与丹来换骨，春风吹酒上凝脂。直教腊雪无藏处，只恐朝云有去时。溪上野桃何足种，秦人应独未相知。

牛士良《红梅诗》

陇头人未来，江南春几许。惆帐玉笛声，吹落胭脂雨。

《中州集》赵达夫《咏红梅》

西湖句好已成尘，蜡点都能几许春。乞与琼儿薄梳洗，才情留待月中人。

元日能

天上琼儿白玉肌，吴妆略约更相宜。认桃辨杏由君眼，自有溪风山月知。岩老同赋云："一点清香透云雪，是中那得杏花天。"评者谓二诗同意，而日能为工。

黄敏求《横舟小薰·施知言
雨后道间见红梅》：

玄都境界玉堂身，轻裘湘裙步晓阴。昨夜雨肥添酒晕，红情染得十分深。

赵师篝诗

郡圃梅花间有如微点胭脂者，因以记之。
误著胭脂注玉容，新妆偷约牡丹风。东君细把南枝看，唤作梅妃一捻红。

舒丘祥《阆风集·回信红梅二章》

花到红梅真有韵，人生白发未宜愁。只须竟就花前醉，如此风流不外求。

冻白千林须雪重，暖红一点着春多。哑驴瘦策平皋去，如此风流奈老何。

对红香梅

雪里红梅树，尊前白发翁。莫求颜色似，风致许渠同。

十二月十七日归故园，酌红梅花下。十六日立春。

今年剩有冬一月，今冬先得半月春。留春借冬皆乐事，但苦世上无闲人。

平皋梅花如雪浪，夜色晨光迷混漾。就中红香清且妍，风流故在海棠上。

昨夜月明天不寒，梦中走马来花前。旧时都下千金买，翻弃草莽不直钱。

性情贵远初厌近，久不见之端可怜。今朝起拣白髭须，未能免俗为花娱。

小车驶骎溪石滑，一竿挂酒悬长鱼。无人对饮花为伴，小奴亦解吹长管。

花应怜我老而狂，起舞踏影月凌乱。老人更醉三十年，不为酒仙即花仙。

红梅

扫尽西风万叶红，梅花一色照青空。天公又恐太枯淡，故著红蓝染雪丛。

耶律楚材《湛然居士集·红梅》

以坡谓"认桃无绿叶，辨杏有青枝"，太粗俗，因润饰其成语之。
瘦损佳人冰雪姿，天教妆抹入时宜。小桃嫌铺翠云叶，疏杏惊看碧玉枝。
李白诗成怒妃子，吴宫宴罢醉西施。而今辜负黄昏月，只少西湖处士诗。

天仙皎皎素罗常，淡抹浓涂总不妨。酒晕半潮妃子醉，胭脂初试寿阳妆。肯同桃李迷蜂蝶，本与松筠傲雪霜。顾影也应悲汉室，临风犹似怨三郎。

郝经《陵川集·望京府赏红梅》

汴梁宫中绛绡梅，移向汴河堤上栽。青条团揢杏花颗，琐窗向阳才半开。张公小队呼我饮，风色偃骞寒气凛。玉衔径踏黄河冰，貂帽飒檐掀紫锦。金鞍细马歌舞人，雪压小桥不动尘。入门下马簇花宴，红莲旧府花正新。玉川金汲碧香酒，折花遍插分素手。春透寒梢未全绽，风流正要胭脂瘦。赏梅不用歌落梅，缓歌却着银笙催。爱香细撷生霞蕊，浮动云腴嚼一杯。本是前村冷澹花，不称王侯将相家。明朝会散，更向明月底籍雪冻吟疏。影里董思学靖传翁百花诗此花粉红，标格犹诮曰梅，而繁密枝满则宛如杏花。晏元献，移植西冈圃内。荆公诗："北人浑未识，浑作杏花看。"

瘦倚西冈石圃阴，玉容忽抹艳妆深。染春应借东君手，眩眼曾疑北客心。霞吐丰姿情脉脉，雪遗香影梦沉沉。粥饧风景清明近，错认庐山种一林。

仇远《金渊集·东园赏红梅》

花姨夜捣守宫血，染就南枝花貌别。宿醒未解春正酣，一片晴霞消冻雪。莫道有人疑作杏，老眼频看亦生缬。东阑更有萼绿华，精神标致尤消绝。先生焚香读书处，把酒花前相暖热。群蜂知香不知色，一枝肯许儿童折。两株横卧处士桥，梦中归踏孤山月。

虞集《道园学古录·于仲元舍赋红梅》

白雪不成夜，丹霞遂崇朝。妙质承日映，飞英向风飘。醉来红袖近，歌罢彩云消。扬州问何逊，何以董娇娆。

次韵陈溪山《红梅》

冰雪肌肤染绛云，岁寒林下对吟身。先天气至浑如醉，初日光融转更新。白发无能酬造化，金丹有道驻长春。少年莫笑诗成处，倾倒相欢忘主宾。

春晓红生岛屿云，此中尽着两闲身。不愁花笑发须白，谩诧人传句法新。曲水徘徊天上日，深杯斟酌自家春。繁英未落须频到，翠实金盘尚及宾。

雪后孤根发暖云，栽培本自一人身。紫薇遗意成千古，绛萼深期又一新。忠厚敢忘嘉树赋，冲和思广此枝春。若为稚子犹堪教，三祝三加望大宾。

《张西岩集·赋赵西湖宣慰红梅》

小园处处可藏春，一树红梅最可人。应解诗人有新句，樽前也作醉精神。扶疏修竹遥相映，袅娜垂杨未敢侵。一片彩云飞不去，东风吹影落池心。

陈深源《片云山人小藁·红梅》

便着胭脂也不同，比桃嫌媚杏嫌穠。夜来定与师雄饮，早起花开带酒容。

宋本《至治集·赵彦可家红梅》

谁染燕支彻骨浓，醉痕常晕倚晴空。可怜万古孤山月，只见冰姿冷淡中。

万斛生香散晓霞，南枝满意占芳华。北人今日多经惯，不向东风唤杏花。

《杨仲弘集·次韵罗云叔红梅》

玉人中酒殢滞芳华，尽压东风百种花。朴被冬深裁异锦，篝灯夜永障轻纱。纤蕤露沁蜂腰蜡，密蕊云蒸鹤顶砂。为问阆风何处在，相期高举晨霞。

梨云无梦倚黄昏，薄倩朱铅蚀泪痕。宿酒破寒薰玉骨，仙丹偷暖返冰魂。茜裙影露罗衣卷，霞佩香封缟袂温。回首孤山斜照外，寻春误入杏花村。

吴舜举《吾吾类稾》

画阑围绛雪，罗袜绝清尘。丰骨朝酣酒，浓香浅殢春。翠屏寒影瘦，鸾镜晓妆匀。莫听楼中笛，新声故恼人。

石抹良辅《□□集》

寿阳浴罢趂瑶池，酒晕双腮半醉时。红肉映纱增百媚，何须腻粉傅胭脂。

抱膝吟

横斜疏影蘸清池，姑射仙人独步时。犹恐世人称淡薄，故将天质浣胭脂。

徐宋二先生《湘行稾·和大经红梅韵》

包凤烹龙泣玉脂，珍珠红晕上梅枝。染根仙子随时好，认叶诗人被眼疑。疏影暗香元不改，淡妆浓抹总相宜。海棠若见应羞死，桃李漫山俗可知。

许棐《梅屋集·红梅》

不堪冷照黄昏月，强倚春风作杏妆。虽得容颜暂时好，欠他肌骨旧来香。

周渎诗

姑射仙人笑脸开，肯将脂粉浣香腮。只因误入桃源洞，惹得春风上面来。

武朝宗《藏拙余稾》

虽红不艳自清臞，时复湖边见一株。因笑北人看作杏，杏花还有此香无。

王志道诗

穠华不与众芳同，偏爱施朱立晓风。莫道春来无酒病，脸霞犹带夜来红。

桂水诗

紫府移来姹早芳，玉容寂寞试红妆。花含晓雨胭脂湿，枝绕春风绛雪凉。

徐介轩诗

寒香冷艳缀轻枝，误认夭桃未放时。盛饰霓裳陪越女，不施粉黛抹胭脂。

软盈弄月醉霞觞，娇软酡颜褪晚妆。缟素丛中红一点，好花终是不寻常。

香梅烂熳风红梅，白白朱朱取次开。料得故园春色满，有人花下正徘徊。

杨平洲诗

谁将醉里春风面，换却平生玉雪身。赖得月明留瘦影，苦心香骨见天真。

沈蒙斋诗

才是胭脂半点侵,更无人信岁寒心。自来不得东风力,又被东风误得深。

陈景沂诗

色异名同失主张,厌寒附暖逐群芳。当知不敢冰霜操,戏学陶家艳冶妆。

邓文原诗《奉谢伯雨高士惠红梅》

空谷彤霞护冷妍,移根来自羽衣仙。玉垆晓结丹芽嫩,琳馆春浮彩树先。醉里形神涵太素,静中空色悟真玄。十年不见南枝面,撩得诗翁费酒钱。

《廉文靖公集·红梅花横幅钱雪溪画》

枝叶已殊桃杏孤,根复占春先汗血。行人渴处须君沃润丹田。

国朝僧妙声《东皋录·题红梅》

妙德清凉地,春风驻翠华。因陈三献酒,玉色绚晨霞。

周巽泉《性情集》

彩鸾下云釜,岁晏停香车。素妃持绛节,丹脸含蕊砂。谪居孏仙苑,步出东皇家。朝迎阳谷日,暮餐赤城霞。尚恐芳华歇,飘忽令人嗟。

贝廷臣《清江集》

时世新妆学内家,渔人错认武陵霞。百年艮岳空留树,一夜春风为染花。月里嫦娥羞素服,山中仙客饵丹砂。也知风骨依然在,雪后黄昏瘦影斜。

龙门狂僧老万回,胭脂常染玉堂梅。木杯何日过东海,抬得海底珊瑚来。

红罗亭下又春风,小凤飞来树已空。后主当时欢宴处,新花如火照唐宫。

野桥山店记年时,管领春风有一枝。却叹罗虬不解事,百篇空赋比红诗。

山杏一株临大路,宫桃千叶倚空墙。如何冰雪罗浮女,也学春风半面妆。

刘琏《自怡集·次韵瓶中红梅》

冰肌天赋玉团团,谁染丹英比木难。不共小桃争艳冶,自陪修竹报平安。瑶池队里春风细,紫塞声中夜月寒。折向胆瓶看未足,一枝还杂竹皮冠。

绍兴府《会稽续志》

红梅,城圉中及他邑皆有。卢天骥刻中同邑官登迎薰堂红梅诗

河阳满县栽桃李，风过落花吹不起。潘郎远韵故不凡，为米折腰聊尔尔。

剡溪诗

尹亦可人作堂饷客名迎薰。虽无桃李继潘令，红梅一窠香入云。自怜多病绣衣客，百年未半鬓先白。长鞭短帽饱霜露，田园将芜身未索。何日背琴携瘦筇，鸣弦堂上迎薰风。梅香已断叶初暗，满林着子双颊红。寄声艇子可留意，为我沿溪撑短蓬。

李垕《梅花集句》

小萼裁成绛蜡匀，石曼卿。绣难相似画难真。方干。春风用意匀颜色，郑谷。未怕青腰玉女嗔。王介甫。

伍良臣《中流集》

玉人睡起宴初酣，斜倚东风力不堪。肌骨可怜消瘦尽，相逢犹是在江南。

《庚溪诗话》

毗陵荐福寺红梅阁，士大夫留题，惟程给事致道俱尝有诗，其略曰：

春风如醇酒，著物物不知。居然北枝后，迨此白日迟。春风日浩荡，醉色回冰肌。所恨培雪根，向来岁寒枝。差池弄芳晚，坐令颜色移。颜色固妩媚，清香无故时。意新语妙，存规戒，不苟作也。

陈子尚诗《题红梅》

玉质谁将染旧红，罗浮仙子醉春风。从今颜色如桃杏，标格孤高自不同。

山阴韦珪诗

昨夜瑶池醉玉颜，晓妆浓试破清寒。应怜餐雪冰肌瘦，乞与春风换骨丹。

画红梅

一夜花房赐守宫，丹青谁为写微容。却疑卯酒伤多后，绡帐春寒睡正浓。

《僧无诘禅师集·题画红梅》

杨柳桥西啼乳鸦，青楼一簇漾晴霞。吴姬半卷朱帘笑，不似桃花似杏花。

宋玄僖《庸庵集·为胡生懋
题王时敏红梅画》

去年京洛寸心酸，归到江南泪未干。泣血只疑共溅泪，故园不作杏花看。
胡生襄以父丧还自河南，有泣血之苦，而事母读书不懈，有足念者，故为赋此诗。

题红梅画四首

莫向罗浮月下游，天寒有酒岂销愁。暮年作赋江南客，可使红颜对白头。

春色随人雪里归，玉堂清梦已相违。宫袍莫怪裁云锦，更有缁尘染素衣。

玉颜净洗西湖水，一见令人日夜思。图画写真谁寄到，东涂西抹费胭脂。

几年冷落在深宫，不入霓裳舞队中。欲得君王同一笑，也将红袖拂春风。

题红梅画三首

自喜春光早，翻怜月影孤。铁心亦爱惜，不肯击珊瑚。

缟带何时换，红裳向日明。天寒看翠羽，春近忆黄莺。

日远江南路，愁深洛下尘。泪痕都是血，寄语铁心人。

龚敩《鹅湖集·龚文达
红梅为张邦秀题》

鹤膝横空绿玉翘，顶朱新试不全娇。香凝晕脸春先转，暖溢丹砂雪易消。殊色未知逢驿寄，群芳须让赐绯朝。早知塞北无人识，别写新词付丽谯。

冰雪姿容旧写真，一枝曾寄陇头人。相逢若问今消息，为说江南别有春。

张翥《蜕庵集·题王元章红梅》

我本北人南寄家，惯从湖上看横斜。客中忽睹春风笔，眼乱初疑作杏花。

刘基《覆瓿集·题画红梅》

水晶宫里玉真妃，宴罢瑶台步月归。行到赤城天未晓，冷霞飞上六铢衣。

又梦与有红梅未赏致
远督以长句次韵戏之

道人自以广平期，奈此嫣然竹外枝。惯见缟衣和月色，却怜红雪上冰肌。清尊合遣诸公集，彩笔先成一段奇。为语北人须细看，不应繁杏窃幽姿。

绰约多丰度，丹霞紫玉轩。成功还九转，来宴杏花园。

灿灿珊瑚□，盈盈玛瑙杯。东风吹不醒，扶醉上丹台。

西湖林处士，日日酒盈樽。消得梅花醉，题诗半掩门。

丹熟阳初转，飞升绿萼仙。东风传绛雪，先占小春天。

僧宗泐《全室集·题红梅》

美人前度见，素服雪宫来。今日春风里，红颜一笑开。

《顾禄集·题红梅图》

群仙醉宴蕊珠宫，跨鹤归来夜月中。三日天风吹不醒，玉颜犹自灿春红。

真西山词·蝶恋花

两岸月桥花半吐，红透肌香，暗把游人误。尽道武陵溪上路，不知迷入江南去。先自冰霜真态度，何事枝头，点点胭脂污。莫是东君嫌淡素，问花花又娇无语。

石耆卿词

青玉枝头红类吐，粉颊愁寒，浓与胭脂傅。辨杏猜桃君莫误，天姿不到风流处。云破月来江上住，要共佳人，弄影参若舞。只有暗香穿绣户，韶华一曲惊吹去。

《卢疏斋集》

春正月八日，借榻刘氏楼居。翌日早起，赋瓶中红梅，以《蝶恋花》歌之。冰褪铅华临雪径，竹外清溪，拂晓开妆镜。银烛铜壶斜照影，小楼遮断江云冷。

香透罗帏春睡醒，如许才情，肯到枯枝杏。客子新声谁听莹，孤山快唤林和靖。

高观国《竹屋痴语·留春令》

玉妃春醉，夜寒吹堕江南风月。一自情留馆娃宫，在竹外尤清绝。贪睡开时，风韵别向杏花休说。角冷黄昏艳歌残，怕惊落胭脂雪。

毛滂《东堂集·木兰花》

当日岭头相见处，玉骨冰肌元淡伫。近来因甚要浓妆，不管满城桃杏妒。酒晕晚霞春态度，认是东君偏管顾。生罗衣腿为谁羞，香冷熏炉都不觑。

《维扬志》赵师卉减字木兰花词

江南春早，春到南枝花更好，不比寻常，深着胭脂学弄妆。　寿阳开燕，拂拂红霞生酒面。从此溪桥，步障翻腾著绛绡。

《苏东坡集》定风波

好睡慵开莫压迟，自怜冰脸不时宜。偶作小红桃杏色，闲雅尚余孤瘦雪霜姿。休把闲心随物态，何事酒生微晕沁瑶肌。诗老不知梅格在，吟咏更看绿叶与青枝。

《菩萨蛮》

峤南江浅红梅小，小梅红浅江南峤。窥我向疏篱，篱疏向我窥。

老人行即到,到即行人老。离别惜残枝,枝残惜别离。

《马古州词·花心动》

雨洗胭脂被年时,桃花杏花占了。独惜野梅风骨,非凡品格,胜如多少。探春常恨无颜色,试浓抹当场索笑。趁时节千般冶艳,是谁偏好。

直与岁寒共保,问单于如今几分娇小。莫怪山人不识南枝,横玉自来同调。岂须摘叶分明认,又何必枯枝比较。恐桃李开时妒他太早。

吴感词《折红梅·喜迁莺》

喜冰澌初,泮微和渐入东郊时节。春消息夜来,烦觉寒梅数枝,争发玉溪仙馆。不是个寻常标格,化工别与一种风情,似匀点胭脂染成香雪。

重吟细阅,比繁杏夭桃品格真别。只愁彩云易散,冷落谢池风月。凭谁向说,三弄处龙吟休咽。大家留取时。倚栏干闻有花堪折,劝君须折。

梅

蜡梅范成大《梅谱》

腊梅本非梅类,以其与梅同时,香又相近,色酷似密脾,故名"腊梅"。凡三种:以子种出,不经接。花小香淡,其品最下,俗谓之"狗蝇梅";经接花疏,虽盛,开花常半含,名"磬口梅",言似僧磬之口也;最先开,色深黄如紫檀,花密香穠,名"檀香梅",此品最佳。蜡梅香极清芳,殆过梅香。初不以形状贵也,故难题咏。山谷、简斋但作五言小诗而已。此芳多宿叶结实,如垂铃尖,长寸余。又如大桃奴子在其中。宋度宗于宫中种蜡梅,筑亭于中,名亭曰:"别是一家春",遂成谶。

周紫芝《太仓梯米集》

东南之有蜡梅,盖自近时始。余为儿童时犹未之见,元祐间,鲁直诸公方有诗,前此未尝有赋此诗者。政和间,李端叔在姑溪,元夕见之僧舍中,曾作两绝。其后篇云:"程氏园当尺五天,千金争赏凭朱栏。莫因今日家家有,便作寻常两等看。"观端叔此诗,可以知前日之未尝有也。

《杭州府志》

东坡有在杭日《赠赵景贶蜡梅诗》云:"蜜蜂采花作黄蜡,取蜡为花亦寄物。"又云:"万松岭山黄千叶,玉蕊檀心两奇绝。"今此花亦有数品,以檀心、磬口者为佳。

《镇江志》

本身与叶如荮藆,香气似梅而加郁烈,华亦五出,类刻蜡而成。又与梅开同时,故名"腊梅",实非梅也。以花瓣之肥大者为贵,细簿如蝇翅者为下。

《会稽志》

蜡梅,越中近时颇有,剡中为多。花有紫心者,青心者。紫者色浓香烈,谓之辰州本。蜡梅声名自苏、黄始,徐师川诗所谓"江南旧时无蜡梅,只是梅花腊月开。"

王梅溪《剡馆蜡梅诗》

非蜡复非梅,谁将蜡染腮。游蜂见还讶,疑自蜜中来。

温革《琐碎录》

铜瓶浸蜡梅花,水有毒,不可饮。

黄庭坚《豫章集·戏咏蜡梅二首》

山谷书此诗后云:京洛间有一种花,香气似梅。花亦五出,而不能晶明,类女功捻蜡所成,京洛人因谓"蜡梅"。本身与叶乃类蒴藋。窦高州家有灌丛,能香一园也。《王立之诗话》云:蜡梅,山谷初见之,戏作二绝,缘此盛于京师。

黄庭坚

金蓓锁春寒,恼人香未展。虽无桃李颜,风味极不浅。《集韵》曰:蓓蕾,始叶也。蓓,音倍。蕾,音磊。乐天诗:"愁锁卿心锁不开。"老杜诗:"韦曲花无赖,家家恼杀人。""桃李颜"本作"桃杏红",后改之。太白诗:"松柏本孤直,虽为桃李颜。"风味,见上注。《晋书》:庾亮曰:"老人于此处,兴复不浅。"

体薰山麝脐,色染蔷薇露。披拂不满襟,时有暗香度。林逋梅诗:"小园烟景正凄迷,阵阵寒香压麝脐。"陶隐居注《本草》云:麝形似鹿,食柏叶,或有夏食蛇虫。多至寒香满,入春患急痛,自以脚踢出。人有得之者,此香绝胜。雷公云:用蹄尖弹脐,此香价与明珠同。杨文公《谈苑》云:金陵宫中人挼蔷薇,水染生帛。一夕忘收,为浓露所渍,色倍鲜翠。按:今岭南蔷薇露染衣辄黄。《庄子》曰:"风起北方,一西一东,孰居无事而披拂是。"《文选》陆士衡诗:"循形不盈衿。"林逋《梅花诗》:"暗香浮动月黄昏。"披拂不满襟,一本作"不盈怀"。按《文选·古诗》云:"馨香盈怀袖,路远莫致之。"

天工戏剪百花房,夺尽人工更有香。埋玉地中成故物,折枝镜里忆新妆。剪花房,谓其作蜡。乐天诗:"点缀花房小树头。"末句盖有所寄。驸马都尉王诜晋卿尚蜀国公主,主已下世,故有埋玉之句。新妆,用寿阳公主梅花妆之意。《风俗通》云:张伯偕、仲偕兄弟,形貌相类。仲偕妻新妆,镜中忽见伯偕,问曰:"今日妆饰好否?"此略采其意。

从张仲谋乞蜡梅

闻君寺后野梅发,香蜜染成宫样黄。不拟折来遮老眼,欲知春色到池塘。寺,谓"宦寺"。老杜诗:"江路野梅香。"《传灯录》:僧问药山为么看?经师曰:我只图遮眼。老杜诗:"皇天无老眼。"谢灵运诗:"池塘生春草。"此引用言仲谋当有诗兴。

孔武仲诗蜡梅二绝

黄鲁直云王都尉有之,邀同赋。
蜡梅直何如?但闻郑家说。淡日明晨霜,凉酥点春雪。

清嫌水麝俗,淡学池鹅黄。情知不是蜡,风定有余香。

张舜民《画墁集·和陈宪车蜡梅》

黄宫暖律暗相催,腊后春前见蜡梅。青帝不知无蝶至,黄华先赏有蜂来。风飘嫩蕊添莺羽,雪驾寒香入酒杯。尽道此花居第一,如何更有百花开。

《苏东坡集·蜡梅一首赠赵景贶》

天工点酥作梅花,此有蜡梅禅老家。蜜蜂采花作黄蜡,取蜡为花亦奇物。天工变化谁得知,子仁曰:杜诗"苍天变化谁料得。"我亦儿戏作小诗。厚曰:韩诗:"又不媚笑语,不能伴儿戏。"君不见,万松岭上黄千叶,次曰:第七卷先生留刘景文诗亦云。德操按:《杭州图经》:万松岭在钱塘旧治正南,到县一十里。玉蕊檀心两奇绝。次曰:李白诗:"光景两奇绝。"醉中不觉渡千山,夜闻梅香失醉眠。归来却梦寻花去,梦里花仙觅奇句。此间风物属诗人,我老不饮当付君。君行适吴我适越,次曰:先生将有会稽之请故也。笑指西湖作衣钵。子仁《唐摭言》:状元以下到主司,主事请谢衣钵,谓与主司名第同者。任曰:禅家谓"传法"为传衣钵。

《刘才邵文集·次韵郑守蜡梅二首》

灵根何年离众香,色相全似金容黄。晓姿荧荧炫寒日,夜气耿耿凌风霜。天真何曾资外饰,坐笑涂额夸宫妆。广平当时应未见,独为梅花回铁肠。赖有花仙觅奇句,东坡着意怜孤芳。诗中写就无遗巧,安用学花熬密房。多情偏爱被花恼,闻香心醉难禁当。况复低垂深有意,欲教醉赏倾瑶觞。

忍冷冲寒破霜萼,为报春园行灼灼。黄轻正欲金波助,斜抹寒稍转檐角。香随风远自析燕,岂待嗅芳方辟恶。不逐嫦娥向月奔,芳桂相望空断魂。新诗清绝慰幽独,胜似对月开绿樽。

咏蜡梅呈李仲孙

霜铺鸳瓦茸茸白,红日破寒舒晓色。小枝叙傍碧阑干,光透香融娇欲滴。缘何便证紫金容,胜妙从来众香国。时世梳妆嫌不称,岂假嫩黄拂宫额。清润疑和玉髓膏,鲜妍似炼鸾蜂液。团香掠蕊太辛勤,堪笑蜜房屯羽客。更有一般超绝处,画史尽工描不得。漏板丁丁夜向阑,金波浸影寒光溢。赏奇白昔属多情,况复南人多未识。恰及开时寄一枝,后时便恐香难拾。须藉高才与发扬,妙句收归花萼集。

《曾文清公集·谢送蜡梅二首》

天将何物染江梅,白玉花成栗玉开。一种暗香全似旧,小罂和雪送春来。

化工团蜡作寒梅,绝胜牛酥点滴开。不是前村深雪里,蜜蜂应认暗香来。

次韵郑侍郎送蜡梅三首

折来梅与句争清,强和余音本不能。欲向都官论一字,略无佳处似诗僧。用"前村深雪里,昨夜一枝开"事。

小瓶梅映短檠灯，幽独何人似我能。枉沐歌词无用处，维摩诘是在家僧。郑有《念奴娇》词。

江梅难以蜡妆成，女手虽工未必能。香气恼人眠不着，若为学得定中僧。

咏蜡梅

花时冶游郎，纷若一开闉市。蜡梅空自芳，俗眼不称意。洗心无一尘，坐觉香细细。乃知成风斤，要斲郢人鼻。

《晁天咎集·谢王立之送蜡梅五首》

未教落素混冰池，且看轻黄缀雪枝。越使可因千里致，春风元自未曾知。

恐是凝酥染得黄，月中清露滴来香。定知何逊牵诗兴，供与穿帘一点光。

上林初就诏群臣，紫蒂同心各自新。谁见小园深雪里，破春一萼更惊人。

诗报蜡梅开最先，小奁分寄雪中研。水村映竹家家有，天汉桥边绝可怜。

去年不见蜡梅开，准拟新年恰恰来。芳菲意浅姿容淡，忆得素儿知此梅。

李方叔《济南集·次韵秦少章蜡梅》

底处娇黄蜡样梅，幽香解向晚寒开。故人未寄岭头信，先报江南春意来。

《晁景迂集·知宗节使临渡江至金陵送蜡梅来》

江北江南叠鼓催，清香清泪各徘徊。知君清德用无尽，掉欲移时留蜡梅。

《陈简斋集·同家弟赋蜡梅诗》得四绝句。

朱朱与白白，昌黎《感春》诗："晨游百花林，朱朱兼白白。"着意待春开。哪知洞房里，宋玉《风赋》："跻于罗帷，经于洞房。"相如《长门赋》："阻清夜于洞房。"已傍额黄来。见二卷《蜡梅诗》。

韵胜谁能舍，《选·头陀寺碑》："道胜之韵。"山谷以茶送孔常父诗："心知韵胜舌知腴。"色庄那得亲。色庄见《论语》。朝阳一映树，《卷阿》诗："梧桐生矣，于彼朝阳。"到骨不留尘。杜牧之《自贻》诗："到骨是风尘。"

黄罗作广袂，绛帐作中单。人间谁敢著，留得护春寒。帐，一本作纱。《唐车服志》：凡祀天地之服，皆白纱中单炙縠子。朝燕衮冕，中有白纱单。中有明衣，皆汗衫之象，以行祭接神。至汉祖与项羽交战，汗透中单，改名汗衫。贵贱通服之。

一花香十里，更值满枝开。承恩不在貌，谁敢斗香来。杜荀鹤《春宫怨》："承恩不在貌，教妾若为容。"

又咏蜡梅

智琼额黄且勿夸，回眼视此风前葩。牛僧孺《幽怪录》：隋唐间，巴邛人橘园，霜后两橘大。如三四老叟。二老叟象戏毕，一叟曰："君输我智琼额黄十二枝。"少顷，共乘龙而去。《集仙录》：魏济北从事弦超，梦神女来从之，自称天上玉女，姓成公，字智琼。家家融蜡作杏蒂，温庭筠《古碌碌辞》："融蜡作杏蒂，男儿不恋家。"岁岁逢梅是蜡花。苏东坡《蜡梅诗》："蜜蜂采花作黄蜡，取蜡为花亦其物。"世间真伪非两法，映日细看真是蜡。东坡《湛然堂诗》："定慧照寂非两法。"我今嚼蜡已甘腴，况此有味蜡不如。《楞严经》：于横陈时，味如嚼蜡。只愁繁香欺定力，薰我欲醉须人扶。不辞花前醉倒卧经月，是酒是春君试别。《法华经》以禅定智慧力智度论，以定力故出生死。山谷《答马中玉诗》：锦江春色薰人醉。又《椰子冠诗》，浆成浮酒薰人醉。

《蜡梅四绝句》

花房小如许，《山谷蜡梅诗》：天工戏剪百花房。《左传》遂如许。铜剪黄金涂。王缙创五台山佛祠铸铜为瓦，以黄金涂之。中有万斛香，与君细细输。

来从底处所，黄露满衣湿。《洞冥记》及《东方朔别传》：母忽失朔所在，经年乃归。曰：儿暂之紫泥之海，息冥都崇台，王公啖儿以丹粟霞浆，饱闷几死，乃饮玄天黄露半合即醒。后武帝欲之，朔乃乘步景之马，至东极得玄窗。青黄露还，以授帝。昌黎《泷吏诗》："湖州底处所。"缘憨翻得怜，亭亭依风立。《南部烟花记》：隋炀帝御女袁宝儿验冶多态，洛阳进合带迎辇花，帝令持之，号"司花女"。帝谓虞世基曰："宝儿多憨态，卿试嘲之。"世基为诗曰："学画鸦儿半未成，垂肩軃袖大憨生。缘憨却得君王意，常把花枝傍辇行。"老杜《牛女》诗："亭亭新妆立。"又《江畔寻花诗》："春光懒困倚微风。"李义山《蜂诗》：赵后身轻欲倚风。奕奕金仙面，《涅盘经》：瞿昙大仙。李太白《赠僧□公诗》：授予金仙道，旷劫未始闻。《閟宫诗》："新庙奕奕。"郑笺："狄，美也。"排行立晓晴。殷勤夜来雪，少住作珠缨。《维摩经》：又珠缨在彼佛上。

亭亭金步摇，朝日明汉宫。当时好光景，一似此园中。汉《舆服志》：皇后结步摇簪珥。步摇以黄金为山，题贯白珠，为柱枝相缠。一爵九华，炙谷子、周文王于髻上加珠翠翘花传之，铅粉步步而摇，故曰"步摇"。李太白《越女词》："新妆荡新波，光景两奇绝。"

王之道《相山集·追鲁直蜡梅二首》

一种幽素姿，凌寒为谁展。似嫌冰雪清，故作黄金浅。

岁穷压霜雪，春至喜风露。一枝蜡花梅，清香美无度。

蜡梅沈次韩韵

一枝横亚竹稍黄，宫样新翻半额妆。闲淡似宜冬后日，清癯应怯夜来霜。生憎丹脸娇含酒，巧妒冰肌冷透香。取蜡为花缘底事，浪吟空发少年狂。

可怜风骨肖梅英，试问东君曷似生。正色不从朱粉涴，奈寒犹怪雪霜轻。论交檐葡君为胜，投社酴醿我更清。纵美讵能齐众口。此言何独指羊羹。

《王东牟先生集·郑顾道惠蜡梅》

一种佳名两字猜，蜜脾融液腊中开。雪花不敢迷真色，风格都缘不是梅。

长垂月帔别天阶，翦作金钟应律灰。世上语言无入处，好从天上觅诗来。

又咏蜡梅

江梅已胜犹非似，此外余芳更堪数。信知风格忌太高，至此从前难著语。世间初无字可夸，且随颜色称蜡花。醉人香味解禅定，捩眼静伫辞纷华。徐熙画花只画神，黄筌细琐皆逼真。要须别花如别画，只恐此心难付人。

吕居仁诗

学得汉宫妆，偷傅半额黄。不将供俗鼻，愈更觉清香。

洪适《盘洲集》

天遣金钟覆，人称刻蜜脾。暗香深雪里，冻蝶蚤前知。

《刘屏山集·张巨山
赋蜡梅，因成四首》

取名慕横枝，要自同风格。虽微调鼎味，宛有金铉色。

浑疑蜡作花，貌野中抱幽。冷香不盈眦，意尽仍一流。

尖萼破微雪，明犀透清暾。不有朱紫繁，那知中色尊。

今日寻此梅，危行石涧东。花神欲宣令，万铎悬春风。

王十朋《梅溪集》

非蜡复非梅，梅将蜡染腮。游蜂见还讶，疑自蜜中来。

蝶采花成蜡，还将蜡染花。一经坡谷眼，名字压群葩。

色含天苑鹅儿黄，影蘸瀛波鸭头绿。日烘喜气光烛须，雨洗道妆鲜映肉。

天工着意点驼酥，不与汀梅斗雪肤。露滴蜂房酿崖蜜，日烘龙脑喷金炉。万松张盖黄尤好，三峡藏春绿不枯。东南蜡梅，叶落始开。峡中地暖，华开而叶不落。题品傥非坡与谷，世人应作小虫呼。宋山甫知县云：大宁监多蜡梅，土人不知贵，呼为“狗蝇花”。

张思豫主簿送蜡梅

莲幕何人送此花,不容一蕊污贫家。归来自觅清河种,馨德如人最可嘉。予在越幕,有送蜡梅者,却之。同僚有"莲幕风清不受梅"句。

义夫许赠丁香蜡梅

刘郎不独种桃花,腊蕊柔香更可嘉。臭味相同林下友,从今花木亦通家。予植十八香,目丁香曰:"柔香",取杜诗"丁香体柔弱"。

胡铨《澹庵集·和山谷从张仲谋乞蜡梅韵寄吴明可》

玉壶佳处野梅发,未减后山襄样黄。乞取一枝淮海去,不应春色占钱塘。

《曹公隐集·送蜡梅与曾竑父》

紫烟破萼缀蜂房,薇露浓薰苒苒香。寄与赤城贤太守,要知和气入风光。

吴芾《湖山集·蜡梅》二首

谁将栗玉刻蜂房,巧向梢头取次妆。羞得江梅都避舍,满园不见一枝芳。

园林摇落独芬芳,未让江梅雪里香。还恐人嫌梅太白,故来枝上尽涂黄。

郑刚中《北山集》

缟衣仙子变新妆,浅染春前一样黄。不肯皎然争蜡雪,只将孤艳付幽香。

金房道间皆蜡梅,居人取以为薪。周务本戏为蜡梅欢,予用其韵。是花在东南,每见一枝无不眼明者。

边城草木枯,散漫惟蜡梅。花蜂不成蜜,深黄吐春回。如行沙砾中,眼明见琼瑰。初谓此邦人,推为百卉魁。文房与幽室,佳处定使陪。羞死蒺藜类,屏置山墙隈。事有大不然,惊呼谩徘徊。顽夫所樵采,八九皆梅材。余芳随束薪,日赴烟与埃。曲突几家火,灵根万花灰。我欲从化工,缓语摇颊腮。天涯有清客,不善为身媒。鲜鲜犯霜露,旦旦斤斧摧。宁若橘变枳,甘心摈长淮。今渠负幽姿,风韵元不颓。胡为杂榛棘,仅与社栎偕。化工为垂手,毋令识者哀。

再和

我赋蜡梅什,吁嗟何独梅。天衢谁谓高,富贵容奸回。世路可怜窄。岩穴老奇瑰。刘蕡策如虹,李郃方为魁。汉帝称盛礼,太史不得陪。楚亦多大夫,灵均葬江隈。天马絷四足,悲鸣谩徘徊。梗楠遇拙匠,血指成弃材。高冈凤鸣资,灶下随烟埃。泛观无不尔,何叹花为灰。我欲劝处子,无庸画红腮。我欲劝朝士,无庸巧相媒。时来鸡犬仙,势去金石催。置器戒如斗,酌酒当如淮。陶陶醉乡中,壮心休自颓。小视造物者,令与儿辈偕。

浩气塞天地,容易母悲哀。

李璧《雁湖集·蜡梅》

数枝托悟上,人持供南圃。
色染蔷薇水麝薰,静中时有暗香闻。上人生怕花料理,未信真能恼石君。

余十岁时,从亡兄仲氏侍先摄师江陵。
郡圃蜡梅百株,一昔盛开,予为记之。
仲兄颇赏爱,以为工,今十六七年矣。
属感前事,重赋七言以纾余悲。

病眼清晨欲泫霜,谁将幻色对山房。十年犹记湖阴梦,几度愁闻汉苑香。蜡雪近春才一白,好花得地更深黄。只应无复当时意,草木何知我自伤。

陆游《渭南集·苟秀才送蜡梅十枝奇甚为赋此诗》

与梅同谱又同时,我为评香似更奇。痛饮便判千日醉,清狂顿减十年衰。色疑初割蜂脾蜜,影欲平欺鹤膝枝。插向宝壶犹未称,合将金屋贮幽姿。

潘良贵《默成居士集·蜡梅三绝》

孤芳移种自仙家,故着轻黄映日华。举世但知梅蕊白,不知还有蜡梅花。

旦评人物尚雌黄,草木何妨定短长。试问清芳谁第一,蜡梅花冠百花香。

枝头疏蕊吐檀心,借日娇黄色浅深。却倩江梅来做伴,要看明玉间良金。

张广《东窗集·次韵曾大卿用东坡先生韵赋蜡梅》

湘潭有客善种花,晓移根坺来君家。天公着意为刻蜡,幻出新苞亦尤物。至游老仙旧相知,少年惜花多赋诗。而今更挽金蕉叶,与花一处成三绝。夜阑宝帐攒远山,钗头余芬薰醉眠。明朝红紫麾不去,妖艳妨人觅佳句。始信清臞自可人,此语嘱谁当嘱君。请为百花作檀越,得意不妨时击钵。

再次前韵

梅花声名降百花,蜡梅后出亦世家。真香不多护以蜡,玄官风流无长物。瀛洲阁老圣得知,不解藏锋屡作诗。君不见,大苏曾赋黄千叶。岁晚无胶续弦绝。君今颇陋饭颗山,枕上冥搜那得眠。想应不妨花归去,开处韩郎有新句。浅黄官样苦撩人,此事从来合付君。我亦评花太僭越,不问吞针与啮钵。

蜡梅近出，或谓药中一种不结子，
非梅类。戏作数语为解嘲云

梅花孤高少辈行，蜡梅晚出辄争长。素妆落额岂不好，浅黄拂杀更官样。檀心半迎寒日吐，暗香坐待初月上。春风不是苦靳惜，未辨开花大如掌。君不见，桃李开花到结果。削梗钻核终奇祸。蜡梅沾蜡如幻成，渠要调羹身后名。

《朱晦庵集·蜡梅》

风雪催残腊，南枝一夜空。谁知荒草里，却有暗香同。资莹轻黄外，芳胜浅绛中。不遭岑寂似，何以媚芳丛。

唐仲友《说斋集·蜡梅十五绝
和陈天予韵》

此花清绝似幽人，苦耐冰霜不爱春。蜡蕊轻明香万斛，黄姑端的是前身。

点缀何曾待化人，密房琐琐暗藏春。定应昔与江梅友，惹得清香尚满身。

袂剪黄罗亦可人，君诗剩觅小园春。最怜丈室铜瓶里，独对维摩似病身。

黄姑侍女两三人，散作名家不嫁春。仙桂飘零篱菊尽，香容付与雪中身。

日暮天寒倚竹人，淡妆别有一般春。紫囊深贮香无限，金缕初裁稳称身。

山麝时时暗袭人，蔷薇露湿满枝春。若教粉蝶知音耗，应怨韵华枉误身。

的皪光明色照人，枝头已有十分春。我惊唤作菩提树，为是如来幻化身。

不管江梅妒杀人，壶中日月已先春。恰如姑射神仙子，野服高闲物外身。

长伴南枝带雪开，浑无蜂蝶去徘徊。可能熟识金仙面，只有诗人日日来。

只恐幽花取次开，哦诗忍冻几徘徊。莫猜野服风情浅，解把天香暗里来。

甚欲陪君酒瓮开，寒侵病骨却徘徊。不辞更琢金仙句，图得抛砖换玉来。

为爱凌晨细细开，谁人伴我独徘徊。朝阳满树无尘滓，寒雀惊窥欲下来。

一点轻明照雪开，六花惊妒亦徘徊。清香不在江梅后，底事全无驿使来。

几岁岩扃独处开，何人立马为徘徊。只因坡谷传佳句，惹得寻春使少来。

积雪愁阴久不开，为怜花冷故徘徊。凭君琢句留金蕊，待取霜风送月来。

凌寒不独早梅芳，玉艳更为一样妆。懒着霓裳贪野服，自然仙骨有天香。

轻明最是宜风日，冷淡从来傲雪霜。欲识清奇无尽处，中间深佩紫罗囊。

张镃《湖南集·问讯家林蜡梅》

蜡梅吾甚爱，园种未能多。旋去东南竹，新添二十窠。杂家俄半月，放蕊想盈柯。前日叮咛句，花神记得么。

蜡梅二首

金谷园中夜罢炊，照花滴蜡上林枝。清芬更比寒梅耐，不是蜂房借蜜脾。

家世凌风却月旁，别来衣变郁金光。神仙定遇容成子，教服三黄遍体香。

龙井山主送蜡梅

风落松钗满涧桥，野蜂移蜜上枯条。道人参得山中语，不是涂黄一样娇。

次韵茂洪觅蜡梅

世路崎嵚费折枝，退耕非我更其谁。真花似假无心咏，只诵涪翁旧日诗。

种蜡梅喜成时欲暂往梁溪

出得荆扉喜欲颠，园夫撑到蜡梅船。包封山土根微脱，束缚溪藤叶尚鲜。般处侧从新径里，种时围向旧台过。叮咛等待吾归看，切莫开花小至前。

道旁方讶扑人香，金蓓花开满担装。尚有松钗挂枝抄，买归偏称插山堂。道中买蜡梅两束。

僧庐草剑石崖根，惯见西湖不喜论。安得便如居士意，移为官舍读书轩。大佛庵僧窗月湖语。

病起见瓶中蜡梅偶书

南湖地胜无凡木，只说寒梅夸不足。四般风韵两般高，黄如蜂蜡白如玉。余品细红亦总嘉，早开最喜黄白花。去年树下看不厌，吟兴被压空长嗟。今冬一病恰半月，未暇寻梅踏残雪。数枝腊蕊忽先来，吹香大慰经年别。道人个作群儿痴，三嗅唤醒胜良医。黄绢幼妇诰难辨，一默自有无穷诗。此机亦似维摩老，何曾真难文殊倒。从兹不病是谈禅，命花却为金色仙。

《范石湖大全集·从巨济乞蜡梅》

寂寥人在晓鸡窗，苦忆花前续断肠。全树折来应不惜，君家真色自生香。

次韵汉卿舅蜡梅二首

垂垂瘦萼泣微霜，剪剪织英锁暗香。金崔钗头金蛱蝶，春风传得旧宫妆。

湘袂朝天紫锦裳，光风微度绛霄香。寿阳信美无仙骨，空把心情学淡妆。

史浩《鄮峰真隐漫录》

蜂房酿余滋，众香薰蜜脾。幻作应真面，行行排玉枝。相看紫檀色，风摇振金锡。天遣久住世，不畏高楼笛。

《赵蕃淳熙藁·和何叔信别种蜡梅韵》

不识梅当牖，唯知竹映墙。脱成元似蜡，染就却殊黄。自是风神秀，宁由肌骨香。木犀虽琐碎，品色庶同方。木犀亦有黄与白者，元不异耳。

以蜡梅分供堂头，希卢首座，冲南首座，惠绝句，次韵并简堂头二首。

蜜黄初出一枝春，分似堂中得定人。各各闻香获三昧，信知文字本非真。

才尽年来怕及春，上人那说是诗人。拨残芋火宁余事，故欲撩公懒是真。

陈严二君频送蜡梅，因以成咏

缀蜡为花荆作枝，列为梅种自何时。诗多草木初无与，贤比兰荃又见遗。只道品题终不遇，岂期坡谷解相知。却怜二士空齐鲁，不及西都讲盛仪。

次韵何叔信二月蜡梅犹盛之作

江梅未醒如冻蝇，蜡梅先折能宁馨。江梅既开瘦欲绝，蜡梅吐香方未歇。几思觅句摅襟期，嫌如疏笋伤肝脾。君诗与花辱俱见，却悔临渊只痴羡。君因此花诗再题，遇读快若垢得篦。从渠见者不著目，亦胜长安纷市嚣。

又咏蜡梅

蜡梅初看十日前，黄深紫鲜香欲然。要充铜瓶顿棐几，欲折罢折还加怜。蜡梅重看十日后，黄淡紫蔫香欲覆。是当雪砌与霜檐，欲开未开咸未就。山叟山居山径荒，只有竹树参天长。浮花不省著老眼，此物未免搜枯肠。雪消霜熟冬行莫，凛日凝天应有数。蜡梅引破春风路，红洁缃繁看树树。

许纶《涉斋集》

司花工剪蜡，墨客巧抽脾。酝藉无梅操，生香认得知。

次木伯初蜡梅三绝

格韵枰量故是梅,采薪丛里冻花开。蜂衔不逐飘零尽,真似天工蜡缀来。

蜂薰脾蜜麝薰脐,香染蔷薇色染栀。大似幽兰怀隐操,有心闻处得香迟。

气禀中央色自庄,丹心展尽只输香。自知不结和美实,盍作山家澹泊装。

沈与求《龟溪集·次韵
刘希颜蜡梅二绝》

仙衣曳紫练裙黄,天遣清臞胜国香。月上小窗寒影动,不禁风味恼刚肠。

剪成香蜜缀疏枝,度腊争春已恨迟。清夜无人花睡去,小园风露更相宜。

杨诚斋《荆溪集》

天向梅梢别出奇,国香未许世人知。殷勤滴蜡缄封却,偷被霜风折一枝。

蜜蜂底物是生涯,花作糇粮蜡作家。岁晚略无花可采,却将香蜡吐成花。

眉间蜜酒发轻黄,对看诗人不惜香。金作仙衣元自冷,月中仍带一身霜。

苍头元不是花房,融蜡熬酥戏滴将。忽见微舒金爪甲,不知中有紫香囊。

江梅珍重雪衣裳,薄相红梅学杏装。渠独小参黄面老,额间艳艳发金光。

栗玉圆凋蕾,金钟细着行。来从真蜡国,自号小黄香。夕吹撩寒馥,晨曦秀暖光。南枝本同姓,唤我作他杨。

《次东坡先生蜡梅韵》

梅花已自不是花,冰魂谪堕玉皇家。不餐烟火更餐蜡,化作黄姑瞒造物。后山未觉坡先知,东坡勾引后山诗。金花劝饮金荷叶,两公醉吟许孤绝。人间姚魏漫如山,令人眼暗只欲眠。此花寒香来又去,恼损诗人难觅句。月兼花影恰三人,欠个文同作墨君。吾诗无复古清越,万水千山一瓶钵。

盱眙军无梅,郡圃止有蜡梅两林

只道横枝春未同,又疑不肯犯寒开。逢人问讯花消息,不识江梅只蜡梅。

腊里花开已是迟,西湖十月见琼肌。岭头犹说南枝暖,却向淮南觅北枝。

烛下瓶中江、蜡二梅

江梅蜡梅同日折，白昼看来两清绝。如何对立烛光中，只见江梅白于雪。

韩淲《涧泉集·武林买蜡梅栽在园》

移得西湖一种来，小园已是十年栽。输香浅色霜风晚，合与幽人子细开。

涧上蜡梅香甚

照眼花枝是蜡梅，香传小树为谁开。弄阴欲雪山长暝，破晓终风水漫洄。鸟语春声喧复静，鸿飞寒影去还来。数间败屋浮桥外，何苦无吟不举杯。

又咏蜡梅

家山蜡梅开，历历水边树。故园不可见，胡能写吟句。随风惜其姿，破雾得其趣。淋漓衔一杯，错莫展数步。不道缁尘中，恼我尚况痼。瓶簪良自佳，但恐失平素。香传疑麝煤，体弱岂金铸。我居小窗横，幽怀眇回互。

项安世《悔稿后编·蜡梅花》

香如江路晚风腾，色似蜂房晓露凝。姓腊名梅俱是假，世间多少墨成蝇。

江梅蜡梅同赋

淡白轻黄著绛跗，截肪蒸栗玉肌肤。品题道骨谁高下，着莫清香似有无。野服黄冠离世士，缟裙瑶佩列仙儒。春风底处无红紫，谁肯冲寒到玉湖。

咏蜡梅

枯疏寒影变丰庞，的皪冰肌染沁黄。难免世人栀蜡议，赖凭天骨蕙兰香。情知不作和羹计，老去谁能弄粉妆。却笑南枝心未死，寿阳新额小红裳。

《蔡九峰集》

造物无穷巧，寒芳品更殊。花腴真类假，枝瘦懒犹枯。帝子明黄表，宫人隐绛襦。若论风韵别，桃李亦为奴。

陈造《江湖长翁集·次韵赵帅蜡梅》

窗底闲寻断续香，贴金谁比惬风裳。汉姬懒赴昭阳燕，宫额涂成却覆觞。

周益公《大全集》

玺黄织就费天机，付与园林晚出枝。诗老品题犹误在，红梅未是独开迟。

曹彦约《昌谷集·和三十郎蜡梅》

官黄新赐极恩荣，花不同梅与共名。颇谓寒中宜作伴，想因开早更为兄。世间何物

疑真蜡，海上新来染碎琼。体得自香天分好，金涂铜切却峥嵘。

《袁絜斋集》

金相玉质旧同科，暗里清香万斛多。绝谷风流宁不似，调羹功用竟如何。

杨冠卿《客亭类藁·蜡梅四绝》

游蜂辛苦事芳菲，嚼蕊偷香酿蜜脾。还被东风巧收拾，又随春色上南枝。

枝上编钟万颗垂，凌寒傲视雪霜姿。从今疏影暗香句，不数西湖处士诗。

涂黄不学汉宫妆，一点檀心万斛香。嚼蜡我今忘世味，羞将花谱细平章。阿娇厌处黄金屋，洗尽铅华儿女妆。香魂夜寒伴幽独，书灯相对吟胡床。

周益《并阳蜡屐集》

蜡本花所作，作花应更香。自参无味禅，不作有色妆。未知香山白，何似江夏黄。坐令彼粲者，难擅春风场。

王鲁斋《甲寅集·和立斋蜡梅韵》

蜡花檀晕香如梅，挥兮入谱名京垓。立斋形容消息大，浓芳不受霜雪埋。疏影横枝虽未足，淡淡中色搀先开。薰然不待诗料理，诗人无奈清香催。诗清香韵两奇绝，诗香相感从何来。只缘人与共相似，心香洒洒俱无埃。坡公衣钵何敢睨，简斋香酒非吾裁。有时静听群儿读，绕树日走数百回。仰头生意已如此，座视百草方枯荄。

虞俦尊《白堂集》

龙麝浓薰总不宜，幽香细细忽闻时。蜜脾悬罄无余味，鹤膝横陈有老枝。玉蕊檀心还得似，蜡言脂貌有谁欺。却疑不是人间物，三嗅殷勤与赋诗。

再和

冰霜元不与花宜，颇怪梅花亦后时。庾岭别来无驿使，少林忽见有横枝。化工真幻知谁辨，诗老题评岂我欺。世味饱谙浑似蜡，对花不饮谩赓诗。

和万舍人折赠蜡梅韵

问讯江梅意未回，少林横出不知裁。争先赖有园夫报，折赠空惊驿使来。疏影暗香宁是伴，蜡言栀貌未须媒。主人间说归朝近，且趁眉间喜色开。今日小报舍人落致仕云。

再和

蜡缀枝头春未回，缃罗休用剪刀裁。直须浮蚁相携去，应有游蜂错认来。晕紫檀心真似假，娇黄妆额自能媒。年来世味浑如此，嚼蕊吹香一笑开。

再和

步绕名园日几回，司花着意巧能裁。影疏雅称灯笼映，东坡诗有"蜡纸灯笼"。香细疑从酒面来。酒有蜡面。破白江梅羞月姹，黏红仙杏待春媒。何如新样龙山种，却在京都占早开。

夜读邵尧夫诗，戏效其体再赋蜡梅

纷纷蜂子竞生涯，每到花时辄放衙。悬室尽将花作去声蜡，何人翻以蜡为花。姑从凡卉论先后，若此江海有等差。弄假像真真像假，小儿造物未须夸。

周紫芝《太仓梯米集·贾主簿家蜡梅》

腊月边城风雨沙，带香谁剪蜡梅花。寒灯枉作江南梦，春在墙东主簿家。

雪中蜡梅

小壶贮江、蜡二梅，幽绝俱可喜，作三色

遮眼梅花不要多，着人无复奈香何。月明羞看铜壶影，矮树斜枝忆短坡。

吴娘解滴酥成蕊，天女能融蜡作花。付与诗人说妍丑，风流二士本同家。

王上姮娥白玉肌，蕊珠宫女郁金衣。相逢月下浑无语，笑指蓬壶作伴归。

乞蜡梅

老翁真是可怜人，却觅花医病眠昏。乞取疏枝更疏蕊，莫论桃叶又桃根。

腊尽冰消未见时，春风应入近南枝。悬知老树开花早，苦恨幽人得句迟。

腊月二十三日，郡厅祷雪，夜宿斋房，赵尉灯下送蜡梅。

半昏灯火宿斋房，惊见梅梢破蜡黄。夜静月斜帘不卷，步虚声里得花香。

蜡梅六言三首

剪蜡枝横陇月，酿花蜜满蜂房。谁遣凌寒枝上，中含百和花香。

云佩风侵玉冷，仙裳雾卷罗黄。家在蕊珠宫里，衣熏鹊尾炉香。

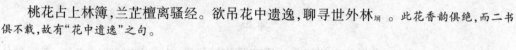

桃花占上林簿，兰芷檀离骚经。欲吊花中遗逸，聊寻世外林坰。此花香韵俱绝，而二书俱不载，故有"花中遗逸"之句。

再赋三首

孤根雅宜幽处，空明宛似僧房。我作蒲团燕坐，时参鼻观清香。

浅俗微嫌菊陋，粗疏不爱葵黄。花里谁方高韵，人中可比黄香。

移种定从天上，世间那得此香。白发入应羞看，鹅儿酒可争尝。

蜡梅大有生意

幽芳念初分，厚地冻始裂。耐寒怜孤根，忍苦度尺雪。谁持万金良，起死医寸蘖。伶俜初回姿，荏苒似着叶。灌木犹木成，已与凡草别。平生冰玉交，胜韵颇奇绝。微风折轻黄，香雾湿寒月。棐儿著冰壶，余芬散清樾。只有满眼花，想像疑可折。感君分似意，老樾倍欣悦。添我小窗春，芳意未衰歇。盛德不可忘，封殖宁敢阙。

蜡梅一首

彼美青楼倡，颜色岂不好。春风桃李花，过雨堪一扫。粲粲星冠女，云宫在三岛。雾帔卷黄罗，披风出云表。焚香礼夜坛，香雾生杳眇。恨无脂粉颜，千金聘袅袅。刘郎竟不来，含口顿弄清晓。谁怜傲霜枝，照眼自明了。永怀蕊宫姿，微黄淡飞标。清蟾耿寒枝，与月自相恼。真赏久未逢，残英惜空老。

吴几圣许人蜡梅栽二首

林下幽姿恼杀人，书来分我月黄昏。杜陵老子堪怜许，枉乞桃栽一百根。

越罗新学染宫黄，不着红蓝一点妆。移取彩衣歌舞树，莫教晓梦怨余香。

几圣以三诗寄蜡梅栽，次韵

寄将琢玉风前句，剪送和香雪后枝。要识此花真面目，细看无色画中诗。

酿蜜成花比似难，移根深恨老来看。丰肌弱骨须调护，可怕寒稍白露团。

惯见江边雪样梅，此根常恐自天来。悬知老去醉中眼，便是姚黄花懒开。

《李大隐先生集·和同院蜡梅》

曾笑江妃粉面光，化工端为拂娇黄。蜜脾旋滴明如剪，宫额新涂暗有香。应与巩梅分气味，不同陶菊斗轻狂。捧心谁识西施病，临鉴深擘未试妆。

岭梅开过已飘扬，独出奇姿浅淡黄。绛萼巧粘花蕊蜜，缃罗轻熨水沈香。光摇烛跋连宵赏，色映鹅儿殢酒狂。只恐寿阳公主怪，蛾眉画了不成妆。

瘦骨纤肌出众芳,嘉名聊占蜜脾黄。秦酥乳点寒生粟,春酒初开冻发香。事异代薪矜屋润,巧同刻凤伴儿狂,十年不见春风面,依旧轻轻薄薄妆。

再赋蜡梅

不杂寒枝冰雪光,蜜脾初点一分黄。栽时巧借韩湘手,到处浓薰荀令香。东阁敛藏羞太白,游蜂邂逅恍如狂。艳阳时节闲桃李,任学风流时世妆。

洪炎《西渡集·蜡梅》

见江楼下蜡梅花,香扑金罇醉落霞。独倚东风如梦觉,一枝春色别人家。

谢翱诗

冷艳清香受雪知,雨中谁记蜡为衣。蜜房做就花枝色,留得寒蜂宿不归。

韩元吉《南涧集·蜡梅》二首

白璧黄金取意裁,极知变态自江梅。风流一样香仍好,共趁春前蜡后开。

未惬篱东染御黄,天香特地剪蜂房。应怜雪里昭君怨,洗尽铅华试佛妆。

卫宗武《秋声集·次韵赋蜡梅》

将到穷冬寂寞乡,谁知花事未渠央。最怜剪蜡翻新样,却笑烧铅作素妆。

能向早梅前独秀,何妨秋卉后才香。只嫌一种开何晚,直待东风为发扬。

刘习之《方是闲集》

色异政自贵,香清未堪嗟。灵蜂擅造化,幻作姚家花。丰姿轻明体充实,染透蔷薇毓晴日。从称紫晕黄檀心,桃李依然是凡质。

饮东屯庶侄家赋蜡梅和陈简斋韵

释迦黄面禅可夸,色想熏渍霜中葩。不然安得白玉蕊,而乃幻此黄金花。信知造化真有法,蜂须酿蜜蜜酿蜡。蜡凝花房丰不腴,桃李漫山焉可如。繁枝摘索灿栗玉,吟叟西郊信杖扶。小须夜窗疏影挂明月,是蜡是花君自别。

崔敦诗《舍人集·和唐致远蜡梅》

万木折冰雪,千葩谢华穠。谁约金童仙,冲寒下严风。恼人风味深,缕衣立隆冬。旁有玉京子,含香笑相逢。夜水吐玉龙,月窗影相重。诗情太牢落,聊以二友供。清标体黄裳,素姿掩凡容。东君着意先,群英绝追纵。

吴则礼《北湖居士集·和蜡梅诗》

江边一树垂垂花,酒杯曾觅黄公家。谁教五出作黄蜡,六出休论属尤物。鼻端有窍

佽自知,群儿空诵诗人诗。天公与花不与叶,要遣孤芳作超绝。缅怀南徐江上山,醉入梅花海中眠。梅花乱落青鸟去,大是天公送群句。天公定不辜吾人,蜡梅句法聊付君。禅床僧几梦吴越,煮菜从来满斋钵。

姜特立《梅山续藁》

百花结成蜡,花香蜡不香。如何此枝上,似蜡更芬芳。意彼百花魂,结聚无所发。英灵为此花,色香想假合。虞姬死为草,舞动应乐节。蜀主化杜鹃,啼染枝头血。轮回有托化,亦闻金仙说。花月自有妖,未易以理察。鸟知此花魂,为香不为蜡。

《张紫微先生集》

朔风吹同云,万木不敢芳。黄依何许仙,窈窕来离房。终期赏心会,未恨冰雪乡。向来脂粉流,睨睥谁敢当。宜于风露晨,置在清净箱。更招能赋客,芯茀咏奇香。楚人意已疏,亡闻为操章。

张孝祥《于湖居士集》

满面宫妆淡淡黄,绛纱封蜡贮幽香。遥怜未识春消息,乞与一枝教断肠。

徐安国《西窗集·次韵南涧先生蜡梅》

香销金缕喜新裁,非是江梅是蜡梅。不愤南枝出奇早,率先齐向雪中开。

试将蝶粉较蜂黄,未易差殊定出房。几露春前好消息,宠恩微轧汉宫妆。

再用韵呈应祺

玉立花班献所裁,风流谁复让官梅。搀先已露含香意,更作金莲小样开。

金仙酣饮泼鹅黄,睡起香魂远洞房。不待檀郎与吹粉,等闲融作道家妆。

谢诸葛元亮送蜡梅

娇额涂黄自浅深,感时凝伫正关心。栖鸾恰似知人意,乞与钗头一寸金。

谢诸葛元亮送蜡梅

多病维摩眼懒开,不知春去几时回。花神得自能修敬,故遣天香入寺来。

见花知有蜡梅开,欲瞍夫何欲速回。独恨溪亭葛夫子,不携诗酒与同来。

喻良能《香山集·次韵季野弟蜡梅》

媚色全胜柳,孤标半似梅。蕊寒金粉腻,香重麝脐开。徐笔那能画,并刀未易裁。扶头中酒味,安得一枝来。

何澹《小山杂著·和圣制蜡梅》

　　臣今月三日蒙恩赐对便殿，玉音宣示蜡梅新制，圣律高古，丽藻回春。臣一介愚陋，得诵宸章之妙，实千载之荣遇。谨昧死依韵，和进二首。伏乞万机之暇，略赐乙览。臣无任皇惧战灼之至。

庾岭天开一种芳，金枝先到殿中央。东皇为作阳春倡，压倒千花万卉香。

不容红白斗芬芳，色染蔷薇照水央。冷艳可供清燕赏，日融风软暗传香。

曾协《云庄集》

小树列仙质，翛然道家装。云帔挂浅绛，铢衣曳微黄。清风一披拂，芝兰让幽香。老子专鼻观，此花巧相当。就令困露雪，肯受泥涂伤。题评得名字，诗人借辉光。虽无调鼎实，不作时世妆。

晁冲之《具茨集·和王立之蜡梅》二首

茅檐竹坞两幽奇，岸碛碛一作帻。寻花醉亦知。崖蜜已成蜂去尽，夜寒惟有露房垂。老去攀翻兴益奇，招携风月作新知。但令春酿常如此，百罚深杯亦倒垂。

次韵江子我蜡梅

步屧穿花醉晚风，翻枝摘叶兴何穷。他年上苑求佳种，越白江红扫地空。

江城仍似锦城无，半额轻黄笑越姝。我亦少花如杜老，舍南为乞两三株。此花吴蜀所无。

《楼攻愧先生集·水仙蜡梅》

二株巧笑出兰房，玉质擅姿各自芳。品格雅称仙子态，精神宜着道家黄。宓妃谩姹凌波步，汉殿徒翻半额妆。一味真香清且绝，明窗相对古冠裳。

杨巽斋诗

香蜜裁苞分外工，疏枝数点缀雏蜂。娇黄染就宫妆样，香暖尤宜爱日烘。

姚西岩诗

花簇柔枝疑蜜窝，蒂含新蕊似蜂房。外无梅妆铅华饰，中有兰心紫晕香。

韩子苍诗

路入君家百步香，隔帘初试汉宫妆。只疑梦到昭阳殿，一簇轻红绕淡黄。

吴泳诗

若得西湖处士疑，如何颜色到鹅儿。清香全与江梅似，只欠横斜照水枝。

《江湖集》曾由基《嘲蜡梅》

孤芳不被雪霜欺，占得南枝最崛奇。气骨不凡风韵少，吕医初见退之诗。

施智言蜡梅送东畎先生，
并寓探梅之意

泽国寒深未见梅，东风何日到南枝。玉堂应有新消息，恐是人间未得知。

程炎子《题蜡梅》

画楼人醉烛高烧，滴在寒枝蜡未消。蕊撤打莺金弹滑，花悬驱雀彩铃摇。歌儿戏拍供檀板，妆女轻裁贴翠翘。酒揭黄封诗嚼淡，时勾乳蜜过山腰。

周端臣《次韵勿斋蜡梅》

不与南枝斗粉光，品题应合让苏黄。融成蜂蜡千葩秀，散作龙涎几阵香。立悟瞿昙真面目，坐忘姑射旧梳妆。好风吹堕檀心句，白雪空惊寡和章。

《刘给事集》

双成送我蜡梅花，夜静幽香自一家。疑是素娥乘月下，淡黄衣袂紫云车。

赵周臣《滏水集·净安寺紫蜡梅》

倩谁传语主林神，莫以时宜斗斩新。只是旧时黄面老，而今见作紫金身。

古瓶蜡梅

石冷铜腥苦未清，瓦壶温水照轻明。土花碧晕龙纹涩，烛泪痕疏雁字横。未许功名归鼎鼐，且容风月入瓶罂。娇黄唤起昭阳梦，汉苑凄凉草棘生。

许棐《梅屋集·蜡梅江梅同瓶》

苗裔元从庾岭分，两般标致一般春。淡妆西子呈娇态，黄固瞿昙现小身。不羡腰金横玉贵，来寻嚼蜡饮冰人。只愁花谢香狼藉，桃李如何接后陈？

《张伯雨集·蜡梅》

商略罗浮水月乡，论资也合第黄香。蜡珠谁与僧虔戏，缀作斜枝小凤凰。

《曹橘林集·和李支使蜡梅》

纤葩点蜡未乾时，好是黄蜂冻著枝。若使无香似金雀，诗人谁解琢雕为。

咋夜花神轧剪刀，巧裁粟玉缀香苞。此花不出人间世，想见江梅价倍高。

《江湖续集·武衍蜡梅二绝句》

磬口檀心紫晕重，繁香微泄绣帘风。照花休用添红烛，却怕轻明暖易融。

赋得姿容类至中,哨枝宿叶又春风。品题虽入江梅谱,可惜名同韵不同。

《寓斋诗集》

雪尽南枝迤逦芳,嫩苞摘索破轻黄。宫衣新染蔷薇露,仙骨浓薰櫩卜香。甘与松筠同晚节,耻随桃李竞春光。诗成婉媚人应笑,未害平生铁石肠。

《中州集·赵伯成题蜡梅二首》

冻蕾含香蜡点匀,古来幽谷有佳人。诗家只怨和羹晚,不道红梅别是春。
冷艳疏香寂寞滨,欲持何物向时人。东风自是清狂手,办作竹篱茅舍春。

韦珏诗

金玉同盟破雪开,清香异色满瑶台。不因蜜滓将花染,安得蜂黄点额来。

蒙隐诗蜡梅三绝

蜂采群芳酿蜜房,酿成犹作百花香。化工却取蜂房蜡,剪出寒稍色正黄。

林下虽无倾国艳,枝头疑有返魂香。新妆未肯随时改,犹是当年汉额黄。

寒菊已枯分正色,春兰未秀借幽香。凭君折取簪霜鬓,解与眉间一样黄。

何应龙诗

晴日烘开小蜜房,紫檀心里认蜂黄。一冬不被风吹落,却讶江梅易断肠。

周弼《汶阳集》

爱花偏倩猎人寻,残雪偷春上棘林。山岸有谁先得见,冷香疏亚辟寒金。

李石《方舟集·软条蜡梅》

南衙柔软北萦纡,霜碧霜青各立株。但得东皇均一笑,黄梅吹蜡白吹酥。

蜡梅四首

黄昏澹霜晴,风健香骨透。炼金呈赤心,山月惜孤瘦。

莫学卧鬟花,娇黄媚粉额。仙官道家妆,静处立标格。

霜林作缬菊成衣,只道花多绿叶稀。辛苦为佗成蜜后,蜡蜂犹自趁花飞。

一株坐断宝花台,冰雪光中眼倦开。无事暗香浮鼻观,思量也自识花来。

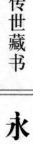

李垄集句

绝无声色动凡情，林宪。香比江梅分外清。洪觉范。欲问此根何处得，石懋。游蜂多思近经营。韩退之。

陈毕万集句《蜡梅》

黄露满衣湿，陈去非。花非刻素纨。韩驹。香飘风外别，许棠。金鉄锁春寒。山谷。檀心自成晕，东坡。别作一家春。后山。色染蔷薇露，山谷。排枝巧斗新。韩驹。

风格高奇是蜡梅，王履道。去年不见蜡梅开。晁无咎。忆伊细把香英认，晏叔原。不染春风一点埃。王旦。忽看轻黄缀雪枝，晁无咎。韬藏绝色有谁知。赵世长。风流不与江海共，吕居仁。香似江梅开不迟。山谷。

耶律楚材《湛然居士集·谢王巨川惠蜡梅因用其韵》

雪里冰枝破冷金，前村篱落暗香侵。令人多谢王公子，分惠幽芳寄好音。

蜡梅二首

越岭仙姿迥异常，洞庭春染六铢裳。枝横碧玉天然瘦，蕾破黄金分外香。反笑素英浑淡抹，却嫌红艳太浓妆。临风浥此蔷薇露，醉墨淋漓寄渺茫。

冰姿梦里慕姚黄，滴蜡凝酥别样妆。生妒白红太浓淡，懒施朱粉自芬芳。寒英深染蔷微露，冷艳微熏笃耨香。受用清绝恣吟绕，惜花一念未全忘。

郝经《陵川集·奉和详议叔蜡梅之什》

蜡颗含春色更娇，物穷宜着点枯条。日融蜂翅黄将破，雪压檀心紫欲消。驿使最怜和竹把，野人不惜并薪烧。何当走马燕南道，管领东风玉烛调。

薰思学《百花诗集·蜡梅》

此花出京洛间，类然蜡而成。今在在有之。此梅经接花疏，虽盛开花常半含，名磬口梅最先开，色深黄花，密香穠，名"檀香梅"极清芬。后山云："不施千点白，别作一家春。"

刚条簌簌冻蝇封，劲叶将零傲此冬。磬口种奇英可嚼，檀心香烈蒂初熔。根依阳地春风透，瓶倚晴窗日气浓。一样黄昏疏影处，悬知水月不相容。

张翥《蜕庵集·李克约饷蜡梅并诗用韵答之》

空谷佳人缟袂单，淡黄衫薄护春寒。色欺隐者山中桂，香逼骚灵畹内兰。鸟吐粟金妆处巧，蜂留蜜滓炼来干。数枝乞与吟窗供，温水铜瓶自插看。

陈子廉诗

琼仙终日卧含章,不记醒来堕额黄。飞下蕊珠蜂翅稳,酿成花髓蜜脾香。谁怜松月伤春思,自爱兰云护晚妆。世味岂堪重细嚼,为君还醉软金觞。

舒岳祥《阆风集·蜡梅咏》己卯正月。

蜜蜂数日不出衙,将谓冻蛰无生涯。今朝起看后园树,总将蜜蜡衔为花。香作蜜香色蜡色,花瓣分明是蜂翼。不是案头乾死萤,不是营营蝇止棘。朝阳熠熠泛崇光,黄露溶溶蜜满房。柴梢不入婵娟鬈,道韵偏宜冷淡装。与梅同时唤作梅,风味甚似枝葩非。若将形色定品格,何得江珧比荔枝。

《卢疏斋集》

一滴春风万斛香,玉仙初试郁金裳。遥知林下罗浮月,不照花中妖媚娘。

《姚牧庵集·次齐彦提刑和余肖斋蜡梅诗韵》

开辞湘中岩桂树,画戟凝香正风露。此时清趣肝膈横,遥应半岁犹朝暮。移节南阳但茅屋,低杂邑人三百户。冠虽触邪心麟角,公论非我出先觉。化行仁厚到生虫,践之未忍那肯啄。定国治狱民不冤,安有六月飞霜雹。萋萋碧草春风芽,相逢官路黄柳花。绣衣骢马未出宿,先声已过河干沙。东西百里不易见,况使南北千里耶。又闻不避南阳诟,官含尽室无一后。已遣鱼轩还潞水,但畏儿童瘿生胠。久知是邦多此疾,贤如元凯终不宥。塞我白头学诗迟,佳句求法将军归。伻来一月再惠寄,无乃有意幸教之。我虽不作能知诗,评君一语君莫嗤。古人复生不是过,百泉梅花更复作。篇终用笔愈精紧,余子工夫无许大。东邻好事有肖斋,并取归家玩行坐。

国朝周巽泉《性情集》

镜里素娥容貌改,铅华净洗试新妆。纤葩微沁蜂须密,疏蕊中凝凤髓香。苒苒仙姿含淡白,盈盈宫粉带轻香。先迎蜡雪留孤迹,独倚春风压众芳。

《全芳备祖》李方舟《卜算子》

密叶腊蜂房,花下频来往。不知辛苦为谁甜,山月梅花上。

玉质紫金衣,香雪随风荡。人间唤作返魂梅,仍是蜂儿样。

宋王十朋《梅溪集·十八香》

蜡换梅姿,天然香韵。初非俗蝶驰蜂逐,蜜在花稍熟。

岩壑深藏,几载甘幽独。因坡谷一标题目,高价掀兰菊。

费时举词《蓦山溪》

黄苞初绽,谁向南寄天赋与清香。笑红颜呈妖逞媚低垂花面,不与众争妍。春尚未,先群卉独禀中央气。

何须施巧,点缀芳丛里,只恐暗寻香。误蜂儿归来故垒,玉纤攀处,金钏色相宜。朔风寒,空雪坠,痛赏休辞醉。

又

梅梢破萼,已见春心了。别有淡容仪,又不与嫣然同笑。东方剪蜡,蹙作闹鹅儿,冰未泮水犹寒散在千秋表。　轻衔小帽行尽荒山道。一点麝脐香,恼着人多多少少。月斜门掩销点怕黄昏,清影乱,翠帏深,且喜归来早。

梅

墨梅

《墨梅画评》

衡州花光山长老工画墨梅,山谷就以花光呼之。尝叹曰:花光长老得墨梅三昧,如嫩寒清晓,行孤山篱落间,但无香耳。

范石湖《梅谱》后序

梅以韵胜,以格高,故以横斜疏瘦与老枝怪奇者为贵。其新接稚木一岁抽嫩枝直上,或三四尺,如酴醾蔷薇辈者,吴下谓之"气条",此直宜取实规利,无所谓韵与格矣。又有一种粪壤力胜者,于条上茁短横枝,状如棘针,花密缀之,亦非高品。近世始画墨梅。江西有杨补之者,尤有名,其徒仿之者实繁。观杨氏画,大略皆气条耳,虽笔法奇峭,去梅实远。惟廉宣仲所作,差有风致,世鲜有评之者。余故附之谱后。

许景迁《野雪行卷》

汤叔雅,临海士人,工画墨梅,名继江西杨补之,年八十余乃卒。无子,有女能传其业。笔力差,不及其父,而妩媚过之。

《古今事通·程史》

杨补之,号"逃禅老人",作墨梅,祖花光。有进其梅者禁中,曰"村梅",因自题"准敕村梅。"后施仰山神,极宝之。借观信息,不还,辄见变怪而取之。赵宗英《堕甑扫梅》有云:枝不对生,花不并发,一偃一仰,枝梢向上。《写竹》有云:剔一,进二,攒三,聚四,虽造妙不以言传,少资初学。

《东南记闻》

单路公炜,字炳文,京师人。后居沅州,书法有所传授,以任为右阶。吉水郭敬叔与番阳姜尧章皆师焉。单云:"尧章得吾骨,敬叔得吾肉。"单又自画梅,作一绝与敬叔云:

"兰亭一入昭陵后,笔法于今未易回。谁识定斋单字号三昧笔,又传璧圻到江梅。"其风致可见。尚忆敬叔

《龙虎山志》

高士梅希仙,旰江人。工诗,善画墨梅,忽一日庭前梅花盛开,希仙索纸笔,竟无所书,大笑而化。

王冕《梅谱原始》

夫梅始自花光仁老。宋朝哲宗时,僧住衡山花光寺。老僧酷爱梅,唯所居方丈室屋边,亦植数本。每花发时,辄床据于其下,吟咏终日,人莫能知其意。月夜未寝,见疏影横于其纸窗,萧然可爱,遂以笔戏摹其影。凌晨视之,殊有月夜之思,因此学画而得其无诤三昧,名播于世。山谷道人叹之曰:"如嫩寒清晓,行孤山篱落间,但只欠香耳。"士大夫有请数年而未得之者,有不求而自与之者,老僧画时,必先焚香默坐,禅定意静,就一扫而成。人或难,戏之曰:"昔子猷好竹,师何僻于梅乎。"老僧正色曰:"真趣安许轻薄子所知耶?"问者悚然。老僧之所传五六人,独补之精通妙理,逃禅居士是也。老僧有一千二百余本传于世,临终作《披风洗露》寄山谷,谓之绝笔。

总题

上下相迎不要齐,枝枝横处短扶低。过后苍槲休惜嫩,三叠两折更交奇。

总论

初学画时,以瓶置梅,以灯烛其影,脱其古怪,求其新意,庶可知其写之性也。叠花如品字,发枝若羽飞。蕊须分下上,花头见偏侧。副枝如丫,有其疏密,分其大小,一左一右,则成天理。

述梅妙理

写梅作诗,其来一也。名之虽异,意趣实同。古人以画为无声诗,诗乃有声画,是以画之得意,犹诗之得句,有喜乐忧愁而得之者,有感慨愤怒而得之者,此皆出一时之兴耳。画有十三科,梅独不在其列,所以喜乐而得之者,则枝疏而槁,花惨而寒。感慨而得之者,枝曲而劲,花逸而迈。愤怒而得之者,枝古而怪,花狂而大。此岂与众画类耶?有"意懒山无色,心忙水不清"之句。凡欲作画,须寄心物外,意在笔先,正所谓有诸内必形于外矣。

指法

作梅意须先定,发笔如运斧。起枝处用小指按实而行,鹤膝处停笔求意,发枝处急如箭中鹄,停笔安花势,宜品字交加,宛如鹿角,亦如虎爪。副枝处以身随体,运如墨浓,淡求其龙鳞,分其阴阳,见其四面,须要浑如真树,此乃用心之妙矣。

论枝

枝须分其偃仰,花须分其阴阳。偃如覆釜,仰如新月,一阴一阳则成花,一仰一覆则

成枝。五年则有鹤膝。十年则有龙鳞。枝欲疏老,干欲清癯。曲如斗柄,势若屈铁。肥不拥肿,瘦不枯槁。枝须抱体,干欲随身。梢欲混成枝,欲古意刚柔相和,阴阳相应,始成梅矣。

论花

花卉之中,惟梅最清,受天地之气,禀霜雪之操,生于溪谷,秀于隆冬,淡然而有春色,此岂非造化私耶?然今贤士大夫咏之不足,而又画之幽绝,故可知矣。瓣虽五出,花有八般:有正背而开,有侧而绽,有倒而拆,或有谢未谢,或有色香藏白,有破萼吐心,皆出于丁点耳。丁者谓一丁之事也,而为蒂。点者谓三点,而为房面。当发其七须,背欲露其四五萼,须缀其三点。点欲生其一丁,丁欲妆其嫩枝,枝欲抱其老木,木欲点其龙鳞。欲知其古节,节欲生其鹤膝。欲画其朽心,心欲生其苍苔。苔欲浓,心欲静。心虽病,意欲润。若能先于此后学,则纵横妙用无施不可也。

难花

枝须立其意,老花须成其意。逸逸且欲花真,花真如楷字影,发七须其中者一。欲长外,傍欲短中长。生于花心,食之味酸,乃结子之须也。侧短者出于花侧,食之味甜,故香之心也。人或难之曰:梅之须不下数十茎,今只画七棘何也?对曰:六出,四出谓之棘梅,乃村野山中生之,或木之受气不清然。独五出者禀冲和之气,有自然之理,故画之。难者骇然曰:信公不谬矣。

论梅

花光之花,其蕊须丁点端楷。丁欲长而点欲小,须欲坚,萼欲偏。枝不可独发,花不可乱生。多而不繁,少而不疏。枝槁则欲意润,枝曲则欲意老。花必须相向,枝必须相依。其心欲缓,手欲速,墨欲淡,笔欲润,蕊欲圆而不类古,枝欲瘦而不类桃。似竹之清,如松之秀,而成梅。

口诀

传梅口诀,性本天然。笔有石力,去莫迟延。蘸墨淡薄,不许再填。起笔放逸,曲怪如颠。仰如新月,曲如弓弯。转如曲肘,而纵似箭连。老若龙角,嫩似钓竿。枯似丁折,条似直弦。枝如铁戟,花无十全。弓梢鹿角,助条忌繁。势体自在,花大如钱。闹处莫闹,闲处莫闲。嫩如鼠尾,分新旧年。气条无萼,助条指天。枯无重眼,一刺一连。枝无重犯,须分后先。花心钱眼,须似龙髯。花有六六,反侧正偏。倾仰覆谢,独春朝元。大放小放,吐雨含烟。小偏大偏,傲雪愁烟。羞客背发,先春状元。如愁似语,吸露啼烟。骷髅带露,左偏右偏。离披双背,带雪愁岚。弄晴蘸水,横暖冱寒。椒包蓓蕾,蕊缀珠圆。正萼五点,背蕊一圈。若作其蒂,如蚕吐绵。正须挑七,一须争先。吐三背四,过则为愆。造无尽意,笔法精妍。须择智者,轻不可传。

论梅之病

碎枝繁杂,起笔大颠。交枝无意,嫩稍十字。弓势不成,梢无鹿角。阴阳不分,嫩梢多刺。枝无条理,则花无次序。贯枝重叠,老嫩有花。节如苍眼,刺无副笔。重枝过节,

枝无重轻。气条有花,挑心卷杂。正背大小,雪雨花新,梢同一体。去笔再填,梢如死蛇。写景无意。

续论梅之病三十六事

起笔大颠、交枝无意、梢无鼠尾、枯有重眼、屈曲重叠、不分阴阳、枝无变态、老处无所,当闲却闹,从枝交杂,身无轻重、枝老却繁、气条包椒,椒嫩梢多刺、花盛不落,繁无正背、梢重根轻、身无神气、丁势不分鹿角、枯槁起条、英蕊繁胜、刺无副笔、花无肥瘦、枝不抱体、后梢过前、梢条同体、花无四面、嫩梢双花、枝嫩垂地、老嫩挑心、繁卷停笔、竹节下笔再填、不量地步、写景无景、枝梢十字。若能知病,何患不造其域。

墨梅指论

古今爱梅君子与写真为花传神,自出一家,非人画科名,曰"戏墨""发墨"。成形动之于兴,得之于心,应之于手,方成梅格。如在竹篱茅舍间,江上溪桥畔,山巅水涯,只欠香耳。但要观之不足,咏之不足,精神潇洒出世尘俗,此梅之得意入神,非贤士大夫孰能至此哉。后学知此趣者,不可轻泄,须欲得其人则可传。夫写梅为梅修史,为花传神,当先观地势,次择中书纸墨,然后试墨浓淡。扫枝分干紧捻三指,全凭小指推移。上下笔法,自大至小,头不可尖,各分浓淡老干,枯健嫩梢。潇洒亦须气象清,致梅干不老便同桃李,老干带浓多枯节,眼就节分梢。嫩枝带淡无十分妆点,老干苔藓,枝无十字。若到十字交加处,便

钧窑窑变天青大碗

须用花蕊遮。藏枝分女字,梢多向上生,少向下生,所谓"嫩梢如发箭,花心似虎须。"根无气条,条无花丸,老干嫩梢浓淡精神,笔法不弱,此写梅之逼真也。夫梢有弓稍,鹿角斗柄、鼠尾、鹤膝、海棠、鹰爪、荆棘等梢势。要掺先俱分左右,且如弓梢,斜上横来。一梢谓之"弦梢",两边小梢谓之"箭",此弓梢也。鹿角朝上,多用梢干相朝是也。蜂腰梢,头尾分枝是也。鹤膝梢,一上一下是也,翘空而发是也。斗柄梢,象斗,发枝多,向左边是也。鼠尾,斜上发枝,垂下带直是也。鹰爪梢,乃短梢就曲,分枝是也。海棠无荆棘,梢无萼,其余小梢,视一时之兴自有妙处,不能备述也。花开五出,各以名兴。萌芽、柳眼、麦眼、椒眼、虾眼、蓓蕾。正为古老,背为枯髅、髑髅、孩儿头、女子面、丫头、鹿唇、兔唇、傀儡、蜂儿、蝴蝶、仙人捧镜、状元结巾、浥露、顶雪、吹香。正背偏则向阳正半,半背正偏阴阳临风。侧向照水,粉蕊弄香,攒三簇四,或上或下。正开花蕊各须分晓,繁而不乱,有前有后,此述梅之真趣尽矣。后学君子当熟玩之,何患不成纵横自然,故述此以助好事者云。

扫梅十要

要得意下笔;二要水墨浓淡;三要枝分左右;四要横斜上下;五要老嫩相兼;六要下笔不填;七要有花无花;八要花分疏密;九要枝分女字;十要十字藏花。

《胡仲申集·少梅赋》

少梅者,以其抽毫象物托意于梅而命之也。余为之赋则屈子所谓置以为像者云。

夫何一嘉植兮忽肖仪而执主解,余衣以盘薄兮驰余思乎瑶之圃。若有人兮独立乎千古,冰为魂兮玉雪其度。澹遗世以消摇兮,负娇节而不可拔,恍颟然而一见兮,若经年之远别。散缟衣于空明兮,驾飞龙以超忽。情悄悦以摇曳兮,气漫汗而挥霍。欻云蒸而飚厉兮,纷又继之雨雹,抚阳阖与乔如兮,齐造化于一指。惊建木之既榴兮,眷瑶华其何异。靓媛,娟而凌波兮,浩绰约乎崇阿。向北风而含韵兮,承南服之冲和。春渺渺兮何其。望美人兮天一涯。拆芳馨兮延伫,将以遗兮所思。大化不停兮细人无垠,高下散殊兮其机孔神。服贞白以自嘉兮,今胡为此滋垢也。岂随时而变化兮,惧夫人之逐臭也。豫章不辩兮樗中绳墨,弃厥,窗籞兮矢蓬以为直。悯众兮之芜秽兮天肃杀以戒寒,窃独揆其中情兮,岂云异夫荃兰。何灵均之好修兮结□纕而弗睐。吾将敛而就实兮,和商鼎以进帝。呜呼!勖哉兮,保兹令美世莫谅,其真兮尚识其似欧阳。

《守道巽斋集·题郭靖翁梅图》

郭靖翁寄示予《梅图》,予展玩日薄。晚矣,入夜寒甚,索一二句题图后,未得,置之就枕。梦一丈夫,洁白清峭,服如其容,方独立。予揖之,慨然谓予曰:"予适有思,当就君谋之。"子曰:"何如?"曰:"予馆于此有年,荷主人之知,捐寻丈地以容我,彼欲以利规主人者。或欲岁效珍奇,或欲日献甘旨,彼皆善结主人。仆后为之,游誉者多争,欲夺吾地以居之。赖主人不听,予得在此,然今者主人爱我之过,予反有所不堪。方思去之,闻君颇有山林之交,试为予谋何适。"予曰:"何哉?主人爱君之过。"曰:"予性便幽僻,不愿知于人。荒闲之野,寂寞之滨,足以遂予之雅志。主人既强我在此矣,今乃欲筑堂以即我,而日延宾客以狎我,使我日与纷纷者接。夫纷纷中岂无修士,虽然襟裾尘埃,口腹膻荤者将昧予目,逆予鼻,庸能禁其不至哉!予是以思去之。予不幸有清洁之名,主人惟无此意。则已有,则彼将竞至借予以盖污也。然将污我,且污主人,必不得已。予将称病。"正立谈,其若遽悴者,予恍然惊觉,斜月在窗,霜气透帷,思之莫得其说。既旦,案上郭氏图在,予悟,曰:"此梅之神"也。图中有"近树架屋,迎客看花"等语,梅殆有知耶?书圃后归之宝祐戊午腊欧阳守道书。

刘将孙《养吾集·赠梅
不尘子桂翁画梅序》

画非尘外人,不能作也,况于梅哉。古之画者称盘礴赢以为真画者,梅又岁寒山中,世外之品目也。予闻永新梅不尘,以澄观加冠巾,从禅心,戏飞絮,不姓圣俞而以之氏,其磊落变化如此,足以应是梅矣。夫梅者,生于江南幽远绝□之地,而骚人墨客之所周旋者也。宇宙以来三千年无还顾之者,彼调羹者徒其实之酸耳。何逊之扬州子美之东阁,创以其一时者,为千载,然未盛也。和靖暗香疏影一联始入于画,简斋墨梅数绝,大昌于时。至逃禅笔妙,时命不遇,遂贻准敕之欢。嗟乎,梅岂富贵福泽哉!贵人肉眼,以牡丹、芍药者视梅,梅固异趣矣。若江空岁晚,山寒谷迥,蝉蜕污浊之中,风流枯槁之后,梅固非世欲之所得,友画亦非青州之所能及也。不尘远矣,其画方千金子桂翁得之之家传者,横斜

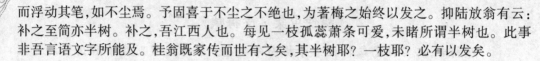

而浮动其笔,如不尘焉。予固喜于不尘之不绝也,为著梅之始终以发之。抑陆放翁有云:补之至简亦半树。补之,吾江西人也。每见一枝孤蕊萧条可爱,未睹所谓半树也。此事非吾言语文字所能及。桂翁既家传而世有之矣,其半树耶? 一枝耶? 必有以发矣。

《邹道乡先生集·仁老寄墨梅》七首

二月八日春气分,忽见梅英枝上繁。颠狂索酒醉复醒,知是笔端回化元。

岭南消息报来新,正想梅花傍酒樽。生出两枝遥寄我,道人方便信多门。

前年谪向新州去,岭上寒梅正作花。今日霜缣玩标格,宛然风外数枝斜。

马祖巷头挂钵囊,晚随缘出住花光。僧繇一笔无人会,戏作寒梅自在芳。

解衣盘礴写梅真,一段风流墨外新。依约江南山谷里,淡烟疏雨见精神。

金张许史竟东风,魏紫姚黄醉眼中。宾客贵人吾不预,独将清韵照禅宫。

春晚晴光破雨回,闲将花轴傍檐开。炉烟细逐轴风散,疑是香从梅处来。

观花光长老仲仁墨梅

我从梅花海里来,惊此两枝堂上开。不由天降非地出,道人作么生栽培。无缝塔子通一线,放光照醒陈根荄。玉蟾银汉雨初霁,半启琼室通瑶台。香云漠漠护颜色,世眼欲睹诚难哉。不如取酒共春醉,一杯一杯复一杯。

王之道《相山集·和徐季功墨梅》六言

闲想窥池倒影,戏成落笔斜枝。纵涅难淄玉质,细看何似当时。

又

更是朱唇素面,那知绿叶青枝。净几明窗展处,微风淡月醒时。

《李忠愍公集·次韵秦会之题墨梅》二首

南枝春色弄微温,记得清香扑酒樽。今日相逢隔烟雾,扬州残梦足销魂。

又

长爱孤标似君子,不禁横竹巧挤排。短幅离离乃遗像,至今寒蝶误飞来。

王质《雪山集》

贵简不贵繁,妙在有无间。满眼寻不见,约略见纤纤。贵老不贵稚,妙在荣姑际。芳

态减初年，其中寓幽意。贵瘠不贵肥，愈瘦愈清奇。瘦到无何有，政好玩空枝。贵含不贵开，风度韬胚胎。游蜂啑不得，乃始抱全才。宜在幽且邃，终日无人至。水绕山重重，隔树令人嚏。宜在平且阔，大江惊涛泼。泼上稍连颠，半莺忽冲脱。宜夜不宜昼，更宜月波溜。崖净涧淙淙，渔子推蓬嗅。宜阴不宜暗，更宜雪花凝。五七点未足，对枝要全局。宜与竹相邻，，白白参青青。所恨花无音，间借竹为声。宜与松相伴，扶疏交凌乱。松香粗则粗，亦能佐一半。其鸟宜翠羽，否则碧蒿侣。山雀仍山鸦，速去切勿驻。其人宜野僧，否则闲道民。宜疏绮纨客，公子共王孙。吾非僧，又非道，两眼贮五湖，两肩负三岛。相烦健笔凌风扫，梅子王子成二老。

纷纷初疑月挂树，耿耿独与参横昏。自从东坡老子飞此英，茫茫世界总无人。疏影横斜水清浅，暗香浮动月黄昏。自从西湖处士扬此灵，纷纷豪俊半无神。赠子一转语，桃子万年机喝。苏诗嚅林诗，要使苏诗林诗透心脾。槎南枝，授北枝，直使南枝北枝伏指麾。九州四海寻人去，不过当人不要归。

和沈述之与俞舜俞题墨梅

玉京群帝周大罗，芙蓉倒影旌旗多。明视仍孙窃姮娥，双成飞琼相和歌。飞琼授以无声诗，下走人间驶莫追。梅花狂扫不自持，但见浮动横斜他。

不知中书君贵列钟鼓，唤下真真命歌舞。真真呼上复呼下，上屏不言下屏语。空郊莽苍江渺茫，中书头锐身瘦长。玄泓濡首醉淋浪，首所触者皆生香。柳山俞生气象别，不惟手洁更身洁。中书相与有良缘，共看霜天羌莞裂。十指五指握妙华，不在山颠即水涯。老杨死守梅花树，攀枝弄叶犹咨嗟。眼光落此亦前定，过去垣外触参井。俞生今世伴梅花，若伴他花应不肯。

题龚嘉谋墨梅

梅花一枝复一枝，是邪非邪吾不知。空堂惨澹寒寂寞，安得璀璨生光辉。今朝朔云覆江野，无乃雪花冲屋楣。少定徐观元不尔，壁上横陈皆不飞。摩挲零乱争欲动，亟避又不来沾衣。稍悟寒英着明缟，已信未信犹衔疑。虽然是梅不是雪，亦岂人力攘天机。伸脚欲下俄复缩，泠泠亦似奔湍溪。忽听檐牙啑林雀，纷纷惊下玉葳蕤。鼻端三嗅定何有，萧骚若有霜风吹。乃是瀼溪小龚子，搦笔汛翰生清奇。老杜见松被松吓，王子见梅遭梅欺。却忆西湖疏影里，断桥流水袖香归。

题俞舜俞墨梅

菁村江梅，竹山蜡梅，余虽不遍历天下，东南未见也。俞子充浣濯襟次，周行薄海，多识伟人如此，而后艺进于道有日也。郭恕先云吾威当山下，见一峰始大悟。又陈图南曾同吾渡水，顾影忽有觉，吾山水盖得妙于此。俞子与梅花有良缘，试用吾言推之。

杨无咎，透梅肝胆人梅心。俞舜俞，刻梅皮骨到梅髓。大江之西出二士，长淮以北屈两指。吾尝菁村山中饱，玩玉葳蕤，十里五里无他枝。所恨俞子不同载，至今心系吴江湄。吾尝竹山道上烂看腊凌乱，三程两程行不断。所恨俞子不同征，至今梦绕襄山畔。

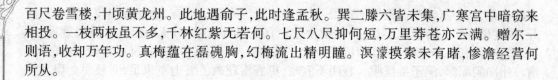

百尺卷雪楼,十顷黄龙州。此地遇俞子,此时逢孟秋。巽二滕六皆未集,广寒宫中暗窃来相投。一枝两枝虽不多,千林红紫无若何。七尺八尺抑何短,万里莽苍亦云满。赠尔一则语,收却万年功。真梅蕴在磊魂胸,幻梅流出精明瞳。溟濛摸索未有睹,惨澹经营何所从。

《中庸》《大学》松斋绎几转,《楞严》《圆觉》竹几缂数卷。他时相逢江路傍,茫茫江月梅花香。但见梅花普照眼,不为梅花空断肠。

题李赞可掀蓬梅轴

低蓬掀起凑平沙,略见玲珑八九花。自有青天衮明月,灵台长见影横斜。

半腰已自见全身,但要当人着眼明。觑到梅花头上上,十方同是玉为京。

右俞舜俞所作,其意绪多步武杨无咎,以此自名。壬戌兔秋书入春闱,至不能落笔,余叔父君玉戏曰:"若扫一枝,当作省元矣。"无咎长叹曰:"天地大德曰生赋全无一语,只有《八阵图诗》两句以遗公,曰:"遗法千年在,斯人百代无。"语讫拂袖而出。无咎不惟笔端梅格绝伦,其诗清婉堪咀嚼,并书于此。

再题

不见梅梢不见根,参横只尺未能扪。掀蓬何自掀蓬尽,一任江风吹断魂。半江鼻观已前知,恨不身先急棹飞。虽则梅花不全见,妙香满载野航归。

既题掀蓬已,又出此轴亦掀蓬也。与梅花因缘独在江湖,何耶?余在成都西楼下见晁子止侍郎,有诗在扇云:短蓬烟里冷萧萧,两岸梅花各见招。吹散前村一杯酒,满江风雨不相饶。余屡玩频哦,子止曰:"君爱此耶?"出小横轴江路野梅数枝曰:为我题此,当以扇乞君。余沉吟良久,曰:西楼阿自有江声,安得梅花的舔明。斗转参横无定舍,侍郎行处亦随行。子止即举扇与余。至江陵,刘共父枢密觅去,味此风标与掀蓬大同而小异者耶。

国朝龚学《鹅湖文集·为张邦英 题钱舜举折枝梅花》

西湖美人风韵奇,玉为资质冰为肌。江梅向暖开南枝,美人与之同襟期。月香水影有妙句,横斜浮动无人知。世间凡卉不敢并,香名万古芳菲菲。罗浮美人亦大好,笑靥盈盈破春早。明日萧条客梦醒,参横月落春光老。怊怅松林不见人,多情翠羽空相恼。繁花乱插满头归,芳心寂寞忧心搗。吴兴美人真可人,与来亦写梅花真。奇奇怪怪发天趣,斯须幻出江南春。疏花绰约有生意,鲛绡半幅无纤尘。固知佳画不易得,百年谁复藏其珍。朝云不入黎化梦,铃阁无声画屏冻。淑态偏嫌夜雪欺,幽香不许春风动。意态娉婷富贵羞,精魂冷落清寒共。时揩病目一摩挲,万紫千红竟何用。山阴古多图与书,张郎自是山阴癯。平生爱画入骨髓,得此真之坐右隅。我生亦有画梅癖,对此不见形神俱。含丹吮墨我不如,还君此画长嗟吁。

宋陆游《渭南集·题施武子所藏杨补之梅》

补之写生梅，至简亦半树。此幅独不然，岂画横斜句。

《题剡溪莹上人梅花小轴》

孤舟清晓下溪滩，为访梅花不怕寒。忽有一枝横竹外，醉中推起短蓬看。

张守《毗陵集·席大光邀同赋墨梅花》颜博士画六首

镂冰斫雪赋精神，不受丹青一点尘。施粉故应嫌太白，护凭水墨见天真。

骚人洗砚试松烟，造化炉锤贮笔端。春破南枝入诗眼，句成只许画中看。

笑挥墨妙当铅华，真是天然玉雪花。月冷霜清春不管，一枝寒影堕溪斜。

墨白何妨俗眼疑，写真妙处足天机。横斜疏影黄昏月，貌尽西湖处士诗。

墨竹文翁旧写真，墨梅颜子更超群。我家幸有筼筜谷，乞取冰姿伴此君。

故园雪树想凋零，却向毫端见典刑。梦破江南愁绝处，前村烟迥雨冥冥。

吴居仁诗

岭南十月春渐回，妍暖先到前村梅。问君何处识此妙，一枝冷艳随霜开。长江凛凛欲崩岸，乃见好事多墙隈。初疑渗漉入瘴雾，更恐寂寞理烟煤。微风不动暗香远，淡月入户空徘徊。坐看粉黛花膻恶，岂但桃李成舆台。我行万里厌穷独，疾病未已心先灰。对此不觉三叹息，恐是转侧同南来。异乡久处少意绪，破壁相对无根荄。古来寒士每如此，一世埋没随蒿莱。遁光藏德老不燿，肯与世俗相追陪。轮囷离可多见用，牺尊青黄木为灾。含毫吮墨去颜色，况自不必须穿栽。岁穷路远莫惆怅，此去保无蜂蝶猜。

《李忠定公集·戏赋墨画梅花》

道人画手真三昧，力挽春风与游戏。露枝烟蕊忽嫣然，自得工夫畦径外。由来墨白无定姿，浓淡间错相参差。炯如落月耿寒影，翳若宿雾含疏枝。群芳种种徒繁缛，脱略丹青尤拔俗。妙质聊资陈氏媒，幽姿好伴文生竹。世呼墨竹为墨君，此花宜称墨夫人。铅华不御有余态，世间颜色皆非真。年来妙观齐空色，天花时露真消息。试须幻出数千枝，不费梁谿一丸墨。

许景衡《横塘集·墨梅花三绝》

园林飒飒正飞沙，欻见东风第一花。画里有诗还会么，分明竹外一枝斜。

永乐大典

精华本

柔条乱蕊照人寒，多少冰姿在笔端。迥出暗香疏影外，诗人莫作一般看。

冰茧连槽无点黟，忽惊雪片满寒枝。须知造物生成处，也似毫端拂淡时。

先兄旧作梅花，觅张先生画，
因览之，怆然辄次其韵

茂陵雪片追方好，乱点铅华却不宜。多少人间春色在，未消写尽向南枝。

曹勋《松隐集·分题墨梅得客字》

北风吹云付寂寂，练练溪流湛寒碧。马头忽有暗香来，撼雪寻芳识标格。扬鞭敲镫荒寒路，酒恶难禁赖销释。陇上故人消息迟，一枝谁寄疏烟隔。老禅幻此空花相，墨晕横斜清烟客。定应飞梦会姑仙，玉楼澹月连天白。

朱松《韦斋集·三峰康道人墨梅三首》

一枝春晓破霜烟，影写清波最可怜。衲被犯寒归吮墨，也知无地着朱铅。

冰盘青子渴争尝，怪有横枝着意芳。等是毫端幻三昧，更烦觅句为摹香。

缃囊墨本入宣和，林下霜晨手自呵。不觉霜台要全树，动人春色一枝多。
康画尝投进，又为朱勋画全树，怅极精

孙觌《鸿庆居士集·题隆上人墨梅花》

一枝插向钗头见，千树开时雪里看。惭愧道人三昧手，尽将春色寄毫端。

《董霜杰先生集·题龙岩居士墨梅》

龙岩戏墨作横枝，韵胜何妨不入时。黑雾玄霜遮缟袂，王妃谪堕畏人知。

《胡铨澹庵集·刘景仁画墨梅，扇上
又画梅影，于扇阴求诗，各题一绝》

竹外梅花耿玉颜，凛然冰句落霜纨。莫将轻扇趋炎子，留作人间六月寒。

又一首

踏月看梅不见花，只惊水底影横斜。归来扫向冰绡扇，袖有西湖处士家。

《朱晦庵大全集》

梦里清江醉墨香，蕊寒枝瘦凛冰霜。如今白黑浑休问，且作人间时世装。

袁起岩《东塘集·用谢艮斋
韵题欧阳长老墨梅》三首

误墨虽藏白，飞埃欲敛昏。谁将草玄手，着意写前村。

屏灯红灼烁,窗月正黄昏。印出横斜影,分明竹外村。

溪藤横翠约,老眼颇眵昏。唤入凌烟后,江村不是村。

用杨诚斋韵再题欧阳长老墨梅三首

红妆夸睡足,粉额趁颜开。惟有江梅样,蛾眉淡拂来。

玉容曾浥麝,彷佛带香开。不比真花怯,斓斑怕雨来。

从来冰雪体,引墨为君开。寄语金鸾客,和羹人正来。

李英才作墨梅于天庆观壁

小折霜林半壁间,春风日日付毫端。秋高为借横斜影,留与吾师岁晚看。

又题墨梅

轻梅拂拂有余清,笔下翻成月下横。昨夜小屏幽梦断,恍如烟雨瘴江城。

《张南轩集》

眼明三伏见此画,便觉冰霜抵岁寒。唤起生香来不断,故应不作墨花看。

日暮横斜又一枝,水边记我独吟时。不妨更作江南雨,并写青青叶下垂。

《北涧禅师诗集》

描邈檀栾黛素元,万红千紫失根源。太玄自古人嫌白,白尽何妨反太玄。

楚楚仙裳澹染缃,耐寒宜瘦不宜肥。莫言无子调商鼎,卿相当年有黑衣。

省力寻春愈出奇,窥蓬图上看新诗。杀风景问春知否,两手风霜一样龟。

莫恨丹青废画工,不须求异只须同。玉容不及寒鸦色,故托缁尘异汉宫。

宋兄安卿墨梅

清婉浑非铁石姿,故家别调合传衣。华风不疗春痕瘦,可是工夫不造微。

定平怀墨梅

南昌梅少府,人道是梅仙。不疗疏枝瘦,安知坏色妍。春归天上去,真自镜中传。同出吟机杼,无声亦自贤。

张镃《湖南集》

庐陵李英才自制墨与梅花写真，艮斋、诚斋又许其能诗，十月七日携画见访，且索拙语，因成古风以赠。

我家种梅三百树，恼人不特香如雾。阶前花影二更来，月光到处纵横住。几回欲画嗟未曾，李君能事乃尔能。素绡窃我当时景，更引夜月花边升。濡毫晕水厌凡墨，扫烟自就千枝灯。客衣缁尽不复恨，但喜占艺清如冰。英才之言云尔。圭玄漆响用不尽，博金价定无亏增。又闻觅句颇清熟，社中宗匠交口称。云台万事无心计，只学希夷多爱睡。醒时非画亦非诗，恣向虚空写干偈。君舡再过崌中未，乌丸并望新篇寄。醉未染试陋溪藤，满壁蛟龙风卷地。

许纶《涉斋集》

明日欲对，通夕不成寐，枕上赋《墨梅诗》还契师宿逋。

师住一庵几何年，山深更过灵隐前。遗我江南几张纸，中有寒枝真契禅。

胸中扫除烟火食，笔端洗涤苍苔痕。立雪家风真第一，我欲着句今忘言。

苍颜幸没黄尘里，清梦忽堕孤山涯。处士桥边卷蓬相，痴儿莫讶得香迟。

昔看滩头印明月，今观海底拾玄珠。自从迦叶天机浅，不但花无笔亦无。

春风不逐花光老，心印自传圜契师。师能写出梦中梦，我却吟成诗外诗。

吴仲孚诗《掀蓬梅》

断桥月老水弥茫，谁托舟扉夜望长。零雪正埋和靖骨，淡烟微见寿阳妆。一时韵巧传清思，几度凝愁忆暗香。举世可无题品手，擅场到底属何郎。

《杨诚斋集·跋京仲远所藏杨补之红绫上所作着色掀蓬梅》

朔云暗天垂到地，朔风裂山吹脱耳。长江万顷一艇子，一夜雪寒不成睡。诗翁晓起鬓蓬松，缩颈微掀黄篾蓬。夜来急雪已晴了，东方一抹轻霞红。江梅的砾开独树，蓬间截入梅尺许。老干新枝紫复青，花雕白玉须黄金。满身满面都是雪，梅雪却与霞争明。不知诗翁何处得，霜锯和雪和梅副将去。恐是并州快剪刀，不然吴刚修月斧。下无根干上无梢，一眼横陈梅半腰。东省拈出寒萧萧，至今花头雪未消。

董主薄正道壁间作水墨老梅一枝，宿鹊缩脰，合半眼栖焉

斜枝饱风雪，疏花淡冰玉。一鹊忍清寒，居然伴幽独。

醉后捻梅花,近壁以灯照之, 宛然如墨梅

老子年来画入神,凿空幻出墨梅春。辟为玉板灯为笔,整整斜斜样样新。

乡士李英才得老潘墨法,善作墨梅, 复喜作诗。艮斋目以三奇,赠之 七字,子复同赋云

吾乡李君磊嵬胸,夜持云梯倚秋空。月中夺得修月斧,斫倒南山千岁松。束归丹灶和玉桂,爇出绿雾霏鸾龙。捣成玄圭与苍壁,洒作横枝岁寒色。庾岭霜林和靖园,掇入生绡供戏剧。幻松作壁壁作梅,豪气勃郁尚不开。琼腴满酾梅雪下,吐出西湖有声画。

七月二十三日题李亨之墨梅

夏热秋逾甚,寒梅暑亦开。无尘管城子,幻出雪枝来。

《草堂集·陆德原和题新安画梅花韵》

东风一夜渡江新,开遍梅花照眼匀。何逊从来有才思,题诗不负广陵春。

韩淲《涧泉集·自吴中持陈绍之 墨梅归置屋壁》

西湖貌得一枝来,长夏风轩尽日开,老眼暗中时摸索,便知玉雪不能猜。

又题墨梅

只在山林不见花,谁将水墨试横斜。与君一笑霜风里,从此留诗到酒家。

杨补之梅花小轴

腊前到处见梅蕊,影落寒窗只自知。珍重西江三昧手,玉谿西隐看横披。

《蔡九峰集·马司户惠所作 墨梅并示佳作因次韵》

谁把霜毫归庾岭,王孙去后久寥寥。长时月夜横疏影,镇日春风上素绡。可笑儿童寻剪摘,如知蜂蝶亦邀招。人心造物无穷巧,顷刻功成永不摇。

沈继祖《栀林集·俞舜俞作墨梅八轴 皆取古人诗句,请余赋之》

天生万物俱森罗,诗人于梅诗独多。不言成蹊桃与李,何敢当此不类歌。

由来画中有新诗,俞君造次以笔追。浑然莫知诗画异,手与心犹不自知。

红杏花开惊羯鼓，虞美草认歌声舞。笔能招此玉梅梦，花非解语如欲语。

我生身世两茫茫，独与此花交分长。书窗有月半弄影，山驿无风远有香。

溪流落英送我别，谁念孤芳增皎洁。此时我有万斛愁，吹断参差山石裂。

吴霜忽点双鬓华，故人各在天一涯。南望一枝书断绝，临风不复三叹嗟。

天花何曾着禅定，百忧炼心澄古井。世有铁心石肠人，举似我诗应首肯。

项安世《梅薰后编·题屏风墨梅二绝》

一段西山雪，中含太古梅。无香亦无色，免被百花猜。

天上和羹事，巢由不忽闻。疏花将瘦影，闲卧一溪云。

二十七日衡阳县义宰以奚奴
墨梅侑客太初字冲远

铁石心肠宋广平，赋含脂粉太多情。固应却有柔荑手，淡拂横枝彻骨清。

张侃《拙轩初薰集·题禅
乡院壁间墨梅》

昔年曾作梅花梦，梦回衣上寒香重。矮窗偶见一枝开，早是江南春意动。凡花不似梅之清，精神骨相由天成。屡从画手细传本，但知刻画非写生。官塘荒寺门斜掩，岁久廊欹风雨点。不须晴雪明千堆，剩喜墨痕留数点。

《方秋崖集·书赵相公梅卷》

一梢两梢晓滩月，三花五花暮江雪。春风到手眼生寒，烟水村深有茅葊。

《用郑少传韵题赵参政梅卷》

雪谷冰崖枯槁士，土锉无烟寒堕指。朝饥郁屈鸣不平，鸟玉磨云翻砚水。花光若朽补之穷，吐作冷花春几几。相公折箠笞神兵，肯与此辈争诗名。横梢𡲢墨偶然尔，别有妙处贤长城。单于吹叶远开塞，张我大汉之天声。老生经济知无术，尔雅虫鱼宁阁笔。岩廊有此磊落人，安事儒士呕心出。吾文不在双仆骚，尔曹政可衔官屈。所怀浩荡同元工，宁比八九吞云梦。铭常勒鼎勋业在，未可枯木窥坡翁。谨勿闲挥补天手，且挈一世春风中。军书夜下飞如射，彼蠢者胡犹梗化。梅花岭外有传闻，老我毛寒足惊咤。神枢净洗甲兵腥，瘴月蛮烟亦堪画。

《书惟杨张君梅卷》

平生何逊扬州梦，到得扬州月自寒。谁遣雪蓬春半树，诗情便作故人看。

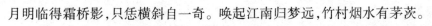

月明临得霜桥影,只凭横斜自一奇。唤起江南归梦远,竹村烟水有茅茨。

蔡戡《定斋集·端约遗墨梅以诗谢之》

先生出语已惊人,戏作梅花又逼真。眼底江山诗有助,胸中丘壑画精神。

清香素质恼诗情,更倩挥毫为写真。共挽东风拼一醉,不须摹仿费精神。

《题墨梅》

谁作横枝太逼真,枝头的砾眼俱明。也知笔力窥天巧,无奈清香画不成。

《刘后村集·信庵丞相为余
作墨梅二轴,诗以小诗》

天畀村翁一段奇,发函虹气贯茅茨。肯移金鼎调元手,为作玉龙繋雪枝。绝艳从教百花妒,秘藏莫遣六丁知,信庵丞相亲分付,麾出花光与补之。

《再题信庵墨梅》

信庵墨戏古无之,元气淋漓尔许奇。特与此翁挥匹楮,不为彼相作横枝。山相。秘藏扫雪辋川画,曾序调美沂国诗。余尝序公诗以此濡毫。九十老农尤宝惜,时时开卷拂蛛丝。

《洪平斋集·和黄几叔墨梅二绝》

月暗云迷竹外枝,寒香未动便能奇。面如坡老南归后,骨似温公独乐时。

六月夜窗留取看,霜风萧飒堕林端。问渠底事青青晚,耻上寻常桃李盘。

刘宰《漫塘集·题刘文简所藏墨梅卷》

烟雨和成宛擅场,新来翻着雪衣裳。以吾不可学渠可,善学杨君只此郎。杨补之甥汤君所画,自谓得补之白墨相形法,此卷乃为倒晕素质以反之。

王鲁斋《甲寅藁·题墨梅七首》

岁寒无与偶,独抱幽贞长。笔下孤梢瘦,冰花纸上香。

笔头开造化,花外越精神。偃蹇蟠龙表,新梢最可人。

冰蕤开雪颖,墨妙发孤香。不袭逃禅印,枝头有异光。

穷冬天地闭,万物正凋残。玉立清梢表,天然独耐寒。

胸中含静操,笔下走寒梢。一见孤山客,清香尽拆苞。

素质天然静,清芬绕鼻根。更于翘楚上,一笔起冰魂。

一枝横出晓,霜外数花开。谁识生绡上,清香静处来。

和诸庵花光十梅颂

一笔划断寒崖,疏蕊数枝低亚。不待雪压霜摧,已自全体放下。

孤山树槁神枯,一段底死工夫。脉脉不知机转,忽然觌眼皆甦。

空里翻身透出,风前玉立精神。百草头边未觉,还他独占光春。

不问东风来未,冷冰冰中得意。谁于笔外相知,更有无味之味。

接得少林枝叶,满腰风雪馨香。一自飘零庾岭,花光也解流芳。

江头千树纷纷,纸上不堪狼藉。翻思洞口风流,忽见半梢横出。

孤标向背从地,枝头各自精彩。堂堂妙用纵横,谁识笔根所在。

大化元无拣择,墨光随手高低。但得岁寒风度,自然处处皆宜。

几度落花流水,可待空枝方省。要须投笔虚空,幻习与之俱尽。

推出突栾本相,雨肥叶底清黄。熟后何曾酸涩,舌根自不寻常。

题画梅

枝头寂寞若为情,唤起毛锥为写神。月下风前长玉立,娟娟一纸四时春。

题花光梅十首

着脚孤高太出奇,凭空斜落两三枝。大风动地吹崖裂,正是冰姿蕴藉时。一曰县崖放下

深山大泽老龙僵,不染樵人斧上霜。月魄存存枯槁里,忽然枝上弄精光。二曰绝后再甦

见说前村破雪开,我来雪影浸苍苔。平生不识春风面,却道春从花底来。三曰平地回春

一丘一壑似夷齐,劲雪繁霜特立时。瘦影横斜清峭峭,世间几个赴心期。四曰淡中有味

裁冰镂雪几多工，次第开时个个同。夜半传香来庾岭，至今拈起作家风。五曰五叶联芳

踏雪寻香几度吟，吟诗那得似花人。水村云壑抽身出，月挂疏篱别有春。六曰一枝横出

枝南枝北出天然，雪艳烟痕若可怜。冷面峥嵘无向背，何尝有意向人妍。七曰偏正自在

青花花卉纹碗

亚水凌空任短长，枝枝风度要平章。一樽月下吞花影，剔在须头点点香。八曰高下随宜

孤标不肯结春缘，细雨黄昏腊正残。望断落花流水远，枝枝点点是微酸。九曰幻花减尽

青青叶底未堪尝，已作商家鼎鼐香。四月江南烟雨阔，安心且待那时黄。十曰实相圆常。

和遁泽韵取临江叔父墨梅

我翁久驾白云归，谁宝冰绡一旧枝。疏影暗香浮戏墨，光风霁月惠仙姿。只疑和靖旧争长，纵是逃禅甘伏雌。寄语古樵毋睥睨，青擅归我不应迟。

和仰庵池上梅韵

窗外梅兄不可无，山人一见两眉舒。江头千树应难得，池上数根宜有余。蟾魄浮香无定相，虬枝压水可常居。只愁疏影翻多事，一片清光不得虚。

家铉翁《则堂集·墨梅》

非香之香，非色之色。伴我孤吟，风清月白。

冰崖孤芳，雪林早春。伴我读《易》，见天地心。

何太虚《知非堂集》

江北江南春又动，腊前腊后梅仍花。三点五点雪孕魄，一梢两梢铁擘槎。枯根健迸石色润，半身倒偃溪流斜。逃禅老人招不得，树冗探环今是邪。

华镇《云溪居士集·南岳僧仲仁墨画梅花》

世人画梅赋丹粉，山僧画梅匀水墨。浅笔深染起高低，烟胶翻在瑶华色。寒枝鳞皴节目老，似战高风声淅沥。三苞两朵笔不烦，全开半函如向日。疏点粉黄危欲动，纵扫香须轻有力。不待孤根暖气回，分明写出春消息。大空声色本无有，宫徵青黄随世识。远

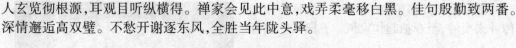

人玄览彻根源,耳观目听纵横得。禅家会见此中意,戏弄柔毫移白黑。佳句殷勤致两番。深情邂逅高双璧。不愁开谢逐东风,全胜当年陇头驿。

陈郁诗《题梅花便面》

白团横写向南枝,冷蕊寒梢手自持。绝似晓空凉影里,月明中有桂花时。

《题林可山为倪龙辅所作梅村图后》

当年一句月黄昏,香到梅边七世孙。应爱君诗似和靖,为君依样画西村。

《张紫微先生集·墨梅四首》

生增丹粉累幽姿,故着轻煤写瘦枝。还似故园江上影,半笼烟月在疏篱。

南枝昨夜雪初干,瘦质临风乱蕊繁。忆向溪桥曾驻马,却疑浑是雾中看。

化工着意作幽花,疑是来从阿母家。寂寞沙村烟雨里,如看竹外一枝斜。

山边幽路水边村,曾被疏花断客魂。犹恨东风无意思,更吹烟雨暗黄昏。

《题鲜于蹈夫墨梅二绝句》

黄帝绿幕护轻寒,犹忆当年叩画栏。红烛泪残人语寂,玉人曾隔绮窗看。

不御铅华著素衣,玉奴风调似清姿。何郎不作凌风句,幻出江南烟雨时。

李俊民《鹤鸣集·雪庵二梅图》

老树风光百不堪,画图仿佛见江南。为君试草花间赋,未必心肠似雪庵。

《雪庵题钱过庭梅花图》

已把神传画谱,又看格在诗评。月落难寻清梦,云空乃见高情。

吴则礼《北湖居士集·仁老画梅》

疏影只横斜,羁臣直鏖譬。观渠小开落,得此大梦觉。

玄牝要饱知,六出端不死。妙高一瓣香,付与毛锥子。

《题刘常梅》

生憎长红魏浅白,只有疏影连暗香。凭君且置风月事,一笑姑为时世妆。

姜特立诗《赋潜庵墨梅》

季伦珊瑚光夺目,元载胡椒高柱屋。潜庵纸上一枝梅,富比王侯夸不足。此花清绝

更无伦，和粉磨丹吾所嗔。向来华光最入神，幻出西湖烟雨春。

《李仲永墨梅》

写竹如草书，患俗不患清。画梅如相马，以骨不以形。

墨君曩有文夫子，蝉腹蛇跗具生意。当时一派属苏公，雨叶风枝略相似。花光道人执天机，信手扫出孤山姿。陈玄幻却西子面，此妙俗士那能知。近时赏爱杨补之，补之妩媚不足奇。李生于梅却有得，高处自与前人敌。倒晕疏花出古心，暝云暗谷藏春色。我一见之三叹息，意足不暇形模索。君若欲求之点画，胡不去看江头千树白。

王炎《双溪类藁·墨梅》

酷似西湖处士诗，虽无半村有横枝。天寒地冷清瘾甚，故着缁衣护玉肌。

任希夷《斯庵集·题蓝道人画梅诗轴》

湖海知君岁月多，欲寻笙鹤问烟萝。相逢一笑江南陌，听彻丝桐听踏歌。

我家樵水东边住，手种寒梢一万栽。客路十年清梦断，谁将疏影巷中来。

林季仲《竹轩杂著》

一枝炯炯照人寒，绝似溪桥立马看。只恐春风解相怨，漏他消息入毫端。

《宛陵群英集·汪珍墨梅》

三更四更霜压屋，一枝两枝风折竹。江南岁晚客未归，梦入溪烟小横幅。

韩元吉《南涧集》

西北佳人绝代姿，倾城倾国未为奇。自然冰雪生颜色，不用人间朱粉施。

影落寒塘月照时，梦为蝴蝶绕高枝。画工欲画无穷意，不道幽人圣得知。

《郑仲南五梅图》

江南酒美樽不空，十年醉倒梅花中。经行所见略可谱，一一秀骨含仙风。不将铅华污真色，亦有醉脸匀春红。重英千叶两何好，玉立但喜肌微丰。红绡金缕变新样，品异独许天香同。花开到处即吾圃，水寒月淡烟空濛。醉来踏雪更起舞，长歌目送南飞鸿。自从春归厌寂寞，坐觉桃李难为容。忽惊横轴入吾手，世上犹有丹青工。扶疏清影卧空碧，一笑似喜曾相逢。君家亭馆安用此，此物自惜添诗穷。诗成妙手傥不惜，画我曳杖空芳丛。

詹敦仁《清隐集·介庵赠
古墨梅，酬以一篇》

开屏展素看梅花，淡蕊疏枝蓦蓦斜。墨散余香点酥萼，月留残影照窗纱。

曾丰《搏斋集·题杨补之梅》

风流青帝欲回春,先遣玉妃清路尘。过眼被渠偷笔写,虽忙犹得九分真。

竹篱茅舍养吾清,正恐人间识姓名。毛颖传神偶相似,争先快睹辄倾城。

曾德礼墨梅、竹、篆、隶皆精。
岁在己未,示以墨梅,酬价固非
所吝。会即赴官岭表,度难自随,
还以授之,副之古风。

北枝顽顿如不仁,南枝警敏如有神。方当群有急归宿,忽自太无偷发春。画画清修枝拔萃,点点精明花引类。幻尽岁寒姿者天,吾宗所幻天相似。溪边照水周逸民,檐下横窗晋诗人。胸次还余墨外墨,笔端更写真中真。把南全报犹轻议,举赵璧归非厌嗜。只今随牒广之南,彼大庾山吾画笥。

高吉《懒真诗藁》

识破宫妆色是空,香魂分付与东风。黑云泼眼催诗急,着我江头春暗中。

方澄孙《絅锦小藁》

补之敕谥村,简斋致公辅。未必画惭诗,只为遇不遇。

张元幹《归来集·龙眠墨梅》

江南一枝春,岁久暗香灭。怪得深夜寒,荒村映残雪。

《题忠上人墨梅》

寒梢的砾点昏鸦,雪后风前皎月华。结习未除羞老眼,更看淡墨幻空花。

赵蕃《淳熙藁·题杨补之梅》

翠筱横侵鹤膝枝,江南篱落雪残时。杨郎笔下烟岚集,留作晴窗觅句资。

李彭日《涉园集·晖上人画梅乞诗》

微风正尔送荷气,忽见巩梅冰霰姿。元是道人三昧力,明窗漱墨发南枝。

昌书记画梅

花柳春风纷衍,禅窗晚放横枝。虢国生憎粉黛,晓妆淡扫蛾眉。

熊冕山《瞿梧集·答王山仲
作墨梅来访韵》

客从罗浮来,遗我一枝琼。仙风溢毫楮,夭矫冰雪清。感怀畴昔夜,醉饮月中英。青衣歌未竟,斗转参已横。俯仰今成古,散聚若为情。几回疏影里,呼鹤引长鸣。无人能悟此,空逐晓云行。因子重歔歟,聊以写吾生。

陈耆卿《筼窗集·题汤正仲墨梅》

间庵笔底回三春,平生爱为梅写真。只今龙钟仅八十,双瞳挟电摇青旻。芒鞋辙迹半天下,学语儿童诵君画。孤根踞铁几经年,转作平梢月倒挂。我家风雨送蜗牛,败壁淋浪秋复秋。试携织练觅天巧,门外观者何其稠。真花着雪纵如斗,为君描摸应添瘦。朝开暮落把不留,岂若墨本南山寿。临风一窗知味长,何当烂熳挥满床。孤山老人醉中见,便欲信手赋暗香。

周紫芝《太梯米集·题徐季功画墨梅》一首六言

夜色无人能画,徐郎挽上寒枝。仿佛孤山尽处,黄昏月到花时。

张元明为道卿画竹间梅

我作东窗竹外开,断魂香自雪边来。细寻水墨图中意,似对檀栾坞里梅。笔下悬知有冰玉,胸中元自少风埃。可怜能事王摩诘,解遣春从一笑回。

次韵徐伯远题钱少愚画孤山月梅图

钱郎名与大年齐,貌得孤山一段奇。月色昏昏人寂寂,梅花淡淡水漪漪。戏将三昧传神手,东坡有赵昌花传神之语。催动千林破腊枝。不用摩挲窥妙墨,暗香疏影在新诗。

李曾伯《可斋集·题推蓬梅轴》

玉奴梳洗罢,半面露新妆。江岸数枝影,蓬窗一罅香。横披含晓色,卧对压春芳。庾岭几多力,剡溪方寸长。萧然临水月,即之贯冰霜。老出墨池手,清入诗人肠。孤梢亚篱落,全树噀玉堂。故旧解后见,隽永约略尝。熏羞篆鼎供,醉梦纸帐傍。赖君润色工,着我怀袖藏。太繁厌易启,所取廉母伤。谁为语遹逊,持此同相羊。

又题

片玉漏春色,恍逢江路傍。中山费巧思,寿阳矜轻妆。精神盈一握,标格压众芳。仿佛水边影,有无风前香。卷舒适人意,推敲挠予肠。形状仆草玄,谱系根花光。勿谓数枝隘,中寓千丈强。晏不满几尺,焉用张堂堂。桃李空满园,愧死安敢当。大羹少为贵,鼎鬴滋味长。只愁楮君弱,蠹鱼食春阳。慎勿示肉眼,收付奚奴囊。

王与钧《蓝缕集·经筵彻章御赐诗卷》

一种寒梅白玉条,迥临村路傍溪桥。应缘近水花先发,疑是经春雪未消。

《声画集·僧善权送墨梅与王性之》二首

道人笔下有春色,写出江南雪压枝。千里持来烦驿使,暗香不减陇头时。

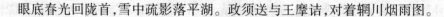

眼底春光回陇首,雪中疏影落平湖。政须送与王摩诘,对着辋川烟雨图。

仁老湖上墨梅

会稽有佳客,迈轴媚考槃。轩裳不能荣,老褐围岁寒。婆娑弄泉月,松风寄丝弹。若人天机深,万象回笔端。湖山入道眼,岛树萦微澜。幻出陇首春,疏枝缀冰纨。初疑暗香度,似有危露溥。纵观烟雨姿,已觉齿颊酸。乃知淡墨妙,不受胶粉残。为君秉孤芳,长年配崇兰。

张子文《次韵何文缜墨梅二绝》

偃蹇江头卧夕烟,懒将玉雪斗春妍。心期老氏能知白,兴寄扬雄独守玄。

仙衣云样拂轻绡,林下神情特地宜。妒妇津头风恐急,坏妆聊为变冰姿。

墨梅三绝

笔端唤醒玉梅魂,满袖春风不见痕。未许卷帘新月上,却教烟雨恼黄昏。

忆昨江湖倒载归,暗香夹路寸霏微。谁人貌得春风景,远看如烟近却非。

逸少池边发兴新,管城别作一家春。临风玉笛无人会,鬈发空归想太真。

僧慧洪书花光墨梅

一枝已清妍,交枝更媚妖。见之已愁绝,那复隔烟雨。钱塘千顷春,想见西津渡。他日到南屏,莫忘孤山路。

妙高梅花

戏折寒梅画里传,便知香爨搅佳眠,爱君花不逡巡有,乾笑春风入暮年。

妙高老人卧病遣侍者以墨梅相迓

万丝才歇转轻雷,无数晴峰笑靥开。大士已闻方卧疾,小空端遣出山来。宝坊世路知无隔,俗驾山灵故勒回。多谢多情似春色,十分浑在一枝梅。

光上人送墨梅来求诗还乡

南岳有云留不住,东归结伴过湘湄。解将疏影横斜句,来换垂珠的砾诗。癯甚鸢肩寒入画,清于鹤骨老难医。遥知入岭风烟暮,正及追胥馈岁时。

墨梅寄花光仁老

雪里梅开何草草,欲问清香无处讨。回看水际竹篱间,寂寞闲愁洗妆早。东坡戏作有声画,竹外一枝斜更好。但恐金须容易堕,额黄虽妙难常保。笑笑先生独爱竹,雪壁风梢麝煤扫。应谓冰姿不可传,醉里相忘亦颠倒。惭愧高人笔下春,解使孤芳长不老。从

来病眼怯黄昏，隔雾相看更相恼。

王承可墨梅

前身姑射冰相似，今代潘妃王不如。坐对真成在江国，淡烟微雨暗扶疏。

可是伤春故癯瘦，未应无意作娉婷。不须更向岭头觅，只此松煤尽典刑。

《僧壁师》

花光墨三昧，幻出小梅枝。烟重月华薄，冰蕤暗弄姿。

闻人武子

陇首人归信息稀，愁看冰楮破寒枝。瑶姬驻立缘何事，直到霜飞月堕时。

僧祖可求初老墨梅

手开玉玺心希有，乃得横烟冰雪枝。枯水堂中安用许，适堪病眼发新诗。

墨梅

不向江南冰雪底，乃于毫末发春妍。一枝无语淡相对，疑在竹桥烟雨边。

曹元象客有遗子，画梅花者淡墨晕成，因命之曰梅影。

惜昔神游姑射山，梦中栩栩片时还。冰肤不许寻常见，故隐轻云薄雾间。

僧士珪安上座所画墨梅一首

道人色心浮，了见造物根。笔端开此花，胸中有丘园。清香疑暗夜，疏枝卧黄昏。撞钟西湖寺，见月罗浮村。老眼隔烟雾，一笑作篱藩。

陈子高画梅花三首

溪路横糊半山雪，暗淡寒梅一枝月。醉眸无处认冰姿，两袖香风更愁绝。

长恨飘零随楚云，梦中犹记好精神。忽逢冷艳冰绡上，叹息侯家占好春。

误人吹裂柯亭笛，岂有残英落歌席。始信寿阳人写真，不知江南旧消息。

《楼攻愧先生集·题赵□远墨梅》

窗前惊见一枝斜，照眼英英十数花。千载简斋仙去后，何人更著好诗夸。

陈起《芸居诗集·梅谷毛应麟画梅》

生平只为爱梅看，故喜春风上笔端。短轴携来新茧密，横枝化作老龙蟠。瘦于影落蟾波夜，清似香飘雪岭寒。拟贴曲屏圆好梦，苦吟依旧错凭栏。

奉酬竹溪陈史君新诗墨梅之贶

千里双鱼贲草堂,中藏环异夜腾光。兴因东阁增怀想,影落前营不寄香。四韵休夸毛颖伎,几回曾误寿阳妆。感公意过兼金馈,惭乏琼琚展报囊。

韦桂诗《水墨梅》

香销南国云愁地,影落西湖月暗天。回首玉堂春梦香,一池黑雨起龙眠。

《中州集·李澥题秘书张监墨梅图》

眼中只有梅千树,不挂世间蜂蝶花。十载江南春梦断,至今清影在君家。

《李晏题嗅梅图》

胧胧霁色冷黄昏,缺月疏篱水外村。人在天涯花在手,一枝香雪寄销魂。

《杨邦基题墨梅》

粉蝶如知合断魂,啼妆先自怨黄昏。花光笔底春风老,寂寞岭南烟雨痕。

吕诚《草堂集·和靖看梅图》

西泠桥下林家墓,犹有旧时无数花。孤云何处双飞鹤,落日交青满白沙。

林表民《玉溪吟草·题徐无竟所藏花光仁老墨梅》

江路冥迷飞霰密,道人定起幽情逸。忽邀龙子幻新妆,粉淡香乾春一笔。寒梢瘦著苔衣昏,坏色空留梦里身。几回月堕交疏晓,霜发相看不知老。

慕容颜逢《撝文堂集·和衡任题孙德明墨梅》

霜风栗烈砭人肌,又是江南梅发时。写影寻真未端的,此心隐处是南枝。

《陆象山集·赠画梅王文显》

子作寒梢已逼真,不须向上更称神。由来绝艺知音少,只恐今人过古人。

《草堂集·张渥题王冕梅》

照水疏花冰有晕,横窗瘦影玉无痕。孤山月冷黄昏后,拄杖曾敲处士门。

《瀛州集·子新令郎作墨梅有奇趣》

水边疏影自横斜,曾被诗人模写来。为爱郎君知笔意,胸中应是有诗材。从来淡墨胜铅华,光补而来三两家。妙处不通言语说,似花还复似非花。

观月秋作梅

归路漫漫雪正深,无人为寄一枝春。阳关邂逅江南客,写得孤山面目真。

神

天神

《史记·殷本纪》

帝武乙无道，为偶人，谓之天神，与之搏，令人为行。天神不胜，乃僇辱之。

《鬼谷子·反应章》

已审先定，以牧人策而无形容，莫见其门，是谓天神。

《西汉书·郊祀志》

武帝时，齐人少翁以鬼神方见上，上作甘泉宫，中为台室，画天地、大一诸鬼神，而置祭具以致天神。居岁余，其方益衰，神不至。

《司马相如传》

修德以锡符，奉符以行事，不为进越也。故圣王弗替而修礼地祇，谒款天神，勒功中岳，以章至尊。

祀天神

《酉阳杂俎》

汉竹宫用紫泥为坛，天神下若流火。玉饰器七千枚一作枝。舞女三百人，一曰汉祭天神用万二千杯。养牛五岁，重三千斤。

《新唐书·西域泥婆罗传》

泥婆罗祀天神，镌子金切石马象，日浴之，烹羊以祭。

又《大食传》

大食人日五拜祀天神。

《石林燕语》

高丽王徽立，尝诵《华严经》，愿生中国。旧俗以二月望张灯祀天神，如中国上元。徽一夕梦至京师观灯，若宣召然，遍呼国中尝至京师者问之，略如梦中所见。乃自为诗识之曰："宿业因缘近契丹，一年朝贡几多般。忽蒙舜日龙轮召，便侍尧天佛会观。灯焰似莲丹阙迥，月华如水泄云寒。移身幸入华胥境，可惜终宵漏滴残。"

祭天神

《东汉书·宗室传》

熹平二年，国相师迁追奏前相魏愔，与陈愍王宠，共祭天神，希幸非异，罪至不道。有司奏遣使者案验。灵帝不忍加法于王，诏槛车传送愔北寺诏狱，使中常侍王酺等杂考。愔辞与王共祭黄老君求长生福而已，无他异幸。酺等奏愔职在匡正，而所为不端，迁诬告其王，罔以不道，皆诛死。有诏赦宠不按。

祭天神

妄事天神

王符《潜夫论》

大岁、丰隆、钩陈、太阴、将军之属，此乃天吏，非细民所当事也。天之有此神也，皆所以奉成阴阳而利物也。若人治之有牧守令长矣。向之何怒？背之何怨？君民道近，不宜相责。况神至贵，与人异礼，岂可妄事！

祷天神

《魏书·贺讷传》

讷从父弟悦，密为太祖祈祷天神，请成大业，出于诚至，太祖嘉之。

奏天神

《卢子逸史》

裴令公少时，有术士云：命属北斗廉贞星将军，宜每存敬，祭以清酒，当得冥助也。裴公自此不敢懈惰。及为相，机务繁杂乃遗忘，心不足，然未尝言之于人，诸子亦不知。在京师，有道者来与宿。及夜曰："相公昔年尊奉天神，何故中道而辍？崇护不已，亦有感于相公。"裴公笑，心知其廉贞，不之信。后为太原节度，家人病，即迎女巫视之。弹胡琴，颠而倒之，良久，蹶然而起，曰：请见相公。廉贞将军遣某传语，大无情，都不相知也。将军怒甚，相公何不谢之？裴公大惊，女巫曰：当择良日洁斋于静院，焚香酒果。廉贞将军亦欲见形于相公。其日，裴公沐浴具公服，立于阶前东南，奠酒再拜。见金甲持朱戈者一人，长三丈余，向北而立，裴公惊悚汗俯伏地不敢动，少顷即不见。问左右皆无之，裴公遵奉，不敢怠忽也。

赛天神

《五代史》

后唐开光二年七月巳酉，如雷山赛天神，夷狄之事也。

不畏天神

《东汉书·杜林传》

林少好学，博洽多闻。王莽败，盗贼起，林与弟成及同郡范逡、孟异等俱客河西。道逢贼数千人，遂掠取财物，褫夺衣服，拔刃向林等，欲杀之。异仰天叹曰："愿一言而死足

矣。将军知天神乎？赤眉兵众百万，所向无前，而残贼不道，卒至破败。今将军以数千人之众，欲规霸王之事，不行仁恩，而反遵覆辙，不畏天神乎？"贼遂释之，俱免于难。

梦天神

《北史·隋宗室列传》

开皇中，文帝梦神自天而降，云是天神将下降。及闻萧妃有娠，迎至大兴宫之客省。明年戊辰，生元德太子昭。

鬼称天神

赵希鹄《洞天清录》

王观文出征熙河，久不下。既入城，命悉屠之。人皆逃避至城一隅，有妇人独不避。王怪问。妇人蹒跚而起，忽产一子于前，乃知其将产故，不能去。王感动，遂命止杀。王是年亦生一子，名寀，字辅道，长有文名，孝于其亲，自号南陔君士，仕徽宗为刑部侍郎。在朝时，忽有天神降其家，能预言人祸福。寀事之甚谨，吉凶皆前知。崇宁间，天子将用兵于幽蓟，计未决，有言寀家天神可卜者。上将亲临问寀，不敢隐，因奏曰："容臣归而祝之。若天神许车驾临幸，却当奏上。"时妖人林灵素方得幸，寀独不与之交，灵素衔之，因白上曰："车驾不可轻动，宜遣亲信内侍先往验实，然后临幸未晚。"上然之。内侍至寀家，天神竟日不降。既复命，灵素进曰："寀，将家子，臣固疑其叵测，请劾其罪。"上怒，逮系寀于狱，考掠备至，竟无以自明。时寀母尚存，被发诉冤于天神曰："吾家奉神甚谨，何为竟杀吾子。"神复降曰："吾非天神也。"盖熙河之鬼尔，语讫不复见。

召雷神

《百川学海·祛疑录》

向有行雷神法者，以夜游艾纳数药合之为香，每烧则烟聚炉上，人身鸟翼，恍如雷神，所至敬向，不知其为药术也。

《夷坚志》

建昌王文卿，既以道术著名，其徒郑道士得其五雷法，往来筠、抚诸州，为人请雨治祟，召呼雷霆，若响若答。绍兴初，来临川，数客往谒，欲求见所谓雷神者，拒之不克。乃如常时，诵咒书符，仗剑叱咤良久，阴风肃然，烟雾亏蔽，一神人峨冠持斧立于前，请曰：

"弟子雷神也,蒙法师召唤,愿闻其指。"郑曰:"以诸人欲奉观,故遣相召,无它事也。"神恚曰:"弟子每奉命,必奏上天乃敢至,迨事毕而归,又具以白。今乃以资戏玩,将何辞反命于天? 此斧不容虚行,法师宜当之。"即举斧击其首。坐者皆失声惊仆,移时方甦,郑已死矣。

敬事雷神

《岭外代答》

广右敬事雷神,谓之天神,其祭曰"祭天",盖雷州有雷庙,威灵甚盛,一路之民敬畏之,钦人尤畏。圃中一木枯死,野外片地草木萎死,悉曰"天神降也。"许祭天以禳之。苟雷震其地,则又甚矣。其祭之也,六畜必具,多至百牲。祭之必三年,初年薄祭,中年稍丰,末年盛祭。必养牲三年而后克盛祭。其祭也极谨,虽同里巷草木有惧心。一或不祭,而家偶有疾病官事,则邻里亲戚众尤之,以为天神实为之灾。

不拜海神

《北史·列传》

魏裴粲,孝武初出为骠骑大将军,胶州刺史。属时亢旱,土人劝令祷于海神,粲惮违众人,乃为祈请,直据胡床坐。仆白君左右云:"前后例皆拜谒。"粲曰:"五岳视三公,四渎视诸侯,安有方伯致礼海神乎?"卒不肯拜。

刑马祭海神

《隋书·陈棱传》

大业中,棱与朝请大夫张镇周发东阳兵万余人,自义安泛海击流求国。棱进至低设檀洞,其小王欢斯老模率兵拒战,棱击败之,斩老模。其日雾雨晦冥,将士皆惧,棱刑白马以祭海神,既而开雾。

女化海神

《酉阳杂俎》

吐火罗国缚底野城,古波斯王乌瑟多习之所筑也。王初筑此城,高二三尺即坏,叹

曰:"吾应无道,天令筑此城不成矣。"有小女名郁息,见父忧恚,问曰:"王有邻敌乎?"王曰:"吾是波斯国王,领千余国。令至吐火罗国中,欲筑此城,垂功万代,既不遂心,所以忧耳。"女曰:"愿王无忧,明旦令匠视我所履之迹,筑之即立。"王异之。至明,女起步西北,自截右手小指,遗血成踪。匠随血筑之。逐日转踪匝,女遂化为海神。其海至今犹在堡子下,澄清如镜,周五百余步。

清河公即江神

《隋书·杨素传》

高祖为丞相,封素清河郡公。及受禅,加上柱国。开皇四年,拜御史大夫,未几,拜信州总管。素居永安,造大舰,名曰"五牙"。上起楼五层,高百余尺,左右前后置六拍竿,并高五十尺。容战士八百人,旗帜加于上。次曰"黄龙",置兵百人。自余平乘、舴艋等各有差。及大举伐陈,以素为行军元帅,引舟师趣三硖。军至流头滩。陈将戚欣,以青龙百余艘,屯兵数千人守狼尾滩,以遏军路。其地险峭,诸将患之。素曰:"胜负大计,在此一举。若尽日下船,彼则见我滩流迅激,制不由人,则吾失其便。"乃以夜掩之。素亲率黄龙数千艘,衔枚而下。遣开府王长袭引步卒从南岸击欣别栅,令大将军刘仁恩率甲骑趣白沙岸,迟明而至,击之。欣败走,悉虏其众,劳而遣之,秋毫不犯。陈人大悦。素率水军东下,舟舻被江,旌甲曜日。素坐平乘大船,容貌雄伟,陈人望之,惧曰:"清河公即江神也。"

梦河神

《北史》

后魏孝庄帝既诛尔朱荣,荣子兆自汾州率骑攻洛,师自河梁西涉,掩袭京邑。先是,河边有一人梦神谓曰:"尔朱家欲渡河,用尔作波津,今当为缩水脉。"及兆至,见一人自言知水深浅处,以草表插导,忽失所在。兆众遂涉焉,寻而陷京,杀庄帝。

祷河神

《北盟录》

宋靖康中,中书舍人孙觌言:"臣承乏直学士院,被旨撰祝册祷河神。望其冬三月,河流不冰。复有献计者,宜联数百艘,宿火其中。可谓儿戏矣。"

按问水神

《资治通鉴·后唐明宗纪》

天成二年,魏王继岌遣押牙韩珙等部送蜀珍货金帛四十万,浮江而下。高季兴杀珙等于峡口,尽掠取之。朝廷诘之,对曰:"珙等舟行下峡,涉数千里,欲知覆溺之故,自宜按问水神。"帝怒,制夺其官爵。

燃犀照水神

《太平广记》

温峤平苏峻之难,及于溢口,乃燃犀以照水怪。果见官寺赫奕,人徒甚盛。又见群小儿两两为偶,乘辎车,驾以黄牛,睢盱可恶。温即梦见神怒曰:"吾与君幽明异路,何故相照?当令君知之。"乃得病也。

犯人神

《西汉书·郑崇传》

崇为尚书仆射,久之。上欲封太后弟商,崇谏曰:"犯人者有乱亡之患,犯神者有疾夭之祸。"

求助人神

《东汉书·隗嚣传》

嚣既立为上将军,军师方望说嚣:"宜急立高庙,称臣奉祠。所谓神道设教,求助人神者也。"

金人神

《北史·曹国传》

其国神有金人破罗润，人丈有五尺，高下相称。每日以驰五头，马十匹，羊一百口祭之，常有数千人食之不尽。

《能改斋漫录》

汉武帝故事：昆邪王杀休屠王，以其众来降，得其金之人神，置之甘泉宫。金人皆长丈余，其祭不用牛羊，惟烧香礼拜。

孝感人神

李昌龄《乐善录》

资州资阳县士人勾龙霁，乾道己丑为其祖父母及父庐墓。以一百二十日为期，逐日辰、午、酉三时上土。暇则看阅释典，读诵孝经。又校正字音，手写万卷以施于人。越明年，二月有七日早，忽一白凉衫人戴青笠骑黑马而至，徘徊周览。神彩颇异，霁觉之，乃请劝茶，继以果实，及五谷等饭。侍者从旁，以一大添器受之。又有一卒，手执一小旗并一小牌，金刻其字曰："虞张诛叛虏，惟此功三与汝。"霁读毕，白凉衫者命霁录之。霁益敬异，遂问姓字。答曰："汝还识我否？我寓居梓潼，下江南至资州。今莲花山下，即我行祠。闻公至孝，特来游此。"遂索马向南而去，马足如飞，倏然不见。霁望尘再拜，亟遣其弟诣祠祷谢。既至，按上有袱物，发而视之，则霁所献白凉衫者。六颗胡桃，十枚干枣，一器五谷饭也。寺僧法荣、祖行及守祠蔡十五等，皆相讶曰："祠门不开者，知几年矣。安得有此？"复取袱细视，则元祐壬申三月初五日，左冯兵士杨有功，因迎本官入川至梓潼诣祠献香之袱也。迄今已八十余年。噫，兹亦异矣。愚尝读《真诰》，大凡世人有功及物而得为地下主者，文解八十年，武解一百六十年，始得一迁。至于为臣而忠，为子而孝，则直登仙品，更不历诸地位。今神之意，岂曰虞张之忠，与子之孝则一也耶。宇文庭坚录，亦资州勘会公文。

炙犯人神

《夷坚志》

姜补之，师仲。在太学与胡秀才同舍，胡指上病赘疣，欲灼艾去之。或告曰："今日人

神在,指当俟他日。"故不以为信,遂灸焉。七日而疮发,皮剥去一重。见人面在中,如镜所照恶之,亟覆以膏。又七日稍愈,痒甚。因爬搔皮起,人面如故。历四十余日,创益大,且痛,竟不起。

鬼针人神

《太平广记》

丹阳郡吏章授,使经毗陵,有一人寄载笥。数日,授发其笥,有书数卷,皆吴郡人名。又有针数百枚,其人谓授曰:"君知我是鬼也,所以持针者,当病者以针,针其人神焉。"

精贯人神

《仙传》

彭家少服业于太极真人,栖真味道,精贯神人,年一百余岁,后受书为太清真人。

正其人神

《辅教编》

《原教》云:圣人为教,而恢张异宜。言乎一世也,则当顺其人情,为治其形生之间。言乎三世也,则当正其人神,指缘业之外,缘死生。

上神

《礼记·礼运》

修其祝嘏,以降上神与其先祖。《正义》曰:上神谓在上精魂之神,即先祖也。指其精气谓之上神,指其亡亲,谓之先祖。

游神

《古三坟书》

游神,动而灵。故飞走潜化动植虫鱼之类,必备于天地之间,谓之太古。

太岁游神

《晋史》

挥麈徐邈达于从政,论议精密,当时多谘禀之。

《触类辩·释问》则有:对旧疑岁,辰在卯,此宅之左,彼宅之右,何得拘忌于东? 邈以为太岁之属,自是游神。譬如日出之时,向东皆逆,非为藏体地中也。

泰元媪神

汉隽《礼乐志》

惟泰元尊媪神,蕃厘李奇曰:媪神地也。师古曰:泰元天也。言天神至尊,而地神多福也。

受厘元神

《海录碎事》

告成大报受厘元神,厘福元大也。

自巳元神

《道法精微》

虚靖天师张君曰:神若出便收来,神返身中气自回。如此朝朝还暮暮,自然赤子产真胎。萨真人曰:一点灵光便是符,时人错认墨和朱。精神不散元阳住,万怪千妖尽扫除。

王景阳曰：空劫之前是我身，无形无象亦无名。黄金透石俱无碍，一点灵光到处明。饶碧虚曰：人言心下一陀空，精气元神聚此中。何以痴人容易感，盖缘不识主人翁。又自己元神即先天一气之体，先天一气即自己元神之用。故神不可离于气，气不可离于神；神乃气之子，气乃神之母。子母相亲如磁吸铁。刘真人曰：非法非真非色，无形无相无情，本来一物冷清清，有甚闲名杂姓。动则鬼神潜伏，静时天地交并。视之不见听无声，默叩须还相应。又《心传录》云：一人各具一乾坤，中有巍巍一至尊。统御万灵三界伏，不知徒尔弄精神。

先天元神

《道法精微》

先天元神，太极之祖也。虚无自然，包含万象，视之不见，听之不闻，变化无方，去来无碍，清静则存，浊躁则亡。《玉皇心印经》云：神能入石，神能飞形。《太上》曰：虚心静神，道自来居。《道德经》云：谷神不死，是谓玄牝，玄牝之门是谓天地，根前有之矣。《心传录》云：灵台清静才方现，略有纤毫便不见。出离生死永长存，争奈凡夫不识面。

辟恶神

《抱朴子·登涉篇》

若有山川社庙，血食恶神能作祸福者，以黄神越章之印以印封，泥断其道路，则不复能神矣。

佛是小神

《太平广记》

史隽有学识，奉道而慢佛，常语人云：佛是小神，不足事也。

禁治邪神

《续宋鉴长编》

仁宗天圣元年，诏江南东西、荆湖南北、广南东西两澜福建路转运司：自今师巫以邪神为名，屏去病人衣食、汤药、断绝亲识、意涉陷害者，并共谋之人，并比类咒诅律条坐之。非增疾者，以违制失论。其诱良男女传教妖法、为弟子者，以违制论，和同受诱之人，减

等,科之情理。巨蠹者,即具案取裁。

请祀五行神

《续宋鉴长编·神宗纪》

元丰四年,详定礼文所言,《礼运》曰:地秉阴,播五行于四时。五行者,天地之间,至大之物,万物所生以成,故有帝以为之主,有神以为之佐,祭天以天从故祀昊天上帝,则五神宜从。于南郊祭地,以地从故祀地祇。则五神宜从于北郊,五神地类也。故曰地秉阴,播五行于四时。汉旧仪祠五,祀五行官也。梁武帝南北郊皆祀五行之祀,故许亨以谓五神主五行,隶于地为阴祀,位在北郊是也。近世大雩五时迎气,以五人神配而不设五行之神,是遗其大而取其小也。伏请祭地祇以五行之神从,以五人神配用血祭。从之。

居如大神

罗泌《路史》

昊英氏论人之言曰:居如大神,夫食则大牢而加珍,服则五采而饰玉。坐设章容黼扆,而诸侯孤卿奔走乎堂下。出乘大辂,越席以养安载车。皋并以养鼻,错行以养目,和鸾以养耳。三公奉轭,诸将持轮,居如大神,动如天帝,扶老养衰,渠有善于此者。

《金史》

国语解大神,高也。

没为名神

贾谊《治安策》

生为明帝,没为名神。名誉之美,垂于无穷。

三河领神

马明叟《实宾录》

后魏裴骏,字神驹。幼而聪惠,亲表称为神驹,遂以为字。弱冠通涉经史,崔浩亦深

器之,目为三河领神。

卿是世神

马明叟《实宾录》

北齐和士开事武成,好握槊,士开善此戏,又能弹胡琵琶,因致亲宠。尝谓武成曰:"殿下非天人也,是天帝也。"王曰:"卿非世人也,是世神也。"

护法善神

《续宋鉴长编》

神宗熙宁七年,言新法之不便者甚众,王安石不悦而求去,然吕惠卿又使其党日诣瓯函,假名投书,乞留安石,坚守新法。上乃遣惠卿以手诏谕安石:欲处以师傅之位留京师,而安石坚求去。又复赐手诏曰:"韩绛恳欲得一见卿,意者有所咨议。卿可为朕详语以方今人情政事所宜急者。"安石荐绛代己,仍以惠卿佐之,于安石所为遵守不变也。时号绛为传法沙门,惠卿为护法善神。

鬼避戒神

《经律异相·沽客篇》

有人从容受三皈五戒,心欲见佛。经一亭中,有一女云是啖人鬼妇。其人日暮欲寄宿,女言不可。其人自念是舍卫国人,完佛四戒,神尚畏之,我何所惧乎?遂即留宿。时啖人鬼见护戒神去亭四十余里,一宿不敢归。

日游神

《秦京杂记》

皇祐、嘉祐中未有谒禁,士人多驰骛请托。一人号望火马,其中又一人号为日游神,盖曰有奔竞故也。

箕公之神

罗泌《路史》

余论许由退处箕山,故其卒,葬在是所,谓箕公之神,配五岳者,许四岳之祚也。

羽渊之神

罗泌《路史》

夏后纪,舜殛鲧于羽山三年而死,是为羽渊之神。《山海经》云:南望禅渚,禹父之所化。今陆浑东有禅渚,即鲧化之所。河南密县亦有羽山鲧,化羽渊一,或在此。神则无不在也。子产云:其神化为黄熊。事详《晋语》,或云黄能,或云玄鱼,云能鳖,有说别见。

司命之神

《太平御览》

《汉武故事》曰:上祀太畤祭,常有光照长安城,如月光。上以问东方朔:"此何神也?"朔曰:"此司命之神,总鬼神者也。"上曰:"祠之能令益寿乎?"对曰:"皇者寿命悬于天,司命无能为也。"

《随巢子》

昔三苗大乱,天命殛之,夏后受之大神,降而富也。司命益年而民不夭,四方归之,辟地以王。

郭西之神

《梁昭明太子事实》

昭明祠旧在秀山之秋浦县,在今郡城西南八十里,后改县,置池州。州治迁庙,亦随建今庙,距州治才五里,居城之西,故称为郭西之神。

山海之神

《隋书·列传》

流求之俗，事山海之神，祭以酒肴。斗战杀人，便将所杀人祭其神。或依茂树起小屋，或悬髑髅于树上，以箭射之，或累石系幡以为神主。

横岭之神

《金史·杨达夫传》

达夫，字晋卿，泰和三年进士，有才干。所至可纪，会有诏徙民东入关，达夫与众行及韶，避兵于州北之横岭，为游骑所执。将褫衣害之，达夫挺然直立马首，略无所惧。稍侵辱之，即大言曰："我今国臣子，既为汝所执，不过一死，忍裸袒以黯天日耶？"遂见杀。两山潜伏之民窥观之者皆相告曰：若此好官，异日祠之，当作我横岭之神。

花月之神

《春渚纪闻》

建安章国老之室，宜兴潘氏女，二族称其韶丽。既归国老，不数岁而卒。其终之日，室中飞蝶散满，不知其数。闻其始生亦复如此，既设灵席，每展遗像，则一蝶停立，久之而去。后遇远讳之日与曝像之次，必有一蝶随至，不论冬夏也。其家疑其为花月之神。

五谷之神

《太平广记》

三川饥，斛斗翔贵，时王法进达太帝之所，帝谓之曰："世人不贵衣食之本，我已敕太华之府，收五谷之神，所种不成。下民饥饿，因示罚责，以惩其心。"

中华传世藏书

永乐大典

精华本

九四九

隐形之神

《能改斋漫录》

《抱朴子内篇》载:遁甲中经曰往山林中,当以左手取青龙上草,折半置蓬星下,历明堂入太阴中禹步而行,三咒曰:诺皋太阴将军,独开曾孙王甲。勿阁外人,使入见甲者,以为束薪。不见甲者,以为非人,则折所持之草置地上。左手取土以传鼻人中,右手持草自蔽,左手著前,禹步而行,到六癸下。闭气而住,人鬼不能见也。以是知诺皋乃太阴之名,太阴者,乃隐形之神。

人身之神

《上阳子》

上部八景:发神、脑神、眼神、鼻神、耳神、口神、舌神、齿神。中部八景:肺神、心神、肝神、脾神、左肾神、右肾神、胆神、喉神。下部八景:肾神、大小肠神、胴神、胸神、膈神、两胁神、左阴左阳神、右阴右阳神。

在天地之神

《史记·律书术》

曰:数始于一,终于十,成于三。气始于冬至,周而复生。神生于无形,成于有形,然后数形而成声,故曰:神使气,气就形,形理如类有可类。或未形而未类,或同形而同类,类而可班,类而可识。圣人知天地识之别,故从有以至未有。以得细若气,微若声,然圣人因神而存之。虽妙必效情,核其华道者明矣。非其圣心以乘聪明,孰能在天地之神而成形之情哉。神者,物受之而不能知,及其去来。故圣人畏而欲存之,惟欲存之,神之亦存其欲存之者,故莫贵焉。

龙蛇之神

宋王安石《临川集》

吾州之东南有灵谷者,江南之名山也。龙蛇之神,虎豹□翟之文章,皆自山出。

怀柔百神

《诗·周颂》

怀柔百神。注,怀,来,聚,安也。时迈其邦,昊天其子之。实右序有周,莫不震叠。怀柔百神,及河乔岳,允王维后。《西汉书·郊祀志》:天子祭天下名山大川,怀柔百神,咸秩无文。

祭百神

《礼记·祭法》

山林川谷丘陵,能出云为风雨、见怪物皆曰神。有天下者,祭百神,诸侯在其地则祭之,亡其地则不祭。故有天下谓天子也,百神者假成数也。

蜡百神

《宋史·和岘传》

乾德三年十二月十四日戊戌腊,有司以七日辛卯蜡百神,岘献议正之。

混合百神

《度人经》

中理五气,混合百神。

调补百神

《元真子》

元真子问道于玄女曰:金液流注五脏四肢,调补百神,润泽六腑,变易毛骨。

劾召万神

《抱朴子·地真篇》

昔黄帝见紫府受三皇内文,以劾召万神。

玉章生万神

《生神章》

琅琅九天音,玉章生万神。

锦幡召万神

《大洞经》

明节命大乙锦幡召万神。

混生万神

《大洞经》

灵光八辉,混生万神。

变万神

《黄庭经》

间居蕊珠作七言,散花五彩变万神。

逆厘三神

《西汉书·杨雄传》

《甘泉赋》有曰:所以澄心清魂,储精垂思感动天地,逆厘三神者。注,三神,天、地、人之三神也。

五脏藏五神

《老君内亲经》

云:五脏藏五神,魂在肝,魄在肺,精在肾,志在脾,神在心。

五神

《度人经》

大乙司命胎之精,主生之母。左无英公子,右白元尊神,司命桃康也。

世称八神

马明叟《实宾录》

帝喾之妃,邹屠氏之女,帝纳以为妃。妃尝梦吞日,则生一子。凡经八梦而生八子,世谓为八神。

礼嵩岳通八神

《西汉书·万石君传》

礼嵩岳,通八神。注:师古曰:古致礼中岳,通敬八神。

诗用十二神

《韵语阳秋》

诗体如八音,歌达除体之类,古人赋咏多矣。用十二神为诗者,始见于沈炯,山谷亦常效之。余友人莫用之,其祖戡尝以办舌说贼,脱百余人不死,意其后必昌而用之。乃贫不能以自存天理,殆难晓也。余尝以此格作诗,赠之云:抱犬高眠已云足,更得牛衣有余燠。起来败絮拥悬鹑,谁信龙鬐织水谷。踏飞莱园底用羊,从他雷春吼枯肠。击钟烹鼎莫渠爱,小笔自许猴葵香。半世饥寒孔移带,鼠米占来身渐泰。吉云神马日匝三,楛蒲肯作猪奴态。虎头食肉何足夸,阴德由来报宜奢。丹灶功成无跃兔,玉函方秘缘青蛇。其诗体如此。

烧指祷神

唐《李文公集·李府君墓志》

眉州别驾李君去官居家,弟遇疾暴卒,别驾烧一指以祷于神。既而弟复生,自说:"方就系,上帝有命。以兄烧指,宜复其生。"

大雪祷神

五代《薛史·后晋高祖纪》

天福四年冬十二月丁巳,帝谓宰臣曰:"大雪害民,五旬未止。京城祠庙悉令祈祷,岂非凉德不储,神休未洽者乎?"因令出薪炭米粟给军士贫民。

疾笃祷神

《宋史·赵普传》

普疾笃,遣亲吏甄潜诣上清太平宫,致祷神,为降语曰:"赵普,宋朝忠臣,久被病,亦有冤累耳?"潜还,普力疾冠带出中庭,受神言,涕泗感咽,是夕卒。

就试祷神

《能改斋漫录》

何大圭在上庠将试上舍，一日谒告以状述已意，乞灵于白马神祠，人不知也。次日同舍生告之曰："子之出，得非有祷于白马祠耶？余夜梦过祠下，有揭榜于墙者。试视之，前列内舍生何大圭状。"后云所乞宜允，须至晓示，何应曰："然。"是岁题目：轸之方也，以象地也。盖之圆也，以象天也。轮辐三十，以象日月也。盖兮二十有八，以象星也。其破题云：两仪虽大，均囿于形。三台虽远，均囿于数。最为警拔，是日下笔如有神。助榜出，遂居首选。

《百川学海》

京师试于礼部者，皆祷于二相庙。二相者，子游、子夏也。子游为武城宰，子夏聘列国。不知何以得相之名也。今行都试礼部者，皆祷于皮场庙，皮即皮剥所也。建中靖国元年六月，传闻皮场土地生瘝疾之不治者，诏封为灵贶侯。今庙在万寿观之晨华馆，馆与贡院为邻，不知士人之祷，始于何时，馆因何而置庙也。

赵普

李瞻祷神

《张氏可书》

襄阳辩士李瞻，老于学校而性多狂率。一日，上封事，极诋时政。初入都道，由襄山卜于山神曰："某今日献封事，若便拜相即求一吉兆。"不应，又祝曰："若只得内相亦可。"又不应，又祝曰："卿监足矣。"又不应，复云："本路监司并乡郡，如何？"又不应，遂厉声曰："必是山神不在家。"后竟配岭表。

阻风祷神

《夷坚志》

严州大浪滩在州北五十里，介于两山之间，深不过八尺，而湍流峻驶，萦回曲折。稍

遭风色,则激为巨浪,由是得名。往来者多苦濡滞。绍熙四年,鄱阳周贵章赴省试,与乡人罗正臣、李显祖、康师尹相值于常山。买舟同下,逮至彼滩。见它郡贡士船三十余艘,鳞次岸浒,皆阻东风。久者几七八日,更相愁叹,不敢解缆。或强驱童奴尽力挽缚,才少进,复猛退。有忿郁而束担陆行者,且虑失试期,晚夕阴获。余千董经负胆略,出语众曰:闻坡上一庙乃威惠王行祠,盍往致祷,脱蒙垂祐,便可去矣。皆合辞曰:然时已昏暮。即笼炬造谒,焚香列拜。董拱而启曰:神王聪明正直,受国爵封,又享血食于此。今朝家三年大比,网罗贤俊,公卿将相,悉由此途。礼闱较艺,程限已迫,顾留泊此地,欲往不能,愿一施威灵,诃禁川后,使滩上诸舟前进无壅。岂惟寒士蒙赖,亦所以报国也。祷罢,焚献纸钱,稽首,径出。至夜狂风尚厉,渐以帖息。天将旦,波平如席,三十艘顺流相御,略无凝滞。始悔乞灵之不早云。

过庙祷神

《元史·阿沙不花传》

祖母苦灭古麻里氏,归康里国,后十三年复来,则二子已从宪宗伐蜀矣。逮至和宁间,宪宗崩,诸将皆还。二子独后,心以为忧。过一古庙,因入祷,马若闻神语,连称好好。问其国人通汉语者,知为吉。还至舍,则二子已至矣。

以金祀神

《抱朴子·内篇·金丹卷》

传《丹经》不得其人,身必不吉。若有笃信者,可明合药,成以分之,莫轻以其方传之也。知此道者,何用王侯为。神丹既成,不但长生,又可以作黄金。金成取百斤,先设大祭,祭自有别法一卷,不与九鼎祭同也。祭当别称金,各检署之礼,天二十斤,日月五斤,北斗八斤,太乙八斤,井五斤,灶五斤,河泊十二斤,社五斤,门户闾鬼神清君合五斤,凡八十八斤。余一十二斤,以好韦囊盛之,良日于都市中市盛之时,嘿声放弃之于人多处,径去无复。顾凡用百斤。外乃得息恣用之耳,不先以金祀神,必被殃咎。

杀人祀神

《名臣见闻录》

奉议郎解珏,蜀人也。受梓州司理,夜宿荆南府南马铺中。初更后闻萧鼓撼铃铎之声,珏询铺卒曰:"彼何为也?"卒曰:"民家夜祭鬼神耳。"珏乘酒曰:"尔导吾往观之。"卒

曰："不可,恐致他虑。"珏叱之,乃同行。夜下道百余步,至一民舍,自牖望之,于茅堂中悬三绘神,皆巨帽大目。前致樽俎花果。其家一人以巾裹,礼拜执铃而请神家入,动萧皷而和之。珏知其家事邪神,以手抉窗而入其家,散走不见。珏于楮钱下见反缚一人,珏解其缚,询之曰:"尔何人也。"曰:"蔡人也,避岁饥受役于其家,其主事三神。求人祭之不获,乃以我为饷。不意公至此,再获生也。"珏覆其杯血,取其绘神以回。明日以事闻于有司,竟不获事神者。立重赏以捕之,蔡人迄今为役于珏之门,以报其赐。行旅过其地,深宜察之。解珏今为奉议郎。

上疏论祀神

《宋史》

林大中上疏,谓:国之大事在祀,今沿袭不正,非所以严典礼,安神明。臣见其祝于神者,或舛于文,称于神者,或讹其字。所宜厚者,或简不虔。所宜先者,或废不用。更制器服,或岁月太疏。夙兴行事,或时刻太早。是皆礼意所未顺,人情所未安也。

以敬事神

《左传》

哀公十六年,楚白公作乱杀子西、子期,而劫惠王。石乞曰:"焚库弑王不然,不济。"白公曰:"不可弑王,不祥焚库,无聚将,何以守矣?"乞曰:"有楚国而治获民以敬事神,可以得祥,且有聚矣。何患弗从。"

以讳事神

《左传》

九月丁卯,子同生,以太子生之礼举之。接以大牢,卜士负之,士妻食之。公与文姜宗妇命之。公问名于申繻。对曰:"名有五:有信、有义、有象、有假、有类。以名生为信,以德命为义,以类命为象。取于物为假,取于父为类。不以国,不以官,不以山川,不以隐疾,不以畜牲,不以器币。周人以讳事神,名终将讳之。"

战兢事神

《国语》

观射父曰：天子禘郊之事必自射其牲，王后必自春其粢。诸侯宗庙之事必自射其牛，刲羊击豕。夫人必自春其盛。况其下之人，其谁敢不战战兢兢，以事百神。

弃医事神

王符《潜夫论》

今女多不修中馈，休其蚕织，而起学巫祝鼓舞事。神以欺诬细民，荧惑百姓。妇女羸弱疾病之家，怀忧愦愦，皆易恐惧，至使奔走便时，去离正宅。崎岖路侧。上漏下湿，风寒所伤，奸人所利，贼盗所中。益祸益祟以致重者，不可胜数。或弃医药，更往事神。故至于死亡，不自知为巫所欺误，乃反恨事巫之晚。此荧惑细民之甚者也。

教人事神

刘公是先生《弟子记》

率人以教人，其政乃纯，率神以事神，其鬼乃神。政之不纯，教之过也。鬼之不神，事之过也。教人过于縠，事神过于渎，民不见严而烦是亵，非渎乎？古之事神者，必有则弗徵，弗徵民弗信也。必无则弗畏，弗畏民弗从也。事神若疑，故筮则弗非，盟则弗叛。祷则壹，斋则洁，言则信，令则从，居则谨，行则顺，效则见帝，庙则见先王，奥则见主，而谁识思乱。

江南事神

《萍州可谈》

江南俗：事神疾病官事专求神，其巫不一。有号香神者，祠星辰不用荤。有号司徒神者，仙帝神者，用牲，皆以酒为酹，名称甚多。尝于神堂中见仙帝神名位，有柴帝、郭帝、石帝、刘帝之号。盖五代周晋汉也。不知何故祀之，祠祀并无义理。又以傀儡为乐神用禳官事，呼为弄戏。遇有系者，则许戏几棚。至赛时，张乐弄傀儡，初用楮钱爇香，启祷犹如祠神。至弄戏则秽谈群笑，无所不至。乡人聚观饮酒，醉又殴击，往往因此又致讼系。许赛无已时。

翁师事神

《夷坚志》

崇安县有巫翁吉师者，事神著验，村民趋向籍籍。绍兴辛已九月旦正为人祈祷，忽作神言曰："吾当远出，无得辄与人问事。"治病翁家恳诉曰："累世恃神力为生，香火敬事不敢怠，不知何以见舍？"再三致叩，乃云："番贼南来，上天遍命天下城隍社庙，各将所部兵马防江。吾故当往。"曰："几时可归？"曰："未可期，恐在冬至前后。"自是影响绝息。尝有富室病，力邀翁严洁祭祷，掷珓百通，讫不下。至十二月旦，复附语曰："已杀却番王诸路神祇，尽放遣矣。"即日灵响如初。

温公事神

朱子《近思录》

元丰四年正月十六日作。或问逤叟事神乎？曰：事神。或曰何神之事。曰事其心神，或曰其事之如何？曰至简矣。不黍稷，不牺牲，惟不欺之为用。君子上戴天，下履地，中函心，虽欲欺之，其可得乎？

杀猪祠神

《存心录》

吴戍将邓喜，杀猪祠神。治毕悬之，忽见一人头往食肉。喜引弓射之，咋咋作声，绕屋三日，后人白喜谋北叛，阖门被诛。

朱熹

岭南祠神

晁说之《客语》

岭南有歌堂，每春土人祠神于此。男夫妇女分立左右，视神所凭者，以物蒙其眼，必于男子中牵出一人，女子中牵出一人，老壮皆在，然所牵必童男也。如是旬日聚集不散，其歌童因此相慕，遂为夫妇，其为神所凭者。旬日间不复思食，卧露天下，沾沫露水，旬日复饮食如故。大率岭南歌音清积，非他处之比。

嫚神

《汉书·元后传》

莽堕坏孝元庙，以为文母篡食堂。太后见孝元庙废彻涂地，私谓左右曰："此人嫚神多矣，能久得祐乎？"

祭祀嫚神

江少虞《类苑》

虞部员外郎张著通判潭州，奉时祀于南岳。旧制：神位于坛，敷席于地，列边篮牲醴之品。当设席之际，往往以一足指画。祀罢还府，坠马折足而卒。又三司副使李寿朋，奉敕祭西太乙宫。李平生不能食素，是日五鼓奉祀，遂茹荤而往。方升殿，暴得疾，口鼻流血。左右扶下殿，已卒矣。岂非祭礼而嫚神耶？何诛责之遽也。可不畏哉。

程副将嫚神

《夷坚志》

秦蜀马入东方，率以十十匹为一纲，遣兵校部押，马多道亡。于是置监汉阳恝泪五日，以侯三卫江上诸军取发。先赴湖广总领所，对验毛色齿数，与四川马司者无异。然后即路。乾道九年，殿前程副将当此役。自汉阳卜日将济江，卒长云：旧例，必具牲酒诣城隍庙谒赛乃行，则长途无它虑。程不答，再问之，忽怒诟曰："我取官马，何预于神？"叱使去。是日晚，绝江，宿城下驿。才五鼓，悉控马往总司，须启关而入。忽闻马蹄声，从西

来。诸卒谓他纲至，起立相戒，各谨持控，以防相遇斗伤之害。俄顷，间已至前。暗中不能测其多寡，即冲突踶龁不可制。如是两刻许，天明视他马了无所见，而一行纲马死者几半。皆折胁流肠，众以为程副将嫚神之咎。

汤显祖慢神

《夷坚志》

汤显祖，池州石埭人，兵部侍郎允恭孙也。绍熙五年，为泾县宰。初交印，主吏曰：三日当谒庙。汤叱之曰："吾行五雷法，神祇在掌握中，岂当屈身拜于土偶之前？"但今具馔为两席，设之于祠宫，而命车呵殿直造其处。与神分宾主亢礼对酌。且言当官藉庇之意。吏民见者窃怪而忧之，是夜暴风吹起，山水溢溢，县治淹没七八尺。至于卧床之下，文书笼箧，大半入水，仅不伤人，皆以为慢神之咎。汤以屋庐损败，伐木于林薮一新之。又命画工王生绘神将大像七十二躯，奉事香火极其虔敬。至次年春，为提举官李唐卿子勉所按，遂罢去。

杨客慢神

《夷坚志》

泉州杨客为海贾十余年，致赀二万万。每遭风涛之厄，必叫呼神明，指天日立誓，许以饰塔庙，设水陆为谢。然才达岸，则遗忘不省，亦不复纪录。绍兴十年泊海洋，梦诸神来责偿。杨曰："今方往临安，俟还家时，当一一赛答，不敢负。"神曰："汝那得有此福？皆我力尔。心愿不必酬，只以物见还。"杨甚恐，以七月某日至钱塘江下，幸无事，不胜喜。悉辇物货置抱剑街主人唐翁家，身居柴垛桥西客馆。唐开宴延伫。杨自述前梦，且曰："度今有四十万缗，姑以十之一酬神，愿余携归。泉南置生业，不复出矣。举所赍沉香、龙脑、珠琲、珍异纳于土库中。他香布、苏木不减十余万缗，皆委之库外。是夕大醉，次日闻外间火作。惊起，走登吴山，望火起处尚远。俄顷，间已及唐翁屋。杨顾语其仆，不过烧得粗重亦无害。良久见土库黑烟直上，屋即摧塌，烈焰亘天。稍定，还视，皆为煨烬矣。遂自经于库墙上，暴尸经夕。仆告官验实，乃得槁葬云。"

都监慢神

《夷坚志》

潭州兵马都监某，出于天武禁卫，离兵籍得官。既满秩府帅，使押米万石至鄂渚，因

挈家道行过青草洞庭湖,泊舟龙庙下。当具牲牢礼谒,其人素强倔且惮费,为供菲薄,祝史白曰:神灵意颇不怿,宜每事加谨畏,殊不谓然。夏夜月明,坐于船艎上,望大金沙堆,光如撒星,煜煜聚散,稍成五色,炫转满川。问,舟人曰:"此诸神皆出嬉游也。"其人笑曰:"是乃鬼火耳,何神之为。"取弹弓射之,盖夙精此技,百发百中。才一弹落,光彩霍然而灭。舟人窃以为忧。明旦,诣庙审视,则风神土偶。舍故处偏侧而立,遍体有坼裂纹。昨夕弹圆正在袋中,以告都监,使谢过,亦但。再拜而退。至暮,风败其一舟,失米数百斛。整二年俸余,仅能偿值慢神获咎。如此全家虽震怖,幸不葬鱼腹,大抵鬼神多惊故,尤畏弹也。景裴闻其说于钱不孤,而忘都监姓名。

乘醉慢神

江燉教《影响录》

平江常熟县福山东岳行祠庙貌甚严,吴中谨事之。有胡子文者,疏俊人也。尝乘醉与所善数人入庙,有二判官相对所谓善、恶二部者。子文戏掣其恶者笔,同行以为不可,乃还之。还至舟次,见一使来曰:"彼判官命收君子。"文时已醒,颇忆醉时事,甚惧。度不可免,遂行。沿路默诵《金刚经》。既至庙,见两人相向而坐。其西向者怒甚,叱曰:"汝为士人,当识去就。何乃侮我如是?"对曰:"为狂乐所迷,了不自觉,顾乞微命以归,请后不敢。"皆不应子文,但密诵经。至第三分,二人皆起。又二章则举手加额。东向者解之曰:"此子一时酒失,原其情,似可恕。"怒者曰:"正以同官太宽,使人敢尔。"子文叩头曰:"某能诵金刚经,若能赐之再生,当日诵七卷以报。"怒者曰:"若尔亦宜小惩。"以所执笔点其背曰:"去。"即觉遍身如冰,遂寤。所点处生一疽,痛不可忍,百日方愈。子文自是日诵金刚经七遍,虽遽冗不敢辍。

至诚感神

《书·大禹谟》

至诚感神,矧兹有苗。

《宋史·王十朋传》

十朋知饶州,移知湖州,饶久旱,入境即雨。至湖积霖,入境即霁,凡祷必应。其至诚不独感人,而亦感天地鬼神。

至孝感神

《抱朴子·内篇·微旨卷》

蔡顺至孝,感神之应。

忠孝感神

《坦明故事》

王义方贬吉安丞,道出南海,舟师持酒脯祈福。义方酹水誓曰:有如忠获戾、孝见尤,四维廓氛,十里安流。神之听之,毋作神羞。既祭,天云开豁,风浪恬然。人皆叹服。

孝行感神

《夷坚志》

临江军富人周昌,时事母郑氏甚孝。郑病腰足五年余,行步绝费力,数招医治药,略无小效。绍熙二年,中秋之夜,周昌时侍母饮酒赏月,见母坐立艰辛,不觉泪堕。泪罢就寝,抽身潜起,乃怀小刃下庭,向空朝北斗,祷云:"老母染疾久,百药并试,有加无减,今发愿剖腹取肝啖母,以报产育乳养之恩。望上真慈怜,使获感应。"焚香讫,将施刃,忽闻有声自后叱喝,且以杖击其背。惊而回顾,寂不见人。但一纸贴在地,取视之。中有小纸书云:周昌时供奉母亲,累岁孝行,此药三粒,赐郑氏八娘。周捧泣拜谢,候明旦以进母,积痾烦瘵。方具以所见告于妻子。

王直感神

《元遗山集》

述金轮国上将军康德璋神道碑云:德璋辟曹甸河防都提举,都水使者言:于朝马蹄埽河,从东北流害田为多,闭之则由徐州东南入海,所经皆葭葽荒秽之地。河壖腴田,可利东明诸县。乃檄公董其役,而河水湍驶,土不能胜。水面高出堤上,危欲奔溃,已报都水而督之愈急。公具香火祷河伯,一夕水落丈余。时人以其正直感通神明许之。

桓公见神

《太平广记》

齐桓公游于泽，管仲御，公见怪马。管仲曰："泽有委蛇，其大如毂，其长如辕。紫衣朱冠，见人则捧其首而立见之者，殆霸乎？"公曰："此寡人之所见也。"

王缙见神

江燉教《影响录》

宣和间，王缙为两浙提刑，每断死囚，必焚香奏上苍，然后行下，如是岁余。一日忽见一神人立于檐间，手执案卷，乃缙平日所奏事目。呼其名而语之曰："汝所断公事，无不平允，上帝嘉之。"

李甲见神

《太平广记》

唐天祐初，李甲本常山人，夜至大明山下。值风雨暴至，遂入神祠以避之。俄及中宵，雷雨方息。甲寝于庙，须臾有呵殿之音自远而至。见旌旗闪闪，车马阗阗，或擐甲胄者，或执矛戟者，或危冠大履者，或朝衣端简者。揖逊列坐者数十辈。方且命酒进食，欢语良久，其东榻之长，即大明山之神也。西榻之首，即黄泽之神也。更其次者，云是漳河之伯。余不知其名，坐论幽明之事。其一曰："禀命玉皇，受符金阙。大行之面，清漳之湄，数百里间，幸为人主不敢怠惰徇法也。不敢恃命害下也。兢兢惕惕以事上帝，用治一方，故岁有丰登之报，民无札瘥之疾。"其一曰："清冷之域，泱漭之区，余奉帝符宅兹民庶，虽雷电之作由已也。风波之起由已也，予亦非诏命，不敢有为也。遂致草木茂鱼鳖蕃焉。"又一长叹谓众宾曰："诸公镇抚方隅，分理疆野。或水或陆，各有所长。然而天地运行之数，生灵厄会之期，巨盗将兴，大难方作。虽群公之善理，其奈之何？"众或问"言何谓也？"曰："余昨上朝帝所，窃闻众圣论将来之事。三十年间，兵戎大起。黄河之北，沧海之右。合屠害人民六十万余。"天既将曙，诸客登车而去。李甲恍然有若梦中，归而识之。后庄皇与梁朝对阵，及晋末戎虏乱华，被涂炭者何啻六十万焉。

侯懋见神

《悦生随抄》

建炎当三祀,虏马将饮江,于是天子幸明越,而隆祐太后龙兴驻豫章。行台从马时,警报益亟,有郎官侯懋、李几等三人者,每游戏城东南隅,得故园林,颇僻寂。私相谓曰:"使虏来不可避,得相与匿于是,宜死生以之。"未几行宫南迈,仓猝三人果不克奔,而虏骑已遽入矣。三人者,得如约共窜于林,因伏堂之巨梁上,夜则潜下取食而还伏焉,累数十日矣,幸略无一人足音。一旦忽多人物且沓至,三人但默伏梁之上,计此岂亦皆逃避虏者也。胡为而至哉。心语未已,即有黑衣数十百人继来。共坐于堂。命左右逻捕男女无少长,悉以梃敲杀之,积尸傍。午向暮,尽死,始去。当是时,三人者,伏据于梁惕惕然。向使一仰,其首见,必死矣。黑衣既散,皆谓得免,况已昏夜。俄复望红纱笼烛数十对引导,有主者数人又至。亦坐于堂,即多。群吏据案呼阅人姓名者,三人益惧,于此殆不得脱矣。及细视之,则但见人物,可半身,头面俱弗辩,乃知非人也。凡点阅死籍至多,辄悉呼其姓名。中间偶呼一名吏,争报曰:"不是。"类如是,凡有四。三人皆能记忆也。夜过半矣,事竟,皆去。逮晓则四顾,鸟雀不闻声,知虏已洗城去遁矣。即于乱尸中,偶有呻吟声,三人共询其名,乃夜群吏所谓"不是"四人,今悉复活矣。异哉,吾得于宋高州。宋高州得于侯懋。懋等皆显官,宜不妄云。

周持志见神

《陶朱新录》

宣和甲辰岁春三月二十一日,沿江大风,坏官私舟船数十艘。先是有江州德化县进士周持志,宿马当市中。夜闻人语甚喧,视之见鬼神千百执绛纱笼而过。中一人云:二十一日大风,当取若干人以舒迈纲。纲官赖通管押旁一人肘之。若曰:恐人闻其言也。周至日抵湖口县谒巡检,道所见。众不以为信,忽催纲吏人入白。有舒保义,名迈,不肯行舟,乃诏舒,询其所以。亦讶其姓名与周所闻合也。舒曰:夜来梦神人云:今日当大风,要迈纲官赖通。恐果有风涛之虞,本住落星寺下,乃迁于此。因留周与舒饭,未举匕筋,风大作。赖通者,方料理樯缆之类,失足溺死。

先民后神

《左传》

桓公六年,楚武王侵随,军于瑕,少师侈,请追楚师,随侯将许之。季良曰:"臣闻,小

之能敌大也,小道大淫,所谓道忠于民,而信于神也。上思利民,忠也。祝史正辞,信也。今民馁而君逞,欲祝史矫举以祭臣,不知其可也。"公曰:"吾牲牷肥腯,粢盛丰备,何则不信?"对曰:"夫民,神之主也。是以圣王先成民,而后致力于神。故奉牲以告曰博硕肥腯,谓民力之普存也。谓其畜之硕大蕃滋也。谓其不疾瘯蠡也。谓其备腯咸有也。奉盛以告曰洁粢丰盛,谓其三时不害,而民和年丰也。奉酒醴以告曰嘉栗旨酒,谓其上下皆有嘉德而无违心也。所谓馨香无才慝也,故务其三时,修其五教,亲其九族,以致其禋祀。于是乎民和而神降之福,故动则有成。今民各有心而鬼神乏主。君虽独丰其何福之有?君姑修政而亲兄弟之国。庶免于难。"随侯惧而修政,楚不敢伐。

《宋史·孙奭传》

大中祥符四年,帝将祀汾阴。奭上疏曰:夫民,神之主也,是以圣王先成民,而后致力于神。今国家土木之功累年未息,水旱洊沴,饥馑居多,乃欲劳民事神,神其享之乎?

荀悦《申鉴》

圣王先成民而后致力于神。民事未定,群祀有阙不为尤矣,必也。举其重而祀之,望祀五岳,四渎其神之祀。县有旧常,若今群祀之,而其祀礼物从鲜可也。礼重本示民不偷,且昭典如其备,物以丰年,日月之灾降异,非旧也。天人之应所由来渐矣。故履霜坚冰,非一时也。仲尼之祷,非一朝也。且日食行事,或稠或旷,一年二交,非其常也。《洪范传》云:六沴作见,若是共御未见之,无闻焉。尔官修其方,而先王之礼,保章视□,安宅叙降,必书云物为备故也。太史上事无隐焉,勿寝可也。是故天子南面听天下,响明而治。盖取诸离天之道也。月正听朝国家之大事也,宜正其仪,以明旧典。

方士致神

谢应芳《辨惑编》

齐人少翁以鬼神方见上,上有所幸。王夫人卒,少翁以方夜致鬼如王夫人之貌。天子自帷中望焉,于是乃拜少翁为文成将军,以客礼之。文成又劝上为台室而置祭其具,以致天神。居岁余,其方益衰,乃为帛书以饭牛,佯不知。言曰:"此牛腹中有奇。"杀视得书,出言甚怪。天子识其手书,于是诛之。《野客丛书》《抱朴子》谓:案:《汉书》及太史公《史记》皆云:齐人少翁为文成将军,武帝所幸李夫人死,少翁能令武帝见之。仆考《史记》《封禅书》曰:上有所幸王夫人卒,少翁以方夜致王夫人之貌。又考《汉书·外戚传》:少翁夜致李夫人。《史记》谓王夫人。《汉书》谓李夫人。二说自不同。《抱朴子》谓二书皆云李夫人,谬矣。徐广注《封禅书》谓:赵之王夫人。潘岳《悼亡诗》曰:独无李氏灵,仿佛睹尔容。又以为李夫人。其不同如此。王子年《拾遗记》则又曰董仲君致李夫人于纱幕中,不言少翁而言董君。

《太平广记》

唐开元中,四海无事,玄宗在位,久委政丞相,深居游燕,以声色自娱。宫中虽良家子

千人，无悦心者。因驾幸华清宫，内外命妇景从。诏高力士潜搜外宫得弘农杨玄琰女于寿邸，光彩动人。进见之日，奏霓裳羽衣以导之。定情之夕，授金钗钿合以固之。明年册为贵妃，自是专房同辇，六宫无复进幸者。帝甚悦之，天宝末翠华南幸次马嵬，六军不发，请以贵妃塞天下之怒。上知不免，而不忍其死，反袂掩面，使牵而去，就绝于尺组之下。明年大驾还都，尊玄宗为太上皇，就养西内。太上皇三载，一意念贵妃之心不衰。适有道士自蜀来，知上皇之心。自言有李少君之术，玄宗大喜，命致其神。方士乃竭其术，索之于上下四方，仙山洞府，得见一人。冠金莲，披紫绡，佩红玉，曳凤舄，左右侍者七八人。揖方士，问皇帝安否，次问天宝十四载已还事。言讫悯然，指碧衣女，取金钗钿合，各拆其半授使者曰：为谢太上皇，谨献是物，寻旧好也。方士有不足之色，复请当时一事，不闻于他人者，验于上皇。妃乃茫然退，若有所思，徐言曰：昔天宝十年七月，牵牛织女相见之夕。乞巧宫掖间。夜已半，侍卫已休于东西厢，独侍上，凭肩而立，因仰天感牛女事。密誓心愿世世为夫妇，言毕执手各呜咽，此独君王知之耳。因自悲曰："自此一念，又不复居此。复于下界，且结后缘。"使者还奏太上皇。太上皇嗟悼久之，然未久亦上仙矣。周至屋尉白居易为《长恨歌》以言其事云。

登台致神

王子年《拾遗记》

周灵王二十三年，起昆昭之台。筛水精为泥台，高百丈，升之以望云色。时有苌弘能招致神异，王乃登台，望云气翁郁。忽见二人乘云而至，须发皆黄，非世俗之类也。乘游龙、飞凤之辇，驾以青螭，其衣皆缝缉羽毛。王即迎之上席，时天下大旱，地裂木燃。一人先唱，能为雪霜，引气一喷，则云起雪飞。坐者皆凛然，宫中池井，坚冰可琢。又设抓腋之裘，紫黑文褥。此褥是西域所献也。施于台上，坐者皆温。又有一人唱，能使即席为炎，乃以指弹席上，而暄风入室。裘褥皆弃于台下，时有容成子谏曰：大王以天下为家，而染异术使变夏改寒以诬百姓。文武周公之所不取也。王乃疏苌弘而求正谏之士也。

任翁致神

《类林杂说》

韦氏子京兆人，举进士。尝纳妓于洛，颜色明秀，尤善音律。韦曾令写杜工部诗，得本甚蠹，妓随笔补正。后得善本不差，韦颇惑之，年二十一而卒。韦悼痛，为之羸瘠，弃事而寐，意其梦见。一日家僮有言：嵩山任处士者，得返魂之术。韦召而求之，任择日斋戒，除一室，舒帏于壁，焚香，仍须一经，身衣以导其魂。韦搜衣笥尽施僧矣，唯余一金缕裙。任曰："事济矣。"是夕绝人屏事，且以昵近悲泣为诚，然烛于香前，目睹烛然至寸，即复去矣。韦洁服敛息，一禀其诲。是夜万籁俱止，河汉澄明。任忽长啸持裙，面帏而招，如是

者三,忽闻吁叹之声。俄顷,映帏微出,斜睨而立,幽芳怨态,若不自胜。韦惊起泣,任曰:"无哭。"恐迫以致倏回。生忍泪,揖之,无异平生。或与之言,顿首而已。烛烬,及期欲逼之,纷然而灭,生乃捧帏长恸。任曰:"沤珠槿艳,不必置怀。"韦欲酬之,不顾而别。韦赋诗曰:惆怅金泥簇蝶裙,春来犹见伴行云。不教布施刚留得,浑似知逢李少君。自后眠食不安,恍惚若有所失,久而方愈。

专阳致神

《长生经》

却诸阴累,专阳致神,以致不死。

维岳降神

《诗·大雅》

崧高维岳,峻极于天,维岳降神,生甫及申。

守真降神

《宋续通鉴长编》

开宝九年十月,太祖不豫。驿召张守真至阙下,壬子,命内侍王继恩就建隆观设黄□醮,令守真降神。神言天上宫观阙已成,玉镳开,晋王有仁心。言讫不复降。

山甫降神

宋韩魏公《安阳集·谢赐生日礼物表》

生而维翰,实惭山甫之降神。今也所蒙,又异桓荣之稽古。

衡岳降神

宋王与钧《蓝缕稿·谢赵太守启》

衡岳降神,于门挺秀。

岳武穆降神

《悦生随抄》

岳武穆王飞死后，临安西汉塞军将子弟因请紫姑神，而岳侯降之，大书其名。众已惊愕，请其花押，则宛然平日真迹也。复书一绝云：经略中原二十秋，功多过少未全酬。丹心似石今谁诉，空有游魂变九州。秦桧闻而恶之，擒治其徒，流窜者数人，至有死者。

听命于神

《左传》

庄公三十二年秋七月，有神降于莘，内史过往问，虢请命。反曰："虢必亡矣，虐而听于神。注：夫民神之主也。虢公虐民而听命于神，是以知其必亡。神居莘六月，虢公使祝，应宗区史嚚享焉，神赐之土田。"

知通于神

《庄子·外篇》

天地立之本原，而知通于神。

力生于神

《鹖子》

昔之帝王所以为明者，以其吏也。昔之君子其所以为功者，以其民也。力生于神，而功最于吏，福归于君。

汪罔之神

《孔子世家补》

哀公元年，吴使曰："敢问何为神？"仲尼曰："山川之灵足以纪纲，天下其守为神，社稷

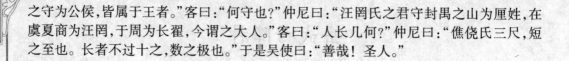

之守为公侯,皆属于王者。"客曰:"何守也?"仲尼曰:"汪罔氏之君守封禺之山为厘姓,在虞夏商为汪罔,于周为长翟,今谓之大人。"客曰:"人长几何?"仲尼曰:"僬侥氏三尺,短之至也。长者不过十之,数之极也。"于是吴使曰:"善哉! 圣人。"

庙祀为神

《吉安志》

汉颖阴侯灌婴,高帝六年命婴略定江南,始于颠县筑城。又筑南昌县城,故江南祀以为神。

《宋史》

张顺与北军战,被杀,逆水,越数日,有浮尸逆流而上,被介胄、执弓矢,直抵浮梁,视之乃顺也。身中四枪六箭,怒气勃勃如生,诸军惊以为神。结冢敛葬立庙祀之。

梦代为神

《春渚纪闻》

刘景文博学能诗,晚岁尝梦与晋文公神交,梦中酬唱甚多。后东坡荐景文得隰州。三日谒神祠,出东城所历之地,及拜瞻神像,晓然梦中往还之所也。一日又梦文公云。已受帝旨,得景文为代。月余,景文得病,郡人有宿于郊门外者,见郡守严卫而入文公祠中。凌晨趋府问之,公已属纩也。

刻毡为神

《酉阳杂俎》

突厥事祆神无祠庙,刻毡为形,盛于皮袋,行动之处以脂酥涂之。或系之竿上,四时祀之。

祠虎为神

《东汉书·东夷传》

濊本朝鲜之地,其俗祠虎以为神。邑落有相侵犯者,辄相罚责生口牛马,名之为

"责祸。"

虎变为神

《太平广记》

海陵人王太者，野行，忽逢一虎，乃持棒直前，击虎中耳。太惶惧而走，行可十余里，有一神庙，因宿于梁上。寻而虎至庙，跳跃变成男子。堂中有人问云："今夕何尔累悴？"神曰："卒遇一人，不意劲勇，中其健棒。"言讫入坐上人形中。忽举头见太，问是何客。太惧堕地，具陈始末。神云："汝业为我所食，我取尔早，故中尔棒。今以相遇，理当见祐。后数日宜持猪来，以己血涂之，当免。"太后如言，神从堂中而出，为虎，乃俯食猪。食毕入堂为人形，太再拜乃还。后更无患。

妖狐为神

《渑水燕谈录》

景德中，邠州有神祠。凡民祈祷者，神必亲享。杯盘悉空，远近奔赴。盖穴神座下，通寝殿下复门，绣箔人莫得窥。群狐自穴出，分享肴醴。王公嗣宗，雅负刚正，及镇邠土，乃骑兵挟矢驱鹰，投薪穴中，纵火焚之。群狐奔逸，擒杀悉尽，鞭庙祝，背徙其家，妖狐遂绝。公初在长安也。极疏种山人放之短，好事者有诗云：终南隐士声华歇，邠土妖狐巢穴空。二事俱输王太守，圣朝方信有英雄。

胎化为神

《徂异志》

李鉴，进士，光州解到京，常言：祖母怀孕，凡三年不产，饮食人事如常。一夜梦产一人，曰："我神明也，善事我，令母富于财。"及寤，母腹已平复矣。每夜若有一人，约侪从天窗中下，至明则床下置三十缗而在焉。因兹暴富。历二十年，生计可及数十万。母后卒，于未殡间，至灵柩前闻有哭临之声，甚哀，后遂绝。所赍锱，今家道亦如常也。

以君为神

《韩非子·内储说》

卫嗣君之时，有人于令之左右。县令有发蓐而席弊甚，嗣君还，令人遗之席曰：吾闻汝今者发蓐而席弊甚，赐汝席。县令大惊，以君为神也。

匈奴以为神

《西汉书·苏武传》

武使匈奴,单于欲降之,幽武大窖中,绝不饮食。天雨雪,武卧雪中,啮雪及毡毛咽之。数日不死,匈奴以为神。

虏以为神

《汉书》

乌孙王号昆莫,初其父为大月氏所杀,时昆莫新生,母抱之亡;置草中,为求食还,见狼乳之。又乌衔肉翔于其傍,虏以为神。及壮,报父怨,遂大破月氏。

又《耿恭传》

恭以戊已校尉为匈奴所逼,壅绝涧水城中。穿井十五丈不得水,吏士渴乏,笮马粪汁饮之。恭仰天叹曰:"昔贰师投佩刀刺山,飞泉涌出。今汉德神明岂有穷哉!"整衣服向井再拜,为吏士祷之。有顷,水泉迸出,众称万岁,乃扬水示之。虏以为神,遂即引去。

贼以为神

《晋书·马隆传》

隆讨凉州羌,依八阵图作偏箱车,地广则鹿角车,营路狭则为木屋,施于车上。且战且前,弓矢所及,应弦而倒。奇谋间发,出于不意,或夹道累磁石,贼岁铁铠行,不得前。隆卒,急被犀甲无所留碍,贼咸以为神。

见者以为神

《晋书·嵇康传》

王戎自言与康居山阳二十年,未尝见其喜愠之色。康尝采药游山泽,会其得意,忽马忘反。樵苏者见之,咸以为神。

人以为神

《唐书·刘晏传》

晏领盐铁使,京师盐暴贵,诏取三万斛以赡关中。四旬至都,人以为神。

马明叟《实宾录》

唐有杜生者,善易占。有亡奴者,问所从往追。杜生曰:"自北行逢使者,恳丐其鞭。若不可,则以情告。"其人果值使者于道,如生语,使者异之。曰:"去鞭,吾无以进。"马可折道傍蒗,与代之。其人往折蒗,见亡奴伏其下,遂获之。他日又有亡奴者,生戒曰:"可持钱五百伺于道,见进鹖者,可市其一,必得奴。"俄而使至,其人以情告使者,以一与之。忽飞集灌莽上,往取之,奴在其中,人以为神。唐韩晋公在润州,夜与从事登万岁楼。酒方酣,不悦。语左右曰:"汝听妇人哭乎?当在何所?"对曰:"在集街。"诘朝,使吏捕哭者,讯之。信宿狱不具,吏惧罪,守于尸侧。忽有大蝇集其首,回发髻验之,妇果私于邻。醉其夫而钉杀之。人以为神。

广州府《南海志》

元赵谦,赵州人,累官任广东道肃政廉访。抑强扶弱,发擿平反,官吏望而畏之。有乡民汤姓者,富于财,为仇人汤举诬告在县。其亲雒公辅,常以他事告县令王夔于宪司,因而有憾,令教汤举供职。雒公辅束缚其仆袁二下水身死,勾追加刑。锻炼成狱。惟不获其尸,事上宪司,公以无尸知其冤。购求之,檄于城隍。期以七日,如期,果有捕袁二至者,人皆以为神。

寇以为神

《瑞州志》

隋大业中,林士弘寇建城。应智顼拒之,使人货橘于寇。寇市而分食,有毒蜂出,螫寇,多死。寇又逼西北五里,应据水整师,寇曰:欲吾不犯,此溪当断。应引叱之,溪流随断,寇以为神,遂引去。

卷之二千九百七十二 九真

人

贵人

沿革

《南史·后妃传序》

贵人,汉光武所置。宋武孝孝建三年,进贵人比三司。

《宋书》

泰始二年,又省贵人,置贵姬。

《北史·魏后妃传序》

太武稍增左右昭仪及贵人。
隋开皇年间,文献皇后崩后,始置贵人三员。

《事物纪原》

汉光武置贵人为三夫人。历代不常有。国朝真宗复置贵人也。

事实

《东观汉记》

光烈阴皇后,上即位,立为贵人。上以后性质仁,宜母天下,欲授以尊位。后辄退让,

自陈不足以当大位。

《续后汉书》

光武郭皇后圣通，世祖至真定，纳圣通有宠。世祖即位，以为贵人。

孝明贾贵人，南阳人，明德马后之姨女，孝章皇帝之母也。初选入后宫为贵人，生章帝。马后无子，帝既生而马后母养之。明帝谓马后曰："人未必当自生子也，但患养之不勤，爱之不至耳。若能爱如己子，则孝敬亦如亲生矣。"于是马后待章帝过于所生，章帝感养育之恩，遂专名马氏为外家，故贾贵人家不蒙舅氏之宠。

《后汉书》

贾贵人，南阳人。建武末，选入太子宫。中元二年生肃宗，而显宗以为贵人。帝既为太后所养，专以马氏为外家，故贵人不登极位，贾氏亲族无受宠荣者。及太后崩，乃策书加贵人，王赤绶《续汉书》曰：诸侯王赤绶也。安车一驷，永巷宫人二百，永巷宫人署名也，复改为掖庭。永巷宫人，即宫婢也。御府杂帛二万匹，大司农黄金千斤，钱二千万。诸史并阙后事，故不知所终。

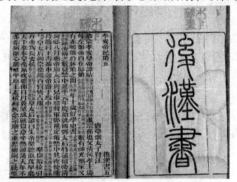

《后汉书》书影

梁贵人褒，亲愍侯梁竦之女也。少失母，为伯母舞阴长公主所养。年十六，亦以建初二年，与中姊俱选入掖庭为贵人，四年生和帝。窦皇后养为己子，欲专名外家而忌梁氏。八年乃作飞书以陷竦，竦坐诛。贵人姊妹以忧卒。九年后崩，未及葬，而梁贵人姊嫕上书，陈贵人枉没之状。太尉张酺、司徒刘方、司空张奋上奏，依光武黜吕太后故事，贬太后尊号，不宜合葬先帝。百官多上言者，帝手诏曰：窦氏虽不尊法度，而太后常自减损。朕奉事十年，深惟大义。礼，臣子无贬尊上之文，恩不忍离，义不忍亏。按前世上官太后，亦无降黜，其勿复议。帝以贵人酷没，敛葬礼阙，乃改殡于承光宫，上尊谥曰"恭怀皇后"谥法曰：敬事尊上曰"恭"，慈仁哲行曰"怀。"追服丧制，百官缟素，与姊太贵人俱葬西陵，仪比敬园。

宋贵人，皇太子庆之母也。窦皇后既无子，疾忌之，数间于帝，渐致疏嫌。因诬宋贵人挟邪媚道，遂自杀。废为清河王。语在《庆传》。

《东观汉记》

章帝宋贵人，时窦皇后内宠方盛，以贵人名族，节操高妙，心内害之。欲为万世长计，阴设方略谗毁贵人，由是母子见疏。数月，诬奏贵人使婢为蛊道祝诅。七年，遂被谮暴卒。

孝和阴皇后聪慧敏达，有才能，善史书。永元二年，选入掖庭为贵人，托以先后近属，

故有宠。

　　申贵人生孝穆皇帝。赵夫人为穆皇后。匽夫人生桓帝,帝既立,追谥赵夫人为穆皇后,匽夫人为博园贵人。和平元年,桓帝诏曰:博园匽贵人履高明之懿德,资淑美之嘉会,与天合灵,笃生朕躬,欲报之德,诗所感叹。今以贵人为孝崇皇后。

《通鉴纲目》

　　汉安帝建光元年,尊嫡母耿姬为甘陵太贵人。

《东汉书》

　　顺烈梁后,永建三年,与姑俱入掖庭。时年十三,太史卜兆得寿房。又筮得坤之比,遂以为贵人。常时被引御,从容辞曰:"愿陛下思云雨之均泽,识贯鱼之次序,使小妾得免罪谤之累。"由是帝加敬焉。

　　桓思窦后,延熹八年选入掖庭,为贵人。其冬立为皇后,而御见甚稀,帝所宠唯采女田圣等。永康元年冬,帝寝疾,遂以圣等九女,皆为贵人。

《东观汉记》

　　孝桓帝邓后,字猛,父香早死。猛母宣,改嫁为掖庭民梁纪妻。纪者,襄城君县寿之男也。寿引进令入掖庭,得宠为贵人,故冒姓为梁氏。

《通鉴纲目》

　　汉桓帝延熹二年,立贵人邓氏为皇后,追废梁后为贵人。

　　汉灵帝建宁元年闰月,尊母董氏为慎园贵人。

《魏志》

　　文帝纳甄后于邺,有宠,生明帝。郭后,李贵人,并爱幸。后愈失意,有怨言。

王隐《晋书》

　　武帝临轩,拜诸葛婉为夫人,李晔为贵人。

《晋书·孝武帝纪》

　　帝溺于酒色,时张贵人有宠,年几三十。帝戏之曰:"汝以年当废矣"。贵人潜怒,向夕,帝暴崩。

《后魏书》

　　文成冯后,生有神光之异,高祖践极以选为贵人。

文成光皇后李氏，梁国蒙县人也。顿丘王峻妹，后之生也，有异于常。父方叔常言此女当富大贵。及长，姿质美丽，永昌王仁得后，后遇事诛。后与其家人送平城宫，高祖登白楼望见之，谓左右曰："此妇人佳乎？"仍下台。后得幸于齐库中，遂有娠。守库者，亦私书壁记之，别验问皆相符同，生显祖。拜贵人。

《宋会要》

戴贵人，真宗顺容也，定武军节度使兴之女。入宫为贵人。庆历四年九月，赠顺容。

诸园贵人

《东汉会要》

诸园贵人，《安纪》注云：谓宫人无子，守园陵者也。明帝崩，诸贵人当徙居南宫。马太后感析别之怀，各赐王赤绶，加安车驷马，白越三千端，杂帛二千匹，黄金十斤。《马后纪》和帝葬后，宫人并归园。太后《赐周冯贵人策》曰：朕与贵人托配后庭，共欢等列，十有余年。不获福祐，先帝早弃天下，孤心茕茕，靡所瞻仰，夙夜永怀。感怆发中，今当以旧典分归外园，惨结增叹，燕燕之诗，曷能喻焉。其赐贵人王青盖车，采饰辂骖马各一驷，黄金三十斤，杂帛三千匹，白越四千端。又赐冯贵人王赤绶，以未有步摇环□，加赐各一具。见《邓太后纪》殇帝延平元年，窦太后诸园贵人，其宫人有宗室同族，若羸老不任使者，令园监实核上名。太后自御北宫增喜观，阅问之，恣其去留。即日免遣者五六百人。《皇后纪》

才人

沿革

《汉书·翼奉传》

未央、建章、甘泉材人各以百数。

《艺文志》

未央材人。师古曰：材人，天子内官。

《续后汉书·曹叡传》

青龙三年三月，大起洛阳宫于别殿之北，立八坊。诸才人以次序处其中，贵人夫人以上。转南附焉。《魏略》：其秩石拟百官之数。

《宋书》

晋武帝采汉魏之制,置才人中才人。爵视千石以下,高祖受命,省二才人。世祖又置中才人以为散位。

《资治通鉴》

注:才人,宋齐之时以为散职。梁于九嫔之下置五职三职才人位,列三职,比驸马都尉。

《南史·后妃传序》

齐建元三年,太子宫置三次职才人,比驸马都尉。

《后魏书》

高祖置女职中才人,视五品。

《北史·后妃传序》

齐武成又置才人采女,以为散号。
隋炀帝时。美人才人一十五员,品正第四,是为世妇。

《唐会要》

旧制才人九人,正五品。龙朔二年,置承旨五人,正五品以代才人。咸亨二年复旧。

《新唐书·百官志》

才人七人,正四品,掌叙燕寝,理丝枲,以献岁功。

事实

《东汉书》

和帝数失皇子,邓氏忧继嗣不广,数选进才人以博帝意。

《魏志》

明帝游后园,召才人以上,曲宴极乐。明日帝见毛后曰:"昨游晏北园,乐乎?"帝以左右泄之,所杀十余人。

《晋中兴书》

谢夫人名玖,家本贫贱,又以屠羊为业。玖清惠贞正,有淑姿,选入后宫为才人。

王隐《晋书》

世祖遣才人谢玖给事惠帝，因是有娠。临娶贾妃，迎玖西宫，遂生愍怀。

太康七年，出后宫才人妓女已下百七十人归家。

《晋书》

怀帝王太后讳媛姬。初入，武帝拜中才人。早卒。怀帝即位，追尊曰皇太后也。

《太平御览》

崔鸿《三十国春秋·后赵录》曰：石虎杜皇后，名珠，不知何许人，平幽州，在王浚妓中，虎见而悦之，因请于勒。勒引见，号曰才人以赐虎。性恭惠柔婉，宠幸亚于郑后也。

《隋书·礼仪志》

美人才人服鞠衣，首饰花六钿，并二博鬓，银印珪钮。文从其职，青绶八十首，长一丈六尺。彩缕织成兽爪鞶囊，佩水苍玉。

《新唐书》

太宗徐贤妃，生五月能言，四岁通《论语》《诗》，八岁自晓属文。父孝德，尝试使拟《离骚》，为《小山篇》。太宗闻之，召为才人。

《高宗则天武后传》

文德皇后崩，久之，太宗闻武士彟女美，召为才人，方十四。母杨恸泣与诀，后独自如曰："见天子庸知非福，何儿女悲乎？"

《资治通鉴》

唐高宗永徽五年，上之为太子也。入侍太宗，见才人武氏而悦之。

《酉阳杂俎》

莫才人，宁王常猎于鄠县界。搜林忽见草中一柜，锁甚固。王命发视之，乃一少女也。问其所自，言姓莫氏，叔伯庄居，昨夜遇光火贼。贼中二人是僧，因劫某至此。动婉含嚬，冶态横生。王惊悦之，乃载以后乘。时慕荤者，方生获一熊置柜中，如旧锁之。时上方求极色，王以莫氏衣冠子女，即日表上之，具其所由。上令充才人，经三日，京兆奏鄠县食店，有僧二人，以钱一万独赁店一日一夜。言作法事，唯舁一柜入店中，夜久，腷膊有声，店人怪。日出不启门，撤户视之，有熊冲人走出，二僧已死，骸骨悉露。上知之大笑，书报宁王，宁大哥能处置此僧也。莫才人能为秦声，当时号莫才人啭焉。

《旧唐书·顺宗庄宪王皇后传》

后幼以良家子选入宫为才人。顺宗在藩时，代宗以才人赐之，时年十三。

《敬宗郭贵妃传》

长庆末,妃以姿貌选入太子宫,敬宗即位为才人。

《武宗贤妃王氏传》

妃性机悟,开成末,颖王嗣帝位,妃阴为助画,故进号才人。

《唐语林》

武宗王才人有宠,帝身长大,才人亦类。帝每从禽作乐,才人必从,常令才人与帝同装束。苑中射猎,帝与才人南北走马。左右有奏事者,往往误奏于才人前,帝以为乐。帝好道术,召天下方士殆尽。五年秋,王才人谓宣徽使曰:“圣人日日对药炉服神丹,言我取不死。今身上变差事,道士称换骨皆如此,某独为忧也。”宣徽使固求变见状,才人忍泪不敢语。外人虽未知帝得疾,但讶稀畋猎也。明年正月,不御紫宸殿,不开延英门。向百日,中外始公言帝病,顷刻无才人见。卧起益酸痛,饮食益辛苦,一日帝熟顾才人曰:“吾气息奄微,情虑杳杳,将不久矣。顾以别汝。”对曰:“陛下春秋鼎盛,又尝服不死药,圣寿必无疆。何忽出不祥语?”帝曰:“吾于汝岂同外庭臣耶? 恶用作形迹意,脱不如汝所对。而千秋万岁何以报我。”才人欲恸,恐惊帝,乃曰:“帝若忽厌四海,妾当同日死。”帝哽咽闭目不喘息者。少顷,忽曰:“诚如汝言,当何为。”曰:“妾止于缢”。帝引手取巾授才人曰:“以此,以此。”帝遂向壁不语。后数日帝疾亟,才人久侍帝归寝,浓妆洁服如常日,乃尽取服散与内家。祷帝所授巾至前,见帝已崩,自缢而绝。宣宗即位,赠贵妃,命与端陵同日时,掩其圹在端陵柏城内西南。又有名才人随灵驾行慢城内,每夕望端陵焚钱帛衣物,风吹火燔所止。

《宋会要》

孙才人,左金吾卫大将军守斌之女。太平兴国二年七月入宫,三年为才人。

高才人,太平兴国二年三月入宫,三年三月为才人。

朱才人,淳化二年七月,自御侍为县君。四年十一月为才人。

沈才人,真宗故相伦之孙,光禄少卿继宗之女。大中祥符二年四月为才人。

陈才人,明道二年十二月,自御侍追赠才人。

苗才人,景祐五年三月,自御侍仁寿郡君为才人。

朱才人,初封沛国郡君,元丰八年四月为才人。

张才人,初封平昌郡君,元丰八年四月为才人。张才人初封仁寿郡君,元丰八年四月为才人。

宋才人,熙宁二年十一月为才人,六年四月进婕妤。

张才人,神宗初为御侍,熙宁二年四月封仁寿县君,三月正月进才人。

冯才人,初封治平郡君,元丰八年四月为才人。元符二年八月进婕妤。

郭才人,初封淮阳郡君,元符三年正月为才人。

刘才人,初为御侍,崇宁元年正月封晋安郡君,大观二年二月进才人。

夏才人,初为典闱,建中靖国元年封安定郡君,政和三年六月进才人。

乔才人,太观三年七月封永嘉郡君,四年四月进才人,生显福公主。

李才人,政和四年二月封才人。

王才人,政和四年六月封才人。

韩才人,绍兴十三年六月九日,诏宫正韩氏进封才人。

吴才人,绍兴二十二年五月十八日,诏新兴郡夫人吴氏进封才人。

《建炎朝野杂记》

武才人,光宗后宫人,初封同安郡夫人,绍兴五年春进封。止郡封无品秩,凡宫中之制。夫人以上始称房院。

唐元稹《长庆集·郑氏封才人制》

敕古者天子设六宫以诏以理,是以《关雎》乐得淑女,忧在进贤,将听《鸡鸣》之诗,岂惟鱼贯之序。郑氏山东令族,海内良家,每师班女之文,尝慕樊姬之德。桃姿焜耀,兰行馨香,爰用择才,冀无伤善。勉当选进之重,无忘和平之心,可才人。

宋《夏文庄公集·李氏可才人》

敕某谦祗率礼,端懿傅芳,自恪奉于宸闱,实荐更于岁篇,夕播柔嘉之誉,宜推甄奖之恩,俾陞嫔侍之荣,用劝肃恭之德,钦兹宠渥,更励夙宵可。

《苏魏公集·仁寿郡君张氏可才人》

敕嫔妇之列,盖掌帅于宫庭。才美之名,实忧隆于位号。载嘉内治之助,特厚言纶之颁。某氏体开淑之令姿,禀肃雍之懿范,自参承于御叙,尝进蹑于恩封,而谨职中闱,顾德言之并茂,增华近序,介祥祉以尤殊。宜加印绶之荣,用光图史之鉴。惟静专所以安宠数,惟婉约所以副褒章。服我训辞,无忘钦率可。

张广《东窗集·宫正韩氏封才人》

敕坤仪正则天下治,位冠六宫,妇职修则家道齐,礼严诸御。爰卜吉日,肇登长秋,眷时柔良,实勤赞转,宜须褒绮,以示异恩。具官某氏,婉娈凝姿,齐庄秉则,若玉在璞。中韫粹温之珍,如兰有香。静怀服媚之德,虫膺遴选,擢在迩朕,陞兹盛曲之行,赖尔小心之助。是用蹑陛华缀,密侍中宸,崇秩礼于列卿,令名参于硕媛。往祗涣渥,毋怠钦承。

《翟忠惠先生集》

宫人刘氏除才人,奉圣旨系明达皇后养女。

朕眷怀内助,悼嫔德之遗言。追厚饰终,正椒极之殊曲。推广余泽,褒崇近新,以尔某氏,鞠育自初,柔仪允辑。见闻是似,懿范犹存,其升令名,处尔世妇之列。用食旧德,慰我怀人之思。

宫人王氏除才人

朕嘉风人《关雎》之义,始于见微,乃慎嫔列贯鱼之序,专以德进。具官某氏,升闻女德之茂,胄自名族之华。劳谦用光,率履不越。往茝妇职,命滋益恭,载稽令名,俾升世妇之选。增重显秩,以称象服之宜。

慕容彦逢撰《文堂集·平昌
郡君韦氏可才人》

敕朕顾諟明命,以承天休,莞寝吉祥,在予妃辅。褒崇之数,兹惟典常。乃形奏章,移息鞠女,察其谦德,特有嘉从。具某氏,志虑柔明,性资和适,言容兼穆,礼法交修,曩膺眷知,肇启汤沐,服宠加懋,称誉日闻,宜升五品之封。俾为六宫之劝,往安祉福,茂封邦荣,可高定子。

《薇垣类藁·新安郡夫人
邢氏进封才人制》

朕载饰妇官,聿修阴教。眷时硕媛,已开弓韣之祥。赉我宠章,申锡丝纶之美。庆彝具举,茂渥有蕃。具封某氏,懿范温恭,芳姿柔惠,其仪不忒。雍雍琚瑀之规,厥德孔嘉,亹亹箴图之戒,受帝歆之殊眷。应襟祝之精祠,用进登女御之班,以昭示壶彝之懿。惟天生德,既膺震夙之符,与国匹休,永迓穆皇之庆。

《范师道集·上仁宗论女御
以御宝白制除才人状》:

臣闻礼以制情,义以夺爱,常人之所难,惟聪明睿哲之主,然后能之。近以宫人数多出之,此盛德事也。然而事有系风化治乱之大,而未经留意者,臣敢为陛下言之。窃闻诸阁女御,以周董育公主,御宝白制并为才人,不自中书出诰。而掖庭觊觎迁拜甚多。周董之迁可矣,女御何名而迁乎? 才人品秩既高,古有定员。唐制止七人而已,祖宗朝宫闱给侍,不过二三百人。居五品之列者无几,若使诸阁皆迁,则不复更有员数矣。外人不能详知,止谓陛下于宠幸太过,恩泽不节尔。夫妇人女子与小人之性同,宠幸过则渎慢之心生。恩泽不节,则无厌之怨起。御之不可不以其道也。且用度太烦,须索太广,一才人之俸,月直中户百家之赋,岁时赐予不在焉。况诰命之出不自有司,岂盛时之事耶? 恐斜封墨敕复见于今日矣。

《乐府诗集·梁庾肩吾未央才人歌》

从来守未央,转欲讶春芳。朝风凌日色,夜月夺灯光。相逢偨游豫,暂为卷衣裳。

唐张祜诗《孟才人叹一首并序》

武宗皇帝疾笃,迁便殿。孟才人以歌笙获宠者密侍其右。上目之曰:"吾当不讳,尔何为哉?"指笙囊泣曰:"请以此就缢。"上悯然,复曰:"妾尝艺歌,愿对上歌一曲以泄其愤。"上以恳许之。乃歌一声《何满子》,气亟立殒。上令医候之,曰:"脉尚温而肠已绝。"及上崩,将徙其柩,举之愈重。议者曰:"非俟才人乎? 爱命其亲,槎及至乃举。"嗟夫! 人以诚死,上以诚明,虽古之义激无以过也。进士高璠登第年宴,传于禁伶。明年秋,贡士文多以为之目。大中三年遇高于由拳,哀话于余,即为兴叹。诗曰:偶因歌态咏娇嚬,传唱宫中十二春。却为一声《何满子》,下泉须吊旧才人。一云:偶因清唱奏歌频,选入宫中十二春。绝后一声何满子,九源须吊孟才人。

美人

沿革

《汉书》

汉兴,固秦之称号,正适称皇后,妾皆称夫人,及有美人之号焉。至武帝各有爵位,美人视二千石。

又《王莽传》

莽进所徵天下淑女,备和嫔美御美人二十七,视大夫。

《东汉书》

夏殷以上后妃之制,其文略矣。《周礼》:"王者备内职焉。"光武中兴,置美人无爵秩。岁时赏赐充给而已。

《魏志》

汉制,内官十有四等。魏固汉法,皆如旧制。自夫人以下世有增损,太祖建国,始命王后。基下五等有美人。暨太和中,自夫人以下,爵凡十二等,美人视二千石。

《宋书》

晋武帝采汉魏之制,置三夫人。其余有美人,爵视千石。太宗以美人为散使。

《齐书》

六宫位号,汉魏以来,因宠增置,世悄同矣。建元元年,有司奏置美人为散职。

《后魏书》

高祖改定内官,美人视三品。

《北史·后妃传序》

隋炀帝时,美人、才人一十五员,品正第四,是为世妇。

《唐会要》

旧制,美人九人,正四品。龙朔二年,置承门五人,正四品,以代美人。咸亨二年复旧。

《新唐书·百官志》

美人四人，掌率女官，修祭祀宾客之事。

《宋会要》

皇后之下有美人。

事实

《汉书》

万石君奋，其父赵人也。姓石氏，赵亡徙居温，过河内。时奋年十五，为小吏侍高祖。高祖与语，爱其恭敬，问曰："若何有？"对曰："有姊能鼓琴。"高祖曰："若能从我乎？"曰："愿尽力。"于是高祖诏其姊为美人。徙其家长安中戚里，以姊为美人故也。

孝惠张皇后，宣平侯敖女也。吕太后欲为重亲，以公主女配帝，欲其生子万方，终无子。乃使佯为有娠，取后宫美人子名之。杀其母，立所名子为太子。

孝成赵皇后弟绝幸为昭仪，谓成帝给我，言从中宫来，即从中宫。许美人儿从何生，许氏竟当复立耶？今许美人有子，竟负若约谓何。帝曰："约赵氏。"故不立许氏，使天下无出赵氏上者，无忧也。虞美人者，以良家子年十三选入掖庭，《续汉志》曰：美人父诗为郎中。诗父衡屯骑校尉。生女舞阳长公主。自汉兴，母氏莫不尊宠。顺帝既未加美人爵号，而冲帝早夭。大将军梁冀秉政，忌恶他族。故虞氏抑而不登，但称大家而已。熹平四年，小黄门赵祐，议郎毕整上言：春秋之义，母以子贵。隆汉盛典，尊崇母氏，凡在外戚，莫不加宠。今冲帝母虞大家，诞生圣皇而未有称号，夫臣子虽贱，尚有追赠之典。况母见在，不蒙崇显之次。无以述遵先世垂示后世也。帝感其言，乃拜虞大家为宪陵贵人。

王美人，赵国人也。祖父苞五帝中郎将。美人丰姿色，聪敏有才明，能书会计，会计谓总会其数而算。以良家子应法相选入掖庭。美人有娠，左传曰：邑姜方娠。杜预注曰：怀胎为娠，音之刃反一音身。畏何皇后，乃服药欲除之，而胎安不动。又数梦负日而行。四年生皇子协，后遂酖杀美人。帝大怒，欲废后，诸宦官固请得止。董太后自养协，号曰董侯。帝愍协早失母，又思美人，作《追德赋》《令仪颂》。后帝求母王美人兄斌，斌将妻子诣长安，赐第宅田业，拜奉车都尉。兴平元，帝加元服，有司奏立长秋宫。诏曰：朕禀受不弘，遭值祸乱，未能绍先以光故典。皇母前薨，未卜宅兆，礼章有阙。中心如结，三岁之戚，善不言告，且须其后。于是有司乃奉追尊王美人为灵怀皇后，改葬文昭陵，仪比敬、恭二陵。见灵思恫皇后纪。

王子年《拾遗纪》

魏文帝所爱美人，姓薛，名灵芸，常山人也。父，名邺，为酅乡亭长。母，陈氏，随邺舍

于亭傍。居生穷贱,至夜每聚邻妇夜绩,以麻蒿自照。灵芸年至十五,容貌绝世。邻中少年夜来窃窥,终不得见。咸熙元年,谷习出守常山郡,闻亭长有美女,而家甚贫。时文帝选良家子女以入六宫,习以千金宝赂聘之。既得,乃以献文帝。灵芸闻别父母,歔欷累日,泪下沾衣。至升车就路之时,以玉唾壶承泪,壶则红色。既发常山,及至京师,壶中泪凝如血。帝以文车十乘迎之,车皆镂金为轮辋,丹画其毂轵,前有杂宝为龙凤,衔百子铃,锵锵和鸣。响于林野,驾青色之牛,日行三百里。此牛尸涂国所献,足如马蹄也。道侧烧石叶之香,此石重叠,状如云母,其光气辟恶厉之疾。此香腹题国所进也。灵芸未至京师数十里,膏烛之光,相续不灭。车徒咽路,尘起蔽于星月。时人谓为尘宵。又筑土为台,基高三十丈,列烛于台下,名曰"烛台。"远望如列星之坠地。又于大道之傍,一里一铜表,高五尺,以志里数。故行者歌曰:"青槐夹道多尘埃,龙楼凤阙望崔嵬。清风细雨杂香来,土上出金火照台"。此七字是妖辞也。为铜表志里数于道侧,是土上出金之义。以烛置台下,则火在土下之义。汉火德王,魏土德王,火伏而土兴,土上出金。是魏灭而晋兴也。灵芸未至京师十里,帝乘雕玉之辇以望车徒之盛。嗟曰:昔者言朝为行云,暮为行雨。今非云非雨非朝非暮,改灵芸之名曰:"夜来"。入宫后居宠爱,外国献火珠龙鸾之钗,帝曰:"明珠翡翠尚不能胜,况乎龙鸾之重?"乃止不进。夜来妙于针功,虽处于深帷之内,不用灯烛之光,裁制立成。非夜来缝制。帝则不服,宫中号为针神也。

《续后汉书·孙和何姬传》

孙皓以张布女为美人,有宠。皓问曰:"汝父安在?"曰:"贼已杀之。"皓大怒,棒杀之。后思其颜色,刻木作美人,恒置坐侧。

《锦绣万花谷》

齐东昏侯有美人潘妃,名玉奴。东昏凿金为莲花以帖地,令潘妃行其上,曰:"步步生莲花。"

《南史·王茂传》

云齐亡,王茂请妻之。玉奴守节而死。故东坡诗云:月地云阶谩一樽,玉奴终不负东昏。

《唐会要·王珪传》

太宗尝闲居,与珪宴语,时有美人侍侧,本庐江王瑗之姬。瑗败,籍没入宫。太宗指示之曰:"庐江不道,贼杀其夫而纳其室,暴虐之甚,何有不亡者乎?"珪避席曰:"陛下以庐江取此妇人为是耶?为非耶?"太宗曰:"杀人而取其妻,卿乃问朕,是非何也?"对曰:"臣闻于《管子》曰:齐桓公之郭问其父老曰:'郭何故亡?'父老曰:'以其善善恶恶也。'桓公曰:'若子之言,乃贤君也。何至于亡。'父老曰:'不然,郭君善善而不能用,恶恶而不能去,所以亡也。'今此妇人尚在左右,窃以圣心为是之,陛下若以为非,此谓知恶不去也。"太宗虽不出此美人,而甚重其言。'

《新唐书·宣宗元昭晁皇后传》

后少入邸,最见宠答,及宣宗即位,以为美人。

《懿宗淑妃郭氏传》

妃幼入郓王邸。宣宗在位,春秋高,恶人言立太子事。以嫡长居外宫,心常忧惴,妃护侍左右。慰安起居,终得无恙。及即位,以妃为美人。

《崔胤传》

天复后,宦官尤屈事崔胤,事无不咨。每议政禁中,至继以烛,请尽诛中官,以宫人掌内司事。韩全诲等密知之,其于帝前求哀,乃诏胤,后当密封,无口陈。中官益恐。滋欲得其谋,乃求知书美人宗柔等,内左右以刺阴事,胤计稍露,宦者或相泣无憀不自安,劫幸之谋固矣。

《宋会要》

吴美人,太宗右屯卫将军延保之女。太平兴国四年二月入宫,五年为美人。

臧美人,江南李煜宫人。煜卒,入宫中,太平兴国八年九月,自御侍为县君,端拱二年四月为美人。

曹美人,枢密院使检校太师兼侍中赠鲁玉彬之女,大中祥符中为美人。

陈美人,初事藩邸为司衣,至道二年卒于东宫,葬沙台寺。咸平三年十月改葬普安院,追号美人。

崔胤

徐美人,大中祥符元年,自兰陵郡夫人知尚书内省事。时被疾,帝以其在禁中,及其未亟,进封滕国夫人。寻卒,明道二年十二月赠才人。庆历四年赠美人。

方美人,初封新安郡君,天禧二年九月为美人。

王美人,初封金城郡君,天禧二年九月进为美人。

俞美人,仁宗景祐五年三月,自御侍延安郡君为才人,九月进美人。

周美人,仁宗嘉祐四年六月,自御侍安定郡君为美人。

《朝野遗事》

仁宗后宫余尚二美人,争宠相詈,上闻,亲往和解之,忿恚至触玉体。上不怿。归卧寝阁,命皇后治之。后慈圣光献也,再三恳请,且曰二人者,体御至尊,他日思之,勿归咎于妾。上意不回,后命左珰监髡于广福禁院,以赐死闻。上笑而起,终身不问。

豫章王云《九朝纪事本末·美人尚氏杨氏争宠》

明道二年十二月,美人尚氏、杨氏骤有宠。尚氏尝于上前出不逊语侵皇后郭氏。后不胜忿,起批其颊,误查上颈,后以是坐废。景祐元年四月丁酉,殿中侍御史庞籍为开封府判官。尚美人遣内侍称教旨,免工人市租。藉言祖宗以来,未有美人称教旨下府者。帝为杖内侍,切责美人。诏有司自今宫人传命,毋得辄受。庚子,美人尚氏父继斌为右侍禁,从父继因、继能并为右班殿直。按:《实录》:明道元年五月乙未,以后宫尚氏父延福为国子助教。今尚氏父又名继斌，不知何故。《本传》亦云继斌，无所谓延福者。岂延福别一尚氏父邪？当考。

八月壬申，诏净妃郭氏出居于外，美人尚氏为道士，居洞真宫，杨氏别宅安置。曩者母后临朝，臣僚戚属，多进女口入内。今悉遣还其家，长秋之位不可久虚，当求德门以正内治。郭后既废，尚氏美人益有宠，每夕侍上寝，上体为之弊，或累日不进食。中外忧惧，皆归罪二美人。杨太后亟以为言，上未能去，入内都，都知阎文应早暮侍上，言之不已。上不胜其烦，乃颔之。文应即命毡车载二美人出。二美人涕泣词说云云，不肯行。文应搏其颊，骂曰："宫婢尚何言？"驱使登车，翌日降是诏。初蔡齐力争削遗诰中太后能决军国大事之语。吕夷简叹曰：蔡中丞不知，吾岂乐为此哉。上方年少，恐禁中事莫有主张者尔。及二美人争宠恣横，卒赖太后排遣之。或谓夷简意实在此。然议者以为人主既壮而母后听政，自非国家令典。虽或能整齐宫中，而垂帘之后，外戚用事，亦何所不至。齐之力争，不为失也。逐二美人据记闻，吕夷简谕蔡齐，据《龙川别志》。甲戌，降六宅使从演为六宅副使。东八作副使，从湜为内殿承制，仍绝朝谒。母莒国夫人和氏，坐不能训导，自令母得入内。右侍禁尚继斌，左班殿直尚继恩、继能并除名。从演尝以婢遗尚美人，从湜受美人所寄金，又为访求其母，故皆责之。丙子，编管继斌于邓州，继恩湖州，继能滁州，从湜、从演皆德芳孙也。逾年，乃复从湜、从演官，仍许朝谒。壬午，降皇城使英州刺史王怀节为左骁骑上将军，坐令弟怀德妇持货私遗尚美人求管军。上以其父继忠尝陷契丹，不欲重贬之。戊申，诏入内。内侍省以所估尚氏等位金帛二十余万，赐三司给军费。十月癸酉，美人杨氏听入道，赐名宗妙，居安和院。皇祐二年七月丁亥，赠美人尚氏为充仪。是月美人杨氏为婕妤。景祐初听入道，居瑶华宫。至是复位号。

又庆历八年闰正月辛酉夕，崇政殿亲从官为变，他日上语辅臣以宫庭之变，美人张氏有扈跸功。枢密使夏竦即倡言宜讲求所以尊异之礼。宰相陈执中不知所为。翰林学士张方平见陈执中言，汉冯婕妤身当猛兽，不闻有所尊异，且皇后在而尊美人，古无是礼。若果行之，天下谤议必大萃于公，终身不可雪也。执中耸然，从方平言而罢。张氏此时未为贵妃，墓志及附传皆云贵妃，误也。

《三槐王氏杂录》

仁宗一日召致仕晁迥对延和殿上，问《洪范》雨赐之数。迥对曰：比年灾变仍发，此天所以左右王者。愿陛下修饰五事以当天心，庶几转祸为福。上感悟出所幸嬖尚美人等，又籍其位金帛二十余万，赐三司瞻军费。

《宋会要》

熙宁九年十一月，诏鲁国大长公主养母仁宗后宫延安郡君张氏，可特进美人。

连美人，初封冯翊郡君，元丰二年二月赠美人。

林美人初为御侍，元丰五年八月封永嘉郡，六年十月为美人。

武美人，初为御侍，元丰五年八月进才人。八年四月进美人。

勾美人，初封仁寿郡君，元丰八年四月为才人，元符三年正月进美人。

鲍美人，初封永嘉郡君，元丰八年四月为才人，元符三年正月进美人。

杨美人，初封原武郡君，元丰八年四月为才人，元符三年正月进美人。

张美人，初封安定郡君，元丰八年四月为才人，元符三年正月进美人。

钱美人,初封广平郡君,元丰八年四年进美人,出居瑶华宫入道,赐名格非,元符元年十月卒,建中靖国元年正月,追复美人。

朱美人,初封南阳郡君,元祐七年三月卒,赠美人。

王美人,初封寿昌郡君,建中靖国元年十月进美人。

张美人,初为御侍,崇宁元年正月,封文安郡君,三年十一月进美人。

王美人,崇宁三年九月封平昌郡君,四年闰二月进才人。三月进美人。

慕美人,初为御侍,崇宁元年正月进才人,大观二年二月进美人。

魏美人,初为御侍,崇宁元年正月封安定郡君,大观元年五月进才人,二年二月进美人。

王美人,大观元年闰十月封平昌郡君,二年正月进才人,二月进美人。

高美人,初为御侍,崇宁元年正月封信安郡君,大观二年二月进才人。政和二年十月卒,赠美人。

胡美人,初为御侍,崇宁元年正月进才人,大观二年二月进美人。

韩美人,初为御侍,元符二年闰九月封仁寿郡君,十一月进才人,大观二年二月进美人。

朱美人,崇宁三年九月封永嘉郡君,大观二年二月进才人,五年八月进美人。

杨美人,崇宁元年二月封永嘉郡君,三年九月进才人,大观二年三月进美人。

陈美人,大观元年五月封仁寿郡君,八月进才人,三年二月进美人。

崔美人,初为御侍,大观三年正月封平昌郡君,十月进才人,四年十一月进美人。

韩美人,政和二年五月封寿昌郡君,十月进才人,四年十一月进美人。

刘美人,宣和三年五月封美人。

冯美人,绍兴十六年五月,诏典籍冯氏,进封美人。

《朝野杂记》

绍兴中又有冯美人,韩、吴二才人,皆宠幸,后皆废。吴氏名玉奴,中宫近属也。三十二年夏,复故封,淳熙末,又有李、王二才人,俱明艳,高宗爱之。及上宾,宪圣每见之常感怆。

孝宗闻,持许自便。盖非尝制云。

《宋邹道乡先生集·才人郑氏特封美人制》:

天下之本在国,国之本在家,二帝三王之来,未有家齐,而天下不治者也。朕率是道以临万邦,厥有褒陛,必先内德,某氏祗事左右,秉心肃恭,动能畏于箴规,居弗形于私谒,庆袭后宫之盛,肇开元女之祥,懿范聿昭,淑声益茂。宜迁美号,以示隆恩,惟克谨于初终,乃永绥于福禄,愈其思乘,助我化风。

许应龙《东涧集·阎氏封美人制》

翟莅以朝,方正小君之位,王言如绰,复加涣号之荣。宜春郡夫人阎氏,夙夜在公,柔嘉维则,躬全四德,既有婉而有愉,序列九嫔,每必敬而必戒,肆封沐邑,曾不逾时,载嘉执事之勤，申锡美名之宠。其祗新渥，益懋芳猷。

《欧阳公集·谕美人张氏
恩宠宜加裁损札子》

臣近风闻禁中因皇女降生，于左藏库取绫罗八千匹，染院工匠，当此大雪苦寒之际，敲冰取水，染练供应，颇甚艰辛。臣伏思陛下，恭俭勤劳，爱民忧国，以此劳人枉费之事，必不肯为。然外相传皆云：见今染练未绝，臣又见近日内降美人张氏亲戚恩泽太频。臣忝为谏官，每闻小有亏损，圣德之事，须合力言，难避天谴。臣窃见自古帝王所宠嫔御，若能谦俭柔善，不求恩泽，则可长保君恩。或恣意骄奢，多求恩泽，则皆速致祸败。臣不敢远引古事，只以今宫禁近事言之。陛下近年所宠尚氏、杨氏、余氏、苗氏之类，当其被宠之时，骄奢自恣，不早裁损。及至满盈，今皆何在？况闻张氏本良家子，昨自修媛退为美人。中外皆闻以谓与杨尚等不同，故能保宠最久。今一旦宫中取索颇多，恩泽日广，渐为奢侈之事，以招外人之言，臣不知陛下欲爱惜保全张氏，或欲纵恣而败之。若欲保全，则须常令谦俭，不至骄盈。臣料八千匹绫罗，岂是*一作必非*张氏一人独用。不过支散与众人而已，乃是枉费财物，尽为众人。至于中外讥议，则陛下自受。以此而言，广散何益？昨正月一日，曹氏封县君，至初五日又封郡君。四五日，两度封拜。又闻别有内降，应是疏远亲戚尽求恩泽。父母因子而贵可矣。然名分亦不可太过。其他疏远，皆可减罢。臣谓张氏未入宫之前，疏远亲戚，各皆何在？今日富贵，何必广为闲人，自招谤议，以累圣德。若陛下只为张氏计，亦宜如此，况此事不独为张氏。大凡后宫恩泽太多，宫中用度奢侈，皆是亏损圣德之事。系于国体，臣合力言，伏望圣慈，防微杜渐。早为裁损，取进止。

御人

《经子法语·国语》

御人，妇人。

《西汉书·王莽传》

进所征天下淑女备和嫔美御，御人八十一，视元士。

和人

《西汉书·王莽传》

莽进所征天下淑女备和嫔美御，和人三，位视公。

嫔人

《西汉书·王莽传》

莽进所征天下淑女备和嫔美御,嫔人九,视卿。

《上官后传》

内与父诸嫔人侍御皆乱。师古曰:嫔人谓妾也。侍御则兼婢矣。

良人

《西汉会要》

良人视八百石,此左庶长。

刀人

《北史·后妃传序》

隋炀帝时有承刀人,皆移侍左右,并无员数,视六品以下。

令人

《诗·凯风篇》

母氏圣善,我无令人。注:令,善也。详风。

《山堂考索》

宋制凡命妇,其夫官自左散骑常侍、权六曹尚书、御史中丞,开封府尹,六曹侍郎、枢密直学士、龙图天章宝文显谟徽猷敷文等阁直学士,宣奉、正奉、正义、通奉、通议大夫、左右骁卫以下诸卫上将军、殿前都指挥使、承宣使、太中大夫、观察使,入内侍省内侍省都知、带遥郡团练使以上,政和殿中大司晟、太中大夫以上、其母妻并封令人。

《孙逢吉集·明堂恩恭人李氏封令人》

敕朕诵《二南》之诗,至于《流荇》《采蘩》,相与共祭。自天子达,皆内助也。故诗人诵之,仲尼定为篇首,其意深矣。具官某,妻具位某氏,以尔夫子,为吾从班,肆予初禋,执事有恪,以朕之获助于长秋,则尔亦可以膺修内职之赏矣。晋封美号,庸示宠光。虽曰旧章,实应经谊可。

《张紫微先生集·朝郎充徽猷阁
待制潘良贵故母施氏可特赠令人》

敕庙泽之行,既追褒于祢室,若其内馈或遗,则何以慰人子之心哉。具官某,母某氏,柔德懿范,虽不著闻,有子而贵,遂从其秩,亦可知其积累有所自矣。称谓甚隆,尚能顾享,可。

《徽猷阁待制云云
曾统故妻张氏可特赠令人》

敕朕穆卜李秋,大称禋礼,发明号,拥神休,以与海内函蒙之福,顾吾甘泉之旧。凤资内助之勤,可无追荣,以慰幽冥。具官某,故妻某氏,行不越于阃彝,德足书于图史,早以令善,归逢其良,极勤劳于室家。每同甘苦,殆良人之通显,已隔存亡,用需恩章,增其称谓,纳书以禭,尚克歆承,可。

《徽猷阁待制董弅
故妻李氏可赠令人》

敕朕惟人臣之于室家,生则共其甘苦,没欲致其哀荣,贵贱一也。庙泽之行,顾可忘褒贵之典哉。具官某,故妻某氏,禀德令柔,凝姿婉嬺,操行甚美,凤有宜家之称,赋命不融,中乖偕老之约,增宠号名之美,以为阃阀之光,尚其有知,歆承嘉命,可。

《徽猷阁待制云云
程瑀妻沈氏可特封令人》

敕朕惟侍从之臣,入则罄论思之益,出则寄藩宣之重,顾其德义之美,系有内馈之助焉。可无褒崇,以风德化,具官某,妻某氏,柔仁端靖,孝爱慈祥。为女而教不烦,为妇而家以人,四德兼备,宜膺令名,矧兹庙泽之行,可无赍饰之典。钦承荣命,无怠相成,可。

《试中书舍人王铢故母
云云余氏可特封太令人》

敕升侑合宫,谓其稷亲而先帝,锡福群下,故将自叶以流根,惟予侍臣,既褒祢庙,顾其寿母,可后疏恩。具官某,母某氏,如山如河,有容润之德,其华其宝,兼室家之宜。为妇而恭,为妻而义,恪修祭祀,辑睦闺门。躬勤瘁于早年,享光荣之后福,以子而贵,显膺名称之崇。俾寿而昌,仡启脂泽之奉。钦予明命,益介尔祺,可。

《故妻云云

余氏可特赠令人》

敕承天地之福，蒙祖宗之休，不敢专乡而独美。既以推之天下，遍于群物矣。徒欲德施之广，宁有存没之间。具官某，故妻某氏，幼服训戒，以自约饬。及事君子，率礼无违，虽秉德甚贤，当膺眼饰之盛，而赋命勿永，不及光荣之日。宜疏恤典增宠号名，尚服明思，以绥厚夜可。

妻云云

余氏可特封令人

敕朕广大建祀，并侑祖宗。承神至尊罔弗祗若，克缉厥福，约被迩遐。既先侍从之臣，亦逮室家之壶。具官某，妻某氏，凝姿婉约，秉德柔嘉，如桃夭之宜室家，躬来频以承祭祀。穆然阃则，足称妇师，静女其姝。宜载彤管之盛，君子偕老，允膺称谓之隆。仁开汤沐之封，以耀笄珈之德。钦承恩命，祚嗣其昌，可。

《权尚书礼部侍郎郑刚中

故母盛氏可特赠令》

敕妇有三从之义，服饰则系其夫。国家广教孝之风，品秩或视其子。属者大事获考，均厘万官，宜需湛恩，用褒泉壤。具官某，母某氏，少有贤行，嫔于德门，奉事良人，则甘乎牛衣之贫，逮抚幼孤，则几于织履自给。虽隐约之备至，终操行之不移，卒成其儿，以儒自显。千钟不泊，虽深风木之悲。四德无亏，终被恤章之报。尚其精识，永亢而宗，可。

《妻云云石氏可特封令人》

敕朕笃报本之诚，既承神于肸蠁，广敷锡之义，遂浸福于黎元。顾吾侍从腹心之臣，实有室家左右之助，可无褒宠，以逮其私。具官某，妻某氏，秉德幽闲，凝姿婉娈。既笄而承父母，能尽于女工。执馈以事尊章，遂成于妇顺，其锡赞书之茂，俾增称谓之隆。象服是宜，方膺于来宠，君子偕老，无怠于相成，可。

淑人

《宋官制旧典》

政和初，诏命妇视夫。诸阁学士以上封淑人。国朝诸司职掌，凡文官正从三品，祖母、母、妻，各封赠淑人。

宋《洪文安公集·左中奉大夫

充敷文阁待制知泉州辛次膺母

太硕人王氏封太淑人制》

朕以圣母，膺八帙之庆，故推隆施以幸天下。凡有籍于朝者，举得显扬其亲，矧吾侍

从之老哉。某氏早以令仪，嫔于华族，经之以恭俭，纬之以慈祥。生此英髦，有声盛世，属时异渥，宠进嘉称。岂特伸朝廷之恩，所以慰闺门之孝。

《吴挺妻宜人李氏封淑人制》

朕褒表群臣，礼既异数，故妇人制爵，有不系其夫而贵者，以尔静专柔嬺，嫔我世臣。万里于行，勤于内助。朕既处挺以横班之峻，可无恩渥以为尔宠。进升淑号，实亚小君，往茂承之，益隆懿范。

张广《东窗集·右通直郎监登闻鼓院
吴嶔母彭氏特封淑人》

敕昔尔父以清忠直节，称重一时。士固愿出其门，而尔夫又以文学议论，位至从班。尔为命妇旧矣。不因子而贵也。今尔子嶔，仕于王朝。请以一官易淑人之号以加汝。夫格令所在，朕岂得而私哉。然于人子显亲之义，或略格令而从之，盖以广孝也。尔其以所闻于父夫者。诏其子，使知所以事君。则尔于荣名，将有继焉。

《皇后姑吴氏姨单氏并封恭人
姊吴氏二人妹吴氏二人并封淑人》

敕具官某氏等，礼隆宫掖，泽被私门。尔以懿亲，宜同其庆。峻须封号，用侈国恩。

《陈止斋集·中书舍人楼钥母太硕
人汪氏遇庆典恩特封太淑人》

敕朕观鲁诗，诵僖公之有道及其寿母。于以知吾卿大夫之贤，其母氏不可以无报礼也。具官某，母具位汪氏，克相君子，为名大夫，是生贤嗣。世济其美，以钥之议论风操，过鲁侯远甚，则尔母视鲁夫人贤何如也。爵虽从其夫，而善祥集于晚年。教行于子，而令誉闻于斯世。逮兹邦庆，洊锡赞书，抑与鲁人请命于周，而后作颂者异矣。尚服宠光，以绥寿祉，可。

恭人

《山堂考索》

宋制：凡命妇，其夫官自太子宾客、詹事、给事中、中书舍人、殿前副都指挥使、左右谏议大夫、权六曹侍郎、枢密都承旨、保和殿侍制龙图天章宝文显谟徽猷敷文阁待制、太常宗正卿、秘书监、中大夫、七寺卿、中奉中散大夫、防御团练使、左右金吾以下诸卫大将军、入内内侍省副都押班、带遥郡团练使以上、政和大司乐、殿中少监、中散大夫以上、其母妻并封恭人。

《经世大典》

正从六品母妻并封恭人。

安人

《山堂考索》

宋制：命妇，其夫子官自中书门下省检正诸房公事、尚书左右司郎中、右文殿修撰、国子司业、少府将作军器监都水使者、太子少詹事、左右谕德、入内内侍省副都知押班、枢密承旨、副都承旨、起居郎、起居舍人、侍御史、尚书左右司员外、枢密院检详诸房文字、秘阁修撰、开封少尹、尚书六曹郎中、开封府判官、推官直龙图阁朝请朝散朝奉大夫、官客省、四方馆阁门公事、武功至武翼大夫、带遥郡刺史、武功至武翼大夫、政和辟雍司业、知引进司公事、朝奉郎以上母、妻并封安人。

宜人

《山堂考索》

宋制：凡命妇，其夫官自通侍大夫、马军都指挥使、副都指挥使、步军都指挥使、副都指挥使、国子祭酒、大常宗正少卿、监书侍正、宣正、履正、叶忠中侍、中亮大夫、太子左右庶子、中卫、翊卫、亲卫、拱卫、左武、右武大夫、诸州刺史、驸马都尉、集英殿修撰、七寺少卿、朝议奉议大夫、入内内侍省都知、武功至武翼大夫、带遥郡团练使、宣政使、政和典乐、朝奉大夫以上，其母、妻并封宜人。《经世大典》：元命妇，夫官正从七品者，并封赠宜人。国朝诸司职掌，凡文武正从五品，母、妻各封赠宜人。

硕人

《敬斋古今注·白华篇·肃歌伤怀》

今彼硕人，维彼硕人，实劳我心。正指申后为硕人，如硕人其颀，衣锦絅衣，皆指美者而言。理明白而辞婉顺，无一毫可疑。而说者乃以为褒姒妖大之人，一何所见之偏耶？

宋《官制旧典》

政和初，诏命妇视夫。大夫以上封硕人。

《王东牟先生集·王燮故妻令人赵氏赠硕人》

敕具官某，故妻某氏，梦兰协吉，载翟有光。以鸤鸠之德而居鹊巢。以采苹之诚而荐

行潦。爰嘉有礼,乃命疏封,益修中馈之仪。助成分阃之略。永祗命服,勿赞训词,可。

孺人

《礼记·曲礼》

天子之妃曰"后",诸侯曰"夫人",大夫曰"孺人"。注:孺之言属也。

《山堂考索》

宋制:凡命妇,其夫子官至直天章阁、殿中侍御史、左右司谏、正言、符宝郎、正侍、宣正、履正、叶忠、中侍、中亮、中卫、翊卫、亲卫、拱卫、左右武郎、枢密副承旨、尚书六曹员外郎、同管客省四方阁门公事、枢密院诸房副承旨、直宝文阁、开封府司录参军事、朝请、朝散、朝奉郎、少府将作军器少监、监察御史、和安、成安、成全、平和、保安大夫、诸卫将军、著作郎、武功至武翼郎、政和签书引进司公事、殿中丞、通直郎以上,其母、妻并封孺人。国朝诸司职掌凡文官正从七品,母、妻各封赠孺人。

宋慕宗礼《北海集·奉国军奏忠翊鸣鹤巡检陈中母郭氏年九十二可特封孺人制》

敕具官某母郭氏,王者贵老,为其近于亲也。自两宫北狩,违慈颜温清之奉。朝夕思望,不胜陟屺之情,而中乃有母寿将百龄,就养在官,举如其制,朕甚荣之。属以郊恩,锡兹嘉号,用为汝宠,以介寿祺,可。

《洪文安公集·左太中大夫同知枢密院事王纶亲姨庞氏封孺人制》

左太中大夫同知枢密院事王纶札子:伏睹近降诏书,皇太后圣寿八十,当与普天同庆。应京官选人并使臣,父母年八十以上,特与官封。纶有母同安郡夫人亲妹庞氏,见年八十三岁。本家与夫家皆系士族,欲望许依今来诏书,特与封号。正月十三日,奉圣旨依。朕以圣母,膺无疆之寿,故推庆泽,以宠天下之老。两年未盈九十,非诏所褒,而吾枢臣以从母为请。顾何爱一命,不以为积善之报乎?

《右迪功郎叶义制母郑氏年九十岁封太孺人制》

老吾老以及人之老,古今之通谊也。尔蕴仁积善,克享耄龄,有子在官,兹逢大霈。锡之初命,贲以明缛,岂徒为闾里之光,所以广人伦之孝。

人

长人

《太平御览》

《礼·斗威仪》曰:君乘土而王,其民长。君乘金而王,其民洪白长大。《周书》曰:丘陵之人专而长。《帝王世纪》曰:禹长九尺九寸,殷汤长九尺。

季历之妃生文王昌,身长十尺。

《孟子》

曹交问曰:交闻文王七尺,汤九尺。今交九尺四寸以长,食粟而已。如何则可?

《春秋演孔图》曰

孔子长十尺,大九围。坐如蹲龙,立如牵牛。就之如昂,望之如斗。

《吴越春秋》曰

伍子胥见吴王僚,僚望其颜色甚可畏。长一丈,大十围,眉间一尺。王僚与语,三日辞无复者。胥知王好之,每入言,倍有勇壮之气。

《璞语》曰

齐景伐宋至曲陵,梦见大君子甚长而大。大下而小上。其言甚怒,好仰。晏子曰:若是则盘庚也。夫盘庚之长九尺有余,大下小上。白色而髯,其言好仰而声上。公曰:是也。是怒君师不如违之,遂不伐宋也。

《史记》曰

晏子为齐相出,其御之妻从门窥其夫为相御,拥大盖,策驷马,意气阳阳,甚自得也。既而归,其妻请去,夫问故,妻曰:晏子长不满六尺,身相齐国,名显诸侯。今者妾观其出,志念深矣,常有以自下者。今子长八尺,乃为人仆御。然子之意,自以为足,妾是以求去也。其后夫自抑损，晏子怪而问之，以实对，荐以为大夫。

《汉书》曰：东方朔上书曰：臣朔少失父母，长养兄嫂。年十三学书，三冬文史足用。年二十二，长九尺三寸。

车千秋长八尺余，体貌甚丽，武帝见而悦之。

金日磾父以不降见杀，与母阏氏弟伦俱没入官，输黄门养马。日磾长八尺二寸，容貌甚严。马又肥好，上异而问之，以本状对。上即日赐沐，衣冠拜为马监。

王商长八尺余，身体洪大，容貌绝人。单于来朝，见商而拜。

王莽夙夜连率，韩博上言，有奇士长一丈大十围，来至臣府曰：欲奋击胡虏，自谓巨毋霸，出于蓬莱东南五域西北，昭如海濒，辒车不能载，三马不能胜。即日大车四马，建虎旗载霸诣阙。卧则枕鼓，以铁箸食，此皇天所以辅新室。

朱云字子游，鲁人，少时通轻侠客，身长八尺余，貌甚壮，以勇力闻。年四十乃变节，从博士白子反受《易》。

《淮南子》曰

朱儒问天高于修人，曰："吾不知。"曰："子虽不知，犹近之于我也。"故凡问事必于近之者。

《后汉书》

曰赵一，字元叔，体貌魁梧，身长九尺，望之甚伟。恃才倨傲。

《东观汉记》

冯勤字卫伯，魏郡人，鲁祖父杨宣帝时为弘农太守，有八子皆为二千石，赵魏间荣之，号万石焉。兄弟形皆伟壮，唯勤祖优知长不满七尺，常自谓短陋，恐子孙似之，乃为子泛取长妻，生勤长八尺三寸。

贾逵长八尺二寸，京师为之语曰：问事不休贾长头。

华峤《后汉书》曰

赵一，字元淑，汉阳人，体貌魁梧，身长八尺，美须眉，望之甚伟。

范晔《后汉书》曰

虞延，字子大，陈留人。延生其上有物，若一疋绢，遂上升天。占者以为吉。及身长，六尺六寸，腰带十围，力能扛鼎。

大将军袁绍总兵冀州，遣使要郑玄，大会宾客。玄最后至，乃延升上坐，身长八尺，饮酒一斛。秀眉明目，容仪温伟。

郭林宗仪貌魁岸，身长八尺，声如钟。

袁宏《汉记》曰

长乐卫尉马滕，其长八尺，身体洪大，面鼻雄异而性质厚，人多敬之。

《魏志》

许褚,字仲康,长八尺余,大十围,容貌雄异,勇力绝人。

《晋书》曰

羊祜身长七尺三寸,美须眉。太原郭奕见之曰:"此今之颜子也。"
尹纬,字景亮,长八尺,腰阔十围,魁梧有大志。

《晋书·载记》

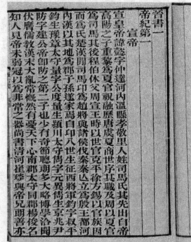

《晋书》书影

曰刘曜子胤风骨俊茂,爽朗卓然,身长八尺三寸,发与身齐,多力善身,骁捷如风云,曜因以重之。

《世说》曰

满宠,宠子伟,伟子奋,皆长八尺。

《三国典略》曰

寇俊归老,不复朝觐,天王思与相见,乃令入朝。觐身长八尺,须发浩然,容止端详,音韵清朗。天王与之同席而坐,因访洛阳故事,不觉屡为前脒。

祖冲之《述异记》曰

符健皇始四年,有长人见,身长五丈,语张靖曰:今当太平,新平令以闻。健以妖妄召靖击之,是月霖雨,河渭泛溢,蒲坂津监冠登于中流得大屦一只,长七尺三寸,足迹称屦。指长尺余,文深七寸。

《凉州记》曰

吕光字世明,连结豪贤,好施待士。身长八尺四寸,目重瞳子。左肘生寅印,沉重质略,宽大有度量。时人莫之识,唯王猛布衣时异之,曰:此非凡人。

司马彪《序传》曰

朗祖父俊,字元异,博学好古,倜傥有大度。长八尺三寸,腰十围,仪状魁岸,行与众有异,乡党宗族咸影附焉。

《三十国春秋》曰

燕徽其东莱太守王鸾,鸾身长九尺,腰带十围,贯甲跨马,不据鞍由镫。燕王德见而奇其魁伟,赐之食, 进一斛。余德惊曰:所啖如此,非耕而能饱。但才貌不凡,堪为贵人,可以一县试之。由是拜逄陵长,甚有治绩。

崔鸿《前秦录》曰

鹿温字处嘿,西平人也。身长八尺,腰带十围。清辨善论,雄武便弓马,孝友直亮声高一时。

车频《秦书》曰

苻坚时有申香,长十尺以上,为拂盖郎。

裴景仁《秦书》曰

姚苌围苻坚,遣仆射尹纬诣阙陈事。坚见纬貌魁梧,志气秀杰,腰带十围,瑰伟异常,惊而问曰:"卿于朕世何为所作?"纬答曰:"尚书令史。"坚笑曰:"卿,宰相才也。"

《宋书》

南郡王义宣为荆州刺史,白皙,美须眉,身长七尺五寸,腰带十围。

《齐书》曰

王茂先,身长八尺,洁白美容仪。齐武帝布衣时,常见之叹曰:王茂先年少,堂堂如此,必为公辅。

刘善明,平原人也,长八尺九寸,质素不好声色。

《北齐书》曰

肃宗孝昭皇帝,讳演,字延安。聪敏有识度,深沉能断,不可窥测。身长八尺,腰带十围,仪表望风,迥然独秀。

《周书》曰

庾信,字子山,幼而俊迈,聪敏绝伦,博览群书,尤喜《春秋左氏传》。身长八尺,腰带十围,容止颓然,有过人者。《北史·隋本纪》:高祖仁寿四年,六月庚午,长人见于雁门。

《隋书·五行志》

陈永定三年,有人长三丈,见罗浮山。通身洁白,衣服楚丽,京房占曰:长大见亡。后二岁,帝崩。《唐书》:李义琰,身长八尺,博学多识,高宗每有顾问,言皆切直。

胡仲弓《苇杭漫游集·长人诗》

裙长难掩膝,绝似汉金人。楼志幻全体,天丁现后身。眼高倾四海,力大引千钧。手挽银河水,来涓衣上尘。

绝域长人

《太平御览》

《河图玉板》曰:从昆仑以北九万里,得龙伯国,人长三十丈,生万八千岁而死。从昆仑以东得大秦国,人长十丈。从此以东十万里,得佻吐涧国,人长三丈五尺。从此以东千里,得中秦,人长一丈。

《龙鱼河图》曰

天之东西南北极,各有铜头铁额兵,长三千万丈,三千亿万人。天之东西南北极,各有金刚敢死力士,长三千丈,三千亿万人。天中有太平之都,有都甲食鬼铁面兵,长三千万丈,三千亿万人。

《家语》曰

吴伐越,墮会稽,获巨骨一节,专车载焉。吴子使来聘鲁以问孔子,孔子曰:"丘闻昔禹致群臣于会稽之山,防风氏后至,禹戮之,其骨节专车。"客曰:"防风何字也？"子曰:"枉罔之君,守封嵎之山,为漆姓。在虞夏商为枉罔氏,于周为长翟氏,今曰大人。"客曰:"人之长极几何？"子曰:"长者不过十丈,数之极也。"

《尚书》

《洪范·五行传》曰:长狄之人,长盖丈余也。

《左传·文公十一年》

冬十月,败狄于醎,获长狄侨如富父终甥,椿其喉以戈杀之,埋其首于子驹之北门,以命宣伯。得臣因名宣伯曰侨如,以旌其功。《公羊传》:文公曰:长狄兄弟三人,一者之齐,王子城父杀之。一者之鲁,叔孙得臣杀之。则未知其晋者也。

《穀梁传》

鲁文公十一年,叔孙得臣败狄于醎,获长狄也。兄弟三人,迭害中国。得臣善射,射中其目。身横九亩,断其首而载之,眉见于轼。

《春秋考异》

邮陲曰:长狄兄弟三人,各长百尺。狄者阴气,时中国衰,有夷狄萌。

《列子》曰

渤海之东有大壑焉,中有五山,一曰贷舆,二曰员峤,三曰方壶,四曰瀛洲,五曰蓬莱。群圣居之,帝使巨鳌十五举首而戴之,迭为三番。龙伯之国有大人,一钓而连六鳌,合负而归。于是岱与员峤二山沉于大海。帝凭怒侵灭龙伯之国，使小。至伏羲神农时，其国人犹长数十丈。

《神异经》曰

东南有人焉，周行天下，其长七丈，腹围如长箕头。箕头，发烦乱也。不饮食，朝吞恶鬼三千，暮吞二百。不咋，锄格切。此人以鬼为饭，以雾露为浆，名天郭，一名食邪，吞食邪鬼。一名黄父。黄父鬼，俗人依此各两名之。又西北海外有一人焉，长二千里，两脚中间相去千里，腹围一千六百里。但饮天酒，天酒，甘露也。不食五谷鱼肉。忽有饥时，向天乃饱。好山海间，不犯百姓，不干万物。与天地同生，名无路之人，言无路者，高大不可为路也。一名仁，礼曰：仁也。一名信，与天地俱生而不没，故曰信。一名神。

又西南大荒中有人焉，长一丈，其腹围九尺。践龟蛇戴朱鸟，左手凭青龙，右手凭白虎，知河海斗斛。识山石多少，知天下鸟兽言语，知百谷草木监苦，名曰圣，一名哲，一名光通，一名无不达。凡人见拜者，令人神智。

又东南隅大荒之中，有朴父焉，夫妇并高千里，腹围百辅。百辅，围千里也。天初立时，使夫妻导开百川，懒不用意，谪其夫妻并立东南。男露其势，女彰其杀。势，杀，阴阳。气息为人不畏寒暑，不饮不食，须黄河清，当复更使其夫妻导百川。

《蜀王本纪》曰

秦襄王时宕渠郡献长人，二十五丈六尺。

《括地图》曰

大人国孕三十六年而生，生儿白首长丈。

《外国图》曰

大秦国人长一丈五尺，猿臂长胁好骑骆驰。

《汉武故事》曰

公孙卿至东莱云，见一人长五丈，自称巨公。牵一黄犬，把一黄雀，欲谒天子，因忽不见。

《淮南子》曰

东方之人长一丈。

孙绰子曰

海人与山客辨其方物，海人曰：横海有鱼，额若华山之顶，一吸万顷之波。山客曰：邓林有木，围三万寻，直上千里，傍阴数国。东极有大人，斩木为策，短不可杖。钓鱼为鲜，不足充脯。脯音逋。

辛氏《三秦记》曰

敦煌西尽大秦，隔海心无忧，遇善风不经二十日得渡。心忧，数年不得渡，谚曰："心无忧患，不经二旬。必若忧患，远杂三春。"士人贤直，男女皆长一丈端正。国主风雨不和，则让贤而治之。

郭子横《洞冥记》

有支提国，人长三丈二尺，有三手。一手当胸，手足各三指。

张华《博物志》

有一国亦在海中，一布衣从海浮出，其身如中国人，衣两袖长二丈。又得一破船，随波出海岸边。有一人，项中复有面，生得与语不相通，不食而死，其他皆在沃沮东大海中。

《夷坚志》

明州人泛海值昏雾四塞，风大起，不知舟所向。天稍开，乃在一岛下。两人持刀登岸，欲伐薪，望百步外有小条篱。入其中，见蔬茹成畦，意人居不远。方蹲踞摘菜，忽闻拊掌声，视之，乃一长人，高出三四丈。其行如飞，两人急走归。其一差缓，为所执，引指穴其肩成窍，穿以巨藤，缚诸高而去，俄顷间，首戴一镬复来。此人从树杪望见之，知其且烹己，大恐。始忆腰间有刀，取斫藤，忍痛极力，仅得断，遂登舟斫缆，离岸已远。长人入海追之，如履平地，水才及腹，遂至前执船。发劲弩射之，不退。或持斧斫其手，断三指落船中，乃舍去。指粗如椽。徐竞明叔云：尝见之何德献说。

临洮长人

《太平广记》

秦始皇时，长人十二见于临洮，皆夷服。于是铸铜虞十二枚以写之，盖汉十二帝之瑞也。

宕渠长人

《太平广记》

蜀长老言：宕渠故宾国，今有宾城庐城，秦始皇时有人长二十五丈见宕渠。秦史吴母敬曰：是后五百年外必有异人，为大人者。及李雄之王，其祖出自宕渠，有识者皆以为应。

赤帻长人

《太平广记》

魏郡张本富卖宅与陈应，应举家疾病，卖与何文。文先独持大刀暮入北堂梁上。一更中有一人长丈余，高冠赤帻呼曰："细腰，细腰。"应诺，何以有人气，答无便去。文因呼细腰，问长人为谁，答曰："金也。在西壁下。"问君是谁，答曰："我杵也，今立灶下。"文掘得金三百斤，烧去杵，由此大富，宅遂宁。

外国长人

《邵氏闻见录》

康节先公，见一道人言尝泛海，遇舶风泊岸。与数人下采薪。有巨人数十，长丈余，相呼之声如禽兽，尽捉以去。用竿竹鱼贯之，食以荐酒，道人者偶在其竹末，巨人醉睡，走登船得脱，因解衣出其所穿迹在胁下。康节先公曰：四海之外，何所不有，但人耳目不能及耳。

《张氏可书》

明州一海船附带到广州，一兵已在一海舶上。有发广州遇飘至一山下，两人上岸，行三四里，见二长人。锄各长三丈余，两人前往问路，二长人倚锄相视而笑。久之遂以手拈两人在掌中戏玩，两人皇恐再拜，皆笑语不可晓。一长人以手拾两人置山穴中，用一大石塞口而去。少顷携一大瓢贮酒来。二长人对酌，两人于窦中觇之，惟深皇惧。二长人酒尽欲醉，一长人起取塞石，拈一人出，两手捉两脚，劈作两片，各饵其一，遂醉卧，老兵石穴中伺其睡，奔出窜伏田野中。望见有海舶过，哀鸣求救，舡上以小舟济之，得至明州。

新罗长人

《新唐书·东夷新罗传》

新罗长人者，类长三丈，锯牙钩爪，黑毛覆身，不火食，噬禽兽。或搏人以食，得妇人以治衣服。

溪洞长人

《夷坚志》

德兴士人李扶，字助国，以恩科得官，调宜州司理参军。庆元初，满秩还乡，云宜州溪洞，近岁产一怪物，状如人，长一丈许，遍体生鳞甲，但以布帛缠绞。独据野庙，寝处莫测所由来。初惟搏食畜兽，浸浸及人，皆从头至足生啖之。洞丁不胜苦困，屡聚党数百往攻斗，怪望人至，辄遁升山颠，运巨石而下击。众走避不暇，虽操强弩传药箭四面乱射之，莫能入。姑焚其所居，具设井于往来之处而为恶益甚。洞丁出入须什什伍伍，持矛鸣锣以自防卫，不与相值则已，倘人徒稍弱，必遭追逐，步既阔而行又捷。或迟钝在后，立为所获，壮有胆者敌以利刃，如刺坚石，殊不能伤。在田畴耕获，少失瞻顾，定有性命之虞。合洞千口，罹戕贼者殆半。不聊厥生，悉徙避成郭。赴诉于郡，丐发屯兵围捕之，闻其不畏锋镝，更无策可治。狱有重囚曰：马超迩检者，武鸷悍勇，坐杀人久系。因自献其技曰：愿取此怪首以赎罪。只得一铁椎重三十斤，当独往，宜守欲听之。或疑设诡计求脱，乃质其妻子。旋锻钢铁铸大椎遣之。别运五十兵助诣洞，迨至，杳无形影。信步到一寺，见微径茀菶，似有大足迹，知必在彼。将入门，厉声叱喝示威，且惊使出，复寂然直进，次方丈，睨傍室。野兽毛骨纵横塞路，无床榻几席，惟编蓬上堆叠败絮碎帛，全如大窠，盖其宿卧处也。马潜伏室内以俟，料晚归必由三门。于是侧身出掩诸扉，独留一扇，施拐撑拄之。倾耳审听，俄闻山下訾然有声，乃此物负双鹿穿林而来。马驱起发扃陷其一足，痛篦以椎，仆于地。举头见人，摇牙愤愤，欲作敌而为鹿所压，不能兴。犹翻手搦马生脚，撮其股肉一大片，马连运椎，椿其脑，遂毙之。拔佩剑断颈，流血数斗。呼集随行兵，升尸献于郡，沿蛮踊跃欢谢，各返故楼。郡以事上诸朝，诏贷马罪，还元官。李椽及见怪尸，言之尚怖栗。马超之勇而有智，盖暗合唐韦自东杀二野义之法也。李司理说。

海岛长人

《河澹暌车志》

建炎间，泉州有人泛海，值恶风，漂至一岛。其徒数人登岸，但见花草甚芳美，初无路径，行入一大林，有溪限其前。水石清浅，众皆揭涉，得一径，入大山谷间。俄见长人数十，身皆丈余，耳垂至腹。即前擒数人者。每两手各契一人，提携而去。至山谷深处，举大铁笼罩之。长人常一人看守。倦即卧石上，卷其耳为枕焉。时揭罩取一人，褫去其衣，众共裂食之。内一人窃于罩下柢土为窟，每守者睡熟即极力掘之。穴透得逸，走至海滨，值番舶得还。言其事莫知其何所也。武康郑丞《咸平志》说。

姑苏长人

岳珂《桯史》

余兄周伯,以淳熙丙申召为太府簿。时姑苏有民家姓唐,一兄一妹,其长皆丈有二尺,里人谓之唐大汉。不复能嫁娶,每行倦倚市檐,憩坐如堵墙,不可出,出辄倾市从观之。日啖斗余,无所得食,因适野为巨室,受困粟,盖立困外即可举手以致,不必以梯也。以是背微伛。有□以辂。使客见之,大惊,遂入奏。诏廪之殿前司,时郭为帅,周伯间一往,必敬喏,其声如钟。德寿时欲见之,惧其聚民,乃卧之浮于海,至望仙专舟焉。

梦殿前长人

《南史·陈本纪》

后主祯明二年,沈若道梦殿前长人,朱衣武冠。详梦。

射仆长人

《新唐书·王方翼列传》

方翼早孤,哀毁如成人,时号孝童。尝夜行见长人丈余,引弓射仆之,乃朽木也。太宗闻擢右千牛。

马纯《陶朱新录》

眉山人程之祥,朝议守单父云:崇宁二年,蜀中大水,江中流下一褐衫,为人所得,长二三丈。先是有数猎者从禽于峨眉山,行十余日,忘路之远近者。至一处山川极险深,隔涧有长人踞坐,旁一虎循若猫犬。目发弩以药矢射之,且仆,虎乃转山而去。猎者欲过涧视之,腥不可近,即登大树伺之。须臾其辈五六人,或男或女,来视中箭者,左右瞻顾,若求其仇。既而扶异以回。猎人归话于人,皆莫之信,至是始验其不妄,乃知深山穷谷固有异物也。

夜见长人

《史记·孝武纪》

公孙卿候名山至东莱,言夜见一长人,长数丈,就之不见。见其迹甚大,类禽兽云。

入水见长人

《禅林类聚》

《法原门》云:投子青僧问师唱谁家曲,宗风嗣阿谁。师云:威音前一箭,射透两重山。云:如何是相付底事。师云:金因淮地月,得照郢阳春。云:恁么,则入水见长人。

短人

《太平御览》

《方言》曰:鳖𤷑,捕揩反。短也,江湘之会谓之鳖。昨启反。曰:齐,桂林之中谓短𤷑,东扬之间谓之府。今俗呼小为齐。𤷑𤷑也。俯,言俯视,因名云。《荀卿子·非相篇》曰:帝舜短,周公短,楚叶公子高微小短,瘠行若不胜衣,而定楚国。

《家语》曰

高柴齐人,字子羔,长不过六尺,状貌甚恶,为人笃孝,居鲁见知。

《左传》

臧纥救邹侵邾,败于狐骀,臧纥,武仲也。邹属鲁,故救之。狐骀,邾也。国人诵之曰:我君小子,朱儒是使。朱儒朱儒,使我败于邾。注:襄公幼弱,故曰小子,臧纥短小,故曰朱儒。

《晏子春秋》

晏子短小使楚,楚人为小门而迎晏子。晏子曰:"使狗国者从狗门入,今臣使楚不当狗门入。"王曰:"全齐无人耶? 使子为使。"晏了曰:"齐之临淄,张袂成帷,挥汗成雨。何为无人? 使贤者使于贤国,使不肖者使于不肖之国。以婴为不肖,故使王耳。"

《古文璅语》曰

齐景公伐宋至曲陵,梦见一短大夫宾于前。晏子曰:"君所梦何如哉?"公曰:"其宾者

甚短,大上小下。其言甚怒好俯。"晏子曰:"则如伊尹,甚大而短,大上小下,赤色而髯,其言好俯而下声。"公曰:"是矣。"晏子曰:"是怒君师,不如违之。"遂不果伐宋。

刘向《说苑》曰

齐遣淳于髡到楚,为人短小。楚王甚薄之,谓曰:"齐无人而使子来,何长也?"对曰:"臣无所长,臣腰中七尺之剑,欲斩无状王。"王曰:"止,吾但戏子耳。"即与髡共饮酒。

张华《博物志》曰

齐桓公猎得一鸣鹄,宰之,嗉中得一人,长三寸三分,着白圭之袍,带剑乘车,骂詈瞋目。后又得一折齿,方圆三分,问群臣曰:"天下有此及小儿否?"陈章答曰:"昔秦胡光一举渡海,与齐鲁交战,伤折版齿。昔李子敖于鸣鹄嗉中游,长三寸三分。"

《史记》曰

秦倡朱儒优旃,始皇时置酒。天雨,陛者寒,旃矜之。乃大呼曰:汝虽长尚立,我虽短故幸休,始皇乃使皆代。

《汉书》曰

严延年为人短小精干,敏捷于事。虽子贡、冉有通于政事,不能继也。

楼护为人短小,精辨论议,常依名节,与谷永俱为伍侯上客。

东方朔待诏公车,奉禄薄,朱儒得省见久之。朔绐音迨驺朱儒。师古曰:朱儒,短人也。驺,厩之御驺也。曰:上以若曹无益于县官,耕田力作,固不及人。临众处官不能治民。从军击虏,不任事,无益于国用,徒索衣食。今欲尽杀若曹。朱儒大恐啼泣。朔教曰:"上即叩头请罪。"居顷闻上过,朱儒皆号泣顿首。上问何为。对曰:"东方朔言上欲尽诛臣等。"上知朔多端,召问,何恐朱儒为?对曰:"臣朔长九尺三寸,俸一相,粟米二百四十。朱儒长三余,亦一囊粟,钱二百四十。朱儒饱欲死,臣朔饥欲死。"上大笑,因待诏金马门。

郭解为人短小,恭俭,诸公以此重之。

蔡义为丞相,时年八十余,短小,常两吏挟,乃能行。

张苍不满五尺,苍父八尺余,苍子复长八尺,及孙毅,长六尺余。

宣帝时,渤海盗贼起,上以龚遂为太守,召见。遂形貌短小,帝见心内轻焉。及封,赐黄金,乘传去。

《纂文》曰

汉光武时颖川张仲师,长二尺二寸。亦出王充《论衡》。谢承《后汉书》曰:汝南周滂,字次彦。世祖到常山,问:"可治兵者谁?"滂舅以滂对。世祖见滂短小,以为不能将帅。滂对有词理,拜颖川府丞。

《东观汉记》曰

张重,日南计吏,形容短小。明帝问云:"何短小?"吏答曰:"臣日南计吏,非小吏也。"

袁宏《汉记》

阴后短小，举止有失仪，左右掩口而笑。

《汝南先贤传》曰

用举字宣光，姿貌短陋，有晏子之风。

陆胤《广州先贤传》曰

徐征字君外，为人短小果敢。

刘彦明《敦煌实录》曰

泛㵙字世震，博学善属文，为人短小。弱冠屡陈损益。

《魏志》曰

乐进，字文谦，容貌短小，胆烈，从高祖帐下吏。

《魏氏春秋》曰

魏武王资貌短小，神明英彻。

《吴录》曰

张蕃字仲辅，为人短小。顾泽以短戏之曰："朱儒朱儒有何德。令我思君罔极。"

《三国典略》曰

齐孟业有盛名，初司州牧，清河王岳闻业名，召为法曹。见其容貌短小，笑而不言。及寻断决之处，乃谓业曰："卿决断之明，可谓有过躯之用。"

臧荣绪《晋书》曰

山涛字淳元，尪疾不仕，世祖闻其短小而聪敏，欲见之。涛面答，淳元自谓形宜绝人事，不肯受诏。论者奇之。

《续搜神记》曰

司徒蔡谟亲，亲有王蒙者，单独常为蔡公所收养。蒙长才及三尺，似为无骨，登床辄令人抱上。

桓谭《新论》曰

谚云：朱儒见一节，而长短可知。

沈约《宋书》曰

王敬弘形状短小，而坐起端方。

刘□《梁典》曰

徐摛起家太学博士,周舍举曰:臣外弟徐摛,形质陋小,苦不胜衣,而堪此选,乃为晋安王侍读。

崔鸿《前凉录》曰

宗丑字仲业,慷慨有大志,清素敦朴,不好华兢。形状短小,体有鳞甲,仕至西平太守。

蔡邕《短人赋》

侏儒短人焦侥之后,出自外域,戎狄别种,去欲归义。慕化企踵,遂在中国,形貌有部,名之侏儒。生则象父,唯有晏子在齐,辩勇匡景拒崔,加刃不恐。其余尪么,劣厥偻窭,啧啧怒语,与人相拒。曚昧嗜酒,喜索罚举,醉则扬声,骂詈咨口。众人患忌,难与共侣。是以陈赋,引譬比偶。皆得形象,诚如所语。词曰:雄荆鸡兮鹜鹭鹅,鹍鸠雏兮鹑鹌雌。冠戴胜兮啄木儿,观短人兮形若斯。热他蝗兮庐即且,子如切茧中踊兮蚕蠕须。上音而视短人兮形若斯,木门闑兮梁上柱。弊凿头兮断柯斧,鞞鞸鼓兮补履朴。脱柄椎兮捣韭杵,视短人兮形如许。

绝域短人

《太平御览》

诗《含神雾》曰:东北极有人长九寸。

《家语》

孔子曰:僬侥氏长三尺,短之至也。《国语》同

《列子》曰

从中州以东三十万里,得僬侥国。人长一尺六寸,东北极,有人名诤,音靖人长九寸。

《山海经》曰

周饶国为人短小,着冠带。一曰僬侥国。

郭璞《山海经图赞》曰

僬侥极么,门可反诤人唯小,四体其足,眉才了。

《神异经》曰

西北荒中,有小人焉,长一寸,围如长,朱衣玄冠,乘轺车导引。有威仪,人遇其乘车

并食之。其味辛楚，然不为虫豸所咋，并识万物名字，杀腹中三虫。又曰：西海之中有鹄国，男女皆长七寸。自然有礼，好经论跪拜，寿三百岁。人行如飞，日千里，百物不敢犯之。唯畏鹄，鹄遇吞之，上寿三百岁，在鹄腹不死。而鹄一举千里。张华注曰：此陈章对齐桓公云西海之外鹄国。男女皆七寸也。

《汉武故事》曰

东郡送一短人长七寸，衣冠具足，疑其山精。常令在案上行，召东方朔问，朔至呼短人曰："巨灵，汝何忽叛来，阿母还未？"短人不对，因指朔谓上曰："王母种桃三千年，此儿一作子。不良，已三过，偷之矣，遂失王母意，故被谪来此。"上大惊，始知朔非世中人。短人谓上曰："王母使臣来告陛下，求道之法，惟有清净，不宜操扰。复五年与帝会。"言终不见。

《魏略·西域传》曰

短人国在康居西，男女皆长三寸，众甚多。

《康居长老传》

常有商行迷惑失道而到此国，国中甚多珠，夜光明。商度此国去康居可万余里。

《魏志》

倭南有朱儒国，人其长三四尺，去女王国四千余里。

《广志》曰

东方有人长三尺，君长出行，导卫威仪有若中国。人又有小人如蝼蛄，手撮之满手得二十枚。

《外国图·僬侥国》

人长一尺六寸，迎风则偃，背风则伏。眉目具足，但野宿。一曰僬侥，长三尺，其国草木夏死而冬生，去九疑三万里。五子年

《拾遗记》

员峤山有陀移国，人长三尺，寿万岁。广延之国人长二尺。

《金楼子·志怪篇》

一足国人长九寸。

《书林事类》

短小人。

《占梦书》

凡梦侏儒事不成。侏儒。方言，侏儒，短小人也。传臧纥战败，国人歌曰：侏儒侏儒，使我败于

郑。注：臧纥短小故也。琐质，僬侥。《国语》：僬侥氏长三尺，短之极也。注：西蛮也。优旃史优旃，秦昌侏儒也。巨灵《汉武故事》：东郡送一短人，长七寸，名巨灵。眇小丈夫孟尝君。晏子短以相齐，晏子长不满三尺而相齐。蔡义小而佐汉。汉蔡义为丞相，年八十，短小无鬚发，行步俯仰，常两吏夹持乃能行也。短主簿王恂为桓温主簿，为人短小，故号曰：短主簿。长七寸，《神异经》曰：西海有一鹤国，人长七寸，日行中千里如飞，百物不敢犯。畏海鹤，鹤吞之，寿二百岁。在鹤腹中不死。或云季子敖也。短黑贾充女，晋惠妃丑而短小。是以区区蕞质还为楚国之宾。琐琐微容遂入蔡邕之赋。僬侥不可使举。侏儒不可使援。

一人

《数类礼》曰

凡自称天子曰："予一人。"

《诗》曰

夙夜匪解，以事一人。

《书》曰

一人元良，万拜以贞。

《左氏》曰

哀公十六年，夏四月己丑，孔丘卒。公诔之曰：昊天不吊，不遺遗一老。俾屏余一人以在位，茕茕余在疚。乌乎哀哉！尼父无自律。子贡曰：君其不没于鲁乎？夫子之言曰：礼失则昏，名失则愆。失志为昏，失所为愆。生不能用，死而诔之，非礼也。称一人，非名也，君两失之。天子称一人，非诸侯之名。

左丘明雕像

《书·汤诰》

嗟尔万方有众，明听予一人诰。
天命弗替，若贲草木。兆民允殖，俾予一人。辑宁尔邦家。

《汤誓》

尔尚辅予一人，致天之罚。

《盘庚》

勉出乃力听，予一人作猷。

汝万民乃不生生,暨予一人猷同心。

《秦誓》

尔尚弼予一人,永清四海。
百姓有过,在予一人。
尔其孜孜奉予一人,恭行天罚。

《多士》

予一人,惟听用德。

《康诰》

乃裕民曰:我惟有及,则予一人以怿。

《君陈》

惟予一人,膺受多福。
微子之命,弘乃烈祖。律乃有民,永绥厥位。毗予一人。

《周官》

三孤贰公弘化,寅亮天地,弼予一人。

《君奭》

一人有事于四方,若卜筮,罔不是孚。

《毕命》

四方无虞,予一人以宁。

《吕刑》

一人有庆,兆民赖之。

《冏命》

惟予一人,无良实赖。左右前后,有位之士,匪其不逮。

《诗》

下武媚兹一人,应侯顺德。

《左传》

大之爱民甚矣,岂期使一人肆其上。襄二十四年。

《管子·法法》

黄帝唐虞帝之隆也,资有天下,制在一人。群书足用体题:元良、民上、至尊、无二之尊、元良、有庆、多福、正邦、宁家、作猷。

赋偶：睿圣在上，元良作君。家抚中国，天临下民。四方无虞，庆则民赖。百姓有过，罪惟朕归。德之中正，诞受休命。拜之惟怀，实关厥身。

赋隔：子或无良，实赖同心之弼。治如不足，敢忘兼听之勤。

拦江网体字：元良、睿圣、邦家、有庆、用德、作猷。

赋句：尊则无二，以正万邦之地。聪马冠群，永清四海之区。四方无虞，宁亦归朕。百姓有过，罪惟一人。

官人

《书·皋陶谟》

知人则哲，能官人。

《诗·大雅·棫朴》

文王能官人也。

《左传·襄公十五年》

楚公子午为令尹，公子罢戎为右尹，芪子冯为大司马，公子橐师为右司马，公子成为左司马。屈到为莫敖，公子追舒为箴尹，屈荡为连尹，养由基为宫厩。尹以靖国人，君子谓楚于是乎能官人。官人，国之急也。能官人则民无觊心。《诗》曰：嗟我怀人，真彼用行，能官人也。王及公侯伯子男，甸采卫大夫各居其列，所谓周行也。《传》：子世质则官少，世文则吏多。有虞氏官五十，夏后氏百，殷二百，周三百。

《韩非子·外储说左》

桓公谓管仲曰："官少而索者众，寡人忧之。"管仲曰："君无听左右之请，因能而受禄，禄功而与官，则莫敢索官。君何患焉？"

文中子《中说·事君》

子曰：吏而登仕，劳而进官，非古也。其秦之余酷乎？阮逸曰：《周礼》胥史执事而已，非委之以政教也。《春秋》有功赏邑而已，非假之以名器也。秦政酷，故用吏才，而官不授德。古有士登乎仕，士谓后造也，从王命为仕。吏执乎役，禄以报劳，官以授德。

《新唐书·陈子昂传》

陈子昂奏：八科二官人，官人惟贤，政所以治也。然君子小人各尚其类，若陛下好贤而不任，任而不能信，信而不能终，终而不能赏，虽有贤人，终不肯至，又不肯劝。反是则天下贤集矣。

《唐绘》

刘乃,字永夷。天宝中,宋昱知铨事,乃方调,因进书曰:《书》称知人则哲,能官人。此唐虞以为难,今文部始抡材终授位,是知人官人,两任其责。昔禹、稷、皋陶之圣,犹曰载采有九德,考绩以九载。今有司徒委一二小宰,察言于一幅之判,观行于一揖之内,何其易哉。夫判者以狭词短韵为体,是以小治鼓众,金虽欲为鼎镛,不可得已。故虽有周公、尼父图书易象之训,以判责之,曾不及徐庾。虽有至德,以喋喋取之,曾不若啬夫。故干霄蔽日,巨树也,求尺寸之才以后于椓杙。龙吟虎啸,希声也。尚颊舌之感,必下于蛙蝇,岂不悲乎?诚能先政事,次文学,退观其治家,进察其临节,则厐鸿深沉之事,亦可以窥其门阃矣。

宋《欧阳文忠公集·议学状》

方令之弊,既以文学取士,又欲以德行官人。且速取之欤,则真伪之情未辩。若迟取之欤,待众察徐考而渐进,则文辞之士先以中于甲科,而德行之人尚未登于内舍。

观人

《家语·好生》

孔子问漆雕凭曰:"子事臧文仲、武仲及孺子容,此三大夫孰贤?"对曰:"臧氏家守龟焉,名曰蔡。文仲三年而为一兆。武仲三年而为贰兆。孺子容三年而为三兆。凭从此见之,若问三人之贤与不贤,所未敢识也。"孔子曰:"君子哉,漆雕氏之子也。其言人之美也,隐而显。言人之过也,微而著。智而不能及,明而不能见,孰克如此。不知其子视其父,不知其人视其友,不知其君视其所使,不知其地视其草木。"

相马以舆,相上以居。

以容取人则失之子羽,以辞取人则失之宰予。

《论语》

子曰:视其两以,观其所由,察其所安,人焉瘦哉,人焉瘦哉。

《曾子·修身章》

故目者,心之浮也,言者,行之指也。作于中则播于外,故曰以其见者占其隐者。故曰听其言也,可以知其所好矣。观说之流,可以知其术矣。久而复之,可以知其信矣。观其所爱亲,可以知其人矣。临事惧之而观其不恐也,怒之而观其不惛也,喜之而观其不逾也,饮之而观其有当也。是故临事而不栗者鲜不济矣。

《孟子》

存乎人者,莫良于眸子。眸子不能掩其恶。胸中正,则眸子瞭焉。胸中不正,则眸子眊焉。听其言也,观其眸子,人焉瘦哉。

观近臣以其所为主,观远臣以其所主。

《庄子》

吾见若眉睫之间,吾因以得汝矣。今汝又言而信之。

《荀子》

古之人,其取人有道,其用人有法。取人之道,参之以礼,用人之法,禁之以等。行义动静,度之以礼,知虑取舍,稽之以成。日月积久,校之以功。故愚不得以临尊,轻不得以县重,愚不得以谋知,是以万举不过也。故效之以礼,而观其能安敬也。与之举措迁移,而观其能应变也。与之安燕而观其能无陷也。接之以声色权利忿怒患险,而观其能无离守也。彼诚有之者,与诚无之者,若白黑然,可诳邪哉。故伯乐不可欺以马,而君子不可欺以人,此明主之道也。

相形不如论心,论心不如择术。《非相篇》。不知其子视其友,不知其君视其左右。《性恶篇》口能言之,身能行之,国宝也。口不能言,身能行之,国器也,口能言之,身不能行,国用也。口言善,身行恶,国妖也。《大略篇》管子观其交游,则其贤不肖可察也。

《鹖冠子·天则》

临利而后可以见信,临财而后可以见仁,临难而后可以见勇,临事而后可以见术数之事。

《通鉴纲目》

魏文侯问相于李克,对曰:居视其所亲,富视其所与,达视其所举,穷视其所不为,贫视其所不取,五者足以定之矣。

《史记》

聪明深密而近于死者,好议人者也。博辨广大而危其身者,发人之恶者也。

《西汉书》

人不患其不知,患其为诈也;不患其不勇,患其为暴也;不患其不富,患其无厌也。景帝诏。驽蹇之乘,不骋千里之途;燕雀之畴,不奋六翮之用;窀椓之材,不荷栋梁之任;斗筲之子,不秉帝王之量。《叙传》。

刘向《说苑》

营于利者多患,轻诺者寡信。有鄙心者不可授便势,有愚质者不可与利器。《谈龙篇》优然喜乐者,钟鼓之色也;愀然清净者,衰经之色也;勃然充满者,此兵革之色也。管仲问东郭垂曰:"我不言伐莒,子何以知之?"对曰:"臣闻君子有三色:云云《权谋篇》。士之接也,非必与之临财分货乃知其廉也,非必与之犯难涉危乃知其勇也。《尊贤篇》。

《淮南子·氾论》

谕人之道:贵则观其所举,富则观其所施,穷则观其所不受,贱则观其所不为,贫则观其所不取。视其更难以知其勇,动以喜乐以观其守,委以货财以知其仁,振以恐惧以知其节,则人情备矣。

《扬子·修身》

观乎贤人则见众人,司马光曰:贤人能为人所不能,必有以殊乎众。观乎圣人则见贤人。光曰:卓尔有立不可及。观乎天地则见圣人。光曰:天地,圣人之所取法。

《东汉书》

燕颔虎头,飞而食肉,万里侯相也。相者,谓班超当封侯万里之外,超问其状对,云云。

《声隅子·三王》

饵之以重宝而贪廉之心明矣,试之以美色则邪正之目定矣,加以威势则勇怯之气著矣。

《晋书》

乡愿似中和,所以乱德。放者似达,是以乱道。《戴逵论》子家子士之贤否?于文章上未可见,而于利欲上最易见。

《刘子》

马有骥之一毛,不可谓之骥。龙有蛇之一鳞,不可谓之蛇。

善观察者犹风胡之别刃,风胡,是秦时别刃人也。孙阳之相马,孙阳,即伯乐也。文中子问易子曰:处贫贱而不摄,可以富贵矣。僮仆称其恩,可以从政矣。交游称其信,可以立功矣。

富观其所与,阮逸曰:与贫则仁,与奸则贱。贫观与其所取,取于义则安,取于利则危。达观其所好。好贤则治,好晏则乱。穷观其所为,为善则生,为恶则死。

《省心铨要》

不临难,不见忠臣之心。不临财,不见义士之节。

《宋史》

高宗从容问岳飞:卿得良马否?对曰:“臣有二焉,日啖刍豆数斗,饮泉一斛,然非精洁则不受。介而驰,初不甚疾,比行百里,始奋迅。自午至酉,犹可二百里。褫鞍甲而不息不汗,若无事然,故受大而不苟取,力裕而不求逞,致远之材也。不幸相继以死,今所乘者,日啖不过数升,而秣不择粟,饮不择泉。揽辔未安,踊跃疾驱,甫百里、力竭汗喘,殆欲毙然。故寡取易盈,好逞易穷,驽钝之材也。”帝称善。

宋《张南轩集·答叶定》

定谓知人之道,自古所难。《孟子》曰:存乎人者,莫良于眸子,至人焉瘦哉。孔子曰:视其所以,至人焉瘦哉。夫孟子之说非不切要,及观孔子之言,则又详且尽,不知于此可以分圣贤否。曰孟子之言是初见其人,要得其大纲,孔子之言是详察其人终身事,言各有指也。后之欲知人者当兼用之。以孟子之言观人于初见之时,以孔子之言察人于闲暇之际,则不差矣。

《语录》

晦叔问观人之法,孟子只听其言,观其眸子,孔子既视其所以,又观其所由,察其所安。二者同异,曰孟子之说一见可知其人之大纲。如今见一人,听其议论,观其容色,其趋向亦可见。如孔子之说又详审,视其所以,视其所为也,然后观其所由,义乎利乎,若由于义矣。又察其所安,其归宿处也,视轻于观,观又轻于察,又问此说用之自观可否。曰只是观人若是,自观则太轻,便虽于察上用工。观过斯知仁,亦是观人尔,非自观也。

《密斋笔记》

太公曰:富之而观其无犯,贵之而观其无骄,付之而观其无转,使之而观其无隐,危之而观其无恐,事之而观其无穷。太公又曰:一曰问之以言以观其辞。二曰穷之以辞以观其变。三曰与之以间谍以观其诚。四曰明显问以观其德。五曰使之以财以观其廉。六曰试之以色以观其正。七曰告之以难以观其勇。八曰醉之以酒以观其态。八证备,则贤不肖别矣。《周书》云:成王访周公以民事,周公陈六证以观察之,作官人曰:富贵者,观其礼;贫贱者,观其德守;嬖宠者,观其不骄奢;隐约者,观其不慑惧;少者,观其恭敬;好学而能悌,壮者,观其洁廉务行而胜私。老者,观其意宪谨强其所不足而不逾。父子之间,观其孝慈;兄弟之间,观其和友;君臣之间,观其忠惠;乡党之间,观其诚信;省其居处,观其义方;省其丧哀,观其真良;省其出入,观其交友;省其交友,观其任廉。误之谋以观其智,示之难以观其勇,烦之事以观其治,临之利以观其不贪,滥之乐以观其不荒,喜之以观其轻,怒之以观其重,醉之酒以观其恭。纵之色以观其常,远之以观其不狎,迩之以观其不倦。覆其微言以观其精,曲省其行以观其备。《庄子·御寇篇》云:孔子曰:凡人心险于山川,难于知天,故君子远使之而观其忠,近使之而观其敬,烦使之而观其能,卒然问焉而观其智,急与之谋而观其信。委之以财而观其仁,告之以危而观其节,醉之以酒而观其则,杂之以处而观其色。九证至,不肖人得矣。此太公,周公孔子观人之法。最为详密,蒙庄澹然若无,意于世者,亦诵斯言,乃知《蒙庄》一书,不皆寓言也。

刘炎《迩言》

遭变不迫其人,未可量也。处常失措,其余不足观也已。又曰:轩冕荣身,视之若无,箪食蓬户,视之若有,斯人也,中之所有者大,而外之所无者小矣。所有者,大无不可为,所无者,小无复可污。又曰:外夸而内歉者,必为人之所不屑为。貌谦而实至者,必能人之所不能为。

元胡祗遹《紫山集》

人之知见志趣,赋分既定,苦不可移。小不可使之大,近不可使之远。士夫居闲不喜观书,好为博奕,牧猪奴之戏,是盖以读书为苦,而以博奕为乐也。衣冠则士夫,见趣则牧猪奴耳。居官者不以政治勋业、致君泽民为乐,而日与优伶女妓酒色声乐为娱,其位则卿相,其志趣则伶伦也。唐庄宗身居九五,甘杂群优,至于批颊。喜不为辱,此赋分之卑凡也。善观人者,观其趣向作为,可以卜其吉凶祸福。晋武帝之所不求者,所言皆家人常事,而无经国之远谋,故羊叔子之先见,识晋武之易足易满,故曰:平吴之后,方劳圣虑。"马援之见公孙述,出曰:"区区修饰边幅如偶人形,子阳井底蛙耳。"真知人哉。使公孙述之知识才量在于混一六合,则不吐哺走迎,则祖帻坐迎矣。凡习细娱而不图大惠,私小知而不求远谋,皆赋分使然,而莫之能移矣。

《尚意譬喻论策》

故论人者,不当观之于春涛汹涌之时,而当观之于霜降水涸之际;不当求之于春华繁茂之日,而当求之于枝叶剥落之余。

《敬斋泛说》

观人之术,或取之于竹头木屑,或取之于履屦闲物,或取之于所居必葺,或取之于道涂之洁及夫更漏之严。陈仲举不扫一室,便见一生不了了矣。

事实

《韩非子》

孟孙猎得麑,使秦西巴载之,持归其母,随之而啼。秦西巴弗刃而与之。孟孙归至而求麑,答曰:"予弗忍而与其母。"孟孙大怒逐之,居三月,复召以为其子傅。其御曰:"曩将罪之,今召以为子傅,何也?"孟孙曰:"夫不忍麑,又且忍吾子乎?"故曰:巧诈不如拙诚,乐羊以有功见疑,秦西巴以有罪益信。

《国语·周语》

阿陵之会,在鲁成十七年。单襄公见晋厉公视远步高,视远,望视远也。步高,举足高也。晋郤锜见其语犯。陵犯。郤犨见其语迂。迂回加误于人。却至见其语伐。好伐其功也。齐国佐见其语尽。国佐齐卿国归父之子,国武子也。尽者,尽其心意,善恶褒贬无所讳也。鲁成公见,言及晋难,及郤犨之谮。言及晋将罪己之难,及为却犨所谮也。单子曰:"君何患焉?晋将有乱,其君与二却其当之乎?"鲁侯曰:"寡人惧不见于晋。今君曰将有乱,敢问天道乎?抑人故也?"对曰:"吾非瞽史焉,知天道,吾见晋君之容而听三郤之语矣。殆必祸者也。夫君子目以定体,足以从之,是以观其容而知其心矣。目以处义,宜也。足以步目,今晋侯视远而足高,目不存体而足不步,目其心必异矣。目体不相从,何以能久?夫合诸侯,民之大事也。于是乎观存忘故国，将无咎。其君在会，步言视听必皆无谪，则可能知德矣。视远日绝其义，谪谴也，言日日绝其宜也。足高日弃其德，人君容止佩玉有节，今步高失宜弃其德也。言爽日反其信，爽，贰也。反，违也。听淫溢也。日离失也。其名。夫目以处义，足以践德，践履也。动履德行也。又以庇信，庇，覆也。言行相覆为信也。耳以听名者也。耳以听别万事之声名也。故不可不慎也。偏丧有咎。丧，亡也。步言视听四者而亡其二为偏丧者。有咎，咎及身也。既尽也。丧则国从之。晋侯爽二，吾是以云。爽当为丧字之误也。丧二视与步也。夫郤氏晋之宠人也，三卿而五，大夫可以戒惧矣。三卿上三人也。复有五人为五大夫，故号曰八郤。高位实疾颠，高者近危。疾，速也。颠，陨也。厚味实腊毒，厚味，喻重禄也。腊，亟也。读若广音酒焉，味厚者其毒亟也。今郤伯之语犯叔忤季伐。伯，铸也。叔，雠也。季，至也。犯则陵人，忤则诬人，伐则掩人，掩人之美。有是宠也。而益之以三怨，其谁能忍之？虽齐国子亦将与焉。与，与于祸也。立于淫乱之国而好尽言以招举也。人过，怨之本也。唯善人能受尽言，思闻过以自改。齐其有乎？吾闻之，国德而邻于不修，必受其福。国德，以国有德也。邻于不修，于不修德者为邻也。今君偪于晋而邻于齐，齐晋有祸，可以取伯。无德之患，何忧？于晋，且夫长翟之人利而不义，长翟之人，谓叔孙侨如也。其利滛矣，流之若何？"鲁侯归，乃逐叔孙侨如。简王十一年，诸侯会于柯陵。十二年，晋杀三郤。十三年，晋侯弑齐人，杀国武子。在鲁成十八年。

刘向《说苑·君道》

齐景公曰："吾闻高缭与夫人游，寡人请见之。"晏子曰："臣闻为地战者不能成王。为禄仕者，不能成政。若高缭与婴为兄弟久矣，未尝干婴之过，补婴之阙，特禄仕之臣也。何以补君？"

《孔丛子记》

义卫出公名辄使人问孔子曰："寡人之任臣无大小，一一自言观察，犹复失人，何故？"答曰："如君之言，此即所以失之也。人既难知，非言问所及，观察所尽。且人君之虑者多，多虑则意不精。以不精之意，察难知之人，宜其有失也。君未之闻乎！昔者舜臣尧，官才任士，尧一从之。左右曰：人君用士，当自任耳目。而取信于人，无乃不可乎？尧曰：吾之举舜已耳目之矣。今舜所举人，吾又耳目之，是则耳目人终无已已也。言舜之举人，吾又亲耳目之。是则己之用耳目无已时也。君苟付可付。付可付亦如尧之付舜。则己不劳而贤才不失矣。"

人

唐《孟郊集·魏博田兴尚书听婤之命不立非夫人诗》

君子耽古礼，如馋鱼吞钩，昨闻敬婤言，掣心东北流。北流田尚书，与礼相绸缪。善词闻天下，一日一再周。

宋《苏颖滨集·同孔常父作张夫人诗》

女子勿言弱，男儿何必强。君看张夫人，身举十五丧。头上脱笄珥，箧中斥襦裳。筑坟连丘山，松柏郁苍苍。亲戚不为助，涕泣感道傍。昔有王氏老，身为尚书郎。亲死弃不葬，簪裾日翱翔。白骨委庐陵，宦游在岐阳。一旦有丈夫，轩轩类佯狂。相面识心腹，开口言灾祥。嗟汝平生事，不了令谁当。汝身暖丝绵，汝口甘稻粱。衣食未尝废，此事乃可忘。一言中肝心，投身拜其床。傍人漫不知，相视空茫茫。终言汝不悛，物理久必偿。儿女病手足，相随就沦亡。鄙夫本愚悍，过耳风吹墙。明年及前期，长子忧骭疡。一麾守巴峡，只枢还故乡。弱息虽仅存，蹒跚亦非良。谁言天地宽，纲目固自张。古事远不信，近事世所详。企张非求福，祸败当惩王。

嘉祐末年，李士宁言王君事于右扶风，其报甚远。张夫人南郡人，孔稚官常父作诗言其贤，邀余同作。并言李生事，或足以警世云。

元王蓬《梧溪集·朱夫人诗有序》

夫人讳元琇，江阴知事朱道存之妻，都漕万户费雄之女也。至正十六年，江阴乱，夫人依其父，居松江之上海。未几，上海县陷，苗军复县大掠，夫人惊遽出卧内。时苗手刃以入，将犯之，夫人怒叱曰："吾贵家女，贵家妇，夫君见勒王。汝本官兵，奚为犯我？"投钗珥于地，苗攫之去。即苗沓至，索赀无有，遂驱迫就道。夫人搂不免，乃攀堂楹厉声曰："吾义不辱，苗狗忍辱我耶。"比遇害，爪入楹木，血沁于指，哀哉。始先君库使解官归里，逢适主于其家。每与盛宴辄缺然若不甘者，知事言其故于夫人。他日复宴，夫人亲为别具馔。命子文博、文礼昇示逢曰："此奉尊翁，自是以为常。"明年逢过其地，嗟夫人之生也，柔惠足以德于人，殁也，贞烈足以表于世。谨为辞以吊之。辞曰：

青萍花白浦水黄，云日黯惨风悲凉。停轳西向三酹觞，旍旌葆幢未混茫。若有人兮凛如霜，星流电驰惟可望。微言风习大洞章，功成拔宅居帝乡。鹊河蟾竈肆翱翔，叹援北

斗挹酒浆。帝曰钦哉无太康，下为叔世扶纲常。进规退矩礼自防，钗荆裙布今孟光。尊姑养之植德堂（朱氏堂名），堂阶珠树聊瑶芳。明珰苍□森琳琅，挝钟考鼓乐未央。楚氛遽天耀天狼，飘然归宁父母傍。正坐冻室忧葵伤，官兵寇我加剑□。昊天倚杵海变桑，身有溅血无回肠。烈妇殉节死固当，名与黄浦流俱长。稽首再拜泪两滂，鞯马直上骖鸾凰。

宋《楼攻媿先生集·题陈
简斋寄夫人书》

行书满纸遗文君，可见闺门敬若宾。应与少文能协趣，定因元亮遂忘贫。

《袁蒙斋集·寿赵处仁母夫人诗小序》

某将江东使指诣学讲孝经，作劝孝之诗训里巷，属部民有高年者，旌异之惟恐后。番易法曹赵虞仁，入宪幕，清介敏于事。堂有九衮慈母，而未加礼敬，宁非大阙。某敢述小诗，介薄仪，以为夫人寿。

《女孝经图》

有子见知真西山，有孙又把桂枝攀。堂前萱草年年绿，庆事天公定不悭。

寿张亨之母夫人小序

张亨之双亲皆康宁，祖母夫人今年庆九衮，合门怡愉，士林羡慕。亨之壮年撰儒科，以东流簿入幕，敏而好修，助荒政有劳名，闻于朝矣，慈颜应少慰乎。某敢歌小诗将薄礼，亨之其持以寿夫人。

为问蟠桃熟几番，见儿发白著衣斑。孙枝又作红渠客，更愿云仍捧寿山。

赵汝腾紫霞洲遗徐端友寿母夫人

望东云兮怀玉，产二英兮鸾鹙。持荣名兮寿亲，颂大椿兮对菊。餐初荚兮，慕屈子之菲菲。饮寒潭兮，陋胡广之碌碌。我敬爱之，勉以猗绿。垂芳兮无穷，介母兮多福。

又寄徐端友立大寿其母夫人

英英二徐，名德之雏。早从烂柯，知所步趋。南陔子职，夙夜尽劬。九日黄花，采采盈裾。请寿堂萱，大年方壶。庞眉发鹤，重锦轩鱼。母诏子前，问学勉诸。参匪直养，心传泗洙。诚身悦亲，投伋著书。子曰懋哉，益励厥初。荣多遗母，文秀不如。戏舞樽前，母为叹娱。我寄四言，俾陈座隅。

张元幹《归来集·乙卯秋奉送王周士龙关自贬所归鼎州太夫人侍下》

语离三秋风，念子万里客。我独忧患余，几为死生隔。相逢忽眼明，照影俱头白。兰若清夜长，连床话畴昔。如何功名心，一旦乃冰释。卖药真佯狂，穿云忘迁谪。不然蔬笋肠，宁无瘴烟色。良由火枣成，内景充尺宅。下视陋九州，槐安等称圌。绝怜蛮触争，亦复弄兵革。乱来更多事，老去觉世窄。归软桃花源，斑衣作儿剧。此乐人所稀，今我那能得。他时南山南，寄书北山北。

宋文天祥《文山集·忆太夫人》

三生命孤苦，万里路酸辛。屡险不一险，无身复有身。不忘圣天子，几负太夫人。定省今何处，新来梦寐频。

元王逢《梧溪集·喜朱子才知事迎太夫人至二首》

白马青袍幕下宾，楼船迎养太夫人。开山迢递孤云暮，雨露涵濡寸草春。屏障久虚金孔雀，儿孙俱长玉麒麟。知君顺色非难事，心待平反答至亲。

画舫青帘驻日斜，彩衣白发照江沙。风尘忽见老莱子，庭院正开萱草花。鸾锦再颂新诰命，鱼轩稳称小香车。珍膳调罢亲弦颂，盛事由来出故家。

《张文穆公集·题仆散夫人诗卷》

早从夫子事戎官，三十年来巴蜀间。阃范有人为内则，药砧无计可生还。植萱致养难留景，更石为莹不动山。旌表在门传在子，他时彤史尚班班。

王恽《秋涧集·题怀孟路宋总管太夫人九裒诗卷》

七十邦君九十亲，人间此事少同伦。柏舟高节微彤管，鸾诰清光照画轮。步履不缘扶杖健，精神犹比结褵新。河阳莫说潘舆乐，沁水花时别有春。

身宠家温亲老健，福全无似宋门荣。汉宫傅训斑仪在，莱子承颜彩袖轻。孤节劲于湘水竹，九龄春动野王城。年年寿席闻佳语，南极星边婺女明。

《题张子惠母夫人手卷》

大人内治日严贞，定省归时有训惩。孝感庭闱深色养，德融民社见春凝。凯风吹棘心何切，霜草含辉乐不胜。七子有林俱茂异，庆门从此福川增。

邓中斋词《广斋谓柳山和
王夫人满江红韵》
惜未见之,为赋一阕。

王母仙桃,亲曾醉,九重春色。谁信道,鹿衔花去,浪翻鳌阙。眉锁娇蛾山宛转,髻梳堕马云敧侧。恨风沙,吹透汉宫衣,余香歇。

霓裳散,庭花灭。斜阳燕,应难说。想春深铜雀,梦残啼血。空有琵琶传出塞,更无环□鸣归月。又争知,有客夜悲歌,壹敲缺。

文天祥词《和王夫人满江红韵》

以庶几后山妾薄命之意。

燕子楼中,又睡过,几番秋色。相思处,青年如梦,乘鸾仙阙。肌玉暗销衣带缓,泪珠斜透花钿侧。最无端,蕉影上窗纱,青灯歇。

曲池合,高台灭。人间事,何堪说。向南阳阡上,满襟清血。世态便如翻覆雨,妾身元是分明月。笑乐昌,一段好风流,菱花缺。

《王夫人词》

太液芙蓉,全不是,旧时颜色。尝记得,恩承雨露,玉阶金阙。名播兰簪妃后里,晕潮莲脸君王侧。忽一朝,鼙鼓揭天来,繁华歇。

龙虎散,风云灭。今古恨,凭谁说。顾山河百二,泪流襟血。驿馆夜惊尘土梦,宫车晓转关山月。若姮娥肯相容,从圆缺。

王夫人至燕,题驿中云:中原传
诵,惜末句欠商量。代王夫人作。

试问琵琶,胡沙外,怎生风色。最苦是,姚黄一朵,移根仙阙。王母欢阑琼宴罢,仙人泪满金盘侧。听行宫,半夜雨淋铃,声声歇。

彩云散,香尘灭。铜驼恨,那堪说。想男儿慷慨。嚼穿龈血。回首昭阳离落日,伤心铜雀迎新月。算妾身,不愿似天家,金瓯缺。

《宛陵群英集·师晦文宫人愁》

曾随玉辇事游畋,一别君王二十年。惟有手中明月扇,向人还似旧时圆。

唐雍裕之诗《宫人斜》

几多红粉委黄泥,野鸟如歌复似啼。应有春魂化为燕,年年飞入未央栖。

国朝杨基《眉庵集·题宫人图》

两树红蕉映绿池,晚凉携伴试罗衣。金铃小犬迎人吠,应怪秋来出院稀。

宋李俊民《鹤鸣集·悲故宫人》

云惨烟悲苑路斜,孟迟宫驾衔出上阳花。雍陶朱铅滴尽无心语,张祜生死深恩不到家。窦鞏

汪元量《湖山类稿·亡宋
宫人分嫁北匠》

皎皎千婵娟,盈盈翠红团。辇来路迢递,梳鬓理征衣。复采鸳鸯花,缀之连理枝。忧愁忽已失,欢乐当自兹。君王不重色,安肯留金闺。再令出宫掖,相看泪交垂。分配老断轮,强颜相追随。旧恩弃如土,新龙岂所宜。谁谓事当尔,苦乐心自知。含情拂金徽,繁声乱朱丝。一弹丹凤离,再弹黄鹄飞。已恨听者少,更伤知音稀。吞声不忍哭,寄曲宣余悲。可怜薄命身,万里容华衰。江南天一涯,流落将安归。向来承恩地,月落乌夜啼。

元郝经《临川集·宫人斜》

椒壁摧颓隐野蒿,妖狐笃篆噪空壕。美人一夜为黄土,郝国夫人甲第高。

王恽《秋涧集·周文矩
画金步摇宫人图》

螭玉珠华两翅排,髻高双凤拂云来。玉笙合就新翻曲,恰值碧桃花正开。

陈深源《片云山人小藁·宫人》

进入宫时貌似花,长门犹恨寄琵琶。经年不见君王面,却向沙场从翠华。

元安熙诗《题钱选宫人图》

露冷月华白,悠悠方寸心。夫君渺何许,怅望碧云深。

《耶律铸乐府·忆秦娥·赠前朝
宫人琵琶色兰兰》

恨凝积,佳人薄命尤堪惜,尤堪惜。事如春梦,了无遗迹。　人生适意无南北,相逢何必曾相识。曾相识,恍疑犹鉴,内家图籍。

周《庾开府集·奉和示内人》

燃香郁金屋,吹管凤凰台。春朝迎雨去,秋夜隔河来。听歌云即断,闻琴鹤到回。春窗刻凤下,寒壁画花开。定是流霞气,持添承露杯。

唐张祜诗《赠内人》

禁门宫树月痕过,媚眼唯看宿燕窠。斜拔玉钗灯影畔,剔开红焰救飞蛾。

《刘宾客集·代静安佳人怨二首并引》

靖安,丞相武公居里名也,元和十一年六月,公将朝,夜漏未昼三刻,骑出里门,

遇盗，薨于墙下。初公为郎，余为御史，由是有旧，故今守于远服。贼不可以诛，又不得为歌诗声于楚挽，故代作佳人怨，以裨于乐府云。

宝马鸣珂踏晓尘，鱼文匕首犯车茵，适来行哭里门外，昨夜华堂歌舞人。

秉烛朝天遂不回，路人弹指望高台。墙东便是伤心地，夜夜秋萤飞去来。

元刘秉忠诗《佳人》

锦心绣口性萧闲，学海波澜挹不干。寄语八篇传欲蒲，阳春一曲和皆难。佩兰袭袭生风韵，怀玉温温辟雪寒。别后佳人渺何许，倚楼空咏碧云端。

宋王炎《双溪集·清江劝驾送举人》二首

藏山有良玉，潜渊有明珠。宝气露光彩，见者讵肯遗。贤王抱良贵，又与珠玉殊。方其未遇时，眇然一布韦。时来取通显，乘轩而执珪。鹤书出阊阖，嗣圣清明初。弹冠今汇征，□□上天衢。显亲与事君，忠孝当无亏。

黄堂暂虚位，劝驾属守承。金石方逼密，不敢歌鹿鸣。吉蠲置笾豆，少洽宾主情。西风吹桂枝，马首将东行。春官奏高第，天子开延英。亲策降清问，健谕据丹诚。解褐跻膴仕，何止为身荣。二刘与三孔，至今流芳馨。愿言踵前修，勉矣垂令名。

《吕南公集·古人》

古人已往知无奈，犹被后人兴蠹救。前亦人马后亦人，患自口强心不逮。杨雄比孟必有辩，马卿慕蔺良足怪。未充志气徒好名，醇醨岂不因糟醆。

《晁景迂集》

古人愁已极，今我不用愁。去日已忽忽，来日谅悠悠。便能知此志，终恐惭白头。经月不读书，闭目得自求。不如悬车好，便复外言不。

《方秋崖集·古人行》

古人二十四，已自取侯印，加我三十一，拥褐猿猱径。古人三十六，已自叹头颅。加我十九年，风领埋霜须。春雪秋月五十五，青山白云自今古。与其浮沉于不卿不相之间，孰愈自适于老圃老农之伍。休休休，仰面看人吾所羞。莫莫莫，天下事堪几回错。既不能致君乎唐虞，又不能收身乎樵渔。提携手版聊复尔，安用局促辕下驹。昌黎老韩大小大，光范三书看渠破。号天器地为一官，宰相须还贾耽做。不如荷蓑鸠中之把茅，卧听松风三峡涛。开门夜半划长啸，已矣古人山月高。

《中兴江湖集·敖陶孙思古人》

思古人，思古人，古人皦皦若日月，我欲剖棺斫出古人心，惟见苍苔漫白骨。请陈古人心。君勿骇客言，古人惟一真，可使风俗皆还淳。杀鸡不及林宗，炊黍不候庞公。雪中安道，兴适尽坐上，公荣樽已空。呼酒径劝君，欲眠退遣客。嵇康巨源不为绝。戴崇彭宣本相得。徐庶失老母，密如元德不能夺之臣。严陵薄宦情，狎如文叔不能止之客。包胥伍员，不失其为友。羊祜陆抗，不害其为敌。我有蒸壶，安事隐语。我但食韭，安用多种，割肉无知方朔真，挈金岂即刘义勇。古人心事有如此，何至颜色相媚奉。道衰怜仁义，世乱生奸雄。君知臧否不挂口，正虑匕首棋其胸。我生恐无用，我死知无闻。作书预与儿辈诀，葬时定觅要离坟。

唐白居易诗《新丰老人》

不知何处翁，相逢道路中。眼昏耳复聋，鹤发大龙钟。忽闻鸡犬声，便认作新丰。嗔人问姓字，不肯通年几。隔夜事不记，却说前朝事。欲语先涕零，曾见太上皇。东西幸两京，年年十月来华清。当时身是小儿队，随从教坊常入内。夜半犹闻羯鼓声，平明传报渔阳背。身遭虏劫西复东，驱为肉寨当兵锋。万人杀尽一身在，脱身幸得归秦中。山川依然闾巷改，亲识静尽田园空。往来行乞官路上，饥时烈日寒时风。百年人事信无穷，得失存亡若转蓬。请看今日新丰老，便是当年塞上翁。

僧峦诗《逢老人》

路逢一老翁，两鬓白如雪。一里三里行，四回五回歇。

耿沛诗《路傍老人》

老人独坐倚官树，欲语潸然泪便垂。陌上归心无产业，城边战骨有亲知。余生尚在艰难日，长路多逢轻薄儿。绿水青山虽似旧，如今贫后复何为。

《代园中老人》

佣赁难堪一老身，皤皤力役在青春。林园手种唯吾事，桃李成阴归别人。

钱起诗

柏崖老人号"无名先生"，男削发，女黄冠，自以云泉独乐，命子赋诗。

古也忧婚嫁，君能乐性肠。一作道场。长男栖月宇，少女祝霓裳。问尔餐霞处，春山芝桂傍。鹤前飞九转，壶里驻三光。与我开龙峤，披云静药堂。胡麻兼藻绿，石髓隔花香。帝力言何有，椿年喜渐长。睿然高象外，宁不傲羲皇。

崔颢诗《咏江畔老人怨》

江南年少十八九，乘舟欲渡青溪口。青溪口一作忽逢江边一老翁，鬓眉皓白已衰朽。自言家代仕梁陈，垂朱拖紫三十人。两朝出将复入相，五世叠鼓乘朱轮。父兄三叶皆尚主，子女四代为妃嫔。南山赐田接御苑，北宫甲第连紫宸。直言荣华未休歇，不觉山崩海将竭。兵戈乱入建康城，烟火连烧未央阙。衣冠士子陷锋刀，良将名臣尽埋没。山川改易失市朝，衢路纵横填白骨。老人此时尚少年，脱身走得投海边。罢兵岁余未敢出，去乡三载方来旋。蓬蒿忘却五城宅，草木不识青溪田。虽然得归到乡土，零丁贫贱长辛苦。采樵屡入历阳山，刈稻常一作尝过新林浦。少年欲知老人岁，岂知今年一百五。君今少壮我以衰，我昔少年君不睹。人生贵贱各有时，莫见赢老相轻欺。感君相问为君说，说罢不觉令人悲。

李端诗《赠山老人》

白首独一身，青山为四邻。虽行故乡陌，不见故乡人。

方玄英诗《赠江上老人》

潭底锦鳞多识钓，未投香饵即先知。欲教鱼目无分别，须学揉蓝染钓丝。

顾况诗《越州局席看弄老人》

不到山阴十二春，会中相见白头新。此生不复为年少，今日从他弄老人。

元稹诗《别孙村老人》

年年渐觉老人稀，欲别孙翁泪满衣。未死不知何处去，此心终向此原归。

宋刘攽《彭城集·次韵和
范内翰西坼老人诗》

大行宫车千乘强，翠华晚驾烟苍苍。龙髯堕地长秋草，白云悠悠飞帝乡。先驱轶出寒门外，天宇廖廓初无傍。凄风疾雨洒道路，万灵奔走谁非常。汉家德泽遍四海，戎夷执绋虚边疆。拊飞喙息愿效死，以彼坏穴皆容光。词臣宗功笔力壮，感激顾遇思揄扬。周宣中兴在云汉，武皇最著惟宣防。道老翁话旧事，面目黧黑情摧伤。赐缣如雪身独得，无衣自幸方同裳。桑田变海不可测，恸哭白日悲风长。君不见，封禅之君皆不死，岂以衣冠之葬疑轩皇。

《刘公是先生集》

富谷老人臧用，自云本京师兵士。咸平中，没番五十余年矣。

白发衰翁双涕零，曾随诸将战咸平。一捎左衽迷归路，却问中华似隔生。思报汉恩身已朽，耻埋胡壤死无名。今朝雄观非他意，得见官仪眼自明。

李端叔《姑溪集·和东坡赠岭上老人》

过眼崎岖等劫灰，到头荣悴木谁裁。须知此老心如铁，看尽行人几往回。

葛立方《归愚集·赠施尧年老人》

何须石室秘仙书，家有云英尚药铲。奕世大年缘底事，知君华胄出肩吾。

从今九夏即期顺，小楷犹搜贺雨诗。未得雨时曹过我，见君忧色上颦眉。

谒叟揩筇步后吴，茅檐枳落水平铺。大儿侍侧霜飘领，犹著荆衣学弄鸟。

王质《雪山集·寄峡石老人》

白沙渡口见丰眉，袖角槎牙出好诗。愿得扬舲秋水去，共看明月堕琉璃。

僧文珦诗《老人》

老人方外人,观物又观身。得性无今古,随时亦故新。梅容微笑腊,柳意蝉藏春。除是同怀者,知予此语真。

《永阳志》蔡向诗

《赠幽谷老人绍兴丙子》

芒鞋踏破两淮尘,梦断邯郸迹未陈。唳鹤啼猿犹有恨,岩花涧草总相亲。三生顿悟旧缘在,一笑还惊熟处新。瓶钵添风月满。与君同是再来人。

华赵二先生《南征录·华岳诗·呈古洲老人分周清之韵》

卫霍勋名李杜才,才过四十也心灰。俗尘趋少便披拂,诗料空多难剪裁。时事谩提眉便皱,家怀未说恨先开。朱帘便倩梅香挂,要放银蟾入座来。

赵希蓬和

今来古往几人才,俯仰之间迹便灰。藻鉴娥妍空自眩,铨衡长短莫能裁。浮生转盼朱颜改,造物何时青眼开。富贵而今休著意,任渠捶户打门来。

孙觌《鸿庆居士集·赠竹庵静老人》

争名计身后,逐利了目前。道人一弹指,永断三生缘。起灭水上沤,聚散风中烟。纷纷阅凋谢,东海今桑田。缟发出古颜,秀眉覆两观。已超人天上,遂拍佛祖肩。茅斋立万竹,荫此碧玉椽。缘暗云扰扰,清幽露娟娟。我老无家舍,余地寄一尘。不辞供井砭,辛苦送华颠。

眉山《唐子西集·云南老人行》

云南老人老无力,藜杖支腰垅头立。道逢蜀客话平生,时复仰天长太息。自言贯属泸水湄,泸水边微滨獠夷。夷人之性类蛇豕,频肆毒螫为疮痏。十五年前多寇盗,一境骚然不相保。民禾收刈虏人家,戎马偷衔汶江草。近来风俗都变移,卷却旌旗张酒旗。牛羊村落晚晴处,烟火楼台日暮时。两眼昏花两鬓雪,喜见升平好时节。茆屋横吹一笛风,野店携归半瓶月。问翁致此何因缘,道是江阳太守贤。鼓琴弦歌不生事,十年静治安吾边。郑国国侨去已久,谁信人间准前有。异日刊为德政碑,请问云南陇头叟。

王炎《双溪集·追念鳙溪老人》

交游太半上青云,可使斯人竟陆沉。寒日乱山皆惨色,北风古木亦悲吟。伤情空拜丹青像,提耳不闻金玉音。舐墨欲书耆旧传,无言三叹我何心。

陆游《剑南续集·若邪村老人》

昔闻若邪村,意象乃物外。皤然阡陌间,来往几鲐背。无论百岁翁,甲子数至再。我

来亲见之，殊未辍耕来。曩事一一言，多闻杂谆诲。回头指丁壮，此是曾玄辈。有翁又过我，家有孙五代。指呼取斗酒，山果杂细碎。顾我使之年，惭缩不能对。恭惟大父行，不觉投杖拜。养生惟一啬，此在吾术内。翁能信践之，成就乃尔大。我今才耄及，耳目已愦愦。长庚虽余辉，敢与明月配。

《刘后村集·大梁老人行》

大梁宫中设毡屋，大梁少年胡结束。少嘻笑，老人悲，尚记二帝蒙尘时。乌乎！国君之仇通百世，无人按剑决大议。何当偏师缚颉利，一驴驮载送都市。

《宛陵群英集·刘得之题松下
老人图》建平王宁特此献贡南游。

古松苍髯枝屈铁，失叹相惊在岩穴。老翁手持绿玉杖，独立西风双鬓雪。修然野服山家客，早生我亦怀高风。彭泽归来入图画，真有人间靖节翁。李伯时亦曾画松下渊明图。

《诗海绘章·刘景文西山老人行》

善治一家称主人，奴耕婢爨难司晨。置之得所生取备，何必百事皆躬亲。为主汲汲尽无获，道路锥刀长苦辛。君不见，西山老人不出户，索酒烹羊呼四邻。

胡仲亏《苇航漫游藁·山中逢老人诗》

头白不知今几龄，儿时犹及见升平。可怜野老无知识，却认钱塘是汴京。

《江阳谱集·范子长右石老人诗》

歆右堂空怒翼垂，清泉赴壑两鱼嬉。道人强欲安楼宇，间却南边一半奇。

元王恽《秋涧集·乐闲老人歌》

奴歌总管姓柏德，名继昌，以小字行，盖灞陵旧将军也。今闲居邓下，自号"乐闲老人。"闻子名甚喜，询所以襟抱，有不期同而同者，千里求诗，此意不可辜也，因赋是歌以赠。庶几酒酣耳热后，放声而歌之，犹是以见故家余习云。

浮生扰扰驹过隙，守虏抱因有可惜。晦明光景一月间，开口笑谈能几日。一闲未老方是闲，已老谋闲何所及。须信闲人是贵人，求缚轩裳桔亡客。况复筋骸血气衰，圣有嘉言戒贪得。乐闲老人达此理，自放闲身乐山水。君侯年甫五十逾，解官归卧南阳庐。风云窜寐鞍马事，锦韝脱落秋鹰孤。飞扬跋扈竟何用，此身健在闲为娱。大弨挂壁龙在匣，追逐弋钓须凫鱼。有时逸气蟠不尽，犹拟去射南山菟。君不见，邵平东陵时，何若瓜田心自如。后堂种竹前圃蔬，月下自理渊明锄。客来大笑犹有事，茶铛煮月糟丘馎。古人往往以乐老，此意殆与君相符。我今天地亦佚老，闻君此怀良起予。何当杖屦与君约，江山佳处身岩居。半山唤起浮休仙，窪尊一醉倾吾余。风流肯落六客后，吟啸当作三贤图。醉中为捋桓侯须，君其乐矣歌呜呜。

《题涂水老人赵君□诗卷》

豪杰并门自昔闻，傥来轩冕等浮云。潇然独老琴书乐，涂水看来只赵君。

老鹤昂藏不受羁,九皋心与野云期。翩翩不坠中郎业,又向诗书得蔡姬。

乐全老人诗

乐全老子见轻安,杖屦西城日往还。论福有孙应有子,闲居非水一非山。春风满意花遮眼,晓镜浮光酒晕颜。九老有图宜健羡,一生班列素侯间。

王沂《伊滨集·高空老人诗》

高空之山多仙灵,山泉可酿田可耕。烟消日出紫翠横,仿佛羽盖扬霓旌。高空山人世簪缨,玉壶满贮冰雪清。风流不减谢内史,翰墨欲压山玄卿。今年七十发未白,胸中梨枣栽已成。焚香永昼鸾鹤下,横笛清夜蛟龙惊。碧莲供吸酒,过客或骑鲸。便令呼麻姑,共谒王方平。握手一叹三千龄,抚顶何劳授长生。

张思廉诗《赋贺氏江乡老人》

不住镜湖曲,来居扬子村。吴霜衰晚髩,海月净衡门。潮信帘蕸湿,风花岛屿昏。夕阳沙觜树,闲步引诸孙。

杨仲弘诗《题屏风画商山四老人》

飞雪洒遥野,冲波荡无垠。蟠蟠山谷间,居此四老人。下焉民庶师,上作王家宾。清风渺何许,驰想寂寞滨。

《杨铁崖集·寿岩老人歌》

寿岩老人者,吴兴钦先生德载也。老人仕宋,为都督计议官。宋革,老人奋义兵不肯送降疑,天兵募生致其人,义其言议而官之。老人裂其版授书,即遁隐长山之石岩。岩生冬青万年之枝,老人遂号"寿岩",又自志以文去。老人之死四十年,其孙骥出其手泽,求余歌之。

寿岩老人宋都督,不肯新朝食周粟。水晶国里七宝山,别有天地非人间。山中黄石眠怒虎,圮上传书鲁有语。归来牧羊寻赤松,万年枝上盘冬龙。冬龙万年与石斗,老人一杯持自寿。炼色未补天南孔,请空坐见瀛洲生软红。呜呼! 寿岩丈人兮元不死,南斗化石齐崆峒。

国朝《僧宗泐全室集·东皋老人歌》

东皋老人七十余,眼明能读细字书。年来不肯城郭住,无事只爱东皋居。东皋所居良不俗,松竹桑榆翠为屋。前畦后圃相映花,满眼儿孙美如玉。老人心中乐闲旷,时时倚杖东皋上。乌纱侧裹酒半酣,目送飞云度青嶂。吾知老人与世违,东皋幽处无是非。吁嗟休迫何所为,世间富贵多危机。

《谢肃密庵藁·题圯桥老人图》

处处江山起战尘,谷城犹可著闲身。还将天下安危计,都付桥边进履人。

宋张椿龄《蒲衣集·思高人》

仙人昔走瑶池客，□玉鸣鸾生羽翮。骑鲸千载说白云，弱水三万那可隔。蓬瀛深处乃其家，无限真仙衣降霞。相呼酣醴劝蟠桃，安期大枣端如瓜。龙吟虎啸众乐奏，神芝瑞草生奇葩。愿将此意跃太古，自然之道非特夸。

舒岳祥诗《高人》

云日弄轻零，前溪给缓寻。燕翻红雨乱，莺出翠微深。迥矣苏门啸，怀哉《梁父吟》。高人不可见，谁见此时心。

僧文珦诗《闲人》

不求富贵不嫌贫，天地悠悠任此身。飞步任教趋要路，好怀到底属闲人。自归白屋交游远，认得青山面目真。平地退藏知是宝，太行从古有摧轮。

姬知常《云山集·闲人》

风林月障照山花，岩石流溪共一家。唯有闲人堪作主，无情无我伴烟霞。

《刘文贞公集·闲人》

袖舞东风半醉颠，一身闲似洞中仙。调和血气于诗里，拨置功名在酒边。喜雁传将春早信，唤莺啼破日高眠。近闻浅却蓬莱水，又别麻姑几许年。

唐《杜工部集·幽人》

孤云亦群游，神物有所归。麟凤在赤霄，何当一来仪。往与惠询辈，中年沧洲期，天高无消息，弃我忽若遗。内惧非道流，幽人见瑕疵。洪涛隐语笑，鼓枻蓬莱池。崔嵬扶桑日，昭曜珊瑚枝。风帆倚翠盖，暮把东皇衣。□漱元和津，所思烟霞微。知名未足称，局促商山芝。五湖复浩荡，岁暮有余悲。

李商隐诗　《幽人》

丹灶三年火，苍崖万岁藤。樵归说逢虎，棋罢正留僧。星斗同秦分，人烟接汉陵。东流清渭苦，不尽照衰兴。

宋《李跨鳌先生集·访幽人》

紫骝摇玉东城东，绿眉少年双颊红。扫尘先过风骚客，豪气几吞云梦泽。新诗一夜急春风，飘落樱桃点窗白。青烟昼覆琉璃樽，何时投袂歌王孙。归去来，黄陵老鸦啼日昏。

《沈氏三先生集·沈括·幽人篇》

幽人步影转春阳，情多无那不成章。恨楼未高看鞭望，南陌无人但垂杨。天遣梦来情满床，梦短数觉宵苦长。起坐作琴舞闺狙，古垅水中月茫茫。蜘蛛做网着屠苏，蜻蜓故

来晕罗襦。照君柏酒情莫疏,无情可能学哺鸲。

元《刘静修集·幽人图二首》

无媒路径草萧萧,山鬼修篁梦转遥。手燃幽香意何远,为谁终日面岧峣。涧响无心和考槃,云容有意近长安。野猿窥破中宵梦,却恐山灵不易谩。

唐孟郊诗《赠主人》

斗水泻大海,不如泻枯池。分明贤达交,岂顾豪华儿。海有不足流,豪有不足资。枯鳞易为水,贫士易为施。幸睹君子席,会将幽贱期。侧闻清风议,如饮黄金卮。此道与日月,同光无尽时。

鲍溶诗《代楚老酬主人》

流年为我乡,扁舟为我宅。二毛去天远,几日人间客。瞳瞳衡山景,眇眇翔云迹。从时无定心,病处不暖席。烦君问岐路,为我生蹰踷。百年衣食身,未死皆有役。曾伤无遗嗣,纵有复何益。终古北邙山,樵人卖松柏。

吕温诗《河中城南姚家浴后赠主人》

新浴振轻衣,满堂寒月色。主人有美酒,况是曾相识。

赵嘏诗《宿长水主人》

白云溪北丛岩东,榭石夜与潺湲通。行人一宿翠微月,二十五弦声满风。

豆卢复诗《落第留别主人》

客里愁多不记春,闻惊始欢柳条新。年年下第东归去,羞见长安旧主人。

曹邺诗《别主人》

酒尽君莫沽,壶倾我当发。城市多嚣尘,还山弄明月。

素娥诗《别主人》

妾闭闲房君路岐,妾心君恨两依依。魂神倘遇巫阳伴,必逐朝云暮雨归。

韦洵美诗《答素娥》

别恨离群自古闻,此心难舍意难论。承恩必若颁时脉,莫使沾濡有泪痕。

孟浩然诗《戏主人》

客醉眠未起,主人呼解酲。已言鸡黍熟,复说瓮头清。

宋《刘公是先生集·呈主人》

世上年华似车毂,俗中形态若樊笼。解开绛帐陈红粉,何必通儒独马融。

雨催春意苦无多,柳色花香奈汝何。虽举一樽属明月,小垂手舞缓声歌。

唐王建诗《思远人》

妾思常悬悬,君行复绵绵。征途向何处,碧海与青天。岁久自有念,谁令长在边。少年若不归,兰室若黄泉。

张籍诗《思远人》

野桥春水清,桥上送君行。去去人应老,年年草自生。出门看远道,无信犹边城。杨柳别离处,秋蝉今复鸣。

《中兴江湖集·永嘉翁氏寄远人诗》

秋气日凄清,秋衣殊未成。在家独不乐,行路若为情。几处看山色,暮天闻雁声。思君有幽梦,夜夜出江城。

宋曹勋诗《思远人》

有美人兮天之涯,食兰菊兮服锦衣。披琼简兮规天维,隔昆丘之遐阻兮,限弱水之漫漭。曾古人之莫吾知兮,旷千载而不归。岁冉冉其将暮兮,俨吾驾而不可以徒回。几逍遥于山阿,思夫君于式微。

《欧阳公集·思远人词 临江仙》

刘郎何日是来期,无心云胜伊。行云解傍山扉,郎行去不归。
强匀尽又芳菲,春深轻薄衣。桃花无语伴相思,阴阴月上时。

刘龙洲词《贺新郎》

院宇重重掩,醉沉沉,亭阴转午,绣帘高卷。金鸭香浓喷宝篆,惊起雕梁语燕,正架上酴醾开遍。嫩蕚梢头舒素脸,似月娥初试宫妆浅。风力嫩,异香软。
佳人无意拈针线。绕朱栏,六曲徘徊。为他留恋。试把花心轻轻数,暗计归期近远。奈数了,依然重怨。把酒问春春不管,枉教人,只任空肠断。肠断处,怎消遣。

赤城词《鹧鸪天》

芳树阴阴脱晚红,余香不断玉钗风。薄情夫婿花相似,一片西飞一片东。
金翡翠,绣芙蓉,从教入户叹床空。蓝罗裙子休无赖,只与离人结短封。

周紫芝词《宴桃源》

帘幕疏疏风透,庭下月寒花瘦。宽尽沈郎衣,方寸不禁屡愁。难受难受,灯暗月斜时候。

唐鲍容诗《客舍逢乡人旋别》

惊鸿一断行,天远会无因。无因忽相会,感叹若有神。我乡路三千,百里一主人。一

宿独可恋,何况旧乡邻。牢落岁华晏,相怜客中贫。迎霜君衣暖,与我同一身。谁在天日下,此生能不勤。青萍寄流水,安得长相亲。明发更远道,山河重苦辛。

王贞白《灵溪集·戏赠乡人》

前年内殿考文华,咫尺天颜隔绛纱。御榜早闻传异国,乡人犹似薄东家。中宵纵匣冲星剑,临水难留上汉槎。明日春风动行色,惟愁重别故林花。

宋《刘公是先生集·示乡人
陈生祖母之侄曾孙》

我祖学庐山,潜光玩诗书。君家独先觉,一见矜里闾。固有如陈平,长贫贱者乎。青云果自致,远鉴惊群愚。鸣凤兆有妨,懿占信不诬。粲然诸子贤,仕各列大夫。号称万石君,盛事衣冠无。声华辉图史,岂独荣粉榆。外族继清高,耻为事物拘。未尝入城府,奕世风不渝。宜有羔雁求,怪其久阙如。君来就乡赋,信足光庆余。郡守劝驾行,紫庭与计俱。努力事学问,预章濯扶疏。游子怀故乡,矧伊接葭莩。勉率为歌诗,尚能念起予。

项安世诗《次韵谢处州乡人二首》

听说江湖万里身,十年流转狎波神。乡心只羡秋鹰急,世味何如腊蚁醇。耳识吴音疑故旧,眼看南士觉尖新。袖中诗句清如许,何啻他乡见似人。

黄花和露作深秋,志士临风惜壮猷。靡靡道途空接淅,摇摇心事剧悬旒。儿时种木今盈抱,老去还家莫漫游。侧耳乡书上霄汉,圣朝宾贡似成周。

《沈氏三先生集·赠故乡人》

我家已破出他乡,如连如卓方阜昌。岂料囊金随后散,一齐开铺鬻文章。我今濒死只如许,二友犹堪望轩轾。从头借问向来谁,十室九人非旧主。

张舜民《画墁集·长盘领遇张复乡人》

马头已匝三千里,故国轻抛二十春。一片青山双鬓白,长盘岭下见乡人。

元陈杰诗《郊行遇乡人》

乱后江滨路,跫然客里声。依稀认维梓,邂逅语斑荆。邑里今安否,亲交半死生。松楸十年泪,和酒对君倾。

国朝高季迪《岳鸣集·逆旅逢乡人》

客中皆念客中身,唯汝相逢意更亲。不向灯前听吴语,何由知是故乡人。

唐《李翰林集·驾去温泉后赠杨山人》

少年落魄楚汉间,风尘萧瑟多苦颜。自言管葛竟谁许,长吁莫错还闭关。齐贤曰:《史记》郦丽食其家贫,落魄楚汉间。乃兴元以东,鼓城以西。管葛者,管仲、诸葛亮也。文中子、刘伶,古之闭关人也。阮逸曰:闭关喻藏身也。士斌曰:曹植诗"蒙雾犯风尘"。《窦融传论》曰:始以豪侠为名,援

思乡

起风尘之中。魏武帝《苦寒行》:树木何萧瑟。一朝君王垂拂拭,剖心输丹雪胸臆。忽蒙向日回景光,直上青云生羽翼。齐贤曰:《名都篇》"白日西南驰"。史须贾曰:君能自致于青云之上。魏文帝诗:"身体生羽翼。"士斌曰:《邹阳书》曰"两主二臣,剖心析肝,岂移于浮辞哉"。王粲《登楼赋》:"气交愤于胸臆。"曹植《求通亲亲表》:"若葵藿之倾太阳,虽不为回光,然向之者诚也。臣窃自比于葵藿,若垂三光之明实在陛下。"孔稚圭《北山移文》曰:"干青云而直上。"幸陪鸾辇出鸿都,身骑飞龙天马驹。王公大人惜颜色,金璋紫绶来相趋。齐贤曰:明堂位曰鸾车。有虞氏之路,注:鸾有鸾和也。《礼书》荀卿曰:"辇舆就为,则辇在人,驾在马也。"《后汉灵帝纪》:"置鸿都门学生。"注曰:鸿都门,名也,于内置学。唐禁中有飞龙厩。《西域传》:大宛国峤山上,有马不可得。因取五色牝马置其下。与集生驹,号天马。子徐乐书,身非王公大人名族之后。士斌曰:《汉书》:元鼎四年马生渥洼水中,作天马之歌。《前汉百官表》:丞相秦官金印紫绶。当时结交何纷纷,片言道合惟有君。待吾尽节报明主,然后相携卧白云。士斌曰:苏武诗:结交亦相因。谢灵运诗:泉乐白云隈。

送蔡山人

我本不弃世,世人自弃我。一乘无倪舟,八极纵远柂。燕客期跃马,唐生安敢讥。彩珠勿惊龙,大道可暗归。故山有松月,迟尔玩清晖。齐贤曰:"《庄子》:夫欲勉于形者,莫如弃世。弃世则无累矣。"鲍照诗:"君平独寂寞,身世两相弃。"列子曰:"至人挥斥八极,神气不变。"《史记》:蔡泽燕人,从唐举相。唐举熟视而笑曰:"先生昂鼻巨肩,魁颜蹙齃,膝挛,吾闻圣人不相,殆先生乎?"蔡泽知唐举戏之。乃曰:"富贵吾所自有,所不知者寿也。"举曰:"先生之寿,从今以往者四十三岁。"泽笑谢而去,谓御者曰:"吾持梁刺齿跃肥马,疾驱,怀黄金之印,结紫绶于腰,揖让人主之前,食肉富贵,四十三年足矣。"庄子曰:千金之珠,必在九重之渊。而骊龙颔下,子能得珠者,必遭其睡也。士斌曰:《老子》曰:大道甚夷,民好径。"谢灵运诗:"昏旦变气候,山水含清晖。清晖能娱人,游子澹忘归。"又"溟涨无端倪。"

《寄王屋山人孟大融》

我昔东海上,劳山餐紫霞。亲见安期公,食枣大如瓜。中年谒汉主,不惬还归家。朱颜谢春辉,白发见生涯。所期就金液,飞步登云车。愿随夫子天坛上,闲与仙人扫落花。齐贤曰:"颜延年诗:本自餐霞人。"《吕氏春秋》曰:沈尹筮曰:"耦世接俗,子不如我。餐霞练气,我不如子。"李少君曰:巨见安期生,食臣枣大如瓜。陆士衡《短歌行》:革以春晖,金液、丹法见前,天坛在王屋山,张仙人之居在其南。士斌曰:《庄子》:其生也有涯。《春秋》命历序曰:"人皇乘云车出谷口。"曹植《洛神赋》:六龙俨其齐首,载云车之容裔。鲍照诗:飞步游秦宫。《神仙传》:汉武帝闲居,上忽有一人乘云车,驾白鹿,从天而下。帝问为谁,答曰:"我山中卫叔卿也。"

寄弄月溪吴山人

尝闻庞德公，家住洞湖水。终身栖鹿门，不入襄阳市。夫君弄明月，灭景清淮里。高踪邈难追，可与古人比。清杨杳莫睹，白云空望美。待号辞人间，携手访松子。齐贤曰："《后汉逸民传》：庞公南郡襄阳人，居岘山之南，未尝入城府。刘表数延请，不能屈，后携妻子登鹿门山，因采药不反。"《襄阳记》：鹿门山，旧名苏岭山。建武中习郁立神祠于山，剖二石鹿夹神道口，俗因呼鹿门庙，因所名山。傅长虞诗："岂不企高踪，麟趾邈难追。"晋武帝问王戎曰："夷甫当世谁比？"戎曰："未见其比，当从古人中求耳。"《毛诗》云："清扬婉兮。"注：眉目之间。赤松子神农时，雨师，服水玉，教神农能入火。士斌曰："《汉书》：'张良曰：愿弃人间事，从赤松子游耳。'曹植诗：'松子久吾欺，时携手同行。'"

《杜工部集·寄司马山人十二韵》

关内昔分袂，天边今转蓬。驱驰不可说，谈笑偶然同。道术曾留意，先生早击蒙。家家迎蓟子，处处识壶公。长啸峨嵋北，潜行玉垒东。有时骑猛虎，虚室使仙童。发少何劳白，颜衰肯更红。望云悲辒轲，毕景羡冲融。丧乱形仍役，凄凉信不通。悬旌要路口，倚剑短亭中。永作殊方客，残生一老翁。相哀骨可换，亦遣驭清风。洙曰："《后汉方术传》：苏子训有神异之道。既到京师，公卿已下候之者，坐上常数百人。费长房为市椽，市中有老翁卖药，悬一壶于肆头。乃市罢，辄跳入壶中，市人莫之见，惟长房于楼上睹之，异焉。同往再拜，翁及与俱入壶中。"赵曰："《史记》云：摇摇悬旌，无所终薄。"洙曰："《庄子》：夫列子御风而行泠然。"

寄张十二山人彪三十韵

独卧嵩阳客，三违颖水春。艰难随老母，惨澹向时人。谢氏寻山屐，陶公漉酒巾。群凶弥宇宙，此物在风尘。历下辞姜被，关西得孟邻。早通交契密，晚接道流新。静者心多妙，先生艺绝伦。草书何太苦，诗兴不无神。曹植休前辈，张芝更后身。数篇吟可老，一字买堪贫。将恐鲁防冠，深潜托所亲。宁闻倚门夕，尽力洁饔晨。疏懒为名误，驱驰丧我真。索居犹寂寞，相遇益愁辛。流转依边檄，逢迎念席珍。时来故旧少，乱后别离频。世祖修高庙，文公赏从臣。商山犹入楚，渭水不离秦。存想青龙秘，骑行白鹿驯。耕岩非谷口，结草即河滨。肘后符应验，囊中药未陈。旅怀殊不惬，良觌渺无因。自古皆悲恨，浮生有屈伸。此邦今尚武，何处且依仁。鼓角凌天籁，关山信月轮。官场罗镇碛，贼火近洮岷。萧瑟论兵地，苍茫斗将辰。大军多处所，余孽尚纷纶。高兴知笼鸟，斯文起获麟。穷秋正摇落，回首望松筠。鹤曰："嵩阳颖水，皆在河南。"洙曰："谢灵运好登陟，常着木屐。上山则去前齿。下山则去后齿。陶渊明酒熟，取头上葛巾。漉酒毕，还复著之。"黄曰："此物指彪也。"梦弼曰："历下关西，公言昔与彪相聚之地。"赵曰："后汉姜肱，有兄弟四人，居贫，作一布被而共之。"洙曰："《列女传》：孟子之母，凡三徙而舍学宫之旁。孟子嬉戏，于是为俎豆，揖让进退。孟母曰：真可以居吾子矣。"梦弼曰："魏曹植，字子建，能诗。汉张芝，字伯英，好草书。"洙曰："薛包事母至孝，凡出入必有时，未尝违也。至期，母必倚门望之，包必至矣。"束广微补亡，南陔诗：馨尔夕膳，洁尔晨飧。边徼，边境也。《礼记》：儒有席上之珍，以待聘。《后汉志》：光武立高庙于洛阳，四时祫，祀高帝为太祖，一岁五祀。梦弼曰："此喻肃宗重建七庙也。"洙曰："《左传》，晋侯赏从亡者，介之推不言禄，禄亦不及。青龙，乃道家存想之术。周真义入龙峤山，见美门子乘白虎而行。"杨子：谷口郑子真耕于岩石之下。汉文帝时，河上公结草为庵于河滨，读《老子》，帝驾往诣之。晋葛洪有《肘后方》数卷。赵曰："四镇皆置官场，收赋敛，以供军须也。"鹤曰："镇碛，如北庭都护府，有神山镇，及有小碛是也。"梦弼曰："洮岷，言临洮岷山也。"颜辅曰："潘岳《秋兴赋》：犹池鱼笼鸟，而有江湖山薮之思。"梦弼曰："孔子《春秋》起于获麟。"葛常之

《韵语阳秋》曰:"子美诗以后二句续前二句处甚多。如《寄张山人诗》:曹植休前辈,张芝更后身。数篇吟可老,一字买堪贫。《喜第观到诗》云:待尔嗔乌鹊,抛书乐鹡鸰。枝间喜不去,原上急曾经。《晴诗》云:啼鸟争引子,鸣鹤不归林。下食遭泥去,高飞恨久阴。《卧病诗》云:滑忆雕菰饭,香闻锦带羹。溜匙兼暖腹,谁欲致杯□。如此之类多此格。《起于谢灵运卢陵王之墓下诗》云:延州叶心许,楚老昔兰芳。解剑意何及,抚坟从自伤。李太白亦时有此格。毛遂不堕井,鲁参宁杀人。虚言误公子,投杼感慈亲。是也。

耿伟诗《联句多暇赠陆三山人》

一生为墨客,几世作茶仙。沛喜是攀兰者,惭非负鼎贤。羽禁门闻曙漏,顾渚入辰烟。沛拜井孤城里,携笼万壑前。羽闲喧悲异趣,语默取同年。沛历落惊相偶,衰羸猥见怜。羽诗书闻讲诵,文雅接兰筌。沛未敢重芳还,焉能弄彩笺。羽黑池流砚水,径石涩苔钱。沛何事亲香案,无端狎钓船。羽野中求逸礼,江上访遗编。沛莫发搜歌意,子心或不然。羽

赠韦山人

失意成逋客,经年独掩扉。无机狎鸥惯,多病见人稀。流水知行药,孤云伴采薇。空斋莫闲笑,心事与时违。

岑参诗《送刘山人归洞庭》

却共孤云去,高眠最上峰。半湖乘早月,中路入疏钟。秋尽虫声急,夜深山雨重。当时同隐者,分得几株松。

郎士元诗《赠强山人》

或棹轻舟或杖藜,寻常适一作随意钓前溪。草堂竹径在何处,落日孤烟寒渚西。

王维诗《郑霍二山人》

翩翩繁华子,多出金张门。幸有先人业,早蒙明主恩。童年且未学,肉食骛华轩。岂乏林中士,无人献一作荐至尊。郑公老泉石,霍子安丘樊。卖药不二价,著书盈万言。息阴无恶木,饮水有清源。吾贱不及议,斯人竟谁论。

钱起诗《寄任山人》

天阶崇黼黻,世露有趋竞。独抱中孚爻,谁知苦寒咏。行潦难朝海,散材空遇圣。岂无鸣凤时,其如问津命。所思青山郭,再梦绿萝径。林泉春可游,羡尔得其性。

孟浩然诗《上巳日涧南期王山人不至》

摇艇候明发,花源弄早春。在山怀绮季,临颖忆荀陈。上巳期三月,浮杯兴十旬。坐歌空有待,行乐恨无邻。日晚兰亭北,烟花曲水滨。浴池逢婉女,采艾值幽人。石壁堪题序,沙场好醉神。群公望不至,虚掷此芳辰。

皇甫冉诗《赠郑山人》

白首沧洲客,陶然得此生。庞公采药去,莱氏与妻行。乍见还州里,全非隐姓名。枉

帆临海峤,贳酒秣陵城。伐木吴山晓,持竿越水清。家人恣贫贱,物外任衰荣。忽尔辞林壑,高歌至上京。避喧心已惯,念远梦频成。石路寒花发,江田腊雪明。玄缥傥有命,何以遂躬耕。

刘长卿诗《送曲山人归衡州》

白石先生眉发光,已分甜雪饮红浆。衣巾坐染烟霞色,语笑廉和万饵香。茅洞玉声流暗水,衡山碧色映朝阳。千年城郭如相问,华表峨峨有夜霜。

储光义诗《寄孙山人》

新林二月孤舟还,水满清江花满山。借问故园隐君子,时时来去在人间。

韩翃诗《送齐山人》

旧事仙人白兔公,掉头归去又乘风。柴门流水依然在,一路寒山万水中。

卢纶诗《赠韩山人》

见君何事有惭颜,白发生来未到山。更叹无家又无药,往来惟在酒徒间。

白居易诗《赠王山人》

闻君减寝食,日听神仙说。暗待非常人,潜求长生诀。言长本对短,未离生死辙。假使得长生,才能胜夭折。松树千年朽,槿花一日歇。毕竟共虚空,何须夸岁月。彭殇徒自异,生死终无别。不如学无生,无生即无灭。

赠王山人

玉芝观里王居士,服气餐霞善养身。夜后不闻龟喘息,秋来唯长鹤精神。容颜尽怪长如故,名姓多疑不是真。贵重荣华轻寿命,知君闷见世间人。

题石山人

腾腾兀兀在人间,贵贱贤愚尽往还。膻腻筵中唯饮酒,歌钟会处独思山。存神不许三尸住,混俗无妨两鬓班。除却余杭白太守,何人更解爱君闲。

题李山人

厨无烟火室无妻,篱落萧条屋舍低。每日将何疗饥渴,井华云粉一刀圭。

问韦山人

身名身事两蹉跎,试就先生问若何。从此神仙学得否,白须虽有未为多。

权德舆诗《扬州与丁山人别》

将军易道令威仙,华发清谈得此贤。惆怅今朝广陵别,辽东后会复何年。

吕温诗《道州送何山人》

匣有青萍笥有书,何门不可曳长裾。应须定取真知者,遣对明君说子虚。

戴叔伦诗《赠李唐山人》

此意无所欲,闭门风景迟。柳条将白发,相对共垂丝。

《敬酬陆山人二首》

党议连诛不可闻,直臣高士去纷纷。当时漏夺无人问,出宰东阳笑杀君。
由来海畔逐樵渔,奉诏因乘使者车。却掌山中子男印,自看犹是旧潜夫。

张籍诗《寄朱阚二山人》

为个朝章束此身,眼看东路去无因。历阳旧客今应少,转忆邻家二老人。

赠殷山人

郁郁山中客,知名四十年。悽惶身独隐,寂寞性应便。世业公候藉,生涯黍稷田,藤
悬读书帐,竹系网渔船。已种千头橘,新开数脉泉。闲游携酒远,出语向僧偏。入洞题松
过,看花选石眠。避喧长汩没,逢胜即留连。自古多高迹,如君少比肩。耕耘此辛苦,章
句已流传。昔日交游盛,当时省阁贤。同袍还共弊,连辔每推先。讲序居重席,群儒愿执
鞭。满堂虚左待,众目望乔迁。才异时难用,情高道自全。畏人频惨澹,疏物势逆遭。达
者闻知命,吾生复礼玄。深藏报恩剑,久降养生篇。憔悴众夫笑,经过郡守怜。夕阳悲旧
鹤,霜气动饥鹯。处士谁能荐,穷途世所捐。伯鸾堪寄食,元叔苦无钱。荣塞秋尘里,吟
诗黄叶前。故裘余白领,废琴断朱弦。志气终犹在,逍遥任自然。家贫念婚嫁,身老恋云
烟。放逸栖岩鹿,清虚饮露蝉。郑逃秦谷口,严爱越溪边。霄汉子犹阻,荣枯子不牵。山
城一相遇,感激意难宣。

《遇王山人》

每欲寻君千万峰,岂知人世也相逢。一瓢遗却在何处,应挂天台最老松。

《遇李山人》

游山游水几千重,二十年中一度逢。别易会难君且住,莫教青竹化为龙。

王建诗《送山人二首》

嵩山古寺离来久,回见溪桥野叶黄。辛苦老师看守处,为悬秋药闭空房。
山客狂来跨白驴,袖中遗却颍阳书。人间亦有妻儿在,抛向蒿阳古观居。

姚合诗《送孙山人》

山翁来帝里,不肯住多时。一作"山人言语质,住世恨多时。"尘土衣裳重,腥膻仆隶饥。
林中秋不到,城外老应迟。喧寂一为别,相逢未有期。

寄崔之仁山人

百门坡上住,石屋一作室两三间。日月难教老,妻儿乞与闲。仙经拣客问,一作"仙方拣客示"药一作酒债一作价煮金还。何计能相访,一作引。终身得在山。

不得之人消息久,秋来体色复何如。苦将一作痛持杯酒判身病,狂作文章信手书。官职卑微从客笑,性灵闲野一作雅向钱疏。几时月一作家。计浑无事,拣取深山一处居。

赠王山人

贤哲论犹诞,吾宗次定今。诗吟天地广,觉印果因深。教演归恭敬,名标中外钦。既能施六度,了悟达双林。

赠张质山人

先生居处僻,荆棘与墙齐。酒好宁论价,诗狂不著题。烧成度世药,踏尽上山梯。懒听闲人语,一作"疑道人间语"。争如谷鸟啼。

赠终南山傅山人

七十未成事,终南苍鬓翁。老来诗兴苦,贫去酒肠空。蟠蛰身仍病,鹏搏力仍通。已无烧药本,唯有著书功。白马时何晚,老君度开事也。青龙岁欲终。星纪缠次之义。生涯枯叶下,家口乱云中。潭静鱼惊水,天晴鹤唳风。悲君还姓傅,独不梦高宗。

许浑诗《赠山山人》

赍酒携琴访我频,始知城市有闲人。君臣药在宁忧病,子母钱成岂患贫。年长每劳推甲子,夜寒初共守庚申。近来闻说烧丹处,玉洞桃花万树春。

李商隐诗《访白云山人》

瀑近悬崖屋,阴阴草木青。自言山底住,长向月中畊。晚雨无多点,初蝉第一声。煮茶归未去,刻竹为题名。

《唐诗拾遗·赵嘏赠李山人》

勾漏先生冰玉然,莫将八石问群仙。中山暂醉一千日,南苑昔来三百年。棋局不收花满洞,霓旌欲别浪翻天。何心更爱鸱夷子,头白江湖棹小船。

览卷赠张山人

五字谁能摘,一枝犹未攀。始知无价玉,出自有名山。春静烟花秀,夜深风月闲。如何恃高节,垂老住云间。

贾岛诗《赠牛山人》

二十年中饵茯苓,致书半是老君经。东都旧住商人宅,南国新修道士亭。凿石养蜂

休买蜜,坐山秤药不争星。古来隐者多能卜,欲就先生问丙丁。

刘沧诗《赠颛顼山人》

浩气含真玉片辉,著书情义入玄微。洛阳紫陌几曾醉,少室白云时一归。松雪月高唯鹤宿,烟岚秋霄到人稀。知君济世有长策,莫向沧浪隐钓矶。

张乔诗《赠别李山人》

分一作未。合老西秦,年年梦白苹,曾为洞庭客,还送洞庭人。语别惜残夜,思归愁见春。遥知泊舟处,沙月自相亲。一作"沧浪濯缨处,应念满衣尘。"

顾非熊诗《下第后寄高山人》

我家堂屋前,仰观大芳巅。潭静鸟声异,地寒松色鲜。人眠瓮牖月,鹿饮竹门泉。多愧邻高隐,无成又一年。

方玄英诗《赠许牍山人》

才子醉更逸,一吟倾一觞。支颐忽有得,摇笔便成章。王粲实可重,祢衡争不狂。何时应会面,梦里是潇湘。

唐彦谦诗《寄徐山人》

一室清羸鹤体孤,体和神爽莹冰壶。吴中高士虽求死,不那稽山有谢敷。

高蟾诗《秋日寄华阳山人》

云木送秋何草草,风波凝冷太星星。银鞍公子魂堪断,玉弩将军涕自零。芳洞白龙和雨看,荆溪黄鹄带霜听。人间不见清凉事,犹向溪翁乞画屏。

李洞诗《赠唐山人》

垂须长似发,七十色如□。醉眼青天小,吟情太华低。千年松绕屋,半夜雨连溪。一作"房烘离海日,舟陷落潮泥。"邛蜀路无限,往来琴独携。独,一作白。

赠王凤二山人

山兄望鹤信,山弟听鸟占。养药同开鼎,休棋各桃奁。相逢九江底,共到五峰尖。愿许为三友,羞将白发掭。

赠徐山人

徐生何代降坤维,曾伴园公采紫芝。瓦砾双黄忧世换,髭须放白怕人疑。山房古竹粗于树,海岛灵童寿等龟。却叹有唐三百载,光阴未抵一先棋。

黄滔诗《赠李山人》

野步爱江滨,江僧得见频。新文无古集,往事有清尘。松竹寒时雨,池塘胜处春。定

应云雨内,陶谢是前身。

唐求诗《赠王山人》

红藤一柱脚常轻,日日缘溪入谷行。山下有家身未老,灶前无火药初成。经秋少见闲人说,带雨多闻野鹤鸣。知到蓬莱难再访,问何方法得长生。

李远诗《赠殷山人》

有客抱琴宿,值予多怨怀。啼乌弦易断,啸鹤调难谐。曲罢月移幌,韵清风满斋。谁能将此妙,一为奏金阶。

刘梦得诗《同白二十二赠王山人》

爱名之世忘名客,多事之时无事身。古老相传见来久,岁年虽变貌长新。飞章上达三清路,受□平交五岳神。笑听咚咚朝暮鼓,只能催得市朝人。

僧皎然诗《酬秦系山人见寄》

左右香童不识君,担灯访我领鸥群。山僧待客无俗物,惟有窗前片碧云。

众妙诗《赠王山人》

湖上见秋色,旷然如尔怀。岂惟欢陇亩,兼亦外形骸。待月归山寺,弹琴坐瞑斋。布衣闲自贵,何用谒天阶。

王周诗《会哙岑山人戊寅仲冬六日》

渝州江上忽相逢,说隐西山最上峰。略坐移时又分别,片云孤鹤一枝筇。

孺登诗《赠侯山人》

一见清容惬素闻,有人传是紫阳君。来时玉女裁春服,剪破湘山几片云。

《文苑英华·游李山人所居因题屋壁》

世事皆如梦,往来或自歌。问年松树老,有地竹阴多。《集》作林。药倩韩康卖,门容尚子过。翻嫌枕席上,无那一作奈。白云何。

《送范山人归太山》

鲁客抱白鹤,别余往太山。初行若片雪,一作云。杳在青崖间。高高过天门,海日近可攀。云生望不及,此去何时还。

送杨山人归嵩山

我有万古宅,嵩阳一作山。玉女峰。长留一片月,挂在东溪松。尔去掇仙草,菖蒲花紫茸。岁晚或相访,青天骑白龙。

终南山过斛斯山人宿，置酒

暮从碧山下，山月随人归。却顾所来径，苍苍横翠微。相携反田家，稚子开荆扉。绿竹入幽径。《集》作援。青篱拂行衣。欢言得所憩，美酒聊共挥。长歌吟松风，曲尽河星稀。我醉君复乐，陶然共忘机。

刘长卿《送郑山人还庐山别业》

浔阳数亩宅，归卧掩柴开。谷口何人待，一作在。门前秋草闲。忘一作无。机卖药罢，挥手一作不语。杖藜还。旧笋成寒竹，空斋向暮山。水流经一作过。舍下，云去一作起。到人间。桂树花应发，因行宣一攀。

入白少渚寅缘二十五里至石山
下，怀天台陆山人

远屿蔼将夕，玩幽行自迟。归人不计日，流水闲相随。辍棹石《集》作古。崖口，扪萝春景熙。偶因迥州次，宁与前山期。对此瑶草色，怀君琼树枝。浮云去寂寥，《集》作寞。白鸟相《集》作来。因依。何事爱高隐，但令劳远思。穷年卧海峤，永望愁天涯。吾亦从君一作此。去，扁舟何所之。迢迢江上帆，千里东风吹。

岑参《宿关西客舍，寄东山严许
二山人。时天宝初七月三日，在
学见有高道举徵》

云送关西雨，风传渭水集作北。秋。孤灯燃客梦，寒杵捣乡愁。滩上思严子，山中忆许由。苍生今有望，飞诏下林丘。

寄华阴山人李冈

君隐处，当一星，莲花峰头饭黄精，仙人掌上演丹经。鸟可到，人莫攀，隐来十年不下山，袖中短书谁为达，华阴道士卖药还。

送韦山人二字《集》作邑少府归钟山别业

旗亭阅书罢，《集》作"祈门官罢后"。负笈向桃源。万卷常开帙，千山不掩《集》作"千峰不闲"。门。绿杨垂野渡，黄鸟傍山村。念尔能高枕，丹墀会一论。

皇甫曾《送陆鸿渐山人采茶回》

千峰待逋客，香茗复丛生。采摘知深处，烟霞羡独行。幽期山寺远，野饭石泉清。寂寂燃灯火，相思一磬声。

皇甫冉《送王山人归别业
集作"送元晟归潜山所居。"》

深山秋事《间气集》作意。早，归《集》作君。去意《集》作复。何如。绝露收新稼，迎寒葺

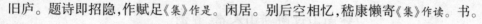

旧庐。题诗即招隐,作赋足《集》作是。闲居。别后空相忆,嵇康懒寄《集》作读。书。

送李山人还

从来无检束,只欲老烟霞。鸡犬声相应,深山有几家。

顾况《送李山人还玉溪》

好鸟共鸣临水树,幽人独欠买山钱。若为种得千竿竹,引取君家一眼泉。

题赠韦山人耿炜

失意成逋客,终年独掩扉,无机狎鸥惯,多病见人稀。流水知修一作行。乐,孤云伴采薇。空斋暮还坐,心事与时违。

司空曙《奉和张大夫酬高山人》

野客居铃阁,重门将校稀。豸冠亲谷弁,龟印织《集》作识荷衣。坐久寒泉《集》作飔。爽,谈余暮角微。苍生须太傅,山在岂容归。

崔峒《送侯山人赴会稽》

仙客辞篱月,东来就一官。且归沧海住,犹向白云看。猿叫江天暮,虫声野浦寒。时游镜湖里,为我把鱼竿。

李秘《禁中送任山人》

此人自青城献伏火诸石,恩命令于本山更取大还。

子去非长远,君恩取大还。补天留彩石,缩地入青山。献寿千春一作年。外,来朝数月间。莫抛残药物,窥欲驻童颜。

卢纶《行药前轩呈董山人》

不觉老将至,瘦来方自惊。朝昏多病色,起生有劳声。体一作滕。暖苦肌瘠,藏虚唯耳鸣。桑公富奇术,一为保余生。

戴叔伦《早行寄诸山人放》

山《集》作风。晓旅人去,天高秋气悲。明河川上没,芳草露中衰。《集》作滋。此别又万《集》作千。里,少年能几时。青冥《诗选》作"心知"。剡溪路,《集》作远。心与谢公期。《诗选》作"聊且"寄前期。

释皎然《酬秦山人出山见呈》

手携酒杯共书帏,回语长松我即归。若是出山机更一作亦。息,岭云何事背君飞。

王建《寻李山人不遇》

山客长闲少在时,溪中放鹤洞中基。生金有气寻还远,仙药成窠见即移。莫为无家

陪寺宿,一作食。应缘将米寄人炊。从头石上留名去,独向峰前问老师。

白居易《池上赠韦山人》

新竹夹平流,新荷拂小舟。众皆嫌拙好,谁肯伴闲游。客为忙多去,僧因饭暂留。犹怜韦处士,尽日共悠悠。

题施山人野居

得道应无着,谋生亦不妨。春泥秧稻暖,夜火焙茶香。水巷风尘少,松斋日月长。高闲真是贵,何处觅侯王。

于武陵赠王隐山人

石室扫无尘,人寰与此分。飞来南浦树,半是华山云。浮世几多事,先生应不闻。寒川满西日,空照雁成群。

贾岛《送褚山人归日本》

悬帆待秋色,去入杳冥间。东海几年别,中华此日还。岸遥生白发,波尽露青山。隔水相思在,无书也是闲。

释无可《送朴山人归日本》

海际晚帆开,应无乡信催。水从荒外积,人指日边回。望国乘风久,浮天绝岛来。傥因华夏使,书礼疑作礼。转悠哉。

周贺《送耿山人归湖南》

南行随越僧,别业几池菱。两鬓已垂白,作雪。五湖归挂罾。夜涛鸣栅锁,寒苇露船灯。此去已无事,却来知未能。

刘得仁《晓别吕山人》

疏钟兼漏尽,曙色照青氛。楼鹤出高树,山人归白云。月盈《集》作明。期重宿,丹熟《集》作就。约相分。羡入秋风洞,幽泉小细闻。

别王山人

旨甘虽《集》作"甘旨逐"。自足,未是禄荣亲。尚逐趋时伴,多离有道人。山居衣以《集》作似。草,生计药随《集》作兼。身。不食长无疾,《集》作病。年知出一作过。十旬。

赠陶山人

处世例营营,唯君纵此生。闲能资寿考,健不换公卿。药辅妻同耨,山田子共耕。定知丹熟后,无姓亦无名。

送祖山人归山

偶来朝市笑浮云,却忆烟霞出帝城。不说金丹能点化,空教弟子学长生。壶中泻酒看云饮，洞里逢师下鹤迎。料得仙家玉牌上，已镌白日上升名。

雍陶《送山人归睦州旧隐》

君在桐庐何处住，草堂应与戴家邻。初归山犬翻惊至，久别沙《集》作江。鸥却避人。终日欲为相逐计，临岐《集》作"当时"。空羡独行身。秋风钓艇遥堪《集》作相。忆，七里滩西片月新。

马戴《送朴山人归新罗《集》作"海东"》

浩渺行无极，扬帆但信风。云山过海畔，《集》作半。乡树入舟中。波定遥天出，沙平远岸穷。《集》作蒙。离心寄何处，目断曙霞东。

张乔《题简山人》

名利了无时，何人暂诣师。道情闲外见，心地语来知。竹落穿窗叶，松寒荫井枝。匡山许同社，愿卜挂帆期。

陈陶《送谢山人归江夏》

黄鹤春风二千里，山人佳期碧江水。携琴一醉杨柳堤，日暮龙沙白云起。

杨夔《寻九华王山人》

下马扣荆扉，相寻春半时。扪萝盘磴险，叠石渡溪危。松夹莓苔径，花藏薜荔篱。卧云情自逸，名姓厌人知。

《题郑山人郊居》

谷口今逢避世才，入门潇洒绝尘埃。渔舟下钓乘风去，药酝留宾待月开。数片石从青嶂得，一条泉自白云来。竹轩相对无闲语，尽日一作"肆目"。南山不欲回。

高适诗《送蔡山人》

东山布衣明古今，自言独未逢知音。识者阅见一生事，到处豁然千里心。看书学剑长辛苦，近日方思谒明主。斗酒相留醉复醒，悲歌数年泪如雨。丈夫遭遇不可知，买臣主父皆如斯。我今蹭蹬无所似，看尔崩腾何一作更。若为。

武威《同诸公过杨七山人得藤字》

幕府日多暇，田家岁复登。相知恨不早，乘兴乃无恒。穷巷在乔木，深斋垂古藤。边城惟有醉，此外更何能。

别杨山人

不到嵩阳动十年，旧时心事已徒然。一二故人不复见，三十六峰犹眼前。夷门二月柳条色，流莺数声泪沾臆。凿井耕田不我招，知君以此忘帝力。山人好去嵩阳路，唯余眷眷长相忆。

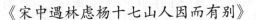

《宋中遇林虑杨十七山人因而有别》

昔余涉漳水，驱车行邺西。遥见林虑山，苍苍忧天倪。邂逅逢尔曹，说君彼岩栖。萝径垂野蔓，石房倚云梯。秋韭何青青，药苗数百畦。栗林隘谷口，栝树森回溪。耕耘有山田，纺绩有山妻。人生苟一作但。如此，何必一作"宁事"。组与珪。谁谓远相访，曩情殊不迷。檐前举醇醪，灶下烹只鸡。朔风忽振荡，昨夜寒虫啼。游子益思归，罢琴伤解携。出门尽原野，白日黯已低。始惊道路难，终念言笑暌。因声谢岑壑，岁暮一攀跻。

赠别褚山人

携手赠将行，山人道姓名。光阴蓟子训，才术褚先生。墙上梨花白，樽中桂酒清。洛阳无二价，犹是慕风声。

宋王珪《华阳集·送山人程惟象东归》

君来客京洛，奇术世非闻。人事固倚伏，物情徒纠纷。衣沾九门雨，梦绕故山云。饮罢忽东去，浩歌淮日曛。

刘攽《彭城集·送李士宁山人》

帝城车马日喧喧，物外相从意爽然。自有药壶容到客，独摩金狄叹流年。高秋天幕收零雨，清露林风彗暮蝉。曾愧丹砂为狡狯，更谈沧海变桑田。

予妻常病，山人自其家取药见遗。山人妻能出药也，山人又尝谈南海神事甚异。

张舜民《画墁集·赠杜山人》

才疏性懒一微官，终日沉埋尘土间。安得便为归去计，共君吟咏伴君闲。

《胡文恭公集·赠少室王山人》

九签秘仙经，岩岩玉骨灵。内书天上见，仙乐帝前听。壶小藏仙界，槎高拂斗星。华阳陪夜话，多是说金庭。

《中兴江湖集·金华山人》

幽居倚翠峦，尘事不相干。天地醉来小，琴棋静里欢。雨苔春径绿，风竹夜窗寒。若问长生术，金炉有宝丹。

《刘公是先生集·浮光山人》

居山中与虎豹处，初不疑惮，有母八十余。

先生方独往，逝与一世辞。虽未超云霞，岂尝顾喧毕。事亲止于适，接物能不为。谷中虎豹多，往往行自随。此是真人风，何必太古时。吾欲从之游，自嫌跋尚非。寄心逍遥间，聊可以相期。

张方平《乐全集·送杜山人》

山人山行，见虎辄同路而行，又善啸。

到不说来处,去安知所之。野云同自在,溪鸟与谁期。虎伴闲行远,猿惊住啸迟。相逢聊一醉,重见又何时。

送邢遁山人

忽悔轻抛云水来,便将鹤去指林斋。生涯琴剑外无物,日逐醉吟中遣怀。旧隐居常因梦到,尘游动是与心乖。送君翻自嗟羁滞,木叶脱时还计偕。

赠邢山人思齐琴客

夜凉风月静,庭幽松桧阴。羽人江外来,为我开素琴。上清通灏气,太古传遗音。逍遥得天和,虚寂还真心。更调三乐曲,无惜一厄深。胡然忧世患,慨叹伤灵襟。

送何山人

烟策西归背九衢,锦城春色遍平芜。它年定有乘槎客,知是严君隐蜀都。

余靖《武溪集·许申工部招九华许亮山人因有和赠》

闻说方平镇往来,碧衣曾见立徘徊。中真久待茅君会,密信频教鹤使催。玉斧祖风应共继,琼酥宾宴更谁陪。《南岳夫人传》：云：夫人王子乔琼酥渌酒。西山五色从兹得,脱略浮名薄似埃。

黄裳《演山集·赠张山人》

极数幽人百尺松,岁寒枝节引清风。世途险易抛身外,人事荣枯落掌中。药有灵根秋转活,面多和气老犹红。行人借问生前事,何事天津久未通。

《苏颖滨集·送杨腾山人》

胸中万卷书,不如一囊钱。不见扬夫子,岁晚走道边。夜归空床卧,两手摩涌泉。窗前雪花落,真火中自然。涣然发微润,飞上昆仑颠。霏霏雨甘露,稍稍流丹田。闭目内自视,色如黄金妍。至阳不独凝,当与纯阴坚。一穷百不遂,此事终无缘。君看《抱朴子》,共推古神仙。无钱买丹砂,遗恨盈尘编。归去守茅屋,道成要有年。

《文同丹渊集·送韩山人》

昌黎山人抱藜杖,三度访我于三隅。端然入座更谁顾,谈辩衮衮如流珠。灵丹尝凝日月鼎,至宝自产乾坤炉。要行撇起不可逐,安得只鸟为飞凫。

送牟太素山人

山人高迹若孤云,聊问太虚求所止。昨因临风起西北,翩然远堕二隅里。揽之不住瞥尔去,瞬息谁知儿千里。东游必定遇洪濛,请问无为最深旨。

《吕净德先生集·张迪山人》

解玉溪头坐,于今四十年,尘埃晦闲迹,日月改华颠。反覆谈幽数,丁宁索赠篇。谁

为朱有傅，君合附前贤。有成都人，祥符天禧中隐于卜。

彭汝砺《鄱阳集·赠潘山人》

病卧沧江侧，惊逢长者车。亦如齐扁鹊，能起蜀相如。惠饮囊中药，功窥《肘后书》。微吟赠行色，犹胜百车渠。

李觏《皇祐续薰·送周山人》

鬼事无形尚可疑，人伦有验众皆知。武夷山路几百里，归去西风落叶时。

《冯缙云先生集·赠何山人》

又闻科诏下诸州，举袂成帷尽俊游。汝去为吾推甲乙，千人谁是鳌钩。

吴芾《湖山集·赠方山人二首》

日者俱云我未归，独君算我有归期。仍言不出三秋里，东望家山喜可知。故山久已办菟裘，得去欣闻止在秋。涉世安能长戚戚，收心只欲罢休休。

再用示方人韵二首

暮年不是若思归，已约湖山恐失期。此意有谁能会得，只应猿鹤是相知。不羡千金狐腋裘，只知饱暖度春秋。如今万事皆逾分，此外何求更不休。

郑刚中《北山集·山人》

自古山人合在山，山人何幸此偷安？身闲不束休文带，发短聊簪子夏冠。小冠，杜子夏也。酒量自来惟恨窄，僦居随分不须宽。惟余骨髓缄封者，尽是君恩报答难。

赵蕃《淳熙薰·赠吴昴山人二首》

又是芳菲一番新，寂寥依旧去年贫。相看不用谈余事，且道逢迎有故人。君行足迹遍江南，我亦飘零老不堪。幸自尊中有醇酎，何妨醉倒又空谈。

留题郑山人

昔到曾看竹，兹来待酌茶。林深惊吠犬，路曲转修蛇。爱客自不恶，教儿仍足佳。半园如可买，欲种邵平瓜。

《江湖后集·周端臣寄唐异山人》

不见琴诗友，相思二十秋。能销几度别，便是一生休。未得云边步，还应雪满头。何时各携杖，竟去会嵩丘。

文天祥《文山集·赠魏山人》

君不见，而家直臣犯天怒，身死未寒碑已仆。又不见，而家处士承天渥，闭门水竹以自乐。云仍妙参曾杨诀，谓余地宅谁忧劣。小烦穗作子午针，灵于已则灵于人。

《杨诚斋集·送杨山人善谈相及地理》

相人何似相山难,惭愧渠侬眼不寒。木末凉风无半点,何如又欲跨归鞍。

刘宰诗《寄陵山人》

星冠羽帔盛威仪,新纳官钱得度归。渐愧三茅老兄弟,一生木食草为衣。

周驰诗《耕云锄月二首寄句曲山人》

买田灵山下,石多如羊群。造物为我耕,种之皆白云。汹涌初郁勃,散漫还氤氲。收归方寸间,吐作五色文。一叹顾妻子,未用愁空困。

石田不生禾,何以养吾拙。中宵披白云,自起锄明月。明月无株,满地散霜雪。吾锄不妄挥,要使萧艾别。惜无植杖翁,相对同此洁。

黄石翁诗《暮春计筹山中寄句曲山人》

松花落粉啼子规,山人燕坐春迟迟。石泉岂作大韶乐,日色犹是鸿荒时。笃蓝竹枝烟中语,青纸丹书林下诗。应谢钱唐旧知识,白云独往无还期。

赵仪可《青山稾·赠山人二首》

水秀山明几百年,一朝城市化荒烟。朱门富贵已如此,犹有人争旧墓田。

影青堆塑盘龙瓶

谷陵岸谷本何常,尽是盘龙梦里冈。欲买一丘埋浑沌,却教世上再羲黄。

僧惠崇诗《赠吴黔山人》

三年不下岳,衣履古苔侵。石涧探幽步,风泉得句心。黄猿知日暝,青树觉春深。又向南峰住,时时许我寻。

吴仲孚诗《寄沈筠山人》

休说边埃扫不清,如君出处极分明。西湖旧有骚人分,南岳新添散吏名。吟苦只因听雨久,心闲直待买山成。堂堂京国谁知己,百尺楼空一剑横。

李俊民《鹤鸣集·龟镜山人陈时发》

刳肠千岁龟,照胆百炼镜。我献龟我告,我语镜我应。龟由是可命,镜由是可听。既到龟镜前,请向龟镜问。

张敬斋诗《赠杨山人》

有客针磁觅秀峰,展松高识可追风。掌中诀是眼中法,天上仙为地上翁。不向个边求指顾,更于何处访穷通。荷囊金紫无难致,莫问肥家金粟红。

王君实《曜轩集·邵武山人
杨寿卿临别索诗》

楚峰之下有地仙,只手把握山水权。青鸟白鹤去不返,此郎高举拍其肩。年来海内称绝倡,眸子了然通意匠。巧寻地脉如良医,妙画山形如智将。高谈曾折王侯腰,湖海随身一酒瓢。仆痛马瘦醉不省,术工鬼妒穷之招。龙眠豹伏休分别,蝼蚁侯王等同穴。待侬回向心地初,林下班荆共君说。

胡仲亏《苇航漫游藁·赠谭山人》

地僻人稀到,柴门镇日开。依山泥药灶,垒石筑经台。野鹤连巢买,梅花间竹栽。世无真隐者,只此是蓬莱。

王元之诗《恭闻种山人表谢急徵》

不违荣待,因成拙句,仰纪高风。
未赴吾君凤诏徵,蒲轮何似板舆荣。自期外物长无事,谁觉人间已有名。饵木肯尝钟鼎味,纫兰应笑佩环声。洛南迁客堪羞死,犹望量移近帝城。

姜夔诗《访费山人》

稻丛苗苗欲齐肩,杨柳傱傱不蔽蝉。忽忆石头城下路,槿花斜压钓鱼船。

《江湖续集·张炜怀玉山人过越江》

玉石纷纷叹混淆,君今怀璞在吟袍。快帆闻指西陵去,识眼相逢价自高。

元吴澄《支言集·赠杨山人》

易言山下有火贲,冲暖温和生万类。葬书暗兴易意同,纳人死骨秉生气。苟得其术宜深秘,慎勿求人售富贵。各有正业惟四民,我食我衣浩无愧。

赠曹山人

曹家师节两刘家,一会傅神一拨沙。算法精工如笔法,点睛点穴两无差。

《刘文贞公集·春访山人》

水涨溪沙复旧痕,几家离落住山村。绿茵平展苔盈院,翠幕低垂柳映门。满屋烟霞埋醉梦,一壶天地纵吟魂。闲身不被儒冠惧,赢得朝朝伴酒樽。

张伯雨诗《次山人韵》

不能诵诗逆龙鳞,不能剧秦而美新。既黄其冠岂无用,不能卖符称道人。燕鸿以避

春秋社,鹿豕与结东西邻。低头老鹤同饮啄,世网当难宜自珍。

王恽《秋涧集·刘山人歌》

刘山人,黄须模糊衣袖褛。耆囊药笈手自携,亲诣宫门来省女。将军物色不少差,具奈后方争宠妩。被驱吾父已兵死,何物田翁来辱污。椒房恩遇望遂空,破帽东归心痛楚。长呼行念乐天歌,不重生男重生女。此事到吾为妄语,呜呼五季皆天民。人伦浊乱疏反亲,当时秉𥂕同一气。天理何有刘山人。刘山人,莫悲泣。伎方终老固贱贫,却免诛夷为外戚。

王山人

较来钟鼎与山林,得失何劳拊髀吟。静对清溪忘俗虑,醉逢渔父是知音。满梳华发长年雪,一片闲云欲雨心。临水几堆黄落叶,被风吹去任浮沉。

王子行年四十余,幽潜心似糁中鱼。倦谈时事便情话,静尽灵襟悟理书。遇酒只堪知味止,爱吟谁暇计才疏。今冬处置行窝了,种竹溪南有草庐。

张子渊诗《菊东山人歌》

黄华山下苍颜翁,自云家住东篱东。篱根野菊不待种,年年着叶秋满袭。去年花开金纂纂,今年花开大如碗。走傍高阳唤酒徒,更向南邻觅诗伴。对花把酒花欲言,花言尔曹何太颠。只今鸿洞干戈际,胡为落魄风霜前,何不臂枪骤射竟奔走,叹取金印累累大如斗,归来花歌痛饮花前酒。山翁对花前致辞,功名富贵胡足奇。世间豪华炽如火,德薄奉厚俱倾危。殷勤劝花酒,花亦为予寿。忘形到花我,临风但三嗅。起来倾倒老瓦盆,醉即长歌时一扣。吁嗟乎花开花暗秋复秋,人生白发为花羞。我曹相逢强作开口笑,醉归共插花满头。

刘仁本《亦玄集·赠谢玉如山人》

三童山外白云居,中有求仙谢玉如。一醉满斟千日酒,半生熟读五车书。丹霞琳馆身曾到,明月水田手自锄。谩采芝兰过澧浦,春风香拂旧庭除。

马虚中《霞外集·山人》

山人行止在山林,生怕侯门说姓名。虫臂鼠肝分得失,奴颜婢膝事逢迎。一声啼鸟湖烟暝,满地落花春雨晴。自煮新茶试新火,坐看斜日转窗明。

周密《弁阳腊屐集·寄括苍山人》

遥知深隐处,草木亦无尘。瀑响千林雨,花浮一岭春。地灵松化石,岁久树成人。纵未为仙去,何妨作逸民。

《范德机时集·题沈李二山人谈道中》

白云流水雨无情,一假忘言尽不成。昨夜天坛明月满,野风四壁候虫鸣。

栖云山人歌为钱唐徐叔大赋

徐福楼船东入海，童男卯女容颜改。神仙有药不可求，谁道金丹用钱买。髯君自是福之孙，紫髯插腮知几根。目光灿灿破鬼胆，道气落落清人魂。长躯七尺瘦如鹤，三寸铁冠冠五岳。懒骑赤凤上碧虚，要伴白云卧立壑。桃花关头春树低，尖头草庵如鹤栖。髯君高卧不肯出，四面白云扃锁齐。床前趑立半个鬼，梦里酸仙作胡语。怪底朝来云不飞，桃花一夜飘红雨。

蓝静之《蓝山集·寄赠毛包二山人》

五代范越凤，迁五夫翁墩山地，留记云：下马看，一千贯，不出一千贯，不用下马看。历八姓几五百载，竟弗克葬。予家得之，迁二亲安厝于彼。树木畏茂，皆南邻毛包二山人力也，赋诗寄谢。

仙纵久闷白云深，试考图经下马寻。开穴不知凡几代，买山犹自说千金。秋风筑垅增新土，春雨栽松接远林。惭愧比邻凡二老，长年培护绿成阴。

蓝性之诗《秋夕怀张山人》

鼓角边声壮，林塘夜色幽。凉风动疏竹，明月在高楼。久客形容老，孤城战伐愁。不眠怀魏阙，长啸拂吴钩。

寄武夷张郭二山人

天壶峰顶日月转，星渚桥畔云烟垂。青谷道士骑黄鹤，白发老翁歌紫芝。浊酒欲谋他日醉，丹砂须作后天期。尘埃满眼不归去，洞里桃花空梦思。

孟贯诗《寄张山人》

草堂南涧边，有客啸云烟。扫叶松风后，拾薪山雨前。野桥通竹径，流水入芝田。琴月相亲夜，更深应不眠。

国朝《顾禄诗蕙·舟中寄张山人》

行舟阁浅沙，指点识山家。绕屋青山树，当门紫禁花。闲心忘岁月，逸兴眇烟霞。应笑途中客，流年鬓易华。

宋玄僖诗《送岑山人》

北山猿鹤久相违，城郭黄尘上客衣。雨雪虚无知腊尽，江山寥落索诗归。梅梁水涸鱼龙远，麦陇沙乾雁惊稀。更待明年春草绿，相随湖上蹋晴晖。

吾乡相传烛湖旁旧有大梅树，人伐其干，断而为梁三。其一在郡之禹庙，其一在邑之它山堰，其一留烛湖中。风雨大作之时，有人尝窥知其灵异云。

卷之三千四百一 六模

苏

朱晦庵《读苏氏纪年》

　　程弟允夫雅好苏学，盖尝以讲于余，而终不能无异同之论。故其为此书也。用心甚苦，而独不以见视，比其既没，乃得见之。则有甚陋而可愧者。愧不及与之，反复其说也。姑掇其尤者一、二论之，以为死者有知，尚当有以识余之意。尔苏黄门言：吾暮年于义理无所不通，盖悟孔子一以贯之之旨。又曰：夫子之道，一以贯之，惟一为能万变而不穷，故诸弟子之问，或行或孝，或从政，或事君，所问不同。而夫子答之亦无穷者，一以贯之故也。然夫子不以一贯者告人何哉？夫子中道而立，彼由此而悟如颜子者，其所得亦不过于问仁问为邦尔，而终与圣人交臂。其它虽未大有所得，苟日从事于仁、孝、从政，事君之间，亦不失为士君子。故曰：下学而上达，盖其所学者此，而其所达者亦此，非有二也。众人未达，疑夫学之外别有形而上者，故曰：夫子之不可及也，犹天子不可阶而升也。夫子之道，岂果若登天子难哉。又曰：君子之教人，不可以同科也。譬诸草木，大者使之遂其大，小者使之成其小，区别使各极其分量，斯足矣。故中人以下，姑使之从事于洒扫应对进退可也。苟比其大小而同乎一科，使学者躐等以为进相诬，以为高，岂善教者哉？若乃圣人则其开端便自远大及其至也，亦不过是而已。故曰：有始有卒者，其唯圣人乎？有始有卒，非自始以至终言，唯圣人然后能始终一致也。古史曰：善乎子夏之教人也。始于洒扫应对进退而不急于道使其来者自尽于学，日引月长而道自至。故曰：百工居肆以成其事，君子学以致其道，譬如农夫之殖草木既为之区溉种而时耨之，风雨既至，大小甘苦莫不咸得其性，而农夫无所用巧也。孔子曰：君子上达小人，下达逢之，有上下出乎其人，而非教者之力也。异哉！今世之教者闻道不明，而急于夸世，非性命道德不出于口，虽礼乐政刑有所不言矣！而咒于洒扫应对进退也哉？教者未必知，而学者未必信，务为大言以相欺，天下之为，自是而起此。子夏所谓诬也，又曰：公言每夜熟寐，至五鼓初即揽衣而坐，此即所谓天下何思何虑之时也。盖天下本自无虑，但人不具此眼目，不能识之尔。太史曰：道有不可以名言者，古之圣人命之曰一寄之，曰中舜之禅。禹曰：人心惟危，道心惟微。惟精惟一，允执厥中。圣人之欲以道相诏者，至于一与中尽矣。昔者孔子与诸弟子言无所不至，然而未尝及此也。盖尝与子贡言之矣，曰赐也，汝以予为多学，而识之者欤？曰然非欤？曰："非也。予一以贯之。"虽与子贡言之，而孔子之言之也难，而子贡之受之也未信。至于曾子不然，孔子曰：参乎吾道，一以贯之。曾子曰：唯曾子出门人问。曾子

曰:夫子之道,忠恕而已矣。盖孔子之告之也不疑,
而曾子之受之也不惑,则与子贡异矣。然曾子以一
为忠恕则知门人之不足告也夫及孔子既没,曾子传
之子思。子思因其说而广之曰喜怒哀乐之未发谓之
中,发而皆中节谓之和。中者,天下之大本也,和者,
天下之达道也,致中和天地位焉,万物育为子思之
说,既出而天下始知一之与中,在是矣。然子思以授
孟子,孟子又推之以为性善之论出。而一与中始枝
矣,呜乎! 孔子之所以不告诸弟子者,盖为是欤。前
两段纪年所载皆其门人所记,语意阙略。恐于苏公之言,有
不能无。夫者,不足以极余之辨,故考诸古史以足之如此云。

舜

圣人之所谓道者,天而已矣。天大无外,造化发育皆
在其间,运转流行,无少间息,虽其形象变化,有万不
同,然其为理一而已矣。圣人生知安行与天同德,其
于天下之理,幽明巨细,固无一物之不知。而日用之间,应事接物,动容周旋,又无一理之
不当。然非物物而思之,事事而勉之也。故曰:"吾道一以贯之,固非块然以守一物於象
罔之间。"如所谓五鼓振衣,何思何虑者,遂指以为妙道之极。而阴秘藏之不以告人,而时
出其馀,以愚学者之未达,使姑为善人君子而已也。然夫子之告子贡,盖以知而言,其告
曾子,则以行而论。至于夫子言之之难易,二子闻之之得失,则古史之言虽若近之,然谓
曾子以门人不足告,而姑以忠恕为言,则是不知忠恕之相为体用,正所以明夫一贯之实
矣。至于游夏之论洒扫应对之云云者,乃谓小子之学,所当由此而渐进,非谓一告以此,
而遂一听其所为终身无复有所告语也。观夫子之与颜渊言至于终日而渊叹之以为善诱
循循,博文约礼,则圣人之所以教人有始有卒,盖亦可见,但不躐等而已。今曰教不可以
同科,姑使之从事于此,而教者遂不复有所与,则固昧于教学之序。又谓颜子平生所问,
止于《论语》所记为仁、为邦之二条,则其考之又可谓不详矣。夫子之言下学而上达,正谓
下学于人事之卑近,而上达于天理之精微尔,今曰所学者此,而其所达者亦此,则是终身
下学而未尝上达也。又以子贡为未达,而疑夫学之外别有形而上者,以病其犹天不可阶
之,言则夫子形而上下者,虽不可以二物言,然谓学之外别无形而上者则是但有事而无
理,但有下学而无可上达也。虽曰人皆可以为尧舜,然谓其必可至而无难则是颜子末由
也已之叹。孟子大而化之之语,皆为未达也,其言不急于道,而待其自至如农夫区种而无
所用巧,皆非是。独其讥当世言道之失,盖指王氏而言,则为近之。然所谓道者已亦莫之
识,而未免于诬也。盖王氏之诬人,以其言者诬之也。苏氏之诬人,以其不言者诬之也。
二者虽殊,其失则均矣。凡此皆其学之所不及而妄言之故。其失如此,至于天下,何思何
虑? 正谓虽万变之纷纭,而所以应之,各有定理,不假思虑而知也。今以中夜起坐,斯须
之,顷当之,则是日出事生之后,此何思何虑者,遂为闲废之物,而无所用矣。彼所谓得一
贯之旨者,殆不过此。岂不陋哉! 古史所引舜禹授受之言,亦非本义。盖惟精惟一,允执
厥中,亦言精一别于人心道心之间,而守其道心始终不贰,则其所行自无过不及,而合中
道耳。非以一名道,而寄之于中也。又谓孟子为性善之论,而一与中始枝,尤为谬妄。今
未暇辨,后章详之。前所论苏颖滨,正以其行事为可法耳。
　　苏黄门谓之近世名卿,则可前书以颜子方之,仆不得不论也。今此所论又以为行事
可法,本朝人物最盛行事可法者甚众,不但苏公而已。大抵学者贵于知道,苏公早拾苏、

张之绪馀,晚醉佛老之糟粕,谓之知道可乎？古史中论黄帝、尧、舜、禹、益、子路、管仲、曾子、子思、孟子、老聃之属,皆不中理,未易概举。但其辩足以文之,世之学者穷理不深,因为所眩耳。仆数年前亦尝惑焉,近岁始觉其缪。苏黄门《老子解》,苏侍郎晚为是书,合吾儒于老子为未足,又并释氏而弥缝之,可谓舛矣。然其自许甚高,至谓当世无一人可语此,而其兄东坡亦以为"不意晚年见此奇特",其可谓无忌惮者欤！因为之辩。苏谓孔子以仁义礼乐治天下,皆器也,而悔其道,老子绝而弃之,以明形而上之道。先生谓示人以器,则道在其中,苏氏离器而言,不知指何物名道。道者仁、义、礼、乐之总名,今曰绝仁义,弃礼乐,以明道,是舍二五而求十也,岂不悖哉？苏又谓因老子之言,以达道者不少,而求之于孔子者,常若其无从。先生谓因老子之言达道者何人,何如其达,而所达何道？孔子循循善诱,诲人不倦,入德之途,坦然明白,而曰常若其无从,乃自状其不知道而妄言耳。苏又谓中者佛性之异名,而和者六度万行之总目也。先生谓和者天下之达道也,六度万行,吾不知其所谓。然毁君臣、绝父子,以人道为大禁,达道固如是耶？《朱子语类》:子由古史论,前后大概多相背驰,亦有引证不着,是他老来精神短,做物事都忘前失后了。淳近见苏子由语录,大抵与古史相出入,它也是说要一以贯之,但是他说得别。他都只是守那一说,万事都在一。然而又不把一去贯说,一又别是一个事物模样。义刚。按:陈淳录同而略。

看子由《古史序》,说圣人其为善也如水之必寒,火之必热,其不为善也,驺虞之不杀,窃脂之不杀,此等议论,极好。程张以后,文人无有及之者,盖圣人行事皆是胸中天理自然,发出来不可已者,不待勉强有为为之。后世之论,皆以圣人之事有所为而,然《周礼》纤悉委曲处,却以圣人有邀誉于天下之意,大段鄙俚,此皆缘本领见处低了,所以发出议论如此。如陈君举周礼说有畏天命,即人心之语,皆非是圣人意。因说欧公文字大纲好处多,晚年笔力亦衰。曾南丰议论平正,耐点检。李泰伯之文亦明白好看。木之问、老苏文议论不正,当曰:议论虽不是,然文字亦自明白洞达。木之朱子语续录刘大谏与刘草堂言子瞻却只是如此,子由可畏,谪居全不见人。一曰蔡京党中有一人来相见,子由遂先寻得蔡京旧尝《贺生日》一诗,与诸小孙先去,见人处嬉看,及请其人相见,诸孙曳之满地,子由急自取之。曰某罪废,莫带累他元长去,京自此甚畏之。子由深有物作颖滨遗老传自言件件做得是,如拔用杨畏来之邵等,事皆不载了。当时有杨三变两来之号。门下侍郎甚近宰相,范忠宣、苏子容辈在其下,杨攻去一人当子由做不做,又自其下用一人,杨又攻去一人,子由当做又不做,又自其下拔一人,凡数番如此,皆不做。杨曰:苏不足与矣,遂攻之,来亦攻之,二人前攻,人皆授其风旨也。

因说《栾城集》,先生曰:旧时看他议论亦好,近日看他文字煞有害处,如刘原父高才傲物,子由与他书,劝之谦逊下人,此意甚好。然其间却云天下以吾辩而以辩乘我,以吾巧以巧困我,不如以拙养巧,以讷养辩,如此则是怕人来困我,故卑以下之,此大段害事。如东坡作《刑赏忠厚之至论》,却说惧刑赏不足以胜天下善恶,故举而归之于仁,如此则仁只是个鹘突无理会底物事。故又谓仁可过,义不可过,大抵今人读书,不仔细此两句,都缘疑字上面生许多道理,若是无疑罪须是罚,功须是赏,何须更如此？或曰:此病原起于老苏。先生曰:看老苏《六经论》,则是圣人全是以术欺天下也,子由晚作《待月轩记》,想他大段自说见得道理高,而今看得甚可笑,如说轩是人身,月是人性,则是先生下一个人身,却外面寻个性来合凑着,成甚义理？

《黄氏日抄》论苏文。

文定公远识雅量，不动如山，可谓国之重臣矣，而苏子之铭公，首曰大道之行，士贵其身，维人求我，匪我求人。然则公之所能不动，非以是哉！有志之士，盖如所用力之地矣。又作范景人墓志铭，形容景仁之洁已，与君实之救世同科。非苏子其孰能察之。

《苏籀记》栾城先生遗言。

公曰：吾莫年于义理无所不通，悟孔子一以贯之者，东坡幼年作《却鼠刀铭》，公作《缸砚赋》，曾祖称之，命佳纸修写装饰，钉于所居壁上。

公读《江西临川前辈集》曰："胡为窃王介甫之说，以为己说。"公曰：余《黄楼赋》学《两都》也，晚年来不作此工夫之文。贡父尝谓公所为训词，曰君所作强于令兄，公曰予少作文，要使心如旋床，大事大圆成，小事小圆转，每句如珠圆。

程正叔引《论语》云：南郊行事回，不当哭温公。公曰：古人但云哭则不歌，不曰歌则不哭。盖朋友之故，何可预期？公读由余事，曰女乐败人，可以为戒。公曰：吾为春秋集传，乃平生事业。

公闻以螺钿作茶器者，凡事要敦简素，不然天罚。

公常云：在朝所见，朝廷遗老数人而已，如欧阳公永叔、张公安道，皆一世伟人，苏子容、刘贡父，博学强识，亦可以名世。予幸获与之周旋，听其诵说放失旧闻，多得其详实。其于天下事，古今得失，折衷典据甚多。东坡与贡父会，语及不获已之事。贡父曰："充类至义之尽也。"东坡曰："贡父乃善读孟子欤。"

公自熙宁谪高安，览诸家之说，为集传十二卷，绍圣初再谪南方，至元符三易地，最后卜居龙川白云桥，集传乃成。叹曰此千载绝学也。既而俾坡公观之，以为古人所未至。

苏籀《双溪集》

籀子，苏诩记曰：先公监丞栾城公长孙也，在颖滨亲炙教诲十五馀年。建炎初，南渡，侍伯祖侍郎居婺女近三十载，裒其平昔所述古律论撰为十五卷。目曰《双溪集》，并所记栾城公遗言一卷，因镂板于筠之公帑，庶几广其传焉。淳熙六年中秋，日男朝奉大夫权知筠州军州事诩谨志。

《老学庵笔记》

苏子由晚岁游许昌，贾文元公园作诗云：前朝辅相终难得，父老答嗟今亦无。盖谓方仁祖时士大夫多议文元，然自今观之，岂易得哉？其感概如此。

《容斋随笔》

子由南窗诗云。京城三日雪，雪尽泥方深。闭门谢还往，不闻车马音。西斋书帙乱，南窗朝日升。展转守床榻，欲起复不能。开户失琼玉，满阶松竹阴。故人远方来，疑我何苦心。疏拙自当尔，有酒聊共斟。此其少年时所作也，东坡好书之，以为人间当有数百本。盖闲淡简远得味外之味云。

苏辙元符三年，归自岭海，复官提举凤翔府上清太平观。辙有田在颖川，乃即居焉，深藏自守不与世接。逍遥嘿坐，如是者十年。号颖滨遗老，作传凡万馀言。按徐度《却扫编》云：子由南还，寓居许下，多杜门不通宾客，乡人来自蜀中求见，伺候于门，弥旬不得见。宅南有丛竹，竹中为小亭，遇风日清美，或相羊于其间。乡人既不得见，则谋之阍人，阍人使待于亭旁。如其言，复旬日果出，乡人因趋进。子由见之大惊，劳问久之曰：子姑待我于此，翩然复入。迨夜竟不复出。辙兄轼，字子瞻，亦尝寓颖昌，至今犹以坡仙名其坊，后卒于常州。

《苏东坡集·子由真赞》

心是道人，形是农夫。误入廊庙，还即里间秋稼登场。社酒盈壶，颓然一醉，终日如愚。

王十朋《悔溪集·苏颖滨赞》

贤哉！子由，贤哉！子由，忠言嘉谋，耸动冕旒，横身政府，不避怨仇。华萼联芳，皆第一流。才不逮兄，器识俱优。

《张舜民·画墁集·祭子由门下文》

呜呼！请言其始，忆昔关中。尝亲伯氏，公佐宛丘。邈在千里，我掾岐府。熙宁初年，公与伯氏，免丧山川，连镳而东，道出岐山，盘留累日，赏画听泉，人望入馆，雅如登仙。无何南北，已困屡迁。迁仍未远，止于江黄，不期江山，助长文章，文如绮绣璀璨芬芳，行如珪璧。温润坚强，星霜十稔，江湖相望，直至元祐，再践周行。入随鹭序，出集僧房。桓硅植，白眉最良。已顾而皙，岳崎堂堂。云中日下，二陆三张。壎箎间作，旗鼓相当。每于文会，缪赐称扬。未殚城府，已造庙堂。一言道合，泽及万方。兰焚以臭，玉折以刚。丹霄一跌，径落海康。险阻艰难，亦所备尝。五年海峤，一日许昌。跏趺密室，闭目面墙。妻孥罕进，栋宇发光。婴儿可复，苦海坐航。岂期大数，分甘难量。寻常书来，岁或一再止三数张。今岁书来，前后相望。既论养生，又闵存亡。亹亹不绝，十百成行。老伴凋零，墨色未荒。始疑魄兆，终底蠹伤。呜呼哀哉，传闻治命。返葬眉阳。欲践誓言，颠沛不忘。杜陵遗老，双影孤吭。寄哀千里，莫此一觞。明年未死，丹旐西来，再拜路傍。

苏迈《斜川集·祭叔父黄门文》

乌乎天无意于世乎，曷为界之。以人夫既界之，而又夺之，理可疑于大钧。昔者仲尼、孟轲周流天下，皇皇乎求君，盖欲拯生民于涂炭，救将丧之斯文。然身卒困于逆旅，志壹郁而莫信，岂道大不容于世也，抑天未欲平治于斯民。乌乎哀哉！维我王父皇考，以及叔父，天祚有宋，笃生良臣。祖尧禹而陋秦汉，谈工道于一门。公之在庙堂也，则壬人废而蛮夷服，礼乐止而朝廷尊。排申商之充塞，非仁义而莫陈。庶几乎虞夏之风，反朴而还淳矣。属世故之迫隘，乃一荛而一薰，横江潭之鲔，岂沟渎以容身。竟中道而出走，罹此邮之纷纷。然公之脱身南荒而归也，则澹然箕山之下，漢水之滨。友巢由于千载，追松乔于白云，盖与世而相忘，默渊潜而自珍，托春秋以见志，戮奸宄于灰尘。公虽不用也，而天

下愈尊之如泰山，归之如凤麟，意造物之有待，使巍然而独存。忽山颓而梁坏，何苍苍之不仁，岂吾宗之不祐，天实祸于搢绅。迈也昔孤而归公于许，奉杖屦者十春，维二父之笃爱，推其馀于子孙，痛里门之一诀，哭来讣于并汾，恨易箦之不见。犹及拜其冠巾，悦高堂其如在疑謦咳之，或闻誓不辱于教诲，期可见于九原。倾一奠而永已，不得执绋，挽公之归葬于西岐也。

三苏《周益公大全集·跋三苏画象赞》

侍读公赞苏氏父子兄弟之盛，游夏不能措辞矣，英彦以示省斋周某，乃续一转语云：是家一瓣香，并为文忠公此冬，盛行于庐陵宜也。乾道丙戌五月十二日。二苏江州寓公传苏轼，字子瞻；辙，字子由，眉山人，师父洵，为古文，同擢进士第。及中制科，轼自凤翔判官入历清要，至判官告院上书，谕新法不合数补外，元丰初，言者摭轼诗多讥刺就台鞫，贬黄州，躬耕东坡二年。辙亦以抵王安石，自南京判官谪抵筠州酒税。舟过南康，爱庐阜而不敢驻为玉渊三峡之胜，曲淹信宿，遇隐者焉，举日月以谕性理，曰人之性，出寓为身，一生一死，犹月之一盈一阙也。辙悟其说，至筠作待月轩以自省，而记其事焉。七年，轼移汝州，欲与辙别，因游庐阜，乃自兴国道瑞昌之亭子山，有轼题名，芒鞋竹杖诗曰：芒鞋青竹杖，自挂百钱游。可怪深山里，人人识故侯。发意不作诗，山谷奇秀，应接不暇。山中人曰：苏子瞻来矣，诗思不觉复出。诗曰：自昔忆清赏，神游杳霭间。如今不是梦，真个到庐山。青山若无素，偃蹇不相亲。要识庐山面，他年是故人。山北圆通寺，父洵旧游也，寺僧多识洵者，因借竹轩居之。诗曰：洞外复空中，千千万万同。劳师问此竹，清是阿谁风。僧夜梦宝盖飞坠地，诘旦乃洵忌日。轼写《宝积佛献盖颂》，赠僧，僧悟而啸，轼作诗记之曰：石耳峰头路接天，梵音堂下得临泉。此生初饮庐山水，它日徒夤雪窦禅。袖里宝书犹未出，梦中飞盖已先传。何人更识嵇中散，野鹤昂藏未是仙。自是历二林，访濂溪过山房寻玉涧，皆有诗见本条，昼穷林壑夜止崔诚老庵，弥旬乃别。有漱玉亭诗曰：高岩下赤日，深谷来悲风。擘开青玉峡，飞出两白龙。乱沫散霜雪，古坛摇清空。馀流滑无声，伏泻双石谼。我来不忍去，月出飞桥东。荡荡白银阙，沉沉水晶宫。愿从琴高生，脚踏赤□公。手持白芙蕖，跳下清泠中。又赋三峡桥诗：吾闻太山石，积日穿线溜。况此百雷霆，万世与石斗。深行九地底，险出三峡右。长输不尽溪，欲满无底窦。波翻潜鱼震，逸响落飞狖。清寒入山骨，草木尽坚瘦。空濛烟霭间，鸿洞金石奏。弯弯飞桥出，潋潋半月彀。玉渊神龙近，雨雹乱晴昼。垂瓶得青甘，可咽不可漱。余诗不可悉纪，既至筠，与辙别，复沿彭蠡而下，时轼已疏乞居常州，因留盆城俟命，城中天庆观，唐紫极宫也。松桧荟蔚道士下榻迎之，轼留连不能去，终以庐阜景物不可穷，再题一绝于西林寺壁。诗云：横看成岭直成峰，远近高低了不同。不识庐山真面目，只缘身在此山中。遂造湖口焉。未几，得旨许住常州。明年，辙亦起知绩溪县。舟至南康，阻风连旬。诗曰：莫发邹阳市，晚榜彭蠡口。微风吹人衣，雾绕庐山首。舟人失篙啸，此是风伯候。代舟未及源，飞沙忽狂走。晴空转车毂，渌水起冈阜。众帆落高张，断缆已不救。我舟旧如山，此日亦何有。老心畏波涛，归卧塞窗牖。土囊一已发，万穷无不奏。初疑丘山裂，复讶蛟唇斗。鼓钟相轰殴，戈甲互磨叩。云霓黑旗展，林木万弩彀。曳柴荡人心，振旅拥军后。或为羁雌吟，或作苍兕吼。众音杂呼吸，异出殊圈旧。中宵变凝冽，飞霰集纷揉。萧骚蓬响乾，晃荡窗光透。坚凝忽成情，澎湃殊未究。缟铺前洲，琼瑰琢遥岫。山川莽同色，高下齐一覆。渊深窜鱼鳖，野旷绝鸣胆。孤舟四邻断，馀食数升糗。寒虀仅盈盎，腊肉不满豆。弊裘拥

衾服，微火拾薪构。可怜道路穷，坐使妻子诉。幽奇虽云极，岑寂顷未受。一年行将除，兹岁真浪授。朝来阴云剥，林表红日漏。风棱恬已收，江练平不皱。两桨舞夷犹，连峰吐奇秀。同行贺安稳，所识问癯瘦。惊悛自怜惜，梦觉定真否。春阳着城邑，屋瓦冻初溜。艰难当有偿，烂熳醉醇酎。徘徊东庵诗曰：欲涉彭蠡湖，南风未相许。扁舟压摇荡，古寺慰行旅。重湖面南轩，惊浪卷前浦。零微雪阵散，颠倒玉山舞。一风辄九日，未息土囊怒。百里断行舟，仰看飞鸿度。故人念征役，一饭语平素。竹色净飞涛，松声乱秋雨。我生足忧患，十载不安处。南北已兼忘，迟速何足数。遂遍游山南北，作十二咏。山南开先瀑布诗曰：山上流泉自作溪，行逢石缺泻虹蜺。定知云外波澜阔，飞到峰前本末齐。入海明河惊照耀，倚天长剑失提携，谁来卧枕苍苔石，一洗尘心万斛泥。漱玉亭诗曰：山回不见落银潢，馀溜喧豗响石塘。目乱珠玑溅空谷，足寒雷电绕飞梁。入瓶铜鼎香茶白，接竹斋厨午饭香。从此出山都不弁，满田粳稻插新秧。三峡桥诗曰：三峡波涛饱溯沿，过桥雷电记当年。江声仿佛瞿塘口，石角参差滟滪前，应有夜猿啼古木，已将秋叶作归船。老僧未省游巴蜀，松下相逢问信然。万杉寺诗曰：万本青杉一手栽，满堂白佛九天来。涓涓石溜供厨足，矗矗山屏绕寺开。半榻松阴秋簟冷，一杯香饭午钟催。安眠饱饭平生事，不待山僧唤始回。白鹤观诗曰：五老相携欲上天，玄猿白鹤尽疑仙。浮云有意藏山顶，流水无声入稻田。古木微风时起籁，诸峰落日尽生烟。归鞍草草还城市，惭愧幽人正醉眠。简寂观诗曰：山行但觉鸟声殊，渐近神仙简寂居。门外长溪净客足，山腰苦笋助盘蔬。乔松定有藏丹处，大石犹存拜斗馀。弟子苍髯年八十，养生世世受遗书。归宗寺诗曰：来听归宗早晚钟，疲劳懒上紫霄峰。墨池邊叠溪中石，白塔微分岭上松。佛宇争推一山鬼，僧厨坐待十方供。欲游山北东西寺，岩谷相连更几重。

山北射蛟洲浪井，庾楼东湖琵琶亭。五咏各见本条而有不到东西二林之恨，诗云：山北东西寺，高人永远师。来游亦前定，回首独移时。社散白莲尽，山空玄鹤悲。何年陶靖节，溪上送行迟。

元祐初，辙自右司谏至门下侍郎，轼以礼部侍郎至端明翰林。二学士知定州。未几，党祸作，兄弟复南徙，轼过庐阜，有出入岩峦千仞表，较量筋力。十年，馀之叹又过湖诗曰：八月渡重湖，萧条万籁呼。秋风片帆急，暮霭一山孤。许国心虽在，康时术转虚。岷峨千万里，投老得归无。

辙赋三诗，皆不及时事焉。诗云：当年五月访庐山，山翠溪声寝食间。藤杖复随春色到，寒泉领与客心闲。岩头悬布煎茶足，峡口惊雷泛叶㿟。待得前村新雨遍，扁舟应逐好风还。忆昔栖贤夜入城，道傍兰若一僧迎。偶然不到终遗恨，特地来游慰昔情。海外声闻安在此，堂中天鼓为谁鸣。匆匆复向深山去，一盏醍醐饱粟罂。

此山岩谷不知重，赤眼浮图自一峰。芒蹻随僧践黄叶，晓光消雪压长松。石泉试饮先师锡，午饭归来下寺钟。胜处转多浑恐忘，此山惟见白云浓。

徽宗立，皆得归。轼以提举玉局观致仕，卒于常。辙挂冠居许，号颖滨遗老。十馀年卒。轼子迈过，尝从游庐山。迈赴官饶州，轼送至湖口，与乘舟夜至石钟山下，以此得名之由，语在石钟山辨。过侍轼南迁集中有《白鹤观闻棋》诗，为过作也。观棋了素不解棋，尝独游庐山白鹤观，观中人皆阖户昼寝，独闻棋声于古松流水之间。意欣然喜之，自尔欲学，然终不解也。儿子过乃粗能者，儋守张中，日从之戏，予亦隅坐，竟日不以为厌也。五老峰前，白鹤遗址。长松荫庭，风日清美。我时独游，不逢一士。谁欤棋者，户外有二。不闻人声，时闻落子。终枰坐对，谁究此味。空钩意钓，岂在鲂鲤。小儿近道，剥啄信指。

胜固欣然,败亦可喜。优哉游哉,聊复尔耳。轼之初入南也,湖口人李正臣蓄异石,九峰玲珑若窗户,轼名之曰"壶中九华"。约归日,以百金相售,留诗为约。诗曰:青溪雷转失云峰,梦里犹惊翠扫空。五岭莫愁千嶂外,九华今在一壶中。天池水落层层见,玉女窗明处处通。念我仇池太孤绝,百金归买小玲珑。比归,则正臣已举售郭祥正。轼和诗以为啸,诗曰:江边阵马走千峰,问讯方知冀北空。尤物已随清梦断,真形犹在画图中。归来岁晚同元亮,却扫何人伴敬통。赖有铜盆修石供,仇池玉色自葱珑。后黄庭坚亦南谪,正臣持轼诗谒庭坚,伤轼下世。因和韵以寄感焉。诗曰:有人夜半持山去,顿觉浮岚暖翠空。试问安排华屋处,何如零落乱云中。能回赵璧人安在,已入南柯梦不通。赖有霜钟难席卷,袖椎来听响东珑。

《纪事本末·二苏贬逐》

元祐八年三月戊子,黄庆基言川党复盛,见苏颂罢和。是月,门下侍郎苏辙奏:臣近以重敦逸言川人太盛,差知梓州。冯如晦不当指为臣过,遂具札子及面陈本末。寻蒙德音宣谕,深察敦逸之妄,而以臣言为信。臣德望浅薄,言者轻相诬罔,若非圣明在上,心知邪正所在,则孤危之踪,难以自安。若敦逸所言果中臣病,何惜使臣引去,以谢朝廷。若敦逸所言不实,亦使臣略加别白,然后出入左右,粗免愧耻。如不蒙开允,非所以为爱臣也。所有董敦逸言臣章疏,伏乞早赐付三省施行。敦逸又言近具奏,乞减杀川人太盛之势。又乞广为体访等事,已尘圣览,今采众言,合开呈下项:一、访闻苏轼、苏辙、范百禄辈各有奏举,及主张差除之人,惟苏轼为多,或是亲知,或其乡人。有在要近,有在馆职,有为教官,有为监司,为知州军,不可以数考,是致仕路有不平之叹。中书省尚书吏部须籍姓名,乞指挥供具,便见员数之多寡,事势之如何。一高丽买书之事,是陛下已降之命,因众臣共为之议,得旨而后行。寻以苏轼见拒而罢,见有文案在尚书省、礼部、国子监乞取索看详。一、黄河软堰之事,亦是陛下已降之命,亦因众臣共为之议,得旨而后行。寻以苏辙见拒而罢,见有文案在尚书省、工部、都水监,乞取索看详。臣闻人君者,制命者也。人臣者,承君之命而奉行者也。命令重则君尊,命令轻则臣强,今陛下已行之命,而轼、辙违而拒之,辙之拒命,中外闻之,已惊骇矣。轼之拒命,不惟中外知之,夷狄亦知之矣。异日丑虏生心,边防误事,臣未及议,窃惟苏颂、范百禄以稽留制书,及除授不当等事,朝廷亦已施行,若辙与轼岂惟敛恩作福,朋党不公,而又拒违君命。语其情犯,又非颂与百禄之比,释而不治命令轻矣。欲乞检臣前奏,并详今来所陈事理,断自宸衷,指挥施行。遍类章疏,系八年三月二十日时奏此。今因苏辙辨敦逸初奏,不得其时,系之三月末则。敦逸此奏,却不先见于二十日,故亦系三月末。苏辙辨奏后,敦逸初十日所奏,独检讨未得,但得庆基所奏耳。四月乙亥,门下侍郎苏辙奏:朝廷用人,自有资格,岂可为臣一人忝预执政,遂使川峡四路士人,皆裁抑令不得依本资差注。敦逸又言冯如晦差除,乃臣所言一事已,敦逸言臣非一,并未蒙降出,欲乞早赐行下,令三省覆实其事,若臣稍涉私邪,乞正国法,若所言无实亦乞辨明,免臣暧昧之谤。五月宰卯,监察御史董敦逸罢为荆湖北路转远判官,黄庆基罢为福建路转运判官,坐言尚书右丞苏辙、礼部尚书苏轼不当也。

壬辰,三省进呈敦逸四状言苏辙,黄庆基三状言苏轼。吕大防奏曰:敦逸言辙事,三省同签文字,皆以为非辙之罪。庆基言轼知颖州,日违法置薄,拘收赏钱,不依条例,妄行赏用,及失入丁真配罪。见系京西路提刑司,按法取勘,干系官吏,轼已移扬州,又入为兵部尚书矣,乃敢越署申陈,致朝廷徇其所请,将监司按发公事指挥不得取勘,致令迁延该

赦。考轼之意，将欲姑息小人，盖庇旧吏，以沮坏法，今而已轼前知杭州日，有百姓颜益以受纳官不肯领绢率众人论诉，非有大过也。轼不遵法令，判令刺配，虽尝自劾，蒙朝廷放罪，轼为人臣，乃欲恣喜怒而出入人罪，原其不遵法令之意。盖有轻蔑朝廷之心，其不忠之罪大矣。轼自进用以来，援引党与，分布权要，附丽者，力与荐扬，违迕者，公行排斥。昨荐王巩，既除宗正寺丞，近荐林豫，自东排岸，不问资叙。遂差知通利军。前者除张耒为著作郎，近者除晁补之为著作佐郎。轼力为援引，遂至于此。至于秦观，亦轼之门人也，素号儇薄，昨除秘书正字，既用言者罢矣。犹不失为校对黄本书籍。是以奔竞之士，趋走其门者如市，唯知轼而不知有朝廷也。近者高丽人使乞赐书籍，此乃祖宗朝故事，且屡尝赐书与之矣。轼乃拒违诏旨，极言不可，及都省批送礼部，令吏人上簿，固非重责也，轼乃盖庇吏人，力陈强辨，期必胜而后止。轼在先朝至为歌诗，谤讪朝政，有司推治，实迹具存，众皆以为罪在必死，独先帝怜之，止从轻典。送黄州安置，轼不能感戴厚恩，而乃内怀怨望二圣。陛下临政之初，以轼为中书舍人，遂因制诰，公然指斥先帝时事，略无忌惮，将欲刺讥先帝，以摅平昔之愤耳。轼行，李之纯除河北都转运使。诰云：乃者役钱贷息之弊，民兵马政之劳，萃于北方。而天下不靖，河溢为灾，老幼奔走，流离道路，十年于此矣。呜呼！其孰能为朕劳来安集，使复其旧乎？夫宣王承厉王之后，万民离散，不安其居，而能劳来安集之。故见于鸿雁之诗，是以先帝方何代乎，乃以厉王之乱相拟也。轼行，苏颂除刑部尚书，诰云：乃者法病于烦，官失其守，盗贼多起，狱市纷然。惟汉武帝时暴征远戍，于是盗贼竞起，至遣直指之使，以督捕之，此乃可谓纷扰。轼为此言。是以先帝方何代乎，乃以武帝之暴相拟也。轼行，刘谊知韶州。诰云：尔昔为使者，亲见民病，尽言而不讳，扼穷而不悯，安知有今日之报乎？夫刘谊得罪于先帝，自以职在奉行法度，有所不至，当公论之，而张皇上书，用此罢江西提举，安得有尽言乎？至于"安知有今日之报"此语，尤不忍闻。陛下奉承宗庙，当有显扬先帝之鸿业休德，岂欲报先帝得罪之人乎？轼行，唐义问除河北运使。诰云：朕修赋役之法，黜众敛之吏，去薄从忠，务以养民。夫先帝立法，岂不欲养民邪？先帝用人，岂不欲去薄从忠邪？今以为务以养民，是指先帝之不能养民也。今以为黜聚敛之吏，是指先帝用聚敛之吏也。轼行，贬吕惠卿。诰云：苟可蠹国以害民，率皆攘臂而称首。夫先帝立法，乃欲与天下同利，岂有先帝之圣神英睿冠绝百王如此而乃从蠹国害民之谋乎？轼所行制诰，皆在舍人院，陛下试取而观之，盖有声述不尽者，臣请以常人论对，人之子骂人之父，犹且义不胜诛，部轼职代王言而实讠先帝，按之以法，当如何哉？至如结托常州，宜兴知县李去盈强买姓曹人抵当田产，至其人上下论诉，进状者凡八年，方与断还。臣义激于中，不能自止，望赐英断。上以释先帝之谤议，次以正今日之典刑。又言曰：治天下必先于正朝廷，正朝廷必先于破朋党，自非明足以察微，公足以兼听，睿足以独断者，未有不为奸邪所蔽也。臣近言礼部尚书苏轼已历疏其所为矣，切见门下侍郎苏辙怀邪徇私，援引党与，怙势曲法，务与其兄相为肘腋，以紊乱朝政。轼则外许人差遣而公荐之，辙则内为之应而引用之。按轼与吕、陶交结至厚，昨者荐陶自代，遂除为起居舍人。近日中书舍人陈轩缘管伴高丽人使，请赐书籍事，轼恶轩之不附己，遂奏于朝，力加排诋，意欲使轩补外乃迁陶为中书舍人。轼知颍州日，赵令畤为签判，轼与之往还甚密，轼乃公荐于朝，称其才美。访闻苏辙见议，除令畤差遣国子司业赵挺之为御史日，屡言轼不公事迹。轼居礼部，统辖国子监，日务掎摭太学中事，意欲沮抑挺之。访闻苏辙见议，除挺之为转运副使，以同列商议，未敢进呈。太府寺丞文勋以篆字游于轼之门，初不以公正吏才称也。轼既援引，辙遂除为福建路转运判官。冯如晦为夔州路转运使，日按发公事不当，见系御史台推治未结绝间。辙以川人遂除馆职，差知梓州，近断敕方下，如晦虽以法夺官，而差遣与职竟不动也。赵卨帅鄜延日，欲弃熙河而不敢献议，乃以书抵大臣。是时辙为中丞，得其书即与论列，赖谏官刘唐老疏其交通诬罔之迹，谋遂不行。前日臣尝言执政不务协和。凡欲行一事，除一差遣，商量累日，多不能合。甚者几于忿争，极伤国体。盖辙欲进其党与，故众论不肯相从耳。轼尝自言陛下称其兄弟孤立，以为必不疑也。是以敢交结党与而无所忌惮。又其党言陛下许轼大用，以为必见信也。是以士大夫莫不争趋其门，以图进取，上下唱和，合为一党，牢不可破。且人臣事君，惟有忠信耳，一涉于欺罔，则终身不可以诚信委之。按辙荐王巩累数百言，陛下真以为可用也，既而淮南提点刑狱钟浚，根究王巩在任日秽恶狼籍，实迹具存，遂谪为监当。而辙亦恬然自若，略不引咎。程之邵，辙之表弟也，昨任夔州路转运判官。按知云安军孙拱拱与之互论，见系推治，未见曲直，乃除之邵为都大提举茶事，至如轼之罪恶，因行制诰，公肆刺讥。以法论之，指斥乘舆，罪在不赦，而况指斥宗庙乎？陛下试观轼、辙所为，稍失控御，则何所不至，于是大防。辙等奏曰：庆基言轼所撰李之纯等六人诰辞，文涉讥毁先帝，其间陆师闵诰一道，系范百禄词，非轼所撰，臣切观先帝圣意，本欲富国强兵，以鞭挞四夷，而一时群臣将顺大过故事，或失当。及太皇太后与皇帝临御，因民所欲，随事救改，盖事理当然耳。昔汉武帝好用兵，重敛伤民。昭帝嗣位，博采众议，多行寝罢。明帝尚察，屡兴惨狱。章帝改之以宽厚。故当时天下悦服，未有以为谤毁先帝者也。至如本朝，真宗皇帝即位，驰逋欠以厚民财。仁宗即位，罢修宫观以息民力。凡此皆因时施宜，以补助先朝阙政。亦未闻当时士大夫以为毁谤先朝者也。近自元祐以来，言事官有所弹击，多以毁谤先帝为词，非惟中伤士人，兼欲摇动朝廷，意极不善。若不禁止，久远不便。苏辙奏曰：臣昨日取兄轼所撰吕惠卿诰观之，其言及先帝者有曰：始以帝尧之仁，姑试伯鲧，终然孔子之圣，不信宰予。兄轼亦岂是讥毁先帝者邪？臣闻先帝末年亦自深悔己行之事，但未暇改耳。元祐初，改正，追述先帝美意而已。太皇太后曰：先帝追悔往事，至于泣下，当时大臣数人，其间极有不善，不肯谏止。吕大防曰：闻先帝尝曰两府大臣，略无一人能相劝谏，然则一时过举，非出先帝本意明矣！太皇太后曰：此事皇帝宜深知大防，曰皇帝圣明，必能照察此事。于是得旨，敦逸、庆基并与知军差遣。

丙申，左朝请郎新京，湖北路转运判官董敦逸知临江军，左朝请郎新福建路转运判官，黄庆基知南康军，敦逸、庆基既有旨与知军差遣，而御史中丞李之纯、侍御史杨晨、监察御史来之邵，亦言二人诬陷忠良，朝廷容贷，止今出使。臣恐后人观望，得任私意，敢肆狂诬，故遽责之。黄庆基、董敦逸既责苏轼，以扎子自辨曰：臣自少年从仕以来，以刚褊疾恶，尽言孤立，为累朝人主所知。然亦以此见疾于群小，其来久矣。自熙宁、元丰间，为李定、舒亶辈所谗。及元祐以来，光庭挺之、贾易之流，皆以诽谤之罪诬臣其间。于义不可不辨。臣先任中书舍人日。适值朝廷，窜逐数人，所行诰词，皆是元降词头，所述罪状非臣私意所敢增损，内吕惠卿自前执政，责授散官安置，诛罚至重，当时蒙朝旨，节录台谏所言，惠卿罪恶降下，既是词头所有，则臣安敢减落。然臣子之意以为，事涉先朝，不无所忌，故特于诰词内分别解说，令天下晓然知是惠卿之奸，为先朝盛德之累。至于窜逐之意，则已见于先朝。其略曰：先皇帝求贤，若不及从善如转圆，如以帝尧之仁，姑试伯鲧终然。孔子之圣，不信宰予发其宿奸。谪之辅郡，尚疑改过，稍界重权，复陈罔上之言，继有砀山之贬，反覆教戒，恶心不悛，躁轻矫诬，德音犹在。臣愚意以谓，古今如鲧为尧之大臣，而不害尧之仁，宰予为孔子高弟，而不害孔子之圣。又况再加贬黜，深恶其人，皆先朝

本意。则臣区区之忠，盖自谓无负矣。今庆基乃反指以为诽谤，指斥不以矫诬之甚乎！其馀所言李之纯、苏颂、刘谊、唐义问等诰词，皆是庆基文致附会以成。臣罪只如其间，有"劳来安集"四字，便云是厉王之乱，若一一以此罗织，人言则天下之人便不敢问口动笔矣。孔子作《孝经》曰：如临深渊，如履薄冰，此幽王之诗也。不知孔子诽谤指斥何人乎！此风始于朱光庭，盛于赵挺之，而极于贾易。今庆基复宗师之，臣恐阴中之害，渐不可长，非独为臣而言也。云云。太皇太后令辙谕曰：缘近来众人正相捃拾，且须省事。轼乃具札子称谢曰；天慈深厚，如训子孙。委曲保全，如爱支体。感恩之涕，不觉自零。伏念臣才短数奇，性疏少虑。半生犯患，垂老困谗。非二圣之深知虽百死而何赎，伏见东汉孔融才疏意广，负气不屈，是以遭路粹之冤。西晋嵇康，才多识寡，好善不忘，是以遇钟会之祸。当时为之扼腕，千古为之流涕。臣本无二子之长，而兼有古人之短，若非陛下至公而行之以恕，至仁而照之以明，察消长之往来，辨利害于疑似，则臣已下从二子游久矣。岂复有今日哉？谨当奉以周旋，不敢失坠，便须刻骨，岂独书绅庶全蝼蚁之体，以报丘山之德。六月甲寅，礼部尚书苏轼乞知越州，诏不允。壬申，礼部尚书端明殿学士翰林侍读学士左朝奉郎苏轼知定州。按轼奏议，八月十九日，犹以端明侍读礼书，论汉唐正史，则六月二十六日，不应已除定州。又《实录》于九月十三日，再书除定州，恐六月二十六日所书或误，不然六月二十六日初除，寻不行，故九月十三日再除，而《实录》不能详记所以也。当考六月八日，轼已乞越州，诏不允，政目于二十六日书苏轼知定州。九月，戊子，端明殿学士兼翰林侍读学士、礼部尚书苏轼知定州。

绍圣元年三月，太中，太夫守门下侍郎苏辙，依前官知汝州。见绍述。四月癸卯。监察御史郭知章，言吴安诗行苏辙诰重轻止，徇于私情，褒贬不归于公议，诏安诗罢起居郎。壬子，侍御史虞策言吕惠卿等指陈苏轼所作诰词，语涉讪讪，望劾实施行。殿中侍御史来之邵言轼在先朝久以罪废，至元祐擢为中书舍人翰林学士。轼凡作文字，讪斥先朝。援古况今，多引衰世之事，以快忿怨之私。行吕惠卿制词，则曰始建青苗，次行助役均输之政，自同商贾手实之祸，下及鸡豚，苟可蠹国而害民，率皆攘臂。而称首行吕大防，制词则曰：民亦劳止，愿闻休息之期。撰司马光神道碑，则曰其退于洛，如屈原之在陂泽。凡此之类播在人口者，非一当原其所犯。明正典刑制曰云云。落端明殿学士兼翰林侍读学士依前左朝奉郎知英州，制词中书舍人蔡卞所草也。范纯仁言臣方在病假，仍乞罢免，朝廷之事，不合与闻。然有未尽之诚，上觊少神圣聪，窃见今台言苏轼行吕惠卿。诰词，言涉讪谤，伏缘熙宁法度，出于建议之臣。又州县奉行之际，多有过当，不副神宗爱民求治之意。及至垂帘之后，惠卿方用谏官之言，特行重审。苏轼因撰辞之际，遂至过诋惠卿今台章揽归，先朝事体，不便况今来言者，多是垂帘时擢归。言路之臣，当时畏避，不即纳忠，今日观望，始有弹奏。若便施行其说，亦恐玷垂帘之圣明，妨陛下纯孝之德。三省进呈之际，伏望圣断特加容贷，不惟可全国体，亦可稍镇浇风。

甲寅，侍御史虞策言，苏轼既坐讪斥之罪，犹得知州，罪罚未当。诏轼降充左承议郎。闰四月，乙酉，监察御史刘拯言工部侍郎李之纯前为御史中丞，阿附苏轼，为其用。御史黄庆基言轼诬诋先帝。董敦逸言辙以国名器私与所厚，之纯遂以庆基等诬冈庆延嗣世。

苏舜钦

《宋史·文苑传》

舜钦,字子美,参知政事,易简之孙。父耆,有才名,尝为工部郎中直集贤院。舜钦少慷慨,有大志,状貌怪伟。当天圣中学者,为文多病偶对,独舜钦与河南穆修好为古文歌诗,一时豪俊多从之游。初以父任补太庙斋郎,调荥阳县尉。玉清昭应宫灾,舜钦年二十一,诣登闻鼓院上疏曰:烈士不避铁钺而进谏,明君不讳过失而纳忠。是以怀策者必吐上前,蓄冤者无至腹诽。然言之难,不如容之难。容之难,不如行之难。有言之,必容之,行之则三代之主也。幸陛下留听焉。臣观今岁自春徂夏,霖雨阴晦,未尝少止,农田被蕾者几于十九。臣以谓任用失人,政今多过,赏罚弗中之所召也。天之降灾欲悟陛下,而大臣归咎于刑狱之滥,陛下听之,故肆赦天下以为禳救。如此,则是杀人者不死,伤人者不抵罪,而欲以合天意也。古者断决滞讼,以平水旱,不闻用赦。故赦下之后,阴霾及今。《前志》曰:积阴生阳,阳生则火灾见焉。乘夏之气发泄于玉清宫,震雨杂下,烈焰四起,楼观万叠,数刻而尽。非慢于火备,乃天之垂戒也。陛下当降服减膳,避正寝,责躬罪己,下哀痛之诏,罢非业之作,拯失职之民。察辅弼及左右无裨国体者罢之,窃弄权威者去之,念政刑之失,收刍荛之论,庶几所以变灾为祐,浃日之间,未闻为此而将计工役,以图修复。都下之人,闻者骇惑,聚首横议,咸谓非宜。皆曰章圣皇帝勤俭十馀年,天下富庶,帑府流衍,乃作斯宫,及其毕功,海内应竭。陛下即位未及十年,数遭水旱,虽征赋减入,而百姓困乏。若大兴土木,则费用不知纪极,财力耗于内,百姓劳于下。内耗下劳,何以为国。况天灾之已著,违之是欲竞天,无省己之意。逆天不祥,安己难任,欲祈厚贶,其可得乎?今为陛下计,莫若来吉士,去佞人,修德以勤至治,使百姓足给,而征税宽减,则可以谢天意而安民情矣。夫贤君见变,修道除凶。乱世无象,天不谴告。今幸天见之变,是陛下修己之日。岂可忽哉?昔汉宣帝三年,茂陵白鹤馆灾,诏曰:乃者火灾降于孝武园馆,朕战慄恐惧,不烛变异,罪在朕躬,群有司又不肯极言朕过,以至于斯将何寤焉。夫茂陵不及上都,白鹤馆大不及此宫,彼尚降诏四方以求己过,是知帝王忧危念治汲汲如此。臣又按《五行志》,贤佞分别,官人有序,率由旧章,礼重功勋,则火得其性,若信道不笃,或跃虚伪,谗夫昌,邪胜正,则火失其性,自上而降。及滥炎妄起,燔宗庙,烧宫室,虽兴师徒而不能救。鲁成公三年,新宫灾,刘向谓成公信三桓子孙之谗,逐父臣之应。襄公九年春,宋火。刘向谓宋公听谗,逐其大夫华弱奔鲁之应。今宫灾岂亦有是乎?陛下拱默内省而追革之,罢再造之劳,述前世之法,天下之幸也。又上书曰:历观前代圣神之君,好闻谠议,盖以四海至远民,有隐匿不可以遍照,故无间愚贱之言而择用之。然后朝无遗政,物无遁情,虽有佞臣邪谋,莫得而进也。臣睹乙亥诏书戒越职言事,播告四方,无不惊惑。往往窃议,恐非出陛下之意。盖陛下即位以来,屡诏群下,勤求直言,使百僚转对,置匦函设直言极谏科。今诏书顿异前事,岂非大臣壅蔽陛下聪明,杜塞忠良之口。不惟亏损朝政,实亦自取覆亡之道。夫纳善进贤,宰相之事,蔽君自任,未或不亡。今谏官、御史悉出其门,但希旨意,即获美官。多士盈庭,噤不得语。陛下拱默,何由尽闻天下之事乎?前孔道辅、范仲淹刚直不挠,致位台谏,后虽改他官,不忘献纳,二臣者非不知缄口,数年坐得卿

辅，盖不敢负陛下委注之意，而皆罹中伤窜谪而去。使正臣夺气，鲠士咋舌，目睹时弊，口不敢论。昔晋侯问叔向曰：国家之患孰为大？对曰：大臣持禄而不极谏，小臣畏罪而不敢言，下情不得上通，此患之大者。故汉文感女子之说，而肉刑是除，武帝听三老之议，而江充以族。肉刑古法，江充近臣，女子三老，愚氓疏隔之至也。盖以义之所在，贱不可忽，二君从之，后世称圣。况国家班设爵位，列陈豪英，故当责其公忠，安可教之循默。赏之使谏，尚恐不言。罪其敢言，孰肯献纳？物情闭塞，上位孤危，轸念于兹，可为惊悒。觊望陛下发德音，寝前诏，勤于采纳，下及刍荛，可以常守隆平，保全近辅。寻举进士，改光禄寺主簿知长垣县，迁大理评事监在京店宅务。康定

鲁成公

中，河东地震，舜钦诣阙通疏曰：臣闻河东地大震裂，涌水坏屋庐城堞，杀民畜几十万，历旬不止。始闻惶骇疑惑，窃思自编策所纪前代衰微丧乱之世，亦尝有此大变，今四圣接统，内外平宁，戎夷交欢，兵革偃息，固与夫衰微丧乱之世异，何灾变之作反遇之邪？且妖祥之兴，神实尸之，各以类告，未尝妄也。天人之应，古今之鉴，大可恐惧，岂王者安于逸豫信任近臣而不省政事乎？庙堂之上，有非才冒禄窃弄威福而侵上事者乎？又岂施设之政有不便民者乎？深宫之中有阴教不谨以媚道进者乎？西北羌夷有背盟犯顺之心乎？臣从远方来，不知近事，心疑而口不敢道也。所怪者，朝廷见此大异，不修阙政以厌天戒安民心，默然不恤如无事之时。谏官御史，不闻进牍铺白灾害之端，以开上心。然民情汹汹，聚首横议，咸有忧悸之色。臣以世受君禄，身齿国命，涵濡惠泽，以长此躯目睹心思。惊悸流汗，欲尽吐肝胆以拜封奏。又见范仲淹以刚直忤奸，臣言不用而身窜谪，降诏天下，不许越职言事。臣不避权右，必恐横罹中伤，无补于国，因自悲嗟，不知所措。既而孟春之初，雷震暴作，臣以谓国家阙失，众臣莫敢为陛下言者，唯天丁宁以告陛下。陛下果能沛发明诏，许群臣皆得献言。臣初闻之，踊跃欣忭，旬日闻颇有言事者，其间岂无切中时病而未闻朝廷举而行之。是亦收虚言而不根实效也，臣闻唯诚可以应天，唯实可以安民，今应天不以诚，安民不以实，徒以空文增人太息耳。将何以谢神灵而救弊乱也。岂大臣蒙塞天听，不为陛下行之，岂言事迂阔，无所取，不足行也。臣窃见纲纪隳败，政化阙失，其事甚众，不可概举。谨条大者二事以闻。一、曰正心。夫治国，如治家。治家者，先修己。修己者，先正心。正心则神明集而万务理。今民间传陛下比年稍迩俳优贱人，燕乐逾节，赐予过度，燕乐逾节则荡，赐予过度则侈，荡则政事不亲，侈则用度不足。臣窃观国史，见祖宗日视朝，旰昊方罢，犹坐于后苑门，有白事者立得召对，委曲询访，小善必纳。真宗末年不豫，始间日视事。今陛下春秋鼎盛，实宵衣旰食求治之秋，而乃隔日御殿，此政事不亲也。又府库匮竭，民鲜盖藏，诛敛科率，殆无虚日，计度经费二十倍于祖宗时，此用度不足也。政事不亲用度不足，诚国大忧臣望陛下修己以御人，洗心以鉴物，勤听断，舍燕安，放弃优谐近习之纤人，亲近刚明鲠直之良士，因此灾变以思永图，则天下幸甚。其二、曰择贤。夫明主劳于求贤而逸于任使，然盈庭之士不须尽择，在择一二辅臣，及御史谏官而已。陛下用人尚未慎择，昨王随自吏部侍郎迁门下侍郎平章事，超越十资复为上相，此乃非常之恩，必待非常之才，而随虚庸邪诌，非辅相之器，降麻之后，物论沸腾，故

疾缠其身,灾仍于国,此亦天意爱惜我朝,陛下鉴之哉!且石中立顷在朝行,以恢谐自任,士人或有宴集,必置席间,听其语所以资笑处噱。今处之近辅,不闻嘉谋,物望甚轻,人情所忽,使灾害屡降,朝廷不尊。盖近臣多非才者,陛下左右尚如此,天下官吏可知也。实恐远人轻笑中国。宜即行罢免,别选贤才。又张观为御史中丞,高若讷为司谏,二人者皆登高第,颇以文词进而温和软懦无刚鲠敢言之气。斯皆执政引拔建置欲其慎然,不敢举扬其私。时有所言,则必暗相关说。旁人窥之,甚可笑也。故御史谏官之任,臣欲陛下亲择之,不令出执政门下。台谏官既得其人,则近臣不敢为过,乃驭下之策也。臣以谓陛下身既勤俭,辅弼台谏又皆得人,则天下何忧不治,灾异何由而生,惟陛下少留意焉。范仲淹荐其才,召试为集贤校理监,进奏院,舜钦娶宰相杜衍女,衍时与仲淹、富弼在政府,多引用一时闻人,欲更张庶事。御中史丞王拱辰等不便其所为,会进奏院祠神,舜钦与右班殿直,刘巽辄用鬻故纸公钱召妓乐,间夕会宾客。拱辰廉得之,讽其属鱼周询等劾奏,因欲摇动。衍事下开封府劾治,于是舜钦与巽俱坐自盗除名。同时会者皆知名士,因缘得罪逐出四方者十馀人。世为过薄,而拱辰等方自喜曰:吾一举网尽矣。舜钦即放废,寓于吴中,其友人韩维责以世居京师而去离都下,隔绝亲交。舜钦报书,蒙闻责以兄弟在京师,不以义相就,独羁外数千里,自取愁苦。予岂无亲戚之情,岂不知会合之乐也?安肯舍安逸而甘愁苦哉?昨在京师不敢犯人颜色,不敢议论时事,随众上下,心志蟠屈不开,固亦极矣。不幸适在疑嫌之地,不能决然早自引去,致不测之祸,摔去下吏,人无敢言,友仇一波,共起谤议,被废之后,喧然未已,更欲置之死地,然后为快。来者往往钩帧言语,欲以传播,好意相恤者几希矣。故闭户不敢与相见,如避兵寇,偷俗如此,安可久居其间。遂超然远举,寄泊于江湖之上,不惟衣食之累,实亦少避机阱也。况血属之多,资入之薄,持国见之矣,常相团聚,可乏衣食乎?不可也。可闭关常不与人接乎?不可也。与人接,必与之言。与之言,必与之还往,使人人皆如持国则可,不迨持国者,必加让恶言,喧布上下,使仆不能自明,则前日之事未为重也。都无此事,亦终日劳苦应接之不暇,寒暑奔走,尘土泥淖中,不能了人事。赢马饿,,日栖栖取辱于都城,使人指背讥笑,哀闵,亦何颜面,安得不谓之愁苦哉!此虽与兄弟亲戚相远,而伏腊稍足,居室稍宽,无终日应接奔走之劳耳!目清旷,不设机关以待人心,安闲而体舒放,三商而眠,高春而起,静院明窗之下,罗列图史琴尊以自愉悦,有兴则泛小舟出盘间二门,吟笑览古于江山之间。渚茶野酿,足以销忧。尊芦稻蟹,足以适口,又多高僧隐君子、佛庙胜绝。家有园林珍花奇石曲江高台鱼鸟,留速不觉日暮。昔孔子作《春秋》而夷吴,又曰:吾欲居九夷,观今之风俗乐善好事,知予守道好学,皆欣然愿来过从,不以罪人相遇。虽孔子复生,是亦必欲居此也。以彼此较之,孰为然哉?人生内有自得,外有所适,固亦乐矣。何必高位厚禄,役人以自奉养,然后为乐。今虽侨此,亦如仕官南北。安可与亲戚常相守耶?予窘迫,势不得如持国意,必使我尸转沟洫,肉饯豺虎而后以为安所。义何其忍耶!诗曰:凡今之人,莫如兄弟,谓兄弟以恩,急难必相拯救。后章曰:丧乱既平,既安且宁,虽有兄弟,不如友生。谓朋友尚义安宁之时,以礼义相琢磨。予于持国,外兄弟也,急难不相救,又于未安宁之际,欲以义相琢刻。虽古人所不能受,予欲不报,虑浅吾持国也。二年得湖州长史卒,舜钦上书论朝廷事。在苏州买水石作沧浪亭,益读书,时发愤懑于歌诗,其体豪放,往往惊人。善草书,每酣酒落笔,争为人所传。及谪死,世尤惜之。妻杜氏,有贤行。兄舜元,字才翁,为人精悍,任气节,为歌诗亦豪健,尤善草书,舜钦不能及。官至尚书度支员外郎、三司度支判官、九朝长编纪事本末。王拱辰等劾苏舜欣。庆历四年十一月,甲子,监进奏院

右班殿直刘巽、大理评事集贤校理苏舜钦并除名勒停工部员外郎,直龙图阁,兼天章阁侍讲,史馆捡讨王洙落侍讲捡讨知濠州。太常博士集贤校理刁约,通判海州,殿中丞集贤校理江休复监蔡州税,殿中丞集贤校理王益柔,监复州税,并落校理降太常博士周延隽为秘书丞,太常丞集贤校理章岷,通判江州,著作郎直集贤院同修起居注吕臻知楚州,殿中丞周延让监宿州税,校书郎馆阁校勘宋敏求,签书集庆军节度判官事,将作监丞徐绶监汝州叶县税。先是杜衍范仲淹富弼等执政,多引用一时闻人,欲更张庶事。御史中丞王拱辰等不便其所为,而舜钦,仲淹所荐,其妻又衍之女也。少年能文章,议论稍侵权贵,会进奏院祠神,舜钦循前比用鬻故纸公钱召妓女开设会宾客,拱辰廉得之,讽其属鱼,周询、刘元瑜等劾奏,因欲摇动衍。事下开封府治。于是舜钦及巽俱坐自盗,洙等与妓女杂坐,而休复,约延隽、延让又服惨未除,益柔并以谤讪周孔坐之,同时斥逐者多知名士,世以为过薄,而拱辰等方自喜曰:吾一举网尽矣。王拱辰行状云或作傲歌,有醉卧北极遣帝扶周公,孔子驱为奴。盖益柔所作也。延隽、延让皆起子,狱事起,枢密副使韩琦言于上曰:昨闻宦者操文符捕馆职甚急,众听纷骇,舜钦等一醉饱之过,止可付有司治之,何至是? 陛下圣德素仁厚,独自为是,何也? 上悔见于色。自仲淹等出使,谗者益深,而益柔亦仲淹所荐,拱辰既劾奏宋祁、张方平,又助之,力言益柔作傲歌罪当诛。盖欲因益柔以累仲淹也。章得象,无所可否,贾昌朝阴主拱辰等议。及辅臣进白:琦独言益柔少年狂语,何足深治,天下大事固不少,近臣同国休戚,置此不言,而攻一王益柔,此其意有所在,不持为傲歌可见也。上悟,稍宽之。时两府合班奏事,琦必尽言,事虽属中书,琦亦对上陈其实,同列尤不悦。上独识之曰:韩琦性直。

据正史,《苏舜钦传》,御史不载刘元瑜姓名,《元瑜传》亦不云尝奏舜钦,独《魏泰杂记》载一网打尽,乃元瑜语。今并出其姓名于周询下。然周询七月为知杂,九月为吏外,十月为省副,不属御史台矣。当考宋祁、张方平同奏王益柔,此据《韩琦家传》《李清臣行状》,但云近臣,盖讳之也。今仍出二人姓名,魏泰云发舜钦等祠神会者,太子中舍李定也。梅尧臣为作一客不得食覆鼎伤众宾诗,按:舜钦坐责,乃御史劾奏,又当时借此以倾杜衍尔。李定无与,今不取。

《欧阳公集·湖州长史苏君墓志铭并序》

故湖州长史苏君,有贤妻杜氏,自君之丧,布衣蔬食,居数岁,提君之孤子,敛其平生文章,走南京,号泣于其父曰:"吾夫屈于生,犹可伸于死,其父太子太师以告于予,予为集次其文而序之,以著君之大节,与其所以屈伸得失,以深诮世之君子当为国家乐育贤材者,一有惜目且悲君之不幸。"其妻卜以嘉祐元年十月某日,葬君于润州丹徒县义里乡檀山里石门村。又号泣于其父曰:"吾夫屈于人间犹可伸于地下。"于是杜公及君之子泌皆以书来乞铭以葬。君讳舜钦,字子美,其上世居蜀,后徙开封。一有府字为开封人。自君之祖讳易简,以文章有名,大宗时,承旨翰林为学士参知政事,官至礼部侍郎。父讳耆,官至工部郎中,直集贤院。君少以父荫补太庙斋郎,调荥阳尉,非所好也,已而锁其斤夫。举进上中第,改光禄寺主簿,知蒙城县。丁父忧服除,知长垣县,迁大理评事,监在京楼店务。君状貌奇伟,慷慨有大志,少好古,工为文章,所至皆有善政。官于京师,位虽卑,数上疏论朝廷大事,敢道人之所难言。范文正公荐君,召试得集贤校理。自元昊反,兵出无功,而天下殆一作息于久安,尤一作而困兵事。天子奋然用三四大臣欲尽革众弊以纾民,于

是时，范文正公与今富丞相多所设施而小人不便。顾人主方信用，思有以撼动，未得其根，以君文正公之所荐而宰相杜公婿也，乃以事中君，坐监进奏院祠神，奏用市故纸钱会客为自盗，除名。君名重天下，所会客皆一时贤俊，悉坐贬逐，然后中君者喜曰："吾一举网尽之矣。"其后三四大臣一有相字继罢去，天下事卒不复施为，君携妻子居苏州，买水石作沧浪亭，日益读书，大涵肆于六经，而时发其情闷于歌诗，至其所激，往往惊绝。又喜行狎一作草书，皆可爱，故其虽短章醉墨，落笔争为人所传，天下之士闻其名而慕，见其所传而喜，往揖其貌而竦，听其论而惊以服，久与其居而不能舍以去也。居数年，复一作二年后得湖州长史。庆历八年十二月某日，以疾卒于苏州，享年四十有一。君先娶郑氏，后娶杜氏，三子，长曰泌，将作监主簿，次曰液，曰激，二女，长适前进士陈絃，次尚幼。初君得罪时，以奏用钱为盗，无敢辨其冤者，自君卒后，天子感悟，凡所被逐之臣复召用，一有令字皆显列于朝，而至今无复为君言者，宜其欲求伸于地下也。宜予述其得罪以死之详，而使后世知其有以也。既又长言以为之辞，庶几并写予之所以哀君者。其辞曰：谓为无力兮，孰击而去之。谓为有力兮，胡不反子之归。岂彼能兮一作而此不为，善百誉而不进兮。一毁终世以颠挤，荒孰问兮，杳难知。嗟子之中兮，有韫而无施，文章发耀兮，星日光辉。虽冥冥以掩恨兮，不一作宜昭昭其永垂。

《祭苏子美文》

哀哀子美，命止斯邪。小人之幸，君子之嗟。子美之心，胸蟠龙蛇。风云变化，雨雹交加。忽然挥斧，霹雳轰车。人有遭之，心惊胆落。震仆如麻，须臾霁止。而回顾百里，山川草木，开发萌芽。子于文章，雄豪放肆有如此者，吁可怪耶！嗟乎！世人知此而已。贪悦其外，不窥其内。欲知子心，穷达之际，金石虽坚，尚可破碎。子于穷达，始终仁义。唯久不知，乃穷至此，蕴而不见，遂以没地。独留文章，照耀后世。嗟世之愚，掩抑毁伤。譬如磨鉴，不灭愈光。一世之短，万世之长。其间得失，不待较量。哀哀子美，来举予觞。

《蔡端明集·祭苏子美文》

谨以庶羞之奠，致祭于亡友子美之灵。世之推天者，谓仁贤宜寿。而暴贼宜天，苟反于是。祸福之应，则为无有。子美之亡，悼惜者多。而或归天咎，大造钧施。授受小大兮孰为薄厚，谓仁而贤。行已适中兮自期不朽，岂校岁年。龟蛇木石兮如是远久，差嗟子美。其中则丰兮，其外则屯。文词涵浩，海涌天旋兮莫见涯垠。动作流行，麒麟凤凰兮，指目于人。下视世俗可呕而嗜兮，可悦而颦。众力一举，哗言一发兮，罗致以文，用是以困。垂尾不掉兮，天泽之渍。世之所嗟，年不克永兮，志不克伸。行信于友，言行于后兮，斯其不泯。平昔子居吴，余守于闽兮，相去无几，音问之来，放意自虞兮，穷通一指。庆历之末，余罹大祸兮，退伏田里，子以书词，尉唁谆谆兮，无或丧死。曾不隔日，闻子信音兮，痛彻肝髓，礼法之制，不行吊问兮，哀伤而已。今也告服道出吴门兮，子殡于此。有觞列前，曾不食饮兮，非平生比。眉面笑言或仿佛兮，子其降止。予年四十，发白生颠兮，朋友雕离。人当不多知我则少兮，子独何之。殁者已矣，生者蜉蝣兮，谁乐谁悲，神乎来哉，荐以达哀兮，侑之以词尚飨。僧秘演笔录子美有赠秘演诗，中有"垂颐孤坐若痴虎，眼吻开合犹光精"之句，人谓与演写真。演颡额方厚，顾视徐缓，喉中含其声，常若鼾睡。然其始云，眼吻开合无光精，演以浓笔涂去"无"字，自改为"犹"。子美诟之，演曰，吾尚活，岂当曰无光精邪？又有一联云，卖药得钱秖沽酒，一饮数斗犹惺惺，又都抹去，苏曰："吾之作，

谁敢点窜邪？"演曰："君之诗出则传四海，吾不能断，辈酒为浮屠罪人，何堪更为君诗所暴？"子美笑而从之，珍席放谈。子美年二十一上疏，极为切至，后以祠会弃蹶不振，未五十沦亡，良可叹惋。然而是亦韩文公所谓柳子厚少时不自贵重顾籍者也。

《清波杂志》

奏邸祀神之狱，世但知苏子美为杜祁公婿，欲并以倾之。时同监进奏院右班殿直刘巽，亦遭除勒。朝士自翰林学士王洙以降，连坐逐去者凡十人，众皆惜之。然其间有服惨未除而与此妓乐会者，亦岂俱出于文致耶。

《梁溪漫志》

苏子美与欧阳公书，苏子美奏邸之狱，当时小人借此以倾杜祁公、范文正。同时贬逐者，皆名士，奸人至有"一网打尽"之语。独韩魏公、赵康靖论捄之而不能回也，其得罪在庆历四年之十一月，时欧阳公按察河北，子美贻书自辨于公，词极愤激，而集中不载，今录于此，以补史所遗者云。舜钦再拜，冬凛。伏惟按部外，起居安裕。前月尝拜书，甚疏略。必已通呈，舜钦不晓世病，蹈此祸机，虽为知己者羞，而内省实无所愧，恐流言奉惑，不避缕述。自杜丈入相已来，群公日相攻谤，非一端也。九月末间，尝与子渐胜之邸中小饮，之翰君谟见过。胜之言论之间，时有高处，二谏因与之办折。本皆戏谑，又无过言，此亦吾曹常事。不一二日，朝中喧然以谓谤及时政，吁可骇也。故台中奏疏，赵祐怒二谏，尝论其不才故也。天子辨其诬，不下其削，台中郁然不快，无所泄愤，因本院神会，又意君谟预焉。<small>时君谟与赴会诸君同出馆过邸门。</small>于是再削。其削亦留中不出，诸台益忿，重以秽渎之语上闻，列章隲进，取必于君，知二相胆薄畏事，必不敢开口以辩。既而起狱，震动都邑，又使刻薄之吏当之。<small>陶翼，本宪丧所举中人追狎席客，皆翼之请也。</small>希望者，葛宗古，滕宗谅张亢所用官钱钜万，复有入已，惟范公横身当之，皆得末减。非范公私此三人，于朝廷大体实有所补多矣。国朝本以仁爱抚天下，常用宽典，今一旦台中蓄私憾，结党绳小过以陷人。审刑持深文以逞志，伤本朝仁厚之风，当涂者得不疾首而叹息也。舜钦年将四十矣，齿摇发苍，才为大理评事，廪禄所入不足充衣食，往复不能与凶邪之人相就近，今得脱去仕籍，非不幸也。自以所学教后生，作商贾于世，必未至饿死，故当缄口远遁不复更云，但以遭此构陷，累及他人，故愤懑之气不能自平，时复岭嵯于胸中，一夕三起，茫然天地间无所起诉。天子仁圣，必不容奸吏之如此，但举朝无一言以辨之，此可悲也。<small>掖垣诸君，列章论馆中人，此自古未有，唯赵叔平不署，且有削，极言辨之，可重可重。</small>舜钦素为永叔奖爱，故粗写大概，幸观过而见察也。苦寒伏望保重不宣，舜钦再拜。欧阳公书其后云子美可哀，吾恨不能为之言，又联书一行云。子美可哀，吾恨不能言，盖公已自谏省出矣。予近见子美墨迹一卷，皆自书其所作诗，行草烂然，龙蛇飞动。其中有独酌一诗云：一酌浇肠俗虑奔，鹦微鹏大岂堪论。楚灵当日能知此，肯入沧江作旅魂。卷尾题云庆历乙酉十月书于姑苏驿舍。考其沽激，深致其文，枷掠妓人，无所不至，设有自诬者，则席宾皆遭污辱矣，且进邸神会比年皆然，亦尝上闻。盖是公宴台中，谓去端闻不远，以权货务较之孰近？<small>权务后邸中两日作会，去盎若谓费用过当，以商税院比之孰多？</small>舜钦或非时为会，聚集不肖，则是可责也。原叔、济叔辈，皆当世雅才，朝廷遵用之人，因事燕集，安足为过？卖故纸钱，旧已奏闻，本院自来支使判署，文记前后甚明，况都下他局亦然。<small>不系诸处帐管。</small>比之外郡杂收钱，岂有异也。<small>外郡于官地种物，收利之类甚多，下至粪土柴蒿之物，往往取之以助廷会。</small>当时本恶于胥吏辈,率醵过多,遂与同官各出俸钱外,更于其钱中支与相兼。皆是祠祭燕会,上下饮良共费之。今以监主自盗,定罪减死一等科断使除名为民,与贪吏掊官物入己者一同。始府中敕断追两官罚铜二十斤,后六日府中复遣文来,取出身文字。殊不晓。阁下观其事,察其情,岂当然乎!舜钦虽不足惜,为国计者岂不惜法乎。自有他条不用。私贷官物,有文记准监论,不至除名,判署者五匹,杖九十,其法甚轻。审刑者自为重轻,不由二府,苟务快意,坏乱典刑。丁度怒京兆不逐之翰也。二相恐栗畏缩,自保其位,心知非是,不肯开言。上有怒意,皆不敢承当。复令坐客,因饮食被刑,斥逐奔窜,衔愤沥血,无人哀矜,名辱身冤,为仇者所快。辇毂之下尚尔,远民冤滥,孰肯更为辨之。近时盖是被罪之明年居沧浪时所书,其诗语闲放旷达如此。或谓流落幽忧以,终非。魏泰东笔轩录子美谪居吴中,欲游丹阳,潘师旦深不欲其来,宣言于人欲拒,子美作水调歌头有《拟借寒潭垂钓,又恐鸥鸟相猜,不肯傍青纶》之句,盖为是也。姓氏遥华舜钦卖故纸,祠神会客,李定欲与会,子美拒之,遂构大狱。舜钦坐除名,废居苏州,买水石作沧浪亭,居二年,复湖州长吏。初杜衍爱其才,以女妻之。

《黄氏日抄·苏氏文集序》

欧阳文忠公为子美而作,盖伤其不遇也。

《玉照新志》

欧阳文忠公诗云:苏子美挽辞,秦邸狱冤谁与辨,高桥客死世通悲,以为用事亲切,而世不知高桥客死之义。后来绍兴中,秦熺势方鼎盛,尝托其客陆升之仲高,下问明清,偶省记得见。

《吴地记》

后汉梁鸿客食吴门,死于高桥,而子美亦然因以告之,熺甚以赏激。未几会之殂,熺亦逐矣。

苏澄

宋《范忠宣公集·故朝奉
大夫知华州苏君墓志铭》

君讳澄,字道渊,河南人也。曾祖讳易简,事太宗皇帝,为礼部侍郎,参知政事,赠太师尚书令兼中书令。其先世爵里、族望皆见于国史。祖讳耆,工部郎中,直集贤院,赠礼部侍郎。父讳舜宾,大理评事,赠光禄卿,侍郎生三子。舜元、舜钦及光禄,俱以能文章,善草隶得名当世。光禄不幸早亡,母夫人韩氏,参知政事忠显公之息女,今丞相观文殿学士南阳公之女兄也。生君一子而先婺,见其神意爽异,曰:"此子吾可托其终也。"遂自誓不复嫁,教养勤至,尽养母之道。未成童,以外祖参知政事忠宪公荫,补试秘书省校书,参知政事康靖李公,与忠宪公有管鲍之契,见君于韩氏,奇之,妻以其子邯郸公之女,后封仁寿县君。君既冠,奏为蔡州观察支使,移曹州二州,皆在钱修懿公幕下。君虽尚少,凡参决政务,人乐其平,狱讼者多愿得苏君决之。故钱修懿公屡举君于朝,移信阳军罗山令,

采历代为令者之美政集为一编，目曰《令长故事》，常法而行之。用荐者迁大理寺丞，知绛州太平县移河南府寿安县。为教条约束，简而中理，后令罕能增损之者。初作永昭陵，近陵之邑，皆供其役，部使以为令者难其人，遂檄君摄偃师县。民免驱迫，而事不愆素，课为诸邑最，使者交荐之，以劳加骑都尉，拜太子中舍，迁殿中丞。秩满知同州澄城县，改国子博士。既去而民思之，以邑与君同名，至今犹多称为北县，通判兴元府，迁虞部员外郎，又移通判原州。未之官，丞相吴正献公为三司使，荐君勾当京南排岸司，会朝廷更司农常平力役之法，议欲自西都为始而推行之，君被选为通判河南府，以司其事。迁比部事，就召还除提举司勾当公事，改三司勾当公事。未几，擢为度支判官，出知绛州，赐封，上面加慰谕，改知真州，迁驾部，会岁饥，民之疲羸流冗者遍其境，君发廪赈贷，或饷以糜粥，存活者不可胜计。朝廷擢为江东提点刑狱公事，兼常平农田水利差役监事部占。大江公私舟船，苦于风涛覆溺而莫知避免，君奏并江凿小河数十以纾其患，人皆赖之。还朝，出知草州，会更官制，改朝请郎，又请知华州，迁朝奉大夫，时朝廷兴师西讨，州当诸路之冲，调发供饷，名数浩繁，期会促急，君施为应接，皆得其宜。故先事而边用毕集，然君亦积劳成疾矣。以元丰五年三月二十七日卒于位，年五十有二。华民为之罢市，讣至都，君之叔舅令枢密韩公因奏事，语及君之才，不幸早卒，而老母在堂，上为之嗟悼。君事韩夫人笃于教谨，非公事宾客未尝左右，承颜养志，曲尽其方，庭闱之间，怡怡如也。或太夫人辞气小异，则不敢寝食，至复常乃安。晚喜禅学，深悟理性，虽家人不见喜愠之色。临终，神意不乱。君为人温厚寡言，事朋友尽诚，久而益恭接物有仪检，见者皆嗟爱之。其家世姻戚虽多公相贵盛，而任官升进，未尝藉以为资，皆自以才选。所至学校，以教养士类为风化之本。有文集三卷奏议二卷。男三人，长曰之纯，婺州观察推官，次曰之才，孟州司法参军，次曰之武，早卒。女二人未嫁，孙男一人，孙女三人尚幼，其孤以某年某月某日葬君于河南府河南县太尉乡尹樊村万安山之原，以予与君葭莩之末忠良乞行窀逐，庆基等再被降谪，之纯朋邪苟容，望赐点责诏之纯宝文阁直学士，降授宝文阁待制差知单州。拯又言前端明殿学士知定州。苏轼落职，知英州。按轼敢以私忿形于制诰，厚诬丑诋。轼于先帝不臣其矣，王得君愤甚诬诋之甚，上书言之，旋被遣斥以死，秦观浮薄小人，影附于轼。请正轼之罪，褫观职任，以示天下后世。诏苏轼合叙复日未得与叙复。秦观落馆阁校勘，添差监处州茶监酒税。六月甲戌，太中大夫知汝州。苏辙特授左朝议大夫，知袁州左承议郎，新差知英州。苏轼授宁远军节度副使，惠州安置。余见党籍史子朴语或问苏子瞻曰其禀资也，明其受气也，刚其事君也，直其牧民也，惠曰：其文何如？曰：炳炳乎冠于近世之作者矣。问子由，曰：才不逮厥兄，学则粹。

《鹤林玉露》

朱文公云：二苏以精深敏妙之文，煽倾危变幻之习。又云：早拾苏张之绪馀，晚醉佛老之糟粕，余谓此文公二十八字弹文也。自程、苏相攻，其徒各右其师。孝宗最重大苏之文，御制序赞，特赠太师，学者翕然诵读，所谓人传元祐之学，家有眉山之书，盖纪实也。文公每与其徒言苏氏之学坏人心术，学校尤宜禁绝，编楚词后语，坡公诰赋皆不取。唯收胡麻赋，以其文类橘颂编，名臣言行录于坡公，议论所取甚少。

《朱子语续录》

两苏既无自致道之才，又不曾遇人指示，故皆鹘突无是处，人岂可以一己所见，只管镵去,谓此是我自得,不是听得人底。

《指掌图》

非东坡所为。

《古藤郡志》

二苏先生轼辙绍圣初,南逾琼雷,道经是州,见其风景,清致似钱塘,故盘桓于此。浮金亭、流杯桥、江月楼,皆二公啸傲之地。其文章事业,载在简典,兹不必录。有诗见文翰类。

《元一统志》

苏轼自惠再谪昌化,弟辙亦贬雷州,相遇于藤,同途至雷坡。有诗云:松如迁客老,酒似使君醇。系舟藤城下,弄月镡江滨。江月夜夜好,云山朝朝新。

卷之三千五百十九 九真

门

两汉端门

《晋书·天文志》

太微三光之庭,南四星执法,中端门,左右掖门,后旁一星将位。注:端门,太微正南。

《汉书》

襄楷上疏曰:去岁五月,荧惑入太微,犯帝坐,出端门,不轨常道。今年岁星久守太微,逆㵫至掖门,还切执法。注云:天官书曰:太微南四星中为端门,轨犹依也。又曰:端门左右星为掖门,太微南四星为执法切,谓迫近也。

《百官志》

桓帝元嘉二年,大将军冀朝到端门,若龙门谒者将引。

《礼仪志》

冬夏至,太史令八能士坐于端门左塾。

《左雄传》

孝廉先诣公府,副之端门,练其虚实。

《马融传》

召诣对策于北宫端门。又洛阳宫有南端门。

《东汉会要》

南端门,阖门也,南方正门。

《东京赋》

启南端之特闱,立应门之将将是也。

《雍录备对》

凡宫中之正门皆可名端门,文帝初入未央宫,有谒者持戟端门。师古曰:殿之正门也。

《西京赋》

立金人于端闱。注:端闱,正门也。黄图曰:秦营宫室,端门四达。

《昌邑王传》

鼠舞端门。师古曰:正门也,则是殿之四面,凡其正出之门,皆可名为端门也。

《玉海》

《周礼·大仆》:大寝门外。注:内朝之中。如今宫殿端门下。

《洛阳宫舍记》

洛阳有端门。薛综曰:端门,南方正门。

掖门

《晋书·天文志》

太微南四星执法中端门,左右掖门。

《汉书·吕后纪》

刘章从勃请卒千人入未央宫掖门。注:非正门而在两旁,若人之臂掖。应邵云:言在司马门之旁掖也。

《百官志》

北宫朱雀司马主南掖门,员吏四人,卫士百二十四人。

又《杨恽传》

高昌侯车奔入北掖门。

又《成帝纪》

建始三年七月,虒上小女陈持弓闻大水至,走入横城门阑,入尚方掖门。应邵曰:掖门

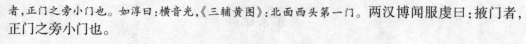

者,正门之旁小门也。如淳曰:掖音光,《三辅黄图》:北面西头第一门。两汉博闻服虔曰:掖门者,正门之旁小门也。

《雍录备对》

《御览》曰:出禁省为殿门外,出大道为掖门,则不特夹立正门之旁乃为掖门,虽殿门外他出之门皆可名为掖门也。

汉《薛宣传》

宣子况令杨明遮斫申咸于宫门外,庭尉直议曰:本争私变,虽于掖门外伤咸与凡斗无异,此则殿外有门可出通衢者,皆名掖门之证也。

《洛阳志》

洛阳有南掖、北掖、东掖、西掖、左掖、右掖、虎贲掖门。

《汉宫记》

上西门一水,自千秋门南流,迳神虎门下,东对云龙门,又南迳通门掖门。

司马门

《史记》注

裴骃曰:凡言司马门者,在宫垣之内,兵卫所在,四面皆有司马主武事,故谓宫之外门为司马门也。索隐曰:按天子门,有兵栏曰司马门。

《丹阳记》

司马门之名起汉世,按《列女传》:钟离春诣齐司马门。《史记》又云:司马欣请事,咸留司马门三日。是则名起战国,非独汉也。

《吴越春秋·勾践归国传》

范蠡曰:天地卒号以著其实,名东武,起游台其上,东南为司马门,立增楼。增与层同。冠其山巅,以为灵台,至秦亦有之。

贾谊《新书》

天子宫门曰司马门。

《雍录备对》

宫门四面皆有司马门,自入司马门则为禁中。

《西汉书·百官表》

有公车司马令丞属卫尉，注：师古曰：汉官仪云，公车司马掌殿司马门，夜徼宫中，天下上书及阙下凡征召皆总领之，今秩六百石，聘贤才，违达章奏，张释之卫林等事见官制。

《纪》

高帝七年二月，萧何造未央宫主东阙北阙。注：未英宫殿虽南面，而上书奏事谒见之徒，皆诣北阙，公车司马门在焉。《周礼》：宫正几其出入。郑司农注：若今时无引籍不得入宫，司马殿门。疏：汉宫殿门，每门皆使司马一人守门，比千石，皆号司马殿门。

《东方朔传》

武帝为窦太主置酒宣室，使引内董偃，朔辟戟而前曰：董偃有斩罪三，安得入乎？上默然不应。良久曰：吾业以设，饮后而改之。朔曰不可。夫宣室者，先帝之正处也。非法度之政不得入焉。故淫乱之渐，其变为篡，是以竖刁为淫而易牙作患，庆父死而鲁国全，诛管蔡而周室安，上有诏止。更置酒北宫，引董君从东司马门，后更名东交门。

东方朔

《张释之传》

释之为公车令，太子与梁王共车入朝，不下司马门。如淳曰：宫卫令诸出入殿门公车司马门，乘轺传者皆下，不如令，罚金四两。于是释之追止太子梁王无得入殿门，遂劾不下公门不敬。奏之薄太后，文帝免冠谢曰：教儿子不谨，蒲太后乃使使承诏赦太子梁王，然后得入。

《成帝纪》

永始元年七月，诏曰：朕执德不固，谋不尽下，过听将作大匠万年言：昌陵三年可成，作治五年，中陵司马殿门内尚未加功。如淳曰：陵中有司马殿门，如生时制也。臣瓒曰：天子之藏圹中无司马殿门也，此谓陵上寝殿及司马门也，时皆未作之。故曰尚未加功。师古曰：中陵，陵中正寝也，司马殿门内，瓒说是也。又绥和二年八月庚申，郑通里男子王襄衣绛衣小冠带剑入北司马门，殿东门。师古曰：入北司马门，又入殿之东门也。成帝永始四年，未央宫东司马门灾。

《汉书·王莽传》

莽改公车司马门曰王路四门。郭祚作祚迁尚书右仆射，故事令仆中丞驺唱而入宫门，至于马道。及祚为仆射，以为非尽敬之宜，言于世宗，帝纳之，诏御在太极，唱至公车门，御在朝堂，唱至司马门，驺唱不入宫，自此始也。汉宫殿名洛阳有司马门。

《东汉书·宗室传》

赵惠王乾居父丧，白衣出司马门，坐削中丘县。注：诸侯王宫门有丘卫，亦为司马门，

杨雄《校猎赋》:虎路三峻以为司马,围经百里,而为殿门。注:应邵曰:外门为司马门,殿门在内也。

公车门

《三辅黄图》

未央长乐甘泉宫,四面皆有公车。公车主受章疏之所。《后汉书》注:公车门名,公车所在,因以名焉。

《史记》

东方朔至公车上书,凡用三千奏牍,公车令两人共持举其书。

《西汉书·杜延年传》

田千秋召中二千石博士,会公车门议问法。朱买臣诣阙上书,久之不报,待诏公车。又东郭先生待诏公车。隽不疑、暴胜之荐诣公车拜青州刺史,后为京兆尹。始元五年有男子诣北阙,自谓卫太子,公车以闻,不疑叱从吏收缚。注:师古曰:公车主受章奏者。丙吉为丞相,驭吏尝出,见驿吏持白囊边郡发奔命书,驭吏至公车刺取。刘向云:章交公车。咸帝建始三年十二月,举贤良方正能直言极谏之士诣公车。永始二年,举淳朴行义诣公车。谷永建始三年,举直言对策待诏公车。哀帝诏举明兵法有大虑各一人,将军二人,诣公车。孔光,元寿元年正月,召诣公车,问日食事。又元始元年日食,谯玄诣公车对策,拜议郎。平帝元始二年秋,举勇武有节,明兵法,郡一人诣公车。公孙弘子度,为山阳太守,诏召钜野令史成诣公车,不遣,坐论为城旦。元始中,诏召公孙弘子孙为后者诣公车。师丹召诣公车。

《西域传》

武帝诏曰:公车方士以为吉。

《五行志》

有公车大谁卒。注:主门非常之人,因以名官,有大谁长。石显赞张猛,今自杀公车。

《东汉书》

光武建武七年四月壬午,举贤良方正遣诣公车。章帝建初五年,二月庚辰朔,举直言拯谏,遣诣公车。和帝永元六年三月丙寅,举贤良直言遣诣公车。灵帝中平元年三月壬子,诏举列将子及史氏有明战阵之略者诣公车。

《列传》

赵憙,光武引见赐鞍马,待诏公车。鲁恭举直言待诏公车,拜中牟令。尹敏,建武二

年,待诏公车,拜郎中。第五伦为会稽太守,永平五年,坐法,吏民上书守阙,是时显宗方按梁松事,亦多为松讼者,帝诏公车,诸为梁氏及会稽太守上书者,勿复受。樊准上疏曰:宜下明诏,如赵孝承宫者,召诣公车。承宫,永平中拜博士,淳于恭,肃宗除议郎。崔实,桓帝初对策。马融,举淳朴对策。皆诣公车。杨秉、赐彪、黄琼、杨厚、荀爽、左雄、张衡、李充、杜根、皇甫规、郑均、戴封、周紏、桥玄、汝郁、侯瑾等,皆公车召。安帝临政之初,公车礼聘冯良,周变爕等。郑玄公车再召。薛包,建光中,种岱,桓帝时,公车特召。董扶,公车三召。毛义,明帝时,郑太灵帝对公车召不就。

王符《爱日篇》

明帝时,公车以反支日不受章奏,帝曰:民废农桑,远来诣阙,而复拘以禁忌,岂为政之意乎,遂蠲其制。丁鸿禀食公车。寒朗,永初二年荐为博士,召诣公车。郎顗,阳嘉二年正月,公车召,乃诣阙拜章。书奏:帝复使对尚书,条便宜七事。苏不韦召诣公车。樊英,建光元年,诏公车赐策书召英等六人。唯郎宗杨伦到洛阳,永建四年三月,为英设坛。帝令公车令导尚书奉引,赐几杖,待以师传礼。郎宗诣公车对策,陈灾异。余见司马门。

金马门

《西汉书·公孙弘传》

弘应贤良文学诏,时对策者百馀人,天子擢弘对为第一,拜为博士,待诏金马门。注:如淳曰:武帝时相马者东门京作《铜马法》献之,立马于鲁班门外,更名鲁班门为金马门。

《东方朔传》

臣言可用,幸异其礼。不可用,罢之。无令但索长安米。上大笑因使待诏金马门,稍得亲近。

《霍光传》

出昌邑群臣,置金马门外。

《艺文志》

有待诏金马聊苍三篇。注:赵人,武帝时,师古曰:严助传作瞵苍,而此志作聊,未知孰是。

《三辅黄图》

金马门,宦者署在未央宫,武帝得大宛马以铜铸象立于署门,因以为名。东方朔,主父偃,严安,徐乐,皆待诏金马门,即此。

《史记·滑稽传》

金马门者,宦署门也。门旁有铜马,故谓之金马门。又东方朔行殿中,郎谓之曰:人

皆以先生为狂。朔曰：如朔等，所谓避世于朝廷间者也。古之人乃避世于深山中，时坐席中酒酣据地歌曰：陆沉于俗，避世金马门，宫殿中可以避世全身，何必深山之中，蒿庐之下。

《文选·两都赋序》

武宣之世，乃崇礼官，考文章，内设金马、石渠之署，外与乐府协律之事。注：金马门，宦者署。汉时有贤良，并待诏于此。又金闺诸彦，兰台群英。注：金闺，金马门也，华峤书明帝至长安，取飞廉并铜马，置上西门平乐观。

故张平子《东京赋》

曰：平乐都场，天马半汉。陆机《洛阳记》：金马门外聚群贤，铜驼陌上集少年。

高似孙《纬略》

公孙弘征贤良文学，擢对第一，拜博士，待诏金马门。贾捐之上疏言得失，待诏金马门，东方朔、主父偃、严安、徐乐皆待诏金马门。宣帝时，修武帝故事，讲论六艺群书，博尽奇异之好，征能为楚辞，被公召见诵读，益召高才刘向。张子侨、华龙、柳褒待诏金马门。元帝时，郑用上疏，言许史子弟章视周堪，堪白令待诏金马门。冯商，长安人，成帝时，以能属文，待诏金马门。《高氏纬略》曰：待诏金马门，汉盛选也。以汉之久，而膺此选者仅若此耳，殊不轻畀也。李白诗：晨趋紫禁中，夕待金马诏。刘禹锡诗：籍通金马门，身在铜驼陌。李端诗：汉主金门正召才，马卿多病自迟回。郑谷诗：贵为金马客，雅称水郎曹。

班固《西都赋》

又有承明金马著作之庭。大雅宏达，于兹为群，启发篇章，校理秘文，又有兰台金门，递宿迭居，杨雄傅历金门，上玉堂。应劭曰：金门，金马门也。又公孙创业于金马。玉堂云：日静鲁班门，风轻董贤馆。三场文选元陈植金马门赋。序曰：按《汉书》注，未央宫四门，金马门其一也。汉武帝得大宛马，铸像立鲁班门，因改金马。或曰东门京作《相马法》所铸也。公孙弘待诏金马门，在建元二年，伐宛之事乃在元狩之后，非由宛马明矣。然愚意武帝好马，安知非得宛马而使京铸之耶，马史好奇，又安知其不追书之耶，乃本得大宛马，作《金马门赋》，其辞曰：

玉关浩兮凯歌，昆明澹兮息波。宛驹踏月以西人，金马倚空而嵯峨。系武皇之锐志，奋拔山而誓河，怀汗血于万里。涉滇溟而挥戈，伟丰毛之神异，鼓天辅之至和，炼棠溪之精粹，范凤翼而摩桫于是东门。京技献其奇巧，鲁般门名易其传讹，此金马为待诏之署。所以名千载而不磨也钦，想夫是门也。未央蝉联，辂辀旁午，鳌脊摩空，璇题刷雾，通义娥之往还，俨凤鸾之轩翥，鼙牙撑挂，兀闾阎之中天。洞豁唅呀，辟昆仑乎太古。忽金马之当前，蹇踌躇而若顾，磨瞳射影于铜铺，铸鬣浮光于琼户，天开晓阗，惊荥水之出图。月殿夜辉，与铜仙而共语，兽环摇压，辔之玲珑，鱼钥振连，钱之络组。尔其驯仪丹陛，驻采黄扉，匪仗杯之献舞，兀立仗而不嘶，"夭矫九重"之龙出，晶荧两观之晕飞。至若虎拆严宵，鸡筹报晓，朝剑迎花，春旗拂柳，乱锦鞯之银鞍，恍瑶池之筋酒，羌仿佛乎殿后之鞭，非追旋乎左骖之掉，通嵬诣之严凝，冠天梁之焜耀，宜夫擅禁御之清华，为诸贤之待诏。若乃禁扃靖密，列署岧峣，八骏戒驭，群龙满朝，瞻翠华于双阙，遣鸾韵于九霄。佩缤纷兮璁瑀，冠葳蕤兮蝉貂，袖天香之馥郁，随云驾之飘摇，尔乃缙绅俊彦，日从曰倍公孙大庭之

对，相如词赋之材，主父严徐之雄辩，杂以曼倩之诙谐，或朝奏而暮召，或徒步而鼎台，朝夕乎论思之献，揄扬乎盛德之培，虽望之与更生，亦相继于后来，咸展骋乎长途之骥，而下视乎伏枥之驹。吁不荣矣哉！然而武皇好贤，固形于跅弛之思与泛驾之谕，而多欲之害，不免夸于天马之歌，与襄蹄之铸，虽麒麟天禄，盛著于图书之府，而射熊属玉，乃见于列宇之数。不其欲贤之人而闭之门，冀士之至而塞之路耶？矧骥德之良，不尚于天人三策之老，而绕指之柔，徒取于曲学阿世之侜，则吾于助也，数子其又何尤也。昔骏骨之市，燕昭有金台之崇。千里之郂，文帝惜露台之费，且范蠡之金，尚夫报功之诚，子期之金，亦叹知音之意。而世方慕乎汉世待诏之迹荣，羡夫汉世金马之名美也。然金碑之选，有睹于黄门之牧，骠骑之举，有得于马前之与，则武皇金马之署，讵可以过非，而待诏之选，又可以厚诬也哉。呜呼！建章雾沉，未央烟灭，露盘荒凉，铜驼荆棘，石龙鳞甲，飞动于劫灰之堼，而茂陵石马，感慨于秋风之客。于是时也，吾意天马之在人间，不为龙剑之遁深渊，则门入乎天门之空碧，安得起相如之辈，挟东方之徒，而相与访金马之遗迹也哉。

又《邹选赋》云

太白之精，房宿之英，光芒相射，妙合而凝。方其丽水沉星麟州碎月，霞影初分，电光乍掣，摩尼炯炯，不足拟其容，丹砂的的不足喻其色。若乃海若献瑞，冯夷效祥，不沙而水自澄，不汰而石自扬，碎秋菊而有声，屑天桂而无香。锦鳞璀粲，橘柚焜煌，匪炼乎铅汞之仙，无藉乎火剂之良，爰筐而筐，爰袭而藏。泣鬼母于秋郊，挽白帝于西方，偕来贡于九牧，杂三品于荆扬。于时火德方殷，炎风乍扇，适荣河之孕瑞，溯西极以来献。批以下赋马语俊逸。观其渥洼异产，月窟殊姿，虎文隐见，龙骨权奇，目夹镜之明。臆双凫之飞，饮河而水有声，涉道而尘不知。朝渫乎阆风，夕次乎咸池，飘若鹭鸿，矫若游龙。一嘶而胆气雄，再振而冀北空。星流霆发，珠洒汗血，雄姿远态，难可备述。既无图骏之工，熟写荣河之骨。批此转巧于是戒冶氏，命炎官，像天地之为炉，效阴阳之为炭。方青白之胶戾，忽涌跃以自见，惨淡经营，神奇变幻，斯须黄龙，出于九重。不嘶而气如虹，不动而耳生风。批其气烨，然绝欲飞去。陋青玉之骢，鄙拳毛之贼，跷乎若奔跋乎欲前，伯乐貌之，骇其骨之竦。王良遇之，怪其神之存。此汉人之所谓金马而立夫未夫之门者也。批一语捎上，有千钧之力。是门也，阖则象坤，关则象乾，将相于此乎出入，政令于此乎布宣。盖所以闲天下之邪，来天下之贤者也。批此赋待诏感赏得体。是宜严安上书，徐乐陈策，给事乎其间，待诏乎其侧。此时人所以贵金马之登，而慕金马之客也。吾尝历长安，访陈迹，至未央之墟而重为金马惜也。是何江都老仲舒之贤，河南摈汲黯之直，而待诏是门者。严徐之辈，启边塞之功，曼倩之伦，谈神仙之术。遂使海上之童不返，塞北之血涂地。何一人之未悟，致万姓之憔悴。想金马于是时，恨不为獬豸之当户，触数子而远去。不然当为金铜之仙，堕清泪之涟涟。向非衷由天启，脐悔自噬，下轮台之诏，为富民之计，则是马也。得不如晋宫之铜驼，流落荆刺之阿，如唐宫之石马，凄凉绝壁之下。又安得返吾丽水之渊，归吾月氏之野哉。批：此以下怀古之意，悠然于言外，有思致，有议论，读之令人慨然。又批：使金马有知，当不恨无知音。方今礼以为门，仁以为宅，匪金之金而取夫良，金之质，非马之马而取夫良骥之德。又况披沙拣金，有大冶之精，执策临马，有伯乐之明。吾将利吾之金，策吾之骥，由乎礼门而求见知于扰龙氏也。

又《冯奖翁赋》云

未央巉曛，石渠崔嵬，外有广署，东门洞开。轶云烟于缥缈，与日月而徘徊，当关级文

石之玉，启钥响铜环之雷，却长夏而无暑，纳祥飚而不埃，邻方壶于蓬岛，迩间阖于萧台。乃有东门之子，伯乐是师，慨良马之不乏，惧时人之未知，铸严道首山之产，效渥洼瑶水之资。或凫胸而凤臆，或虎脊而龙鬈，隐隐兰筋之脊，亭亭竹耳之批。势历块以如跃，意乘风而欲驰，备倜傥之殊状，诣明廷而献之。诏立署门之外，实为索骏之仪，此金马所以得名，而待诏者往往于斯也。嗟夫燕昭重骏，名马四来，汉皇好士，麋至奇才，妙相求而相应，果孰挽而孰推。凡器能之卓荦，及抱负之玮瑰，愿离蔬而释蘦，或弃草而遣菜，或识量之宏达，或见闻之博该，或恤民于宽裕，或寓谏于诙谐。英气炳长虹之吐，当中耿列宿之徘，济济令仪，宛曙色之霞举，洋洋崇论，动天颜之霁回。置金马之名署，待玉音于九垓。所可知者，严安、徐乐之辈，方朔，公孙之侪，后来多士，数不能枚。连尻睢而属背项者，盖莫非人品之龙媒，想其待诏斯门也。曷言曷否，斟酌论思，孰可为民生之益，孰可为圣德之裨。既经营于丹府，将献纳乎赤墀，优游暇日，畅叙襟期，曳裾纵步，容与自怡，徜徉乎厦屋，俯仰乎宏规，摩娑金铸，抚既权奇。敲铜声于骏骨，撼削铁于霜蹄。且赏且惜，载嗟载咨，盖与立杖不鸣者无异。徒系而不食之何为，反躬自省余才不羁，幸得试天门之步骤，非复如盐坂之低垂。金石之心，誓坚守于素节，犬马之报，期输忠于盛时。故自出入是门之后，即有功名建立之基。批：自余才不羁，以下数句有志不在温饱之气节勉之。呜呼！金马待诏，千古奇逢。第人心所未慊者，公孙曲学而取容。钦惟圣代，四海大同，奎章炳耀，璧府穿窿，招延人杰，敬礼儒宗。上金堤而步玉堂者，德行称孔门之骥，文章推学海之龙，以正学为泽润生民之本，使天下由礼门义路之中。□□嘉靖，皥皥时雍，则金马得人之盛，又何以笑今日之高风。

又《刘梦龙赋》云

玉关远域，葱岭遐陲，房宿垂耀，灵虬委蓼，钟为神物，驾风驱驰。系汉武之御极，挺英睿之圣资，慕龙驹之超逸，想天骥之权奇，驰神思于异域，欲奇兽之来归。于是诏巧匠，摭良规，煆丽水之奇瑶，鼓亦爂之炎辉，范仪容于纤悉，像形体于豪厘。置班门之要剧，若立杖而不嘶。惟兹门之改观，缘金马而名随，吾想夫金马之门也。守非虎豹，立有驹骏，铸鬣光浮于朱户，磨瞳影射于铜铺。月殿通辉，与铜仙而更吊，天关浮瑞，恍荥水之出图。鱼钥映辉而眸不眩，兽环撼响而神若惊。旸鸟东升，散骧形于枨阃，素蟾西陟，映腾影于觚棱。遇雨而疑其揩磨之色，因风而想其铿锵之声。盖驱驰乎君表之遇，非迫旋乎左骖之掉。孰究夫阴阳阖关之机，莫睹乎牝牡骊黄之妙，是宜接麒麟之揭揭，联白虎之渠渠。而千金之台，属玉之馆，有不足以俪美而联芳欤。乃有博通硕士，经济鸿儒，主父奏书之恳款。

相如献赋曰

天马去兮走灭漫，铸金马兮耀奇骨，流赭色兮目方瞳，侣群质兮镇高阙。羌方朔之诙谐，欲避世而徘徊，马作式于千古，唯有称乎贤之媒。又《艾云中赋》：按：《三辅黄图》云，金马门者，旧鲁般也。东门京以铜铸大宛名，马像献于武帝，乃立之于鲁般门外，遂更名焉，宦官居其中，厮役公孙弘，东方朔。主父偃、严安、徐乐等，皆尝待诏于此。因为赋之，以见汉武有事于大宛之意云。其辞曰：夫何大宛之神骏兮，炼炎精而孕金，非槽枥之可羁兮，实班门之所临。方屹立以观美兮，启多欲之初心。想其玉阙凌云，金铺耀日，檐牙荤飞，栋宇轩豁。琳珉经绣，黝恶丹漆，越九重之天禄，当未央之山兀，连桂宫而接昭阳，逾建章而近长乐。忽瑶墀之内转，俨

雄姿之卓荦，得非渥洼之产，荣河之龙，足立立兮蹄铁，耳批批兮削筒，肉骏碨磈而欲动，尾梢夭矫而含风，引入骨之兰筋，炯夹镜之双瞳，殆未数于骊黄。又何羡乎青骢，太仆睨之而神竦，汉武信之而志雄，曷不劳于汗血，而冠乎十有二闲之中。倘一日而千里，将气吞于西戎。惜乎！乃天地四九之数，而生成于大冶之工。嗟夫！广宫室之弘丽，极熔铸之英伟，非公输子不足以用其巧，非东门京不能以献其美，正所以夸柘境之弘模，岂特如立金人之十二。至若天禄之与麒麟。不遏欲要名而为虚器，然而并石渠之署，接承明之庐，虽宦官之攸止，实公卿之所之。俊纶音之涣发，将尧言而舜俞，有若公孙之贤良，方朔之诙谐，严乐之藻思，主父之多才，宜何事之弗净。又何民之不怀，犹土木之迭兴，事干戈之可哀，于是贰师黩武，大宛衔怨，辎重再兴，兵行以援，殆屠戬之无遗，始连鞍而归献。虽骒牝之三千，亦何偿于费羡。适有以张夸大之心，资穷荒之战。顾其责之有归，尚留心于封禅，苟力行以修德，若申公之可师。日千里其安欠，有祖训之是仪，何东门之匹夫，乃英明之是迷，启伏波之效尤，幸东都之盛时，莽荆棘兮荒凉，抚铜驼兮几霜。吾将吊金马于关中，策骅骝于帝乡也，群书足用体题。延贤著作之庭，内设校文之所。赋偶　铜像旁设，兰台外崇。　诏仍待于主父，业爰创于公孙。外接于兰台之境，傍联乎承明之庭。赋隔　张衡赋此，外爰设于兰台，迁史述之，傍亦从于铜马。

鲁班门

见上。

止车门

《水经注》

水央宫东有苍龙阙，阙内有止车门。

《史记》

武安侯田蚡罢朝，出止车门，召韩安国共载，怒曰：何为首鼠两端。洛阳宫名洛阳有止车门，又有东西止车门。

阊阖门

《水经注》

未央宫东有苍龙阙，阙内有阊阖、止车诸门。

《西京赋》

表□阙于闾阖。注：紫微宫门，名曰闾阖宫门，立阙为表，洛阳宫名洛阳，有闾阖门。魏明帝筑闾阖诸门，盖因汉旧也。

长秋门

《西汉书·武五子传》

长秋门，汉皇后宫门。

又《列传》

卫太子使舍人持节夜入未央宫殿长秋门，发长乐宫卫卒。

龙楼门

《西汉书·成帝纪》

帝为太子，好经书，宽博谨慎。初作桂宫，桂宫在城居近北，上尝急召太子出龙楼门，门楼上有铜龙，若白鹤飞廉，因以名。陆厥诗又点铜龙门。不敢绝驰道，西至直城门，得绝乃度，还入作室门，上迟之，问其故，以状对，上大悦，乃著令，太子得绝驰道云。长安城西出第二门曰直城门，宫殿疏曰：亦曰龙楼门，上有铜龙，本名直门。

铜龙门

禁扁门上有三铜柱，柱有三龙，因以为名。又东汉门名。

作室门

见龙楼门下。《西汉书·王莽传》：二日已酉，城中少年朱弟、张鱼等，恐见卤掠，趋谨，并利烧作室门，斧敬法闼。

建礼门

《玉海·汉典职》

尚书郎,主作文书起草,昼夜更直于建礼门内。见《文选》注。蔡质汉宫仪,宫北朱雀门,至止车门,内崇贤门,内建礼门。禁扁云北宫门也。

《文选》

任昉序曰:出入礼闱,注李善曰,《十州记》曰,崇礼闱,即尚书上省门,崇礼东建礼门,即尚书下省门。一作下舍门。二门名礼,故曰礼闱。

《蜀都赋》

宣化之闱,崇礼之闱,华阙双邈,重门洞开,金铺交映,玉题相辉。

青琐门

《玉海·宫阁簿》

青琐门在南宫,以青画户边镂中,故名青琐。汉旧仪,黄门郎属黄门令,日暮入对青琐门,拜名曰夕郎。洛阳宫名,又有青琐门。《汉书》:赤壁青琐。《西京赋》:青琐丹墀。李允德《阳殿赋》:青琐禁门。《楚辞》注:文如连琐。《车服志》:禁门曰黄闼,以中人主之,故曰黄门令。

《续后汉书·董卓传》

少帝即位,大将军何进,司隶校尉袁绍,谋诛阉宦,乃召卓将兵入朝,既而中常侍张让等反诛进,虎贲中郎将袁术烧南宫青琐门,与袁绍共诛宦官。让等劫帝及陈留王走北宫,夜至小平津乃止。又《王允传》:初平三年,董卓被诛,卓部曲将李傕郭汜等,先将兵在关东,因不自安,遂合谋为乱,攻围长安。城陷,吕布将走,驻马青琐门外,呼允曰:公可以去乎?允曰:若蒙社稷之灵,上安国家,吾之愿也。如其不获,则奉身以死之。朝廷幼少,恃我而已,临难苟免,吾不忍也,努力谢关东诸公,勤以国家为念。

礼城门

禁扁礼城门,西汉门名。

却胡门

禁扁即秦之磁石门也。

龙华门

禁扁西汉门也。

《续谈助》

汉武故事,望气者言宫中有蛊气,上又见一男子带剑入中龙华门,逐之弗获,上怒,闭长安城诸宫门,索十二日不得,乃止。

殿东门

《西汉会要》

汉有殿东门。

尧母门

《汉书·外戚传》

孝武赵婕妤居钩弋宫,大有宠。元始三年生昭帝,号钩弋子,妊身十四月乃生。上曰:闻昔尧十四月而生,今钩弋亦然,乃命其所生门曰尧母门。

延寿门

《汉书·孝平王后传》

平帝即位,王莽以女配帝,遣大司徒马宫、甄丰等,奉乘舆法驾迎皇后于安汉公第。宫、丰等授皇后玺绂,登早称警跸,便时上林延寿门,入未央宫前殿,群臣就位行礼,大赦天下。

小苑东门

《汉书》

萧望之署小苑东门候,时王仲翁出入从仓头卢儿,顾谓望之不肯录录,反关为。师古曰:录录谓循常也,言望之不能随例,搜索以建,忤执政,不得大官而守门。望之曰:各从其志。

东交门

《汉书·东方朔传》

武帝置酒北宫,引董偃从东司马门入,东司马门,更名东交门。苏林曰:以偃从此门入,交会于内,故以名焉。

《长安志》

东交门,又曰东交掖门。

宋苏迈《斜川集》

东交门箴,汉武帝为窦太主置酒宣室,使谒者引纳董偃。东方朔以谓偃有斩罪三,安得入宣室,上为更置酒北宫,而偃从东司马门入,更其门曰东交门,而前史无讥焉,作东交门箴。上所好恶,民实趋之。风俗厚薄,君实驱之。道之以正,民俗罔中。唱之以淫,实烦有从。帝子馆陶在齐文姜,刓董外人,于国乱常,既不能戮,反以为好。予饮予燕,宣室是傲。伟彼臣朔,辟战趋陛,鬵拳是效,刚而有礼,改馆彻馔,北宫东门,虽曰从谏,东交实存,维藩维戚,礼法遂恣,延及齐民,惟上所使,昔在季孙,赏盗以邑。鲁遂多盗,而罔敢诰,刓兹王宫,奸人是纳,昭示来世,有惭斯阖。黄也扬觯,杜举得名,殿槛忽辑,直臣是旌,人孰无过。过而忽贰,宣室东交,实同而名异耳。

璧门

《三辅黄图》

正宫寝门曰璧门。注:未央宫正门曰璧门,有台殿二十,又建章宫南有玉堂璧门,三层台,高十三丈,玉尝内殿十二门,阶陛皆玉为之。铸铜凤高五尺,饰黄金,栖屋上,下有转枢,向风若翔,橡首薄以璧玉,因曰璧门。又建章宫圌阖门,亦谓之璧门。《史记·封禅书》:武帝作太液池,南有玉堂璧门大鸟之属。

高门

《汉书·汲黯传》

匈奴浑邪王至,贾人与市者,坐当死五百馀人,黯入请间见高门。晋灼曰:《三辅黄图》:未央宫中有高门殿也。

应门

《班婕妤赋》

应门闭兮禁闱扃。注:师古曰:正谓之应门。

杨雄《甘泉赋》

前熛阙,后应门。晋灼曰:应门正在熛阙之内。

《东汉会要》

应门,中门也。

《东京赋》

启南端之特闱,立应门之将将。

蚕室门

《汉书·酷吏传》

咸宣为右扶风,坐怒其吏成信,信亡藏上林中,宣使郿令将吏卒阑入上林中蚕室门,攻亭,格杀信,射中苑门,宣下吏为大逆,当族,自杀。

政始

濯龙门,上见外家,问起居者,车如流水,马如游龙。明德马后纪同。汉宫殿名,洛阳有濯龙门。

鸿都门

《鼎谱》

灵帝嘉平元年，铸一大鼎，埋之鸿都门，文曰儒鼎。

《古篆书·三足洛阳志》

灵帝命蔡邕书五经，刻石立于此。

《东汉书·宦者传》

灵帝引诸生能为文赋尺牍，工书鸟篆者，待制鸿都门下，经注有朱雀阙。

《来历传》

历要结光禄勋设讽等十馀人，俱诣鸿都门，证太子无过。

《道鉴纲目》

灵帝光和元年，春二月，置鸿都门学。鸿都门学诸生，皆敕州郡三公举用辟召，或出为刺史太守，入为尚书侍中，有封侯赐爵者，士君子皆耻与列焉。既而诏鸿都文学乐松等图象立赞。尚书令阳球谏曰：松等皆出于微蔑，斗筲小人，俛，眉承睫，徼进明时，而形图丹青，有识掩口。今太学东观，足以宣明圣化，愿罢鸿都之选以销天下之谤，书奏不省。

《太平寰宇记》

鸿都门，乃洛阳北宫门也。

朱雀门

《洛阳志·汉官典职》曰：朱雀门，在止车门内。

章台门

《汉宫殿疏》

洛阳有章台门。

章台门,在崇德殿前,禁扁在北宫。

《东汉书·宦者传》

安帝崩,邓太后征诸王子,简为帝嗣。孙程遂与王康等十八人,聚谋于西钟下,皆戮单衣为誓。程等共会崇德殿上,因入章台门,时江京等俱坐省门下,程与王康共就斩京。

铁柱门

《玉海》

洛阳故宫名,有朱雀,白虎、苍龙,阙北阙南宫阙也。

《东观记》

北阙铁柱门,即斯阙也,今圄阁门外,夹建巨阙以应天宿,阙前水南道右,置登闻鼓以纳谏。

《洛阳志》

李私奉引更始,奔触北宫铁柱门。

平城门

《洛阳志》

平城门,一作平门。古今注曰:建武十二年开。蔡邕曰:平块门,正阳之门也。与宫连,郊祀法驾所从出,门之最尊者。《汉官秩》曰:平城门为宫门,不置候。按《灵帝纪》曰:南宫平城门,当是宫在门之内,所以连言也。李尤铭曰:平城督司,午位处中外临僚侍,内达帝宫。正阳南面,炎暑赫融。

《汉书·百官志》

宫掖门南宫南也。司马主平城门。汉官曰:员吏九人,卫士百二人。

苍龙门

《东汉会要》

苍龙门即苍龙阙。

白虎门

《汉书》

东苍龙，西白虎。

《长安志》

王莽自前殿南下椒除，西出白虎门。又汉元后第曲阳侯王根，作渐台，状西白虎。

玄武门

《汉书·百官志》

汉班固为玄武司马，主玄武门。注：宫掖门每门司马一人，秩比十石，汉官曰：员吏二人，卫士三十八人。

东门

《汉书·百官志》

南宫苍龙司马，主东门。雒阳宫阁名为苍龙阙门。又北宫东明司马，主东门。汉官曰：员吏十三人，卫士官八十人。

北门

《汉书·百官志》

　　南宫北屯司马,主北门,又北宫朔平司,其高者颇引经训风喻之言,下则连偶俗语,有类俳优,或窥成文,虚冒名氏,臣每受诏于盛化门,差次录第,其未及者,亦复随辈,皆见拜擢。

乐成门

《洛阳志》

　　南宫中门也。

定鼎门

《汉宫殿疏》

　　洛阳有定鼎门,古今地名曰河南定鼎门,九鼎所定。

春兴门

《汉宫殿疏》

　　洛阳有春兴门,一作奉兴禁扁春兴门,在南宫。

宜春门

《汉宫殿疏》

　　洛阳有宜春门,一作长秋。

飞龙门

《洛阳宫名》

洛阳有飞龙门，一作飞兔。

泰夏门

《汉宫殿疏》

洛阳有泰夏门，一作泰厦。

西华门

《汉宫殿疏》

洛阳有西华门。

成馔门

《洛阳志》

东汉有成馔门。

《汉书·五行志》

又有成馔门阁。

登贤门

《禁扁》

南宫有登贤门。

盛德门

《洛阳志》

盛德门,东汉门名也。

《东汉书·宦者传》

安帝崩,邓太后与车骑将军阎显,徵诸王子,简为帝嗣。中黄门孙程等,迎立顺帝,显弟卫尉景遽从省中还外府,收兵至盛德门。程等召诸尚书,使收景。尚书郭镇即率直宿羽林出南止车门,逢景,镇引剑击景,堕车,遂禽之。

德阳门

《洛阳志》

德阳门,东汉门名也。《东汉书·五行志》:灵帝光和元年五月壬午,何人白衣欲入德阳门。辞:我梁伯夏,教我上殿为天子。中黄门桓贤等呼门吏仆射欲收缚何人,吏未到,须臾还走,求索不得,不知姓名。时蔡邕以为,今将有狂狡之人,欲为王氏之谋。其事不成,后张觉称黄天作乱,竟破之。

长寿门

《禁扁》

汉有长寿门。

《东汉书·五行志》

延熹四年正月辛酉,南宫嘉德殿火。五月丁卯,原陵长寿门火。

金镐门

《洛阳宫名》

洛阳有金镐门。

《太平御览》

汉宫殿,长安门名,有万秋门、寿成门。

《洛阳志》

含德门、广义门、东明门,皆汉门名。

《禁扁》

并北宫门也。

《汉宫殿疏》

洛阳有景福门、永巷门、丙含门、金华门、不老门。

《洛阳宫名》

洛阳有明礼门、含章门、广怀门、神仙门、敬法门、却非门、笙镛门、金牙门、北阙门。

《洛阳志》

有宜秋门,威兴门、会福门,并东汉门也。

《禁扁》

有金音门、望钟门、神龙门、东华门、广德门、景阳门、明福门、永夏门、奉春门、光夏门。

《玉海》

西汉有宣德门、章义门、仁寿门、真成门。东汉有神龙门、神兽门、长秋门、青琐门、金音门、恭夏门、丙福门、金牙门。又蜀汉有武义门、虎威门。

魏承明门

《三国志·魏本纪》

黄初元年,十二月,初营洛阳宫,戊午幸洛阳。注:帝居北宫,以建始殿朝群臣,门曰承明,陈思。

村

村

宋王炎《双溪集·渔村》

闻道江村好,人家罨画中。持杯听欸乃,支策望空蒙。日落收疏网,潮生系短蓬。君尝询访否,恐有陆龟蒙。

黄公度《知稼翁集·乙亥岁除渔梁村》:年来侣觉道路熟,老眼空更岁月频。爆竹一声乡梦破,残灯夜永客愁新。云容山意商量雪,柳眼桃腮领略春。想得在家小儿女,地炉相对说行人。

陆放翁《剑南续稿·泛舟至蜻蜓浦小泊渔村》

醉泛晴蜓浦,咿哑一舻声。陂塘秋水瘦,墟落暮烟生。野店曾留醉,樵翁不记名。相逢虽惘惘,怀抱已先倾。

薛嵎《云泉诗集·渔村杂句十首》

莫论尘土与烟霞,收拾襟怀即我家。絮帽蒙头霜月下,水村深处看梅花。

非智非愚浪着鞭,前程倒指事茫然。临流一洗巢由耳,独立斜阳认钓船。

尽醉茅柴得自由,芦花飞雪满人头。蓑衣碎叶重重补,听雨吟风卒未休。

青山如主复如宾,相对无言意自真。富贵不应忘此味,从来世上少闲人。

月下门开不用敲,渡头长系木兰挠。盘餐市远从真率,会宿何妨屡卜宵。

泽畔行行歌楚骚,一襟忠愤付湘涛。难教举世无醒者,莫羡渔翁活计高。

三五人家住一湾,近城无路去来难。溪边自结同吟友,松柏青青到岁寒。

野水微茫路欲迷,重重沙渚自高低。鹭鹚飞过无心泊,直入残阳树梢栖。

猿鹤何曾肯受羁,偶来亭畔立多时。物情未到忘机地,步步行行直自疑。

白云相顾尚依依,十载江湖负宿知。时事未容轻所学,山中依旧只吟诗。

又《渔村杂诗
十首》再和前韵

晴空万里散馀霞,一叶渔舟稳似家。学道未能全寡欲,水边隙地亦栽花。

兰菊分畦笋作鞭,南山相对意悠然。城中有路何曾入,只许苍头趁钓船。

此身闲却有来由,白发中年已上头。莫道无官无可弃,从今放下一齐休。

独作渔樵最上宾,土风淳朴物情真。鲍家兄弟皆和乐,林子诗豪瞻压人。

林鲍皆渔村邻舍

游檐修竹晚风敲,古寺僧归月下桡。童子闭门无一事,只须清坐过中宵。

微吟朗咏足风骚,切莫危言试怒涛。云本无心泉自洁,不因作意立名高。

生涯小小落溪湾,妻子知时不说难。毕竟直钩为计拙,晚来无酒可销寒。

暝色和烟四望迷,仰眠牛背觉天低。村翁遥指笙歌处,此地鱼沉鸟不栖。

雉入樊笼马受羁,低头犹怕起来时。人心到此无真识,未必人疑先自疑。

岁寒无物可相依,惟有梅花似故知。名世何曾在科甲,西湖处士只吟诗。

又《渔村晚照》

旧游忆得潇湘路,今喜烟波似旧时。泽畔怕逢渔父问,桃源已被世人知。

数家草市添新户,一树寒鸦傍古祠。兰杜香深州渚阔,小窗长日赋骚辞。

又《渔村有感》

小窗长日苦吟声,独倚阑干看晚晴,居士莫疑贫可弃,春风不为病相轻。梅边纸帐重重影,壁上离骚字字清。鸥鹭往来情更熟,只消此地度残生。

又《渔村即事》

维舟古渡头,四望是汀洲,水阔唯宜夏,荷枯不碍秋。困归牛背稳,地汲井云浮。独坐愁无侣,多番为月留。

又《渔村偶题》

莫道紫门窄,断无车马声。苦吟成集少,久病见人生。花落寒犹在,春阴雨未成。渔村名自我,鸥鹭勿相轻。

又《渔村会诸友戏呈》

矶头濯足动沧浪,独醒何曾与世妨。尽写骚经粘屋壁,未逢渔父似潇湘。远山不离烟云色,流水时闻兰杜香。制得荷衣恐惊俗,对人称是楚贤装。

邹用明《东麓诗稿·渔村》

古庙隐深树,小舟横浅沙。岸芦抽晚笋,汀芷落寒花。绿水一双鹭,青烟三四家。趁晴争晒网,渔户佟生涯。

元虞集《学古录·题渔村图》

黄叶江南何处村,渔翁三两坐槐根。隔溪相就一烟棹,老妪具炊双瓦盆。霜前渔官未竭泽,蟹中抱黄鲤肪白。已烹甘瓠当晨粲,更撷寒蔬共莦席。垂竿何人无意来,晚风落叶何琶瑟。了无得失动微念,况有兴亡生远哀。忆昔采芝有园绮,犹被留侯迫之起。莫将名姓落人间,随此横图卷秋水。

孙居敬《畴奄词·渔村》

即事好事近,买断一川云团结。樵歌渔笛莫向此中轻说。汀天然寒碧,短蓬穿菊更依枨。香满不须摘,搔首断霞夕影散。原千尺。

东村

宋陆放翁《剑南续集·东村》

信脚村墟路,归来日未西。波清鱼队密,风小鹊巢低。白水初平岸,青芜亦遍犁。市垆多美酒,饮具不须赍。

野人知我出门稀,男辍钽耰女下机。掘得芑菇炊正熟,一杯苦劝护寒归。

野人喜我偶闲游,取酒忽忽劝少留。舍后携篮挑菜甲,门前唤担买梨头。

雨霁山争出,泥乾路渐通。稍从牛屋后,却过鹳巢东。决决沙沟水,翻翻麦野风。欲归还小立,为爱夕阳红。

今日风日和,衰疾亦少平。出门无所之,携幼东村行。吴地冬未冰,溅溅沟水声。山卉与野蔓,结实丹漆并。鸡犬亦萧散,如有世外情。举手叩柴扉,病叟喜出迎。从我语蝉联,未寒畴昔盟。解囊付之药,与尔偕长生。

塘路东头乌臼林,偶携藤杖得幽寻。桃源阡陌自来往,辋口云山无古今。远浦过帆供极目,暮天横雁入微吟。归来更觉愁无那,剩放灯前酒碗深。

游东村

露草衡门晓,风松一坞幽。新春有佳日,老子得闲游。鸥为忘机下,渔缘得计浮。归途无远近,一叶乱渔舟。

东村散步有怀张汉州

扶仗村东路,秋来始此回。寒鸦盘阵起,野菊卧枝开。忧国丹心折,怀人雪鬓催。房湖八千里,那得尺书来。

散步东村

偶从北崦缭东岗,曳杖行歌步夕阳。一径入云多鹿迹,数家临水共鱼梁。野风萧瑟知秋早,社酒淋漓喜岁穰。邻曲不须怜老矣,尚能寻句答年光。

泛舟至东村

野火如天远,渔舟似叶轻。飕飕风渐冷,淡淡月初生。沙际樵苏路,篱间语笑声。还家已薄暮,灯火照紫荆。

雨中过东村

小雨空濛物象奇,偶扶藤杖过东陂。垫巾风度人争看,腊屐年光我自悲。穷鬼有灵挥不去,死魔多力到无期。归来笑向孺门说,且了浮生一首诗。

初冬步至东村

八月风吹粳稻香,九月荞熟天始霜。男耕女馌常满野,宿麦覆块皆苍苍。丰年比屋喜迎客,花底何曾酒杯迮。家人但觅浩歌声,不在东阡在南陌。

与儿子至东村
过父老共语因作小诗

桑竹穿村巷,衡茅隔土垣。海氛成物象,秋气肃川原。豆芋行将熟,鸡豚亦已繁。丰凶岁所有,农事更深论。

晚寒自东村步归

夕阳下平野，落叶满荒街。村居卖乔麦，人家烧豆萁。溪风透布褐，草露径芒鞋。骨相元如此，何由与世谐。

东村步归二首

野渡霜风冷，茅檐夕照明。催科醉亭长，聚学老书生。山果纷丹漆，村醪任浊清。路回家忽近，柳外小桥横。

风阵鸦翻黑，霜林叶半丹。筋骸欣小健，裘褐戒初寒。代步鸡栖足，充饥鹤料宽。平生自如许，况已挂吾冠。

东村晚归

蜀道还吴鬓欲丝，历年二纪固应衰。宁知病思沉绵日，又见秋风摇落时。锦雉白鱼供野饷，青林红树入新诗。东村寂历风烟晚，酒挂驴肩又一奇。"

滕仲礼《东庵集暮春东村道中》

沙带草痕留马住，云移日影趁人凉。贪看水上风行处，不觉沿溪十里长。

赵明翁《野谷诗稿·东村》

晴久全无雨，溪乾半是沙。风横分雁阵，日转趣蜂衙。地僻草埋径。篱摧菊卧花。桥西一林竹，潇洒两三家。

《元刘文简公集·东村寓兴》

野水平波数点鸥，远村高树一声鸠。出墙白簇蚕初老，满地黄云麦已秋。文举自宜官北海，渊明只合事西畴。行藏了属乾坤管，一笑谁能独倚楼。

《王文忠公集·东村道中》

羸马东村路，遨游此日闲。寒风初凛冽，秋菊尚斓斑。古道横清溜，平林出远山。茅茨谁氏隐，潇洒水云间。

西村

宋《北盟录·西村》

徽宗时，王黼作相，赐第城西竹竿巷，穷极华侈，于第之西，号西村。以巧石作山径，诘屈往返数百步间以竹篱、茅舍为村落之状。都城相第乃有村名。识者以为不祥。

《强祠部集·同杨公济赋晚过西村》

空影倒波面,晚阳留树梢。人烟青近郭,乌道暗长郊。世外空搔首,溪边懒结茅。沧浪那敢羡,渔父定吾嘲。

《吕南公灌园集·西村》

东村岂不佳,西村自清幽。南村亦可居,俗悍不易投。维此兖岭曲,坡陀远川流。桑麻有青园,耕稼有绿畴。云风十里外,足举旷望头。本无车马喧,岂有声利愁。伊我先君子,故家待增修。还当起楹檐,此志敢不求。开辟三处径,疏通四前沟。有轩列琴书,有室贮锄耰。压曲拟长醉,藏刍待肥牛。超然了馀生,不问万户侯。我策久已决,我身强悠悠。安能荷蓧翁,不以意相收。

忆西村

东冈西下古墩头,草木风烟事事幽。畦垅弯环延果菜,笭箵参互献鱼鳅。常开夜户夸无寇,竞拨香醅贺有秋。愿定此居犹未得,岂堪侥幸望公侯。

陆放翁《剑南续集·西村》

湖塘西去两三家,杖屦经行日欲斜。蘂蘂水纹生细縠,蜿蜿沙路卧修蛇。早馀虫镂园疏叶,寒浅蜂争野菊花。老去郊居多乐事,脱巾未用叹苍华。

乱山深处小桃源,往岁求浆忆叩门。高柳簇桥初转马,数家临水自成村。茂林风送幽禽语,坏壁苔侵醉墨痕。一首清诗记今夕,细云新月耿黄昏。

今年四月天初暑,买蓑曾向西村去。桑麻满野陂水深,遥望人家不知路。再来桑落陂无水,闭门但见炊烟起。疑是羲黄上古民,又恐种桃来避秦。

游西村

昨夜雨多溪水浑,不妨唤渡到西村。出游始觉此身健,无食更知吾道尊。药笈可赊山店酒,篛枝时打野僧门。归来灯火茅檐夜,且复狂歌鼓盎盆。

乍晴行西村

堤树丛祠北,烟村古埭南。买鱼论木盘,挑荠满荆篮。积潦经旬月,晴光见二三。农功殊可念,保麦复祈蚕。

西村劳农

川云散尽十分晴,缭出溪头信意行。片片飞花随步远,离离芳草上墙生。村深日暖单衣爽,路转沙平两屦轻。膰肉芬香坊酒酽,因来聊得饷春耕。

二一〇

十二月八日步至西村

腊月风和意已春,时因散策过吾邻。草烟漠漠柴门里,牛迹重重野水滨。多病所须唯药物,差科未动是闲人。今朝佛粥更相馈,更觉江村节物新。

步至西村

一饱无馀事,西村偶独行。楮笕节息微倦,汲井漱馀醒。川阔雁平渡,谷虚云乱生。绝知丰岁乐,笑语隔柴荆。

乍晴风日已和,泛舟
至扶桑埭,徘徊西村久之

十日风雨今日晴,衰病忽减思闲行。接篱一幅烟雾薄,舴艋八尺凫鹭轻。亭亭孤塔远天碧,曲曲深巷斜阳明。数家茅屋门昼掩,不闻人声闻碓声。身似庞公不入城,东阡南陌钱馀生。新年傥有丰年喜,买酒渔村看太平。

《游山西村》

莫笑农家腊酒浑,丰年留客足鸡豚。山重水复疑无路,柳暗花明又一村。箫鼓追随春社近,衣冠简朴古风存。从今若许闲乘月,拄杖无时夜叩门。

西村暮归

天气清和修禊后,土风淳古结绳前。村村陂足分秧水,户户门通入郭舡。亭障盗消常息鼓,坊场酒贱不论钱。行人争看山翁醉,头枕槐根卧道边。

西村晚归

小坞花垂尽,平堤草欲迷。日长莺语久,风定絮飞低。子响间棋院,舟横傍钓溪。归途不知处,依约埭东西。

散步至三家村即(湖桑埭西村名)

人情简朴古风存,暮过三家水际村。见说终年常闭户,仍闻累世自通婚。罾舡归处鱼飧美,社瓮香时黍酒浑。记取放翁扶杖处,渚蒲烟草泾黄昏。

张侃《拙轩稿·西村》

篮舆轧轧过西村,小麦青青雨露恩。山色无穷开远近,民家守分度昕昏。僧精持课归林下,客自携尊醉竹根。每日尘氛牵百念,要须结屋浸溪痕。

郭功父绝句《西村》

远近皆僧刹,西村八九家。得鱼无卖处,沽酒入芦花。

会稽《林概诗集》

绿郊凝望久徘徊,落日川原映古台。江上晚风三弄笛,陇头春信一枝梅。东西陌外烟光度,紫翠峰前霁色开。不是罗敷莫回首,城南五马使君来。

元《程雪楼集·乐廷玉西村》

南土信云美,西村还是家。□寻新岁月,梦寐旧桑麻。汶泗青山远,荆吴白日斜。政成聊自乐,绕屋种名花。

虞集《道园遗稿·西村山水》

一段云山一段秋,蹇驴寻壑更经丘。他年投老终南去,应有松间觅旧游。

周衡之《北山集·西村》

松深翠气薄吟衣,曲径盘盘护槿篱。野碓春泉分涧急,山钟送曙出云迟。人家绿艾端阳节,天气黄梅细雨时。刈麦稼秧农事足,西郊生意绿无涯。

王恽《秋涧集·西村》(三首和韵)

王恽

种来佳树自扶疏,秋草当阶不忍锄。城府事嚣闲静重,林墟秋熟物情舒。溪行改径农耕后,渔浦移梁水退馀。我自兴来成独往,手拖拄杖不巾车。

近岁行藏匪自疏,胸中刺鲠要诛锄。通明纵使同方进,朴钝何如似魏舒。常上呻澴从肉食,橘中游戏喜霜馀。八骈前驱非吾事,正要安徐下泽车。

忖量身世两乖疏,去学渊明荷短锄。时事未容闲里过,人心安得老来舒。沙鸥远泛机先识,穴鼠深藏壤有馀。我辈所行多倒置,旱资舟楫水资车。

又二诗

两月秋霖不出门,今朝骑马到西村。高空气肃云归壑,老树风多叶拥根。谩说田围宜野隐,争趋朝市羡时奔。古人大抵崇高节,饥冻当时所不论。

秋来泥潦拥柴门,两月幽栖不到村。野鸟伴畊翔水溃,寒虫催织绕篱根。有生未免忧饥冻,举世其能息竞奔。仕不力任闲不足,一生心苦欲谁论。

南村

《苏州府志》

南村在越来溪西吴山下,寺簿卢璯所居,匾曰"吴中第一林泉"。有御书,得妙堂匾。

当时有卢园三十。咏以记之。

《唐浩然斋稚谈·南村》

绕塘浮荇叶,满地落桐花。郭外无多路,村南第几家。过桥喧晚碓,截水浣晴纱。野老生涯足,春风二亩瓜。

宋张侃《拙轩集》

郁李花开春渐残,海棠犹自映杯柈。燕随风舞迎人暖,鸠唤雨来连夜寒。雨水中分清可烛,(上陌涧水,一自石濑一自白竹,坞合流自青林,庙前汇入湘溪)群山环揖秀堪餐。儿童成队逢寒食,纸鸢飞鸢贴雾端。"

浦寿宬《心泉学诗稿》

每怀渊明老,昔欲居南村。诛茅结矮屋,种桑荫前轩。嘉疏不盈掬,浊酒时一尊。客至如许行,惟爱神农言。

《元蓝静之集》

乱来村野几家全,近长丁男亦戍边。辨得军装牛已卖,门前荒草是官田。

《张子渊文集》

南村五月多佳致,池馆风微藕叶凉。落日卷帘人语静,小窗无梦客愁长。诛茆可作归田计,煮字难为辟谷方。我欲远追黄绮辈,采薇歌断白云乡。

北村

《唐白乐·天诗宿紫阁山北村》

晨游紫阁峰,暮宿山下村。村老见予喜,为予开一樽。举杯未及饮,暴卒来入门。紫衣挟刀斧,草草十馀人。夺我席上酒,掣我盘中食。主人退后立,敛手反如宾。中庭有奇树,种来三十春。主人惜不得,持斧断其根。口称采造家,身属神策军。主人慎勿语,中尉正承恩。

宋《张横渠集·题北村六首》

陆轴呕(一作吚)哑麦上场,讴歌声韵满村坊。茅斋病叟安闲久,帝力民欢殆(一作始)两忘。

求富诚非惮执鞭,安贫随分乐丘园。两间茅屋青山下,赢得浮生避世喧。

负郭吾庐二顷田,面山临水跨通川。苏秦妻妇无高识,盛诧腰间六印悬。

风泉盈耳鬓斑斑,林下幽窗对万山。妇子职修箪食足,病身何幸亦安闲。

不堪烦(一作残)暑病荒城,六月修然寓野亭。珍重南山且归去,再(一作重)来相望雨中青。

渭南泾北已三迁,水旱纵横数顷田。四十二年居陕右,老年生计似初年。

《耶律铸双溪醉隐集·过北村》

麦未经场谷尚青,县官严令督秋微。嗔他问著四成事,斜倚锄耰并不应。

《寓居灵州北村》

野色荒烟暗氛,霾昼影昏客情纷,若絮尘事乱如云。杨柳春风渡,北有黄河渡,梨花暮雨村。村落梨花特盛不如归去乌,著意唤谁闻。

近村

宋《王质雪山集·近村》

急急杀残点,沉沉敲远钟。黄深湖雾重,白厚草霜浓。惨淡兵交气,凄凉岁晚容。云山望不极,吾恨亦重重。

陆放翁《剑南续稿》

去去柴车十里中,竹林密处路才通。渐闻水碓知村近,遥望禾囷喜岁丰。渔艇往来春浪碧,人家高下夕阳红。百钱又向旗亭醉,自笑吾生亦未穷。

家居每思出,出亦无与游。江山岂不佳,乃复生我愁。不如适近村,家家业农畴。深巷鸣鸡犬,长坡下羊牛。寒熟稻当获,桑落酒可菑。宁无宾祭须,柿栗良易求。医翁日过门,得药疾自瘳。婚嫁不出村,百世加绸缪。我来每绝叹,恨不终岁留。人生正应尔,底事须王侯。

游近村二首

行历茶冈到药园,却从钓濑入樵村,半衰半健意萧散,不雨不晴天晏温。薯蓣傍篱寒引蔓,菖蒲绕石瘦生根。参差灯火茅檐晚,童稚相呼正候门。

被发行歌雪满膺,夕阳顾影乱髯髭。乞浆得酒人情好,卖剑买牛农事兴。社鼓赛秋闻坎坎,塔灯照夜望层层。归来闲措乌藤说,个是人间耐久朋。

十月旦日至近村

鸭脚叶黄乌臼丹,草烟小店风雨寒。荒年人鸡难黍连,芋羹豆饭供时节。村童上牛蹋年鼻,吹笛声长入烟际。今年虽饥却少安,县吏不来官放税。

避暑近村偶题

乞得身归荷圣时,登临筋力未全衰。楚祠草合三义路,隋寺苔侵半折碑。孤店不妨乘月宿,扁舟频为看山移。红尘冠盖真堪怕,还我平生白接罗。

野步至近村

耳目康宁手足轻,村墟草市遍经行。孝经章里观初学,麦饭香中喜太平。妇女相呼同夜绩,比邻竭作事春耕。勿言野馌无盐酪,笋蕨何妨淡煮羹。

偶出至近村

神爽无酣寝,身闲有剧棋。说诗横榆栗,赊酒挈鸱夷。寺古残香冷,溪深独木危。往来元信步,不是赴幽期。

信步近村

端闲何以永今朝,拈得筇枝度野桥。三亩空园喧啄木,十寻高树络凌霄。长饥未必缘诗瘦,多闷惟须赖酒浇。兴尽归来又陈迹,一林风叶暮萧萧。

饮酒近村

放翁睡多少行立,人扶往赴邻里集。痛饮山花插鬓红,醉归棘露沾衣湿。纱巾一幅何翩翩,庭中弄影不肯眠。莫欺此老今衰甚,曾见高皇狩越年。

纵步近村

病去身轻试杖藜,满村乔麦正离离。照溪自叹尚微瘦,趁度人言殊未衰。草塞瓶头沽浊酒,花簪笠顶引群儿。裴回不恨归差晚,正爱青灯映竹篱。

残秋游近村

度堑穿林脚愈轻,凭高望远眼犹明。霜凋老树寒无色,风掠枯荷飒有声。泥浅不侵双草屦,身闲常对一棋枰。茅檐蔬饭归来晚,已发城头长短更。

雨后过近村

赋罢渊明归去来,纱衣桐帽一时裁。岁华新笋初成竹,天气停云未断梅。江路醉归常嵬峨,僧窗闲过即徘徊。老人剩有凋年感,寄语城笳莫苦催。

又二首

夜雨晓方止,朝云犹作阴。山馀一寸碧,溪长半篙深。卧泛白鸥渚,行穿黄叶林。老农能共语,真率会人心。

年耄身犹健,秋高疾已平。邻翁思问讯,蔬圃要巡行。竹仗轻无迹,芒鞋捷有声。相

逢无别语,努力事冬耕。

病起游近村

老人摧颓绝造请,门设常围草生径。一年三百六十日,三百五十九日病。一日不病出忘归,绕村处处扣柴扉。水东溪友新酒熟,舍北园公菰菜肥。平生养气心不动,黜陟虽闻了如梦。从今病愈即相寻,共听糟床滴春瓮。

野步至近村

随意出柴荆,清寒作晚晴。风吹雁北乡,云带月东行。童稚争追逐,渔樵习送迎。白头宁复仕,惟此钱馀生。

步至近村

药物扶持疾渐平,布裘絮帽出柴荆。荒堤经雨多牛迹,村舍无人有碓声。数蝶弄香寒菊晚,万鸦回阵夕枫明。老翁随意闲成句,不似刘侯要取名。

秋阴至近村

村店闲寻酒,筇枝瘦倚肩。云齐龙卷雨,野旷鹤盘天。露井飘桐后,清觞泛菊前。欲归还小立,搔首意悠然。

雪中至近村

荒山风雪岁将残,贷粟迢迢犯苦寒。急燎征裘憩牛屋,旋沽村酒挂驴鞍。清贫彻骨初无憾,老健逢人强自宽。深夜还家未能睡,解囊吹火取诗看。

初冬至近村

南国霜常晚,初冬叶始红。旷怀牛屋下,美睡雨声中。沮水忆浮马,嶓山思射熊。何由效唐将,八十下辽东。

宿近村

病齿漂浮短发稀,此身犹堕乱书围。邯郸倦枕晨炊熟,昌谷空囊晚醉归。久困厌从人乞贷,力耕频遇岁凶饥。行年九十穷弥甚,旅舍灯前自绽衣。

近村暮归

莫笑山翁雪鬓繁,归休幸出上恩宽。爨樽恰受三升酘,龟屋新裁二寸冠。僧阁瀹茶同淡话,渔舟投十清欢。还家欲作诸孙赠,村路累累柿未丹。

初归偶到近村戏书

雨过一村暗,风回百草香。刺船过古堼,倚杖立新塘。醉觉乾坤大,闲知日月长。暮归诗满卷,虽老尚能狂。

小舟游近村舍舟步归四首

数家茅屋自成村,地碓声中昼掩门。寒日欲沉苍雾合,人间随处有桃源。

借得渔舡沂小谿,系舡浦口却扶藜。莫言村落萧条甚,也胜京尘没马蹄。

不识如何唤作愁,东阡南陌且闲游。儿童共道先生醉,折得黄花插满头。

斜阳古柳赵家庄,负鼓盲翁正作场。死后是非谁管得,满村听说蔡中郎。泛舟至近村茅徐,两舍劳以樽酒。小舸悠□亦乐哉,迢迢故取北村回。山从树外参差出,水自城阴曲折来。乐岁共忘东作苦,残租不待急符催。旧邻父老暌离久,唤取开颜把一杯。

次前韵

少壮即今安在哉,轻舟访旧莫轻回。儿童拥岸迎舟入,妇女窥篱喜客来。多难只成双鬓改,流年更著暮箭催。放怀鱼鸟平生事,少住茅檐尽此杯。

小舟白竹篷,盖保长所乘也。偶借至近村,戏作绝句二首:茅檐细雨湿炊烟,江路清寒欲雪天。不爱相公金络马,羡他亭长白蓬舡。

雪云无际暗长空,小市孤村禹庙东。一段荒寒端可画,白篷笼底白头翁。

新晴泛舟至近村,保得双鳜而归

秋风一夜老汀苹,剡曲稽山发兴新。青嶂会为身后冢,扁舟聊作画中人。园林摇落知寒早,父老逢迎觉意真。归舍不妨成小醉,眼明细柳贯霜鳞。

深村

唐《韩偓别集》

余卧疾深村,闻一二郎官令称继使闽越,笑余迂古潜于异乡,闻之因成此篇。枕流方采北山薇,驿骑交迎市道儿。雾豹只忧无石室,泥蟠唯要有洿池。不羞莽卓黄金印,却笑羲皇白接䍦。莫负美名书信史,清风扫地更无遗。

深村

甘向(一作老)深村固不材,犹胜撑折傍尘埃。清宵玩月唯红叶,永日关门但绿苔。幽院菊荒同寂寞,野桥僧去独徘徊。隔篱农叟遥相贺,且喜依时膏雨来。

《弘秀诗集·宿深村》

行行一宿深村里,鸡犬丰年闹如市。黄昏见客合家喜,月下取鱼戽塘水。

宋韩淲诗《深村》

已是依山住，更为深村行。莽莽少人迹，幽幽闻鸟声。忽逢三四家，草树亦敷荣。不觉六七里，烟霭还纵横。

《陈杰自堂存稿·小家住深村》

小家住深村，独犬应门户。招麾不去来，进止有常处。从田仍司盗，奔走亦御侮。常恐下生鼍，八方啸孤兔。

陈无咎《馀滨稿·深村》

深村连日雨，杖屦少追随。积潦占梅候，微寒记麦时。阴晴弓力定，昏曙鸟声知。怀抱谁堪语，伤时鬓欲丝。

《后村先生刘克庄集·深村》

身老深村负岁华，青苔迳里是贫家。晚风一阵无端急，不为山人惜柚花。

《僧文珦集·深村》

深村堪就隐，随处有人家。地远官无禁，年丰酒易赊。烟波藏钓艇，山雨送樵车。绝似桃源里，唯无洞口花。

元艾性夫《孤山晚薰·深村》

索居无远兴，晚憩傍深村。涧涩水争道，桑空草托根。断桥回老马，熟果聚饥猿。解后僧同话，归来人掩门。

《马虚中霞外集·深村秋意》

过雨山光入眼明，菊花店舍酒旗新。村墟近市鱼虾聚，禾黍登场鸟雀驯。水驿几株红叶树，溪桥数点白衣人。太平风景真图画，长愧诗情写不真。

孤村

宋陆游《剑南续稿·孤村》

少年误计落人间，晚卧孤村日掩关。小室易温炉火省，幽窗常暗架书闲。梅横篱落春初动，云闹川原雪尚悭。欲唤一藤同胜践，恨无杰句压溪山。

老寄孤村里，悠然卧曲肱。筹贫先放鹤，嫌闹并疏僧。古戍高秋笛，寒窗半夜灯。平生羞诡遇，多获岂吾能。

李俊民《鹤鸣集》

舍南舍北地多荒,三两人家麦上场。卷土尽归箕敛手,未应医得眼前疮。

陈子高《声画集·大
年流水绕孤村图》

少游一觉扬州梦,自作清歌与写成。流水寒鸦总堪画,细看疑有断肠声。

《元伍良臣中流集·孤村》

寥落孤村鬓已皤,岂期壮志竟蹉跎。百年事业英雄少,万里乾坤战伐多。嫠妇不知亡国恨,奇人空赋采薇歌。蓬莱弱水应无地,惆怅西风其奈何。

总叙

《战国策·三晋分智氏》

豫让欲与报仇,为刑人入宫涂厕,欲以刺襄子。左右欲杀之,襄子卒释之。豫让又漆身为厉,其妻不识曰:"状貌不似吾夫,其音何类吾夫之甚也。"又吞炭为哑,变其音。

《三国志》

蜀先主问魏延曰:"今委卿以重任,卿欲云何?'对曰:'若曹操举天下而来,请为大王拒之;偏将十万之众至,请为大王吞之。"众将其志。

张陵被蛇吞

马明叟《实宾录》

后汉顺帝时,张陵客游蜀土,敛租税米,谋为乱阶时被蛇吞。

狼顾鲸吞

唐《李卫公集·上尊号册文》

有狼顾平城之心,鲸吞咸洛之志。

二蛇相吞

《太平广记》

张沆在河南幕府,七月,有二蛇于草间,大吞小者,十月遭构而薨。

中华传世藏书

永乐大典

精华本

活剥生吞

《类说》

李义府尝作诗曰："镂月为歌扇,裁云作舞衣。自怜回雪影,好取洛川归。"有张怀庆好偷窥名士文章,乃为诗曰："生情镂月为歌扇,出性裁云作舞衣。照镜自怜回雪影,来时好取洛川归。"时语曰："活剥张昌龄,生吞郭正一。"

山川吐吞

宋《苏东坡集·九成台铭》

览观山川之吐吞。

风涛吐吞

宋江藻《浮溪集·镇
江府金山神霄宫碑》

风涛潮汐,赴其吐吞,日月晦明,环其左右。

快嚼亟吞

紫阳宗旨来示为学,譬以枵然入酒食之肆。见其肥羹大胾,饼饵脍脯,杂然于前。遂欲左拏右攫,尽纳于口。快嚼而亟吞之。(岂不撑肠拄腹,崇果然一饱哉。)

屯兵

《西汉书·赵充国传》

充国将兵击定武都氏人,迁中郎将,将兵屯上谷。

《张安世传》

安世曾孙放为侍中中郎将，监平乐屯兵置幕府仪北将军，与上卧起，宠爱殊绝。

又《冯奉世传》

元帝时遣奉世将万二千人骑，以将屯为名。典属国任立、护军都尉，韩昌为偏裨，到陇西，分屯三处。典属国为右军，屯白石，护军都尉为前军，屯临洮；奉世为中军，屯首阳，西极上《汉出传·倪宽传》为代相国，将屯。师古曰，时代国常有屯兵，以备边寇。宽为代相，兼将此屯兵也。

《东汉书·西域传》

朝廷以班勇，班超子也为西域长史，将施刑士五百人西屯柳中。

《通鉴纲目》

汉安帝永宁元年春三月，北匈奴车师后王共杀汉长吏，诏复置都护屯兵。

《魏书·满宠传》

孙权遣兵数千家佃于江北，至八月，宠以田向收熟，男女布野，其屯，卫兵去城远者数百里可掩击也。遣长吏督三军循江东下，摧破诸屯，焚烧谷物而还。

《应天府志》

吴孙皓闻张悌没，自选羽林精甲，配沈莹，孙震屯于板桥。又晋陈敏反，使弟昶将兵数万屯乌。江昶、司马钱广与周玘，同郡人也，玘使广杀昶，广勒兵屯朱雀桥南，又王含等水陆五万奄至江宁南岸，人情恟惧。温峤移屯水北，烧朱雀桁以锉其锋。又苏峻反，陶侃，温峤帅众趣建康，军于茄子浦，舟师直指石头。至于蔡洲，侃屯查浦，峤屯沙门浦，用将军李根计据白石头筑垒以自固，使庾亮守之。峤又于四望矶筑垒，以逼贼。又卢循寇建康，至淮口，中外戒严。琅邪王德文都督宫城诸军事，屯中堂，刘裕屯石头。恐循侵轶，伐树栅石头，淮口修治越城，筑查浦乐园，廷尉三垒。又桂阳王休范举兵反，萧道成将前锋兵出屯新亭，张永屯白下，沈怀明戍石头。道成至新亭，治城垒未毕，休范前军已至新林。

《句容新志》

宋沈庆之屯兵下蜀，故老相传戍山是也，史传未详。

《资治通鉴·隋纪》

李渊帅诸军济河。甲子至朝邑，舍于长春宫。关中士民归之者如市。渊遣世子建成、司马刘文静师王长谐等诸军数万人屯永丰仓，守潼关以备东方兵。

《新唐书·卢坦传》

坦出为东川节度使，时吴少诚之诛，诏坦以兵二千屯安州，坦每朔望使人问其父母、

一一三

妻子,视疾病医药,故士皆感慰,无逃还者。

又《高崇文列传》

崇文同中书门下平章事,邠宁庆节度使,为京西诸军都统。崇文恃功而侈,举蜀帑藏、百工之巧者皆自随,又不晓朝廷仪,惮于觐谒,有诏听便道之屯。居邠三年,戎备整修。

《唐书·杨行密传》

杨行密为宁国军节度使,大顺二年,孙儒屯溧水,循山构壁行。密遣李神福屯广德,计曰:"兵倍不战,当避其锐,骄之乃退舍。"儒众以为怯,守者懈。神福夜袭走之。

宋《续通鉴长编》

仁宗天圣元年冬十月辛酉,诏减缘边军马,分屯内地,以宽转输。

《资治通鉴》书影

《宋史·赵立传》

立守楚州,建炎四年五月,兀术北归,筑高台六合,以辎重假道于楚。立斩其使,兀术怒,乃设南北两屯,绝楚饷道。立引兵出战,大破之。又绍兴七年,张俊改淮南西路安抚使司置盱眙,俊与韩世忠、见议移屯。秦桧奏:"臣尝语世忠,俊,陛下倚此二大将譬两如虎,固当各守藩篱,使寇不敢近。"帝曰:"正如左右手,岂可一手不尽力邪。"命俊自盱眙屯庐州。

《元一统志》

《刘绍先李心传·系年要录》云:初京失守,绍先以兵数千屯光州,守臣任诗厚遇之。诗在光四年,颇得其用,故自靖康以来,诸郡多破,而光得独全。

范蜀公奏议《乞追还黎雅屯驻兵状》

臣伏见去年为西川奏侬智高事,宜权于陕西差那兵马于黎雅等州驻劄。今来边事,既以宁息。窥间近日两川物价腾长,兵士又不乐住彼,深恐非便。况当时只是权时,差那欲乞抽还,免致别有生事。

《李庄简公集·乞差文臣屯兵庐州状》

臣契勘淮西路庐濠二州及六安军最与伪地接境,近闻王彦充复于寿春府鸠兵聚粮,有窃闻之意。窃虑王亨、寇容、谢通辈兵力寡弱透漏过淮南,则大江之外尽入贼境,深为未便。臣自到任,累具申奏,后来又乞五六千人,并乞差近上文臣一员前去庐州屯驻。虽蒙圣慈悯察,降付都督府,至今未蒙施行。今吕颐洁已到行朝,伏乞速降指挥,庶几防秋之际不致误事。伏候勑旨贴黄。臣契勘长江千里守御为难，若止于两淮防托，则力省而功倍。臣所乞文臣一员，如傅崧卿难行，则本司参议官宗颖，乃宗泽之子，以其父故为诸将所爱，又其人亦慨然有忠愤之气。或蒙圣慈，假以制置或招抚使，副之名，令臣一面措置。乞赐速降旨挥。（八月八日奉圣旨，令李某别选文臣一员充淮西巡抚使，仍差兵二千人，付所差官将带前去庐州屯驻。）

《张魏公奏议·奏郭振屯六合事宜状》

臣今月一日，郭振自滁州定山一带回，所历地利形势一一详悉。臣与郭振议定以二万甲军守六合，镇江大军屯扬州，建康大军屯和州，池州大军屯巢县。内和州去六合不远，须得大军屯驻。将来视贼所向，徐议向兵，决可取胜。江州军分五千人屯舒州，与巢县相为掎角，其馀仔细曲折，并令郭振面奏。伏乞圣慈更赐详酌施行。臣契勘前日马步司两军，曾经宿州出战者近三万人，今来歇泊未久，无故遽令远出，恐于人情或有未安。臣愚见，欲令郭振先总行在。去岁未曾差出之军，步军万人。马军二千骑，于八月二十日以后令振统率前来。先驻六合缮治家计，万一房有馀力，合兵大入，探报得实，即乞车驾来幸。至镇江日，诸军次第而进，声势百倍，士气自振。伏望圣慈，特赐睿断施行。

又奏屯驻盱眙、濠寿利害

"臣契勘房西亮去岁南来，以十年之经营，率诸国之强大，盖将为必渡大江计也。而天道恶盈，就陨江干。今葛王虽欲迫胁丑类，复效前非，惟不敢其下，决未肯从。第惟用兵之道，不恃其不来，而况中原旧兵不啻十万？然则群下贪功，窥我淮甸，亦岂可谓无此心哉？臣诚过虑，以为万一有此，而其深鉴去岁之失，摘那精兵数万先据两淮形势，北通清河涡口之运，南扰真滁庐寿之间，则恐未易支吾。臣愚以为，今日之机其在两淮，不可不预作措置。淮东宜于盱眙屯驻，以扼清河上流；淮西宜于濠寿屯驻，以扼涡颍之运。其他大兵节次进屯，各立家计，纵未能使之詟服，而我之势力日以寖立，人心毕归，精兵可集。傥益兵数万，则江南基本强矣。至于屯田之计，可以招来淮北之人，以岁月为之，先至者获利，则彼必源源而来。惟今日之事，钱粮二者最为急务。乞明戒朝廷申敕有司，广行科拨，趁秋水来涸之前积于两地险要去处，庶几军旅之心不致回顾。自馀臣与陈俊卿、许尹子细面议，必具奏禀。事或有疑，伏望圣慈不以臣愚不肖，令宰臣陈康伯等以书诘问，当毕其说，上备采览。伏乞睿照贴黄。

臣契勘楚州正对清河，将来遣兵分守责在淮东，都统随机处置惟是。当于海口多备海船，以防粮道之出。伏乞睿照臣之所陈，姑叙大概。

窃惟兵家之事变化不常。异时淮东西两地自当酌，量房人所犯轻重随宜应援，难以预度某处。必以若干人守某处，必以若干人战，必欲进而攻取，必欲退而不为属。在天时人事，固难执一也。伏乞睿照。

臣闻兵事以几为主，几微之理其端无穷。臣自被罪，日夜思虑，不敢时刻少废。今日两淮屯兵，正欲示之以形，更观其变，徐为措置。若一向示弱，则狂虏有轻我之心，中原失来苏之望，虽遣间使难以得志，又况陕西、山东之兵方图牵制，而我无中立之师，则首尾隔远，虏人得以并尽其力，专攻一处，为害甚大。区区愚房，未敢为当。伏乞圣慈更赐详察。"

又奏《移屯牵制利害状》

臣听议欲于十五日以前节次施行。荆襄止是移兵添屯，若至秋深，必有举动。目今牵制之师，岂可不图？臣到堂见两相，皆以钱粮阙乏为言，臣未敢尽说底里。而日来众论纷然。惟国家之大计，臣当以身任更冀陛下断之宸衷，俾无掣肘后虞。而钱粮之属不敢阙误。不胜幸甚，伏取圣旨。

四月二日上
又奏《进屯寿春利害》

臣不避诛戮，尝具奏禀谓虏使之来，其议各有不同。万有一得河南之地，即乞先据形势，以令天下。如其姑为疑我之辞，愿陛下。与二三大臣亟议战守，及时而定。臣窃惟我之事力虽自单弱，而中原之心实勤归向。臣愚欲因此盛夏，遣大兵进屯寿春，用观其变。今陕西山东之师寖寖自立，正宜从中亟进，伺其心腹，使夹河百姓坠戴宋之望。利则深入，钝则持守。在我初无它虞。臣意无它，诚恐此虏乘间隙先定其内，秋高马肥，以数万之众来寇淮甸，深沟高垒，积以时月，事实未易支梧。亦恐历日滋久，虏聚兵攻东西两地之师，既无牵制，或难振作。又况虏之臣下若张浩之徒务功贪利，岂无异心？其患特不在大酋也。惟虏自去冬用兵，不得少休。近破陈州，闻复分其众，西望唐邓，东趋徐海，料其正兵亦疲矣。若我屯师寿春，彼必致虑。欲东西而骛，则疑我来突于中；欲备御于中，则恐东西大军益以深入。如此则其下必有离心，中原之人理须响应，纵未能即成大功，规摹事势固已立矣。臣愚何足以少补圣聪，姑竭所见以效朴忠。伏惟圣慈俯赐鉴察贴黄。

臣往尝备陈先遣兵屯驻淮上，以为耳目，正谓今日事。今详观将帅中可属以寿春重任者，莫如李显忠。盖显忠得名，西北虏实畏惮，而邵宏渊、郭振之徒可以佐之。惟粮食急务，伏乞专敕有司早为措置。陛下若更厚捐金帛，付委信臣，招来中原之众，事恐可图。盖兵马器甲非材不办，今日之举，借令中原未靖，防秋之计已自先成。伏乞圣慈更赐详酌贴黄乞留中。

又条具《江上屯守事宜》

臣职守藩方，无以自效。去秋不远，理宜过为之备，少分忧顾。窃谓大江措置既立，则形势隐然，虏不敢萌窥伺之志。辄有本路管见条列于后，万一可采，伏乞早降睿旨施行。

臣欲乞本路弓手许，权宜增置五分将来，或有调发即存留新人及旧人三分之一，在县巡警，其所增募钱，许于系省钱内通融应付。

一臣愚见，欲将本路合调，发禁军、土兵、弓手并于建康府屯驻，差本路副都总管张玘统之，专一教习水军，控御沿江一带。契勘日前禁军，并分拨隶属都统司差使，缘分差火头及散在诸队，人情不相谙习，未必得用。今若萃而为一，如某战船，使某县土兵弓手及本州禁军每五十人或百人各为一船，以使臣一员统之，益以篙手水夫十五人或二十人。人情既熟，缓急必效力用命，一如蒙圣慈。俞允所有太平州、池州、宣州、南陵县沿流去处，其州禁军、县土军，弓手并行存留，应付本处差使。

一太平州、池州系紧要控扼去处，欲乞差福建路合调发禁军士兵弓手分两处屯驻，仍乞差本路副都总管贾和仲统制太平州所驻军，其池州军容臣踏逐，别具申奏。缓急聚而为一，可御大敌，其福建起发人数仍乞圣慈特降睿旨，优邺犒设，使之通知。今来既不差在诸军，只令守江。人情庶几安悦，可以驱使。

臣今所陈，如可施行，其江州乞以江西路兵，鄂州乞以湖南路兵，镇江乞以两浙兵屯驻，各择统制教习水战。仍令州郡务加存恤，无使缺乏。贴黄。

人曰臣本府所造战船已及六只，馀数如期可办。其它诸州更乞频降指挥，催促施行。所有屯驻军添支食钱，欲自朝廷科拨支降。伏乞特赐睿旨。

今来措置既定，则诸处进屯无反顾家室之忧，江南一带民情亦安，进战退守，各得其利。伏乞睿照。

《又奏淮南移屯事目》

臣今具淮南移屯事目下项。

议者以为虏叛自清河大具战船而来，韩世忠之舟师所不能遏止。臣以为造舟于北邑，邑难备探报，所传多非其实。向者世忠以水军直抵淮阳城下，粮食器械尽萃于舟，而虏叛曾莫能略遣偏师追击邀截，贼之事力可以见矣。其后世忠又以战船径赴彭城，缘水急石大过淮阳而止。比其返也，莫有乘轻舸以追之者。今两三月之间，岂能便集大舟？纵使有之，又安敢与世忠为敌也？

大军既出，内外之论多以'前出后空，前重后轻'为言。臣谓：用兵所恃独在士心之和协，将帅之肯为，器械之犀利耳。就是三者，尤以人心为先。士心苟离，虽拥百万之师遮蔽江淮，无补于事也。士心苟奋，所向无敌，虏叛安敢轻越而辄犯之乎？故朝廷所急者当知其辛苦，视其疾病，时其衣粮，明其赏罚。不如是，虽环兵而守之，缓急无可恃也。

论刘光世军马屯驻事

臣昨日恭奉圣训令臣思虑。刘光世一军合屯家小去处，臣再三审度，惟江州最便：其一漕运通利，其二城壁坚固，其三将士往上流措置，去家不远，书信易通，无后顾之忧；异时淮甸有警，家属各已安居，大兵顺流而下，声势尤大。区区鄙陋之见，仰冀圣裁贴黄。如合圣意，乞因宰执奏事宣谕，止以太平被火，光世一军家属，合行移驻。伏乞详酌。

《司马温公传家集·乞
留诸州屯兵札子》

臣奉勑充永兴军一路兵马都总管安抚使臣。窃闻本路十州所管，屯驻禁军至少，大率皆是缘边就粮兵士，常时分为上下番。有一半在逐州，或遇边上稍有警，急则尽皆抽去，逐州并无守把兵士。臣窃惟天下事不可忽，必须思患预防。戎狄犯边，虽当竭力捍御，然腹内州军岂可全无武备？况逐州皆有军资甲仗，市邑民居万一犬羊奔突，间谍内应或盗贼乘虚，奸人窥发，其本州官吏手下无兵，虽有智勇，将安所施？臣愚以为逐州宜各添一指挥禁军屯驻内。永兴军为关中根本，宜添两指挥，若朝廷别无兵士可以差拨，只乞于缘边就粮兵士，内依此数目拨留在逐州屯驻，边上更不得勾抽。所贵缓急不至失备。取进止。

张守《毗陵集·乞屯兵江州札子》

臣今月二十九日酉时据江州，申承以北官司次第关报。五月十三日，有番人军马入

东京，契勘本州系江西一带冲要门户，兼对江舒蕲州，并无人马防托，切恐有系急探报无以枝梧。申乞差拨军马前来本州驻札。臣伏见虏人触热行师，乘我不备驻军京师，其意之所属，未易测知。要当过为堤防。臣契勘行朝所恃，以为藩翰者韩世忠、张俊、岳飞三大将之兵。世忠驻淮东，俊驻建康，飞驻武昌，其势必不可轻动。惟是淮西，虽系张俊宣抚地分，朝廷不过令分兵庐州守御，窃恐未必能控扼贼路，保其不能南也。万一贼骑透漏渡淮，由光黄舒蕲入江州，取饶信衢州而趋行阙，如入无人之境，其势甚易。臣顷见防秋之际，尝令岳飞分兵万人屯江州，若自鄂州顺流而下不过数日，声援相接，长江之险可保无虞。伏望圣慈详酌，早赐施行。取进止。

《清忠公牟子才奏·札
子论兵屯备御》

臣闻兵屯贵密不贵疏，备御贵实不贵虚。连鸡之栖气势联络，一鸡才动群鸡皆应。今日之兵屯当似之。或失之疏，则地势阔远运掉艰难，宁无隰度之虑？千金之家，储蓄厚富，取之不竭，用之不禁，今日之备御当似之。或失之虚，则捉襟见肘，阔短呈露，宁免外侮之虞？然则密而不疏，实而不虚者，正今日筹边之良策也。今日三边之兵屯，疏乎密乎？以臣观之，淮海襄蜀之地，首尾绵亘，毋虑万馀里大抵皆与敌接。而敌之谋我为计盖甚密，今年城汉中，明年城海州，又明年城利州，城亳州，城光化，不动声色而城筑已成，不费兵戈而粮草已具。河以南曰唐邓，曰蔡颖，曰陈郓，曰三汊等处，又皆分布兵屯为久驻计。其与我为邻者，无一处无元帅，无一帅无重屯。此其为计盖甚密也。而我之所以御之者，视敌屯反疏。东西两淮，地势阔远，风马牛不相及也，而仅以一大帅当之，虽摹画有馀，然恐功成事定，归位枢府。扣之当事任者，或彼此不相应援，必致坐失机会，败乃公事。襄樊荆蜀，山川阻修，鞭之长不及马腹也，而仅以一大帅兼之，虽运量中情，然蜀道驱驰，峡险隔绝。今之禀成算者，或节拍不能立应，必致错失事机，噬脐悔后，是兵屯之疏，曾不足以当敌之密也。今日之备御实乎虚乎？以臣观之。敌之金军为兵，或号百万，或号八十万或号四五十万，敌以马多为国，而人各数十疋或十五六疋，总而计之或数千万疋。将材固彼所自有。而诸国之骁勇，中原之豪杰，山西之将种，又皆嗾召于四方耕屯。彼固尽力，而淮西之取禾，巴蓬之刘麦，剑利之打粮，又皆取办于我境。器械彼固坚利而弓矢之整治，技艺之习练，射猎之驰骋又皆责成于马上。是无一日而不为备，无一人而或忘战，其为备盖甚实也。而我之所以为备者，视彼国反虚。食为国之司命，自改拨饭饷，两淮之粮多误于围田之不实，自蜀土丘墟蜀口之粮多误于屯租之转移，自增筑襄樊荆湖之粮多误于分运之不足。而科降吝于给与，储峙耗于水毁，又不论兵为国之精神，自东海城筑，两淮之卒当分于海道之增也。自襄樊复归，荆湖之兵多困于极边之分戍，自蜀险尽失，正甲忠义半空于死徙之靡常。而骁将置之散地，小校厄于下僚，又不论。是兵食之虚，曾不足以当彼国之实也。夫敌屯密而吾以疏制之，敌备实而吾以虚制之，几何不为敌人所困乎？臣究观事势，为国深思，不可不图为密实之计。淮西制帅，旧制也，今当于维扬将有命召之时，遴选威重望臣充淮西制。置使置司合泥。专一控制淮西一路，以扼形势险要之冲，使申讨军实之馀，专一保境息民为事。则地势近而易固，备御一而不散。敌人之去来，吾得而觇其实；兵将之勤惰，吾得而知其详。其于御敌，审为便利。不然，道里阔疏，血脉不贯，将有涣散无统之失。荆湖制置亦旧制也，今当于蜀闲乞置荆帅之时，遴选威望重臣充荆湖制置，使置司江陵专一控制荆襄诸道，以扼形势要害之地，使运筹决胜

之余，一以谨固封守为务。则事权专一而不分，军声张大而不怯兵屯之多寡，吾得而核其籍财计之盈缩，吾得而究其源其于御敌诚为至便。不然，水浮陆走，救援不及，将有阻隔不通之病。四帅既建，兵屯既张，又当增涟水之备，重山阳之权，以张淮东守御之形。复浮光之城，严齐安之守，以壮淮西托里之势。增均阳之戍，挠光化之巢，以增襄樊镇守之防，厚巴阆之卒，分绵剑之兵，以遏东西入侵之路。使气势联络，缓急相救，情意翕合，有无相通，如椅角之鹿，如常山之蛇，而四帅咸赖其用。彼摆布虽密，岂能呀一隙以窥吾所不及之地耶？乃若边备，则四帅者既分地守又当即其国中，各惟其虚实。无使虚而不实，以启敌心。将材未见则采之公言，以观其器识，试之事艺以程其武勇，驱之战斗以发其忠义，使升补不紊于货赂，材智不困于忌嫉，赏功不挠于私情，则将材实矣。不然，有才不用，有功不赏，将有抑郁无聊之叹。兵数未足，则立格以招制之，既足则出赏以训练之，既练，则作气以激励之，使要冲之地无地不兵，屯驻之兵无兵不器，战斗之器无器不精，则军政实矣。不然，兵不选练，器不坚利，将有以将予敌之忧。储峙未丰，则趁时收籴，既籴则及时馈运，既运则随时考覈。使营屯之租不为军吏所盗窥，和籴之米不为籴吏所欺隐，馈饷之数，不为舟师所蚕食，则军粮实矣。不然，唱筹量沙，外示整暇，将有侗疑虚喝之忧。密政既修，实形既具，又当厚募间谍，刺探事宜，以觇其虚实。敌屯厚重，则敛兵保险，勿与之争；稍薄，则拣选精锐以挠大势；敌屯急遽，则持重闭垒以待其定；缓则尽锐疾击，以乘其懈怠；敌意欲留则夜遣壮士，出奇挠劫；去则潜兵险要以追袭其后。使奇谋秘计运用不穷，精卒疑兵，翕张靡觉，如出天入地，如鬼秘神章，而备御咸赖其威，彼蓄积虽厚，安能乘其虚以捣吾所不虑之处耶？虽然，激昂之机又在庙堂。以功见知者当入紾机画，以大其规；以材选用者当尊隆事权，以底厥绩。其或玩视威令意轻朝廷，则陈忠义以激其奋命克敌之心。而今日之病则在因仍旧规，不肯集思广益以谋帅才也。安望其任用当而公谕穆耶？将有劳伐则升差职任以酬其劳，兵有战多则拔卒为将以示其劝。其或翱翔规间，溃散违命，则戮于社以夏启甘誓之罚。而今日之病则在赏虽行而多靳吝，法虽明而多牵制也。安望其士卒服而行阵肃耶？申画郊坼不当图，分表之地城筑要害。惟务伐侵地之谋，其或遣使诱和，设计误我，则杜其弊以防西凉劫盟之祸。而今日之病又在于绝和之意不坚决，招地之心未尽锄也。安望其国是定而安疆城耶？此三病者锢于其心而应于其事，狃于其习而讱于其行，若将安之而不知意向，未明忧端之所由伏，议论未定，祸基之所由胚，盖有出于疏密虚实之外者。吾君吾相所宜豫图继自今，勿惜人情而昧远图，勿怵异说而挠正论，勿见小利而忘大猷，勿急近效而贪远地，勿怯大敌而昧先著，勿志苟且而狭规抚，勿滋吝心而涩赐予，勿矜意见而料远事，勿务羁縻而费财用，勿循功利而长奸恶。信能行此十者，以伐沈锢之三病，此乃国家以简御繁之至计，以内制外之良谋。虽不区区焉逾制于其上，而三边之备御皆不出吾帷幄之内，又安有疏而不密，虚而不实之患哉？干冒天威不胜战灼。

屯

屯田

《文献通考》

汉昭帝始元二年,发习战射士,调故吏将屯田张掖郡。(调发遣之也,故吏前为官职者。)宣帝神爵元年,后将军赵充国击先零羌,罢骑兵屯田以待其弊。

东汉边郡置农都尉,主屯田殖谷。光武建武四年,刘隆讨李宪。宪平,遣隆屯田武当。马援以三辅地旷土沃而所将宾客猥多,乃上书求屯田上林苑中,帝许之。六年,王霸屯田新安。夏,李通破公孙于西域,还屯田顺阳。八年,王霸屯田函谷关。张纯将兵屯田南阳。明帝永平十六年,北伐匈奴,取伊吾地,置宜禾都尉以屯田,遂通西域。章帝建初二年,罢伊吾卢屯田兵。和帝永元二年,击伊吾,破之。三年,班超定西域,复置戊已校尉。永元十四年,安定降羌烧何种反,曹凤请广设屯田,隔塞羌胡交关之路,及省委输之役。上乃拜凤为金城西部都尉将,徙士屯龙耆。后金城长史上官鸿上开置规,又建威屯田三十七部,侯霸复开置东西邯屯田,增留逢二部。帝皆从之。列屯夹河,合三十四部。其功垂立。会永初中诸羌叛乃罢。顺帝永建四年,虞诩上疏曰:"《禹贡》雍州之域,厥土惟上,且沃野千里,夫弃沃壤之饶,损自然之财,不可谓利。"遣奏,帝乃复三郡,(湖方、西村、上郡)徼河浚渠为屯田,省内郡费岁一亿计。明年,校尉韩皓转湟中屯田,置西河间以逼群羌。羌以屯田近之,恐必见图,乃解仇诅盟。马续上移屯田湟中,羌意乃安。至阳嘉元年,以湟中地广,增置屯田五郡,并为十部。永建六年,以伊吾膏腴之地,旁近西域、匈奴,资之以为钞暴,复令开设屯田,如永平故事。邓训击贩迷唐诸羌,威信盛行。遂罢屯田,各令归郡,唯置弛刑徒二千余人,分以屯田,为贫人耕种修理城郭坞壁而已。阳嘉元年,复置玄菟郡,屯田六郡。傅

汉昭帝

夔为汉阳太守,广开屯田,列置四千馀营。献帝建安元年,募民屯田许下。

建安十四年,曹操引水军自涡入淮,出肥,水,军合肥开芍陂屯田。

诸葛亮由斜谷伐魏。亮以前者数出,皆以运粮不继,使己志不伸,乃分兵屯田,为久驻之计。耕者杂于渭滨居民之间,而百姓按堵,军无私焉。

魏齐王芳正始四年,司马宣王督诸军伐吴,时欲广田蓄谷为灭贼资,乃使邓艾行陈项以东至寿春(自今淮阳邻项城县以东至寿春郡)。艾以为田良水少不足以尽地利,宜开河渠,可以大积军粮,又通运漕之道,乃著《济河论》以喻其指。又以为"昔破黄巾,因为屯田积谷于许都,以制四方。今三隅已定,事在淮南。每大军征举,运兵过半,功费百亿以为大役。陈蔡之间土下田良,可省许昌左右诸稻田,并水东下。令淮北屯二万人,淮南三万人,十二分休,常有四万人。且田且守,水丰常收三倍于西,计除众费,岁完五百万斛,以为军资。六七年间可积三千万斛于淮上。此则十万之众五年之食也。以此乘吴,无往而不克矣。"宣王善之,皆如艾计。遂北临淮水,自钟离西南横石以西,尽沘旁脂水四百馀里,置一营六十人,且田且守。兼循广淮阳百尺二渠上,引河流下通淮颍大理诸陂,于颍南北穿渠三百余里,溉田二万顷。淮南淮北皆相连接。自寿春到京师,农官兵田,鸡犬之声阡陌相属。每东南有事,大军兴众泛舟而下,达于江淮。资食有储而无水害,艾所建也。

晋羊祜为征南大将军,镇襄阳。吴石城守去襄阳七百馀里,每为边害。祜患之,竟以诡计令吴罢守。于是戍逻减半,分以垦田八百馀顷,大获其利。祜之始至也,军无百日之粮;及至季年,有十年之积。太康元年,平吴之后,当阳侯杜元凯在荆州修召信臣遗迹,激用浊、澈诸水以浸原田万余顷。分疆刊石,使有定分,公私同利。众庶赖之,号曰"杜父"。旧水道唯沔汉达江陵千数百里,北无通路。又巴丘湖沅湘之会,表里山川,实为险固,荆蛮之所恃也。预乃开杨口,起夏水达巴陵千余里。夏水杨口在今江陵郡江陵县界。巴陵,即今郡内泻长江之险,外通零桂之漕。零陵桂阳并郡南大歌之曰:"后世无叛由杜翁,孰识智名与勇功?"

东晋元帝督课农功,二千石长吏以入谷多少为殿最。其宿卫要任,皆令赴农使军各自佃即,以名禀。大兴中,三吴大饥,后军将军应詹上表曰:"魏武帝用枣祗、韩浩之议,广建屯田,又于征伐之中,分带甲之士随宜开垦。故下不甚劳,大功克。举间者流人奔东吴。东吴艰险,皆已还返江西,粮田畴废。未久火耕水耨,为功差易,宜简流入,兴复农官,功劳报赏皆如魏氏故事。一年中与百姓,二年分税,三年计赋税,以使之公私兼济,则仓庾盈亿,可计日而待之。穆帝升平初,荀羡为北部都尉镇下邳,屯田于东阳之石鳖,公私利之。齐高帝敕桓崇祖修理芍陂田,曰:'卿但努力营,自然平殄虏寇。昔魏置典农而中都足食,晋开汝颍而河汴委储。卿宜勉之。'后魏文帝大统十一年,大旱。十二年,秘书丞李彪上表,请别立农官,取州郡户十分之一为屯田人。相水陆之宜,计顷亩之数。以赃赎杂物市牛科给,令其肆力。一夫之田,岁责六十斛,甄其正课,并征戍杂役。行此二事,数年之中,谷积而人足矣。"帝览而善之,寻施行焉。自此公私丰赡,虽有水旱不为害。

北齐废帝乾明中,尚书左丞苏珍芝又议修石鳖等屯,岁收数十万石,自是淮南军防颇足。

孝昭帝皇建中,平州刺史稽晔建议开幽州督充旧陂,长城左右营屯,岁收稻粟数十万石。此境得以周赡。又于河内置怀义等屯,以给河南之费。自是稍止转输之劳。

武成帝河清三年,诏沿边城守堪耕食者营屯田,置都子使以统之。一子使当田五十

顷,岁终课其所入以论褒贬。

隋文帝开皇三年,突厥犯塞,吐谷浑寇边。转输劳弊,乃令朔方总管赵仲卿于长城以北大兴屯田。

唐开军府以捍要冲,因隙地置营田,天下屯总九百九十二。司农寺因屯三顷,州镇诸军每屯五十顷。水陆腴瘠,播植地宜与其功庸烦,省收率之多少皆决于尚书省。苑内屯以善农者为屯官、屯副。御史巡行,庄输上地五十亩,瘠地二十亩,稻田八十亩,则给牛一。诸屯以地良薄与岁之丰凶为三等,具民田岁获多少取中熟为率。有警则以兵若夫千人助收。隶司农者,岁二月卿少卿循行治不法者,凡屯田收多者褒进之。岁以仲春籍来岁顷亩,州府军镇之远近,上兵部度便宜遣之。

开元一十五年,诏屯官叙功以岁,丰凶为上下镇,成地可耕者人给十亩,以供粮。方春时,屯官巡行,田作不勤者惩督之。田收谷百九十馀万斛。初度支岁市粮于北都,以赡武振大德灵武盐夏之军费钱五六十万缗,沂河舟溺甚众。建中初,宰相杨炎请置屯田于常川,发关辅民于陵阳渠以增溉。京兆尹严郢尝从事朔方,知其利害,以为不便。疏奏不报。郢乃奏:"五城旧屯,其数至广,以开渠之赈贷诸城官田约以各输,又以开渠功直布帛,先给田者据估转赖。如此则关辅免调,发五城田辟比之浚渠,利十倍也。"时杨炎方用事,郢议不用,而陵阳渠亦不成。然振武天德良田广袤千里。

元和中振武军饥,宰相李绛请开营田,可省度支,漕运及绝,和籴期隐。宪宗称善,乃以韩重华为振武京西营田和籴水运使,起代北垦田三百顷,出赃罪吏九百余人,给以耒耜耕牛,假粮种,使偿所负粟。二岁大熟,因募人为十五屯。每屯百三十人,人耕百顷。就高为堡,东起振武,西逾云州,极于中受降城,凡六百余里,列栅二十。垦田三千八百余里,岁收粟二十万石,省度支钱二千余万缗。重华入朝,奏请益开田五千余顷,法用人七千,可以尽给五城。会李张已罢,后宰相持其议而止。宪宗末,天下营田皆顾民或借庸以耕。又以瘠地易上地,民间苦之。穆宗即位,诏还所易地而耕。以官兵耕官地者给三之一以终身。灵武邠宁土广肥而民不知耕。

太和末,王起奏立营田。后党项大扰河西。邠宁节度使毕诚亦募士开营田,岁收三十万斛,省度支钱数百万缗。

上元中,于楚州古射阳湖置洪泽屯,寿州置芍陂也,厥田沃壤大获其利。

宋太宗皇帝端拱二年,以左谏议大夫陈恕为河北东路招置营田使,魏羽为副使;右谏议大夫樊知古为河北西路招置营田使,索湘为副使,欲大兴营田也。

淳化四年,知雄州何承矩请于顺安寨西引易河筑堤为屯田。既而河朔频年霖潦水潦,河流湍溢,坏城垒民舍。复请因积潦处蓄积为陂塘,大作稻田以足食。

真宗咸平五年,殿直牛睿请增广方田,疏治沟塍为胡马之阂。诏边臣经度之。顺安军、威房军,保州定州皆有屯田。九年改定州、保州顺安军营田务为屯田务,凡九州军皆遣官监务,置吏属。召募役兵,自京师传送耋稚干以补牛阙。陕西转运使刘综上言:"今于古原州建镇戎军,以备贼,请迁于军城四面置屯田务,开田五百顷,置下军二千人、牛八百头以耕种之。又置堡寨使其分居,无寇则耕,寇来则战。"从之。既而原渭亦开方田,戎人内属者皆依之,得以安居。襄州襄阳县有屯田三百余顷,知州耿望请置营田务。是岁种稻三百余顷,五年以其烦扰罢之。唐州赭阳陂亦有营田务,岁种七十余顷,后以其所收薄且扰人罢之,赋贫民。

天禧末,诸州屯田总四千二百余顷,而河北屯田岁收二万九千四百余石,而保州最

多，逾其半焉。江淮、两浙承魏制，皆有屯田，克复后多赋与民输租，第存其名。在河北者虽有其实而岁入无几，利在畜水以限戎马而已。

治平三年，河北屯田有田三百六十七顷，得谷三万五千四百六十八石。

神宗熙宁元年，诏以坊监牧马余地立田官，令专稼政，以资牧养之用。案原武、单镇、洛阳、沙苑、淇水、安阳、东平七监地，余良田万七千顷，可赋民租佃，收草粟以备枯寒。从枢密副使邵亢请也。四年，河北屯田司屡言丰岁所入亦不偿费，诏沿边屯田不以水陆，悉募民租佃，罢屯务，收其兵为州厢军。五年，知延州赵卨乞根括闲田，及募弓箭手。诏如其请行。七年，章惇初筑沅州，亦为屯田务。元丰二年，以所收不及额，罢之。九年，诏熙河路有弓箭手耕种不及之田。经略安抚司权点厢军佃之，官置牛具、农器，人给一顷。岁终，参较弓箭手、厢军所种孰为优劣，以行赏罚。六月，谢民宪言："逃走弓箭手并营田地土昨，多方设法召昨请佃，今来认租课，乞许就近于本城寨送纳，特与蠲免，支移折变。"从之。知河州鲜于师中乞以未募弓箭手地百顷为屯田，从之。

元丰元年，诏经制熙河财用司括冒耕地，期半岁，使民得自言。五年，提举熙河营田康识言，新复土地，及命官分画经界，选知田厢军人给一顷耕之，余悉给弓箭手，人加一顷；有马者又加五十亩。每五十顷为一营。四寨堡见缺农作厢军，乞许于秦凤、泾原、熙河三路，选募厢军及马递铺卒，愿行者又给装钱二千。从之。八年，枢密院上河东经略司之言，曰"去年出兵耕种木瓜原地，凡用将兵万八千余人，马二千余匹，费钱七千余缗，谷近九千石，粮粮近五万斤，草万四千余束。又保甲守御费缗钱千三百，米三千二百石，役耕民千五百，雇牛千。具皆强民为之，所收禾粟荞麦万八千石，草十万二千，不偿所费。又借转运司钱谷以为子种。至今未偿，增人马防拓之费仍在年计之外。虑经略司来年再欲耕种，乞早赐约束。"诏谕吕惠卿母蹈前失。

元祐元年，永兴军民庶进状言兴平县有地二百四十余顷，久输二税，熙宁五年，本县抑令退为牧地。诏提刑司审定以奏，如他州县更有以税地改牧地者，亦具以闻。提刑司乞与免纳租钱、给种如故。

大观二年，陕西转运副使孙琦言："西宁、湟、廓三州，良田沃野并给族部，略无赋税。今进筑之初，宜召诸首领与族长开谕令，量立租课，责期限并委族长使之催。谕诏童贯度其宜以行。五年，提举泾原弓箭手司奏，乞案汉蕃田土其已开熟地，仍许着业，外若非朝命所给，而州军帅司一时私自拨予，或川原慢坡地土今仍荒闲者，并以给招关额人马。惟不堪耕种者方许拨充牧地。庶可究极地利，增广人兵。"从之。

绍兴元年，镇抚使知荆南府解潜奏措置荆南、归、峡、荆门、公安五州营田，其后军食仰给，省县官之半。三年，德安复州，汉阳军镇抚使陈规放古屯田，有逃户归业者收毕给之，过三年者不受理。凡军士所屯之田皆相其险隘，立为堡寨。其弓兵等半为守御，半为耕种。如遇农时则就田作，有警则充军用，凡耕种则必少增钱粮，秋收给斛斗犒赏。依锄田客户则例余并入官。凡民户所营之田，水田亩赋粳米一斗，陆田豆麦，夏秋各五升，满二年无欠输，给为永业。兵民各处一方，流民归业渐众，亦置堡寨屯聚。凡屯田事务，营田司兼行营田事，府县官兼行，更不别置官吏。当时，廷绅因规奏请相与推广，谓："一夫授田百亩，古制也。厥今诸荒田甚多，惟恐人力不足；兼肥瘠不同，难以概论。当听人户量力取舍，其有关阙少牛畜，宜用人耕之法，以二人拽一犁。凡授田五人为一甲，别给菜田五亩，为庐舍，稻场。兵屯以大使臣主之，民屯以县令主之，以岁课多少为殿最。"下诸镇推之。又诏江东西宣抚使韩世忠措置建康营田。又诏湖北、浙西、江西屯营田、徭役科配并免。五年,屯田郎中樊宾言:"荆、湖、江南与两浙膏腴之田,弥亘数千里,无人可耕则地有遗利。中原士民扶携南渡几千万人,则人有余力。今若使流寓失业之人尽田荒闲不耕之田,则地无遗力,可以资中兴。六年,右仆射张浚奏改江淮屯田为营田,凡官田,逃田并拘籍。以五顷为一庄,募民承佃,命措置官樊宾、王举行之。寻命五大将刘光世、韩世忠、张浚、岳飞、吴玠及江、淮、荆、襄利路帅,悉领营田使。江淮营田置司,建康岁中,收谷三十万有奇。"七年,监中岳李寀言:"营田之官,或抑配豪户或强科保正,田瘠难耕,多收子利。"张浚亦觉其扰,请罢司,以监司兼领。于是诏帅臣兼领营田,内见带营田使名者即仍旧。诏奖谕川陕宣抚吴玠,治废堰营田六十庄,计田八百五十四顷,约收二十五万石,补助军粮以省馈饷。十六年,定江淮湖北营田,以绍兴七年至十三年所收数内,取三年最多数内取一年,酌中为额。县官奉行有方,无词诉,抑勒处分,三等定赏罚。

隆兴元年,工部尚书张阐言:"今日荆襄屯田之害非田之不可耕也,无耕田之民也。官司虑其功之不就,不免课之游民;游民不足,不免抑勒百姓舍已熟田,耕官生田。私田既荒,赋税犹在,或远数百里追夺以来。或名双丁,役其强壮,占百姓之田以为官田,夺民种之谷以为官谷。老稚无养。一方骚然。"有司知其不便,申言于朝,罢之,诚是也。然臣切谓,自去岁以来,置耕牛,置农器,修长木二渠,费已十余万,其间岂无已垦辟之地,岂无庐舍场圃,尚可卒业。一旦举而弃之,不为势家所占,则是捐十万缗于无用之地,而荆襄之田终不可耕也。臣比见两淮归正之民,动以万计,官给之食以半岁为期。今逾期矣,官不能给,则老弱饥饿者转而他之,殊失期民向化之心,兼亦有伤国体。臣愚以为荆襄之田尚有可承之规,与其弃之,孰若使归正之民就耕,非惟可免流离,庶使中原之民知朝廷有以处我,率皆襁负而至。异日垦荒辟既田畴既成,然后取其余者而输之官,实为两便。诏,除见耕种人依旧外,余令虞允文同王珏疾速措置。

东屯

《郡县志》

东屯在夔州奉节县东十里,公孙述留屯之遗迹也。杜甫移居瀼东,即其地。平川百顷,精凿白粲,为蜀第一。

唐杜工部诗
《从驿次草堂复至东屯二首》

峡里归田客,江边借马骑。非寻戴安道,似向习家池。山险风烟合,天寒橘柚垂。筑场看敛积,一学楚人为。

短景难高卧,衰年强此身。山家蒸栗暖,野饭射麋新。世路知交薄,门庭畏客频。牧童斯在眼,田父实为邻。

暂往白帝复还东屯

诗云"复作归田去,犹残获稻功。筑场邻穴蚁,拾穗许村童。落杵光辉白,除芒子粒

红。餐可扶老,仓廪慰飘蓬。

宋《壁雁湖集·留题东屯诗》

千载风流表出师,帅龙山寺已题诗。两贤心迹元无异,更谒东屯老拾遗。

连峰叠障拥峥嵘,个里谁知掌样平。还有人家留客醉,石柳花下听啼莺。

作意元非谷口耕,后来更说以诗鸣。殷勤只有香溪在,曾照先生白发茎。

早日皋夔许致身,最怜一饭不忘君。飘零岂意穷山里,目断长安隔戍云。"

陆放翁诗《东屯呈同游诸公诗》

十月霜凋枫树林,清溪白石称幽寻。按行老子诛茅地,惆怅孤臣许国心。走马平沙嫌路近,传杯小阁喜寒侵。也思试索梅花笑,冻蕊疏疏欲不禁。

王梅溪《家政集·东屯诗》

少陵别业古东屯,一饭遗忠删亩存。我辈月叨官九斗,须知粒粒是君恩。东屯溪山之胜似吾家左原:"东屯别是一山川,水秀山青似左原。我待还家筑茅屋,作诗招取少陵魂。

项安世诗《东屯》分韵得大字

诗翁骨成尘,巴子地如芥。驱车藤刺乱,跋马山石隘。景因名自佳,物以人故大。客来不一到,百岁负清债。遂令东屯游,永作一生快。君看黄冈头,屋破古井坏。恃有东坡翁,过者不敢拜。谅知万物灵,山水蒙芘赖。男儿勿自贬,著意尘土外。

《代人得顷字》

郡官所食稻,共此一百顷。小人以力耕,君子以德请。

《代人得平字》

绕涧绿崖入,中间有许平。更栽桃万树,应得避秦名。

《代人得若字》

尚想东屯诗,十九落岩壑。雨夜闻竹簧,春风化兰若。

《代人得按字》

新收舍前云,旧管舍北涧。一为草堂人,从头点诗案。

《洪平斋集·东屯诗》

莘确嵚岭转百盘,峡天深处得平宽。秋风策策藦花老,暮雨萧"稻子寒。仁者乐山心

本静,硕人古涧体俱胖。农家不解诗,看趣,只道丰年了纳官。

《孙烛湖先生集·寄咏东屯》

　　闻说东屯胜,诗仙有旧游。茅斋深翠竹,石径俯寒流。几杖千山月,钽犁百顷秋。归途客酹酒,句法偿堪求。

邓绅伯诗《游东屯》

　　满目烧险畲险,那知此地偏。一川通稳水,百顷著平田。茅屋址犹在,草堂名自传。蛮歌晚来起,仍觉在天边。

中华传世藏书

永乐大典 精华本

寒 诸寒证治九

伤寒太阳证

张仲景《伤寒论·辨太
阳病脉证并治》

太阳之为病,脉浮,头项强痛而恶寒。成无己《注经》曰:尺寸俱浮者,太阳受病。太阳受病,太阳主表,为诸阳主气。脉浮头项强痛而恶寒者,太阳表病也。《太平圣惠方》:太阳病脉浮大数者,宜发汗也。又云:脉浮数者,宜桂枝汤。方见伤寒本论。

太阳病发热汗出恶风脉缓者,名为中风。成无己《注》:风,阳也;寒,阴也。风则伤卫,发热汗出。恶风者,卫中风。荣病发热无汗,不恶风而恶寒;卫病则发热汗出,不恶寒而恶风。以卫为阳卫外者也,病则不能卫固其外,而皮腠疏。故汗出而恶风也,伤寒脉紧,伤风脉缓者,寒性劲急而风性解缓故也。索矩《伤寒新书》云:中风者,法当恶我,或反恶寒者有之。伤寒者法当恶寒。或反恶风者有之。其故何也?风少而寒多,其为中风则恶寒也;寒少而风多,其为伤寒则恶风也。若但中风则恶风也,曰中风;若但中寒则恶寒也。曰伤寒;若风寒相伴,则恶风寒,亦曰中风或曰中风寒也。翕翕发热中风象,蒸蒸发热;伏热象,身灼热;风温象,三者皆病昭著。邪疾本病,皆证之著。中风有汗或无汗,伤寒无汗或有汗,余病仿此。

许叔微《伤寒百证歌》
论中风伤寒脉

仲景以浮缓脉为中风脉,浮涩而紧为伤寒脉。中风有汗,伤寒无汗何也?《内经》云:"滑者,阴气有余也;涩者,阳气有余也。阳气有余则身热无汗,阴气有余则多汗身寒。大抵阴阳欲其适平而已。阳气不足,阴往乘之,故阴有余;阴气不足。阳性从之,故阳有余。风伤于卫,则荣不受病,故阳不足而阴有余,是以中风脉浮而缓,必多汗也;寒伤于荣,则卫未受病,故阴不足而阳有余,是以中风脉浮而缓。必多汗也;寒伤于荣,则卫未受病,故阴不足而阳有馀,是以伤寒脉浮濇而紧,亦为无汗也。"仲景辨二者脉证,亦有所受者矣。王好古阴证略例,论自汗分阴阳。成无己云伤风自汗,汗出恶风寒者,有表也;汗出不恶风寒者,表解里未和也。有阳明发热汗出,此为热越。有阳明发热汗多者下之。《海藏》

云：内感伤冷自汗大恶风寒，汗出身凉，不热者阴证也，汗出身热得阴脉者，亦阴证也。

太阳病或已发热，或未发热必恶寒体痛呕逆，脉阴阳俱紧者名曰伤寒。《成无己注经》曰：凡伤于寒，则为病热，为寒气客于经中阳经怫结而成热也。中风即发热者，风为阳也。及伤寒云，或已发热，或未发热。以寒为阴邪不能即热，郁而方变热也。风则伤卫，寒则伤荣。卫虚者恶风，荣虚者恶寒。荣伤寒者，必恶寒也。气病者则麻，血病者则痛。风令气缓，寒令气逆。体痛呕逆者，荣中寒也。《经》曰："脉盛身寒，得之伤寒；脉阴阳俱紧，知其伤寒也。"

伤寒一日，太阳受之。脉若静者为不传，颇欲吐；若躁烦脉数急者，为传也。《成无己注》："太阳主表。一日则太阳受邪，至二日尝传阳明。若脉气微而不传，阳明胃经受邪，则喜吐。寒邪传里则变热，如颇欲吐。若烦躁脉急数者，为太阳寒邪变热，传于阳明也。《太平圣惠方》云：烦躁欲吐，脉急数者乃为传别脏也，宜桂枝汤。

伤寒二三日，阳明少阳证不见者，为不传也。《成无己注》：伤寒二三日，无阳明少阳证，知邪不传，止在太阳经中也。

太阳病发热而渴，不恶寒者，为温病。《成无己注》：发热而渴不恶寒者，阳明也。此太阳受邪，知为温病，非伤寒也。积温成热，所以发热而渴，不恶寒也。

若发汗已身灼热者，名曰风温。风温为病，脉阴阳俱浮。自汗出，身重多眠睡，鼻息必鼾，语言难出。若被下者，小便不利，直视失溲；若被火者，微发黄色。剧则如惊痫，时瘈疭若火熏之。一逆尚引日，再逆促命期。《成无己注》：伤寒发汗，已则身凉。若发汗已身灼热者，非伤寒，为风温也。风伤于上，而阳受风气。风与温相合，则伤卫、脉。阴阳俱浮，自汗出者，卫受邪也。卫者气也。风则伤卫，温则伤气。身重多眠睡者，卫受风温而气昏也，鼻息必鼾，语言难出者，风温外甚而气壅不利也。若被下者，则伤藏气。太阳膀胱经也。《内经》曰："膀胱不利为癃，不约为遗溺。"癃者小便不利也，太阳之脉，起目内眦。《内经》曰："瞳子高者，太阳不足；戴眼者，太阳已绝。"小便不利，直视失溲。为下后竭津液，损藏气，风温外胜。《经》曰："欲绝也，为难治。若被火者，则火助风温成热。微者热淤而发黄，剧者热甚生风如惊痫，而时瘈疭也。先曾被火为一逆，若更以火熏之，是再逆也。一逆尚犹延引时日，而不愈其再逆者，必致危殆。"故云"促命期"。

索矩《伤寒新书》

方者，量也，谓汗下可量诸病，如发汗已身灼热者，风温下之已；已身疹出者，温毒。余仿此。《兰室宝鉴类纂》曰：瘈疭，阳证也。手足抽掣，俗谓"搐搦"也。

病有发热、恶寒者，发于阳也；无热恶寒者，发于阴也。发于阳者七日愈，发于阴者六日愈。以阳数七阴数六故也。《成无己注》：阳为热也，阴为寒也，发热而恶寒，寒伤阳也；无热而恶寒，寒伤阴也。阳法火，阴法水，火成数七，水成数六。阳病七日愈者，火数足也；阴病六日愈者，水数足也。庞安时《伤寒总病论》云：发于阳者，随证用汗药攻其外；发于阴者，用四逆辈温其内。索矩《伤寒新书》：发热而恶寒者，发于阳宜解表；因恶寒先罢者，在分阴阳证。无热恶寒者，发于阴，宜温里。因但发热者，在辨表里证。王好古医垒元戎《王明奉辨阴阳证》：夫病发热而恶寒者，发于阳也；不发热而恶寒者，发于阴也。发于阳者，可攻其外；发于阴者，可温其内。发表以桂枝，温里以四逆。张仲景《论少阴通脉四逆证》：面色赤，又少阴下，利脉沉迟；面色少赤。此二症似阳，然皆下利清谷（为异也）。凡少阴症，无汗类麻黄汤症。麻黄汤症，脉阴阳俱紧，少阴脉微细为异也。又汗出为阳微。故仲景云："阴不得有汗。脉阴阳俱紧而反汗出为亡阳，属少阴也。"仲景《论伤寒脉浮》："自汗出，小便数，脚挛急，反与桂枝攻表误也。"常器之云："便合用桂枝加附子汤治之，若误服桂枝汤，即便有发厥、吐逆、谵语等症。《治其本谕·太阳上篇中》孙兆云：阳症即头痛身热，脉洪数也；阴症则头微痛而身不热，脉沉细迟缓。凡阴病宜与四逆理中，辈皆自愈。至夏月得阴症，亦虑四逆太热，宜与理中最佳也。又云，大抵发热恶寒者，是表证属太阳也；只恶寒，是阴证也。然阴证亦有发者，盖是表热里寒，其脉必沉迟，或手足微厥，或下

利清谷，更以别证验之可知也。又云：本是阴病，医与热药过多；却见热证者，亦斟酌以凉药解之。又云：阴阳形静，无发狂者，惟饵温药过多，胸中热实，或大便硬。有发狂者，亦宜承气汤辈下之，不可轻用。本是阳病热证，医误吐下过多；遂成阴证者，却于理中四逆辈温之。《病源》云："伤寒过经而不愈，脉反沉迟，手足厥逆者，此为下部脉不至，阴阳隔绝邪。客于是少阴之经，毒气上熏，故咽喉不利，或痛而生疮。"

太阳病头痛

至七日已上自愈者，以行其经尽故也。若欲作再经者，针足阳明，使经不传则愈。《成无己注》：伤寒自一日至六日，传三阳三阴经尽，至七日当愈。经曰：七日太阳病衰，头痛少愈。若七日不愈，则太阳之邪，再传阳明。针足阳明为迎而夺之，使经不传则愈。庞安时《伤寒总病论》云：补足阳明土，三里穴也。索矩《伤寒新书》：伤寒六日已上未愈者，非再经则传迟也。伤寒再经，起自东汉，非上古说也。六经皆有头痛，可汗者约归太阳，可下者约归阳明，可和者约归少阳，可温者约归三阴。或指少阴，余症仿此。

太阳病欲解时，从巳至未上。《成无己注》：巳为正阳，则阳气得以复也，始于太阳终于厥阴。六经各以三时为解，而太阳从巳至未，阳明从申至戌，少阳从寅至辰，至于太阴从亥至丑，少阴从子至寅，厥阴从丑至卯者，以阳行也速，阴行也缓。阳主于昼，阴主于夜。阳三经解时从寅至戌，以阳道常饶也；阴三经解时从亥至卯，以阴道常乏也。《内经》曰：阳中之太阳，通于夏气，则巳午未太阳乘王也。

风家表解而不了了者，十二日愈。《成无己注》：中风家发汗解后，未全快畅者，十二日大邪皆去，六经悉和则愈。庞安时《伤寒总病论》云：南楚方言疾愈谓之差，或谓之了。

病人身大热反欲得近衣者；热在皮肤，寒在骨髓也。身大寒反不欲近衣者，寒在皮肤热在骨髓也。《成无己注》：皮肤言浅，骨髓言深；皮肤言外，骨髓言内。身热欲得衣者，表热里寒也；身寒不欲衣者，表寒里热也。朱肱《伤寒活人书》：问病人有身大热，反欲得衣，有身大寒反不欲近衣。答曰：此名表热里寒，表寒里热也。病人身大热反欲得衣，热在皮肤寒在骨髓也。仲景无治法，宜先与阴旦汤，寒已；次以小柴胡汤加桂，以温其表。病人身大寒反不欲近衣，寒在皮肤热在骨髓也。仲景亦无治法，宜先与白虎加人参汤，热除；次以桂枝、麻黄、各半汤，以解其外。大抵病有标本，治有先后。表热里寒者，脉须沉而迟，手或微厥，下利清谷也。所以阴症亦有发热者。四逆汤通脉，四逆汤主之。表寒里热者，脉必滑而厥，口燥舌干也，所以少阴恶寒而身蜷，时时自烦，不欲厚衣，用大柴胡下之而愈，此皆仲景之余议也。赵嗣真《活人百问释疑·第十七问》：病人身大热反欲得近衣者，热在皮肤，寒在骨髓也；身大寒反不欲近衣，寒在皮肤，热在骨髓也。《活人书》曰：此名"表热里寒，表寒里热"也。愚详仲景论、止分皮肤骨髓，而不曰表里者，盖以皮脉肉筋骨五者，素问以五藏之合主于外，而充于身者也，惟曰"藏"曰"府"，方可言里。可见皮肤即骨髓之上，外部浮浅之分。骨髓即皮肤之下，外部深沉之分。与经络属表，藏府属里之例不同。况仲景出此症于太阳篇着，其为表症明矣。是知虚弱素寒之人，感邪发热，热邪浮浅，不胜沉寒，故外怯而欲得近衣。此所以为热在皮肤寒在骨髓。药宜辛温。至于壮盛素热之人，或酒客辈，感邪之初，寒未变热，阴邪闭于伏热，阴凝于外，热郁于内，故内烦而不近衣。此所谓寒在皮肤热在骨髓，药宜辛凉，必也一发之余，既散表邪，又和正气。此仲景不言之妙。若以皮肤为表，骨髓为里，则麻黄汤症骨节疼痛，其可名为有表复有里之症耶。

太阳中风，阳浮而阴弱。阳浮者热自发，阴弱者汗自出。啬啬恶寒，淅淅恶风，翕翕发热，鼻鸣干呕者，桂枝汤主之。《成无己注》：阳以候卫，阴以候荣。阳脉浮者，卫中风也；阴脉弱弱者，荣气弱也。风并于卫，则卫实而荣虚，故发热汗自出也。经曰：太阳病发热汗出者，此为荣弱卫强者是也。啬啬者，不足也，恶寒之貌也；淅淅者，洒淅也，恶风之貌也。卫虚则恶风，荣虚则恶寒。荣弱卫强，恶寒复恶风者，以自汗出则皮肤缓，腠理疏是亦恶风也。翕翕者，熇熇然而热也，若合羽所覆，言热在表也；鼻鸣干呕者，风拥而气逆也。与桂枝汤和荣卫而散风邪也。许叔微《普济本事方》云：今伤风古谓之中风。

《王焘外台秘要方·范汪论》

黄帝问于岐伯曰："人伤于寒而得病,何以反更为热?"岐伯曰:"极阴变阳,寒盛则生热,热盛则生寒。诸病发热恶寒脉浮洪者,便宜发汗。""当发汗而其人适失血,及大下利,如之何?"岐伯答曰:"数少与桂枝汤,使体润热热汗才出,连日如此,自当解也。"

韩祇和《伤寒微
旨论·戒桂枝汤篇》

治伤寒病发表药,无出仲景桂枝汤,最为古今发表药之精要。于今时之用,即十中五六。变成后患,非药之过,乃医流不知其时也。睿观主医者于霜降后。立春以前天气寒冽用桂枝汤发表,尚有鼻衄狂躁。咽中生疮之患,甚者至于发斑吐血,黄生。岂是药之过剂?盖人之肌体阳多,不能任其热药,况乎春之时矣。夫用药之法同时而异方者,因贵贱忧乐不同耳。况太平与乱世之人,岂可一概而治之耶?素问立异法方宜论,乃是随五方风俗而调治也。故《礼记·王制篇》云:"五方之民,言语不通,嗜欲不同。达其志,通其欲。著至教论云,足以治群僚,不足以治王侯。"注云,布衣与血食,主疗亦殊矣。方盛衰论云,论必上下度民君卿。注云度量民及君卿。三者调养之殊异,何者忧乐?若分不同秩也,此同时之人尚分忧乐,何况异世人乎?且仲景本建安人也,汉末之际,兵革未尝少息,居民无逸乐之聚。故嗜欲寡,滋味薄,则人之精气充实,邪毒难犯。虽有伤寒之病,非桂枝汤不能发表。方今之时,太平久矣,居民忧逸相传,近及数世,恣酒嗜欲,耗散精血,筋骨柔脆,其于豪贵之家,多是服芳草石药为养命之术。因兹肌体之间,阳气多而阴气少。阳气既多,时遇邪气为害。若投至热药发表,足可以助阳为病。兹知其桂枝汤不可容易与人服也,戒之哉?戒之哉!假令居村落少近乎市井之人,有伤寒病,若参酌其桂枝令服之,往往中病者,盖肌体充实可服之,若与市人一法治之,则成后患,况富贵之人乎?且仲景伤寒论内桂枝难投,而承气可用者何?盖谓太平之人禀受阳气多,及藏腑柔脆,故热药成患而寒药可用也。医者宜加深察焉!

《辩桂枝、葛根、麻黄、汤篇》

愚每览仲景《伤寒论》辨太阳病症第一方,云'太阳中风,阳浮而阴弱,汗自出啬啬恶寒,淅淅恶风,翕翕发热,鼻鸣干呕者,桂枝汤。'又本症第三方云:'太阳病项背强,几几反汗出恶风者,桂枝加葛根汤主之。'又《辨太阳病证》《第一方》云:'太阳病项背几几无汗,恶风者,葛根汤主之。'及本症第五方太阳头痛发热,身疼腰痛,骨节疼痛,恶风无汗而喘者,麻黄汤主之'今详此数方中,形症颇不相顺,及药味似不对病。非先贤之误,盖年代深远,或编简脱漏,或传写讹谬也。愚敢以短见少开其意尔。本方云'太阳中风,阳浮而阴弱,阳浮热自发,阴弱汗自出。'即未明此阴阳二字作何分别,况伤寒病脉浮为阳,有可汗者,今脉既浮,何必更言阳浮?若将寸脉盛为阳浮发热,即阳脉盛不可汗之也。若言阴弱自汗出者,阴脉既弱,阳脉当盛,岂可自汗出也?须是三部脉浮,寸脉短少,为阴盛自汗出也。今欲改正此一条,云'太阳中风,三部脉浮紧数,关前寸脉短为阳虚,关后尺脉大为阴盛。常自汗出,啬啬恶寒,淅淅恶风,鼻鸣干呕者,宜桂枝汤。一方云太阳病项背强,几几反汗出恶风者,桂枝加葛根汤。'方云:'太阳病项背几几无汗恶风者,葛根汤主之。'此二方内药味俱同,何故变其名也?本方下新注云:'太阳中风,自汗用桂枝,伤寒无汗用麻

黄'今症云汗出恶风而方中有麻黄,恐非仲景本意。又云'桂枝加葛根'恐是桂枝中但加葛根耳。今时贤添此注解,但只据二方中药味相同,故特立新意,并不分形证阴阳之异,却将有汗恶风与无汗恶风同法治之,义可疑焉。病人有汗,恶风,三部脉浮,寸脉力小为阳虚,尺脉力大为阴盛。可用桂枝汤或桂枝加桂。病人无汗恶风三部脉浮,寸关尺皆有力,为阴阳气俱盛,其桂枝汤可去桂枣,加葛根、麻黄服之。如此则使后人不惑尔。一方云'无汗恶风,用葛根汤',又云'无汗恶风,发热身疼痛而喘,用麻黄汤'今据麻黄汤方云,却于葛根汤方内去葛根、芍药、枣、姜四味,甘草减半,加杏子七十个为治法。且本论云'无

葛根

汗恶风,发热身疼痛而喘'者,此一症似不相类,况病人无汗恶风,是阴阳气俱盛。今症却云恶风又发热,即是寒热往来,当与小柴胡汤。若无汗发热,即阳气独盛,何故于葛根汤方内去芍药,减甘草?况伤寒症中只有二症。一则言有汗、恶风、发热、身疼痛病症内去恶风二字,改作病人无汗发热身疼,葛根汤去桂枝、麻黄、枣服之,若喘加杏子七十个乃为顺耳。况本卷第七方云汗漏不止憎风者,桂枝加附子'此是阴气独盛,当加附子耳,今改此症。又云无汗发热身疼即是阳气独盛,当于葛根汤内去桂枝、麻黄、枣三味为是。一方云"太阳中风用桂枝",又云"太阳病汗出,恶风,桂枝加葛根;若谓汗出恶风症,重于中风症,于桂枝汤更加麻黄、葛根汤。"况此二味药力,全不胜桂枝,若为汗出恶风症重于中风症者,即当于桂枝汤内去桂枝加麻黄根也。今可改此二证。一方云"太阳中风如恶风,用桂枝",一方云"太阳病自汗出不止及,恶风者桂枝加姜、枣或加桂枝"是也。且医者治伤寒病投表药者,全不分别有汗恶风,无汗恶风及无汗发热,若能晓此三症及辨脉浮沉中之阴阳,何患乎治病之不愈也?

《脉要精微论》

云诸过者切之,阳气有余为身热无汗,阴气有余为多汗身寒;阴阳有余则无汗而寒,注云:阳余无汗,阴余身寒。阴阳有余,则无汗而寒。今将此条为证者,然宗派殊异,而理趣颇同,故将引而为解也。庞安时《伤寒总病论》云:凡桂枝汤症病常自汗出,小便不数,手足温和,或手足稍露之则微冷,覆之则温,浑身热微烦,而又憎寒。始可行之,若病者身无汗,小便数,或手足逆冷,不恶寒反恶热,或饮酒后慎不可行桂枝汤也。脉紧必无汗,设有汗,不可误作桂枝证。

索矩《伤寒新书》

中风与伤寒并可投桂枝、麻黄;或分中风自汗用桂枝者,其虚人也;伤寒无汗用麻黄者,其实人也。由此中风自汗,实人者麻黄亦可用;伤寒无汗,虚人者桂枝亦可用。故曰桂枝麻黄于中风伤寒并可投也。桂枝汤虚人可服,非实人亦可服者,兼麻黄在中。麻黄汤实人可服,然虚人亦可服者,兼附子在中。余兼药仿此。

朱肱《伤寒活人书·加减法》

桂枝汤自西北二方居人四时行之,无不应验;江淮间唯冬及春可行之,自春末及夏至已前,桂枝症可加黄芩一分,谓之阳旦汤;夏至后有桂枝症,可加知母(半两)石膏(一两)或加升麻一分,若病人素虚寒者,止用古方,不在加减。仍有桂枝证,服汤已,无桂枝证者,尤不可再与。《和剂局方云》:无汗休服。

许叔微《普济本事方》

有人病发热恶寒自汗,脉浮而微弱,三服汤而愈。此方在仲景一百十三方内,独冠其首,今人全不用,苦哉!仲景云太阳中风,阳浮而阴弱,阳浮者热自发,阴弱者汗自出。啬啬恶风,淅淅恶寒,翕翕发热,宜桂枝汤。此脉与证,仲景说得甚分明,止是人看不透,所以不敢用。仲景云,假令寸口脉微,名曰阳不足,阴气上入阳中则洒淅,恶寒也。尺脉弱名曰阴不足,阳气下陷入阴中,则发热也,此谓元受病,不然也。又曰阳微则恶寒。阴弱则发热,医发其汗,使阳气微,又大下之,令阴气弱,此谓医所病而然也。大抵阴不足阳往从之,故内陷而发热;阳不足阴往乘之,故阴上入阳中则恶寒,举此二端明白,如何惮而不行桂枝哉?又云若二三月病温,宜阳旦汤。

许叔微《伤寒九十论·太阳桂枝证》

乡人吴德甫得伤寒,身热自汗,恶风,鼻出涕,关以上浮,关以下弱。予曰此桂枝证谛也。仲景法中第一方而世人不敢用?公但服之,一啜而微汗解,翌日诸苦顿除。公曰仲景法如此径捷,世人何以不用,予应之曰,仲景论表证,一则桂枝,二则麻黄,三则青龙。桂枝则治中风,麻黄治伤寒,青龙治中风见寒脉,伤寒见风脉。此三者人皆能言之,而不知用药对症之妙处,故今之医者多不喜用,无足怪也。且脉浮而缓者中风也,故啬啬恶寒,淅淅恶风,翕翕发热。仲景以桂枝对之,浮紧而涩涩者伤寒也,故头痛发热,身病腰痛,骨节疼病,恶风无汗而喘。仲景以麻黄对之。至于中风脉浮缓,伤寒脉浮紧,仲景皆以青龙对之何也?予尝深究三者,审于证候脉息,用之无不应手而愈,何以言之?风伤卫,卫气也,寒伤荣,荣血也。荣行脉中,卫行脉外。风伤卫,则风邪干于阳气,气不固发越而汗,是以自汗而表虚,故仲景用桂枝发汗,用芍药以利其血。盖中风则病在脉之外,其病稍轻,虽同曰发汗,特解肌之药耳,故桂枝证云。今遍身热热,微似有汗者益佳。不可如水淋漓病必不除,是知中风不可大发其汗,大发其汗则反动荣血,邪乘虚而居脉中,故病不除也。寒伤荣则寒邪干于阴血,而荣行脉中者也,寒邪客于脉中非特荣受病。邪自内作则并与卫气犯之,久则浸淫及骨,是以汗不出而热,齿干烦冤。仲景以麻黄大发其汗,又以桂枝辛甘助其发散,欲损其内外之邪,荣卫之病尔。大抵二药皆发汗,而桂枝则发其卫之邪,麻黄并卫与荣而治之。病常自汗出者,此为荣气和。荣气和者,外不谐,以卫气不共荣气和谐,故尔。荣行脉中,卫行脉外,复发其汗,荣卫和则愈,宜桂枝汤。又第四十七证云,发热汗出者,此为荣弱卫强,故使汗出欲散邪风,宜桂枝汤。是知中风汗出者,荣和而卫不和也。又第一卷云,寸口脉浮而紧,浮则为风,紧则为寒;风则伤卫,寒则伤荣。荣卫俱病也,麻黄汤中并桂枝而用,此仲景之意欤。至于青龙虽治伤寒见风脉,伤风见寒脉,然仲景云汗出恶风不可服之,服之则厥逆,筋惕肉瞤。故青龙一证尤难用,须是形证谛当,然后可行。

《王实大夫症治中》

止用桂枝麻黄各半汤,盖慎之也夫。《又论桂枝证》:里间张太医家有一妇人病伤寒,发热恶风,恶心自汗,脉浮而弱,予曰当服桂枝。渠云家有自合者,予令三啜之。三啜而病不除,予询其药,桂枝乃用肉桂耳。子予曰肉桂与桂枝不同,予自治以桂枝汤,一啜而解。谕曰:仲景用桂枝者,盖取枝梢细薄者尔,非若肉桂之肉厚也。盖肉桂厚实,治五藏者用之,取其镇重;桂枝轻清,治伤寒用之,取其发散。今人倒用之,是以无功。

《辩桂枝汤用芍药症》

马亨通庚戌春病,发热头疼,鼻鸣恶心,自汗恶风,宛然桂枝证也。时贼马破仪真三日矣,市无芍药,予自诣园圃采芍药以和剂,一医曰:此赤芍药耳,安可用也? 予曰:此当用,再啜而微汗解。谕曰:仲景桂枝加减云十有九症,但云芍药,圣惠方皆称赤芍药,孙尚药方皆称白芍药。《圣惠方》乃太宗朝命翰林王怀德编集,孙兆为国朝医师,不应如此背戾。然赤者利,白者补,予尝以此难名医,皆愕然失措。谨按神农本草,称芍药主邪气腹痛,利小便通顺血脉,利膀胱小大肠。时行寒热,则全是赤芍药也。又桂枝第九症,云微寒者去芍药,盖惧芍药之寒也。惟甘草芍药汤一症,云白芍药,谓其两胆拘急血寒也。故用白者以补,非特此也。素问云涩者阳气有余也,阳气有余为身热无汗,阴气有余为多汗身寒。伤寒脉涩身无汗,盖邪中阴气,故阳有余,非麻黄不能发散。中风脉滑,多汗身寒,盖邪中阳,故阴有余,非赤芍药不能利其阴邪。然则桂枝用赤芍药明矣。(当参考《百证歌》)

许叔微《伤寒百证歌·论
桂枝汤用赤白芍药不同》

仲景桂枝汤加减法凡十有九证,但云芍药;《圣惠》方皆用赤芍药;孙尚方皆用白芍药。圣惠乃太宗朝命王怀德等编集,孙兆为累朝医师,不应如此背戾。然赤白补泻,极有利害,常见仲景桂枝第四十七症云,病发热汗出,此为荣弱卫强,故使汗出欲散邪风,宜桂枝汤。盖风伤卫而邪乘之,则卫强荣弱,虽不受邪,终非适平也。故卫强则荣弱,仲景以桂枝发其邪,以芍药助其弱,故知用白芍药也。荣既弱而不受病,乃以赤芍药泻之,决非仲景意。至于小建中,为尺迟血弱而设也,举此皆用白芍药,而仲景亦止称芍药可以类难矣。

《论桂枝肉桂》

仲景桂枝汤用桂枝者,盖取桂之枝梢细薄者尔,非若肉桂之肉厚也。盖肉桂厚实治五藏用之者,取其镇重也;桂枝轻扬治伤寒用之,取其发散也。今人例用之是以见功寡。

《论桂杜麻黄青龙用药三证》

仲景论表证一则桂枝,二则麻黄,三则青龙。桂枝治中风,麻黄治伤寒,青龙治中风见寒脉,伤寒见风脉。此三者人皆能言之,而不知用药对病之妙处,故今之医者不敢用仲

景方，无足怪也。且脉浮而缓者，中风也，故啬啬恶寒，淅淅恶风，翕翕发热，仲景以桂枝对之。脉浮紧而啬者伤寒也，故头痛发热，牙疼腰痛，胃节疼痛，恶风无汗而喘，仲景以麻黄对之。至于中风脉浮紧，伤寒脉浮缓，仲景皆以青龙对之，何也？予尝深究三者，审于症候。脉息相对，用之无不应手而愈，何以言之？风伤卫，卫气也；寒伤荣，荣血也。荣行脉中，卫行脉外，风伤卫则风邪于阳气，阳气不固，发越而为汗，是以自汗而表虚，故仲景用桂枝以发其邪，用芍药以助其血，盖中风则病在脉之外，其病稍轻，难同日发汗，持解肌之药耳，故桂枝症云：今遍身漐漐微似有汗者益佳，不可今如水流漓病必不除。是知中风不可大发其汗，大发其汗则反动荣血，邪乘虚而居其中，故不除也，寒伤荣，则寒邪干阴血，而荣行脉中者也。寒邪居脉中则非特荣受病也。邪自内作则并与卫气犯之，久则浸淫及骨，是以汗不出而烦冤。仲景以麻黄大发其汗，又以桂枝辛甘而其发散，欲捐其内外之邪。荣卫之病故尔，大抵二药皆发汗，而桂枝则发其卫之邪，麻黄并与荣卫而治之，固有浅深也。何以验之？仲景桂枝第十九症云：病常自汗出者以为荣气和，荣气和者外不谐，以卫气不共荣气谐和故耳。荣行脉中，卫行脉外；复发其汗，荣卫和则愈，宜桂枝汤。又第四十七症云：发热汗而者，此为荣弱卫强，故使汗出，欲散邪风，宜桂枝汤，是知中风汗出者荣和而卫不和也。又第一卷云：寸口脉浮而紧；浮则为风，紧则为寒；风则伤卫，寒则伤荣；荣卫俱病，胃节烦疼，当发其汗。是知伤寒浮紧者，荣卫俱病也，麻黄汤中并桂枝而用，此仲景之意欤。至于青龙虽治伤寒见风脉，伤风见寒脉，然仲景云：汗出恶风者服之则筋惕肉𥆧，故青龙一症尤难用，必须形症谛当，然后可行。王实止以桂枝麻黄各半汤代之，盖慎之者也。李知先《伤寒活人书·括论桂枝石膏汤》：伤寒三日，外与诸汤不差，脉热仍数，邪气犹在经络，未入藏府者，桂枝石膏汤主之。此方可夏至后代桂枝症用，若加麻黄，可代麻黄青龙汤用。（有汗脉缓为桂枝证，无汗脉紧为麻黄青龙证）《又论麻黄桂枝汤》：服桂枝汤吐者，其后必吐脓血。

《出证治论》：服麻黄汤发烦目瞑剧者，必衄出。

《活人书》：头疼发热汗出恶风，宜桂枝汤之类，应解散而用桂枝者，头疼发热无汗恶寒者，宜麻黄汤之类，应解散而用麻黄者。三者均为解散，正分轻重，不可不察也。仲景云：无汗不得服桂枝，有汗不得服麻黄。古人有汗者当解肌，无汗者当发汗。古人云："伤寒有轻重，汤剂不可一例用。明当随症加减。谓知桂枝加桂汤，即本方中加桂若干，减者即去桂若干，余皆仿此。"

成元已《伤寒明理论桂枝汤方》：《经》曰桂枝本为解肌，若其人脉浮紧发热汗不出者，不可与之，常须识此勿令误也。盖桂枝汤本专主太阳中风，其于腠理致密、荣卫邪实、津液禁固、寒邪所胜者，则桂枝汤不能发散，必也皮肤疏凑，又自汗、风邪干于卫气者，乃可投之也。仲景以解肌为轻，以发汗重，是以发汗吐下后身疼不休者，必与桂枝汤而不与麻黄汤者，以麻黄汤专于发汗；其发汗吐下后津液内耗，虽有表邪而止可解肌，故须桂枝汤小和之也。桂味辛热，用以为君，必谓桂犹圭也。宣导诸药为之先聘，是犹辛甘发散为阳之意，盖发散风邪，必以辛为主，故桂枝所以为君也。芍药味苦酸微寒，甘草味甘平，二物用以为臣佐者。内经所谓风淫所胜，平以辛，佐以苦，以甘缓之以酸收之，是以芍药为臣，甘草为佐也。生姜味辛温，大枣味甘温，二物为使者，内经所谓风淫于内，以甘缓之，以辛散之，是以姜'枣为使者也。姜枣味辛甘，固能发散，而此又特专于发散之用，以脾主为胃行其津液。姜枣之用，专行脾之津液，而和荣卫者也。麻黄汤所以不用姜枣者，谓专于发汗，则不特行化而津液得通矣。用诸方者，请熟究之。

《陈自明管见良方》

尔证俱见，即未可下，宜桂枝汤。《施卢续易简方志宁》云：如发热有所谓翕翕发热者，有所谓蒸蒸发热者。若翕翕发热者，谓如鸟合羽覆其肌肤，明言其热而外也，有汗桂枝汤，无汗麻黄汤，志宁强欲巧学字说。形容翕翕发热，如鸟合羽，覆其肌肤，热在外也，若以拔下鸟羽为大羽扇。覆其肌肤，断莫见其热之微甚，若使活鸟合羽，覆其肌肤，惟鹬惟鹤，亦未有术，使其宁贴与覆，别其热之重轻。为如何孙还曹将鹬鹤试，得鹬鹤说。（出古今书）原其翕翕发热者，乃太阳经初病伤风，其脉阳浮而阴弱。阳浮者热自发，阴弱者汗自出，渐渐恶风，啬啬恶守，翕翕发热，非伤寒症。志宁不应引伤风症比类辨伤寒证，且添无汗者服麻黄汤一脚，增人之惑，误人之用，为戕人之媒也。

刘守真《伤寒直格》云：桂枝证反下之，不成结胸及痞；但腹满症在者，本方倍加芍药。大实痛者，更加大黄半两；脉弱已自利者不加。

《论伤风表证》

一曰中风，夫伤风之侯，头痛项强，肢节烦疼；或目疼肌热，干呕鼻鸣，手足温自汗出，恶风寒，脉阳浮而缓，阴浮而弱也。关前为阳，关后为阴，此为邪热在表，皆桂枝汤解肌之症也。或汗出憎风而加项背强痛者，宜桂枝加葛根汤也；反无汗者，宜葛根汤也；虽已服桂枝，反烦不解而无里症者，先刺风池风府，却与服之；或服桂枝大汗出，脉浮而洪大，再宜服之；发汗后半日许复烦热，脉浮数者，再宜桂枝汤也。当汗而反下之，不成结胸，而但下利清谷不化，表症尚在者，表热里寒也。此言乘气寒药下之者也，或惧用巴豆热药下之。而协热利不止者，或表里皆热，自利或呕者，皆宜五苓散止利，兼解表也，急以四逆汤温里，利止里和；急以桂枝汤解表，或表热里和，下利同法。或阳明病脉浮迟，汗出微恶寒，或太阳病腹满而脉浮，或宜汗反下之，但气上卫而脉浮者，并宜桂枝汤也。脉反沉实者，大承气汤下之。

张子和《心镜论发汗》

世人只知桂枝麻黄发汗，独不知凉药能汗，大有尽善者。热药汗不出者反益病，凉药发之百无一损。素问云辛甘发散为阳，白粥配葱食之，便能发汗，益元加薄荷亦能发汗，承气用姜枣煎，以辛甘发散之意。

《守真双解》

予和演为吐法，岂非凉药亦能发汗也。《云岐子保命集·桂枝汤论》：尺寸脉俱浮，太阳受病，当一二日发，以其脉上连风府，头项痛，腰脊强。太阳经始于目内眦，从头下至足，终于至阴，为表之表。其太阳者，标热本寒，为太阳之表，表阳则热，本者膀胱之里主水故寒，脉浮为在表。故太阳经病，身热恶寒头痛项强，腰痛。凡治太阳不可利水便，不可妄下，利小便者热传于里而为血症，下之则变为结胸，此太阳经病所禁也。若传于本者，可利小便。本为膀胱有热，小便赤涩何禁也？太阳中风，风伤卫，卫气虚而脉浮，身热自汗，恶风，宜桂枝汤补之，表虚故也，桂枝辛热，生姜辛温，甘草甘平，大枣甘温，芍药酸苦微寒而收，实其卫气而止汗，辛甘发散风邪为阳矣。

太阳中风，阳浮者寸浮也，阴弱者尺弱也。表虚自汗鼻鸣者肺通于鼻，鼻和则闻香臭

矣,肺气受邪而不通。肺主卫,风伤卫,故鼻鸣干呕,汗出,恶寒,太阳摽病当补其卫;汗不得外泄,故使荣气内守,宜桂枝汤。太阳标病,身热头痛项强,寸浮尺弱;寸浮自汗出,尺弱热自发;阴虚则发热,阳浮则恶寒。翕翕发热,为肌热,鼻鸣干呕者,里和,表有病,桂枝汤主之。王好古《此事难知问桂枝汤发汗》:《本草》云:桂枝能止烦出汗,仲景或云复发其汗,或云先其时发汗,或云当得汗解,或云当发汗,更发汗,并发汗。宜桂枝汤者数症,是用桂枝发汗也。复云无汗不得服桂枝;又云汗家不得重发汗,又云发汗过多者,却用桂枝甘草汤,是闭汗也。一药二用,如何说得?仲景发汗闭汗,与本草相通为一也欤?答曰:本草云味辛甘热无毒,能为百药长,通血脉止烦,出汗者,是调血而汗自出也。仲景云藏无他病,发热自汗者,此卫气不和也。荣气不和则内外不谐,卫气不与荣气谐和也。若荣气和则愈,故皆用桂枝汤调和荣卫;荣卫和则汗自出也。风邪从此而去,非桂枝能开腠理发出汗也,以其固闭荣血,卫气自和,邪无地而出矣。其实则闭汗孔也,昧者不解闭汗之义,凡见病者使用桂枝汤发汗。若与中风自汗者合,其效桴鼓,见其汗而安,则曰此桂枝发出汗也,无问伤寒无汗者复与桂枝误之深矣。故仲景言无汗不得服桂枝,是闭汗孔也。又言发汗多,又手冒心心悸欲得按者,用桂枝甘草汤,是亦闭汗孔也。又云,汗家不得重发汗,若桂枝汤发汗,是重发汗也,凡桂枝条下言发字,当认作出字,是汗自然出也。非若麻黄能开腠理而发出汗也。《本草》出汗二字,上文有血脉一语,是非三焦卫气皮毛中药,是为荣血中药也。如是则出汗二字,当认作荣卫和自然汗出,非桂开而发出汗也。故后人用桂治虚汗,读者当逆察其意则可矣。噫,神农作于前,仲景述于后,其揆一也。

《王好古医垒元戎仲景桂枝汤》

治太阳证,伤风自汗,脉浮而缓,自汗,小便不数者,宜用;无汗小便数,手足冷,不恶寒,或膏粱好饮酒者不宜用。

《王朝奉桂枝白虎问答》

或云春初秋末冬月,方用桂枝麻黄,五六月壮热宜用白虎,若误用桂枝麻黄,则内热发黄,生斑必矣。二月、三月、四月病温,宜阳旦汤;七月八月犹热,病壮热尚宜白虎,自然汗解。或问孙曰,杜张皆言夏若果见桂枝麻黄症,亦当得不用,只用白虎也?孙曰此说甚妙,但临时看症用之,老弱之人不宜白虎,白虎治伤寒,亦治暍症。

尚从善《伤寒纪玄妙用集》

论桂枝汤非特治伤寒而然。躯以杂治,无所往而不可。若妇人作躯产后中风,若诸卒中风,亡阳自汗者用之。黄病加黄耆,痓病加括蒌,去芍药加皂荚,以治肺痿;去芍药加麻黄、细辛、附子以治气分;去姜、枣加五味、当归以治血痹;去姜、枣加黄耆、当归以治虚劳。女子梦交通,男子失精,则加龙骨、牡蛎。寒疝腹痛炙刺不已,则入乌头煎,减桂去枣,又可疗小户嫁痛连日者也。除桂加白薇、附子,又可疗虚羸发热汗出者也。噫,世之昧者,偶得一方,隐秘不示,以为举世之方,莫能尚也。及其用之,鲜获全效,殊不知不察病源,不知通变,亦末如之何也矣。所谓学方三年,无病可治,治病三年,无方可用,是惟仲景因其症而加减之,千变万化,举治咸应,昔人以为甚效若神,而为诸方之祖者是也。

桂枝汤方

桂枝三两,去皮,味辛热。芍药三两,味苦酸微寒。甘草二两,炙味,甘辛。生姜三两,切,味辛

温。大枣十二枚，擘，味甘温。《内经》曰：辛甘发散为阳。桂枝汤辛甘之剂也，所以发散风邪。《内经》曰：风淫所胜，平以辛，佐以苦甘。以甘缓之，以酸收之，是以桂枝为主，芍药甘草为佐也。《内经》曰：风淫于内以甘缓之，以辛散之，是以生姜大枣为使也。《太平圣惠方》：用赤芍药。

右五味㕮咀，以水七升微火煮，取三升，去滓，适寒温服一升。服已须史，歠热稀粥一升馀以助药力。温覆令一时许，遍身絷絷微似有汗老益佳，不可令如水流漓，病必不除。若一服汗出病差，停后服，不必尽剂。若不汗更服依前法又不汗后服小促使其间半日许令三服尽若病重者，一日一夜服，周时观之。服一剂尽病症犹在者，更作服。若汗不出者，乃服至二三剂。禁生冷粘滑肉面五辛酒酪臭恶等物。孙思邈《千金方》云：先以水七升煮枣令烂，去滓，乃内诸药；小儿以意减之。《忽光济伤寒集·义中·引本草》云：五辛者，蒜、葱、韭、薤、姜也，又阳旦汤治伤寒、中风，脉浮发热往来。汗出、恶风、头项强，鼻鸣干呕，桂枝汤主之，随病加减如左。以泉水一斗煮取四升，分服一升，日三。自汗者去桂枝加附子一枚，渴者去桂加括楼蒌三两，利者去芍药，桂加干姜三两，附子一枚炮；心下悸者去芍药加茯苓四两，虚劳里急，正阳旦主之，煎得二升，内膠饴半两为再服。若脉浮紧发热者，不可与之。

太阳病头痛，发热、汗出、恶风者，桂枝汤主之。《成无已注》头痛者，太阳也；发热汗出恶风者，中风也，与桂枝汤解散风邪。《王叔和脉经》：太阳病认痛发热汗出恶风，若恶寒属桂枝汤证。《太平圣惠方》：恶风作恶寒。《云岐子保命集》：太阳脉浮而弱，不及平脉，头痛项强，发热汗出。恶风者太阳标病，故宜桂枝汤。

太阳病项背强，几几反汗出。恶风者，桂枝加葛根汤主之。林亿等校正云：谨按仲景本论。太阳中风自汗用桂枝，伤寒无汗用麻黄。今证云汗出恶风，而方中有麻黄，恐非本意也。第三卷有葛根汤证云，无汗恶风，正与此方同，是合用麻黄也。此云桂枝加葛根汤，恐是桂枝中但加葛根耳。成无已注云：几几者，伸颈之貌也。动则伸颈摇身而行，项背强者，动则如之，项背几几，当无汗；反汗出恶风者，中风表虚也，与桂枝汤以和表，加麻黄葛根以祛风，且麻黄主表虚。《后葛根汤证》云：太阳病项背强，几几无汗，恶风，葛根汤主之，药味正与此方同。其无汗者，当用麻黄。今曰汗出恐不加麻黄，但加葛根也。《庞安时伤寒总病论》：太阳病身体几几，脉反沉迟者，欲作痓，宜桂枝加括蒌汤，括蒌不主中风，项强几几，其意治肺热令不能移于肾也。桂枝汤内当加括蒌四两。《朱肱伤寒活人书·桂枝加葛根汤伊尹汤液论》：桂枝汤中加葛根，今监本用麻黄误也。《许叔微伤寒九十论·桂枝加葛根汤症》：庚戌，建康徐南强得伤寒，背强汗出，恶风，予曰：桂枝加葛根症，病家曰：一医用此方一剂而病如旧，汗出愈多矣。予曰：得非仲景三方乎？曰：然。予曰：误矣，此方有麻黄，所以愈见汗多。林亿谓只于桂枝加葛根是矣。予令依林说而服之，微汗而解。《云岐子保命集·与太阳病症》：脉浮而长，项背强者太阳也。几几发热不恶寒者。阳明标病，太阳相併，均宜桂枝加葛根汤。

太阳病下之后，其气上冲者，可与桂枝汤方用前法。若不上冲者，不可与之。《成无已注》：太阳病属表而反下之，则虚其里，邪欲乘虚传里；若气上冲者，里不受邪。而气逆上与邪争也，则邪仍在表，故当复与桂枝汤解外。其气不上冲者，里虚不能与邪争，邪气已传里也，故不可更与桂枝汤攻表。

太阳病三日，已发汗，若吐，若下，若温针，仍不解者，此为坏病，桂枝不中与也。观其脉症，知犯何逆，随症治之。《成无已注》：太阳病，三日中曾经发汗、吐下、温针，虚其正气，病仍不解者，谓之坏病，言为医所坏病也。不可复用桂枝汤，审观脉症，知犯何逆而治之，逆者随所逆而救之。

桂枝本为解肌，若其人脉浮紧，发热汗不出者，不可与也。常须识此，勿令误也。《成无已注》：脉浮发热汗出，恶风者，中风也，可与桂枝汤解肌。脉浮紧发热不汗出者，伤寒也，可与麻黄汤。常须识此，勿妄治也。

若酒客病不可与桂枝汤，得汤则呕，以酒客不喜甘故也。《成无已注》：酒客内热，喜辛而恶甘。桂枝汤甘，酒客得之则中满而呕。

喘家作桂枝汤，加厚朴、杏子佳。《成无已注》：太阳病为诸阳主气，风甚气拥则生喘也，与桂

枝汤以散风,加厚朴、杏仁以降气。

凡服桂枝汤吐者,其后必吐脓血也。《成无己注》:内热者服桂枝汤则吐,如酒客之类也。既亡津液,又为热所搏,其后必吐脓血。吐脓血谓之肺痿。《金匮要略》曰:"热在上焦为肺痿"谓或从汗,或从呕吐,重亡津液故得之。

太阳病发汗,遂漏不止。其人恶风,小便难,四肢微急,难以屈伸者,桂枝加附子汤主之。《成无己注》:太阳病因发汗,遂汗漏不止而恶风者,为阳气不足,因发汗阳气益虚,而皮腠不固也。《内经》曰:膀胱者,州都之官,津液藏焉,气化则出。小便难者,汗出亡津液,阳气虚弱,不能施化。四肢者,诸阳之本也。四肢微急难以屈伸者,亡阳而脱液也。《针经》曰:液脱者骨属屈伸不利,与桂枝加附子汤以温经复阳。庞安时《伤寒总病论》云:桂枝汤内加附子一枚,炮去皮尖切片同煎如前,小便难为有津液可作汗。若小便数,不可误认,阳旦症也。《许叔微普济本事方》云:桂枝汤内附子半两,如前入姜枣同煎。有一士人得太阳病,因发汗汗不止,恶风小便涩,足挛曲而不伸。予诊其脉浮而大,浮为风大为虚。予曰:在仲景方中有两证,大同小异。一则小便难,一则小便数,用药少差,有千里之失。仲景第七症云,太阳病发汗,遂漏不止,其人恶风小便难,四肢微急,难以屈伸者,桂枝加附子。第十六症云,伤寒脉浮自汗出,小便数,心烦微恶寒、脚挛急反以桂枝汤以攻其表。此误也,得之便厥咽中乾,烦躁吐逆。一则漏风小便难,一则有汗小便数,或恶风,或恶寒,病各不同也。予用第七症桂枝加附子汤,三啜而汗止;佐以甘草芍药汤,足便得伸。其第十六症治法见本方。《云岐子保命集·太阳标本》;病头痛项强恶风,身寒自汗脉浮而微发汗,遂漏不止,小便难而清,四肢急,难以屈伸者,太阳标与少阴本相并,故宜桂枝加附子汤。太阳病下之后,脉促胸满者,桂枝去芍药汤主之;若微恶寒者,去芍药方中加附子汤主之。《成无己注》:脉来数,时一止复来者,名曰促。促为阳盛,则不因下后而脉促者也。此下后脉促,不得为阳盛也,太阳病下之。其脉促不结胸者,此为欲解。此下后脉促而复胸满,则不得为欲解。由下后阳虚,表邪渐入,而客于胸中也,与桂枝汤以散客邪,通行阳气。芍药益阴,阳虚者非所宜,故去之。阳气已虚,若更加之微寒,则必当温剂以散之,故加附子。《庞安时伤寒总病论》云:桂枝汤内去芍药,只用四味也。芍药味酸,脉促胸满,恐成结胸,故去芍药之佐,全用辛甘发散其毒气也。

太阳病得之八九日,如疟状,发热恶寒,热多寒少,其人不呕,清便,欲自可一日二三度发,脉微缓者为欲愈也。脉微而恶寒者,此阴阳俱虚,不可更发汗,更下,更吐也。面色反有热色者,未欲解也,以其不能得小汗出,身必痒,宜桂枝麻黄各半汤。

《林亿等校正》云:谨按桂枝汤方:桂枝、芍药、生姜各三两,甘草二两,大枣十二个。麻黄汤:麻黄三两、桂枝二两,甘草一两,杏仁七十个。今以算法约之,二汤各取三分之一,即得桂枝一两十六铢,芍药、生姜、甘草、麻黄一两、大枣四枚、杏仁二十三个零三分枚之一,收之得二十四个。合方详此方乃三分之一,非各半也,宜云"半汤"。《成无己注》云:伤寒八九日则邪传再经,又遍三阳,欲传三阴之时也。传经次第,则三日传遍三阳,至四日阳去入阴,不入阴者为欲解。其传阴经第六日,传遍三阴为传经尽而当解,其不解传为再经者,至九日又遍三阳。阳不传阴则解,如疟发作有时也,寒多者为病进,热多者为病退。《经》曰:厥少热多,其病为愈;寒多热少,阳气退,故为进也。今虽发热恶寒而热多寒少,为阳气进而邪气少也。里不和者呕而利,今不呕清便自调者,里和也。寒热间日发者,邪气深也;日一发者,邪气复常也;日再发者,邪气浅也;日二三发者,邪气微也。《内经》曰:大则邪至,小则平。言邪甚则脉大,邪少则脉微。今日数多而脉微缓者,是邪气微缓也,故云欲愈,脉微而恶寒者,表里俱虚也。阳,表也;阴,里也。脉微为里虚,恶寒为表虚。以表里俱虚,故不可更发汗,更下更吐也。阴阳俱虚,则面色青白。反有热色者,表未解也。热色为赤色也,得小汗则和,不得汗则邪气外散皮肤而为痒,与桂枝麻黄各半汤,小发其汗,以除表邪。《许叔微普济本事症》:尝记一亲戚病伤寒,身热头疼无汗,大便不通已四五日。予诣问之,凡匠者泊人黄、朴消等欲下之,予曰:"子姑少待,予为视之。"脉浮缓卧密室中,自称其恶风。予曰:"表症如此,虽大便不通数日,腹又不胀,别无所苦。何遽便下,大抵仲景法须表证罢方可下不尔?邪乘虚入,不为结胸,必为热痢也。"予作桂枝麻黄各半汤,继之以小紫胡。萦萦汗出,大便亦通而解。仲景云:凡伤寒之病,多从风寒得之,始表中风寒,入里则不消矣。拟欲攻之,当先解表,乃可下之。若表已解而内不消,大满大实,坚有燥屎,自可除下之,虽四五日不能为祸也。若不宜下而便攻之,

内虚热入，胁热遂利，烦躁诸变不可胜数，轻者困笃，重者必死矣。大抵风寒入里不消，必有燥屎或大便坚秘，须是脉不浮不恶风，表症罢乃可下。大便不通虽四五日不能为害。若不顾表而便下，遂为协热痢也。《云岐子保命集·太阳标病》：脉浮而大，头痛项强，八九日如疟状，热多寒少，不呕者，无少阳症。清便，自调者，里和也。寒热荣卫俱病。又云，身痒者，荣卫不行，故宜桂枝麻黄各半汤。《王好古此难知论太阳症》：太阳症头项痛，腰脊强，发热恶寒无汗，脉尺寸俱浮而紧，是病发于阳。阳者，卫也，麻黄汤主之。太阳症头项痛，腰脊强，发热恶风自汗，脉尺寸俱浮而缓者，荣也，桂枝汤主之。麻黄汤是阳经卫药也，开腠理，使阳气申泄，此药为卫实也。桂枝汤是阴经荣药也，开卫气使阴气不泄，此药为卫虚也。桂枝麻黄为荣卫药，问何以知荣卫药？答曰：经言太阳中风，阳浮而阴弱，阳浮者热自发，阴弱者汗自出，桂枝汤主之。《成无己注》云：桂枝和荣卫，散风邪也。又《经》言，病常自出汗者，此为荣卫和。荣气和者，外不谐，以卫气不共荣气谐和故尔。以荣行脉中，卫行脉外，复发其汗，荣卫和则愈。宜桂枝汤，以此知荣卫药也。或曰：桂枝汤、麻黄汤、太阳药也，是固然矣。本非太阳药也，以其风寒皆自太阳入，故太阳证例，其用麻黄汤，谓开荣卫气药也。桂枝汤，调固荣气药也。故仲景用此二药，谓调荣卫，以是知血气在太阳家地分中病，故世人只见头项痛腰脊强为太阳病，不知实病者荣卫，当以二药为荣卫之剂。然则非荣卫之药，乃太阴少阴之药也。何以然？手太阴为肺主卫，手少阴为心主荣，是卫气荣血，乃心肺所主。故麻黄汤为手太阴之剂，桂枝为手少阴之剂也。以其麻黄属肺，桂枝入心，故伤风寒而嗽者，前人用麻黄桂枝也。又《论桂枝麻黄各半汤证》：太阳证头痛发热自汗恶风，脉当缓而反紧，伤风得伤寒脉也；太阳证头痛发热无汗恶寒，脉当紧而反缓，伤寒得伤风脉也。二证不同，本经大青龙汤主之，易老用桂枝麻黄各半汤。此言外之意，杨氏云：非明脉者不可用大青龙汤，以其有厥逆筋惕肉眴及亡阳之失也。故易老改用九味羌活汤，而不用桂枝麻黄也。羌活汤无论有汗无汗，悉宜主之，但有缓急不同耳。九味羌活汤药症加减饵之，具见于后。又《论桂枝二麻黄一汤症》：太阳症发热恶寒自汗脉缓，太阳症发热恶风无汗脉缓，易老元用桂枝二麻黄一治上二症，后复用羌活汤。《兰室宝鉴》梅师云：经言冬不可汗，及失血大下之后，皆不可汗，如此者数与麻黄桂枝汤，使遍身微汗，连日自当解矣。千金同《类纂》云：冬不可汗者，以脉不甚浮，身无大热故也，不问伤寒中风，并数进桂枝麻黄各半汤，或得少汗而解，或无汗自解，屡试良验也。

太阳病初服桂枝汤反烦不解者，先刺风池、风府，却与桂枝汤则愈。成无己注：烦者，热也，服桂枝汤后当汗出而身凉和；若反烦不解者，风甚而示能散也。先刺风池风府以通太阳之经而泄风气，却与桂枝汤解散则愈。庞安时《伤寒总病论》云：太阳病初服桂枝汤反烦不解者先刺风池风府，却与桂枝汤则愈。按：风池是少阳之经，阳维之会。不针天柱，而取风池者，阳维维于诸阳，巨阳与诸阳主气故也。

服桂枝汤大汗出脉洪大者，与桂枝如前法。若形如疟日再发者，汗出必解，宜桂枝二麻黄一汤。林亿等校正云：瑾按桂枝汤方：桂枝、芍药、生姜各三两，甘草二两，大枣十二个；麻黄汤方：麻黄三两，桂枝二两，甘草一两，杏仁七十个。以算法约之，桂枝汤取十二分之五即得桂枝、芍药、生姜各一两六铢，甘草二十铢，大枣五个；麻黄汤取九分之二即得麻黄十六铢，桂枝十铢三分铢之二，收之得十一铢，甘草五铢三分铢之一，收之得六铢，杏仁十五个九分铢之四，收之得十六个。二汤所取相合，即共得桂枝一两十七铢，麻黄十六铢，生姜芍药各一两六铢，甘草一两二铢，大枣五个，杏仁十六个合方。《成无己注》云：《经》曰：如服一剂病症犹在者，故当复作本汤服之。服桂枝汤汗出后脉洪大者，病犹在也，若形如疟日再发者，邪气客于荣卫之间也，与桂枝二麻黄一汤，解散荣卫之邪。庞安时《伤寒总病论》云《桂枝二麻黄一汤》：用桂枝汤末一两，麻黄汤末半两，以水一升半、姜三片、枣三个，煎减半去滓，温饮一盏；未有小汗，再服之。《云岐子保命集》：太阳标病头痛项强，身热恶寒，脉浮而洪；过于平脉，而自汗不止，卫气不与荣气谐和，刺风池风府，整太阳之纲，却与桂枝；汗又不止，形似疟一日再发，非桂枝症也。脉洪大者，故独桂枝不愈，可与桂枝二麻黄一汤和其荣卫。

服桂枝汤大汗出后，大烦渴不解，脉洪大者，白虎加人参汤主之。成无己注：大汗出脉洪大而不渴，邪气犹在表也，可更与桂枝汤。若大汗出脉洪大而烦渴不解者，表里有热，不可更与桂枝汤，可与白虎加人参汤生津止渴，和表散热。《云岐子保命集·论渴饮水症》：与桂枝麻黄发汗之后，脉洪大而渴者有二：上中下有热，分三药所主而治之肺热于上焦渴而饮水，故上焦之渴，白虎汤也；热在中焦胃

热饮水,小便不利,故中焦之渴,猪苓汤也;热在下焦膀胱有热而渴,小便不利,五苓散也。《兰室宝鉴》云:此方立夏后立秋前乃可服,立秋后不可服。正月二月三月尚凛冷亦不可与服之,与之则呕利而腹痛。诸亡血虚家亦不可与,得之则腹痛利者,但可温之当愈。伤寒脉浮无汗,其表不解,不可与白虎汤去人参。

　　太阳病发热恶寒,热多寒少脉微弱者,此无阳也,不可发汗,宜桂枝二越婢一汤方。林亿等校正云:谨按桂枝汤方:桂枝、芍药、生姜、各三两,甘草二两,大枣十二个。越婢汤方:麻黄二两,生姜三两,甘草二两,石膏半斤,大枣十五个,今以算法约之,桂枝汤取四分之一,即得桂枝、芍药、生姜各十八铢,甘草十二铢,大枣三个;越婢汤取八分之一,即得麻黄十八铢,生姜九铢,甘草六铢,石膏二十四铢,大枣一个八分之七乘之,二汤所取相合,即共得桂枝、芍药、甘草、麻黄各十八铢,生姜一两三铢,石膏二十四铢,大枣四个合方。旧云桂枝三,今取四分之一,即当云桂枝二也。越婢汤方见后。《成无已注》云:胃为十二经之主,脾治水谷为卑藏若婢。《内经》曰:脾主为胃行其津液,是汤所以谓之越婢者,以发越脾气,通行津液。外台方一名越脾汤,即此意也。《云岐子保命集》:太阳病头项强,热多寒少,脉微而弱阴脉也,热多寒少,有阳明太阳与阳明标并,宜桂枝二越婢一汤。王好古《阴症略例论》:元阳中脱有内外。或有人饮冷内伤,一身之阳便从内消,身表凉,四肢冷,脉沉细,是谓阴症,则易知之。若从外走,身表热,四肢温,头重不欲举,脉浮弦,按之全无力。医者不察,便与表药双解等,复使汗出,三焦之气绝,以此杀人者多矣。或自服蜜茶,及沐浴盖覆,强令汗出,以致变症不救,如此自杀者亦多矣。身凉脉沉,服调中药。阳自内之外,身体温和而愈,脉浮弦细者,服调中药,阳从内生,唤入外热,复得脉平温和而愈。此证不可不察也,故仲景云:太阳病发热恶寒热多寒少脉微弱者,此无阳也,不可发汗。此一条双解,蜜茶沐浴阴证皆不可用。又《经》云:脉濡而紧,濡则胃气微,紧则荣中寒。阳微卫中风,发热而恶寒。荣紧胃气冷,微呕心内烦。医为有大热,解肌又发汗。亡阳虚烦躁,心下若痞坚。表里俱虚竭,卒起而头眩。客热在皮肤,怅怏不得眠。不知胃气冷,紧寒在关元,右此仲景紧二脉,即外热内寒症也。

　　桂枝二越婢一汤方:桂枝去皮。芍药、甘草各十八铢。生姜一两三钱,切。大枣四枚擘。麻黄十八铢,去节。石膏二十四铢,碎绵里右七味㕮咀,以五升水煮麻黄一二,沸去上沫,内诸药煮取二升,去滓温服一升。本方当裁为越婢汤桂枝汤,合饮一升,今合为一方,桂枝二越婢一。《李知先伤寒活人书括》云:越脾汤,本方有术附二味。服桂枝汤或下之,仍头项强痛,翕翕发热无汗心下满微痛,小便不利者,桂枝去桂加茯苓、白术汤主之。《成无已注》:头项强痛,翕翕发热,虽经汗下,为邪气仍在表也,心下满微痛。小便利者,则欲成结胸。今外症未罢无汗,小便不利,则心下满微痛,为停饮也,与桂枝汤以解外,加茯苓、白术利小便,行留饮。孙思邈《千金翼方》:于桂枝汤中惟除去桂枝一味,加茯苓,白术二味为汤,服一升,小便即利。本云桂枝汤,今去桂枝加茯苓、白术。王焘《外台秘要方》云:忌海藻、菘菜、酢、桃、李、雀肉等。李知先《伤寒活人书括》云:得小便利则愈,以茯苓利小便也。十便良方知茯苓白术汤。伤寒脉浮自汗出,小便数、心烦。王叔和《脉经》:心烦二字作颇复。微恶寒,脚挛急,反与桂枝汤欲攻其表,此误也。得之便厥咽中干,烦躁吐逆者,作甘草干姜汤与之,以复其阳。若厥愈足温者,更作芍药甘草汤与之。其脚即伸,若胃气不和谵语者,少与调胃承气汤。若重发汗,复加烧针者,四逆汤主之。成无已注:脉浮自汗出小便数而恶寒者,阳气不足也;心烦脚挛急者,阴气不足也。阴阳血气俱虚,则不可发汗。若与桂枝汤攻表,则又损阳气。故为误也,得之便厥咽中干烦躁吐逆者,先作甘草干姜汤复其阳气;得厥愈足温,乃与芍药甘草汤益其阴血,则脚胫得伸。阴阳虽复,其有胃燥谵语,少与调胃承气汤微溏,以和其胃。重发汗为亡阳,加烧针则损阴。《内经》曰:荣气微者,加烧针则血不流行,重发汗复烧针是阴阳之气太虚,四逆汤以复阴阳之气。庞安时《伤寒总病论》云:太阳病自汗四肢难以屈伸,若小便难者,可与阳旦症内加附子一杯,炮去皮尖,八破同煎服之。(阳旦即桂枝汤异名)若小便数者,慎不可行此汤,宜用芍药甘草汤。若误行桂枝附子汤攻表,则咽干烦躁,厥逆呕吐者,作甘草乾姜汤与之,以复阳气。若厥愈足温,更与芍药甘草汤,其脚即伸。若胃气不和谵语者。少与调胃承气汤微溏。则谵语止也。芍药甘草汤主脉浮而自汗。小便数,寸口脉浮大,浮为风,大为虚,风则生微热,虚则两胫挛。小便数,仍汗出为津液少,不可误用桂枝汤,宜补虚退热通治。误服汤后,病症仍存者,按古之三两。准

今之一两，古之三升，准今之一升，若以古方裁减，以合今升秤，则铢两升合之分毫难以从俗。莫若以古今秤均等而减半为一剂，稍增其枚粒，乃便于俗耳。且仲景方云：一剂尽，病症犹在者，更作减半之剂。此古方一剂，又加其半，庶可防病未尽而服之也。有不禁大汤剂者，再减半亦得，肘后所谓或以一分为两，或以二铢为两，以盏当升可也。贫家难辨，或临时抄撮，皆可鹿末，每抄五钱，水两平盏，煎八分服之。有姜枣者，每服入姜三片，枣三枚，一日三服。未中病可六七服也，有不可作主散者，是病势大，宜依古方行之。几汤一剂，有附子一枚；增半之剂，合用附子一枚半。古方不折枚者是枚力要完也，半两已上大附子，可当一枚半；四钱以下者，可以两枚为准，枚伤多不妨。仲景云：强人可加附子成两枚是也。双曰：伤寒已得汗，身和脉弦细，评语妄见，此为津液不和，与小柴胡去人参加桂枝汤服之，津液和自愈，未差与调胃承气汤下之。凡厥通用四逆汤，谓其脉浮迟，或微或细或沉，皆属里，有寒也。成无已《伤寒明理论四逆汤方》：四逆者，四肢逆而不温也；四肢者，诸阳之本。阳气不足，阴寒加之。阳气不相顺接，是致手足不温而成四逆。此汤中发阳气却散阴寒，温经暖肌，是以四逆名之。甘草味甘平，《内经》曰：寒淫于内，治以甘热。却阴扶阳，必以甘为主，是以甘草为君。干姜味辛热，《内经》曰：寒淫所胜，平以辛热。逐寒正气，必先辛热，是以干姜为臣。附子味辛大热，《内经》曰：辛以润之，开发腠理。致津液，通气也，暖肌温经，必凭大热，是以附子为使。此奇制之大剂也。四逆属少阴，少阴者肾也。肾肝位远，非大剂则不能达。《内经》曰："远而奇耦，制大其服。"此之谓也。《刘守真伤寒直格调》胃承气汤，治诸发汗和解吐后不恶寒但发热而或蒸蒸然者。或曰深心下温温欲吐而胸中满痛，大便反溏，腹微满，郁郁微烦，光此时自极吐下者。先苏佃切先此时者先于此时之前已曾自极吐下，而复此证症也。或日深里热谵语，法当承气下之，误以银粉已荳荳燥热大毒丸药下之，以致真阴损虚，则邪热转甚因而协热下利不止，脉反调和也。今言病本为热，而又与幸热大毒兀药下之，则两热肋和相合，而热甚下利不止也。下利脉当微厥，而其热药攻之，故脉反适当其调和也言有热利不止而脉反平、或滑实大而紧者也。反或表病里和而下之太早。表热乘虚入里而或不成结胸。但为热利不止，心下满鞭，成烦渴咽干，脉滑数而或实者，或诸腹满实痛者，或烦渴谵妄者，小便赤涩大便或鞭或热泄，脉滑实而紧甚也。并宜调胃承气汤下之。四逆汤治伤寒表热，未入于里，误以寒药下之太早。其表热本未入，而因药里寒下利不止，或表热里寒自利不止者，急以四逆温里，脉浮不渴，小便清白不温，完谷不化者是也。或辩便溺之色者，须更审其饮食何物之色也，或下后肋热利不止者，咽干烦渴也。谨不宜温也，宜五苓之类散其湿热也。惟里寒者，可以温之，止其寒，泻利止里积。表症尚在者，急以桂枝汤解表也。或杂病寒饮呕吐者，或寒湿泄泻者，然虽杂病若湿热吐泻者，不宜此方。虽亦有温热痞闭之微者，误中辛热开发而效，甚者强劫不开，则怫热病转加也。惟里寒可通用四逆汤也。或畜热极深者，手足厥冷，则不宜此方。当以下之。

云岐子《保命集·太阳经病伤寒》：头痛项背强发热自汗小便数者，传阳明也。微烦、恶寒、脚挛、急脉浮弱者与桂枝汤；得之便厥咽干烦躁吐逆者，外热而里寒也，作甘草干姜汤与之；汗止，荣卫内守，更作甘草芍药汤与之，其脚即伸。若胃中气不和，与调胃承气汤。　　王好古《此事难知论·下焦寒四逆例》：干姜味苦，能止而不能行，附子味辛，能行而不止。寒泄小便不通，二药汤也，能利小便，不若姜术附三味内加茯苓以分之为佳矣。姜附皆生用不炮，先服姜附汤有二法：一法当热服。手少阴心也，水包火，热服以接心火，身表寒盛，外火少也。寒从外生，热从内消，譬如冻死，寒在外也。一法当寒服。足少阴肾也，邪入水冷服，以类肾水，身表微热，内水多也，热从外生，寒从内消。譬如饮冷者，寒在内也。　　王好古《医垒元戎·论兮药甘草汤》：芍药白补而赤泻，白收而赤散。酸以收之，甘以缓之；酸甘相合，用补阴血。又论芍药二甘草一汤，脉弦加防风，川芎，脉洪加黄芩，脉缓加桂枝，脉濇加当归，脉迟加干姜大便软加白术，小便涩加茯苓。　　又《论甘草干姜汤》：《内经》曰：辛甘发散为阳。甘草干姜以复阳气，四逆汤同。　　又《论调胃承气汤》：加牛蒡子，寒水石，为细末，炼蜜调服，治疫气大头病；加当归为涤毒散，治时气疙瘩五发疮疡喉闭雷头大便软。升麻荷叶汤下，震之象也。王朝奉举常器之云，有大小便不通气结一条：有大小便不通连服三承气汤，及诸下汤不过者，多是气结必死矣。可针会阴穴，在两阴之间。此数有救得者，因此亦有承气内兼巴豆下而通者，不可不知。加郁李仁佳，蜜导姜锐二法在后，气结会阴。食疗云。酒服郁李仁丸四十九粒，更泻尤良。　　王好古《阴证略倒用附子法》：古人用附子不得已也。皆为身凉脉沉细而用之，若里寒身表大热者，不宜用。以其附子味辛热，能行诸经而不止，身尚热但用干姜之类，以其味苦能止而不行，只是温中。一法若身热消而变凉，内外俱寒，姜附合而并进，温中行经阳气俱生，内外两得，可保康宁，此之谓也。若身热便用附子，切恐转生他症。昏_肓不止，可慎可慎。危亦林《得效方》云：四逆汤治阴毒要药。　　李宪德《生堂经验方》云：四逆汤此温之重剂。　　潘思敬《加减药症集·论调胃承气汤》：承者顺也，加调胃二字甚良，世人恶寒喜暖，闻名便畏，岂知用之有利益于脾胃。子和知其然，常作调中汤用，以愚世人。加生姜枣煎，便喜和补脾胃气，岂知辛甘发散之理也？所以调和脾胃，顺承其气，流湿润燥，故立此名也。又于此药中加桃仁一二十五粒，桂枝、大黄、芒硝、甘草各半两，名桃仁承气汤。桂枝、甘草为表药，芒硝、大黄为里药。桃仁散血，故从太阳阳明之实热，治诸发汗和解吐后，并宜用服调胃承气下之。其大黄以酒浸，邪气居高，非酒不能至，譬物在高巅，人迹之所不及射以取之，故用酒引而上行；若无酒浸，只用生大黄苦泄峻下，则必遗高之分邪热也。是以愈后或目赤喉闭，或头肿，及高之热疾生矣。

甘草干姜汤方

甘草四两炙，味甘平。干姜二两，炮，味辛热。《内经》曰："辛甘发散为阳。"甘草、干姜相合，以复阳气。右㕮咀，以水三升煮取一升五合，去滓分温再服。

芍药甘草汤方，白芍药四两，苦咸微寒。甘草四两，炙甘平。芍药白补而赤泻，白收而赤散也。酸以收之，甘以缓之，酸甘相合，用补阴血。右二味㕮咀，以水三升煮取一升珍，去滓分温再服之。

调胃承气汤方，大黄四两，去皮清酒浸。甘草二两炙，味甘平。芒硝半升，味酸苦，大寒。《内经》曰：热淫于内，治以咸寒，佐以苦甘。芒硝咸寒，以除热；大黄苦寒，以荡实；甘草甘平，助二物推陈而缓中。右三味㕮咀，以水三升煮取一升，去滓内芒硝，更上火微煮令沸，少少温服之。

四逆汤方，甘草二两炙，味甘平。干姜一两半，味辛热附子一枚，生用，去皮，破八片，辛大热，《刘守真宣明论》云：附子以半两者为佳，小者力弱，大者性恶，非处方之宜，世但以美其大者，未知古人之有则也。《内经》曰："寒淫于内，治以甘热。"又曰："寒淫所胜；平以辛热。"甘草、姜附相合为甘辛大热之剂，乃可发散阴寒之气。右三味㕮咀，以水三升煮取一升二合，去滓分温再服，强人可大附子一枚，干姜三两。

问曰：症象阳旦，按治之而增剧，厥逆咽中干，两胫拘急而谵语。师曰：言夜半手足当温，两脚当伸，后如师言，何以知此？答曰：寸口脉浮而大，浮则为风，大则为虚，风则生微热，虚则两经挛，病证象桂枝，因加附子参其间，增桂令汗出。附子温经亡阳故也，厥逆咽中干烦躁，阳明内结，谵语烦乱。更饮甘草干姜汤，夜半阳气还，两足当热，胫尚微拘急。重与芍药甘草汤，尔乃胫伸，以承气汤微溏则止其谵语，故知病可愈。《成无己注》：阳旦，桂枝汤别名也。前症脉微自汗出，小便数，心烦微，恶寒，脚挛急，与桂枝汤证相似，是证象阳旦也。与桂枝汤而增剧，得寸口脉浮大，浮为风邪，大为血虚；即于桂枝汤加附子，温经以补虚；增桂令汗出，以祛风；其有治之、之逆，而增厥者，与甘草干姜汤，阳复而足温；更与芍药甘草汤，阴和而胫伸，表邪已解，阴阳已复；而有阳明内结，谵语烦乱，少与调胃承气汤，微溏泄以和其胃，则阴阳之气皆和，内外之邪悉去。故知病可愈。

辽

世宗

《辽史》

世宗孝和庄宪皇帝,讳阮,小字兀欲。让国皇帝长子,母柔贞皇后萧氏。帝仪观丰伟,内宽外严,善骑射,乐施予,人望归之。太宗爱之如子。会同九年,从伐晋。大同元年二月,封永康王。四月丁丑,太宗崩于栾城。戊寅,梓宫次镇阳,即皇帝位于柩前。甲申,次定州,命天德朔古解里等护梓宫先赴上京。太后闻帝即位,遣太第李胡率兵拒之。六月甲寅朔,次南京。五院夷离堇安端、详稳刘哥遣人驰报,请为前锋。至泰德泉,遇李胡军,战败之。上遣郎君勤德等诣两军论解。秋闰七月,次潢河。太后、李胡整兵拒于横渡,相持数日,用屋质之谋,各罢兵。趋上京,既而闻太后、李胡复有异谋,迁于祖州。诛司徒划设及楚补里。八月壬午朔,尊

辽世宗

母萧氏为皇太后,以太后族剌只撒古鲁为国舅,帐立详稳以总马,以崇德宫户分赐翼戴功臣及北院大王洼、南院大王吼,各五十。安搏楚补各百的鲁铁剌子孙先以非罪籍没者,归之。癸未始置北院枢密使,以安搏为之。九月壬子朔,葬嗣圣皇帝于怀陵。丁卯,行柴册礼,群臣上尊号曰“天授皇帝”。大赦,改“大同元年”为“天禄元年”,追谥皇考曰“让国皇帝”。以安端主东丹国,封明王察割为泰宁王,刘哥为惕隐,高动为南院枢密使。

二年,春正月,天德、萧翰、刘哥、益都等谋反。诛天德,杖萧翰,迁刘哥于边,罚盆都使辖戛斯国。汉主刘知远殂,子承祐立。夏四月庚辰朔,南唐遣李朗、王祚来慰,且贺兼奉蜡丸书,议攻汉。秋七月壬申,皇子贤生。冬十月壬午,南京留守魏王赵延寿薨,以中台省右相牒蜡为南京留守,封燕王。十一月,驻跸彰武南。

三年春正月,萧翰及公主阿不里谋反。翰伏诛,阿不里瘐死狱中。庚申,肆赦。内外

官各进一阶。夏六月戊寅，以敞史耶律胡、离轸为北院大王。己卯，惕隐颓昱封添水群王。秋九月辛丑朔，召群臣议南伐。冬十月，遣诸将率兵攻下贝州高老镇，徇地邺都、南宫、堂阳。杀深州刺史史万山，俘获甚众。

四年春二月辛未，泰宁王察割来朝，留侍。是月建政事省。三月戊戌朔，南唐遣赵延嗣、张福等来贺南征捷。秋九月乙丑朔，如山西。冬十月，自将南伐，攻下安平、内丘、束鹿等城，大获而还。是岁册皇后萧氏。

五年春正月癸亥朔，如百泉湖。汉郭威弑其主自立，国号周，遣朱宪来告，即遣使致良马。汉刘崇自立于太原。二月，周遣姚汉英、华昭胤来，以书辞抗礼，留汉英等。夏五月壬戌朔，太子太傅赵莹薨，辍朝一日，命归葬于汴。诏州县录事、参军、主簿委政事省铨注。六月辛卯朔，刘崇为周所攻，遣使称侄乞援，且求封册，即遣燕王牒蜡、枢密使高勋册为大汉神武皇帝。南唐遣蒋洪来，乞举兵应援。是夏清暑百泉岭。九月庚申朔，自将南伐。壬戌，次归化州祥古山。癸亥，祭让国皇帝于行宫，群臣皆醉。察割反，帝遇弑，年三十四。应历元年，葬于显州西山陵，曰"显陵"，二年谥"孝和皇帝"，庙号世宗，统和二十六年七月加谥"孝和庄宪皇帝"。

赞曰：世宗中才之主也。入继大统，鲁未三年，纳唐丸书即议南伐，既乏持重，宜乖周防，盖有致祸之道矣。然而孝友宽慈，亦有君人之度焉。未及师还，变起沉湎，岂不可哀也哉？

《契丹志》

世宗，讳阮番，名兀欲，太祖孙，东丹王突欲之子也。东丹王归唐，卒于滑州。太宗南入大梁，兀欲驾于后，求父遗骸会。太宗会同十一年四月，归崩于栾城。燕王赵延寿恨太宗许伐中国之约，即日引兵入恒州。帝以领兵继入，辽诸将密议奉帝为主，登鼓角楼受叔兄拜。而延寿不之知，自称受太宗遗诏，权知南朝军国事，下教布告诸道。所以供馈帝与诸将同。帝恨之。镇州诸门管钥与夫仓库出纳皆帝亲掌之，或说延寿曰："辽诸大人，数日聚谋，此必有变。今汉兵不满万人，不若先事图之。"延寿不决，下令以来月朔日于待贤馆上事受贺。大臣李崧等以辽帝之意难测乃止。会同十一年（时北汉高祖称天福十二年）夏五月，帝召赵延寿、张砺、李崧、冯道于所馆饮酒。帝妻素以兄事延寿，酒数行，帝从容谓延寿曰："妹自上国来，宁欲见之乎？"延寿与俱入。食顷，帝出坐，笑谓张砺等曰："燕王谋反，已锁之矣。"诸君可别虑矣。又曰："先帝在汴州，与我算子一茎，许我知南朝军国事。昨日临崩别无遗诏，燕王安得擅立耶？"一日帝至待贤馆，受蕃汉官谒贺。笑谓张砺等曰："燕王果于此即位，吾以铁骑围之，诸公亦不免矣。"后数日，集蕃汉诸臣于府署，宣太宗遗制曰："永康王，大圣皇帝之嫡孙，人皇王之长子。太后钟爱，群情允归，可于中京即皇帝位。"（中京契丹为镇州也）于是举哀成服，既而易吉服见群臣，受贺。更不复行丧礼，歌吹之声不绝于内。是年犹称"会同"。帝以太宗有子在国，己以兄子袭位，又无述律太后之命，内不自安。

初太祖崩于夫余城，述律杀酋长及诸将数百人。太宗复崩于境外，酋长诸将惧死，乃谋奉帝，欲勒兵北归。使麻答（麻答，太宗从第）为中京留守，以前武州刺史高奉明为安国节度使，晋文武官及士卒悉留之。独以翰林学士徐台符、李汗及后宫宦者、教坊人自随。述律太后闻帝立，怒曰："我儿南征东讨有大功业，其子在我侧者当立。汝父弃我，走投外国，乃大逆人也，岂得立逆人之子为帝乎？"发兵拒之。帝遣伟王为前锋，相遇于石桥。太

后以李彦韬为排阵使，彦韬迎降于伟王。太后兵败，帝幽太后于太祖墓侧。自称天授皇帝，以高动为枢密使。帝慕中华风俗，多用晋臣；而荒于酒色，侮诸宰执，由是国人不附，诸部数叛。兴兵追讨，故数年不暇南征。

先是述律太后徙晋侯并后于怀密州，（去黄龙府西北一千五百里行过，辽阳二百里）。而述律太后为帝所囚。晋侯与后复得还于辽阳，稍有供给。将萧翰矫辽制，命唐许王从益知南朝军国事，召赴恒州。时许王从益及王淑妃俱匿于徽陵下宫，不得已为出，翰立为帝帅。诸酋拜之，淑妃泣曰："吾母子单弱如此而为诸公所推，是祸吾家也。愿诸公宜早迎新主，自求多福，勿以吾子母为意。"众感其言，许王遣使奉表称臣。迎北汉主刘知远仍出居私第。汉主入洛汴州，百官奉表来迎。论以受辽补署者，皆勿疑。聚其告牒而焚之，命郑州防御使郭从义先入梁清宫，密令杀许王及王淑妃。淑妃且死，曰："吾儿何罪而死？何不留之，每岁寒食以一盂麦饭洒明宗陵乎？"闻者泣下。汉主至大梁，晋之藩镇相继来降。复以汴州为东京，改国号曰"汉"，仍称天福年号。曰："余未忍忘晋也。"明年，辽国改元"天禄"。

戊申天禄元年（二月北汉主隐帝承祐立乾祐元年）春正月，汉主知远更名暠，召苏逢吉、杨邠、史弘肇、郭威入受顾命，曰："承祐幼弱，后事托在卿辈。"又曰："善防杜重威。"是日殂。逢吉等秘不发丧，下诏称重威父子"因朕小疾，谤议摇众，皆斩之。"磔尸于市，市人争啖其肉。二月汉主第二子周王承祐立，时年十八，是为隐帝。初辽帝北归至定州，以孙方简为大同节度使。方简怨恚不受命，率其党三千人保狼山故寨，攻之不克。未几遣使降汉。汉主复其旧官，使扞辽国。时麻答等焚掠定州，悉驱其人，弃城北去。方简自狼山率其众数百还据定州，于是晋末州县陷辽者皆复为汉有矣。麻答归至其国，帝责其失守。麻答不服，曰："朝廷征汉官致乱尔。"帝鸩杀之。四月，帝至辽阳，晋侯白衣纱帽，与太后皇后诣帐中。上谒，帝令晋侯以常服见。侯伏地而泣，自陈过咎。帝使人扶起之，与坐饮酒奏乐，而帐下伶人从官望见故主皆泣下，悲不自胜，争以衣服药饵为遗。五月，帝上陉，取晋侯所从宦者十五人，东西班十五人，及皇子延煦而去。帝有妻兄禅奴利闻晋侯有女未嫁，求之，乃辞以幼。后数日帝遣骑取之，以赐禅奴利。六月朔，日食。陉北地尤高凉，北人常以五月上陉避暑。八月下陉。至八月帝下陉，太后自驰至霸州谒帝，求于汉儿城侧赐地种牧以为生。许之。帝以太后自从，行十余日，遣与延煦俱还辽阳。

己酉天禄二年。（北汉乾祐二年）春二月，徙晋侯太后于建州。中途安太妃卒，遗令晋侯焚骨为灰南向扬之，庶几遗魂得返中国也。自辽阳东南行千二百里至建州，节度使赵延晖避正寝以馆之，去建州数十里外得地五十余顷，侯遣从者耕以给食。顷之太宗之子述律王遣骑取晋侯宠姬赵氏聂氏而去。夏四月，太白昼见。六月朔，日食。冬十月，辽攻河北，汉遣郭威督诸将御之。

庚戌，天禄三年。（汉乾祐三年）秋八月，故晋李太后病无医药，常仰天号泣，戟手骂杜重威、李守贞曰："吾死不置汝。"疾驱谓晋侯曰："我死焚其骨送范阳佛寺，无使我为虏地鬼也。"是月后卒。周显德中，有中国人自辽来者，云晋主及皇后诸子尚无恙，其从者亡归及物故则过半矣。十一月朔，日食。汉郭威反。隐帝出奔，至赵村，追兵已至。隐帝下马入民家，为郭允明所弑。时冬十一月也。郭威等率百官迎武宁节度使刘斌（高祖第崇之子）为主。十二月，郭威攻辽至澶州，将发将士数千人忽大噪曰："天子须侍中自为。"将士已与刘氏为仇，不可立也。"或裂黄旗以被威体，共扶抱之，呼"万岁"，推立为帝。威乃上太后笺，请奉汉宗庙事，太后为母。下书抚谕大梁士民勿有忧疑。迁故主斌于外馆，太后

诰废斌为湘阴公。

辛亥天禄四年（北汉乾祐四年）春正月，汉太后下诰授郭威监国符宝，即皇帝位，国号曰周，建元"广顺"。是月弑汉湘阴公斌于宋州。汉高祖之弟刘崇称帝于晋阳，仍用乾祐年号所有者。并汾忻代岚宪隆蔚沁辽麟石十二州之地。二月，辽帝闻北汉主立，使招讨使潘聿撚遣其子刘承钧书，汉主使承钧复书，言本朝沦亡，欲循晋室故事求援。帝大喜。至是北汉主遣使如辽，乞兵。夏四月，辽帝遣使如北汉，告以周使田敏来，约岁轮钱十万缗。北汉主使郑珙以厚赂谢辽，致书称侄，请行册礼。帝大喜，命燕王述轧册命北汉主为大汉神武皇帝，更命旻妃为皇后。寻遣其翰林学士卫融等诣辽称谢，且请兵。九月，北汉主自团柏攻周，帝欲引兵会之，与酋长议于九十九泉。诸部皆不欲南，帝强之行。至新州之火神淀，燕王述轧及伟王之子大宁王沤僧等率兵作乱，弑帝，而述轧自立。齐王述律（太宗之子）逃于南山，诸大臣奉之以攻述轧。沤僧杀之，并其族党，立述律为帝，改元应历。

世宗在位凡五年崩，庙号世宗。葬医巫闾山。

论曰：前史尝云："创业易，守成难。"吾于世宗益信。世宗地居上嗣，运属乐推，兵威不戢，关河流毒。自谓荒淫无妨，而不知诸部之心离；自谓专欲可成，而不知萧墙之衅启三十余年，血战之基业而继继承承乃若此。守成之难不信然欤。

穆宗

《辽史》

穆宗孝安敬正皇帝，讳璟，小字述律。太宗皇帝长子。母曰靖安皇后萧氏。会同二年封寿安王。天禄五年九月癸亥，世宗遇害，逆臣察割等伏诛。丁卯，即皇帝位，群臣上尊号曰"天顺皇帝"，改元应历。戊辰，如南京。是月遣刘承训告哀于汉。冬十一月，汉、周、南唐各遣使来吊。乙亥，诏朝会，依嗣圣皇帝故事，用汉礼。十二月甲辰，汉遣使献亏矢鞍马。壬子，铁骊、鼻骨德皆来贡。

二年春正月戊午朔，南唐遣使奉蜡丸书及进犀兕甲万属。壬戌，太尉忽古质谋逆，伏诛。二月癸卯，女直来贡。癸亥，南唐遣使奉蜡丸书；丁卯，复遣使来贡。甲申，以耶律挞烈为南院大王。夏四月丙戌朔，日有食之。己亥，铁骊进鹰鹘。五月丙辰朔，视朝。壬午，南唐遣使来贡。六月壬辰，国舅政事令萧眉古得宣政殿学士李瀚等谋南奔，事觉，诏暴其罪。乙未，祭天地。壬寅，汉为周所侵，遣使求援，命中台省右相高模翰赴之。丁未，命乳媪之兄曷鲁世为阿速石烈夷离堇。秋七月乙亥，政事令娄国林牙敌烈、侍中神都、郎君海里等谋乱，就执。八月己丑，眉古得娄国等伏诛，杖李瀚而释之。九月甲寅朔，云州进嘉禾，四茎二穗。戊午，诏以先平察割日，用白黑羊玄酒祭天，岁以为常。壬戌，猎炭山，祭天。庚辰，敌烈部来贡。冬十月甲申朔，汉遣使进葡萄酒。甲午，司徒老古等献白雉。戊申，回鹘及辖戛斯皆遣使来贡。十一月癸丑朔，视朝。己巳，地震。己卯日，南至，始用旧制。行拜日礼。朔州民进黑兔。十二月癸未朔，高模翰及汉兵围晋州。辛卯，以生日饭僧，释系囚。甲辰，猎于近郊祀天地。辛亥，明王安端薨。

三年春闰正月壬午朔，汉以高模翰却周军遣使来谢。二月辛亥朔，诏用嗣圣皇帝旧玺。甲子，太保敌烈修易州城，镇州以兵来挑战，却之。三月庚辰朔，南唐遣使来贡，因附

书于汉，诏达之。庚寅，如应州击鞠。丁酉，汉遣使进毬衣及马。庚子，观渔于神德湖。夏四月庚申，铁骊来贡。五月壬寅，汉遣使言石晋树先帝圣德神功碑，为周人所毁，请再刻，许之。六月丁卯，应天皇太后崩。秋七月，不视朝。八月壬子，以生日释囚。己未，汉遣使求援三河。乌古、吐蕃、吐谷浑、鼻骨德皆遣使来贡。九月庚子，汉遣使贡药。冬十月己酉，命太师唐骨德治太行皇太后园陵。李胡子、宛郎君，秸干敌烈谋反，事觉，辞逮太平王庵撒葛林牙、华割郎君新罗等，皆执之。十一月辛丑，谥皇太后曰"贞烈"，葬祖陵。汉遣使来会。冬驻跸奉圣州。以南京水诏免今岁租。

四年春正月戊寅，回鹘来贡。己丑，华割秸干等伏诛，宛及庵撒葛皆释之。是月周主威殂，养子晋王柴荣嗣立。二月丙午朔，周攻汉，命政事令耶律敌禄援之。丙辰，汉遣使进茶药。幸南京。夏五月乙亥，忻代二州叛，汉遣南院大王挞烈助敌禄讨之。丁酉，挞烈败周将符彦卿于忻口。六月癸亥，挞烈献所获。秋七月乙酉，汉民有为辽军误掠者遣使来请，诏悉归之。九月丙申，汉为周人所侵，遣使来告。冬十一月，彰国军节度使萧敌烈、太保许从斌奏忻代二州捷。十二月辛酉朔，谒祖陵。庚午，汉遣使来贡。是冬驻跸杏埚。

五年春正月辛未朔，鼻骨德来贡。二月庚子朔，日有食之。庚申，汉遣使请上尊号，不许。壬戌，如裹潭。夏四月己酉，周侵汉，汉遣使求援。癸丑，命郎君萧海璆世为北府宰相。秋九月庚辰，汉主有疾，遣使来告。冬十月壬申，女直来贡。丁亥，谒太宗庙。庚寅，南唐遣使来贡。十一月乙未朔，汉主崇殂，子承钧遣使来告，且求嗣立。遣使吊祭，遂封册之。十二月乙丑朔，谒太祖庙。辛巳，汉遣使来议军事。

六年夏五月丁酉，谒怀陵。六月甲子，汉遣使来议军事。秋七月，不视朝。九月戊午，谒祖陵。冬十一月壬寅，鼻骨德来贡。十二月己未朔，谒太祖庙。

七年春正月庚子，鼻骨德来贡。二月辛酉，南唐遣使奉蜡丸书。辛未，驻跸潢河。夏四月戊午朔，还上京。初女巫肖古上延年药方，当用男子胆和之，不数年，杀人甚多。至是觉其妄，辛巳射杀之。五月辛卯，汉遣使来贡。六月丙辰，周遣使来聘；南唐遣使来贡。八月己未，周遣使来聘。是秋不听政。冬十月庚申，猎于七鹰山。十二月丁巳，诏大臣曰："有罪者法当刑。朕或肆怒，滥及无辜，卿等切谏，无或面从。"辛巳，还上京。

八年春二月乙丑，驻跸潢河。夏四月甲寅，南京留守萧思温攻下沿边州县，遣人劳之。五月，周陷束城县。六月辛未，萧思温请益兵乞驾幸燕。秋七月，猎于拽剌山，迄于九月。射鹿诸山，不视朝。冬十一月辛酉，汉遣使来告：周复来侵。乙丑，使再至。十二月庚辰，又至。

九年春正月戊辰，驻跸潢河。夏四月丙戌，周来侵。戊戌，以南京留守萧思温为兵马都总管击之。是月周援益津，瓦桥，淤口三关。五月乙巳朔，陷瀛、莫二州。癸亥，如南京。辛未，周兵退。六月乙亥朔，视朝。戊寅，复容城县。庚申，西幸如怀州。是月周主荣殂，子宗训立。秋七月，发南京军戍范阳。冬十二月戊寅，还上京。庚辰，王子敌烈、前宣徽使海思及萧达干等谋反，事觉鞠之。辛巳，杷天地祖考，告逆党事败。丙申，召群臣议时政。

十年春正月，周殿前都点检赵匡胤废周自立，建国号宋。夏五月乙巳，谒怀陵。壬子，汉以潞州归附来告。丙寅，至自怀陵。六月庚申，汉以宋兵围石州来告，遣大同军节度使阿剌率四部往援，诏萧思温以三部兵助之。秋七月己亥朔，宋兵陷石州，潞州复叛，汉使来告。辛酉，政事令耶律寿远、太保楚阿不等谋反，伏诛。以酒脯祠天地于黑山。八月，如秋山，幸怀州。庚午，以镇茵石狻猊击杀近侍古哥。冬十月丙子，李胡子喜隐谋反，辞连李胡，下狱死。十一月，海思狱中上书陈便宜。

十一年春二月丙寅，释喜隐。辛亥，司徒乌里只子迭剌哥诬告其父谋反，复诈乘传及杀行人。以其父请，杖而释之。丙辰，萧思温奏老人星见，乞行赦宥。闰月甲子，如潢河。夏四月癸巳朔，日有食之。是月射鹿不视朝。五月乙亥，司天王白李正等进历。六月甲午，赦。冬十一月，岁星犯月。

十二年春，正月甲戌，夜观灯。二月己丑朔，以御史大夫萧护思为北院枢密使，赐对衣鞍马。夏五月庚午，以旱，命左右以水相沃，顷之果雨。六月甲午，祠木叶山及潢河。秋，如黑山，赤山射鹿。

十三年春正月，自丁巳昼夜酣饮者九日。丙寅，宋欲城益津关，命南京留守高勋、统军使崔延勋以兵扰之。癸酉，杀兽人海里。二月庚寅，汉遣使来告，欲巡边徼，乞张声援。壬辰，如潢河。癸巳，观群臣射，赐物有差。乙巳，老人星见。三月癸丑朔，杀鹿人弥里吉戍枭其首以示掌鹿者。夏四月壬寅，猎于潢河。五月壬戌，斡朗改国所进花鹿生粗。六月癸未，近侍伤獐，杖杀之。甲申，杀獐人霞马。壬辰，诏诸路录囚。秋七月辛亥朔，汉以宋侵来告。乙丑，荐时羞于庙。八月甲申，以生日纵五坊鹰鹘。戊戌，幸近山，呼鹿射之，旬有七日而后返。九月庚戌朔，以青牛白马祭天地，饮于野次，终夕乃罢。辛亥，以酒脯祭天地，复终夜酣饮。冬十月丙申，汉以宋侵来告。十一月庚午，猎饮于虞人之家，凡四日。十二月戊子，射野鹿，赐虞人物有差。庚寅，杀彘人曷主。

十四年春正月戊寅朔，奉安神纛。戊戌，汉以宋将来袭驰告。二月壬子，诏西南面招讨使挞烈进兵援汉。癸亥，如潢河。戊辰，支解鹿人没答海里等七人于野，封土识其地。己巳，如老林东泺。壬申，汉以败宋兵石州来告。夏四月丁巳，汉以击退宋军遣使来谢。是月，黄龙府甘露降。五月，射舐碱鹿于白鹰山，至于浃旬。六月丙午朔，猎于玉山，竟月忘返。秋七月壬辰，以酒脯祀黑山。八月乙巳，如矾子岭，呼鹿射之，获鹿四，赐虞人女坏等物有差。丁未，还宫。戊申，以生日值天赦，不受贺。曲赦京师囚。乙卯，录囚。九月，黄室韦叛。冬十月丙午，近侍乌古者进石错，赐白金二百五十两。丙辰，以掌鹿矧思代斡里为闸撒狨，赐金带金盏，银二百两，所隶死罪以下得专之。十一月壬午，日南至，宴饮达旦。自是昼寝夜饮。杀近侍小六于禁中。十二月丙午，以黑兔祭神。乌古叛，掠民财畜。详稳僧隐与战，败绩。僧隐及乙实等死之。

十五年春正月己卯，以枢密使雅里斯为行军都统，虎军详稳楚思为行军都监。益以突吕不部军三百合诸部兵讨之，乌古夷离堇子勃勒底独不叛，诏褒之。是月老人星见。二月壬寅朔，日有食之。上东幸。甲寅，以获鸭除鹰坊刺面腰斩之刑，复其徭役。是月，乌古杀其长窘离底，余众降。复叛。三月癸酉，近侍东儿进比筋不时，手刃刺之。丁丑，大黄室韦酋长寅尼吉叛。癸未，五坊人四十户叛入乌古。癸巳，虞人沙剌迭侦鹅失期，加炮烙铁梳之刑而死。夏四月乙巳，小黄室韦叛，雅里斯、楚思等击之，为室韦所败。遣使诘之。乙卯，以秃里代雅里斯为都统，以女古为监军，率轻骑进讨，仍令挞马寻吉里持诏招谕。五月壬申，寻吉里奏谕之不从。雅里斯以挞凛苏二群牧兵追至柴河。与战，不利。甲申，库古只奏室韦长寅尼吉亡入敌烈。六月辛亥，俞鲁古献良马，赐银二，千两，以近侍忽剌比马至先以闻，赐银千两。是月敌烈来降。秋七月甲戌，雅里斯奏乌古至河德泺，遣夷离堇画里夷离毕常思击之。丁丑，乌古掠上京、北榆林峪居民，遗林雅萧干讨之。庚辰，雅里斯等与乌古战，不利。十月丁未，常思与乌古战，败之。十二月甲辰，以近侍喜哥私归，杀其妻。丁未，杀近侍随鲁。驻跸黑山平淀。

十六年春正月丁卯朔，被酒不受贺。甲申，微行市中，赐酒家银绢。乙酉，杀近侍白海及家仆杉福，押刺葛枢密使门吏老古挞马失鲁。三月己巳，东幸。庚午，获鹅。甲申，获鹅。皆饮达旦。五月甲申，以岁旱泛舟于池。祷雨不雨；舍舟立水中而祷，俄顷乃雨。六月丙申，以白海死非其罪赐其家银绢。秋七月壬午，谕有司，行幸之所，必高立标识，令民勿犯，违以死论。八月丁酉，汉遣使贡金器铠甲。闰月乙丑，观野鹿入驯鹿群，立马饮至脯。九月庚子，以重九宴饮，夜以继日，至壬子乃罢。己未，杀狼入擸里。十月庚辰，汉主有母丧，遣使膊吊。十二月甲子，幸酒人拔刺歌家，复幸殿前都点检耶律夷腊葛第。宴饮连日，赐金盂绅锦及孕马百匹。左右授官者甚众。戊辰，汉遣使来贡。是冬，驻跸黑山平淀。

十七年春，正月庚寅朔，林牙萧干、郎君耶律贤适讨乌古还，帝执其手，赐厄酒。授贤适右皮室详稳、雅里斯、楚思霞里三人，赐醨酒以辱之。乙卯，夷离毕骨欲献乌古俘。二月甲子，高勋奏宋将城益津关，请以偏师扰之，上从之。夏四月戊辰，杀鹰人敌鲁。丙子，射柳祈雨，复以水沃群臣。五月辛卯，杀鹿人札葛。壬辰，北府宰相萧海璃薨，辍朝罢重五宴。六月己未，支解雉人寿哥念古。杀鹿人四十四人。是夏驻跸擸潭。秋八月辛酉，生日，以政事令阿不底病亟，不受贺。九月自丙戌朔猎于黑山赤山，至于月终。冬十月乙丑，杀酒人粹你。十一月辛卯，杀近侍廷寿。壬辰，杀豕人阿不札曷鲁术里者、涅里括。庚子，司天台奏月当食，不亏。上以为祥，欢饮达旦。壬寅，杀鹿人唐果直哥撒刺。十二月辛未，手杀饔人海里复，窬之。是冬驻跸黑河平淀。

十八年春，正月乙酉朔，宴于宫中，不受贺。己亥，观灯于市。以银百两市酒，命群臣亦市酒，纵饮三夕。二月乙卯，幸五坊使霞实里家，宴饮达旦。三月甲申朔，如潢河。乙酉，获驾鹅，祭天地。造大酒器刻为鹿文，名曰"鹿瓶。"贮酒以祭天。庚戌杀鹘人胡特鲁、近侍化葛及监囚海里，仍剉海里之尸。夏四月癸丑，杀彘人抄里只。己巳，诏左右从班有材器干局者，不次擢用；老耄，增俸以休于家。五月丁亥，重五。以被酒不受贺。壬辰，获鹅于迷古水，野饮终夜。丁酉，与政事令萧排押、南京留守高勋，太师昭古、刘承训等酣饮连日夜。己亥，杀鹿人颇德腊哥陶瑰札不哥苏古涅雏保弥古特敌答等。六月丙辰，杀彘人屯奴。己未，为殿前都点检夷腊葛置神帐，曲赦京畿囚。甲戌，挞烈于鷗寞中得牝犬来进。是夏清暑蘴潭。秋七月辛丑，汉主承钧殂，子继元立，来告。遣使吊祭。九月戊子，杀详稳八剌拽剌痕笃等四人。己丑，登小山祭天地。戊戌，知宋欲袭河东，谕西南面都统、南院大王挞烈豫为之备。己亥，猎熊，以唤鹿人铺姑并掖庭户赐夷猎葛。甲辰，以夷猎葛兼政事令，仍以黑山东抹真之地数十里赐之，以女环为近侍，女直详稳夐陌为本部夷离堇。是秋猎于西京诸山。冬十月辛亥朔，宋围太原，诏挞烈为兵马总管发诸道兵救之。十一月癸卯，冬至，被酒不受贺。十二月丁丑，杀酒人搭烈葛。是冬驻跸黑山东川。

十九年春正月己卯朔，宴宫中不受贺。己丑立春被酒，命殿前都点检夷腊葛代行击土牛礼。甲午，与群臣为叶格戏。戊戌，醉中骤加左右官。乙巳诏太尉化哥曰："朕醉中处事有乖，无得曲从。酒解可覆奏。"自立春饮至月终，不听政。三月甲寅，汉刘继元嗣立，遣使乞封册。辛酉，遣韩知范册为皇帝。癸亥，杀前导末及益刺，剉其尸弃之。甲子，汉遣使进白鹿。己巳，如怀州猎，获熊。欢饮方醉，驰还行宫。是夜近侍小哥、盥人花哥，庖人辛古等六人反。帝遇弑，年三十九。庙号"穆宗"，后附葬怀陵。重熙二十一年谥曰"孝安敬正皇帝"。

赞曰：穆宗在位十八年，知女巫妖妄见诛，谕臣下滥刑切谏，非不明也。而荒耽于酒，

畋猎无厌。侦鹅失期，加炮烙铁梳之刑；获鸭甚欢，除鹰坊刺面之令。赏罚无章，朝政不亲，而嗜杀不已。变起肘腋，宜哉！

《契丹志》：穆宗讳璟番，名述律，后更名明太宗之长子也。太宗攻石晋，入大梁，留帝侍述律太后。太宗于会同十一年四月崩于栾城。诸将畏述律太后残虐，遂立世宗。世宗遇弑，诸将共迎帝即位，改元"应历"。自火神淀入幽州，遣使告于北汉。北汉主遣枢密直学士王得中贺即位，复以叔父事之，请兵以击晋州。帝年少好游戏，不亲国事，每夜酣饮达旦乃寐，日中方起。国人谓之"睡王"。

辛亥应历元年（周太祖郭威广顺元年）冬十月，辽遣萧禹厥将奚辽兵五万会北汉兵伐周。北汉主自将兵二万攻晋州，三面置寨，昼夜攻之。巡检使王万敢与都指挥使史彦超、何徽共拒之。周太祖自将由泽州路与王峻夺兵救之。十二月周王峻至晋，辽兵与北汉兵夜遁。北汉土瘠民贫，内供军国，外奉辽币，赋役繁重，民不聊生，逃入周境者众。

壬子应历二年（周广顺二年），夏四月朔，日食。六月辽幽州节度使萧海真（世宗之妻弟）许以内附，请降于周。中国多事不果从。秋九月，辽攻异州，为周兵所拒。冬十月，辽瀛莫幽州大水，流民入塞者四十万口，本国亦不之禁。周诏所在赈给存处之。中国民被掠得归者十五六。

癸丑应历三年（周广顺三年）春正月，辽攻定州，为周将杨弘昭败。夏六月，辽张藏英降周。秋八月，周太祖得风痹疾，术者言宜散财以禳之。于是筑社坛，建太庙于大梁。太祖享太庙，才及一室，不能拜而退，命晋王荣终礼。（晋王本姓柴氏，幼从姑，长太祖家，遂以为子）是夕，宿南郊，几不救，夜分小愈。

甲寅应历四年（周世宗荣立显德元年）春正月朔，周太祖祀圆丘，仅能瞻仰致敬而已，以晋王荣判内外兵马事。太祖疾笃，荣王入侍，屡戒之曰："昔吾西征，见唐十八陵无不发掘者，无他，惟多藏金玉故也。我死当以纸衣，敛以瓦棺，圹中无用石，以甓代之。工人役徒皆和雇，勿以烦民。葬毕，募近陵民三十户，蠲其杂徭，使以守视。勿修下宫，置宫人，作石羊虎人马，惟刻石置陵前云："周天子平生好俭约，遗令用纸衾，瓦棺，嗣天子不敢违也。汝苟或违，吾不福汝。"是月太祖崩，年五十一。晋王荣立（是为世宗）。二月，北汉主闻周太祖崩，喜甚，遣使诣辽请兵。辽遣武定节度使杨衮将万骑如晋阳，北汉主自将兵三万会辽师趣。潞州节度使李筠领兵逆战，败走。夏五月，周帝自潞州趣晋阳，至其城下，旗帜环城四十里。辽将杨衮奔归。帝怒其无功，囚之，使数千骑屯忻代之间。周遣符彦卿击之，辽兵退保忻口。彦卿等恃勇轻进，为辽兵所败，死伤甚众。彦卿引兵还晋阳。冬十一月，北汉主旻殂，子承钧告哀于辽，辽册命为帝。其事辽上表称"男"，辽赐诏谓之"儿皇帝"。

乙卯，应历五年（周显德二年）春二月朔，日食。

丙辰，应历六年（周显德三年）。丁巳，应历七年（周显德四年）冬十一月，辽遣侍中崔勋将兵，会北汉同攻周。北汉遣李存环将兵会之，南侵潞州，至其城下而还。北汉主知辽不足恃，而不敢遽与之绝，赠送勋甚厚。戊午，应历八年（周显德五年）夏五月朔，日食。己未，应历九年（周显德六年六月，恭帝宗训立）夏四月，周帝自将攻辽。五月，周将韩通领兵大至，辽失瀛莫易涿雄霸六州。其瓦桥关建为雄州，割容城，归义二县隶之；益津关建为霸州，割文安、大城二县隶之。皆辽之地也。周帝趣幽州，有疾乃还。六月，周帝立其子宗训为梁王（时年七岁）。是月，周帝崩，年三十九，谥曰"世宗"，子梁王立。秋九月，辽帝遣其舅使于南唐，中国疑惮。泰州团练使荆罕儒募刺客使杀之。南唐夜宴辽使于清风驿，酒酣

起更衣,久不返,视之则失其首矣。自是辽与唐绝。

庚申,应历十年(宋赵太祖即位建隆元年)春正月辛丑朔,北边奏辽与北汉连兵犯边。时宋赵太祖事周为殿前检点使,周帝命领宿卫诸将御之。次陈桥驿,诸将拥立太祖为帝。国号曰宋,改元"建隆"。奉周帝为郑王,太后为周太后。迁居西京。夏五月朔,日食。

辛酉,应历十一年(宋建隆二年)夏四月朔,日食。

壬戌,应历十二年(宋建隆三年)。

癸亥,应历十三年(宋太祖乾德改元)。

甲子,应历十四年(宋乾德二年)。

乙丑,应历十五年(宋乾德三年)春二月壬寅朔,日当食不亏。

丙寅,应历十六年(宋乾德四年)。

丁卯,应历十七年(宋乾德五年)春三月,五星聚奎。夏六月朔,日食。

戊辰,应历十八年(宋太祖开宝元年)秋七月,北汉主刘承钧寝疾,召平章事郭无为执继恩(承钧养子)付以后事。继恩嗣位,谥承钧为"孝和皇帝"。九月,北汉主继恩自嗣位以来才六十余日,为郭无为所弑,弟继元立(亦承钧养子),改元"广运"。是月,宋师入北汉境。北汉上表于辽求援,又遣将领军扼围柏谷,为宋将李继勋、何继筠等击破之于铜锅河。北汉寻复入攻,大掠晋绛二州之境。是时承会同之余威,中原多事,藩镇争强,莫不求援于辽国以自存。晋阳之北汉,江南之李唐使车狎至,馈遗络绎。辽帝以政昏兵弱,不能应之。帝体气卑弱,恶见妇人。居藩时述律太后欲为纳妃,帝辞以疾。即位后,嫔御满前,并不一顾。朝臣有言椒房虚位者,皆拒而不纳。左右近侍房帷供奉,率皆阉人,性好游畋,穷冬盛夏,不废驰骋。万机事繁,蕃汉诸臣共苴之,帝不以屑意。如京东北有山曰"黑山",曰"赤山",曰"大保山",山水秀绝,麋鹿成群,四时游猎不离此山。瀛莫之失,幽州急递以闻,帝曰:"三关本汉地,今以还汉,何失之有?"其神气怠缓不恤国事如此!逮至末年,残忌猜忍,左右小有过愆,至于亲手刃之。数年之间,重足屏息,人人虞祸。会醉索食不得,欲斩庖人。掌膳者恐祸及,因捧食以进挟刃弑帝于黑山下。帝在位凡十九年,谥曰"天顺皇帝",庙号"穆宗"。

论曰:英睿腾风,戎马交驰而不足;耽酣惕日,祸败沦胥而有余。太祖奋自遐陬,虎视中原。太宗伟度英资,关河拱手。一何壮也!一再传之后,世宗以声色覆于前,穆宗以荒淫履其辙,介胄脱诸房帷,衅端生于肘腋。一何怯也。本其骄心纵欲,醉色游畋,败亡之涂,如出一手。岂阴山异气之所韫抱于英灵者,至兹少歇欤?不然,何以若斯其昏昏也?

景宗

《辽史》

景宗孝成康靖皇帝,讳贤,字贤宁。小字明扆,世宗皇帝第二子。母曰"怀节皇后"萧氏。察割之乱,帝甫四岁。穆宗即位,养永兴宫。既长,穆宗酗酒怠政。帝一日与韩匡嗣语及时事,耶律贤适止之。帝悟,不复言。应历十九年二月戊辰,入见,穆宗曰:"吾儿已成人,可付以政。"已巳,穆宗遇弑,帝率飞龙使女里、侍中萧思温,南院枢密使高勋率甲骑千人驰赴。黎明,至行在,哭之恸。群臣劝进,遂即皇帝位于枢前。百官上尊号曰"天赞

皇帝"。大赦。改元"保宁",以殿前都点检耶律夷腊、右皮室详稳萧乌里只宿卫不严斩之。三月丙戌,入上京,以萧思温为北院枢密使。太平王庵撒葛亡入沙沱。己丑,夷离毕、粘木衮以阴附庵撒葛,伏诛。癸巳,庵撒葛入朝。甲午,以北院枢密使萧思温兼北府宰相。己亥,南院枢密使高勋封秦王。夏四月戊申朔,进封太平王庵撒葛为齐王,改封赵王喜隐为宋王,封隆先为平王,稍为吴王,道隐为蜀王,必摄为越王,敌烈为冀王,宛为卫王。五月戊寅,立贵妃萧氏为皇后。丙申朔,射柳祈雨,有司请以帝生日为天清节,从之。壬寅,汉遣李匡弼、刘继文、李元素等来贺。冬十月,东幸瞾潭。十一月甲辰朔,行柴册札,祠木叶山,驻跸鹤谷。乙巳,萧思温封魏王,北院大王屋质加于越。

二年春正月丁未,如潢河。夏四月,幸东京,致奠于让国皇帝及世宗庙。五月癸丑,西幸。乙卯,次盘道岭。盗杀北院枢密使萧思温。六月,还上京。秋七月,以右皮室详稳贤适为北院枢密使。九月辛丑,得国舅萧海只及海里杀萧思温状,皆伏诛,流弟第神靓于黄龙府。十二月庚午,汉遣使来贡。

三年春正月甲寅,右夷离毕奚底遣人献敌烈俘,诏赐有功将士。庚申,置登闻鼓院。辛酉,南京统军使魏国公韩匡美封邺王。二月癸酉,东幸。壬午,遣铎遏使阿萨兰回鹘。己丑,以青牛白马祭天地。三月丁未,以飞使女里为契丹行宫都部署。夏四月丁卯,世宗妃啜里及蒲哥厌魅赐死。己卯,祠木叶山,行再生礼。丙戌,至自东幸。戊子萧神靓伏诛。六月丙子,汉遣使问起居,自是继月而至。丁丑,回鹘遣使来贡。秋七月辛丑,以北院枢密使贤适为西北路招讨使。八月甲戌,如秋山。辛卯,祭皇兄吼墓,追册为皇太子,谥"庄圣"。九月乙巳,赐传父侍中达里迭、太保楚补,太保婆儿、保母回室押雅等户口牛羊有差。又以潜邸给使者。为挞马部置官掌之。壬子,幸归化州。甲寅,如南京。冬十月己巳,以黑白羊祀神。癸未,汉遣使来贡。丙戌,鼻骨德、吐谷浑来贡。十一月庚子,胪胸河于越延尼里等率户四百五十来附,乞隶宫籍。诏留其户分隶敦睦、积庆、永兴三宫,优赐遣之。十二月癸酉,以青牛白马祭天地。己丑,皇子隆绪生。是冬驻跸金川。

四年春二月癸亥,汉以皇子生,遣使来贺。闰月戊申,齐王庵撒葛薨;三月庚申朔,追册为皇太叔。夏四月庚寅朔,追封萧思温为楚国王。是夏,驻跸水井。秋七月,如云州。丁丑,鼻骨来贡。冬十月丁亥朔,如南京。十二月甲午,诏内外官上封事。

五年春正月甲子,惕隐休哥伐党项破之,以俘获之数来上。汉遣使来贡。庚午,御五凤楼观灯。二月丁亥,近侍实鲁里误触神纛,法论死,杖释之。壬辰,越王必摄献党项俘获之数。戊申,以青牛白马祭天地。辛亥,幸新城。三月乙卯朔,复幸新城。追封皇后祖胡母里为韩王,赠伯胡鲁右兼政事令,尼古只兼侍中。夏四月丙申,白气昼见。五月癸亥,于越屋质薨,辍朝三日。辛未,女直侵边,杀都监达里迭拽刺斡里鲁,驱掠边民牛马。己卯,阿萨兰、回鹘来贡。六月庚寅,女直宰相及夷离堇来朝。丙申,汉遣人以宋事来告。秋七月庚辰,以保大军节度使耶律斜里底为中台省左相。是月驻跸燕子城。九月壬子,鼻骨德部长曷鲁挞览来贡。冬十月丁酉,如南京。十一月辛亥朔,始获应历逆党近侍小哥花哥、辛古等,诛之。十二月戊戌,汉将改元,遣使禀命。是月,如归化州。

六年春正月癸未,幸南京。三月,宋遣使请和,以涿州刺史耶律昌术加侍中,与宋议和。夏四月,宋王喜隐坐谋反,废。秋七月丁未朔,阁门使酌古加检校太尉兼御史大夫,男海里以告喜隐事遥授陇州防御使。庚申,猎于平地松林。冬十月乙亥朔,还上京。十二月戊子,以沙门昭敏为三京诸道僧尼都总管,加兼侍中。

七年春正月甲戌朔,宋遣使来贺。壬寅望,祠木叶山。二月癸亥,汉雁门节度使刘继文来朝,贡方物。丙寅,以青牛白马祭天地。三月壬午,耶律速撒等献党项俘,分赐群臣。夏四月,遣郎君矧思使宋。己酉,祠木叶山。辛亥,射柳祈雨,如频跸淀清暑。五月丙戌,祭神姑。秋七月,黄龙府卫将燕颇杀都监张琚以叛,遣敞史耶律曷里必讨之。九月,败燕颇于冶河,遣其弟安搏追之。燕颇走保兀惹城,安搏乃还。以余党千余户城通州。是秋,至自频跸淀。冬十月,钩鱼土河。

　　八年春正月癸酉,宋遣使来聘。二月壬寅,谕史馆学士书皇后言亦称"朕",暨予著为定式。三月辛未,遣五使廉问四方鳏寡孤独及贫乏失职者赈之。夏六月,以西南面招讨使耶律斜轸为北院大王。秋七月丙寅朔,宁王只没妻安只伏诛,只没、高勋等除名。辛未,宋遣使来贺天清节。八月癸卯,汉遣使言天清节设无遮会,饭僧祝釐。丁未,如秋山。己酉,汉以宋事来告。是月,女直侵贵德州东境。九月己巳,谒怀陵。辛未,东京统军使察陵详稳涸奏女直袭归州五寨,剽掠而去。乙亥,鼻骨德来贡。壬午,汉为宋人所侵,遣使求援。命南府宰相耶律沙、冀王敌烈赴之。戊子,汉以宋师压境遣驸马都尉卢俊来告。冬十月辛丑,汉以辽师退宋军来谢。十一月丙子,宋主匡胤殂,其弟炅自立,遣使来告。辛卯,遣郎君王六挞马涅木古等使宋吊慰。十二月壬寅,遣萧只古马哲贺宋即位。丁未,汉以宋军复至掠其军储来告,且乞赐粮为助。戊午,诏南京复礼部贡院。是月,辖戛斯国遣使来贡。

　　九年春正月丙寅,女直遣使来贡。二月庚子,宋遣使致其先帝遗物。甲寅,以青牛白马祭天地。三月癸亥,耶律沙、敌烈献援汉之役所获宋俘。戊辰,诏以粟二千万斛助汉。五月庚午,汉遣使来谢,且以宋事来告。己丑,女直二十一人来请宰相夷离堇之职,以次授之。六月丙辰,以宋王喜隐为西南面招讨使。秋七月庚申朔,回鹘遣使来贡。甲子,宋遣使来聘。壬申,汉以宋侵来告。丙子,遣使助汉战马。八月,汉遣使进葡萄酒。冬十月甲子,耶律沙以党项降酋可丑、买友来见赐,诏抚谕。丁卯,以可丑为司徒,买友为太保,各赐物遣之。壬申,女直遣使来贡。乙酉,汉复遣使以宋事来告。十一月丁亥朔,司天奏日当食不亏。戊戌吐谷浑叛入太原者四百余户索而还之。癸卯,祠木叶山。乙巳,遣太保迭烈割等使宋。乙卯,汉复遣使以宋事来告。十二月戊辰,猎于近郊,以所获祭天。

　　十年春正月癸丑,如长泺。二月庚午,阿萨兰、回鹘来贡。三月庚寅,祭显陵。夏四月丁卯,西幸。己巳,女直遣使来贡。五月癸卯,赐女里死,遣人诛高勋等。六月己未,驻跸沇柳湖。秋七月庚戌,享太祖庙。九月癸未,平王隆先子陈哥,谋害其父,车裂以徇。是冬,驻跸金川。

　　乾亨元年春正月乙酉,遣挞马长寿使宋,问兴师伐刘继元之故。丙申,长寿还,言:"河东逆命,所当问罪。若北朝不援,和约如旧,不然则战。"二月丁卯,汉以宋兵压境遣使乞援。诏南府宰相耶律沙为都统,冀王敌烈为监军赴之;又命南院大王斜轸以所部从枢密副使抹只督之。三月辛巳,速撒遣人以别部化哥等降,纳之。丙戌,汉遣使谢抚谕军民。诏北院大王奚底、乙室王撒合等以兵戍燕。己丑,汉复告宋兵入境。诏左千牛卫大将军韩悖、大同军节度使耶律善补以本路兵南援。辛卯,女直遣使来贡。丁酉,耶律沙等与宋战于白马岭,不利。冀王敌烈及突吕不部节度使都敏、黄皮室、详稳唐筈皆死之,士卒死伤甚众。夏四月辛亥,汉以行军事宜来奏,卢俊自代州驰状告急。辛酉,敌烈来贡。五月己卯,宋兵至河东,汉与战不利。刘继文、卢俊来奔。六月,刘继元降宋,汉亡。甲子,封刘继文为彭城郡王,庐俊同政事门下平章事。宋主来侵,丁卯,北院大王奚底、统军使萧讨古、乙室王撒合击之,战于沙河,失利。己巳,宋主围南京。丁丑,诏谕耶律沙及奚

底、讨古等军中事宜。秋七月癸未，沙等及宋兵战于高梁，沙少却，休哥、斜轸横击，大败之。宋主仅以身免，至涿州窃乘驴车遁去。甲申，击宋余军，所杀甚众，获兵仗、器甲、符印、粮馈、货币不可胜计。辛丑，耶律沙遣人上俘获。以权知南京留守事韩德让权南京马步军，都指挥使耶律学古、知三司事刘弘，皆能安人心、捍城池，并赐诏褒奖。八月壬子，阻卜惕隐、曷鲁夷离堇阿里覩等来朝。乙丑，耶律沙等献俘。丙寅，以白马之役责沙抹只，复以走宋主功释之；奚底遇敌而退，以剑背击之；撒合虽却，部伍不乱，宥之；冀王敌烈麾下先遁者，斩之；都监以下杖之。壬申，宴沙抹只等将校，赐物有差。九月己卯，燕王韩匡嗣为都统，南府宰相耶律沙为监军，惕隐休哥、南院大王斜轸、权奚王抹只等各率所部兵南伐，仍命大同军节度使善补领山西兵分道以进。冬十月乙丑，韩匡嗣与宋兵战于满城，败绩。辛未，太保矧思与宋兵战于火山，败之。乙亥，诏数韩匡嗣五罪，赦之。十一月戊寅，宴赏休哥及有功将校。乙未，南院枢密使兼政事令郭袭上书谏畋猎，嘉纳之。辛丑，冬至，赦，改元"乾亨"。十二月乙卯，燕王韩匡嗣遥授晋昌军节度使，降封秦王。壬戌，蜀王道隐南京留守，徙封荆王。是冬驻跸南京。

二年春正月丙子朔，封皇子隆绪为梁王，隆庆为恒王。丁亥，以惕隐休哥为北院大王，前枢密使贤适封西平郡王。二月戊辰，如清河。三月丁亥，西南面招讨副使耶律王六、太尉化哥遣人献党项俘。闰月庚午，有鹄飞止御帐，获以祭天。夏四月庚辰，祈雨。戊子，清暑燕子城。五月，雷火乾陵松。六月己亥，喜隐复谋反，囚于祖州。秋七月戊午，王六等献党项俘。八月戊戌，东幸。冬十月辛未朔，命巫者祠天地及兵神。辛巳，将南伐，祭旗鼓。癸未，次南京。丁亥，获敌人射鬼箭。庚寅，次固安，以青牛白马祭天地。己亥，围瓦桥关。十一月庚子朔，宋兵夜袭营，突吕不部节度使萧干及四捷军详稳、耶律痕德战却之。壬寅，休哥败宋兵于瓦桥东。守将张师引兵出战，休哥奋击，败之。戊申，宋兵阵于水南，休哥涉水击破之。追至莫州，杀伤甚众。己酉，宋兵复来，击之殆尽。丙辰，班师。乙丑，还次南京。十二月庚午朔，休哥拜于越，大犒军士。

三年春二月丙子，东幸。己丑，复幸南京。三月乙卯，皇子韩八卒。辛酉，葬潢土二河之间。置永州。以秦王韩匡嗣为西南面招讨使。五月丙午，上京汉军乱劫，立喜隐不克，伪立其子留礼寿上京留守除室擒之。秋七月甲子，留礼寿伏诛。冬十月，如蒲瑰坡。十一月辛亥，加除室同政事门下平章事。是月，以南院枢密使郭袭为武定军节度使。十二月，以辽兴军节度使韩德让为南院枢密使。

四年春正月己亥，如华林天柱。三月乙未，清明，与诸王、大臣校射宴饮。夏四月，自将南伐，至蒲城，战不利。守太尉奚瓦里中流矢死，统军使善补为伏兵所围，枢密使斜轸救免。诏以失备杖之。五月班师，清暑燕子城。秋七月壬辰，遣使赐喜隐死。八月，如西京。九月庚子，幸云州。甲辰，猎于祥古山，帝不豫。壬子，次焦山，崩于行在。年三十五，在位十三年。遗诏梁王隆绪嗣位，军国大事听皇后命。统和元年正月壬戌，上尊谥"孝成皇帝"，庙号"景宗"，重熙二十一年加谥"孝成康靖皇帝"。

赞曰：辽兴六十余年，神册会同之间，日不暇给。天禄应历之君，不令其终保宁而来，人人望治。以景宗之资，任人不疑，信赏必罚，若可与有为也。而竭国之力，以助河东，破军杀将，几救灭亡。虽一取偿于宋，得不偿失。知匡嗣之罪，数而不罚；善郭袭之谏，纳而不用。沙门昭敏以左道乱德宠以侍中，不亦惑乎？《契丹志》：景帝讳明记，更名贤，世宗兀欲子也。穆宗先为帐下所弑，诸将迎立。帝即位，号天赞，以上枢密使知政事令高勋守政事令，封秦王；侍中萧守兴为尚书令，封魏王。每朝必命坐，议国事。纳萧守兴女燕燕

为皇后。

先是火神淀弑逆之时，述轧之害世宗并及于后，复求帝杀之，帝时年九岁。御厨尚食刘解里以毡束之，藏于积薪中，由是得免。及即位，婴风疾，多不视朝。改元"保宁"。

戊辰保宁元年（宋太祖开宝元年）辽大赦境内，刑赏政事，用兵追讨，皆皇后决之。帝卧床榻间，拱手而已。

己巳保宁二年（宋开宝二年）春二月，宋太祖命曹彬等伐北汉。夏四月，辽分道救北汉，为宋何筠败于阳曲，又为韩重赟击破其众于定州境。

庚午保宁三年（宋开宝三年）夏四月朔，日食。冬十一月，辽骑六万攻定州。宋太祖命田钦祚领兵三千，战于蒲城，马中流矢而踣，骑士王超以马授钦祚，得免。夜入保遂城，辽兵围之数日。钦祚度城中粮少，整兵开南门突围一角而出。

辛未保宁四年（宋开宝四年）冬十月朔，日食。

壬申保宁五年（宋开宝五年）秋九月朔，日食。癸酉保宁六年（宋开宝六年）春正月，周郑王殂于房州，谥曰"恭帝"。

甲戌乾亨元年（宋开宝七年）春二月朔，日食。冬十一月，辽边臣贻宋雄州守孙全兴书，请和。全兴以闻于宋太祖，许之。

乙亥乾亨二年（宋开宝八年）春三月，辽遣使聘宋。夏六月，彗出柳，长三四丈，晨见东方。西南指历舆鬼距出壁，凡十一舍，八十三日乃灭。秋七月朔，日食。宋初遣使通辽。

丙子，乾亨三年（宋开宝九年太宗即位，十二月陵太平兴国元年）冬十月，宋太祖崩。年五十，在位十七年，皇弟晋王即帝位（是为太宗）。

丁丑乾亨四年（宋太平兴国二年）夏四月，宋葬太祖于永昌陵。辽遣鸿胪少卿耶律敌等往宋助葬。宋太宗寻遣起居舍人辛仲甫使辽，右赞善大夫穆波副之。时宋朝将用兵伐北汉，实倚辽为援。仲甫迟留境上，未敢进。宋诏趣行。既至，帝问曰："闻中朝有党进者，真骁将如进之比，凡几人？"仲甫对曰："名将甚多，如进鹰犬之材，何可胜数？"帝颇欲留之。仲甫曰："信以成命，义不可留，有死而已。"帝知其秉节不可夺，厚礼遣还。冬十一月朔，日食。

戊寅，乾亨五年。（宋太平兴国三年）

己卯，乾亨六年（宋太平兴国四年）春二月，宋太宗亲征北汉。三月，辽以数万骑援之，战于石岭关之南，为宋郭进败。夏四月，北汉主刘继元降宋，尽广运十三年。六月，宋诏亲征，发镇州，涿州判官刘厚德以城降宋。秋七月，太宗至幽州，攻城逾旬不下，士卒疲顿，转输回远，又恐辽救兵至，遂退师。先是宋师自并幸幽，乘其无备。帝方猎，急归牙帐，议弃幽蓟，以兵守松亭北岸口而已。时耶律逊宁号于越呼为舍利郎君（北朝亲近无职事者呼为之）请兵十万救幽州并西西山薄幽陵人。夜持两炬，朝举两旗，选精骑三万夜从地道自宋军南席卷而北。辽兵先守幽州者，皆脆兵弱卒，见宋师之盛，望风而遁，又为宋师所遏，进退无计，反为坚守。至是于越救至，宋遂退师。或劝于越袭其后，于越曰："受命救幽、蓟，今得之矣。"遂不复追。宋太宗欲北侵，遣诏渤海王发兵相应。然渤海畏辽，意无至者。遣使如渤海责问。秋九月，辽攻镇州，为宋赵延进败。

庚辰，乾亨七年（宋太平兴国五年）冬十一月，帝发兵万余众，进攻关南。宋河阳节度使崔彦进将兵御之，辽师失利。十二月，宋太宗亲征至大名，辽师遁，遂班师。

辛巳乾亨八年（宋太平兴国六年）辽大赦。帝性仁懦，雅好音律，喜医术，伶伦针灸之辈，授以节越使相者三十余人。自幼得疾，沉疴连年。四时游猎间循故典，体惫不能亲跨

马。令节大朝会郁郁无欢或不视朝者有之。耽于酒色，暮年不少休，燕燕皇后（萧守兴女）以女主临朝，国事一决于其手。大诛罚，大征讨，蕃汉诸臣集众共议，皇后裁决，报知于帝而已。易、定、幽、燕间两大战，烽书旁午，国内惶惶，帝婴疾，不能亲驾。基业少衰焉。秋九月朔，日食。

壬午乾亨九年（宋太平兴国七年）春三月朔，日食。夏五月，辽分三道入宋，为其边将所败。冬十二月朔，日食。是岁帝崩，谥"孝成皇帝"，庙号"景宗"。

论曰：景宗爰在弱龄，中遭多难；高秋摇落，理之自然；政非己出，不免牝鸡之伺，祭则寡人听命椒涂之手。其得虚尊而拥号幸矣。

梁

武帝三

《资治通鉴》胡三省音注。

《梁纪》

起玄黓敦牂,尽阏逢涒滩,凡三年。齐宣德太后诏萧衍自建安郡公进爵梁公,衍志也。寻进爵为王,寻受齐禅,国因号曰梁。

高祖武皇帝讳衍,字叔达,小字练儿,南兰陵中都里人,姓萧氏。与齐同出淮阴令整,三世至顺之,顺之于齐高帝为族弟,帝顺之文子也。按《通鉴·武皇帝纪》凡十八卷,以一二为次,此卷"武皇帝"之下合有"一"字。天监元年自是年三月以前犹是刘和帝中兴二年。

春,正月,齐和帝遣兼侍中席阐文等慰劳建康。

大司马衍下令:"凡东昏时浮费,自非可以习礼乐之容,缮甲兵之备者,余皆禁绝"。

戊戌,迎宣德太后入宫,临朝称制,衍解承制。衍承制见上卷上年,暂解之以规人心。朝,直遥翻。己亥,以宁朔将军萧昺监南兖州诸军事。昺,衍之从父弟也。昺,兵永翻。昺与帝同祖治书侍御史道赐。监、工、衍翻,从,才用翻。

壬寅,进大司马衍昺督中外诸军事,剑履上殿,赞拜不名。上,时掌翻。

己酉,以大司马长史王亮为中书监、尚书令。

初,大司马与黄门侍郎范云、南清河太守沈约、司徒右长史任昉同在竟陵王西邸,事见一百三十六卷齐武帝永明二年。守,式又翻。任,音壬。昉,分两翻。意好敦密。敦,厚也。好,呼到翻。至是,引云为大司马谘议参军、领录事,衍录尚书,其录府事使云领之。约为骠骑司马,为衍骠骑大将军府司马。骠,匹妙翻。骑,奇寄翻。昉为记室参军,兴参谋议。前吴兴太守谢朓,国子祭酒何胤先皆弃官家居,齐明帝建武初,朓、胤皆弃官去。挽,教尾翻。先,悉荐翻。衍奏徵为军谘祭酒,朓、胤皆不至。大司马内有受禅之志。沈约微扣其端,大司马不应;他日,又进曰:"今与古异,不可以淳风期物。淳风,谓淳古之风也。士大夫攀龙附风,皆望有尺寸之功。今童儿牧竖皆知齐祚已终,明公当承其运;天文识记又复炳然。识,楚谮翻。天心不可违,人情不可失。苟历数所在,虽欲谦光,亦不可得已"。易曰:"谦尊而光。"大司马曰:"吾方思之"。约曰:"公初建牙樊、沔,此时应思;沔,弥兖翻。今王业已成,何所复思;若不早定大业,脱有一人立异,即损威德。且人非金石,时事难保,岂可以建安之封遗之子孙!复,扶又翻,下无复、岂复同。遗,唯

季翻。若天子还都，公卿在位，则君臣分定，分，扶问翻。无复异心，君明于上，臣忠于下，岂复有人方更同公作贼！"大司马然之。约出，大司马召范云告之，云对略同约旨。大司马曰："智者乃尔暗同。卿明早将休文更来！"将，携也，挟也，领也。休文，沈约字也。云出，语约，约曰："卿必待我！"云许诺，而约先期入。语，牛倨翻。先，悉荐翻。大司马命草具其事，约乃出怀中诏书并诸选置，大司马初无所改。俄而云自外来，至殿门，不得入，徘徊寿光阁外，但云咄咄！江南禁中有寿光省。咄，当没翻。毛晃曰："咄咄，咨嗟语也。"约出，问曰："何以见处？"约举手向左，谓处之以尚书左仆射也。处，昌吕翻。云笑曰："不乖所望。"有顷，大司马召云入，叹约才智纵横，纵，子容翻。且曰："我起兵于今三年矣。东昏侯永元二年十一月，衍起兵，至是首尾三年。功臣诸将实有其劳，即，即亮翻。然成帝业者，卿二人也。"

甲寅，诏进大司马位相国，总百揆，杨州牧，封十郡为梁公，时以豫州之梁郡、历阳，南徐州之义兴，杨州之淮南、宣城、吴兴、会稽、新安、东阳凡十郡，为梁公国。相，息亮翻。备九锡之礼，置梁百司，去录尚书之号，去，羌吕翻。骠骑大将军如故。二月，辛酉，梁公始受命。

齐湘东王晎，晎，之日翻。安陆昭王缅之子也，缅，齐明帝之弟。缅，弥兖翻。颇好文学。好，呼到翻。东昏侯死，宝晎望物情归已，坐待法驾。既而王珍国等送首梁公，梁公以宝晎为太常，宝晎心不自安。壬戌，梁公称宝晎谋反，并其弟江陵公宝览、汝南公宝宏皆杀之。丙寅，诏梁国选诸要职，悉依天朝之制。朝，直遥翻。于是以沈约为吏部尚书兼右仆射，范云为侍中。

梁公纳东昏余妃，颇妨政事，范云以为言，梁公未之从。云与侍中、领军将军王茂同入见。自沈约至王茂，皆梁国官也。见，贤遍翻。云曰："昔沛公入关，妇女无所幸，此范增所以畏其志大也。事见九卷汉高帝元年。今明公始定建康，海内想望风声，奈何袭乱亡之迹，以女德为累乎！"《左传》富辰曰：女德无极。杜预注云：妇女之志，近之则不知止足。累，力瑞翻。王茂起拜曰："范云言是也。公必以天下为念，无宜留此。"梁公默然。云即请以余氏赍王茂，赍，洛代翻。梁公贤其意而许之。明日，赐云、茂钱各百万。

丙戌，诏梁公增封十郡，进爵为王。时以豫州之南谯、庐江，江州之寻阳，郢州之武昌、西阳，南徐州之南琅邪、南东海、晋陵，杨州之临海、永嘉十郡益梁国。癸巳，受命，赦国内及府州殊死以下。自进爵为王已上，凡诏皆以宣德太后称制行之。

辛丑，杀齐邵陵王宝攸、晋熙王宝嵩、桂阳王宝贞。

南史齐纪

《南史齐纪》作宝攸，《本传》作宝脩。三王皆明帝之子。

梁王将杀齐诸王，防守犹未急。鄱阳王宝寅家阉人颜文智与左右麻拱等密谋，穿墙夜出宝寅，具小船于江岸，著乌布襦，著，则略翻。襦，汝朱翻，短衣也。腰系千余钱，潜赴江侧，蹑屩徒步，足无完肤。屩，居勺翻。草履也。防守者至明追之，宝寅诈为钓者，随流上下十余里，追者不疑。待散，乃渡西岸，投民华文荣家，待散，待追者，散也。华，户化翻。文荣与其族人天龙、惠连弃家将宝寅遁匿山涧，赁驴乘之，昼伏夜行，抵寿阳之东城。魏戍主杜元伦驰告杨州刺史任城王澄，以车马侍卫迎之。任，音壬。宝寅时年十六，徒步憔悴，悴，秦醉翻。见者以为掠卖生口。澄待以客礼，宝寅请丧君斩衰之服，澄遣人晓示情礼，以丧兄齐衰之服给之。丧，息浪翻。衰，仓回翻。齐，音咨。澄帅官僚赴吊，宝寅居处有礼，一同极哀之节。礼，居君父之丧极哀。帅，读曰率。处，昌吕翻。寿阳多其义故，皆受慰唁；抚而安之曰慰，吊生曰唁。唁与喭同，鱼战翻。唯不见夏侯一族，夏侯之族，本谯郡谯人，居于寿阳。夏，户雅翻。以夏侯详从梁王故也。澄深器重之。乌萧宝寅贵显于魏而不终张本。

齐和帝东归，将东归建康也。以萧憺为都督荆、湘等六州诸军事、荆州刺史。憺，徒敢翻，徒滥翻。荆州军旅之后，公私空乏，憺厉精为治，治，直吏翻。广屯田，省力役，存问兵死之家，供其乏困。自以少年居重任，少，诗照翻。谓佐吏曰："政之不臧，士君子所宜共惜。吾今开怀，卿其无隐！"于是人人得尽意，民有讼者，皆立前待符教，决于俄顷，曹无留事。荆人大悦。

齐和帝至姑孰，丙辰，下诏禅位于梁。

丁巳，庐陵王宝源卒。非疾也。宝源者，齐明帝第五子。

鲁阳蛮鲁北燕等起兵攻魏颍州。魏置颍州于汝阳。又，颍川郡旧置颍州。

夏，四月，辛酉，宣德太后令曰："西诏至，齐和帝虽已至姑孰，其地犹在建康之西，故曰西诏。帝宪章前代，宪章前代者，以前代为法度也。敬禅神器于梁，明可临轩，明谓明旦也。遣使恭授玺绂，未亡人归于别宫。"古者君薨，其夫人在者自称未亡人，使，疏吏翻。玺，斯氏翻，印也。绂，音弗，印之组。壬戌，发策，遣兼太保、尚书令亮等奉皇帝玺绂诣梁宫。亮，王亮也。丙寅，梁王即皇帝位于南郊，大赦，改元。始改元天监。是日，追赠兄懿为丞相，封长沙王，谥曰宣武，葬礼依晋安平献王故事。懿为东昏侯所杀，葬不成礼，今依晋葬安平王孚礼葬之。

丁卯，奉和帝为巴陵王，宫于姑孰，优崇之礼，皆仿齐初。仿齐奉汝阴王之礼。奉宣德太后为齐文帝妃，王皇后为巴陵王妃。齐世王、侯封爵，悉从降省，降者，王降公，公降侯。省者，除其封国。省，所梗翻。唯宋汝阴王不在除例。备三恪也。

追尊皇考为文皇帝，庙号太祖；皇妣为献皇后。《考异》曰：《南史》云：五月追尊。今从梁书。追谥妃郗氏曰德皇后。东昏侯永元元年，郗氏卒于襄阳。郗，丑之翻。封文武功臣车骑将军夏侯详等十五人为公、侯。骑，奇寄翻。立皇弟中护军宏为临川王，南徐州刺史秀为安成王，雍州刺史伟为建安王，雍，于用翻。左卫将军恢为鄱阳王，荆州刺史憺为始兴王；以宏为杨州刺史。

丁卯，以中书监王亮为尚书令，相国左长史王莹为中书监，吏部尚书沈约为尚书仆射，长兼侍中范云为散骑常侍、吏部尚书。

诏凡后宫、乐府、西解、暴室诸妇女一皆放遣。解，读曰廨。一皆放遣，一切尽放遣之也。

戊辰，巴陵王卒。时上欲以南海郡为巴陵国，徙王居之，沈约曰："古今殊事，魏武所云'不可慕虚名而受实祸。'"沈约梦齐和帝剑断其舌，天之报应固不爽也。上领之，乃遣所亲郑伯禽诣姑孰，以生金进王。王曰："我死不须金，醇酒足矣。"乃饮沈醉；沈，持林翻。伯禽就折杀之。时年十五。摺，落合翻。

王之镇荆州也，琅邪颜见远为录事参军，及即位，为治书侍御史兼中丞，治，直之翻。既禅位，见远不食数日而卒。史言齐臣以死殉和帝者，仅一颜见远。上闻之，曰："我自应天从人，曰从人者，避皇考顺之讳也。何预天下士大夫事，而颜见远乃至于此！"此言不可以训。胡寅《管见》：或问："巴陵王有免死之理欤？"曰："虽乎其免矣。使在荆州萧颍胄推奉之时，力辞不从如何？"曰："可以免当时耳，亦然不能免也。"呜呼！梁公欲篡，直捣建康。东昏既失人心，若天命归梁，亦不容释矣！何必假人立标寻即仆之哉？巴陵之立，度非贪大位也。知不可逃，委身而听之也。其饮醇酒，度非安夫命也，知不可免，损驱以授之也。呜呼，悲夫！齐和帝之镇荆州也，颜见远为参军。及禅位，见远不食而卒，上问之曰："我自应天从人，何预士大夫事，而见远乃至于此？五朝取国，皆祖述孟德，而宪章仲达耳。彼操以文王自居，而炎以受禅为名，则萧衍窃比于汤武，何不可之有？所不足者，东昏罪恶虽浮于纣，而萧公于仁义，曾未窥其藩耳。"在《易》之《革》曰："汤武革命，顺乎天而应乎人"，未闻应天也。应者，对感而为言。人事作于下。则天理应乎上，岂曰天感乎上而人应乎下欤？为是言者，不知天之为天矣，故《易》惟曰顺乎天。顺天者，顺理也。东昏之罪恶，固天所绝。然萧衍借王天虎头以激萧颍胄于

前,遣郑伯禽送生金以除巴陵王于后,天何当有象与行示梁,而使梁行不义,杀不辜以应之耶?后世治名不治实,以兵取国者,曰吾应天顺人也。相承而罔察,至以为尊号,其失远矣。

庚午,诏:"有司依周、汉故事,议赎刑条格。"

《舜典》曰:"金作赎刑。"注曰:"误入而刑,出金以赎罪。周穆王训夏赎刑,亦以五刑之辟,疑者罚赎。至汉文帝令民入粟以赎罪;武帝令死罪入赎,钱五十万,减死一等。盖自虞及周,疑误者赎;汉则凡犯罪者,皆可得而入赎。"凡在官身犯鞭杖之罪,悉入赎停罚,其台省令史、士卒欲赎者听之。胡寅《管见》:"按《舜典》:五刑之日,一曰象以典刑,二曰鞭作官刑,三曰朴作教刑,四曰金作赎刑,五曰怙终贼刑。何谓设赎?谓罪之疑者也。三代相承,至周穆王其法尤密,乃有罚锾之数,皆为疑刑也;鞭施于官,盖胥史徒隶也;朴施于教,盖学校夏楚也。是则鞭重而朴轻,鞭以痛徵,朴以愧耻而已。夫当官典教,临时之用,有何可疑而使赎乎?无疑而赎,则顽者肆,怠者纵,法不严而人易犯,其末流乃至于惟赎之利。变乱正刑,其弊不可胜言者,且使士流与卒伍同条,岂非不上大夫之义乎?"

以谢沐县公宝义为巴陵王,奉齐祀。上之受禅也,宝义以晋安王降封谢沐县公。《晋志》:谢沐县,属临贺郡。沐,食聿翻。宝义幼有废疾,不能言,故独得全。

齐南康侯子恪及弟祁阳侯子范尝因事入见,子恪、子范,齐豫章王嶷子也。祁阳县,吴立,宋属零陵郡。见,贤遍翻。上从容谓曰:"从,千容翻。天下公器,非可力取。苟无期运,虽项籍之力,终亦败亡。宋孝武性猜忌,兄弟粗有令名者皆鸩之,谓南平王铄也。粗,坐五翻。朝臣以疑似枉死者相继。谓颜竣、王僧达、周朗、沈怀文等。朝,直遥翻。然或疑而不能去,去,羌吕翻。下同。或不疑而卒为患,如卿祖以材略见疑,而无如之何,此正指疑而不能去者,谓齐高帝也。卒,子恤翻。湘东以庸愚不疑,而子孙皆死其手。此正指不疑而卒为患者,谓明帝尽杀孝武帝子孙也。我于时已生,彼岂知我应有今日!固知有天命者非人所害。我初平建康,人皆劝我除去卿辈以壹物心,我于时依而行之,谁谓不可!正以江左以来,代谢之际,必相屠灭,感伤和气,所以国祚不长。又,齐、梁虽云革命,事异前世,我与卿兄弟虽复绝服,五服之亲,至于袒免则无服矣。去,羌吕翻。复,扶又翻。下可复、无复同。宗属未远,齐业之初亦共甘苦,齐宋禅代之际,帝父顺之参预佐命。情同一家,岂可遽如行路之人!卿兄弟果有天命,非我所杀;若无天命,何忽行此!适足示无度量耳。且建武涂炭卿门,谓齐明帝建武中诛高武子孙。我起义兵,非唯自雪门耻,亦为卿兄弟报仇。为,于伪翻。卿若能在建武、永元之世,永元,齐东昏侯年号。拨乱反正,谓齐明帝父子为乱,高、武子孙为正。我岂得不释戈推奉邪!我自取天下于明帝家,非取之于卿家也。昔刘子舆自称成帝子,光武言:"假使成帝更生,天下亦不可复得,况子舆乎!"事见三十九卷汉更始元年。曹志,魏武帝之孙,为晋忠臣。事见八十一卷,晋武帝太康四年。况卿今日犹是宗室,我方坦然相期,卿无复怀自外之意!无,当作毋。小待,当自知我寸心。子恪兄弟凡十六人,皆仕梁,子恪、子范、子质、子显、子云、子晖并以才能知名,历官清显,各以寿终。史言帝所诛夷者齐明帝之后。高帝之后,固无恙也。胡寅《管见》:"梁武虽以兵取,而其资非残忍之人也,故于萧子恪等能保全之。向使沈约不进邪说,封巴陵以小国,俾奉齐祀为梁宾,武帝亦必从之,岂不美哉!武帝以利害所迫,狃于弊俗,未受命间,先杀六宝,盖以立威势而胁中外也。既受命,又惑于约而有生金之事,是皆不知命之所为也。诗不云乎:"商之孙子,其丽不亿。上帝既命,侯于周服。侯服于周,天命靡常。"夫惟顺天而受命,则命在我矣,何虞乎商之复得而剿其后裔哉?向使武帝移待子恪十六人之心施诸六宝,与巴陵王不行不义,不杀不辜,遂为五朝盛德之主,其又何誉耶?

诏徵谢朏为左光禄大夫、开府仪同三司,朏,敷尾翻。何胤为右光禄大夫,何点为侍中。胤、点终不就。

癸酉,诏:公车府谤木、肺石傍各置一函,《周礼·大司寇》以肺石达穷民。注云:"肺石,赤石也。"肺,芳废翻。若肉食莫言,欲有横议,授谤木函;杜预曰:"肉食,在位者。布衣处士而议朝政,谓之横议。"横,户孟翻。若以功劳才器冤沉莫达,授肺石函。沉,持林翻。

上身服浣濯之衣，常膳唯以菜蔬。每简长吏，务选廉平。皆召见于前，勖以政道。见，贤遍翻，许王翻，勉也。擢尚书殿中郎到溉勗为建安内史，左户侍郎刘▨为晋安太守，杜佑曰："宋齐度支尚书，统度支、左户、右户、金部、库部、六曹。"▨，子公翻。沈约曰："建安本闽越，秦立为闽中郡。汉武帝灭闽越，徙其民于江淮间，虚其地，后有遁逃山谷间者颇出，立为治县，属会稽。"司马彪云："章安是故冶，然则临海亦冶地也。后分治地为会稽东、南二部都尉。东部，临海是也；南部，建安是也。吴孙休永安三年，分南部立为建安郡。晋武帝太康三年，分建安立晋安郡。"详考沈志，建安郡则今南建邸武建宁之地；晋安郡则今福州之地。沈志洪氏《隶释》辩之甚详，注已见前。二人皆以廉洁著称。溉，彦之鲁孙也。刘至彦之，宋文帝将。又著令："小县令有能，迁大县，大县有能，迁二千石。"以山阴令丘仲孚为长沙内史；武康令东海何远为宣城太守。由是廉能莫不知劝。

鲁阳蛮围魏湖阳，湖阳县，汉属南阳郡，晋省。元魏后于此置西淮安郡及南襄州。随为湖阳县。唐并湖阳入枣阳县。抚军将军李崇将兵击破之。将，即亮翻。斩鲁北燕；徙万余户于幽、并诸州及六镇，寻叛南走，所在追讨，比及河，杀之皆尽。比，必利翻。

闰月，丁巳，魏顿丘匡公穆亮卒。《谥法》："贞心大度曰匡。"

齐东昏侯嬖臣孙文明等，虽经赦令，犹不自安。五月，乙亥夜，帅其徒数百人，因运获炬，东仗入南、北掖门作乱，获炬者，东获为火炬用也，因运此，遂束兵仗于获中以入。嬖，毕义翻。又，传计翻。帅，读曰率。烧神虎门、总章观；入卫尉府，杀卫尉洮阳愍侯张弘策。观，古玩翻。洮阳县属零陵郡。洮，音兆。前军司马吕僧珍直殿内，以宿卫兵拒之，不能却。上戎服御前殿曰："贼夜来，是其众少，晓则走矣！"少，诗沼翻。命击五鼓。领军将军王茂，骁骑将军张惠绍闻难，引兵赴救，盗乃散走；讨捕，悉诛之。击五鼓，晋檀祗破司马国璠之故智也。骁，坚尧翻。骑，奇寄翻。难，乃旦翻。

江州刺史陈伯之，目不识书，得文牒辞讼，唯作大诺而已，有事，典签传口语，与夺决于主者。伯之手不能书，典签传其口之所言。豫章人邓缮、永兴人戴永忠，汉会稽诸暨县，吴更名永兴。有旧恩于伯之，伯之以缮为别驾，永忠为记室参军。河南褚绲居建康，绲，于贵翻。《考异》曰："《萧宝寅专》作褚冐，今从《梁书》。"素薄行，仕宦不得志，频造尚书范云，云不礼之。行，下孟翻。造，七到翻。范云时为吏部尚书。绲怒，私谓所亲曰："建武以后，草泽下族悉化成贵人，吾何罪而见弃！今天下草创，饥馑不已，丧乱未可知。丧，息浪翻。陈伯之拥强兵在江州，非主上旧臣，有自疑之意；且荧惑守南斗，讵非为我出耶！"晋《天文志》："将有天子之事，占于南斗。南斗六星，天庙也，主兵。为，于伪翻。今者一行事若无成，入魏不失作河南郡守。"守，式又翻。遂投伯之，大见亲狎。伯之又以乡人朱龙符为：长流参军，陈伯之，济阴人。《职官分纪》长流参军主禁防。晋从公府有长流参军。小府无长流参军，置禁防参军。《颜氏家训》："或问何故名治狱参军为长流？答曰：《帝王世纪》云：帝少昊崩，其神降于长流之山。"此事本出《山海经》于祀主秋。按周礼："秋官司寇主刑罚。"长流之职，汉魏捕贼掾耳，晋宋以来始为参军，上属司寇，故取秋帝所居为嘉名焉。并乘伯之愚闇，恣为奸利。

上闻之，使陈虎牙私戒伯之，又遣人代邓缮为别驾。伯之并不受命，表云："龙符骁勇，骁，坚尧翻。邓缮有绩效；台所遣别驾，请以为治中。"缮于是日夜说伯之云："台家府藏空竭，复无器仗，三仓无米，东境饥流，三仓太仓、石头仓，及常平仓。又按《五帝史志》，梁司农卿，主农功仓廪，统太仓令等，又管左右中部三仓丞。东境，三吴、会稽之地。说，式芮翻。复，扶又翻。下若复同。此万世一时也，机不可失！"缮、永忠共赞成之。伯之谓缮："今启卿，若复不得，即与卿共反。"上敕伯之以部内一郡处缮，处，昌吕翻。于是伯之集府州僚佐谓曰："奉齐建安王教，帅江北义勇十万，已次六合，齐建安王，萧宝寅也，时奔魏。"据《宋史》："六合山在乌江县界。"《五代志》："江都郡六合县，宋齐之秦郡尉氏县也。"帅，读曰率，下同。见使以江州见力运粮速下。见力之见，贤遍翻。我荷明帝厚恩，誓死以报。即命纂严，使绲诈为萧宝寅书以示僚佐，于听事前为坛，歃血共盟。

缙说伯之曰："荷，下可翻。听，读曰斤。敢，包甲翻。说，式芮翻。今举大事，宜引众望。长史程元冲，不与人同心。临川内史王观，僧虔之孙，人身不恶，可召为长史以代元冲。"观，古玩翻。伯之从之，仍以缙为寻阳太守；永忠为辅义将军；龙符为豫州刺史。观不应命。豫章太守郑伯伦起郡兵拒守。程元冲既失职于家，合帅数百人，合众而帅之以攻伯之。乘伯之无备，突入至听事前；听，读与斤同。伯之自出格断，元冲不胜，逃入庐山。庐山，在江州南。伯之密遣信报虎牙兄弟，皆逃奔盱眙。盱眙，音吁怡。

戊子，诏以领军将军王茂为征南将军、江州刺史，帅众讨之。魏杨州小岘戍主党法宗。党，底朗翻。姓也。杜佑《通典》，德浪翻。岘，户典翻，下同。袭太岘戍，破之；虏龙骧将军邾善萨。骧，思将翻。善，薄乎翻。萨，桑葛翻。

陈伯之闻王茂来，谓褚缙等曰："王观既不就命，郑伯伦又不肯从，便应空手受困。今先平豫章，开通南路，多发丁力，益运资粮；然后席卷北向，以扑饥疲之众，不忧不济。"卷，读曰捲。北向，谓北下攻建康也。扑，普木翻。六月，留乡人唐盖人守城，守寻阳城。引兵趣豫章，攻伯伦，不能下。趣，七喻翻。王茂军至，伯之表里受敌，遂败走。间道渡江，与虎牙等及褚缙俱奔魏。间，古苋翻。

上遣左右陈建孙送刘季连子弟三人入蜀，使谕旨慰劳。劳，力到翻。季连受命，饬还装；益州刺史邓元起始得之官。

初，季连为南郡太守，不礼于元起。邓元起，南郡当阳人。都录朱琛有罪，都录，盖郡之首吏总录诸吏者也。琛，丑林翻。季连欲杀之，送匿得免。至是，道琛为元起典签，说元起曰：说，式芮翻，下或说同。"益州乱离已久，公私虚耗。刘益州临归，岂办远遣迎侯算道琛请先使检校，使，丝史翻。缘路奉迎；不然，万里资粮，未易可得。"元起许之。道琛既至，言语不恭，又历造府州人士，见器物，辄夺之。有不获者，语曰：易，以豉翻。造，七到翻。语，牛据翻。"会当属人，何须苦惜！"于是军府大惧，谓元起必诛季连，祸及党与，竞言之于季连。季连亦以为然，且惧昔之不礼于元起，乃召兵算之，有精甲十万，叹曰："据天险之地，握此强兵，进可以匡社稷，退不失作刘备，舍此安之？"遂召佐史，矫称齐宣德太后令，聚兵复反，收朱道琛，杀之。史言：刘季连阻兵，衅起于朱道琛。召巴西太守朱士略及涪令李膺，并不受命。涪，音浮。是月，元起至巴西，士略开门纳之。

先是，蜀民多逃亡。闻元起至，争出投附，皆称起义兵应朝廷，军士新故三万余人。新，谓蜀民新附者，故谓元起从行者。先，式荐翻。元起在道久，粮食乏绝，或说之曰："蜀土政慢，民多诈疾，若检巴西一郡籍注，因而罚之，所获必厚。"谓民多诈疾，注之于籍以避征役，说，输芮翻。元起然之。李膺谏曰："便君前有严敌，后无继援，山民始附，于我观德。言山民观望，我德则附，否则携贰。使，删吏翻。若纠以刻薄，民必不堪，众心一离，虽悔无及。何必起疾可以济师！起疾，谓纠之以刻薄，民所不堪，则是兴生病端。一曰："起疾，谓起诈疾者。"杜预曰："济，益也。"膺请出图之，不患资粮不足也。元起曰："善。一以委卿！"膺退，帅富民上军资米，帅，读曰率。上，时掌翻。得三万斛。

秋，八月，丁未，命尚书删定郎济阳蔡法度损益王植之集注旧律，王植之集定张、杜律，见一百三十七卷齐武帝永明九年。济，子礼翻。为《梁律》，仍命与尚书令王亮、侍中王莹、尚书仆射沈约、吏部尚书范云等九人同议定。

上素善锺律，欲厘正雅乐，乃自制四器，名之为通。《五代史志》，通，受声广九寸，宣声长九尺，临岳高一寸二分，每道皆施三弦，一曰玄英通，二曰青阳通，三曰朱明通，四曰白藏通。每通施三弦，黄锺弦用二百七十丝，长九尺，应锺弦用一百四十二丝，长四尺七寸四分差强，中间十律，以是为差。黄锺律长九寸，引而伸之为九尺，应锺律长四寸二十七分寸之二十，引而伸之为四尺七寸四分差强。中间十律以是为差者，即上生下生，三分益一，三分去一之数也。长，直亮翻，下同。因以通声转推月气,悉无差违,而还得相中。又制十二笛,黄钟笛长三尺八寸,应钟笛长二尺三寸,中间十律以是为差,以写通声,饮古钟王律,并皆不差。乐有饮声。饮者,随其声而酌其清浊高下也。郑译因琵琶七调,以其所捻琵琶弦柱相饮为七均,合成十二,以应十二律是也。于是被以八音,八音:金、石、丝、竹、匏、土、革、木。被皮义翻。施以七声,七声:宫、商、角、徵、羽、及变宫、变徵。莫不和韵。先是,宫悬止有四镈钟,杂以编钟、编磬、衡钟凡十六虡。古者,天子宫悬。《周礼》注云:宫悬四面。四面象宫室有墙,故谓之宫县。凡钟十六枚,同在于虡,谓之编钟,特悬者谓之镈钟。《尔雅》曰:"大钟谓之镈"。编磬十六枚而同虡。先,悉荐翻。镈补各翻。虡其吕翻。上始命设十二镈钟、编磬,凡三十六虡。而去衡钟,四隅植建鼓。建鼓,大鼓也。少昊氏作之为建鼓之节。去,羌吕翻。魏高祖之丧,前太传平阳公丕自晋阳来赴,此太和一十三年事。遂留洛阳。丕年八十余,历事六世,丕,拓跋翳槐之曾孙。从世祖临江,历景穆、文成、献文、景、携、文、武、献、文、孝文及今主,凡六世。位极公辅,而还为庶人。丕得罪,见一百四十一卷,齐明帝建武四年。魏主以其宗室耆旧,矜而礼之。乙卯,以丕为三老。

魏扬州刺史任城王澄表请攻钟离,魏主使羽林监敦煌范绍诣寿阳,共量进止。澄曰:"当用兵十万,往来百日,乞朝廷速办粮仗。"绍曰:"今秋以向末,方欲调发;任,音壬。敦,徒门翻。量,音良。调,徒吊翻。兵仗可集,粮何由致?有兵无粮,何以克敌!"澄沉思良久曰:"实如卿言。"乃止。沉,持林翻。

九月,丁已,魏主如邺。冬十月,庚子,还至怀,与宗室近侍射远,帝射三百五十余步,群臣刻铭以美之。甲辰,还洛阳。

十一月,己未,立小庙以祭太祖之母,太祖之母,帝祖母也。每祭太庙毕,以一太牢祭之。甲子,立皇子统为太子。

魏洛阳宫室始成。齐武帝永明十一年,魏始营洛阳,至是宫室乃成。

十二月,将军张嚣之侵魏淮南,取木陵戍。魏任城王澄遣辅国将军成兴击之,嚣之败走,魏复取木陵。《水经注》:"木陵山,在黄水西南,有木陵关。黄水东逕晋西阳城南,又东逕南光城南,又东迳弋阳郡东,又东北入于淮,谓之黄口。"《唐志》:"木陵关,在光州光山县南,黄州麻城县东北。复抉又翻。"

刘季连遣其将李奉伯等拒邓元起,将,即亮翻。元起与战,互有胜负。久之,奉伯等败,还成都;元起进屯西平。晋安帝以秦雍流民立怀宁郡,宋文帝元嘉十六年寄治成都,其属县有西平,盖亦寄治成都城外遂为实土。季连驱略居民,闭城固守。元起进屯蒋桥,去成都二十里,留辎重于郫。奉伯等间道袭郫,陷之;重,直用翻。郫,音疲。间,古觅翻。军备尽没。元起舍郫,径围州城;城局参军江希之谋以城降,不克而死。宋有十八曹参军,城局其一也。降,户江翻。

魏陈留公主寡居,仆射高肇、秦州刺史张彝皆欲尚之,公主许彝而不许肇。肇怒,谮彝于魏主,坐沈废累年。沉持林翻。

是岁,江东大旱,米斗五千,民多饿死。

袁枢《纪事本末·萧衍篡齐》

齐明帝永泰元年,春,正月。上有疾,以近亲寡弱,忌高武子孙。时高武子孙犹有十王,每朔望入朝,上还后宫,辄叹息曰:"我及司徒诸子皆不长,高武子孙日益长大。"上欲尽除高武之族,以微言问陈显达,对曰:"此等岂足介虑!"以问扬州刺史始安王遥光,遥光以为当以次施行。遥光有足疾,上常令乘舆自望贤门入,每与上屏人久语毕,上索香火,呜咽流涕,明日必有所诛。会上疾暴甚,绝而复苏,遥光遂行其策。丁未,杀河东王铉、临

贺王子岳、西阳王子文、永阳王子峻、南康王子琳、衡阳王子珉、湘东王子建、南郡王子夏、桂阳王昭粲、巴陵王昭秀，于是太祖、世祖及世宗诸子皆尽矣。铉等已死，乃使公卿奏其罪状，请诛之，下诏不许；再奏，然后许之。南康侍读济阳江泌哭子琳，泪尽，继之以血，亲视殡葬毕，乃去。

大司马会稽太守王敬则，自以高武旧将，心不自安。上虽外礼甚厚，而内相疑备，数访问敬则饮食，体干堪宜。闻其衰老，且以居内地，故得少宽。

上疾屡危，乃以光禄大夫张环为平东将军、吴郡太守，置兵佐以密防敬则。中外传言，当有异处分，敬则闻之，窃曰：东今有谁，只是欲平我耳；东亦何易可平，吾终不受金罍！金罍，谓鸩也。丁卯，敬则举兵反。

袁枢

前吴郡太守南康侯子恪，巑之子也。

敬则起兵，以奉子恪为名；子恪亡走，未知所在。始安王遥光劝上尽诛高、武子孙，于是悉召诸王侯入宫。晋安王宝义，江陵公宝览等，处中书省，高武诸孙处西省。敕人各从左右两人，过此依军法隽孩幼者与乳母俱入。其夜，令大医煮椒二斛，都水办棺材数十具，须三更当尽杀之。

子恪徒跣自归，二更达建阳门刺启。时刻已至，而上眠不起，中书舍人沈徽孚，与上所亲左右单景隽共谋少留其事。须臾，上觉，景隽启子恪已至，上惊问曰："未邪？未邪！"景隽具以事对。上抚床曰："遥光几误人事。"乃赐王侯供馔。明日，悉遣还第，以子恪为太子中庶子。宝览，缅之子也。

敬则帅实甲万人，浙江百姓，檐篙荷插随之者十余万众。

五月，壬午，诏前军司马左兴盛，后军将军崔恭祖，辅国将军刘山阳、龙骧将军马军主胡松，筑垒于曲阿长冈。右仆射沈文季为持节都督，屯湖头备京口路。恭祖，慧景之族也。敬则急攻兴盛、山阳二垒，台军不能敌，欲退，而围不开，各死战。胡松引骑兵突其后，白丁无器仗皆惊散。敬则军大败，索马而上不能得，崔恭祖刺之仆地，兴盛军客袁文旷斩之。乙酉，传首建康。

是时，上疾已笃，秋，七月，己酉，上殂于正福殿。遗诏："沈文季可左仆射，江祏可右仆射，江祀可侍中，刘暄可卫尉。军政事委陈太尉，内外众事无大小委徐孝嗣、遥光、坦之、江祏，其大事与沈文季、江祀、刘暄参怀；心膂之任，可委刘悛、萧惠休、崔慧景。"太子即位。八月，葬明皇帝于兴安陵，庙号高宗。

东昏侯恶灵在太极殿，欲速葬，徐孝嗣固争，得逾月。帝每当哭，辄云喉痛。太中大夫羊阐入临，无发，号恸俯仰，帻遂脱地，帝辍哭大笑，谓左右曰："秃鹜啼来乎！"

东昏侯永元元年亡。

帝自在东宫，不好学，唯嬉戏无度，性重涩少言。及即位，不与朝士相接，专亲信宦官及左右御刀、应敕等。是时，扬州刺史始安王遥光、尚书令徐孝嗣、右仆射江祏、右将军萧坦之、侍中江祀、卫尉刘暄，更直内省，分日帖敕。雍州刺史萧衍闻之，谓从舅录事参军范阳张弘策曰："国三分，犹不堪，况六贵同朝？执必相图，乱将作矣。避祸图福，无如此州。但诸弟在都，恐罹世患，当更与益州图之耳。"乃密与弘策修武备，它人皆不得预谋。招聚骁勇以万数，多伐材竹，沉之檀溪，积茅如冈阜，皆不之用。中兵参军东平吕僧珍觉其意，

亦私具橹数百张。先是，僧珍为羽林监，徐孝嗣欲引置其府，僧珍知孝嗣不能久，固求从衍。是时衍兄懿罢益州刺史，还，仍行郢州事。衍使弘策说懿曰："今六贵比肩，人自画敕，争权眦眦，理相图灭。主上自东宫素无令誉，嬖近左右，慓轻忍虐，安肯委政诸公？虚坐主诺，嫌忌积久，必大行诛戮。始安欲为赵王伦，形迹已见，然性猜量狭，徒为祸阶。萧坦之忌克陵人，徐孝嗣听人穿鼻，江祏无断，刘暄闇弱。一朝祸发，中外土崩。吾兄弟幸守外藩，宜为身计。及今猜防未生，当悉召诸弟，恐异时拔足无路矣。郢州控带荆、湘，雍州士马精强，世治则竭诚本朝，世乱则足以匡济。与时进退，此万全之策也。若不早图，后悔无及。"弘策又自说懿曰："以卿兄弟英武，天下无敌，据雍、郢二州，为百姓请命，废昏立明，易于反掌，此桓、文之业也。勿为竖子所欺，取笑身后。雍州揣之已熟，愿善图之。"懿不从，衍乃迎其弟骠骑外兵参军伟，及西中郎外兵参军憺，至襄阳。

初，高宗虽顾命群公，而多寄腹心在江祏兄弟。二江更直殿内，动止关之。帝稍欲行意，徐孝嗣不能夺，萧坦之时有异同，而江祏执制坚确，帝深忿之。帝左右会稽茹法珍，吴兴梅虫儿等，为帝所委任，祏常裁抑之，法珍等切齿。徐孝嗣谓祏曰："主上稍有异同，讵可尽相乖反？"祏曰："但以见付，必无所忧。"

帝失德寝彰，祏议废帝，立江夏王宝玄。刘暄尝为宝玄郢州行事，执事过刻。有人献马，宝玄欲观之，暄曰："马何用观？"妃索煮肫，帐下诺暄，暄曰："且已煮鹅，不烦复此。"宝玄恚曰："舅殊无渭阳情。"暄由是忌宝玄，不同祏议，更欲立建安王宝寅。祏密谋于始安王遥光，遥光自以年长，意欲自取，以微旨动祏。祏弟祀，亦以少主难保，劝祏立遥光。祏意回惑，以问萧坦之。坦之时居母丧，起复为领军将军，谓祏曰："明帝立已非次，天下至今不服。若复为此，恐四方瓦解，我期不敢言耳。"遂还宅行丧。

祏、祀密谓吏部郎谢朓曰："江夏年少。脱不堪负荷，岂可复行废立！始安年长，入纂不乖物望。非以此要富贵，政是求安国家耳。"遥光又遣所亲丹杨丞南阳刘沨密致意朓，欲引以为党，朓不答。顷之，遥光以朓兼知卫尉事。朓惧，即以祏谋告太子右卫率左兴盛。兴盛不敢发，朓又说刘暄曰："始安一旦南面，则刘沨、刘晏居卿今地，但以卿为反覆人耳。"晏者，遥光城局参军也。暄阳惊，驰告遥光及祏。遥光欲出朓为东阳郡，朓常轻祏，祏固请除之，遥光乃收朓付廷尉，与孝嗣、祏、暄等连名启朓扇动内外，妄贬乘舆，窃论宫禁，间谤亲贤，轻议朝宰，朓遂死狱中。暄以遥光若立，己失元舅之尊，不肯同祏议，故祏迟疑久不决。遥光大怒，遣左右黄昙庆刺暄于青溪桥，昙庆见暄部伍多，不敢发，暄觉之，遂发祏谋，帝命收祏兄弟。时祀直内殿，疑有异，遣信报祏曰："刘暄自有异谋，今作何计？"祏曰："政当静以镇之。"俄有诏召祏入见，停中书省。初袁文旷以斩王敬则功当封，祏执不与，帝使文旷取祏，文旷以刀环筑其心曰："复能夺我封不？"并弟祀皆死。刘暄闻祏等死，眠中大惊，投出户外，问左右收至未。良久意定，还坐大悲曰："不念江，行自痛也。"

帝自是无所忌惮，益得自恣，日夜与近习于后堂鼓吹戏马，常以五更就寝，至晡乃起。群臣节朔朝见，晡后方前，或际闇遣出，台阁案奏月数十日乃报。或不知所在，宦者以裹鱼肉还家，并是五省黄案。帝尝习骑致适，顾谓左右曰："江祏常禁吾秉马，小子若在，吾岂能得此？"因问祏亲戚余谁，对曰："江祥，今在冶。"帝于马上作敕，赐祥死。

始安王遥光素有异志，与其弟荆州刺史遥欣密谋举兵据东府，使遥欣自江陵引兵急下，刻期将发，而遥欣病卒，江祏被诛。帝召遥光入殿，告以祏罪，遥光惧，还省即阳狂号哭，遂称疾不复入台。先是，遥光弟豫州刺史遥昌率其部曲皆归遥光。及遥欣丧，还停东府前渚，荆州众力送者甚盛。帝既诛二江，虑遥光不自安，欲迁为司徒，使还第。召入谕旨，遥光恐见杀。秋，八月，乙卯，晡时，收集二州部曲于东府东门，召刘沨、刘晏等，谋举

兵，以讨刘暄为名，夜遣数百人破东冶，出因于尚方取仗。又召骁骑将军垣历生，历生随信而至。萧坦之宅在东府城东，遥光遣人掩取之。坦之露祖踰墙走，向台道逢游逻主颜端执之。坦之告以遥光反，不信，自往诇问。知实，乃以马与坦之，相随入台。遥光又掩取尚书左仆射沈文季于其宅，欲以为都督。会文季已入台，垣历生说遥光帅城内兵夜攻台，辇获烧城门，曰："公但乘舆随后，反掌可克。"遥光狐疑不敢出。天稍晓，遥光戎服出听事，命上仗登城行赏赐。历生复劝出军，遥光不肯，冀台中自有变。及日出，台军稍至台中。始闻乱，众情惶惑。向晓有诏召徐孝嗣，孝嗣入，人心乃安。左将军沈约闻变，驰入西掖门，或劝戎服，约曰："台中方扰攘，见我戎服，或者谓同遥光。"乃朱衣而入。

丙辰，诏曲赦建康，中外戒严，徐孝嗣以下屯卫宫城，萧坦之帅台军讨遥光。孝嗣内自疑惧，与沈文季戎服共坐南掖门上，欲与之共论世事，文季辄引以它辞，终不得及。萧坦之屯湘宫寺，左兴盛屯东篱门，镇军司马曹虎屯青溪大桥。众军围东城三面，烧司徒府，遥光遣坦历生从西门出战，台军屡败，杀军主桑天爱。遥光之起兵也，问谘议参军萧畅，畅正色不从。戊午，畅与抚军长史沈昭略潜自南门出，诣台自归，众情大沮。畅，衍之弟。昭略，文季之兄子也。己未，垣历生从南门出战，因弃稍降曹虎，虎命斩之。遥光大怒，于床上自踊，使杀历生子。其晚台军以火箭烧东北角楼，至夜城溃，遥光还小斋帐中，着衣帷坐，秉烛自照，令人反拒，斋阁皆重关，左右并踰屋散出。台军主刘国宝等先入。遥光闻外兵至，灭烛扶铺床下。军人排阁入，于闇中牵出斩之。台军入城，焚烧屋室且尽。刘沨走还家，为人所杀。荆州将潘绍闻遥光作乱，谋欲应之。西中郎司马夏侯详呼给议事，因斩之，州府以安。

己巳，以徐孝嗣为司空，沈文季镇军将军，侍中、仆射如故，萧坦之为尚书右仆射、丹阳尹，右将军如故，刘暄为领军将军，曹虎为散骑常侍、右卫将军，皆赏平始安之功也。

江祏等既败，左右捉刀应救之徒皆恣横用事，时人谓之"刀救"。萧坦之刚狠而专，嬖幸畏而憎之。遥光死二十余日，帝遣延明王帅黄文济将兵围坦之宅，杀之，并其子秘书郎赏。坦之从兄翼宗为海陵太守，未发，坦之谓文济曰："从兄海陵宅，故应无它。"文济曰："海陵宅在何处？"坦之以告，文济白帝，帝仍遣收之，检其家至贫，唯有质钱帖数百，还以启帝。原其死，系尚方。

茹法珍等谮刘暄有异志，帝曰："暄是舅，岂应有此？"直阁新蔡徐世标曰："明帝乃武帝同堂，恩遇如此，犹灭武帝之后，舅焉可信邪？"遂杀之。

曹虎善于诱纳，日食荒客，常数百人；晚节吝啬，罢雍州，有钱五千万，它物称是。帝疑虎旧将，且利其财，遂杀之。坦之、暄、虎，所新除官，皆未及拜而死。

初，高宗临殂，以隆昌事戒帝曰："作事不可在人后。"故帝数与近习谋诛大臣，皆发于仓猝，决意无疑，于是大臣人人莫能自保。

枝江文忠公徐孝嗣，以文士不显同异，故名位虽重，犹得久存。虎贲中郎将许准为孝嗣陈说事机，劝行废立，孝嗣迟疑久之，谓必无用干戈之理，须帝出游，闭城门，召百僚集议废之。虽有此怀，终不能决。诸嬖幸亦稍憎之。西丰忠宪侯沈文季自托老疾，不豫朝权。侍中沈昭略谓文季曰："叔父行年六十，为员外仆射，欲求白免，岂可得乎！"文季笑而不应。冬，十月，乙未，帝召孝嗣、文季、昭略入华林省。文季登车顾曰："此行恐往而不反。"帝使外监茹法珍赐以药酒，昭略怒，骂孝嗣曰："废昏立明，古今令典。宰相无才，致有今日。"以瓯掷其面曰："使作破面鬼！"孝嗣饮药酒至斗余，乃卒。孝嗣子演，尚武康公主，况，尚上阴公主，皆坐诛。昭略弟昭光闻收至，家人劝之逃，昭光不忍舍其母，入执母手悲泣，收者杀之。昭光兄子昙亮逃，已得免，闻昭光死，叹曰："家门屠灭，何以生为！"绝吭而死。

初,太尉陈显达自以高武旧将,当高宗之世,内怀危惧,深自贬损,常乘朽弊车,导从卤簿,止用羸小者十数人。当侍宴,酒酣,启高宗借枕,高宗令与之。显达抚枕曰:"臣年衰老,富贵已足,唯欠枕枕死,特就陛下乞之。"高宗失色,曰:"公醉矣。"显达以年礼告退,高宗不许。及王敬则反,时显达将兵拒魏,始安王遥光疑之,启高宗欲追军还,会敬则平乃止。及帝即位,显达弥不乐。在建康,得江州甚喜。当有疾,不令治,既而自愈,意甚不悦。闻帝屡诛大臣,传云"当遣兵袭江州。"十一月丙辰,显达举兵于寻阳,令长史庾弘远等与朝贵书,数帝罪恶,云:"欲奉建安王为主,须京尘一静,西迎大驾。"

乙丑,以护军将军崔慧景为平南将军,督众军击显达。后军将军胡松、骁骑将军李叔献帅水军据梁山,左卫将军左兴盛督前锋军屯杜姥宅。

十二月,陈显达发寻阳,败胡松于采石,建康震恐。甲申,军于新林。左兴盛帅诸军拒之,显达多置屯火于岸侧,潜军夜渡袭宫城。乙酉,显达以数千人登落星冈,新亭诸军闻之奔还,宫城大骇,闭门误守。显达执马稍从步兵数百于西州前与军战。再合,显达大胜,手杀数人,稍折。台军继至,显达不能抗,退走至西州。后骑官赵潭注刺显达,坠马,斩之。诸子皆伏诛。

帝既诛显达,益自骄恣,渐出游走,又不欲人见之。每出,先驱斥所过人家,唯置空宅。尉司击鼓蹋围,鼓声所闻,便应奔走,不暇衣履,犯禁者应手格杀。一月凡二十余出,出辄不言定所,东西南北,无处不驱。常以三四更中,鼓声四出,火光照天,幡戟横路。士民喧走相随,老小震惊,啼号塞道,处处禁断,不知所过。四民废业,樵苏路断,吉凶失时,乳母寄产,或舆病弃尸,不得殡葬。巷陌悬幔为高鄣,置伏人防守,谓之"屏除",亦谓之"长围"。当尝至沈公城,有一妇人临产不去,因剖腹视其男女。又尝至定林寺,有沙门老病不能去,藏草间,命左右射之,百箭俱发。帝有膂力,牵弓至三斛五斗。又好担幢,白虎幢高丈七尺,于齿上担之,折齿不倦。自制担幢校具,伎衣饰以金玉,侍卫满侧,逞诸变态,曾无愧色。学乘马于东冶营兵俞灵韵,常著织成绮襦,金薄帽,执七宝稍,急装缚袴,凌冒雨雪,不避阬穽。驰骋渴乏,辄下马,解取腰边蠡器酌水饮之,复上马驰去。又选无赖小人善走者为逐马左右五百人,常以自随。或于市侧过亲幸家,环回宛转,周遍城邑。或出郊射雉,置射雉场二百九十六处,奔走往来,略不暇息。

二年,豫州刺史裴叔业闻帝数诛大臣,心不自安,及除南兖州,意不乐内徙。朝廷疑叔业有异志。叔业兄子植等皆为直阁在殿中,惧奔寿阳,说叔业以朝廷必相掩袭,宜早为计。

叔业遣亲人马文范至襄阳,问萧衍以自安之计,曰:"天下大势可知,恐无复自存之理。不若回面向北,不失作河南公。"

衍报曰:"群小用事,岂能及远!计虑回惑,自无所成,唯应送家还都以安慰之。若意外相逼,当勒马步二万,直出横江以断其后,则天下之事,一举可定。若欲北向,彼必遣人相代,以河北一州相处,河南公宁可复得邪?如此,则南归之望绝矣。"叔业沉疑未决,乃遣其子芬之入建康为质,赤遣信诣魏豫州刺史薛贞度,问以入魏可不之宜。真度劝其早降,曰:"若事迫而来,则功微赏薄矣。"数遣密信,往来相应和,建康人传叔业叛者不已,芬之惧,复奔寿阳。叔业遂遣芬之及兄女婿杜陵韦伯昕奉表降魏。

庚午,下诏讨叔业。己亥,叔业病卒。

三月,乙卯,遣西平将军崔慧景将水军讨寿阳,帝屏除出琅邪城送之。帝戎服坐楼上,召慧景单骑进围内,无一人自随者。才数言,拜辞而去。慧景既得出,甚喜。崔慧景之发建康也,其子觉为直阁将军,密与之约。慧景至广陵,觉走从之。慧景过广陵数十里,召会诸军主曰:"吾荷三帝厚恩,当顾托之重,幼主昏狂,朝廷坏乱,危而不扶,责在今

日,欲与诸君共建大功,以安社稷,何如?"众皆响应。于是还军向广陵。司马崔恭祖守广陵城,开门纳之。帝闻变,壬子,假右卫将军左兴盛节,督建康水陆诸军以讨之。慧景停广陵二日,即收众济江。

初,南徐兖二州刺史、江夏王宝玄,娶徐孝嗣女为妃。孝嗣诛,诏令离昏,宝玄恨望。慧景遣使奉宝玄为主,宝玄斩其使,因发将吏守城。帝遣马军主戚平、外监黄林夫助镇京口。慧景将渡江,宝玄密与相应,杀司马孔矜、典签吕承绪及平林夫,开门纳慧景,使长史沈佚之、谘议柳憕分部军众。宝玄乘八枥舆,手执绛麾,随慧景向建康台。遣骁骑将军张佛护、直阁将军徐元称等六将据竹里,为数城以拒之。宝玄遣信谓佛护曰:"身自还朝,君何意苦相断遏?"佛护对曰:"小人荷国重恩,使于此创立小戍。殿下还朝,但自直过,岂敢断遏。"遂射慧景军,因合战。崔觉、崔恭祖将前锋,皆荒伧善战。又轻行不赍食,以数舫渡江载酒肉为军粮,每见台军城中烟火起,辄尽力攻之。台军不复得食,以此饥困。元称等议欲降,佛护不可。恭祖等进攻城拔之,斩佛护。徐元称降,余四军主皆死。

乙卯,遣中领军王莹都督众军据湖头,筑垒上带蒋山西岩,守甲数万。莹,诞之从曾孙也。慧景至查硎;竹塘人万副儿说慧景曰:"今平路皆为台军所断,不可议进,唯宜从蒋山龙尾上,出其不意耳。"慧景从之,分遣千余人鱼贯缘山自西岩夜下,鼓叫临城中。台军惊恐,即时奔散。帝又遣右卫将军左兴盛帅台内三万人拒慧景于北篱门,兴盛望风退走。

甲子,慧景入乐游苑。崔恭祖帅轻骑千余突入北掖门,乃复出,宫门皆闭。慧景引众围之,于是东府石头,白下新亭,诸城皆溃。左兴盛走,不得入宫,逃淮渚获舫中,慧景擒杀之。宫中遣兵出荡不克,慧景烧兰台府署为战场,守卫尉萧畅屯南掖门处分,城内随方应拒,众心稍安。慧景称宣德太后令,废帝为吴王。

陈显达之反也,帝复召诸王侯入宫,巴陵王昭胄,惩永泰之难,与弟永新侯昭颖诈为沙门,逃于江西。昭胄,子良之子也。及慧景举兵,昭胄兄弟出赴之,慧景意更向昭胄,犹豫未知所立。

竹里之捷,崔觉与崔恭祖争功,慧景不能决。恭祖劝慧景以火箭烧北掖楼,慧景以大事垂定,后若更造,费用功多,不从。慧景性好谈义,兼解佛理,顿法轮寺,对客高谈,恭祖深怀怨望。

时豫州刺史萧懿将兵在小岘,帝遣密使告之。懿方食,投箸而起,帅军主胡松、李居士等数千人自采石济江,顿越城举火,台城中鼓叫称庆。恭祖先劝慧景遣二千人断西岸兵,令不得度,慧景以城且夕降,外救自然应散,不从。至是,恭祖请击懿军,又不许。独遣崔觉将精卒数千人渡南岸。懿军昧旦进战数合,士皆致死,觉大败,赴淮死者二千余人,觉单马退开桁阻淮。恭祖掠得东宫女伎,觉逼夺之。恭祖积忿恨,其夜与慧景骁将刘灵运诣城降,众心离坏。

夏,四月,癸酉,慧景将腹心数人潜去,欲北渡江。城北诸军不知,犹为拒战,城内出荡杀数百人,懿军渡北岸,慧景余众皆走。慧景围城,凡十二日而败。从者于道稍散。单骑至蟹浦,为渔人所斩,以头内鮠篮,担送建康。恭祖系尚方,少时杀之。觉亡命,为道人捕获,伏诛。

宝玄初至建康,军于东城,士民多往授集。慧景败,收得朝野投宝玄及慧景人名,帝令烧之,曰:"江夏尚尔,岂可复罪余人!"宝玄逃亡,数日乃出,帝召入后堂,以步障裹之,令左右数十人鸣鼓角驰绕其外,遣人谓宝玄曰:"汝近围我,亦如此耳。"

五月,己酉,江夏王宝玄伏诛。

六月,乙丑,曲赦建康、南徐兖二州。先是崔慧景既平,诏赦其党,而嬖幸用事,不依诏书,无罪而家富者,皆诬为贼党,杀而籍其资;实附贼而贫者,皆不问。或谓中书舍人王

咺之云:“赦书无信,人情大恶。”咺之曰:“正当复有赦耳。”由是再赦。既而嬖幸诛纵亦如初。

是时,帝所宠左右凡三十一人,黄门十人。直阁骁骑将军徐世𢢔,素为帝所委任,凡有杀戮,皆在其手。及陈显达事起,加辅国将军。虽用护军崔慧景为都督,而兵权实在世𢢔。世𢢔亦知帝昏纵,密谓其党茹法珍、梅虫儿曰:“何世天子无要人,但侬货主恶耳。”法珍等与之争权,以白帝,帝稍恶其凶强,遣禁兵杀之,世𢢔拒战而死。自是法珍、虫儿用事,并为外监,口称诏敕。王咺之专掌文翰,与相唇齿。

帝呼所幸潘贵妃父宝庆及茹法珍为阿丈,梅虫儿及俞灵韵为阿兄。帝与法珍等俱诣宝庆家,躬自汲水,助厨人作膳。宝庆恃势作奸,富人悉诬以罪,田宅赀财,莫不启乞。一家被陷,祸及亲邻。又虑后患,尽杀其男口。

帝数往诸刀敕家游宴,有吉凶,辄往庆吊,阉人王宝孙,年十三四,号为伥子,最有宠。参预朝政,虽王咺之、梅虫儿之徒,亦下之。控制大臣,移易诏敕,乃至骑马入殿,诋诃天子,公卿见之,莫不慑息焉。

八月,甲辰,夜,后宫火,时帝出未还,宫内人不得出,外人不敢辄开。比及开,死者相枕,烧三千余间。时嬖幸之徒皆号为鬼。有赵鬼者,能读《西京赋》,言于帝曰:“柏梁既灾,建章是营。”帝乃大起芳乐、王寿等诸殿,以麝香涂壁,刻画装饰,穷极绮丽,役者自夜达晓,犹不副速。

后宫服御,极选珍奇;府库旧物,不复周用。贵市民间金宝,价皆数倍。建康酒租,皆折使输金,犹不能足。凿金为莲花以帖地,令潘妃行其上,曰:“此步步生莲花也。”又订出雉头、鹤氅、白鹭□,嬖幸因缘为奸利,课一输十。又各就州县,求为人输,准取见直,不为输送,守宰皆不敢言,重加科敛。如此相仍,前后不息,百姓困尽,号泣道路。萧懿之入援也,萧衍驰使所亲虞安福说懿曰:“诛贼之后,则有不赏之功,当明君贤主,尚或难立,况于乱朝,何以自免?若贼灭之后,仍勒兵入宫,行伊、霍故事,此万世一时;若不欲尔,便放表还历阳,托以外拒为事,则威振内外,谁敢不从?一朝放兵,受其厚爵,高而无民,必生后悔。”长史徐曜甫亦苦劝之,懿并不从。

崔慧景死,懿为尚书令。有弟九人,敷、衍、畅、融、宏、伟、秀、憺、恢、懿,以元勋居朝右,畅为卫尉,掌管籥。时帝出入无度,或劝懿因其出门,举兵废之,懿不听。嬖臣茹法珍、王咺之等惮懿威权,说帝曰:“懿将行隆昌故事,陛下命在晷刻。”帝然之。徐曜甫知之,密具舟江渚,劝懿西奔襄阳,懿曰:“自古皆有死,岂有叛走尚书令邪?”懿弟侄咸为之备。冬,十月,己卯,帝赐懿药于省中。懿且死,曰:“家弟在雍,深为朝廷忧之。”懿弟侄皆亡匿于里巷,无人发之者,唯融捕得诛之。

初,帝疑雍州刺史萧衍有异志,直后荥阳郑植弟绍叔为衍宁蛮长史,帝使植以候绍叔为名,行刺衍。绍叔知之,密以白衍。衍置酒绍叔家,戏植曰:“朝廷遣卿见图,今日闲宴,是可取良会也。”宾主大笑。又令植历观城隍府库士马器械舟舰,植退谓绍叔曰:“雍州实力未易图也。”绍叔曰:“兄还具为天子言之。若取雍州,绍叔请以此众一战。”送植于南岘,相持恸哭而别。

及懿死,衍闻之,夜召张弘策、吕僧珍、长史王茂、别驾刘庆远、功曹吉士瞻等入宅定议。茂,天生之子。庆远,元景之弟子也。

十一月,乙巳,衍集僚佐,谓曰:“昏主暴虐,恶逾于纣,当与卿等共除之。”是日,建牙集众。得甲士万余人,马千余匹,船三千艘。出檀溪竹木装舰,葺之以茅,事皆立办。诸将争橹,吕僧珍出先所具者,每船付二张,争者乃息。

是时,南康王宝融为荆州刺史,西中郎长史萧颖胄行府州事,帝遣辅国将军巴西、梓

潼二郡太守刘山阳将兵三千之官，就颖胄兵，使袭襄阳。衍知其谋，遣参军王天虎诣江陵，遍与州府书，声云："山阳西上。并袭荆、雍。"衍因谓诸将佐曰："荆州素畏襄阳人，加以唇亡齿寒，宁不暗同邪？我合荆、雍之兵，鼓行而东，虽使韩、白复生，不能为建康计，况以昏主役刀敕之徒哉？"颖胄等得书，疑未能决。山阳至巴陵，衍复令天虎赍书与颖胄及其弟南康王友颖达。天虎既行，衍谓张弘策曰："用兵之道，攻心为上。近遣天虎往荆州，人皆有书。今段乘驿甚急，止有两函与行事兄弟云'天虎口具'；及问天虎而口无所说，天虎是行事心膂，彼间必谓行事与天虎共隐其事，则人人生疑。山阳惑于众口，必相嫌贰，则行事进退无以自明，必入吾谋内。是驰两空函定一州矣。"

山阳至江安，迟回十余。日不上，颖胄大惧，计无所出，夜遣呼西中郎城局参军安定席阐文、谘议参军柳忱闭斋定议。阐文曰："萧雍州蓄养士马，非复一日，江陵素畏襄阳人，又众寡不敌，取之必不可制。就能制之，岁寒复不为朝廷所容。今若杀山阳，与雍州举事，立天子以令诸侯，则霸业成矣。山阳持疑不进，是不信我。今斩送天虎，则彼疑可释。至而图之，罔不济矣。"忱曰："朝廷狂悖日滋，京师贵人莫不重足累息，今幸在远，得暇日自安。雍州之事，且藉以相毙耳。独不见萧令君乎？以精兵数千，破崔氏十万众，竟为群邪所陷，祸酷相寻。前事之不志，后事之师也。且雍州士锐粮多，萧使君雄姿冠世，必非山阳所能敌。若破山阳，荆州复受失律之责。进退无可，宜深虑之。"萧颖达亦劝颖胄从阐文等计。诘旦，颖胄谓天虎曰："卿与刘辅国相识，今不得不借卿头。"乃斩天虎，送示山阳，发民车牛，声云："起步军征襄阳。"山阳大喜。甲寅，山阳至江津，单车白服，从左右数十人诣颖胄，使前汶阳太守刘孝庆等伏兵城内。山阳入门，即于车中斩之。副军主李元履收余众请降。

柳忱，世隆之子也。颖胄虑西中郎司马夏侯详不同，以告忱，忱曰："易耳。近详求昏，求之许也。"乃以女嫁详子夔，而告之谋，详从之。乙卯，以南康王宝融教纂严，又教赦囚徒，施惠泽，颁赏格。丙辰，以萧衍为使持节都督前锋诸军事。丁巳，以萧颖胄为都督行留诸军事。颖胄遣使送刘山阳首于萧衍，且言年月未利，当须明年二月进兵。衍曰："举事之初，所籍者一时。骁锐之心，事事相接，犹恐疑怠，若顿兵十旬，必生悔吝。且坐甲十万，粮用自竭，若童子立异，则大事不成，况处分已定，安可中息哉？昔武王伐纣，行逆太岁，岂复待年月乎？"

戊午，衍上表劝南康王宝融称尊号，不许。十二月，颖胄与夏侯详移檄建康百官及州郡牧守，数帝及梅虫儿、茹法珍罪恶。颖胄遣冠军将军天水杨公则向湘州，西中郎参军南郡邓元起向夏口。乙亥，荆州将佐复劝宝融称尊号，不许。夏侯许之子、骁骑将军亶为殿中主帅，详密召之。亶自建康亡归。壬辰，至江陵，称奉宣德皇太后令，南康王宜纂承皇祚，方俟清宫，未即大号，可封十郡，为宣城王，相国荆州牧，加黄钺，选百官，西中郎府南康国如故。须军次近路，主者备法驾奉迎。

竟陵太守新野曹景宗遣亲人说萧衍迎南康王都襄阳，先正尊号，然后进军。衍不从。

初，陈显达、崔慧景之乱，人心不安，或问时事于上庸太守杜陵韦叡，叡曰："陈虽旧将，非命世才，且不更事，懦而不武，其赤旌宜矣。定天下者，殆必在择其将乎？"乃遣二子自结于萧衍。及衍起兵，叡帅郡兵二千，倍道赴之。华山太守蓝田康绚帅郡兵三千赴衍。冯道根居母丧，闻衍起兵，帅乡人子弟胜兵者悉往赴之。梁南、秦二州刺史柳惔亦起兵应衍。惔，忱之兄也。

帝闻刘山阳死，发诏讨荆、雍。戊寅，以冠军长史刘浍为雍州刺史，遣骁骑将军薛元嗣、制局监暨荣伯将兵及运粮百四十余船，送郢州刺史张冲，使拒西师。元嗣等惩刘山阳之死，疑冲不敢进，停夏口浦，闻西师将至，乃相帅入郢城。前竟陵太守房僧寄将还建康，

至郢,帝敕僧寄留守鲁山,除骁骑将军。张冲与之结盟,遣军主孙乐祖将数千人助僧寄守鲁山。

萧颖胄与武宁太守邓元起大言于众曰:"朝廷暴虐,诛戮宰辅,群小用事,衣冠道尽,荆、雍二州,同举大事,何患不克?且我老母在西,若事不成,正受戮昏朝,幸免不孝之罪。"即日治严上道。至江陵,为西中郎中兵参军湘州行事张宝积发兵自守,未知所附。杨公则克巴陵,进军白沙,宝积惧,请降,公则入长沙抚纳之。

和帝中兴元年,春,正月,乙巳,南康王宝融始称相国,大赦。以萧颖胄为左长史,萧衍为征东将军,杨公则为湘州刺史。戊申,萧衍发襄阳,留弟伟摠府州事,憺守垒城府,司马庄丘黑守樊城。衍既行,州中兵及储偫皆虚,魏兴太守裴师仁,齐兴太守颜僧都,并不受衍命,举兵欲袭襄阳。伟、憺遣兵邀击于始平,大破之,雍州乃安。

二月,壬午,东昏侯遣羽林兵击雍州,中外纂严。甲申,萧衍至竟陵,命王茂、曹景宗为前军,以中兵参军张法安守竟陵城。茂等至汉口,诸将议欲并兵围郢,分兵袭西阳、武昌。衍曰:"汉口不阔一里,前道交至,房僧寄以重兵固守,与郢城为掎角,若悉众前进,僧寄必绝我军后,悔无所及。不若遣王曹诸军济江,与荆州军合以逼郢城。吾自围鲁山以通沔、汉,使郧城、竟陵之粟,方舟而下;江陵、湘中之兵,相继而至。兵多食足,何忧两城之不拔!天下之事,可以卧取之耳。"乃使茂等帅众济江,顿九里。张冲遣中兵参军陈光静开门迎战,茂等击破之,光静死。冲婴城自守,景宗遂据石桥浦,连军相续,下至加湖荆州,遣冠军将军邓元起、军主王世兴、田安之将数千人会雍州兵于夏首。衍筑汉口城以守鲁山,命水军王义阳、张惠绍等游遏江中,绝郢、鲁二城信。使杨公则举湘州之众,会于夏口,萧颖胄命荆州诸军,皆受公则节度,虽萧颖达亦隶焉。府朝议欲遣人行湘州事而难其人,西中郎中兵参军刘坦谓众曰:"湘土人情,易扰难信。用武士则侵渔百姓,用文士则威略不振,必欲镇静一州,军民足食,无逾老夫。"乃以坦为辅国长史、长沙太守、行湘州事。坦先尝在湘州多旧恩,迎者属路,下车,选堪事吏,分诣十郡,发民运租米三十余万斛,以助荆、雍之军,由是资粮不乏。

三月,萧衍使邓元起进据南堂西渚,田安之顿城北,王世兴顿曲水故城。丁酉,张冲病卒。骁骑将军薛元嗣,与冲子孜及征虏长史江夏内史程茂共守郢城。

乙巳,南康王即皇帝位于江陵,改元大赦,立宗庙南北郊,州府城门悉依建康宫。置尚书五省,以南郡太守为尹,以萧颖胄为尚书令,萧衍为左仆射,晋安王宝义为司空,庐陵王宝源为车骑将军、开府仪同三司,建安王宝寅为徐州刺史、散骑常侍,夏侯详为中领军、冠军将军,萧伟为雍州刺史。丙午,诏封庶人宝卷为涪陵王。乙酉,以尚书令萧颖胄行荆州刺史,加萧衍征东大将军、都督征讨诸军事,假黄钺。时衍次杨口,和帝遣御史中丞宗夫劳军宁朔,将军新野庾域讽夬曰:"黄钺未加,非所以摠帅侯伯。"夬返西台,遂有是命。薛元嗣遣军主沈难当帅轻舸数千乱流来战,张惠绍等击擒之。

癸丑,东昏侯以豫州刺史陈伯之为江州刺史,假节都督前锋诸军事,西击荆、雍。

夏,四月,萧衍出沔,命王茂、萧颖达等进军逼郢城。薛元嗣不敢出,诸将欲攻之,衍不许。

五月,东昏侯遣军主吴子阳、陈虎牙等十三军救郢州,进屯,巴口。虎牙,伯之之子也。

六月,西台遣卫尉席阐文劳萧胄衍军,斋萧颖胄等议,谓衍曰:"今顿兵两岸,不并军围郢,定西阳、武昌,取江州,此机已失,莫若请救于魏,与北连和,犹为上策。"衍曰:"汉口路通荆、雍,控引秦、梁,粮运资储,仰此气息,所以兵压汉口,连结数州。今若并军围郢,又分兵前进鲁山,必阻沔路,搤吾咽喉。若粮运不通,自然离散,何谓持久?邓元起近欲

以三千兵径取寻阳,彼若愕然知机,一说士足矣。脱距王师,固非三千兵所能下也。进退无据,未见其可。西阳、武昌,取之即得。然既得之后,即应镇守。欲守两城,不减万人,粮储称是,卒无所出。脱东军有上者,以万人攻一城,两城执不得相救,若我分军应授,则首尾俱弱;如其不遣,孤城必陷。一城既没,诸城相次土崩,天下大事去矣。若郢州既拔,席卷沿流,西阳、武昌,自然风靡,何遽分兵散众,自贻忧患乎?且大夫举事,欲清天步。况拥数州之兵以诛群小,悬河注火,奚有不灭!岂容北面请救戎狄以示弱于天下?彼未必能信,徒取丑声,此乃下计,何谓上策?卿为我辈白镇军前途攻取,但以见付,事在目中,无患不捷,但借镇军靖镇之耳。"

吴子阳等进军武口,衍命军主梁天惠等屯渔湖城,唐脩期等屯白阳垒,夹岸待之。子阳进军加湖,去郢三十里,傍山带水,筑垒自固,子阳举烽,城内亦举火应之,而内外各自保,不能相救。会房僧寄病卒,众复推助张乐祖代守鲁山。

东昏侯作芳乐苑,山石皆涂以五采;望民家有好树美竹,则毁墙撤屋而徙之。时方盛暑,随即枯菱,朝暮相继。又于苑中立市,使宫人宦者,共为裨贩,以潘贵妃为市令,东昏侯自为市录事,小有得失,妃则与杖。乃敕虎贲不得进大荆,实中获,又开渠立埭,身自引船,或坐而屠肉。又好巫觋,左右朱光尚诈云"见鬼",东昏人乐游苑,人马忽惊,以问光尚,对曰:"向见先帝大嗔,不许数出。"东昏大怒,拔刀与光尚,寻之,既不见,乃缚菰为高宗形,北向斩之,悬首苑门。

崔慧景之败也,巴陵王昭胄,永新侠昭颖,出投台军,各以王侯还第,心不自安。竟陵王子良、故防阁桑偃为梅虫儿军副,与前巴西太守萧寅谋立昭胄。昭胄许事克,用寅为尚书、左仆射、护军。时军主胡松将兵屯新亭,寅遣人说之曰:"顷昏人出,寅等将兵奉昭胄入台,闭城号令,昏人必还就,将军但闭垒不应,则三公不足得也。"松许诺。会东昏新作芳乐苑,经月不出游,偃等议募健儿百余人,从万春门人,突取之。昭胄以为不可,偃同党王山沙虑事久无成,以事告御刀徐僧重,寅遣人杀山沙于路,吏于麑膝中得其事,昭胄兄弟与偃等皆伏诛。

雍州刺史张欣泰与弟前始安内史欣,时密谋结胡松,及前南谯太守王灵秀、直阁将军鸿选等,诛诸嬖幸,废东昏。东昏遣中书舍人冯元嗣监军救郢。秋,七月,甲午,茹法珍、梅虫儿及太子右率李居士、制局监杨明泰送之于中兴堂,欣、泰等使人怀刀于座,斫元嗣头,坠果样中。又斫明恭,破其腹。虫儿伤数创,手指皆堕。居士、法珍等散走还台。灵秀诣石头迎建康王宝寅,帅城中将吏见力,去车轮载宝寅,文武数百唱警跸,向台城。百姓数千人,皆空手随之。欣泰闻事作,驰马入宫,冀法珍等在外,东昏尽以城中处分见委,表里相应。既而,法珍得返份闭门上仗,不配欣泰兵,鸿选在殿内,亦不敢发。宝寅至杜姥宅,日已暝,城门闭,城上人射外人,外人弃宝寅溃去。宝寅亦逃。三日,乃戎服诣草市尉,尉驰以启东昏。东昏召宝寅入宫问之,宝寅涕泣称:"尔日不知何人,逼使上车,仍将去,制不自由。"东昏笑,复其爵位。张欣泰等事觉,与胡松皆伏诛。

萧衍使征虏将军王茂、军主曹宗仲等,乘水涨,以舟师袭加湖,鼓噪攻之。丁酉,加湖溃,吴子阳等走免,将士杀溺死者万计,俘其余众而还。于是郢、鲁二城相视夺气。

鲁山乏粮,军人于矶头捕细鱼供食,密治轻舟,将奔夏口。萧衍遣偏军断其走路。丁巳,孙乐祖窘迫,以城降。

己未,东昏侯以程茂为郢州刺史,薛元嗣为雍州刺史。是日,茂元嗣以郢城降。郢城之初围也,士民男女,近十万口。闭门二百余日,疾疫流肿,死者什七八,积尸床下而寝其上,比屋皆满。茂元嗣等议出降,使张孜为书与衍。张冲故吏、清州治中房长瑜谓孜曰:"前使君忠贯昊天,郎君但当坐守画一,以荷析薪。若天运不与,当幅巾待命,下从使君。

今从诸人之计，非唯郢州士女失高山之望，亦恐彼所不取也。"孜不能用。萧衍以韦叡为江夏太守、行郢府事，收瘗死者而抚其生者，郢人遂安。

诸将欲顿军夏口，衍以为宜乘胜直指建康。车骑谘议参军张弘策、宁远将军庾域，亦以为然。衍命众军即日上道，缘江至建康，凡矶浦村落，军行宿次，立顿处所，弘策逆为图画，如在目中。

汝南民胡文超起兵于瀙阳以应萧衍，求取义阳安陆等郡以自效。衍又遣军主唐修期攻随郡，皆克之。司州刺史王僧景，遣子贞孙为质于衍，司部悉平。

初，东昏侯遣陈伯之镇江州，以为吴子阳等声援。子阳等既败，萧衍谓诸将曰："用兵未必须实力，所听威声耳。今陈虎牙狼狈，奔归寻阳，人情理当恟惧，可传檄而定也。"乃命搜俘囚，得伯之幢主苏隆之，厚加赐与，使说伯之，许即用为安东将军、江州刺史。伯之遣隆之返命，虽许归附，而云大军未须遽下，衍曰："伯之此言，意怀首鼠，及其犹豫，急往逼之，计无所出，执不得不降。"乃命邓元起引兵先下，杨公则径掩柴桑，衍与诸将以次进路。元起将至寻阳，伯之收兵退保湖口，留陈虎牙守湓城，选曹郎吴兴沈瑀说伯之迎衍。伯之泣曰："余子在都，不能不爱。"瑀曰："不然，人情匈匈，皆思改计。若不早图，众散难合。"八月，丙子，衍至寻阳，伯之束甲请罪。初，新蔡太守席谦父恭穆为镇西司马，为鱼复侯子响所杀。谦从伯之镇寻阳，闻衍东下，曰："我家世忠贞，有殒不二。"伯之杀之。乙卯，以伯之为江州刺史，虎牙为徐州刺史。

鲁休烈、萧璝破刘孝庆等于峡口，任漾之战死。休烈等进至上明，江陵大震。萧颖胄恐，驰告萧衍，令遣杨公则还援根本。衍曰："公则今派流上江陵，虽至何能及事？休烈等乌合之众，寻自退散。政须少时持重耳。良须兵力，两弟在雍，指遣往征，不为难至。颖胄乃遣军主蔡道恭假节屯上明以拒萧璝。"

辛巳，东昏侯以太子左率李居士揔督西讨诸军事，屯新亭。

九月，乙未，诏萧衍若定京邑，得以便宜从事。衍留骁骑将军郑绍叔守寻阳，与陈伯之引兵东下。谓绍叔曰："卿，吾之萧何、寇恂也。前途不捷，我当其咎；粮运不继，卿任其责。"绍叔流涕拜辞。比克建康，绍叔督江湘粮运，未尝乏绝。

甲申，东昏侯以李居士为江州刺史，冠军将军王珍国为雍州刺史，建安王宝寅为荆州刺史，辅国将军申胄监郢州，龙骧将军扶风马僊琕监豫州，骁骑将军徐元称监徐州军事。珍国，广之子也。是日，萧衍前军至芜湖，申胄军二万人弃姑孰走，衍进军据之。戊申，东昏侯以后军参军萧璝为司州刺史，前辅国将军鲁休烈为益州刺史。

萧衍之克江郢也，东昏侯游骋如旧，谓茹法珍曰："须来至白门前当一决。"衍至近道，乃聚兵为固守之计，简二尚方、二冶囚徒以配军，其不可活者，于朱雀门内日斩百余人。

衍遣曹景宗等进顿江宁。丙辰，李居士自新亭选精骑一千至江宁。景宗始至，营垒未立，而师行日久，器甲穿弊，居士望而轻之，鼓噪前薄之，景宗奋击破之，因乘胜而前，径至皂荚桥。于是王茂、邓元起、吕僧珍进据赤鼻逻。新亭城主江道林引兵出战，众军擒之于陈。衍至新林，命王茂进据越城，邓元起据道士墩，陈伯之据篱门，吕僧珍据白板桥。李居士觇吕僧珍众少帅锐卒万人，直来薄垒。僧珍曰："吾众少，不可逆战。可勿遥射，须至堑里，当并力破之。"俄而皆越堑拔栅，僧珍分人上城，矢石俱发，自帅马步三百人出其后，城上人复逾城而下。内外奋击，居士败走，获其器甲不可胜计。居士请于东昏侯，烧南岸邑屋以开战场，自大航以西，新亭以北皆尽。衍诸弟皆自建康自拔赴军。

冬，十月，甲戌，东昏侯遣征虏将军王珍国、军主胡虎牙将精兵十万余人陈于朱雀航南，宦官王宝孙持白虎幡督战，开航背水，以绝归路。衍军小却。王茂下马，单刀直前，其甥韦欣庆执铁缠矟以翼之，冲击东军，应时而陷。曹景宗纵兵乘之，吕僧珍纵火焚其营，

将士皆殊死战,鼓噪震天地。珍国等众军不能抗,王宝孙切骂诸将,帅直阁将军席豪发愤,突阵而死。豪,骁将也。既死,士卒土崩,赴淮死者无数,积尸与航等,后至者乘之以济。于是东昏侯诸军望之皆溃。衍军长驱至宣阳门,诸将移营稍前。

陈伯之屯西明门,每城中有降人出,伯之辄呼与耳语。衍恐其复怀翻覆,密语伯之曰:"闻城中甚忿卿举江州降,欲遣刺客中卿,宜以为虑。"伯之未之信。会东昏侯将郑伯伦来降,衍使伯伦过伯之,谓曰:"城中甚忿卿,欲遣信诱卿以封赏,须卿复降,当生割卿手足;卿若不降,复欲遣刺客杀卿,宜深为备。"伯之惧,自是始无异志。

戊寅,东昏宁朔将军徐元瑜以东府城降。青、冀二州刺史桓和入援,屯东宫,己卯,和诈东昏云出战,因以其众来降。光禄大夫张环弃石头还宫,李居士以新亭降于衍,琅琊邪城主张木亦降。壬午,衍镇石头,命诸军攻六门。东昏烧门内营署官府,驱逼士民,悉入宫城,闭门自守。衍命诸军筑长围守之。

杨公则屯领军府,垒北楼与南掖门相对。尝登楼望战,城中遥见麾盖,以神锋弩射之。矢贯胡床,左右失色。公则曰:"几中吾脚。"谈笑如初。东昏夜选勇士攻公则栅,军中惊扰,公则坚卧不起,徐命击之,东昏兵乃退。公则所领皆湘州人,素号怯懦,城中轻之。每出荡,辄先犯公则垒,公则奖厉军士,克获更多。

先是,东昏遣军主于僧庆屯京口,常僧景屯广陵,李奴献屯瓜步。及申胄自姑孰奔归,使屯破墩以为东北声援。至是衍遣使晓谕,皆帅其众来降。衍遣弟辅国将军秀镇京口,辅国将军恢镇破墩,从弟宁朔将军景镇广陵。

巴东献武公萧颖胄以萧瓛与蔡道恭相持不决,忧愤成疾。十一月壬午卒。夏侯详秘之,使似其书者假为教命。密报萧衍,衍亦秘之。详征兵雍州,萧伟遣萧憺将兵赴之。瓛等闻建康已危,众惧而溃,瓛及鲁休烈皆降。乃发颖胄丧,赠侍中、丞相。于是众望尽归于衍。

崔慧景之逼建康也,东昏侯拜蒋子文神为假黄钺、使持节、相国太宰、大将军、录尚书事、杨州牧、钟山王。及衍至,又尊子文为灵帝,迎神像入后堂,使巫祷祀求福。及城闭,城中军事悉委王珍国。兖州刺史张稷入卫京师,以稷为珍国之副。稷,环之弟也。

时城中实甲犹七万人。东昏素好军陈,与黄门刀敕及宫人于华光殿前习战斗,诈作被创势,使人以板扛去,用为厌胜。常于殿中戎服,骑马出入,以金银为铠胄具,装饰以孔翠,昼眠夜起。一如平常。闻外鼓叫声,被大红袍,登景阳楼屋上望之。弩几中之。

始,东昏与左右谋,以为陈显达一战即败,崔慧景围城寻走,谓衍兵亦然,敕太官办樵米为百日调而已。及大桁之败,众情凶惧,茹法珍等恐士民逃溃,故闭城不复出兵。既而长围已立,堑栅严固,然后出荡,屡战不捷。

东昏尤惜金钱,不肯赏赐。法珍叩头请之,东昏曰:"贼来独取我邪!何为就我求物?"后堂储数百具榜,启为城防,东昏欲留作殿,竟不与。又督御府作三百人精仗,待围解以拟屏除,金银雕镂杂物,倍急于常。众皆怨息,不为致力。

外围既久,城中皆思早亡,莫敢先发。

茹法珍、梅虫儿说东昏曰:"大臣不留意,使围不解,宜悉诛之。"王珍国、张稷惧祸。珍国密遣所亲献明镜于萧衍,衍断金以报之。兖州中兵参军冯翊、张齐,稷之腹心也。珍国因齐,密与稷谋同弒东昏。齐夜引珍国就稷,造膝定计,齐自执烛。又以计告后阁舍人钱强。十二月,丙寅,夜,强密令人开云龙门,珍国、稷引兵入殿,御刀丰勇之为内应。东昏在含德殿作笙歌,寝未熟,闻兵入,趋出北户,欲还后宫,门已闭。宦者黄泰平刀伤其膝,仆地,张齐斩之。稷召尚书右仆射王亮等,列坐殿前西钟下,令百僚署笺,以黄油裹东昏首,遣国子博士范云等送诣石头。右卫将军王志叹曰:"冠虽弊,何可加足!"取庭中树

叶授服之，伪闷不署名。衍览笺无志名，心嘉之。亮，莹之从弟。志，僧虔之子也。衍与范云有旧，即留参帷幄。王亮在东昏朝，以依违取容。萧衍至新林，百僚皆间道送款，亮独不遣。东昏败，亮出见衍，衍曰："颠而不扶，安用彼相！"亮曰："若其可扶，明公岂有今日之举？"城中出者，或被劫剥，杨公则亲帅麾下陈于东掖门，卫送公卿士民，故出者多由公则营焉。衍使张弘策先入，清宫封府库及图籍。于时城内珍宝委积，弘策禁勒部曲，秋毫无犯，收潘妃及嬖臣茹法珍、梅虫儿、王咺之等四十一人，皆属吏。

初，海陵王之废也，王太后出居鄱阳，王故第号宣德宫。

已巳，萧衍以宣德太后令，追废涪陵王为东昏侯，褚后及太子诵并为庶人。以衍为中书监、大司马、录尚书事、骠骑大将军、扬州刺史，封建安郡公，依晋武陵王遵承制故事，百僚致敬。以王亮为长史。壬申，更封建安王宝寅为鄱阳王。癸酉，以司徒扬州刺史晋安王宝义为太尉，领司徒。

已卯，衍入屯阅武堂，下令大赦。又下令："凡昏制谬赋、淫刑滥役外，可详检前原，悉皆除荡。其主守散失诸所损耗，精立科条，咸从原例。"又下令："通检尚书众曹，东昏时诸诤讼失理及主者淹停不时施行者，精加讯辨，依事议奏。"又下令："收葬义师，掩瘗逆徒之死亡者。"潘妃有国色，衍欲留之，以问侍中、领军将军王茂。茂曰："亡齐者此物，留之恐贻外议。"乃缢杀于狱，并诛嬖臣茹法珍等，以宫女二千分赉将士。乙酉，以辅国将军萧宏为中护军。

衍之东下也，豫州刺史马仙琕琕拥兵不附衍，衍使其故人姚仲宝说之。仙琕先为设酒，乃斩于军门以徇。衍又遣其族叔怀远说之，仙琕曰："大义灭亲。"又欲斩之，军中为请，乃得免。衍至新林，仙琕犹于江西日抄运船。衍围宫城，州郡皆遣使请降，吴兴太守袁昂独拒境不受命。昂，觊之子也。衍使驾部郎考城江革为书与昂曰："根本既倾，枝叶安附！今竭力昏主，未足为忠，家门屠灭，非所谓孝。岂若翻然改图，自招多福。"昂复书曰："三吴内地，非用兵之所，况以偏偶一郡，何能为役！自承麾旆届止，莫不膝祖军门，惟仆一人。敢后至者，政以内揆庸素，文武无施，虽欲献心，不增大师之勇；置其愚默，宁沮众军之威。幸藉将军含弘之大，可得从容以礼。窃以一餐微施，尚复投殒，况食人之禄，而顿忘一旦，非惟物议不可，亦恐明公鄙之。所以踌躇，未遑荐璧。"昂问时事于武康令北地傅映，映曰："昔元嘉之末，开辟未有，故大尉杀身以明节，司徒当寄托之重，理无苟全，所以不顾夷险以徇名义。今嗣主昏虐，曾无悛改；荆、雍协举，乘据上流，天人之意可知，愿明府深虑，无取后悔。"及建康平，衍使豫州刺史李元履巡抚东土。敕元履曰："袁昂道素之门，世有忠节，天下须共容之，勿以兵威陵辱。"元履至吴兴，宣衍旨，昂亦不请降，开门撤备而已。仙琕闻台城不守，号泣谓将士曰："我受人任寄，义不容降。君等皆有父母，我为忠臣，君为孝子，不亦可乎？"乃悉遣城内兵出降。余壮士数十，闭门独守。俄而兵入，围之数十重。仙琕令士皆持满，兵不敢近。日暮，仙琕乃投弓曰："诸军但来见取，我义不降。"乃槛送石头。衍释之，使待袁昂至，俱入。曰："令天下见二义士。"衍谓仙琕曰："射钩斩祛，昔人所美。卿勿以杀使断运自嫌。"仙琕谢曰："小人如失主犬，后主饲之，则复为用矣。"衍笑，皆厚遇之。

丙戌，萧衍入镇殿中。

梁武帝天监元年，春，正月，齐和帝遣兼侍中席阐文等尉劳建康。戊戌，迎宣德太后入宫，临朝称制，衍解承制。壬寅，进大司马衍都督中外诸军事，剑履上殿，赞拜不名。

初，大司马与黄门侍郎范云、南清河太守沈约、司徒右长史任昉同在竟陵王西邸，意好敦密。至是，引云为大司马、谘议参军、领录事，约为骠骑司马，昉为记室参军，与参谋议。前吴兴太守谢朓、国子祭酒何胤、先皆弃官家居，衍奏征为军谘祭酒。朓、胤皆不至。

大司马内有受禅之志，沈约微扣其端，大司马不应。它日，又进曰："今与古异，不可

以淳风期物，士大夫攀龙附凤者，皆望有尺寸之功。今童儿牧竖，皆知齐祚已终，明公当承其运。天文识记，又复炳然。天心不可远，人情不可失，苟历数所在，虽欲谦光，亦不可得已。"大司马曰："吾方思之"。约曰："公初建牙樊沔，此时应思。今王业已成，何所复思。若不早定大业，脱有一人立异，即损威德。且人非金玉，时事难保，岂可以建安之封，遗之子孙？若天子还都，公卿在位，则君臣分定，无复异心。君明于上，臣忠于下，岂复有人方更同公作贼！"大司马然之。约出，大司马召范云告之，云对略同约旨。大司马曰："智者乃尔暗同。卿明早将休文更来。"云出语约，约曰："卿必待我。"云许诺，而约先期入，大司马命草具其事，约乃出怀中诏书并诸选置，大司马初无所改。俄而云自外来，至殿门不得入，徘徊寿光阁外，但云："咄咄"。约出问曰："何以见处？"约举手向左，云笑曰："不乖所望。"有顷，大司马召云入，叹约才智纵横。且曰："我起兵于今三年矣，功臣诸将，实有其劳，然成帝业者，卿二人也。"

甲寅，诏进大司马位相国、总百揆、扬州牧、封十郡，为梁公，备九锡之礼，置梁百司，去录尚书之号，骠骑大将军如故。

二月，辛酉，梁公始受命。丙寅，诏梁国选诸要职，悉依天朝之制，于是以沈约为吏部尚书兼右仆射，范云为侍中。丙戌，诏梁公增封十郡，进爵为王。癸巳，受命，赦国内及府州所统殊死以下。

齐和帝东归至姑孰，丙辰，下诏禅位于梁。夏，四月，辛酉，宣德太后令曰："西诏至，帝宪章前代，敬禅神器于梁，明可临轩，遣使恭授玺绶，未亡人归于别宫。"壬戌，发策遣兼太保、尚书令亮等奉皇帝玺绶诣梁宫。丙寅，梁王即皇帝位于南郊，大赦改元。是日追赠兄懿为丞相，封长沙王，谥曰宣武，葬礼依晋安平献王故事。丁卯，奉和帝为巴陵王，宫于姑孰。优崇之礼，皆仿齐初。奉宣德太后为齐文帝妃，王皇后为巴陵王妃，齐世王侯封爵悉从降省，唯宋汝阴王不在除例。追尊皇考为文皇帝，庙号太祖；皇妣为献皇后，追谥妃郗氏为德皇后。封文武功臣车骑将军夏侯详等十五人为公侯，立皇弟中护军宏为临川王，南徐州刺史秀为安成王，雍州刺史伟为建安王，左卫将军恢为鄱阳王，荆州刺史憺为始兴王。以宏为扬州刺史。

戊辰，巴陵王卒。时上欲以南海郡为巴陵国，徙王居之，沈约曰："古今殊事，魏武所云：不可慕虚名而受实祸。"上颔之，乃遣所亲郑伯禽诣姑孰，以生金进王。王曰："我死不须金，醇酒足矣。"乃饮沉醉，伯禽就折杀之。以谢沐县公宝义为巴陵王，奉齐妃。宝义幼有废疾，不能言，故独得全。

齐南康侯子恪，及弟祁阳侯子范，尝因事入见，上从容谓曰："天下公器，非可力取，苟无期运，虽项籍之力，终亦败亡。宋孝武性猜忌，兄弟粗有令名者，皆鸩之。朝臣以疑似枉死者相继。然或疑而不能去，或不疑而卒为患，如卿祖以材略见疑而无如之何，湘东以愚庸不疑而子孙皆死其手，我于时已生，彼岂知我应有今日？固知有天命者，非人所害。我初平建康，人皆劝我除去卿辈，以一物心，我于时依而行之，谁谓不可！正以江左以来，代谢之际，必相屠灭，感伤和气，所以国祚不长。又齐梁虽云革命，事异前世，我与卿兄弟虽复绝服，宗属未远，齐业之初，亦共甘苦，情同一家，岂可遽如行路之人。卿兄弟果有天命，非我所杀；若无天命，何忽行此？适足示无度量耳。且建武涂炭卿门，我起义兵，非惟自雪门耻，亦为卿兄弟报仇，卿若能在建武永元之世，拨乱反止，我岂得不释戈推奉邪？我自取天下于明帝家，非取之于卿家也。昔刘子舆自称成帝子，光武言：'假使成帝更生，天下亦不复可得，况子舆乎？'曹志，魏武帝之孙，为晋忠臣；况卿今日犹是宗室？我方坦然相期，卿无复怀自外之意，小待自当知我寸心。"子恪兄弟凡十六人皆仕梁。子恪、子范、子质、子显、子云、子晖，并以才能知名，历官清显，各以寿终。

江 九江府九

碑碣

《九江府志靖节先生祠堂记》

先生，柴桑之高士。上世尝有大功于晋室，耻以身事异代之主。故托于酒而逃焉，将以晦其迹。时释氏远公，方与诸贤为莲社楼遁之游，独先生不可致，以其嗜好招之，为置杯酒，公乃去之而弗顾，盖未知先生之志，初不在于酒也。尝诵其史述曰："慨想黄庭，顾比稷契"，知有志尧、舜其君而不遇，宁得钱送酒家，淋漓头上巾。方其颓然散发，醉眠溪上石，月洁风清，虎驯鹤唳，瞬息千古，物我两忘，彼高人逸士，顾何以识之？渺乎若沧海而莫测其量，巍乎若太华而莫穷其高。予求其心而不可得，因以其迹观之。先生环堵萧然，风雨弗蔽，瓶粟而食，败絮自拥，使其爱子，居则奉薪水之劳，出则荷篮与以往。是岂人情哉？他人不堪，当有愁叹忿激之辞，而先生处之怡然。今读其遗文，平夷旷达，发于中和，淡而实美，幽而不怨，若未尝履忧患之途，处穷约之地，以是知其天也，性也。近代得志之士，乃欲区区追和其诗辞，以跂高躅，虽有超世迈鞅之才，终莫能拟其仿佛，盖先生之心，浩然游乎八极之表。视死生穷达，若浮云流水，独与造物者为友，而莫知其所然，固异屈原离骚之作，盖自怨生龚胜董膏之识，未免瑕累，其高识先见，绝人远矣。是岁，本道安抚吴公给事。与漕使任公宝文，曹公敷文，志同议协，将以振发感激素节，而先生之宇卑陋弗称，无以表仪四方，垂耀千载，于是捐费鸠工，以命其属邑。府判潘公闻而义之，愿益之以地，以广其基，而令尹赵君侃之实莅厥事，度材宏观，悉增其旧，役不淹时，民不告病，而轮奂聿新，光临衢道。湖南提举陶公，已先为之像貌，因易奉安焉。又命董行守司管籥之，授公田二十有二亩，俾奉祠事，过于晨时，既勤且备，其敦视有方，则尉观纯仁之力也。令尹乃以记文见属，予歆慕既久，义不敢辞，庶几发潜德之幽辉，尉里人之怀仰，遂授笔而书之。乾道六年秋中元日九法周蟠记。

狄梁公碑

朝散大夫，行尚书吏部员外郎，知润州军州事，上骑都尉，赐紫金鱼袋范仲淹撰。天地闭，孰将辟焉？日月蚀，孰将廓焉？大厦仆，孰将起焉？神器坠，孰将举焉，严乎克当其任者，惟梁公之伟欤！公讳仁杰，字怀英，太原人也。祖宗高烈，本传在矣。公为子，极于

孝;为臣,极于忠。忠孝之休,揭若日月者,敢歌于庙中。公尝赴并州掾,过太行山友瞻河阳,见白云孤飞,曰:"吾亲在其下。"久而不能去,左右为之感动。诗有陟岵陟屺,伤君子于役,弗忘其亲之深。于嗟乎! 孝之至也,忠之所由生乎? 公尝以同府掾,当使绝城,其母老疾,公谓之曰:"奈何重大夫人有万里之忧。"诸长史府请代行。时长史、司马,方眦睚不协,感公之义,欢如平生。于嗟乎! 与人交而先其忧,况君臣之际乎? 公为大理丞,决诸道滞狱万七千人,天下服其平。武卫将军权善才,坐伐昭陵柏,高宗命戮之,公执奏不却,上怒曰:"彼致我不孝。"左右策公令出,公前曰:"陛下以一树而杀一将军。张释之所谓假有盗长陵一抔土,则将何法以加之。臣岂敢奉诏陷陛下于不道?"帝意解,善才得恕死。于嗟乎! 执法之官,患在少恩,公独爱君以仁,何所存之远乎? 高宗幸汾阳宫,道出妒女祠下。彼俗谓盛服过者,必有风雷之灾。并州发数万人别开御道,公为知顿使曰:"天子之行,风伯清尘,雨师洒道,彼何害焉?"遽命罢其役。又公为江南巡抚使,奏毁淫祠千七百所,所存惟夏禹、太伯、季子、伍员四庙。曰:"安使无功血食,以乱明哲之祀乎?"于嗟乎! 神犹正之,而况于人乎? 公为宁州刺史,能抚戎夏,郡人纪之碑。及迁豫州,会赵王乱,后缘坐者七百人,籍没者五千口,有司趣行刑,公缓之,密表以闻,曰:"臣言似理,逆人不言,则有孤陛下好生之意。"表成复毁,意不能定。彼咸非本心,惟陛下矜焉。敕贷之,流于九原郡。道出宁州旧治,父老迎而劳之曰:"我狄史君活汝辈耶!"相携哭于碑下,斋三日而去。于嗟乎! 古谓之父母,公则过焉。斯人也,死而生之,岂父母之能乎? 时宰相张光辅,率师平越王之乱,将士贪暴,公拒之不应,光辅怒曰:"州将忽元帅耶?"对曰:"公以三十万众,除一乱臣,彼胁从辈,闻王师来,秉城而降者万计,公纵暴兵杀降以为功,使无辜之人,肝脑涂地,如得上方斩马剑加于君颈,虽死不恨。"光辅不能屈,奏公不逊,左迁复州刺史。于嗟乎! 孟轲有言:"威武不能挫。"是为大丈夫矣,其公之谓乎? 公为地官侍郎。同凤阁鸾台平章事,为来俊臣诬构下狱,公曰:"大周革命,万物惟新,唐朝旧臣,甘从诛戮。"因家人告变,得免死,贬彭泽令。狱吏尝抑公诬引扬执柔,公曰:"天乎! 吾何能为?"以首触柱,血流被面,彼惧而谢焉。于嗟乎! 陷井之中,不义不为,况庙堂之上乎? 契丹陷并州,起公为魏州刺史以御马。时河朔震动,咸驱民保郛郭。公至下令曰:"百姓复尔业,冠来吾自当之。"狄闻风而退,魏人为之立碑。未几,入相,请罢戍疏勒等四镇以肥中国,请罢安东以息江南之馈输,识者韪之。比狄再冠赵、定间,公出为河北道元帅,狄退就命。公安抚大使,前为突厥所胁从者,咸逃散山谷。请曲赦河北诸州以安反侧,朝廷从之。于嗟乎! 四方之事,知无不为,岂虚尚清谈而已乎? 公在相日,中宗幽房陵,则天欲立武三思为储嗣,一日问群臣可否,众皆称贺,公退而不答。则天曰:"无乃有异议乎?"对曰:"有之。一昨陛下命三思募武士,岁时得数百人;及命庆陵王代之,数日之间,应者十倍,臣知人心未厌唐德。"则天怒,令策出。又一日,则天谓公曰:"我梦双陆不胜者何?"对曰:"双陆不胜,宫中无子也。"复命策出。又一日,则天有疾,公入问阁中。则天曰:"我梦鹦鹉折双翅者何?"对曰:"武者,陛下之姓也;相王、庆陵王,则陛下之羽翼也,是可折乎?"时三思在侧,怒发赤色。则天以公屡言不夺,一旦感悟,遣中使密召庐陵王,矫衣而入,人无知者。乃召公,坐于帘外而问曰:"我欲立三思,群臣无不可者,惟俟公一言。从之,则与卿长保富贵;不从,则无复得与卿相见矣。"公纵容对曰:"太子,天下之本,本一摇而天下动。陛下以一心之欲,而轻天下之动哉! 太宗百战取天下,授之子孙,三思何与焉? 昔高宗寝疾,令陛下权亲军国,陛下奄有神器数十年,又将以三思为后,如天下何? 且姑与母执亲? 子与侄孰近? 立庐陵王,则陛下万岁后,享唐家之血食,立三思,则宗庙无祔姑之礼。臣不敢爱死以奉制,陛下其图焉!"则天感泣,命褰帘使庐王拜公,公陨绝于地。则天命左右起之,拊公背曰:"岂朕之臣,社稷之臣也。"已而,谓曰:"今日国老与汝天

子。"公哭奏曰："还宫无仪,孰为太子?"复置庐陵王于龙门,备礼以迎,中外大悦。于嗟乎! 定天下之业,断天下之疑,其至诚如神,雷霆之威不得而变乎? 则天尝命公择人,公曰:"欲何为?"曰:"可将相者。"公曰:"如求文章,则令宰相李峤,苏味道足矣,岂文士龌龊,思得奇才以成天下之务乎? 并州长史张柬之,真宰相才。诚老矣,一朝用之,尚能竭其心。"乃召拜洛州司马。他日,又问人于公,对曰:"臣前言张柬之虽迁洛州,犹未用焉。"改秋官侍郎及召为相,果能诛张易之辈,反正中宗,复则天为皇太后。于嗟乎! 薄文革,重才实,其知人之深乎? 公之勋德,不可备言,有议论数十万言,李邕载之别传。论者谓松柏不夭金石不柔。受于天焉。公为大理丞,抗天子而不屈;在豫州日,拒元帅而不下;居相位,而能复废主以正天下之本,岂非刚正之气,出乎诚信,见乎事业。当时优游荐绅之中,颠而不扶,危而不持者,何足道哉! 故系之云:商有三仁,未能救其灭;汉有四皓,正于未夺。呜呼! 武暴如火,李寒如灰,何心不随,何力可回? 我公哀伤,拯天之亡,溯长风而孤骞,逆大川以独航。金可革,公不可革,孰为乎刚? 地可动,公不可动,孰为乎方? 一朝感通,群阴披攘,天子既臣而皇,天下既周而唐,七世发灵,万年垂光。嘻! 非天下之至诚,其孰能当! 左朝奉郎。集贤校理、管亳州明道宫黄庭坚书,绍兴六年七月朔,左朝请大夫、知江州军州、兼管内劝农营田司事主管、内安抚公事许端夫重立。

周廉溪先生祠堂记

古之为治者,先化而后政。《诗》《书》,道之宗也;礼乐,德之聚也;道德,仁之本也。君子于是观政焉,齐之以刑,斯为辅治。彼规矩然于簿书期会之末,而不得夫诗书礼乐之意,未之思耳。若稽古周元公先生,阙里旧在江州之濂溪,日因宅为祠为书堂。兵后寄祠府学之光霁堂,非礼也。至元二十八年,总管陈侯时举,新作濂溪书院于府治之东,翰林学士姚公燧为之记,而先生之墓,在德化乡清泉社,乃立丰碑道左,大书曰:"宋濂溪先生周元公之墓。"往来者必式焉。君子谓是役也,有关于风化甚大,然而墓亭未立也,墓祠未复也。诸生春秋来享,列俎豆野祭墓下。风雨则于民居岁事,不称尊礼先儒之意,山长庐陵李敬德有志焉。至大四年,夏廉访分司成都刘传之来审决滞狱,谓总管完颜侯曰:"崇化劝学,刺史责也。"恭惟三月庚寅,诏书曰:"国家内设国学,外设府州县学,作成人材,宣扬风化,钦哉。"元公祠宇,若有所待,我仪图之,惟侯其举之。十月甲戌,侯相地兴工,府判张侯实赞其决,庶士竞劝,不日成之。贻书眉山陈黄裳曰:"此时举之志也,先化而后政矣,侯请为立碑。"嗟夫! 先生之道大矣,祠宇之复美矣,敢赞一辞? 尝因出浔阳南门,沿乎濂溪,风乎五老峰下。至先生墓南,草色交翠,芙蕖如玉,想像池莲庭草,不觉身在光风霁月中,使人徘徊不能舍去,德之洽人也久矣。道而其目在乎仁、义、礼、智、信。隐者其体,费者其用,求之图书,若高且远,而实不出乎日用常行之间。可以入德,可以学圣,非若异端有体无用者比。厥后二程氏、朱氏、张氏,或见而知之,或闻而知之,绍闻懿德,言使圣人之道。昭明于天下,而其功实自濂溪先生始,不在孟子下也,岂特春陵、豫章、九江、京口、章贡、横浦祀之,将天下通祀之。传云:"语大天下莫能载焉",兹非是欤? 陈侯名元凯,完颜侯名释,传之名宗说,张侯名毅,是年十一月戊朔谨记,将仕佐郎。江西等处儒学副提举眉山陈裳撰。

司马温公祠堂记

肃政廉访副使张侯让,分治江、兴二郡,所治必率学官弟子讲学修礼,诹善明教,庶几罔疏刑简,协于圣治。至元三十年夏,得司马温公七世孙镇于生舍,赒其饥困,问其先,则宋靖康后徙越州。公曾孙备解荣州,守道死江州,遂葬而家。公三子,童唐早亡,而康为

之嗣。康二子植、桓，而植以嫡长为小宗，兄弟宗之。植生备，备生逊，逊生拯，拯生坚，坚生镇，世嫡长五世之宗易，而太宗不迁。凡今之司马氏之留越派洪者，其宗子当在江。侯曰："公作《治鉴》，继春秋，为万世正名分，著课皆准经范，俗学行为先师，俱在祀典。古之尊贤者，有旌里祀冢，公孙子在主拓，图书安于是，公精灵著存亦在是，何必涑水可无表显？纵不为濂溪精舍，亦当专贤人之俎豆。元公孙使之有田以祭温公，孙忍不能活其身。江人士不早以告我，岂独有位者罪哉？"遂辍俸为之倡。郡侯赵献和之，其世家与士知义者，咸相以

司马温公祠堂记

赏。命郡掾史市材佣工，即学东偏隙地，兴建祠堂，像公而奉之，别为舍其左，居公孙倬主祠事，视昔与馂庑下裘而不严者异于是。众咸曰："宜。"公学本孔氏，达道达德九经之诚，其要在谨独不自欺，循以推之君亲长幼朋友夫妇，积而克之家国天下，殊邻绝域，狠暴奸宄，迄钦远慕，暂毁终服，以至没世不忘，自契、皋、伊，传周、召之功不见，而人以儒为迂；孔、颜、曾、孟之学不传，人以儒为庸；汉仲舒德胜其才，唐退之文过其质，宋周、程、朱、张，有其学而无其位，兼得之者惟公奈何？王安石之伪行，终始祸其国；公之诚心直道，不究厥效，非三代之道不如秦、汉，无亦时多儒不善择耳，况汴而浙乎？公自处迂庸，卒非诡智速利者所及。至再阅与坏而愈明，人愈敬之。呜呼！真儒之道如此哉！与二程子出处语默多同，朱文公因其书，爰有刚目，述作之旨亦同。如日星行世。然南方学者，不思实践，剽经训为虚文，政宣之弊尤甚。伏节死义者虽不乏，而败类无廉耻者皆是，则揭章公之学，行以磨砺薄俗。实今日急务。中原学者，同公之乡，而熟其为人，亦当致知力行之并进，为文质彬彬之君子，斯侯之志欤？侯直声远闻，咸愿民其下。祠成，将移雄部，勖郡寮善视镇，使有恒食，无怠世守，江人以友潜尝共学焉，而知其故，属笔以书，不敢辞也。是年秋，庐山王友潜记并书，翰林直学士、承直郎吕师顺篆额。

至正己丑冬月上丁郡幕官经历张汝翼、知事齐光祖、照磨陈应昌，恭祀先圣，复诣谒大师温国公祠，时裔孙司马润，出示公图像官诰，神采具存。又继以石碑遗墨视之，乃前宪副张君建祠设像之初纪也。而石则毁于大德，丁酉岁，讵今五十年，幸司马氏世守弗坠，于是知事齐君玄齐，赞协同寅，重树其石，盖有以见玄齐公之克敬先贤，而善继张宪副之志云。文仍旧贯，事刻新题，后之视今，亦犹今之视昔。至正九年十月之望，前乡贡进士、江州路儒学正戴懋和谨识。

景星书院大成殿记

昔宋氏以五纬集奎，开文明之运，盖尝狭陋汉、唐，规复三代，自国都郡邑儒宫庠序之制，既饬既严，咸有仪则，丰物备礼，罔不殚尽，至凡先圣矩公里居宦历，楼寓谪迁之次，并建置书院，以致稽古尚贤，作兴士类之意。呜呼！盛哉！浔阳为郡，历载兹久，有唐宗臣曰："谏议渤者，尝刺是州。方是时，昌黎韩公，以道德文柄倡天下，其诵公之出谓峻行魏名，必瑞当世，如景星凤凰，争先快睹，故后之学者，按图志，即其故居，揭是目以奉遗德，以诏多士。而公之庐阜旧隐曰、"白鹿洞"者，今又为南康学，兹不槩举。然则升斯堂，道

盛德,雍容俯仰,高山景行之思,得无介然乎?何独是人专美有唐,以焜耀简册,流芳后来,而吾曹恭然为是没没也?且宋以文治轶前古,南渡来,虽岭跳闽无让洙、泗,鸿儒硕士,相望继起,中间怀材负器,蔚为时贤照映九江者,顾岂乏人。惜无昌黎钜公,称詠赞辨,昭灼鼓舞,而为之倡也,岂有之而往以殊方未见也?至元乙亥,我国家奄践全宋,混一九有,大凡列郡名城,市无易肆。后三年,朝议置行壹维扬,厥后以九江为交、广、荆、湖、闽、浙之会,移涖兹郡。今江西湖东道宪使青崖魏公。时方以侍御史适贰台端,下车之始,礼谒致奠,首以旧学卑隘,坏漏弗称,议彻故宇而更新之。山长袁舜龙,甘楚材等,承命不辞,惟敬惟谨。乃徵工较力,亢用度材,裁冗费,节恒用,衰其羡赢。久之,积楮弊为缗四千五伯有奇,米硕余贰百,仍俾史侯兼董其役。寔以至元乙酉五月肇功,阅三月落成,自殿序堂庑齐庖门陛,凡为屋若干区,而层帘巨栋,增饰有加,轮奂惟新,百废具举,至若仰庐山之奇秀,俯澄江之浩渺,瞻企流风,顾揠清旷,殆可想而得也。于是九江之士,乐其教育作成之惠,乃走书宪副雪崖冯公,咸颉刻石以著兹美。比者两公合辞,俾叙始末,顾为芜陋之文,不足以称副之盛绩,然两公世好义,岂得辞,遂次其言于右。既,又进而言曰:"为两公魏氏自靖肃而上,大参诸公,世著令德,且靖肃以赴义蹈难,耸动一时,称重四海。冯氏自临海松庵而下,正色立朝,英槃凛凛,皆是中州厚德高风伟节,大义炳然,兹与谏议颃顽,非凝之私所能议拟。然凝自稚齿以来,方事经读,侧闻先生长者之间,固已熟其盛烈,两公又能宏才世学,为时显人、雅范清规,克荷先训,复恐东南之士,未或前闻也。用是不复牢让。"是则景星之云:"嗣当有在,而两公之倡,夫岂以兴作之盛,循故事,资声称,苟然而已,因附记之,愿相与勉焉,以无负两公之倡云。至元丁亥,九月望日,承直郎、治书侍御史行御史台事高凝撰,中大夫、江西湖东道提刑按察使廉恂书并题额。"

寿圣观记

元有天下,嘉惠黎庶,怀柔百神,允前代所以为民事神者,有举无废,惟九江有江湖之险,而寿圣观祠通慧真君为盛。真君姓杨,名正夫,始家临川。尝游襄汉,遇异人,当宋庆元年乙卯,诛茅结屋九江之泥陀觜,救民水旱疾疢之菑,江湖河汉之厄。次第,众建道院。嘉定初,赐观额,封通慧先生。咸浮甲戌,观燬于火。皇元大德乙巳,始建殿。皇庆癸丑,观门建桥。延祐甲寅、祐殿而下以次成。戊午改封真君,加以孚惠仁祐徽称。泰定丁卯,玄武殿成。元统癸酉,三门成。凡民事神,与国家从民之欲者备矣。九江张鉴、赵某为士请记庐陵,乃为之言曰:"昔者,圣人治天下,自天地日月,五行四时,山岳江海,丘陵坟衍,皆听于一人。而类禋望秩,咸篇民诗书礼乐,各有其帝里以无获戾于上下神祇。"有诵之者曰:"五日一风,十日一雨。"又曰:"风不鸣条,雨不破块。"概未有知其善诵者也。当是时,天清地宁,海晏而不波,河犹而不泛,民生其间、不知帝力。其后德衰,留害并至,始有盲风怪雨,旱乾水溢。其后德愈降,留害愈至,有民社者,不足御菑捍患而一切听于神,物怪神奸,愈益众矣,嗟夫,甚矣!难乎其为后世之民也。方今圣人作为舟楫,以济民车马之所不通,而民利赖之,孰知乃有中流,一旦号呼天地鬼神以乞其父母妻子之身者乎?人非管幼安,谁能济海,自讼其过,惟三日不梳头,一日晏起而止?又非程叔子,谁能渡江正襟危坐,神色泰然者?则其不免于号呼一旦,亦其势也。于是为政者,不知先成民而后致力于神,为士者不知修身以事天,为民者不知迁善以远罪,其来久矣。使人无明神以御菑捍患其间,民将若之何?昔人有言,吾其鱼矣。呜呼,甚矣!难乎其为后世之民也。自今九江之士,与其乡人父老,率其子弟,益务修其隐慝,讼其内疚,以庶无罪悔于俯仰间。神其有不佑之者乎?此明神之至愿,而善为政治民事神者之望深也。诗不云乎:"岂弟君子,神所劳矣"?庐陵刘岳申撰。

东林寺碑

古者，将有圣贤，必有山岳，尼丘启于夫子，鹫岭保于释迦，衡阜之托思，天台之楼顗，岂徒然也。故知土之不厚，则巨材不生；地不灵，则异人不降。阴隲潜运，玄符肇开，宿根果于福庭，大事萌于净土，其来尚矣。东林寺者，晋大元九年慧远法师之所建也。世居雁门楼烦，俗姓贾氏，童妙神悟，壮立精博。初涉华学，不读非圣之书；中留范经，尤邃是田之说。尝就衡岳，觏止道安。火遇于薪，玉成于器，虽根种诸佛，而果得一时。《狮子吼》言："载闻顺喻，维摩诘更了空门，安住四依修舍二法"和尚叹曰："吾道行者惟此人焉。"属朱序寻戈，缁徒逃海，道由兹岭，其器宿诚，谓其从曰："是处崇胜，有足底居地，若无流池，曷云法宇？大谁神庙，特异莲峰，结跏一心，开示五力，以杖剌地，应时涌泉，既荷殊祥，因立精舍，坚卧禁戒。弘演妙秉。浮囊毒流，木铎正教，首唱南部，转觉后人，以知慧力，断烦恼锁。由是真僧益广妙供日崇，隘其本图，弘其别业，乃进自香谷，集坡安栖，即昙现之门生，邻慧永之何若。相与撰平圃，逾层岩，在山之阳，居水之右，其始而未究其末，有其取未虞其劳。当是时也，桓玄司人，柄斡国钧，以福庄严，因怺檀施，书日力之费，尽出木之功，缭垣云连，厦屋天耸，如来之室，宛化出于林间；帝释之幢，忽飞来于牕外。至若奥宇冬燠，高台夏清，玉水文阶而碧纱，瑶林藻庭而朱实，琉璃之地，月照灼而徘徊，施檀之龛，吹芬芳而馝馞。相事毕集，微妙绝时，罗什致其澡瓶，巧穷双口。姚泓奉其雕像，工极五年，殷堪枢衣而每谈，卢循避席而累赘。道弘三界，何止八部，宅心声闻十方，足使诸天回首。观其育王赎罪，文殊降形，蹈海不沉，验于陶偘；迫火不热，梦于僧珍。愿苟存诚，祈必通感，既多雨以出日，乍积阳以作霖。则有影图西来，舍利东化，或搭踊于地，或光属于天，谢客忻味而成文，刘斐诋诃而覃思，所以山亚五岳，江比四溟，地凭法而自高，物因词而益重。洎梁有崇禅师者，传灯习明，安心乐行，指拳犹昔，薪尽如生。次有果、日二法师，僧实所钦，克和止观，法物为大用。继往持上座昙杰，寺主道廉。都维那道真等，皆沐浴福河，栖止净业，诸结已尽，白黑双遣，众生可度，名色两忘，纂盛名于旧人，启新意于今作，重建雅颂，远培托鄙夫，代断有惭，岂云伤手掘笔余勇，曷议齐贤。但相如好仁，慕兰名而激节；伯皆闻义，读曹碑而叙能。傥青出于蓝，冰寒于水，非曰能也。固请学焉。"其词曰：

灵山兆发，真僧感通。刺泉有力，呵神致功。江仪外演，禅僧内融。性除遍执，门开大空。其一

瞻礼云集。底居峰薄。越岭图胜，降平规慱。信臣檀施，护供兴作。大起重阶，广延阿阁。其二

严幢踊出，宝塔飞来。尊容月满，法宇天开。化城广筑，道树移栽。风清梵乐，石敝花台。其三

金容海游，法影山荐。毒龙业消，渔子心变。万里西传，一时东现。华戎异闻，穹厚惊眄。其四

远实法主，谢惟文伯。光颂累彰，德名增益。助起江山，声流金石。一言可追，千载相激。其五

了性了乂，或古或今。止持绍律，定慧通心。睹物情至，怀缘道深。敢凭净业，永纪禅林。其六

大唐开元十九年七月十五日建，前陈州刺史江夏李邕文并书。

江州重建烟水亭记

出城南三百步,旧有亭,扁曰"烟水亭"。其址临道旁:跨于甘棠李渤湖之间,庐阜崒嵂倚于东南。林峦周遭,中护一水,山泽通气,呈巧献奇,行道之人,咸可寄目,蔚乎泽国之伟观也。考验图册,而开迹弗详焉。故老相传,濂溪先生之嗣子司封郎官寿所赋名,时则绍兴元符间也,去年百余载矣。中更名故,亭宇倾圮,废而兴,兴而废,莫为永图。十年以来,腐薨败甍无存者,且其地暴于水,日就罅缺,孰能治而新之?绍兴甲寅春,吴典沈公祖德,以列卿之望,来莅兹郡,治荒剔蠹,殆阅三时,教条事绪,亦既整整有法,乃访城邑观台之故,而于修旧起废有志焉。里自闾阎籍亭名九十有三,而其泯弗存者什七八九。公怃然念之,亦自谓致力,宜知所先后。惟甘棠一湖,荡漾空阔。岁每祝圣人寿,群纵水族围洋其中,而亭枕其涯,实为缙绅会之地,是独非其所当急者,置之勿问可乎?退自经尽,计费钱六十万,乃以属德化县令沈埴。愿缩县计之合输于州者以助之。董事饬工,悉以诿令,考极相方,受成于公。乃季秋命役筑隄,并湖拓基承宇,未浃辰日已立,既逾月而成。飞帘列牖,隆栋臣楹,朱扉华表,连甍接高,深广俱十六步。亭左益附其四楹,登临眺览,地不遗巧,烟霏涵润,水光接空,林木丛生,鸥鹭翔集,心舒目眩,恍在烟雾中。公既自喜,乃延辑宾,佐觞以落之。客或慨而言曰:"今夫天地之间,山川之广,达观伟践,若此景者不少矣。而物换星移,率不过数十年,远者百年,葵麦春风,回首易感,惟有功而传,则谆久谆著,盖吾邦庾公白公之所遗风流光景,至今犹未泯也,是尚可以岁计之哉!始公来,文书烦壅,笤庾无储,克勤于理,宵典听讼,率漏下未尽四刻,而寮众奔走,亦莫敢有懈意。既又罢燕乐,纪他用以惜民力,公上之供,赖以不匮。浚池垔,抵潦涨,里间利害,悉兴悉除,今又以余力经理斯亭,追复昔人之旧观,则公之规范,可谓炳炳卓卓,而斯亭又待公而传,岂其与起固自有数耶?金愿断石以昭不朽,公曰:"可。"乃命书其事云。绍熙甲寅孟冬望日记,文林郎、充江州州学教授余禹绩撰。记序梁元帝庐山序夫日月丽天,皇穹所以贞观,川岳带地,后土所以惟宁。庐亦南国之德镇,虽林石异势,而云霞共色,长风暝作,则万流俱响;惊飚晓吟,则百岭齐应。东瞻洪井,识曳布之在兹;西望石梁,见捐宝之可拾。诚复慕类易悲,山中难以久,攀缘结桂,多见淹留。

晋张僧鉴浔阳记

庐山东南有三宫,所谓三天子都也,庐宫溪水出焉。上宫人所不至,其下有三石梁,长十余丈,涧才盈尺,其下无底。中宫,在别岩,悉是文石,两边有小员峰,号为古郭,形若军马夹道。下宫,宫亭庙旧所也,山高二千六百六十丈,圆基周回垂五百里,其山九叠,川亦九派。郡国志曰:"叠障九层,崇岩万仞,怀灵抱异,包诸仙迹。"

张野《庐山记》

天将雨则有白云,或冠峰岳,或亘中岭,俗谓之山带。不出三百必雨,每雨其下成潦,而上犹皎日。峰头有大盘石,可坐数百人。

慧远《庐山记》

山在江州寻阳南滨宫亭北,对九江之南,江为盆江,山去盆江三十余里,左挟彭泽,右傍通川,引三江之流,而据其会云。云有匡俗先生者,出自殷周之际,遁世隐时,潜居其下。或云俗受道于仙人,而失迹此崖,遂托空崖,即岩成馆,故时人谓其所止,为神仙之庐

而命焉。其山大岭凡七重，圆基周回垂五百里，风云之所摅，江湖之所带，峭壁万寻，人兽两绝。天将雨，则有白气先搏，而映络于岭下，至触石吐云，则倏忽而集。或大风振崖，逸响动谷，群籁竞奏，奇声骇人，此其变化不可测者矣。众岭中，第三岭极峻，人迹所罕经。昔太史公东游，登其峰而遐观，南眺三湖，北望九江，东西四目，若陟天庭焉。其岭下半许，有石室，即古仙之所居也。其后有岩，汉董奉馆岳下，常为人治病，法多神验，绝于俗医，病愈者令栽杏五株，数年之中，蔚然成林。计奉在民间，近二百年，容状常如三十，然俄而升仙，遂绝迹于杏林。其北岭西崖，有悬流遥注百余仞，云气映天，望之若山在霄雾焉。其南岭临宫亭，湖下有神庙，即宫亭为号。七岭同会于东，共成峰崿，其崖穷绝莫有升者。有野夫见人著沙门服，凌空直上，回身蹑鞾，良久与云气俱灭。又所止多奇，触像有异，北背重阜，前带双流，所背之山左有龙形，而石塔基焉。下有甘泉涌出，冷暖与寒暑相变盈减，经水旱而不异。寻其源，仍出于龙首也。南对高峰上，有奇木独绝于林表数十丈，其下似一层浮图，白鹤之所翔，玄鸟云之所入也。东南有香炉山，孤峰秀起，游气笼其上，则气氲若香烟，白云映其外，则炳然与众山别。天将雨，其下水气涌气如马车盖，此即龙井之所吐。其左有翠林，青雀白猿之所憩，鸐之所蛰。西有石门，其前似双阙，壁立千余仞，而瀑布流焉。其中鸟兽草水之美，灵药万物之奇，可胜名哉？略举其异而已。其余古今人赋詠，不可备载，余散见诸志云。

文辞

《九江府志》陶渊明《归去来辞》

归去来兮，田园将芜胡不归！既自以心为形役，奚惆怅而独悲？悟已往之不谏，知来者之可追。实迷途其未远，觉今是而昨非。舟摇摇以轻□，风飘飘而吹衣。问征夫以前路，恨晨光之熹微。乃瞻衡宇，载欣载奔。僮仆欢迎，稚子候门。三径就荒，松菊犹存。携幼入室，有酒盈樽。引壶觞以自酌，眄庭柯以怡颜。倚南窗以寄傲，审容膝之易安。园日涉以成趣，门虽设而常关。策扶老以流憩，时矫首而遐观。云无心以出岫，鸟倦飞而知还。景翳翳以将入，抚孤松而盘桓。归去来兮，请息交以绝游。世与我而相违，复驾言兮焉求。悦亲戚之情话，乐琴书以消忧。农人告余以春及，将有事于西畴。或命巾车，或棹孤舟，既窈窕以寻壑，亦崎岖而经丘。木欣欣以向荣，泉涓涓而始流。善万物之得时，感吾生之行休。已矣乎！寓形宇内复几时，曷不委心任去留，胡为乎遑遑欲何之。富贵非吾愿，帝乡不可期。怀良辰以孤往，或植杖而耘耔，登东皋以舒啸，临清流而赋诗。聊乘化以归尽，乐乎天命复奚疑！

五柳先生传

先生不知何许人，亦不详其姓字，宅边有五柳树，因以为号焉。闲靖少言，不慕荣利。好读书，不求甚解，每有意会，便欣然忘食。性嗜酒，家贫，不能常得。亲旧知其如此，或置酒而招之。造饮辄尽，期在必醉；既醉而退，曾不吝情去留。环堵萧然，不蔽风日；短褐穿结，箪瓢屡空晏如也。常著文章自娱，颇示己志，忘怀得失，以此自终。赞曰："黔娄有言，不戚戚于贫贱，不汲汲于富贵。极其言兹若人之俦乎！酣觞赋诗，以乐其志，无怀氏之民欤？葛天氏之民欤？

周濂溪先生《太极图说》

无极而太极，太极动而生阳；动极而静，静而生阴。静极复动，一动一静，互为其根；分阴分阳，两仪立焉。阳变阴合，而生水、火、木、金、土。五气顺布，四时行焉。五行，一阴阳也；阴阳，一太极也；太极，本无极也。五行之生也，各一其性；无极之真，二五之精妙合而凝。乾道成男，坤道成女，二气交感，而生万物。万物生出。而变化无穷焉。唯人也，得其秀而灵，形既生矣，神发知矣，五性感动，而善恶分，万事出矣。圣人定之以中正仁义而主静，立人极焉，故圣人与天地合其德，日月合其明，四时合其序，鬼神合其吉凶。君子修之吉，小人悖之凶。故曰："立天之道，曰阴与阳；立地之道，曰柔与刚；立人之道，曰仁与义。"又曰："原始反终，故知死生之说。"大哉易也，斯甚至矣。

赠左丞忠文公李黼谥议

夫死生利害，在人为甚重，而不以少动其心者，非伟然真见之士，鲜弗能无惑也。一有惑焉，则泪于计虑之私，而有遁迹苟全者矣，惟君子乃能安乎此。由其义命素明诸中，锥寻常造次之必是，况于事君而可食焉，以避其难哉！若江西行省参政、依前兼江州路总管李黼，以进士魁天下，以才良跻侍从，以政事知要郡，匪躬之节，蹇蹇自将，一旦暴贼起，邻陷，武昌省宪诸臣，窜死弗暇，毒焰肆灼，正当其衡，守无完城，敌无简师，黼独能开仓库，募土兵，以忠义激人心，再战再克，威声甚张。方将防御上游，联兵旁郡，而贼锋转逼，总戎先奔，与孤城以俱亡，蹈壮节而弗夺，手剑骂贼，力尽乃殒，其英风景烈，足以炳耀乎国史，而砥砺乎人臣矣。夫杀身报国曰："忠。"德美才秀曰："文。"揆诸二法，允称所褒，请以忠文谥之。太常博士张翥撰。

李黼传

李黼，字子威，河南颍州人也。高祖俊，曾祖成，祖荣。世居广平之鸡泽，金亡徙汴。父守中，仕至归德知府，以工部尚书致仕。黼年十八，受经于国子祭酒尚野，尤邃易学。延祐七年，以朝官子补国子生。中泰定丁卯科第一名，授翰林修撰承务郎同知制诰，兼国史院编修官。至顺二年，除河南行省检校官。后至元二年入为礼部主事，四年拜监察御史。首言太庙宜复四祭，择省臣一员领国子学，宗戚诸王，族属远迩，无文可稽，宜如前代之制为谱牒。又言宜优经筵进讲之礼。莅事两月，竟以不合罢去。至正二年，除江西行省左右司郎中，以父忧未赴。再授国子监丞，转宣文阁监书博士，兼经筵译文官。九年除秘书太监，迁礼部侍郎、制命及集贤翰林，详定诸陈言封事等为六等。朝廷多采用焉。十年除江州路总管，始至，明约束通钞法，理冤狱，简词讼，宽租赋，逮矜寡，至于馆传舟车，堤防道路，靡不修举，期月而政成。十一年五月盗起淮蔡，所至焚掠城邑，有司不能制御。数月之间，众至数万。江淮绎骚，江州西界湖广，东连江浙，为一省藩蔽。时太平日久，城中无兵，同列皆惟惧，人无固志。黼谕之曰："贼一时乌合，势岂能久！且大军将至，何遽至此！设有不幸，亦当与此城俱没。"遂完城浚堑，伐木立栅，出府库兵，不足者补之，料丁壮分布城上。及沿江水陆津要州县城邑。仍讥察往来出入。已而，贼报日急，乃籍乡村工匠悉入城中，出优倡末游于城外，集居民什伍之使相司察以防奸细。八月，贼焚麻城蕲水。行省调兵千二百人来授。九月，晦贼陷蕲州路，增兵备马头渡及城内诸门，仍揭榜求言。陷曰："为臣尽忠，为子尽孝，人之大节。近自五月以来，两淮盗起，延蔓蕲黄。虽有

大江限隔，不可不为之备。黼以不才，叨守是郡，恒惧不职，不能战此大难。诚望贤士大夫及郡中耆宿豪杰，凡与我同休戚者，思共济于艰难。"又以书檄江西行省，曰："善御患者，必先事而防危，不后时而失机。迩者妖，贼倡乱，侵轶江淮，已蒙行省出师分守要害。切惟本路，滨临大江，为省藩屏，城郭火废，甲兵数少。对江北岸。俱系蕲州安庆之境。今贼出没，邻邑有难，理宜救援。黼以职守，不得越境，行省宜勒所属，及移文湖广，河南二省，各拣精锐，会合镇南王军马，直抵蕲黄，并力剿捕，岂惟使贼不敢南窥。又与北来大军犄角夹攻，贼必殄灭。昔吴夹濡须为坞，魏人不敢南窥江表，此明验也。况今天下一家，蕞尔犬羊，岂敢与国家抗衡！正当不拘文墨，便宜区处以制来然。且我得军江北，是全有大江之险也。若专备江南，贼居上流，万一透漏，必至事变，虽悔何及？"行省以为迂，不听。十一月，行省平章秃坚里不花，分省江州，黼又献策曰："先人有夺人之志，兵家之至计也。大兵宜乘锋锐，直抵江北，不可坐失事机。不花气沮，惟以把截为辞。"黼叹曰："巧迟不如拙速，今帅老将怯，妄分彼我。拥兵自卫，事机一失，宁可复乎？吾惟尽职有死而已。"十二年正月，行省右丞孛罗帖木儿别统一军，进讨淮西，驻兵江上，留半月不进。十四日，贼陷武昌，藩王省臣，及官民舟楫，蔽江而下，运官亦茶赋而去。十九日，平章右丞及府寮共议奔避。黼知其意，即抗言责之曰："二公重臣，方镇所倚，总兵驻此，坐糜廪饩，三阅月矣。今贼至不击，顾先窜避，民何赖焉？"二人不顾。径去，府中为空。黼又虑郡县恶少及村野小民，相扇胥动，复出榜谕："以国家深仁厚泽，涵濡数世，尔民不宜望风草靡，与贼同恶。辞旨激厉，莫不感奋，阖境贴然。是日，贼骑入境，有黄梅县六簿孙帖木儿献策，愿奋力击贼。于是，募丁壮四、五千人，帅以迎敌。仓卒无号，乃命人墨其面。出城二十里许。遇贼交锋。贼斫黼及主簿，贾勇齐奋，大呼陷阵，贼大崩溃。乘胜追奔六十余里，直抵瑞昌，斩获无笄。又虞贼舟东下，于城北水底，预植长木，胄铁椎木杪，逆刺贼舟。贼果来，舟遇不皆坏，且不能动。郡兵因而击之，挤入水者什七八。至行省，遣使劳问，赆白金五十两，绮二端，咨保遥授江西行省参知事，行江州康等路军民都总管，便宜行事。宪司亦遣使劳以楮币。黼悉贮公帑。以备犒军。南台遣使以闻，授江西行省参知政事，依前兼江州路总管。是时，分省大臣及诸将，弃师远遁，西至荆湖，东际九江，数千里内，贼出入跳踉。无一人执戈敢婴其锋者。黼以孤旅，斩馘扶伤，无一日不载。贼众生兵日增，外援益绝。二月六日，不花迫风纪，议复出兵。驻三山，索军饷五伯石，黼以楮币应之。"而又索米一千五百石，黼让之曰："公屯兵不过三千，而需米千五百石，人日食米一升五合，可支三十余日。今贼已迫，待公兵至，已为鱼肉矣。宜急保城，并力杀贼，不可缓也。"九日癸未，万户普贤奴兵败，不花遂走入城，留理问章完者。万户普贤奴、刘枢，守三山。十日甲申，府吏谢赜送粮自三山，回报理问等。遇贼皆败，不知所向。至夜一鼓，向军士一人，自贼中逃还，云贼宿太平宫，明日约来攻城。黼闻之，焚香端筮，筮战不利。筮守得临之上六，默然良久，曰："死守无疑矣。"十一日乙酉，黼晨会不花，曰："事势至此，计将安出？"不花茫然无应。黼曰："我昔之言，不幸而验。至计不从，致有今日，死守死战，决在今日。吾曹亦何足恤，但惜一郡生灵陷脑逆耳！"不花徐曰："我守北门。"黼奋袂起曰："我临阵杀贼。平章守战与否，于我何与耶？"即率卒登城。贼众万余，已至甘棠湖，火西门庐合。黼趋南门，万众御贼，发火翎箭，贼多中伤。不花已由北门先遁。户佛保，亦率亲兵逸去。黼病不骑，肩舆督战。居民知城必破，泣请突围以出。黼拒却之。战愈力。日午，贼转攻东门，益急。黼移东门。士卒见主将逃遁，官军弃甲，皆相视惬怀，锐气销沮，城遂陷。黼骂贼曰："汝等红巾强寇，国家何负汝等，敢尔背叛，我恨不能尽杀汝等。汝勿杀民，速杀我。"遂与其侄秉昭遇害。明日，居民相率取黼骸，敛而葬之。先是，武昌失守，贼兵东下，黼谓其子秉方曰："我为国守臣，分当死守，汝奉汝母避贼，以存吾后。"秉

方不肯，矑作色曰："汝不尊父命，是不孝也。"秉昭亦谓之曰："叔父止汝一息，死欲何求？我已失怙恃，尚有诸兄在。叔父恩同罔极，危难之际，我当共之。汝去，叔父无后顾忧，且父命不可违也。"秉方不得已，遂泣而别。后朝廷赐命至，矑死已逾月矣。寿五十五，后赠摅忠秉义效节功臣。资德大夫、淮南江北等处行中书省左丞上护军，追封陇西郡公，谥忠文。至治初，予来京师，始识矑于前进士王霖家。年方二十余，白皙而寡髯，英迈俊爽，出语不凡，予雅甚敬之。后为助教，矑已为上舍生。循循雅饬，动必如檀；朋友有失，必直告无隐。与兄藻皆以文名，人谓之二李。在围城中，每慷慨作诗遇意。后有人南来得其诗云："弥勒何神稔祸胎，魗魗贼子扇氛埃。烟锁郡邑生灵壁，可惜同归一炬灰。"读者悲之。昆弟五人。兄冕，先死红巾之难，赠颍州判官。秉昭，其子也。藻，江南湖北道肃政廉访副使。弟绣，应奉翰林。绘，未仕。妻传氏，封陇西郡夫人。男一秉方。国子积分生龙庆州学正，今袭父职，授亚中大夫同知永平屯田总管府事。女一在堂。论曰："古今言治者，政与教而已，然知本末先后之序者寡矣；三纲五常，人之大伦。从伦既明，因不待立政而自治也。斯言也，不知者又岂不以为迂乎？我国家以淳厖混厚之德而有天下，其始也，风气未开，政教未立。世祖皇帝初立国学，首取国人而教之。于是，人始知学。"仁宗皇帝曰："肇设科举，乃以经术取士，然率士之广，三年之中，所得恒不满百。中间虽有一二能展其用者，亦不过为众人之臣擘，是固不能已迂者之论也。"迨夫雪霜并挚，草木俱萎，乃有陕西行台监察御史张桓，首挈妻子于贼手。继而台州路总管泰百花，亦见杀于贼。淮南参政赵琏，高邮知府李齐，俱死泰州之寇。而矑之事，尤为壮烈。继矑而尽其职者，又可偻数？至是而不迂之论始定。嗟乎！使今之为国为民者，皆能舍生取义，如若人者，又何患盗之不弭，政之不治也哉！翰林丞旨孕好文撰。

国子生李秉昭传

李秉昭，字元晋，颍州人也。祖守中，归德知府，以工部尚书致仕，有名于时。叔父矑，进士及第，仕至江西行省参政依前兼江州路总管，官死于贼，其传在国史。秉昭自儿时已不群，长尤介特。尝读书颍之欧、苏书院，距家不满三里，饮食皆于家取给。忽大雨连日，家人偶忘供馈，秉昭顾囊中，止余斗菽，煮而食之，读书不少辍，不归其家，其立志勤卓如此。补国子生。及矑出守江州，乃从行。公务家政，毗赞居多，众称为李氏佳子第。至正十一年，红巾贼起颍亳。秉昭之父冕，时在颍，父不通音问，心私忧之，以矑旁侍无人，未忍言归省。会矑之子秉方，来自京师，即日请行。自汉阳渡江，取道襄、许，徒步贼间，昼伏宵行，濒于死者累矣。将达汝宁，而贼党充斥不可前。后还江州，始闻冕亦死于贼，且暮号恸。几至殒绝。明年正月，贼陷武昌，将东下，其势张甚，居人四出逃溃。矑召秉方、秉昭，谕之曰："吾守此土，必死，不以生负国家，汝单当奉母北走以避之。苟令吾鬼不馁，吾复奚恨！"秉方泣以不忍离膝下独生存。秉昭使去，秉昭曰："叔年老，唯兄一人，傥不幸并命贼手，不亦酷乎？我已失怙恃，章上有三兄，以继先业，我虽万死，所甘心焉。我不忍以叔之厚德而绝其后也，兄去在所不疑。"相让至累日，卒不去。二月，贼抵城下，将帅皆先遁。贼攻东门急，秉昭从矑出与贼战，众寡不敌，城遂陷。秉昭尚手杀贼，愤骂不绝声，力屈被执，与矑同死，时年二十九。李国凤曰："自红巾窃发，士大夫不幸。死于难者多矣。其光明俊伟，矑与张卫史桓彭。金事敬叔，虽童儿妇人，皆知其为烈焉。若秉昭，身不沾一命，与其父先后以义死，何世人未尽邪？岂以其名微位卑欤？嗟夫！观其兄弟相让之言，当颠沛之际，而情恳至，忠爱宛然，吾三复为之流涕云。"翰林应奉李国凤撰。

王

王弥

《晋书·列传》

弥，东莱人也。家世二千石。祖颀，魏玄菟太守，武帝时，至汝南太守。弥有才干，博涉书记。少游侠京师，隐者董仲道见而谓之曰："君豺声豹视，好乱乐祸，若天下骚扰，不作士大夫矣。"

惠帝末，妖贼刘伯根起于东莱之㤥县，弥率家僮从之，伯根以为长史。伯根死，聚徒海渚，为苟纯所败，亡入长广山为群贼。弥多权略，凡有所掠，必豫图成败，举无遗策，弓马迅捷，膂力过人，青土号为"飞豹"。后引兵入寇青徐，兖州刺史苟晞逆击，大破之。弥追集亡散，众复大振，晞与之连战，不能克。弥进兵寇泰山、鲁国、谯、梁、汝南、颍川、襄城诸郡，入许昌，开府库，取器仗，所在陷没，多杀守令，有众数万，朝廷不能制。

会天下大乱，进逼洛阳，京邑大振，宫城门昼闭。司徒王衍等率百官距守，弥屯七里涧，王师进击，大破之。弥谓其党刘灵曰："晋兵尚强，归无所厝。刘元海昔为质子，我与之周旋京师，深有分契，今称汉王，将归之，可乎？"灵然之。乃渡河归元海。元海闻而大悦，遣其侍中兼御史大夫郊迎，致书于弥曰："以将军有不世之功，超时之德，故有此迎耳。迟望将军之至，孤今亲行将军之馆，辄拂席洗爵，敬待将军。"及弥见元海，劝称尊号，元海谓弥曰："孤本谓将军如窦周公耳，今真吾孔明、仲华也。烈祖有云：'吾之有将军，如鱼之有水。'"于是署弥司隶校尉，加侍中、特进，弥固辞。使随刘曜寇河内，又与石勒攻临漳。

永嘉初，寇上党，围壶关，东海王越遣淮南内史王旷、安丰太守卫乾等讨之，及弥战于高都、长平间，大败之，死者十六七。元海进弥征东大将军，封东莱公。与刘曜、石勒等攻魏郡、汲郡、顿丘，陷五十余壁，皆调为军士。又与勒攻邺，安北将军和郁弃城而走。怀帝遣北中郎将裴宪次白马讨弥，车骑将军王堪次东燕讨勒，平北将军曹武次太阳讨元海。武部将军彭默为刘聪所败，见害，众军皆退。聪渡黄河，帝遣司隶校尉刘暾、将军宋抽等距之，皆不能抗。弥、聪以万骑至京城，焚二学。东海王越距战于西明门，弥等败走。弥夏以二千骑寇襄城诸县，河东、平阳、弘农、上党诸流人之在颍川、襄城、汝南、南阳、河南者数万家，为旧居人所不礼，皆焚烧城邑，杀二千石长史以应弥。弥又以二万人会石勒寇陈郡、颍川，屯阳翟，遣弟璋与石勒共寇徐兖，因破越军。

弥后与曜寇襄城，逐逼京师。时京邑大饥，人相食，百姓流亡，公卿奔河阴。曜、弥等逐陷宫城,至大极前殿,纵兵大掠。幽帝于端门,逼辱羊皇后,杀皇太子诠,发掘陵墓,焚烧宫庙,城府荡尽,百官及男女遇害者三万余人,遂迁帝于平阳。

弥之掠也,曜禁之,弥不从。曜斩其牙门王延以徇,弥怒,与曜阻兵相攻,死者千余人。弥长史张嵩谏曰:"明公与国家共兴大事,事业甫耳,便相攻讨,何面见主上乎! 平洛之功诚在将军,然刘曜皇族,宜小下之。晋二王平吴之鉴,其则不远,愿明将军以为虑。纵将军阻兵不还,其若子弟宗族何!"弥曰:"善,微子,吾不闻此过也。"于是诣曜谢,结分如初。弥曰:"下官闻过,乃是张长史之功。"曜谓嵩曰:"君为朱建矣,岂况范生乎!"各赐嵩金百斤。弥谓曜曰:"洛阳天下之中,山河四险之固,城池宫室可无假营造,可徙平阳都之。"曜不从,焚烧而去。弥怒曰:"屠各子,岂有帝王之意乎! 汝奈天下何!"遂引众东屯项关。

初,曜以弥先入洛,不待已,怨之,至是嫌隙遂构。刘暾说弥还据青州,弥然之,乃以左长史曹嶷为镇东将军,给兵五千,多赍宝物,还乡里,招诱亡命,且迎其室。弥将徐邈、高梁辄率部曲数千人随嶷去,弥益衰弱。

初,石勒恶弥骁勇,常密为之备。弥之破洛阳也,多遗勒美女宝货以结之。时勒擒苟晞,以为左司马,弥谓勒曰:"公获苟晞而用之,何其神妙! 使晞为公左,弥为公右,天下不足定也!"勒愈忌弥,阴图之。刘暾又劝弥征曹嶷,籍其众以诛勒。于是弥使暾诣青州,令曹嶷引兵会已,而诈要勒共向青州。暾至东阿,为勒游骑所获。勒见弥与嶷书,大怒,乃杀暾。弥未之知,勒伏兵袭弥,杀之,并其众。

史臣曰:惠皇失御,政紊朝危,难起萧墙,毒痛函夏,九州波骇,五岳尘飞,干戈日寻,戎车竞逐。王弥好乱乐祸,挟诈怀奸,命俦啸侣,伺间侯隙,助悖逆于平阳,肆残忍于都邑,遂使生灵涂炭,神器流离,邦国莠麦秀之哀,宫庙兴黍离之痛,岂天意乎? 岂人意乎? 何丑虏之猖狂而乱离之斯瘼者也! 张昌等或鸥张淮浦,或蚁聚荆衡,招乌合之凶徒,逞豺狼之贪暴,凭陵险隘,屈强江湖,未淹岁稔,咸至诛戮,实自取之,非为不幸。峻约同恶相济,生此乱阶,孙卢同类相求,嗣成妖逆。至乃干戈扫地,灾沴滔天,虽樊谢之毒被含灵,李郭之祸延宫阙,方凶比暴,弗是加也。谯纵乘兹衅隙,肆彼奸谋,旋踵而亡,无足论矣。

赞曰:中朝失政,王弥肇乱。神器流离,生灵涂。群妖伺隙,构兹多难。荐食荆衡,陵虐江汉。孙卢奸慝,约峻残贼。穷凶极暴,为鬼为蜮。纵窃岷峨,旋至颠踣。

王机

《晋书·列传》

机,字令明,长沙人也。父毅,广州刺史,甚得南越之情。机美姿仪,倜傥有度量。陈恢之乱,机年十七,率众击破之。常慕王澄为人,澄亦雅知之,以为已亚,遂与友善,内综心膂,外为牙爪。寻用为成都内史。机终日醉酒,不存政事,由是百姓怨之,人情骚动。

会澄遇害,机惧祸及,又属杜□所在发墓,而独为机守冢,机益自疑。就王敦求广州,敦不许。会广州人背刺史郭讷,迎机为刺史,机遂将奴客门生千余人入广州,州部将温邵率众迎机。敦遣将军葛幽追之,及于庐陵,机叱幽曰:"何以敢来? 欲取死邪?"幽不敢逼而归。敦讷闻邵之纳机也,乃遣兵击邵,及为所破。讷又遣机父兄时吏距之,咸倒戈迎机,讷众皆散,乃握节而避机。机遂入城就讷求节,纳叹曰:"昔苏武不失其节,前史以为

美谈。此节天朝所假,义不相与,自可遣兵来取之。"机惭而止。

机自以篡州,惧为王敦所讨,乃更求交州。时杜□余党杜弘奔临贺,送金数千两与机,求讨桂林贼以自效。机为列上,朝廷许之。王敦以机难制,又欲因机讨梁硕,故以降杜弘之勋转为交州刺史。硕闻而遣子侯候机于郁林,机怒其迎迟,责云:"须至州当相收拷。"硕子驰使报硕,硕曰:"王郎已坏广州,何可复来破交州也!"乃禁州人不许迎之。府司马杜赞以硕不迎机,率兵讨硕,为硕所败。硕恐诸侨人为机,于是悉杀其良者,乃自领交趾太守。机既为硕所距,遂住郁林。时杜弘大破桂林贼还,遇机于道,机劝弘取交州。弘素有意,乃执机节曰:"当相与迭持,何可独捉!"机遂以节与之。于是机与弘及温邵、刘沉等并反。

寻而陶侃为广州,到始兴,州人皆谏不可轻进,侃不听。及至州,诸郡县皆已迎机矣。侃先讨温邵、刘沉,皆杀之。机遣牙门屈蓝还州,诈言增粮,密招诱所部,欲以距侃。侃即收蓝斩之,遣督护许高讨机走之。病死于道。高掘出其尸斩首,并杀其二子焉。

陶侃

王矩

《晋书·列传》

矩,字令式。美姿容,每出游,观者盈路。初为南平太守,预讨陈恢有功,迁广州刺史。将赴职,忽见一人持奏谒矩,自云京兆杜灵之。矩问之,答称:"天上京兆,被使召君为主簿。"矩意甚恶之。至州月余卒。《古今事通》:广州刺史王矩至长沙,见一人著布单衣,持奏岸上,矩省,奏云:"京兆杜灵之"。入船共语,称叙稀阔,矩问:"君,京兆人,何时发来?"曰:"朝发。"怪问:"京兆去此数千,那得朝发今到?"杜曰:"仆天上京兆,去此乃数万,何止数千乎?"

王豹

《晋书·忠义传》

豹,顺阳人也。少而抗直。初为豫州别驾,齐王冏为太司马,以豹为主簿。冏骄纵,失天下心,豹致笺于冏曰:

豹闻王臣謇謇,匪躬之故,将以安主定时,保存社稷者也。是以为人臣而欺其君者,刑罚不足以为诛;为人主而逆其谏者,灵厉不足以为谥。伏惟明公虚心下士,开怀纳善,

款诚以著，而逆耳之言未入于听。豹伏思晋政渐钛，始自元康以来，宰相在位，未有一人获终，乃事势使然，未为辄有不善也。今公克平祸乱，安国定家，故复因前倾败之一法，寻中间覆车之轨，欲冀长存，非所敢闻。今河间树根于关右，成都盘桓于旧魏，新野大封于江汉，三面贵王，各以方刚强盛，并典戎马，处险害之地。且明公兴义讨逆，功盖天下，圣德光茂，名震当世。今以难赏之功，挟震主之威，独据京都，专执大权，进则亢龙有悔，退则蒺藜生庭，冀此求安，未知其福。敢以浅见，陈写愚情。

昔武王伐纣，封建诸侯为二伯，自陕以东，周公主之，自陕以西，召公主之。及至其末，霸国之世，不过数州之地，四海强兵不敢入窥九鼎，所以然者，天下习于所奉故也。今诚能尊用周法，以成都为北州伯，统河北之王侯，明公为南州伯，以摄南土之官长，各因本职，出居其方，树德于外，尽忠于内，岁终率所领而贡于朝，简良才，命贤隽，以为天子百官，则四海长宁，万国幸甚，明公之德当与周召同其至美，危败路塞，社稷可保。愿明公思高祖纳娄敬之策，悟张良履足之谋，远临深之危，保泰山之安。若合圣思，宛许可都也。

书入，无报，豹重笺曰：

豹书御已来，十有二日，而圣旨高远，未垂采察，不赐一字之令，不敕可否之宜。盖霸王之神宝，安危之秘术，不可须臾而忽者也。伏思明公挟大功，抱大名，怀大德，执大权，此四大者，域中所不能容，贤圣所以战战兢兢，日昃不暇食，虽休勿休者也。昔周公以武王为兄，成王为君，伐纣有功，以亲辅政，执德弘深，圣思博远，至忠至仁，至孝至敬。而摄事之日，四国流言，离主出奔，居东三年，赖风雨之变，成王感悟。若不遭皇天之应，神人之察，恐公旦之祸未知所限也。至于执政，犹与召公分陕为伯。今明公自视功德孰如周公。且元康已来，宰相之患，危机窃发，不及容思，密祸潜起，轨在呼嚬，岂复晏然得全生计！前鉴不远，公所亲见也。君子不有远虑，必有近忧，忧至乃悟，悔无所及也。

今若从豹此策皆遣王侯之国，北与成都分河为伯，成都在邺，明公都宛，宽方千里，以与圻内，侯伯子男小大相率，结好要盟，同奖皇家，贡御之法，一如周兴。若合圣规，可先旨与成都共论。虽以小才，愿备行人。昔厮养，燕起之微者耳，百里奚，秦楚之商人也，一开其说，两国以宁。况豹虽陋，大州之纲纪，加明公起事险难之主簿也。故身虽轻，其言未必否也。

冏令曰："得前后白事，具意，辄别思量也。"

会长沙王义至，于冏案上见豹，谓冏曰："小子离间骨肉，何不铜驰下打杀！"冏既不能嘉豹之策，遂纳义言，乃奏豹曰："臣忿奸凶肆逆，皇祚颠坠，与成都、长沙、新野共兴义兵，安复社稷，唯欲戮力皇家，与亲亲宗室腹心从事，此臣夙夜自誓，无负神明。而主簿王豹比有白事，敢造异端，谓臣忝备宰相，必遘危害，虑在一旦，不祥之声可趻足而待，欲臣与成都分陕为伯，尽出蕃王。上诬圣朝鉴御之威，下长妖惑，疑阻众心，嘀嗜背憎，巧卖两端，讪上谤下，谗内间外，遘恶导奸，坐生猜嫌。昔孔丘匡鲁，乃诛少正；子产相郑，先戮邓析，诚以交乱名实，若赵高诡怪之类也。豹为臣不忠不顺不义，辄敕都街考竟，以明邪正。"豹将死，曰："悬吾头大司马门，见兵之攻齐也。"众庶冤之。俄而冏败。

王育

《晋书·忠义传》

育,字伯春,京兆人也。少孤贫,为人佣牧羊,每过小学,必歔欷流涕。时有暇,即折蒲学书,忘而失羊,为羊主所责,育将鬻己以偿之。同郡许子章,敏达之士也,闻而嘉之,代育偿羊,给其衣食,使与子同学,遂博通经史。身长八尺余,须长三尺,容貌绝异,音声动人。子章以兄之子妻之,为立别宅,分之资业,育受之无愧色。然行已任性,颇不偶俗。妻丧,吊之者不过四五人,然皆乡闾名士。

太守杜宣命为主簿。俄而宣左迁万年令,杜令王攸诣宣,宣不迎之,攸怒曰:"卿往为二千石,吾所敬也。今吾侪耳,何故不见迎?欲以小雀遇我,使我畏死鹞乎?"育执刀叱攸曰:"君辱臣死,自昔而然。我府君以非罪黜降,如日月之蚀耳,小县令敢轻辱吾君!汝谓吾刀钝邪,敢如是乎!"前将杀之。宣惧,跣下抱育,乃止。自此知名。

司徒王浑辟为掾,除南武阳令。为政清约,宿盗逃奔他郡。迁并州督护。成都王颖在邺,又以育为振武将军。刘元海之为北单于,育说颖曰:"元海今去,育请为殿下促之,不然,惧不至也。"颖然之,以育为破虏将军。元海遂拘之,其后以为太傅。

王谅

《晋书·忠义传》

谅,字幼成,丹阳人也。少有干略,为王敦所擢,参其府事,稍迁武昌太守。

初,新昌太守梁硕专威交土,迎立陶咸为刺史。咸卒,王敦以王机为刺史,硕发兵距机,自领交趾太守,乃迎前刺史□则子湛行州事。永兴三年,敦以谅为交州刺史。谅将之任,敦谓曰:"□湛、梁硕皆国贼也,卿至,便收斩之。"谅既到境,湛退还九真。广州刺史陶侃遣人诱湛来诣谅所,谅敕从人不得入阁,既前,执之。硕时在坐,曰:"湛故州将之子,有罪可遣,不足杀也。"谅曰:"是君义故,无豫我事。"即斩之。硕怒而出。谅阴谋诛硕,使客刺之,弗剋,遂率众围谅于龙编。陶侃遣军救之,未至而谅败。硕逼谅夺其节,谅固执不与,遂断谅右臂。谅正色曰:"死且不畏,臂断何有!"十余日,愤恚而卒。硕据交州,凶暴酷虐,一境患之,竟为侃军所灭,传首京都。

王沉

《晋书·文苑传》

沉,字彦伯,高平人也。少有俊才,出于寒素,不能随俗沉浮,为时豪所抑。仕郡文学掾,郁郁不得志,乃作释时论其辞曰:

东野丈人观时以居,隐耕污腴之墟。有冰氏之子者,出自沍寒之谷过而问塗。丈人

曰："子奚自？"曰："自涸阴之乡。""奚适？"曰："欲适煌煌之堂。"丈人曰："入煌煌之堂者，必有赫赫之光。今子困于寒而欲求诸热，无得热之方。"冰子瞿然曰："胡为其然也？"丈人曰："融融者皆趣热之士，其得炉冶之门者，惟挟炭之子。苟非斯人，不如其已。"冰子曰："吾闻宗庙之器不要华林之木，四门之宾何必冠盖之族。前贤有解韦索而佩朱绂，舍徒担而乘丹毂。由此言之，何恤而无禄！惟先生告我塗之速也。"

丈人曰："呜呼！子闻得之若是，不知时之在彼。吾将释子。夫道有安危，时有险易，才有所应。行有所适，英奇奋于纵横之世，贤智显于霸王之初，当危难则骋权谲以良图，值制作则展儒道以畅摅，是则衮龙出于□褐，卿相起于匹夫，故有朝贱而夕贵，先卷而后舒。当斯时也，岂计门资之高卑，论势位之轻重乎！今则不然。上圣下明，时隆道宁，群后逸豫，宴安守平。百辟君子，弈世相生，公门有公，卿门有卿。指秃腐骨，不简蛆仁。多士丰于贵族，爵命不出闺庭。四门穆穆，绮襦是盈，仍叔之子，皆为老成。贱有常辱，贵有常荣，肉食继踵于华屋，疏饭袭迹于耨耕。谈名位者以谄媚附势，举高誉者因资而随形。至乃空嚣者以泓噌为雅量，璪慧者以浅利为铨铨，腜胎者以无检为弘旷，偻垢者以守意为坚贞，嘲哮者以粗发为高亮，韫蠢者以色厚为笃诚，庵梦者以博纳为通济，眠眠者以难入为凝清，拉答者有沉重之誉，□闪者得清勤之声，唅哼怯畏于谦让，阘茸勇于饕净。斯皆寒素之死病，荣达之嘉名。凡兹流也，视其用心，察其所安，责人必急，于己恒宽。德无厚而自贵，位未高而自尊，眼冈向而远视，鼻鼺鼺而刺天。忌恶君子，悦媚小人，敖蔑道素，慑吁权门。心以利倾，智以势惛，姻党相扇，毁誉交纷。当局迷于所受，听採惑于所闻。京邑翼翼，群士千亿，奔集势门，求官买职，童仆窥其车乘，阍寺相其服饰，亲客阴参于靖室，疏宾徙倚于门侧。时因接见，矜厉容色，心怀内荏，外诈刚直，谭道义谓之俗生，论政刑以为鄙极。高会曲宴，惟言迁除消息，官无大小，问是谁力。今以子孤寒，怀真抱素，志陵云霄，偶景独步，直顺常道，关津难渡，欲骋韩庐，时无狡兔，众涂圮塞，投足何错！"

于是冰子释然乃悟曰："富贵人之所欲，贫贱人之所恶。仆少长于孔颜之门，义处于清寒之路，不谓热势自共遮锢。敬承明诲，胀我初素，弹琴咏典，以保年祚。伯成、延陵，高节可慕。丹毂灭族，吕霍哀吟，朝荣夕灭，旦飞暮沉。聃周道师，巢由德林，丰屋部家，易著明箴。人簿位尊，积罚难任，三却尸晋，宋华咎深，投局正幅，实护我心。"是时王政陵迟，官才失实，君子多退而穷处，遂终于里间。

元康初，松滋令吴郡蔡洪字叔开，有才名，作孤奋论，与释时意同，读之者莫不叹息焉。

王接

《晋书·列传》

接，字祖游，河东猗氏人，汉京兆尹尊十世孙也。父蔚，世修儒史之学。魏中领军曹义作《至公论》，蔚善之，而著至机论，辞义甚美。官至夏阳侯相。

接幼丧父，哀毁过礼，乡亲皆叹曰："王氏有子哉！"渤海刘原为河东太守，好奇，以旌才为务。同郡冯收试经为郎，七十余，荐接于原曰："夫骅骝不总辔，则非造父之肆；明月不流光，则非隋侯之掌。伏惟明府苞黄中之德，耀重离之明，求贤与能，小无遗错，是以鄙老思献所知。窃见处士王接，岐嶷俊异，十三而孤，居丧尽礼，学，过目而知，义，触类而

长，斯玉铉之妙味，经世之徽猷也。不患玄黎之不启，窃乐春英之及时。"原即礼命，接不受。原乃呼见曰："君欲慕肥遯之高邪？"对曰："接簿祐，少孤而无兄弟，母老疾笃，故无心为吏。"及母终，柴毁骨立，居墓次积年。备览众书，多出异义。性简率，不修俗操，乡里大族多不能善之，唯裴颁雅知焉。平阳太守柳澹、散骑侍郎遐、尚书仆射邓攸皆与接友善。后为郡主簿，迎太守温宇，宇奇之，转功曹史。州辟部平阳从事。时泰山羊亮为平阳太守，荐之于司隶尉校王堪，出补都官从事。

永宁初，举秀才。友人荣阳潘滔遗接书曰："挚虞、卞玄仁并谓足下应和鼎咏，可无以应秀才行。"接报书曰："今世道交丧，将遂剥乱，而识智之士钳口韬笔，祸败日深，如火之燎原，其可救乎？非荣荣行，欲极陈所见，冀有觉悟耳。"是岁，三王义举，惠帝复阼，以国有大庆，天下秀孝一皆不试，接以为恨。除中郎，补征虏将军司马。

荡阴之役，侍中嵇绍为乱兵所害，接议曰："夫谋人之军，军败则死之；谋人之国，国危则亡之，古之道也。荡阴之役，百官奔北，唯嵇绍守职以遇不道，可谓臣矣，又可称痛矣。今山东方欲大举，宜明高节，以号令天下。依春秋褒三累之义，加绍致命之赏，则遐迩向风，莫敢不肃矣。"朝庭从之。

河间王颙欲迁驾长安，与关东异乖，以接成都王佐，难之，表转临汾公相国。及东海王越率诸侯讨颙，尚书令王堪统行台，上请接补尚书殿中郎，未至而卒，年三十九。

接学虽传通，特精礼传。常谓左氏辞义赡富，自是一家书，不主为经发。公羊附经立传，经所不书，传不妄起，于文为俭，通经为长。任城何休训释甚详，而黜周王鲁，大体乖硋，且志通公羊而往往还为公羊疾病。接乃更注公羊春秋，多有新义。时秘书承卫恒考正汲冢书，未讫而遭难。佐著作郎东晰述而成之，事多证异义。时东莱太守陈留王庭坚难之，亦有证据。晰又释难，而庭坚已亡。散骑侍郎潘滔谓接曰："卿才学理议，足解二子之纷，可试论之。"接遂详其得失。挚虞谢衡皆博物多闻，咸以为允当。又撰列女后传七十二人，杂论议、诗赋、碑颂、驳难十余万言，丧乱尽失。

长子愆期，流寓江南，吹父本意，更注《公羊》，又集《列女后传》云。

王导

《晋书·列传》

导，字茂弘，光禄大夫览之孙也。父裁，镇军司马。导少有风鉴，识量清远。年十四，陈留高士张公见而奇之，谓其从兄敦曰："此儿容貌志气，将相之器也。"初袭祖爵即丘子。司空刘寔寻引为东阁祭酒，迁秘书郎、太子舍人、尚书郎，并不行。后参东海王越军事。

时元帝为琅邪王，与导素相亲善。导知天下已乱，遂倾心推奉，潜有兴复之志。帝亦雅相器重，契同友执。帝之在洛阳也，导每劝令之国。会帝出镇下邳，请导为安东司马，军谋密策，知无不为。及徙镇建康，吴人不附，居月余，士庶莫有至者，导患之。会敦来朝，导谓之曰："琅邪王仁德虽厚，而名论犹轻。兄威风已振，宜有以匡济者。"会三月上巳，帝亲观禊，乘肩舆，具威仪，敦、导及诸名胜皆骑从。吴人纪瞻、硕荣，皆江南之望，窃觇之，见其如此，咸惊惧，乃相率拜于道左。导因进计曰："古之王者，莫不宾礼故老，存问风俗，虚己倾心，以招俊义。况天下丧乱，九州分裂，大业草创，急于得人者乎！硕荣、贺循此土之望，未若引之以结人心。二子既至则无不来矣。"帝乃使导躬造循、荣，二人皆应命而至，由是吴会风靡，百姓归心焉。自此之后，渐相崇奉，君臣之礼始定。

俄而洛京倾覆，中州士女避乱江左者十六七，导劝帝收其贤人君子，与之图事。时荆扬晏安，户口殷实，导为政，务在清静，每劝帝克己励节，匡主宁邦。于是尤见委仗，情好日隆，朝野倾心，号为"仲父"。帝常从容谓导曰："卿，吾之萧何也。"对曰："昔秦为无道，百姓厌乱，巨猾陵暴，人怀汉德，革命反正，易以为攻。自魏氏以来，迄于太康之际，公卿世族，豪侈相高，政教陵迟，不遵法度，群公卿士，皆厝于安息，遂使奸人乘衅，有亏至道。然否终斯泰，天道之常。大王方立命世之勋，一匡九合，管仲、乐毅，于是乎在，岂区区国臣所可拟议！愿弘深神虑，广择良能。硕荣、贺循、纪瞻、周玘，皆南土之秀，愿尽优礼，则天下安矣。"帝纳焉。

永嘉末，迁丹阳太守，加辅国将军。导上笺曰："昔魏武，达政之主也，荀文若，功臣之最也，封不过亭候。仓舒，爱子之宠，赠不过别部司马。以此格万物，得不局迹乎！今者临郡，不问贤愚豪贱，皆加重号，辄有鼓盖，动见相准。时有不得者，或为耻辱。天官混杂，朝望颓毁。导忝荷重任，不能崇浚山海，而开乱源，饕窃名位，取紊彝典，谨送鼓盖加崇之物，请从导始。庶令雅俗区别，群望无惑。"帝下令曰："导德重勋高，孤所深倚，诚宜表彰殊礼。而更约己冲心，进思尽诚，以身率众，宜顺其雅志，式允开塞之机。"拜宁远将军，寻加振威将军。愍帝即位，征吏部郎，不拜。

晋国既建，以导为丞相军谘祭酒。桓彝初过江，见朝廷微弱，谓周顗曰："我以中州多故，来此欲求全活，而实弱如此，将何以济！"忧惧不乐。往见导，极谈世事，还，谓顗曰："向见管夷吾，无复忧矣。"过江人士，每至暇日，相要出新亭饮宴。周顗中坐而叹曰："风景不殊，举目有江山之异。"皆相视流涕。惟导愀然变色曰："当共戮力王室，克复神州，何至作楚囚相对泣邪！"众收泪而谢之。俄拜右将军、扬州刺史、监江南诸军事，迁骠骑将军，加散骑常侍、都督中外诸军、领中书监、录尚书事，假节、刺史如故。导以敦统六州，固辞中外都督。后坐事除节。

于时军旅不息，学校未修，导上书曰：

夫风化之本，在于正人伦，人伦之政存乎设庠序。庠序设，五教明，德礼洽通，彝伦攸叙，而有耻且格父子兄弟夫妇长幼之序顺，而君臣之义固矣。《易》所谓"正家而天下定"者也。故圣王蒙以养正，少而教之，使化霑肌骨，习以成性，迁善远罪而不自知，行成德立，然后裁之以位。虽王之世子，犹与国子齿，使知道而后贵。其取才用士，咸先本之于学。故周礼，卿大夫献贤能之书于王，王拜而受之，所以尊道而贵士也。人知士之贵由道存，则退而修其身以及家，正其家以及乡，学于乡以登朝，反本复始，不求诸己，敦偿之业著，浮伪之竞息，教使然也。故以之事君则忠，用之莅下则仁。孟轲所谓"未有仁而遗其亲，义而后其君者也。"

自顷皇纲失统，颂声不兴，于今将二纪矣。传曰："三年不为礼，礼必坏，三年不为乐，乐必崩"，而况如此之久乎！先进忘揖让之容，后生惟金鼓是闻，干戈日寻，俎豆不设，先王之道弥远，华伪之俗遂滋，非所以端本靖末之谓也。殿下以命世之资，属阳九之运，礼乐征伐，翼成中兴。诚宜经纶稽古，建明学业，以训后生，渐之教义，使文武之道坠而复兴，俎豆之仪幽而更彰。方今戎虏扇炽，国耻未雪，忠臣义夫所以扼腕拊心。苟礼仪胶固，淳风渐著，则化之所感者深而德之。所被者大，使帝典阙而复补，皇纲弛而更张，兽心革面，饕餮检情，揖让而服四夷，缓带而天下从。得乎其道，岂难也哉！故有虞舞干戚而化三苗，鲁僖作泮宫而服淮夷。桓文之霸，皆先教而后战。今若聿遵前典，兴复道教，择朝之子弟并入于学，选明博修礼之士而为之师，化成俗定，莫尚于斯。

帝甚纳之。

及帝登尊号，百官陪列，命导升御床共坐。导固辞，至于三四，曰："若太阳下同万物，苍生何由仰照！"帝乃止。进骠骑大将军、仪同三司。以讨华轶功，封武冈侯。进位侍中、司空、假节、录尚书，领中书监。会太山太守徐龛反，帝访可以镇抚河南者，导举太子左卫率羊鉴。既而鉴败，抵罪。导上疏曰："徐龛叛戾，久稽天诛，臣创议征讨，调举羊鉴。鉴暗懦覆师，有司极法。圣恩降天地之施，全其首领。然臣受重任，总录机衡，使三军挫衄，臣之责也。乞自贬黜，以穆朝伦。"诏不许。寻代贺循领太子太傅。时中兴草创，未置史官，导始启立，于是典籍颇具。时孝怀太子为胡所害，始奉讳，有司奏天子三朝举哀，群臣一哭而已。导以为皇太子副贰宸极，普天有情，宜同三朝之哀。从之。及刘隗用事，导渐见疏远，任真推分，澹如也。有识咸称导善处兴废焉。

王敦之反也，刘隗劝帝悉诛王氏，论者为之危心。导率群从昆弟子侄二十余人，每旦诣台待罪。帝以导忠节有素，特还朝服，召见之。导稽首谢曰："逆臣贼子，何世无之，岂意今者近出臣族！"帝跣而执之，曰："茂弘，方托百里之命于卿，是何言邪！"乃诏曰："导以大义灭亲，可以吾为安东时节假之。"及敦得志，加导守尚书令。初，西都覆没，海内思主，群臣及四方并劝进于帝。时王氏强盛，有专天下之心，敦惮帝贤明，欲更议所立，导固争乃止。及此役也，敦谓导曰："不从吾言，几致覆族。"导犹执正议，敦无以能夺。

自汉魏已来，赐谥多由封爵，虽位通德重，先无爵者，例不加谥。导乃上疏，称"武官有爵必谥，卿校常伯无爵不谥，甚失制度之本意也"。从之。自后公卿无爵而谥，导所议也。

初，帝爱琅邪王裒，将有夺嫡之议，以问导。导曰："夫立子以长，且绍又贤，不宜改革。"帝犹疑之。导日夕陈谏，故太子卒定。

及明帝即位，导受遗诏辅政，解扬州，迁司徒，一依陈群辅魏故事。王敦又举兵内向时敦始寝疾，导便率子弟发哀，众闻，谓敦死，咸有奋志。及帝伐敦，假导节，都督诸军，领扬州刺史。敦平，进封始兴郡公，邑三千户，赐绢九千匹，进位太保，司徒如故，剑履上殿，入朝不趋，赞拜不名。固让。帝崩，导复与庾亮等同受遗诏，共辅幼主，是为成帝。加羽葆鼓吹，班剑二十人。及石勒侵阜陵，诏加导大司马、假黄钺，出讨之。军次江宁，帝亲饯于郊。俄而贼退，解大司马。

庾亮将征苏峻，访之于导。导曰："峻猜险，必不奉诏。且山薮藏疾，宜包容之。"固争不从。亮遂召峻。既而难作，六军败绩，导入宫侍帝。峻以导德望，不敢加害，犹以本官居己之右。峻又逼乘舆幸石头，导争之不得。峻日来帝前肆丑言，导深惧有不测之祸。时路永、匡术、贾宁并说峻，令杀导，尽诛大臣，更树腹心。峻敬导，不纳，故永等贰于峻。导使参军袁耽潜讽诱永等，谋奉帝出奔义军。而峻卫御甚严，事遂不果。导乃携二子随永奔于白石。

及贼平，宗庙宫室并为灰烬，温峤议迁都豫章，三吴之豪请都会稽，二论纷纭，未有所适。导曰："建康，古之金陵，旧为帝里，又孙仲谋、刘玄德俱言王者之宅。古之帝王不必以丰俭移都，苟弘卫文大帛之冠，则无往不可。若不绩其麻，则乐土为虚矣。且北寇游魂，伺我之隙，一旦示弱，窜于蛮越，求之望实，惧非良计。今特宜镇之以静，群情自安。"由是峤等谋并不行。

导善于因事，虽无日用之益，而岁计有余。时帑藏空竭，库中惟有练数千端，鬻之不售，而国用不给。导患之，乃与朝贤俱制练布单衣，于是士人翕然竞服之，练遂踊贵。乃令主者出卖，端至一金。其为时所慕如此。

六年冬，□诏归胙于导，曰："无下拜。"导辞疾不敢当。初，帝幼冲，见导，每拜。又常与导书手诏，则云"惶恐言"，中书作诏，则曰"敬问"，于是以为定制。自后元正，导入，帝犹为之兴焉。

时大旱，导上疏逊位。诏曰："夫圣王御世，动合至道，运无不周，故能人伦攸叙，万物获宜。朕荷祖宗之重，托于王公之上，不能仰陶玄风，俯洽宇宙，亢阳踰时，兆庶胥怨，邦之不臧，惟予一人。公体道明哲，弘猷深远，勋格四海，翼亮三世，国典之不坠，实仲山甫补之。而猥崇谦光，引咎克让，元首之愆，寄责宰辅，只增其阙。博综万机，不可一日有旷。公宜遗履谦之近节，遵经国之远略。门下速遣侍中以下敦喻。"导固让。诏累逼之，然后视事。

导简素寡欲，仓无储谷，衣不重帛。帝知之，给布万匹，以供私费。导有羸疾，不堪朝会，帝幸其府，纵酒作乐，后令舆车入殿，其见敬如此。

石李龙掠骑至历阳，导请出讨之。加大司马、假黄钺、中外诸军事，置左右长史、司马，给布万匹。俄而贼退，解大司马，复转中外大都督，进位太傅，又拜丞相，依汉制罢司徒官以并之。册曰："朕凤罹不造，肆陟帝位，未堪多难，祸乱荐兴。公文贯九功，武经七德，外缉四海，内齐八政，天地以平，神人以和，业同伊尹，道隆姬旦。仰思唐虞，登庸俊义，申命群官，允厘庶绩。朕思凭高谟，弘济远猷，维稽古建尔于上公，永为晋辅。往践厥职，敬敷道训，以亮天工。不亦休哉！公其戒之！"

是岁，妻曹氏卒，赠金章紫绶。初，曹氏性妒，导甚惮之，乃密营别馆，以处众妾。曹氏知，将往焉。导恐妾被辱，遽令命驾，犹恐迟之，以所执尘尾柄驱牛而进。司徒蔡谟闻之，戏导曰："朝廷欲加公九锡。"导弗之觉，但谦退而已。谟曰："不闻余物，惟有短辕犊车，长柄尘尾。"导大怒，谓人曰："吾往与群贤共游洛中，何曾闻有蔡克儿也。"

于时庾亮以望重地逼，出镇于外。南蛮校尉陶称间说亮当举兵内向，或劝导密为之防。导曰："吾与元规休戚是同，悠悠之谈，宜绝智者之口。则如君言，元规若来，吾便角巾还第，复何惧哉！"又与称书，以为庾公帝之元舅，宜善事之。于是谗间遂息。时亮虽居外镇，而执朝廷之权，既据上流，拥强兵，趣向者多归之。导内不能平，常遇西风尘起，举扇自蔽，徐曰："元规尘污人。"

自汉魏以来，群臣不拜山陵。导以元帝腾同布衣，匪惟君臣而已，每一崇进，皆就拜，不胜哀戚。由是诏百官拜陵，自导始也。

咸和五年薨，时年六十四。帝举哀于朝堂三日，遣大鸿胪持节监护丧事，赗襚之礼，一依汉博陆侯及安平献王故事。及葬，给九游辒辌车、黄屋左纛、前后羽葆鼓吹、武贲班剑百人，中兴名臣莫与为比。册曰："盖高位以酬明德，厚爵以答懋勋；至乎阖棺标迹，莫尚号谥，风流百代，于是乎在。惟公迈达冲虚，玄鉴劭邈；夷淡以约其心，体仁以流其惠；棲迟务外，则名俊中夏，应期濯缨，则潜算独运。昔我中宗、肃祖之基中兴也，下帷委诚而策定江左，拱已宅心而庶绩咸熙。故能威之所振，寇虐改心，化之所鼓，梼杌易质；调阴阳之和，通彝伦之纪；辽陇承风，丹冗景附。隆高世之功，复宣武之绩，旧物不失，公协其猷。若乃荷负顾命，保朕冲人，遭遇艰坦，夷险委顺；极其沦坠而济之以道，扶其颠倾而弘之以仁，经纬三朝而蕴道弥旷。方赖高谟，以穆四海，昊天不吊，奄忽薨殂，朕用震恸于心。虽有殷之殒保衡，有周之丧二南，曷谕兹怀！今遣使持节、谒者仆射任瞻锡，谥曰文献，祠以太牢。魂而有灵，嘉兹荣宠！"

二弟：颖、敞，少与导俱知名，时人以颖方温太真，以敞比邓伯道，并早卒。导六子：悦、恬、洽、协、劭、荟。

史臣曰：飞龙御天，故资云雨之势；帝王兴运，必俟股肱之力。轩辕，圣人也，杖师臣而授图，商汤，哲后也，托负鼎而成业。自斯已降，罔不由之。原夫典午发踪，本于陵寡，金行抚运，无德在时。九土未宅其心，四夷已承其弊。既而中原荡覆，江左嗣兴，兆著玄石

之图，乖少康之祀夏；时无思晋之士，异文叔之兴刘；辅佐中宗，艰哉甚矣！茂弘策名枝屏，叶情交好，负其才智，恃彼江湖，思建克复之功，用成翌宣之道。于是王敦内侮，凭天邑而狼顾；苏峻连兵，相宸居而隼击。实赖元宰，固怀匪石之心；潜运忠谟，竟翦吞沙之寇。乃诚贯日，主垂饵以终全；贞志陵霜，国缀旒而不灭。观其开设学校，存乎沸鼎之中，爰立章程，在乎栝风之际；虽则世道多故，而规模弘远矣。比夫萧曹弼汉，六合为家；奭望匡周，万方同轨，功未丰右，不足为俦。至若夷吾体仁，能相小国，孔明践义，善翊新邦，抚事论情，抑斯之类也。提挈三世，终始一心，称为"仲父"，盖其宜矣。恬珦踵德，副吕处之赠刀；谧乃隤声，惭刘毅之征玺。语曰："深山大泽，有龙有蛇。"实斯之谓也。

赞曰：虎啸飙驰，龙升云映。武岗矫矫，匡时缉政。懿绩克宣，忠规靡竞。契叶三主，荣逾九命。贻刀表祥，筮水流庆。亦矣门族，重光斯盛。

《真西山读书记》

晋惠帝永兴二年，以琅琊王睿为平东将军、监徐州诸军事，留镇下邳。睿请王导为司马。怀帝永嘉元年七月，以睿为安东将军，都督扬州、江南诸军事。假节，镇建业。睿初至，颇以酒废事，导以为言，睿命酌，引觞覆之，自此遂绝。《通鉴》云：导劝睿谦以接士，俭以足用，以清静为政，抚绥新旧，故江东归心焉。时海内大乱，独江东差安，中国士民避乱者，多南渡江。导说睿，收其贤俊，与之共事，睿从之，辟掾属百余人，时人谓之百六掾。以前颍川太守、渤海刁协为军谘祭酒，前东海太守王承、广陵相卞壸为从事中郎，江宁令诸葛恢、历阳参军陈国陈颛为行参军，前太傅掾庾亮为西曹掾。愚按：自古创业中兴之君，必有元臣为之辅翼，其所建画，亦必有以迓天命而收人心者，养其民以致贤人者，萧何策也；延揽英雄，务悦民心者，邓禹之谋也。二人所以为两汉元功之首者，以此焉尔。晋氏渡江之初，茂弘实为谋主。观其献说于元帝者，一则招俊乂以从人望，一则务清静以安人心，与郦侯、高密不约而合。其为江左名臣之冠亦宜哉。陈颛遗王导书曰："中华所以倾弊者，正以取才失所，先白望而后实事，浮竞驱驰，互相贡荐。言重者光显，言轻者后叙，遂相波扇，乃至陵迟。加有庄、老之俗，倾惑朝廷，养望者为弘雅，政事者为俗人，王职不恤，漉物坠丧。夫欲制远，先由近始。今宜改张，明赏信罚，拔卓茂于密县，显朱邑于桐乡。然后大业可举，中兴可冀耳。"导不能从。胡氏曰："茂弘建立江左百年之业，功无与辈，其可恨者，创业之初，宜革前弊，而不能用陈颛之言，此为大失。导固江左人物之杰，推其源流，殆亦自清谈中拔迹，虽不习老、壮，亦不深非之也。"或曰："琅琊得国日浅，基业未固，理当宽弘而后能济。曰审如是，则孔明之不能蜀久矣，何以得甘棠之思乎？"愍帝建兴四年，丞相睿闻长安不守，出师露次，刻日北征。以漕运稽期，丙寅斩督运令史淳于伯。刑者以刀拭柱，血逆流上柱末二丈余，观者咸以为冤。右将军王导等上疏，引咎请解职。睿曰："政刑失中，皆吾暗塞所致。"一无所问。胡氏曰："孟子曰：'五伯假仁者也，反躬而仁者，不可得而见矣，得见有假者斯可矣。久假而不归者，不可得而见矣，得见暂假者斯可矣。'琅琊才具不优，志器非远，感激东海与己扬州之惠，固自以建邺为琅琊之京邑也。愍帝诏使进军，睿以方定江东为辞。祖逖说以恢复，睿素无北伐之志，此其情实也。及闻长安不守，出师露次，躬杯胃胃，移檄四方，刻日北征，审有此心者，当为之有素。选择将帅，训练军旅，储峙粮糇，其规摹措画，无非北向之计。一日奋发，尚恐大事之绪未易就也。今既仓卒而举本末，不应发于行事，其心孔彰，乃归罪督运之稽，斩戮无罪，刀试柱上，其血逆流，拂理违天，亦云酷矣。今去之千岁，读其史，味其事，犹使人拂郁而重叹，则当时为如何，此所谓假仁而行犹未能者也。王导为睿谋臣，使监刑至此，虽上疏引咎解职，曷若谏止于未然之为善乎？"元帝建武元年三月，琅琊王即晋王位。有司请立太子，王爱次子宣城公裒，欲立之，谓王导曰："立子当以德。"导曰："世子、宣城俱有朗俊之美，而世子年长。"王从之。丙辰，立世子绍为王太子，封裒为琅琊王，以王敦为大将军、江州牧、扬州刺史，王导为骠骑将军、都督中外诸军事。导以敦统六州，辞中外都督。按：敦，导之从兄。时军旅不息，学校未修，导上书

曰："云云"上甚纳焉。按：时戎事方兴，而导首以兴崇学校为请，可谓有经远之谋矣。按：本传记此于辞都督后。《通鉴》不载。

大兴元年三月，愍帝凶问至建康，百官请上尊号，王即皇帝位。夏四月，加王导骠骑大将军、开府仪同三司。导遣八部从事、行扬州郡国还，同时俱见诸从事，各言二千石官长得失，独顾和无言。导问之，和曰："明公作辅，宁使网漏吞舟，何吹采听风闻，以察察为政邪？"导咨嗟称善。胡氏曰："江东草创，正须慎择牧守令长，以抚循百姓，为国基本，若一郡一县，或非其人，则受害者者众矣。然则守令得失，正宰相所当知也。不以察为政，以此待赤子可耳？为民上者，奸暴贪污，容而不治，顾曰'网漏吞舟'，不亦谬乎？且风闻不可听者，谓诬罔者也。若按其举措之虚实而加刑赏焉，又何恶于风闻？且宰相于天下，安得物物而日观之哉？顾和之言，若臧而否，愚所不取也。"

太山太守徐龛反，帝访可以镇抚河南者，导举太子左卫率羊鉴，龛之州里冠族，必能制之。鉴深辞才非将帅。郗鉴亦表鉴非才，不可使，导不从。秋，八月，以鉴为征虏将军、征讨都督、督徐州刺史蔡豹等讨之。三年，羊鉴讨徐龛，顿兵下邳，不敢前。尚书令刁协劾奏鉴，免死，除名。以蔡豹代领其兵。王导以所举失人，乞自贬，帝不许。按：导此举有愧于萧何之识韩信，陶侃之知寇恂矣。其中兴之业，不亦宜哉；然导亦非懵于知人者，若徐馥之叛，周续亦聚众应之，元帝议欲加讨，导以为兵少则不足制寇，多道则根本空虚。黄门侍郎周筵忠烈至到为一郡所敬，意谓直建篷，足能杀续，果如其谋。续，筵之从兄也。使导于择将，凡皆若此，岂不伟哉！

帝之始镇江东也，王敦与从弟导，同心翼戴，帝亦推心任之。敦总征讨，导专机政，群从子弟，布列显要，时人为之语曰："王与马，共天下。"后敦自恃有功，帝畏而恶之，乃引刘隗、刁协以为腹心，稍抑损王氏之权，导亦渐见疏外。中书郎孔愉，陈导忠贤，有佐命之勋，宜加委任，帝出愉为司徒、左长史。导能任真推分澹如也，议者皆称其善处兴废焉。而敦益怀不平，遂构嫌隙。胡氏曰：元帝欲稍抑损王氏之权者，正心以正朝廷。动无失德，举无过事，所以自正也。身无不正，人欲叛之心，十去四五矣。精择贤材，布在有位，所以正朝廷也。朝廷既正，人欲叛之心十去七八矣。正使奸凶不忌，恃强而反，而众正在我，不正在彼，其胜负之机已判于一堂之上矣。帝乃引刁、刘二人为腹心，是欲却豹虎而投之以肉也。茂弘当噬嗑之际，欲去其间，其惟起敬忠信以发志，乃可感动帝心，虽曰推分澹如，然处仲初举导，无深拒之意，得非亦有介然不平存于中乎？噫，众人趻足前郤之时，已独安行，犹平日然，此亦乌几几所以为周公之圣而格成王之孚者也，独导不知此惜哉？

四年七月，以骠骑将军王导为侍中、司空、假节、录尚书、领中书监。帝以敦故，并疏忌导。御史中丞周嵩上疏，以为导忠素竭诚，辅成人业，不宜听孤臣之言，惑疑似之说，放逐旧德，以佞伍贤，亏既往之恩，招将来之患。帝颇感悟，导由是得全。

永昌元年，春，正月，王敦举兵于武昌，上疏罪状刘隗。二月，帝征戴渊、刘隗入卫建康。隗至，百官迎于道。及入见，与刁协劝帝尽诛王氏，帝不许，隗始有惧色。司空导帅其从弟中领军，暨左卫将军庾，侍中侃、彬及诸宗族二十余人，每旦诣台待罪。周𫖮将入，导呼之曰："伯仁，以百口累卿。"𫖮直入不顾。既见帝，言导忠诚，申救甚至。帝纳其言，𫖮喜，酒至醉而出，导犹在门，又呼之，𫖮不与言，顾左右曰："今年杀诸贼，奴取金印如斗大，系肘后。"既出，又上表明导无罪，言甚切至。导不之知，甚恨之。帝命还导朝服，召见之。征虏将军周札，素矜险好利，帝令都督石头诸军事，敦至石头，以杜弘为前锋，攻之。札开门纳弘，敦据石头。初，西都覆没，四方皆劝进于帝，敦欲专国政，忌帝年长难制，欲更议所立，王导不从。及敦克建康，谓导曰："不用吾言，几至覆族。"导犹执正议敦，无以能夺。敦从容问导曰："周戴南北之望，当登三司无疑也。"导不答。又曰："若不三司，止应令仆邪？"又不答。敦曰："若不尔，正当诛尔？"又不答。丙子，敦遣部将陈郡邓岳收𫖮及渊，杀之。导后料检中书故事，乃见𫖮救己之表，执之流涕，曰："吾虽不杀伯仁，伯仁由我而死，

幽冥之中负此良友。"胡氏曰：言之不可不慎也。曰：省表事佳耳。时乎时，会当有变时，此崔琰之所以死也。曰：愿陛下勿忧，大臣有罪者，臣谨即行诛，此刘洎之所以死也。皆以疑似之言，可以两晓故也。周伯仁所谓贼奴者，措王敦钱凤沈充之徒耳。既不诺茂弘所请，而扬杀贼奴，取金印之言，茂弘意其谓己所以不能忘怀者也。当茂弘恩之之时，颔若对曰："此盖非愚所敢任上，礼貌大臣忠邪！"自当有别如此，既无布恩之嫌，又无失言之祸，两得之矣。伯仁既失之于口，茂弘又失之于心，王敦问所以处周戴者，至于再三，导竟不答，志在于杀也。清远之量于是乎？狭隘而君子所不由也矣。

十一月，帝忧愤成疾。闰月，己丑，崩。司空王导受遗诏辅政。

明帝太宁元年，王敦谋篡位，讽朝廷征己帝手诏徵之。敦移镇姑孰，以司空导为司徒。敦自领扬州牧，敦从子允之方总角，敦爱其聪警，常以自随，敦尝夜饮允之，辞醉先卧。敦与钱凤谋为逆，允之悉闻其言。会其父舒拜廷尉，允之求归省父，悉以敦、凤之谋白舒。与王导俱启帝，阴为之备。二年，夏，五月，王敦疾甚，矫诏拜王应为武卫将军以自副。六月，加司徒导大都督，领扬州刺史。导闻敦疾笃，帅子弟为敦发丧，众以为敦信死，咸有奋志。秋，七月，导遗含书曰："近承大将军困笃，或云已有不讳。寻知钱凤大严，欲肆奸逆，谓兄当抑制不遑，还藩武昌，今乃与犬羊俱下，兄之此举，谓可得如大将军昔年之事乎？按：导此言，可谓谬矣。含义举固为逆矣，不知敦昔年之事得为顺乎？昔年佞臣乱朝，人怀不宁，如导之徒，心思外济，按：此可见导本志欲借敦势以去刁刘明矣。今则不然，大将军来屯于湖，渐失人心，君子危怖，百姓劳罢，临终之日，委重安期。应小字安期断乳未几日，又乏时望，便可袭宰相之迹邪！自开辟以来，颇有宰相以孺子为之者乎？诸有耳者，皆知将为禅代，意非人臣之事也。先帝中兴，遗爱在民，圣主聪明，德洽朝野，兄乃欲妄萌逆节，凡在人臣，谁不愤叹。导门户小大，受国厚恩，今日之事，明目张胆为六军之首，宁为忠臣而死，不为无赖而生矣。"含不答。是月，含兵败，敦寻卒。应秘不发丧，钱凤、沈充继被杀，敦党悉平。司徒导等皆以讨敦功受封赏。有司奏王彬等，敦之亲族，皆当除名，诏曰："司徒导以大义灭亲，犹将百世宥之，况彬等皆公之近亲乎！"悉无所问。冬，十月，以司徒导为太保。领司徒，加殊礼。

三年，春，二月，赠故谯、王承、甘卓、戴渊、周顗、虞望、郭璞、王澄等官。周札故吏，为札讼冤。尚书卞壶，议以为札守石头，开门延寇，不当赠谥司徒。导以为："往年之事，敦奸逆未彰，自臣等有识以上，皆所未悟，与札无异。既悟其奸，札便以身许国，寻取枭夷，臣谓宜与周、戴同例。"郗鉴以为周戴死节，周札延寇，事异赏均，何以劝沮。如司徒议谓往年有识以上，皆与札无异，则谯、王、周、戴，皆应受责，何赠谥之有？今三臣既褒，则札宜受贬明矣。导曰："札与谯、王、周、戴虽所见有异同，皆人臣之节也。"鉴曰："敦之逆谋，履霜日久，吹札开门，令王师不振。若敦前者之举，义同桓文，则先帝可为幽厉邪？"然卒用导议，赠札卫尉。胡氏曰：王导抑卞壶之议，赏周札之忠，是何言与？王敦再举，导与王含书曰："昔年佞臣乱朝，人怀不宁，如导之徒，心思外济。然则敦初据石头之时，茂弘不以为非实有芥蒂于中，史氏美其善处废兴，任真推分，大不然矣。今又于札眷眷如此，且以人臣之节许札，谓与周、戴同心，郗鉴正言终不省纳，益验前志是非皎皎，终古不渝，不知茂弘何必而为此邪？"愚按：敦之举兵，虽以诛刘隗为名，其实欲危晋室，导宁不知之耶？特以刁、刘轨已故，以敦举兵为快而忘其逆耳。故于石头之举，终始不以为非。播糠眯目，天地为之易位，人其可有私意哉！《晋史·札传》谓札开门应敦，故王师败绩。敦转为并禅励，争讦尚书，顷之竝名将军。会稽内史，皆贵其从己也。后忌其一门五侯，贵盛莫比，又钱凤进说，然后图之，非以忠于王室之故也。导党奸之罪于是乎不可赎矣。

闰七月，壬午，帝引太宰兼司徒，导尚书令、卞壶车骑将军，郗鉴护军将军，庾亮领军将军，陆晔丹阳尹，温峤并受遗诏辅太子。丁亥，降遗诏。戊子，帝崩。己丑，太子即皇帝位，生五年矣。群臣进玺，司徒导以疾不至。卞壶正色于朝曰："王公岂社稷之臣邪？大行在殡,嗣皇未立,宁是人臣辞疾之时也?"导闻之,舆疾而至。九月,庾太后临朝称制,以司徒导录尚书事,与中书令庾亮、尚书令卞壶,参辅朝政,然事之大小,皆决于亮。《传》又曰:"王导称疾不朝,而私送郗鉴,壶奏导亏法从私。"

成帝咸和元年,时贵游子弟多慕王澄、谢鲲为放达,壶励色于朝曰:"悖礼伤教,罪莫大焉。中朝倾覆,实由于此。"欲奏推之,王导、庾亮不听,乃止。初,王导辅政,以宽和得众。及庾亮用事,任法裁物,颇失人心。二年,亮以苏峻在历阳,终为祸乱,欲下诏征之,访于司徒导,导曰:"峻猜险,必不奉诏,不若且包容之。"卞壶亦争之。亮不从。峻不应命,遣参军徐会推崇祖,约共讨庾亮。十一月,尚书左丞孔坦、司徒、司马丹阳陶回言于王导:"请及峻未至,急断阜陵界,守江西当利诸口,彼少我众,一战决矣。若峻未来,可往逼其城。今不先往,峻必先至。峻至,则人心危骇,难与战矣,此时不可失也。"导然之,庾亮不从。三年,春,正月,苏峻济自横江。二月,峻兵入台城。司徒导谓侍中褚翜曰:"至尊当御正殿。君可启,令速出。"翜即入上阁,躬自抱帝,登太极前殿,导与光禄大夫陆晔、荀崧,尚书张□共登御床拥卫。峻称诏大赦,以导有德望。犹使以本官居己之右,峻自为骠骑将军、录尚书事。峻逼迁帝于石头,导固争不从,帝哀泣升车,宫中恸哭。初,苏峻遣尚书张□权督东军,司徒导密令以太后诏谕三吴吏士,使起义兵救天子。会给由史王舒以庾冰为奋武将军,使将兵一万,西渡浙江,于是吴兴太守虞潭、吴国内史蔡谟等,皆举兵应之。陶侃使毛实攻祖约,约败,苏峻腹心路永、匡术、贾宁恐事不济,劝峻尽诛司徒导等诸大臣,更树腹心。峻雅敬导,不许,永等更贰于峻。导使参军袁耽潜诱永使归顺。九月,戊申,导携二子与永皆奔白石。垒名,陶侃将李根所筑也。八月,侃兵斩峻,峻众立峻弟逸为主。四年,诸军击斩苏逸,司徒导入石头,令取故节,陶侃笑曰:"苏武节似不如是。"导有惭色。是时,宫阙灰烬,温峤欲迁都豫章,三吴之豪请都会稽,二论纷纭未决。司徒导曰:"古之帝王,不必以丰俭移都,苟务本节用,镇之以静,群情自安。"由是不复徙都,京邑遂安。胡氏曰:"建立都邑,必占形势,握轻重之权,必据要津。观方来之会,故自古都于北者,未有不跨于河华而都于南者,未有不经营建康。建康北限淮、泗,东连瓯、吴,西通荆、蜀,利尽南海,水舟车道里均适,山川形胜真一都会。刘玄德,周流天下,亦言建康王者之宅,故六朝作邑坚守不动,虽大盗屡起,而根本常存。王导之于东晋,自引众才布之中外,又定大议,不肯迁都,兹其为元功之首欤!温平南豫章之计劣矣。"路永、匡术、贾宁皆峻之党也。峻未败,永等去。峻归朝廷,王导欲赏以官爵,温峤曰:"永等皆峻之腹心,首为乱阶,罪莫大焉。晚虽改悟,未足以赎前罪。得全首领,为幸多矣,岂可复褒宠之哉?"导乃止。朝议欲留温峤辅政,峤以王导先帝所任,固让。远藩、庾亮,泥首谢罪,欲阖门投窜山海,帝手诏慰谕曰:"此社稷之难,非舅之责。"亮乃求外镇自效。出为都督豫州、扬州之江西宣城诸军事,镇芜湖。陶侃、温峤之讨苏峻也,移檄征镇使,各引兵入援,相州刺史卞敦拥兵不赴,又不给军粮,遣督护将数百人随大军而已,朝野莫不怪叹。及峻平,陶侃奏敦阻军顾望,不赴国难,槛车收付廷尉。王导以丧乱之后,宜加宽宥,转敦安南将军、广州刺史。病不赴,征为当禄大夫,领少府。敦忧愧而卒,追赠本官,加散骑常侍,谥曰敬。司马氏曰:"庾亮以外戚辅政,首发祸机,国破君危,窜身苟免。卞敦位列方镇,兵粮俱足,朝廷颠覆,坐观胜负,人臣之罪,孰大于此。既不能明正典刑,又以宠禄报之,晋室无政,亦可知矣。任是责者,岂非王导乎?"

夏,四月,以平南军司刘胤为江州刺史,陶侃、郗鉴皆以胤非方伯才,司徒导不从。或谓导子悦曰:"今大难之后,纪纲顷弛,自江陵至建康三千余里,流民万计,布在江州。江州,国之南藩要害之地,而胤以奢侈之性,卧而对之,不有外变,必有内患矣。"悦曰:"此温平南之意也。"胤矜豪日甚,专务商贩,积财百万,纵酒酣乐,不恤政事。

冬,十二月,诏征后将军郭默为右将军。默乐为边将,不愿宿卫,以情诉于胤。胤曰:

"此非小人之所及也。"默将赴召,求资于胤,胤不与,默由是怨胤。会有司奏今朝廷空竭,百官无禄,惟资江州运漕,而胤商贩继路,以私废公,请免胤官。书下,胤不即归,罪方自申理。有谓郭默曰:"刘江州不受免,密有异图,惟忌郭侯一人,欲先除之。"默帅其徒袭胤,称诏斩之,传首京师。

五年,春,正月,刘胤首至建康。司徒导以郭默骁勇难制,以默为江州刺史。太尉侃闻之,投袂起曰:"此必诈也。"即将兵讨之。发使上表言状,且与导书曰:"郭默杀方州,即用为方州;害宰相,便为宰相乎?"导答侃书曰:"默据上流之势,加有船舰成资,故苞含隐忍,使有其地,朝廷得以潜。严俟足下军到,风发相赴,岂非遵养时晦,以定大事者耶!"侃笑曰:"是乃遵养时贼也。"夏,五月,默将缚默出降。侃斩之,传首建康。愚按:导前失之于羊鉴,后失之于刘胤,知人之明,于是有愧矣。况怙已慁谏于失之中,又重失焉。而郭默之用,失之非小者也。非陶侃辈以讨贼自任,其祸宁有既乎。

八年,春,正月,赵石勒遣使来修好,诏焚其币。胡氏曰:"中国之为中国,以有仁义也。仁莫大乎爱亲,义莫大乎尊君。仁义立,然后人理存,天道顺。若子不顾其亲,臣不顾其君,惟利害是论,苟利于已,则从之,是以小人夷狄自处,何以治小人而服夷狄哉?石勒攻陷京师,因执天子。东晋嗣世,乃不戴天之雠。张宾为勒谋臣,犹有擢发不足数罪之言,则晋之待勒不言可喻矣。设受勒币而与通好,忘宗国之愤,弃君父之怨,则人之大伦灭矣,于夷狄又何难焉?处是事者,非王导而谁?呜呼!善哉!此亦其为元功之一事也。"

咸康元年,咸和盖九年,改令元,帝加元服。司徒导以羸疾不堪朝会,帝幸其府,拜导并拜其妻,《传》又云:后令舆车入殿,其见敬如此。有同家人。孔坦切谏。及帝已加元服,犹委政于导。坦每发愤以国事为己忧,尝从容言曰:"陛下春秋已长,圣敬日跻,宜博纳朝臣,谘诹善道。"导闻而恶之,出坦为廷尉。坦不得意,以疾去职。胡氏曰:"导虽三朝元老,佐命功臣,然事幼少之君,君臣之分尤不可不谨,所以师表百辟,严朝廷,辩上下,定民志也。成帝初即位,群臣进玺,而导不至,于以取讥。既卧疾居家,而私送郗鉴,又遭奏劾。诏称皇恐,而导不知,辞见必下拜,而导不知避。及孔坦正谏,导反恶而出之,岂其病昏欤?何志之荒也。昔者,毕公弼亮四世,而克勤小物,卫武九十入相,而以礼自防,茂弘未至是也。虽病可不勉,勉于恭敬之德哉!"

丹阳尹桓景,为人谄巧,导亲爱之。领军将军陶回常慷慨谓:"景非正人,不宜亲狎。"会荧惑守南斗,导谓回曰:"斗,扬州之分,吾当逊位,以厌天谴。"回曰:"公以明德作辅,当亲忠贞,远邪佞,而与桓景造膝,荧惑何由退舍?"导深愧之。按:陶回之言,可谓忠切矣。导虽愧其言而不能用,忠言之难听,佞人之难远也,如是哉!导于是乎不足观已。导辟太原王濛为掾,王述为中兵属。述性沈静,每坐客辩论蜂起,而述处之恬如也。年三十,尚未知名,人谓之痴。导以门地辟之,既见。唯问在东米价,述张目不答。导曰:"王掾不痴,人何言痴也?"尝见导,每发言,一坐莫不赞美。述正色曰:"人非尧、舜,何得每事尽善。"导改容谢之。赵王虎南游,临江而还,有游骑十余至历阳,太守袁耽表上之,不言骑多少。朝廷震惧,司徒导请出讨之。夏,四月,加导大司马,假黄钺、都督征讨诸军事。帝观兵广莫门,分命诸将。郗鉴使广陵遣兵入卫京师,俄闻赵骑至少,又已去。戊午解严,导解大司马。胡氏曰:"东晋立国,至是垂二十年,虽内难三作,而北寇不深。苏峻既平,边备亦弛。周抚信觇者,逃遁而失襄阳,袁耽见游骑,腾奏而震朝野。至于上相仗钺,天子观兵,分遣将臣,出捍入卫,而石虎初未尝攻侵,又已去矣。《春秋》书公追齐师,主隽弗及,以讥为国无武备,启戎心,危道也。向使石虎掩吾不戒,为疾雷之举,建康其治哉?"愚按:此导之非也。

四年五月,以司徒导为太傅,都督中外诸军事。六月,以导为丞相,罢司徒官以并丞相府。导性宽厚,委任诸将赵胤、贾宁等多不奉法,大臣患之。庾亮与太尉郗鉴笺曰:"主上自八九岁以及成人,入则在宫人之手,出则唯武官小人,读书无从受章句,顾问未尝遇君子。秦政欲愚其黔首,天下犹知不可,况欲愚其主哉?人主春秋既盛,宜复子明,辟不稽首归政。甫居师传之尊，多养无赖之士，公与下官，并荷付托之重，大奸不扫，何以见先帝于地下乎？"欲共起兵废导，鉴不听。征西参军孙盛密谏亮曰："王公常有世外之怀，岂肯为凡人事邪？此必佞邪之徒，欲间内外耳。"亮乃止。胡氏曰："王导固有失，然庾亮安得而废之。"王敦称兵，非导启衅；苏峻犯阙，由亮召祸。惟己无瑕，乃可戮人。亮安得而废导哉？既并为辅相，欲诏教君德内外一也。何不言于朝廷，荐进儒士，使侍讲读，乃以欲愚其主，归过茂弘，所谓加罪之辞者也。亮虽有重权，导以中制外，岂可遽废？一闻陶称为备之谗，即起角巾还第之兴，以此一事观王庾二公，贤否判矣。正使元规在朝，能引士人谈经劝学，殆亦虚名无实之徒，又何益于上。德详庾亮行事一无可称，徒以风流相推得美名耳，论笃君子所不与也。愚按：庾亮书词，所以声导之失者。往往过实。然所谓读书无从授章句，顾问未尝遇君子等语，则必非尽诬之也。盖秦汉以下，为大臣者大抵以经营事功为急，而以养成君德为迂，虽导之贤，亦不免此，宜其为庾亮所呵也。若亮所谓秦政欲愚黔首，犹且不可，况欲愚其主哉？此则天下之名言，虽导之用心不至于是，实深中古。奸臣之心，髓。若赵高之于二世，张让赵忠之于汉灵，仇士良之于唐穆敬，皆用愚之之术，《傅》所谓屏王之耳目，使不聪明者是也。夫忠臣之心，主于为国，故惟恐人君之不智，不智则不能听纳。而己之道不得行，奸臣之心主于为己。故惟患人主之不愚，不愚则不可蔽欺，而己之恶不得肆。然使人主而果愚，国非君子之所欲，亦岂小人之利哉？二世亡而赵高戮，汉灵败而让忠诛，然则奸臣之自利，亦祇以自祸欤？便嬖侫近之臣犹不可愚其主，况大臣与国同体，其可忌人主之智，而必思有以愚之乎？然奸臣之情变幻多端，其不使之亲近儒生，讲论今古者，固愚其主之术也。布置私人，日侍帷幄，名为劝讲，而所陈皆眩惑之言。名为辅导，而实委以觇伺之任，此愚其君之尤甚者也，要其归，是亦自愚而已，果何益哉？

　　五年，秋，七月，始兴文献公王导薨。年六十四。丧葬之礼，视汉博陆侯及安平献王故事，参用天子之礼。导简素寡欲，辅相三世，仓无储谷，衣不重帛。初，导与亮共荐丹阳尹何充于帝，请以为己副，且曰："臣死之日，愿引充内侍，则社稷无虞矣。"由是加吏部尚书。及导薨，征庾亮为丞相。固辞，以充为护军。亮弟冰为中书监、扬州刺史，参录尚书事。冰既当重任，经纶时务，不舍昼夜，宾礼朝贤，升擢后进，朝野翕然，称为贤相。初，王导辅政，每从宽恕，冰颇任威刑。丹阳尹殷融谏之，冰曰："前相之贤犹不堪，其弘况如吾者哉？"史臣曰："典午之兴，本乎陵寡无德。在时九土未宅其心，四夷已乘其弊。既而中原荡覆，时无思晋之士，辅佐中宗。艰哉甚矣。王敦内侮，苏峻连兵，赖元臣匪石之心，潜运忠谋，竟以翦寇。观其开设学校，存乎沸鼎之中；爰立章程，在乎栉风之际，虽世道多故，而规模弘远矣。"愚按：茂弘相三主二十有三年，以四事考之，清素寡欲，无聚敛积实之私，盖庶几乎季文子、诸葛武侯之风。末年志渐骄怠，遂至疏直，而喜佞讳过而拒言，其于累德不少，是正己之道，犹有未尽也。平时规谏主阙，惟元帝嗜酒一事，它无闻焉。明帝敏悟，机断几于英主；成帝甫六岁，能折庾亮颛杀之非。方之汉昭，尤为早慧。以二君之资，使其辅导有方，虽圣哲可学而至。茂弘于此，乃未尝少致意焉。明帝既享国不遐，成亦不闻进德，至使入亲妇寺，出近小人，为同列所讥呵，则于正君之道，盖蔑如矣。其谋国，则于渡江之初，招延时望，团结人心，最为江左立国根本。它所建置，亦有可观。若不以寇难徙都，不与夷狄交好，尤为卓伟。然其规摹，不过区区自立而已。规恢兴复，盖非其任。若乃用人，则一时名流多其所引。晚荐何充，他日登庸，果能以社稷为己任。惟于用将则数失之，而辟置掾属，间取清谈之士，则亦未为得也。大抵后世人材之不如古，由其以天资用事，而无问学日新之益，故随其所长或能有为，徇其所短亦以致弊。茂弘之所长者，宽和简静也；所短者，不以学辅其资，卒不免于正始清虚之余习，故其相业仅止于此，其亦可惜也哉！

何澹《小山杂著》

茂洪涉险扶倾厦，安石从容抗怒蛙。习俗风流犹未改，短辕线竹璧微瑕。

李复《滴水集》

邹人羞比管夷吾，可复中原尽羯胡。郊垒连云困衣食，纵高练布得充无？

王

王羲之

《晋书·列传》

羲之,字逸少,司徒导之从子也。祖正,尚书郎。父旷,淮南太守。元帝之过江也,旷首创其议。羲之幼讷于言,人未之奇。年十三,尝谒周顗,顗察而异之。时重牛心炙,坐客未啖,顗先割啗羲之,于是始知名。及长,辩赡,以骨鲠称,尤善隶书,为古今之冠,论者称其笔势,以为飘若浮云,矫若惊龙,深为从伯敦、导所器重。时陈留阮裕有重名,为敦主簿。敦尝谓羲之曰:“汝是吾家佳子弟,当不减阮主簿。”裕亦目羲之与王承、王悦为王氏三少。时太尉郗鉴使门生求女婿于导,导令就东厢遍观子弟。门生归,谓鉴曰:“王氏诸少并佳,然闻信至,咸自矜持。惟一人在东床坦腹食,独若不闻。”鉴曰:“正此佳婿邪!”访之,乃羲之也,遂以女妻之。

起家秘书郎,征西将军庾亮请为参军,累迁长史。亮临薨,上疏称羲之清贵有鉴裁。迁宁远将军、江州刺史。羲之既少有美誉,朝廷公卿皆爱其才器,频召为侍中、吏部尚书,皆不就。复授护国将军,又推迁不拜。扬州刺史殷浩素雅重之,劝使应命,乃遗羲之书曰:“悠悠者以足下出处,足观政之隆替,如吾等亦谓为然。至如足下出处,正与隆替对,岂可以一世之存亡,必从足下从容之适?幸徐求众心。卿不时起,复可以求美政不?若豁然开怀,当知万物之情也。”羲之遂报书曰:“吾素自无廊庙志,王丞相时果欲内吾,誓不许之,手迹犹存,由来尚矣,不于足下参政而方进退。自儿娶女嫁,便怀尚子平之志,数与亲知言之,非一日也。若蒙驱使,关陇、巴蜀皆所不辞。吾虽无专对之能,直谨守时命,宣国家威德,固当不同于凡使,必令远近咸知朝廷留心于无外,此所益殊不同居护军也。汉末使太傅马日䃅慰抚关东,若不以吾轻微,无所为疑,宜及初冬以行,吾惟恭以待命。”

羲之既拜护军,又苦求宣城郡,不许,乃以为右军将军、会稽内史。时殷浩与桓温不协,羲之以国家之安在于内外和,因与浩书以诫之,浩不从。及浩将北伐,羲之以为必败,以书止之,言甚切至。浩遂行,果为姚襄所败。复图再举,又遗浩书曰:

知安西败丧,公私愦怛,不能须臾去怀。以区区江左,所营综如此,天下寒心,固以久矣,而加之败丧,此可熟念。往事岂复可追。愿思弘将来,令天下寄命有所,自隆中兴之业。政以道胜宽和为本,力争武功,作非所当,因循所长,以固大业。想识其由来也。

自寇乱以来,处内外之任者,未有深谋远虑,括囊至计,而疲竭根本,各从所志,竟无一功可论,一事可记,忠言嘉谋弃而莫用,遂令天下将有土崩之势,何能不痛心悲慨也。任其事者,岂得辞四海之责! 追咎往事,亦何所复及,宜更虚己求贤,当与有识共之,不可复令忠允之言常屈于当权。今军破于外,资竭于内,保淮之志非复所及,莫过还保长江,都督将各复旧镇,自长江以外,羁縻而已。任国钓者,引咎责躬,深自贬降以谢百姓,更与朝贤思布平政,除其烦苛,省其赋役,与百姓更始,庶可以允塞群望,救倒悬之急。

使君起于布衣,任天下之重,尚德之举,未能事事允称,当重统之任而丧败至此,恐阖朝群贤未有与人分其谤者。今亟修德补阙,广延群贤,与之分任,尚未知获济所期。若犹以前事为未工,故复求之于分外,宇宙虽广,自容何所! 知言不必用,或取怨执政,然当情慨所在,正自不能不尽怀极言。若必亲征,未达此旨,果行者,愚智所不解也。愿复与众共之。

复被州符,增运千石,征役兼至,皆以军期,对之丧气,罔知所厝。自顷年割剥遗黎,刑徒竟路,殆同秦政,惟未加参夷之刑耳,恐胜广之忧,无复日矣。

又与会稽王笺陈浩不宜北伐,并论时事曰:

古人耻其君不为尧舜,北面之道,岂不愿尊其所事,比隆往代,况遇千载一时之运? 顾智力屈于当年,何得不权轻重而处之也。今虽有可欣之会,内求诸己,而所忧乃重于所欣。传云,"自非圣人,外宁必有内忧。"今外不宁,内忧以深。古之弘大业者,或不谋于众,倾国以济一时功者,亦往往而有之。诚独运之明足以迈众,暂劳之弊终获永逸者可也。求之于今,可得拟议乎!

夫庙算决胜,必宜审量彼我,万全而后动。功就之日,便当因其众而即其实。今功未可期,而遗黎歼尽,万不余一。且千里馈粮,自古为难,况今转运供继,西输许洛,北入黄河。虽秦政之弊,未至于此,而十室之忧,便以交至。今运无还期,征求日重,以区区吴越经纬天下十分之九,不亡何待! 而不度德量力,不弊不已,此封内所痛心叹悼而莫敢吐诚。

往者不可谏,来者犹可追,愿殿下更垂三思,解而更张,今殷浩、荀羡还据合肥、广陵,许昌、谯郡、梁、彭城诸军皆还保淮,为不可胜之基,须根立势举,谋之未晚,此实当今策之上者。若不行此,社稷之忧可计日而待。安危之机,易于反掌,考之虚实,著于目前,愿运独断之明,定之于一朝也。

地浅而言深,岂不知其未易。然古人处间阎、行阵之间,尚或干时谋国,评裁者不以为讥,况厕大臣末行,岂可默而不言哉! 存亡所系,决在行之,不可复持疑后机,不定之于此,后欲悔之,亦无及也。

殿下德冠宇内,以公室辅朝,最可直道行之,致隆当年,而未允物望,受殊遇者所以寤寐长叹,实为殿下惜之。国家之虑深矣,常恐伍员之忧不独在昔,麋鹿之游将不止林薮而已。愿殿下暂废虚远之怀,以救倒悬之急,可谓以亡为存,转祸为福,则宗庙之庆,四海有赖矣。

时东土饥荒,羲之辄开仓赈贷。然朝廷赋役繁重,吴会尤甚,羲之每上疏争之,事多见从。又遗尚书仆射谢安书曰:

顷所陈论,每蒙允纳,所以令下小得苏息,各安其业。若不耳,此一郡久以踏东海矣。今事之大者未布,漕运是也。吾意望朝廷可申下定期,委之所司,勿复催下,但当岁终考其殿最。长吏尤殿,命槛车送诣天台。三县不举,二千石必免,或可左降,令在疆塞极难之地。

又自吾到此,从事常有四五,兼以台司及都水御史行台文符如雨,倒错违背,不复可知。吾又瞑目循常推前,取重者及纲纪,轻者在五曹。主者茌事,未尝得十日,吏民趋走,

功费万计。卿方任其重，可徐寻所言。江左平日，扬州一良刺史便足统之，况以群才而更不理，正由为法不一，牵制者众，思简而易从，便足以保守成业。

仓督监耗盗官米，动以万计，吾谓诛翦一人，其后便断，而时意不同。近检校诸县，无不皆尔。余姚近十万斛，重敛以资奸吏，令国用空乏，良可叹也。

自军兴以来，征役及充运死亡叛散不反者众，虚耗至此，而补代循常，所在凋困，莫知所出。上命所差，上道多叛，则吏及叛者席卷同去。又有常制，辄令其家及同伍课捕。课捕不擒，家及同伍寻复亡叛。百姓流亡，户口日减，其源在此。又有百工医寺，死亡绝没，家户空尽，差代无所，上命不绝，事起或十年、十五年，弹举获罪无懈息，而无益实事，何以堪之！谓自今诸死罪原轻者及五岁刑，可以充此，其减死者，可长充兵役，五岁者，可充杂工医寺，皆令移其家以实都邑。都邑既实，是政之本，又可绝其亡叛。不移其家，逃亡之患复如初耳。今除罪而充杂役，尽移其家，小人愚迷，或以为重于杀戮，可以绝奸。刑名虽轻，惩肃实重，岂非适时之宜邪！

羲之雅好服食养性，不乐在京师，初渡浙江，便有终焉之志。会稽有佳山水，名士多居之，谢安未仕时亦居焉。孙绰、李充、许询、支遁等皆以文义冠世，并筑室东土，与羲之同好。尝与同志宴集于会稽山阴之兰亭，羲之自为之序以申其志，曰：

永和九年，岁在癸丑，暮春之初，会于会稽山阴之兰亭，□禊事也。群贤毕至，少长咸集。此地有崇山峻岭，茂林修竹，又有清流激湍，映带左右，引以为流觞曲水，列坐其次。虽无丝竹管弦之盛，一觞一咏，亦足以畅叙幽情。

是日也，天朗气清，惠风和畅，仰观宇宙之大，俯察品类之盛，所以游目骋怀，足以极视听之娱，信可乐也。

夫人之相与，俯仰一世，或取诸怀抱，悟言一室之内，或因寄所托，放浪形骸之外。虽趣舍万殊，静躁不同，当其欣于所遇，暂得于己，快然自足，不知老之将至。及其所之既倦，情随事迁，感慨系之矣。向之所欣，俯仰之间，已为陈迹，犹不能以之兴怀。况修短随化，终期于尽。古人云，死生亦大矣，岂不痛哉！

每览昔人兴感之由，若合一契，未尝不临文嗟悼，不能喻之于怀。固知一死生为虚诞，齐彭殇为妄作，后之视今，亦由今之视昔，悲夫！故列叙时人，录其所述，虽世殊事异，所以兴怀，其致一也。后之览者，亦将有感于斯文。

或以潘岳《金谷诗序》方其文，羲之比于石崇，闻而甚喜。

性爱鹅，会稽有孤居姥养一鹅，善鸣，求市未得，遂携亲友命驾就观。姥闻羲之将至，烹以待之，羲之叹惜弥日。又山阴有一道士，养好鹅，羲之往观焉，意甚悦，固求市之。道士云："为写道德经，当举群相赠耳。"羲之欣然写毕，笼鹅而归，甚以为乐。其任率如此。尝诣门生家，见棐几滑净，因书之，真草相半。后为其父误刮去之，门生惊懊者累日。又尝在蕺山见一老姥，持六角竹扇卖之。羲之书其扇，各为五字。姥初有愠色。因谓姥曰："但言是王右军书，以求百钱邪。"姥如其言，人竞买之。他日，姥又持扇来，羲之笑而不答。其书为世所重，皆此类也。每自称"我书比钟繇，当抗行，比张芝草，犹当雁行也。"曾与人书云："张芝临池学书，池水尽黑，使人耽之若是，未必后之也。"羲之书初不胜庾翼、郗愔，及其暮年方妙。睿以章草答庾亮，而翼深叹伏，因与羲之书云："吾昔有伯英章草十纸，过江颠狈，遂乃广失，常叹妙迹永绝。忽见足下答家兄书，焕若神明，顿还旧观。"

时骠骑将军王述少有名誉，与羲之齐名，而羲之甚轻之，由是情好不协。述先为会稽，以母丧居郡境，羲之代述，止一吊，遂不重诣。述每闻角声，谓羲之当候己，辄洒扫而待之。如此者累，年，而羲之竟不顾，述深以为恨。及述为扬州刺史，将就征，周行郡界，而不过羲之，临发一别而去。先是羲之常谓宾友曰："怀祖正当作尚书耳，投老可得仆射。

更求会稽,便自邈然。"及述蒙显授,羲之耻为之下,遣使诣朝廷,求分会稽为越州。行人失辞,大为时贤所笑。既而内怀愧叹,谓其诸子曰:"吾不减怀祖,而位遇悬邈,当由汝等不及坦之故邪!"述后检察会稽郡,辨其刑政,主者疲于简对。羲之深耻之,遂称病去郡,于父母墓前自誓曰:"维永和十一年三月癸卯朔,九日辛亥,小子羲之敢告二尊之灵。羲之不天,夙遭闵凶,不蒙过庭之训。母兄鞠育,得渐庶几,遂因人乏,蒙国宠荣。进无忠孝之节,退违推贤之义,每仰咏老氏、周任之诚,常恐斯亡无日,忧及宗祀,岂在微身而已!是用寤寐永叹,若坠深谷。止足之分,定之于今。谨以今月吉辰肆筵设席,稽颡归诚,告誓先灵。自今之后,敢渝此心,贪冒苟进,是有无尊之心而不子也。子而不子,天地所不覆载,名教所不得容。信誓之诚,有如誓日!"

羲之既去官,与东土人士尽山水之游,弋钓为娱。又与道士许迈共修服食,采药石不远千里,遍游东中诸郡,穷诸名山,泛沧海,叹曰:"我卒当以乐死。"谢安尝谓羲之曰:"中年以来,伤于哀乐,与亲友别,辄作数日恶。"羲之曰:"年在桑榆,自然至此。须正赖丝竹陶写,恒恐儿辈觉,损其乐欢之趣。朝廷以其誓苦,亦不复征之。"

时刘惔为丹阳令,许询尝就惔宿,床帷新丽,饮食丰甘。询曰:"若此保全,殊胜东山。"惔曰:"卿若知吉凶由人,吾安得保此。"羲之在坐,曰:"令巢许遇稷契,当无此言。"二人并有愧色。

初,羲之既优游无事,与吏部郎谢万书曰:

古之辞世者,或被发佯狂,或污身秽迹,可谓难矣。今仆坐而获逸,遂其宿心,其为庆幸,岂非天赐! 违天不祥。

顷东游,还修植桑果,今盛敷荣,率诸子,抱弱孙,游观其间,有一味之甘,割而分之,以娱目前。虽植德无殊邈,犹欲教养子孙以敦厚退让。或以轻薄,庶令举策数马,仿佛万石之风。君谓此何如?

如比当与安石东游山海,并行田视地利,顺养闲暇。衣食之余,欲与亲知时共欢宴,虽不能兴言高咏,衔杯引满,语田里所行,故以为抚掌之资,其为得意,可胜言邪! 常依陆贾、班嗣、杨王孙之处世,甚欲希风数子,老夫志愿尽于此也。

万后为豫州都督,又遗万书诫之曰:"以君迈往不屑之韵,而俯同群辟,诚难为意也。然所谓通识,正自当随事行藏,乃为远耳。愿君每与士之下者同,则尽善矣。食不二味,居不重席,此复何有,而古人以为美谈。济否所由,实在积小以致高大,君其存之。"万不能用,果败。

年五十九卒。赠金紫光禄大夫。诸子遵父先旨,固让不受。

有七子,知名者五人。玄之早卒。次凝之,亦工草隶,仕历江州刺史、左将军、会稽内史。王氏世事张氏五斗米道,凝之弥笃。孙恩之攻会稽,僚佐请为之备。凝之不从,方入靖室请祷,出语诸将佐曰:"吾已请大道,许鬼兵相助,贼自破矣。"既不设备,遂为孙恩所害。

王缜之《寻阳记》

羲之喜畜鹅,观其转脰以得运笔之势。往来浔阳,爱庐山多松,可以制墨。每曰:"纸取东阳鱼卵,墨取庐阜烟煤,皆极选也。"时有梵僧耶舍尊者,一名达磨多罗,来自西域,羲之雅与游。及殷浩遗书,强起为右军将军、会稽内史,乃施宅为寺,以奉耶舍。今归宗寺有墨池、鹅池,皆遗迹也。

《唐书》

太宗求书,凡得王羲之真行草书二百九十纸,又得张芝、献之等书,以"贞观"字印为识之,命褚遂良楷小字以影之。开元五年,玄宗又书"开元"字为印。

《会稽掇英集·王右军祠堂碑》

公讳羲之,字逸少,琅耶临沂人也。源夫在天呈象,箕昂垂其宿;在地成物,岳渎曜其英,蕴粹含精,孕灵诞秘,降为人杰,君酌其休。自黄龙纪德,帝轩握大宝之符;丹乌启瑞,周储开氏姓之兆。尔其吉骏诚感,标秀质于文昌;离嚣止杀,协英图于武帐。既而吕刀庆远,郭筮灵长,或浏浏风松,或烂烂岩电。盛哉茂族,其昭昭乎系德象贤,为海内之冠冕。国史家谍,可略言焉。曾祖览,清河太守、宗正卿、光禄大夫。即丘子刘德智略,始参宗正。蔡义经术,初登大夫,故得《象海括河升高能赋》。祖正,散骑常侍。父旷,建威将军、淮南内史、建始侯。应德琏之规献,入掌禁中;韩安国之严明,才兼阃外。公之生也,践得二之机,膺五百之庆,骨鲠清贵,鉴裁端凝,夷简澹雅,魁梧颓放,性敖如也。深为从伯大将军敦、丞相导之所器重。学总坟素,艺苞流略,书穷八体,才胆五能。至若垂露崩云,芝英蕙叶,鸾回鹊顾之巧,虎踞龙腾之势,信可挺拔终古,晖映来今者乎!我大唐太宗文武圣皇帝,甄陶尧、舜、漂涤羲轩,物色贤良,梦寐前载,万机之暇,宏览典坟,得之右军,欣然师范,亲纡圣旨,制赞论焉。其略曰:"详察古今,研精篆素,尽善尽美,其唯王右军乎!心慕手追,此人而已,斯乃万代之荣观也,与夫周表商间,汉修乐墓,故不同年而语矣。"时太尉郗鉴负佐命之勋,居台铉之贵,使求佳婿于文献公,公令东厢自观之,子侄闻者,莫不耸身矜持,公独坦腹而不屑意,竟当选矣。起家秘书郎。石渠奥府,天禄仙台,遂非扬雄、刘向之才华,班固、左思之覃思,笔削之举,不亦难乎?征西庾亮,请为参军,累迁长史,参豫谋谟,总统纲纪。魏阳元之领袖,早历清阶;温太真之鲜明,遽登英位。兼此二美,在我公焉。迁宁远将军、江州刺史。汇泽西浮,浔阳重镇,伊昔南夏,埒拟扶风,江湖滑㳠,臣庐嵬崛。所以山薮藏疾,川泽纳污,非无草窃之人,实有莞蒲之盗。下车无何,枭音遽革。公誉望幼挺,才器凤彰,声名洋溢,公卿籍甚,识与不识,莫不引领而思交;知与不知,咸愿举手而同荐。频召为侍中、吏部尚书,皆不应命。常伯补衮,冢宰提衡,唐虞则龙作纳言,汉魏则貂蝉近侍,卒不降志,保真恬怡,荀卿所谓德行高则骄富贵,礼义重则轻王公,于右军见之矣。复授护军将军,亦推迁不拜。除右军将军、会稽内史。瓯越奥区,地惟关辅,浙河襟带,秦岭股肱,士女殷繁,商旅联络,一都之会,氓俗难循。公示以威恩,孚以诚惠,敦学校,劝农桑,裒雄猾,赏廉孝。未逾期月,风化大行。然后致书朝端,以诚执事,词理鲠亮,言旨切直,岂徒贾生流涕、孟轲浩然而已哉!既而金行不竞,小人道长,兴言慷慨,峻誓坟茔,随时卷舒,关国隆替。朗不屑之愿,徇长往之诚,穷游名山,遍历沧海,捐龟组,褫龙章,练金膏,屑琼蕊。浚曲水茂,兰亭礼贤之馆,引贞肥之客,于是谢安、孙绰、李充、许询、支遁、许迈之俦,若非抗首谢时,即是文章冠代,何尝不攀胜慕德。夕处朝游,公自为之序,以申其志也。竟以乐死,遂其初情。春秋五十有九,卒丁会稽之里第。朝野轸恸,郡县伤嗟,路泣行号,风悲日惨,非徒春者不相工女辍机而已哉。追赠金紫光禄大夫。诸子仰遵先旨,固让不受。公有济天下之心,蕴公辅之量,智度淹旷,规模宏远,抱刘琨之气,嗟地狭而不容;怀乐毅之才,叹主昏而勿用,有以知晋室之不延也。夫盛德之祀,绵于百代;公侯之胤,必复其先。自晋迄陈,统会稽殆逾数十,可谓英英门户矣。既而黄旗霸尽,紫盖雄衰,衣冠咸返,帝卿礼乐并归宸甸,子孙流洛今为居人。十二代孙庭之、祐之,憎憎善人，高尚其事，贞不绝俗，隐不违亲，偃仰琴书，逍遥鱼鸟。虽心怀远追之道，而家迫屡空之恨，遂使蒸尝久旷，享德无依。乐毅之后，未封若敖之魂，遂倭师乾。幸因承乏，叨佐越藩，仰休烈而延眷，俯遗尘而景慕，敬宗族隆构清祠，灵宇森邃，修廊轇轕，时思之禋，再茂如在之敬，逾明荃壁药房。晔晨风而转翠；蕙肴兰藉，顺四序而流馨。北望戴岩，题扇之风更远，东连竹泾，养鹅之沼弥清。西接邑居，朱城丽日；南通阡陌，翠柳含烟。加以万壑争流，千岩竞秀。澄湖湛镜，渍星象于波澜，洞穴封金，孕灵符于宛委。信允常之胜境，勾践之名都焉。从十一代孙，正议大夫、守越州都督、上柱国公士希俊，师乾八从兄也。掺行端举，风神朗迈。汪汪焉人不能测，凛凛然吏不敢犯。爱人如父母，摘伏若神明。春露流滋，厮庶铭其巨惠；秋霜泛简，豪猾肃其严威。游刃有余，雍容多暇，乃昌言曰："陆机文章，犹陈祖德；潘岳词赋，先述家风。况我族盛门昌，首出天下，爰自著姓以迄于兹，莫不仪表三台，抑扬二铉。英贤浚发，才产光扬，苟无述焉，宁昭勋绩。恭承嘉命，敢不云乎！师乾学非觇古，文惭秀异，聊申举一，讵述芳猷，敬疏无愧之词，庶披文以见质。"公有七子，并有重名，晋史详矣。或早终绝嗣，或无子国除。其有子孙蝉联以暨今日者，其唯黄门乎？可以配享宗祖，列为昭穆矣。又诸与公交游者，英贵特达，勋绩昭著，独谢太传乎？今配食宾筵矣。从十四代孙石城寺僧道敬，金庭观道，士崇妍空，两谛核妙，重玄入龙，藏而冥探，游风京而睹秘。从十四代孙朝议郎、行歙州黟县令爽、铜章抚俗墨绶亲人。惠训浃于重泉，讴谣光乎单父。从十六代孙玄庆、嗣贤、文毒、师玄、保家等，并晦迹林泉，脱屣缨冕，追仲长之逸轨，慕郭举之高踪。共扇家风，同宣祖德。殚素产颂洪，猷勒琬琰于东瓯，俾庶几于南岘。其词曰：

"沂波括地，嵊岭干天。代载雄杰，弈叶英贤。三槐继轨，九棘蝉联。盛哉茂族，人无间然。秦则离蔪，汉惟吉骏。武帐扬晖，文昌挺韵。象贤踵德，诞生英俊。汪汪万顷，森森千仞。常伯献替，纳言喉舌。金曰具瞻，是属明哲。竟不降志，朗其不屑。霜气棱棱，风威切切。汇泽西楚，稽岫东瓯。人称险躁，俗号轻浮。威而不猛，善而能柔。狱囚靡滞，庭事无留。有道则仕，无道则亡。关国隆替，与时行藏。屑琼膏铣，晦景韬光。山川益秀，草树增芳。我唐太宗兮皇王，冠文经天地兮武戡乱。钦墨妙兮慕右军，发睿词兮制幽赞。幽赞敏兮叨纪纲，佐都未理兮乏沂康。钦族祖之休烈，峻祠宇兮戴岩阳。明德惟馨兮茂蒸尝，子孙不知其所以，遂刊石而传芳。"

《唐宋名贤确论》

曾子固《右将军墨池记》曰：临川之城东有地，隐然而高，以临于溪，曰新城。新城之上有池，窊然而方以长，曰王羲之之墨池也。羲之尝慕张芝，临池学书，池水尽黑。方羲之之不可强，以仕而尝极东方。出沧海，以娱其意于山水之间。岂其徜徉肆恣，而又尝自休于此邪？羲之之书晚乃善，则其所能盖亦以精力自致者，非天成也。然后世未有能及之者，岂其学不如彼邪？则学固岂可少哉？况欲深造于道德者邪？

《容斋四笔》

王逸少为艺所累。王逸少在东晋时，盖温太真、蔡谟、谢安石一等人也。直以抗怀物外，不为人役，故功名成就，无一可言。而其操履识见，议论闳卓，当世亦罕其比，恨不见于用为书名所盖，后世但以翰墨称之。《晋书·本赞》标为唐太宗御撰，专颂其研精篆素，尽善尽美，至有心慕手追之语，略无一词论其平生，则一艺之工为累大矣。献之立志亦似其父。谢安欲使题太极殿榜以为万代宝，而难言之，试及韦仲将凌云榜事，即正色曰："使其若此，有以知魏德之不长。"遂不之逼。观此一节，可以知其为人，而亦以书名之

故没其盛德。二王尚尔,况于他人乎?

《考古质疑》

《缃素杂记》云:世说王右军年十岁时,大将军王敦甚爱之,常置帐中眠。大将军尝先出,右军未起,须臾钱凤至,屏人言逆节之谋,都忘右军在帐中。右军觉,既闻所论,知无活理,乃阳吐污头面被褥,诈熟眠。敦论事半,方忆右军未起,相与惊曰:"不得不除之。"乃开帐,见吐唾纵横,信其熟眠,于是得全,时称其有智。又《晋书》:王允之总角时,从伯敦常以自随,出则同舆,入则共寝。尝夜饮,允之醉,先卧。敦与钱凤谋为逆,允之已醒,悉闻其言。虑敦疑己,于卧处大吐,衣面并污。凤出,敦果照视,见允之卧吐中,以为大醉,不复疑之。二说大同小异,未知孰是。必有能卜之者,大庆谓当以允之为正。何以言之?按:陶隐居《真诰·其阐幽微篇》云:逸少升平五年辛酉岁亡,年五十九。按此,则逸少生于惠帝太安二年癸亥也。敦之举兵内向,乃元帝永昌元年正月,计其与钱凤谋时,当是大兴四年辛巳岁也。右军生于癸亥,至是年十九矣。《世说》乃曰十岁,以此知其误也。今《通鉴》亦作允之云。

叶石林老人《避暑录》

《晋史》言王逸少性爱鹅,世皆然之。人之好尚,固各有所僻,未易以一概论。如崔铉喜看水牛斗之类,此有何好?然而亦必与性相近类者。逸少风度超然,何取于鹅?张正素尝云:善书者,贵指实掌虚,腕运而手不知,鹅颈有腕法,倘在是耶,今鹅十百为群,其间必自有特异者,畜牧人皆能辨,人即贵售之以为种。盖物各有出其类者,逸少既意有所寓,因又赏其善者也。正素能书,识古人行笔意。其言似有理。

韩淲《涧泉日记》

邴曼容、严子陵,西汉之末也。张季鹰、葛稚川,西晋之末也。贺知章,天宝之末也。陶渊明,东晋之末也。班嗣,亦西汉之末也。王羲之,亦善处世。皇甫嵩出处最可观。李泌晚路亦艰矣。大类子房。

王徽之

《晋书·列传》

徽之,字子猷。性卓荦不羁,为大司马桓温参军。蓬首散带,不综府事。又为车骑桓冲骑兵参军,冲问:"卿署何曹?"对曰:"似是马曹。"又问:"管几马?"曰"不知马,何由知数!"又问:"马比死多少?"曰:"未知生,焉知死!"尝从冲行,值暴雨,徽之因下马排入车中,谓曰:"公岂得独擅一车!"冲尝谓徽之曰:"卿在府日久,比当相料理。"徽之初不酬答,直高视,以手版柱颊云:"西山朝来致有爽气耳。"

时吴中一士大夫家有好竹,欲观之,便出坐舆造竹下,讽啸良久。主人洒埽请坐,徽之不顾。将出,主人乃闭门,徽之便以此赏之,尽欢而去。尝寄居空宅中,便令种竹。或问其故,徽之但啸咏,指竹曰:"何可一日无此君邪!"尝居山阴,夜雪初霁,月色清朗。四望皓然,独酌酒咏左思《招隐诗》,忽忆戴逵。逵时在剡,便夜乘小船诣之,经宿方至,造门

不前而反。人问其故，徽之曰："本乘兴而来，兴尽而反，何必见安道邪！"雅性放诞，好声色，尝夜与弟献之共读高士传赞，献之赏井丹高洁，徽之曰："未若长卿慢世也。"其傲达若此。时人皆钦其才而秽其行。

后为黄门侍郎，弃官东归，与献之俱病笃。时有术人云："人命应终，而有生人乐代者，则死者可生。"徽之谓曰："吾才位不如弟，请以余年代之。"术者曰："代死者，以己年有余，得以足亡者耳。今君与弟算俱尽，何代也！"未几，献之卒，徽之奔丧不哭，直上灵床坐，取献之琴弹之，久而不调，叹曰："呜呼子敬，人琴俱亡！"因顿绝。先有背疾，遂溃裂，月余亦卒。子桢之。

王徽之

《刹录》

刘原父《徽之像赞》曰："人生谁不知，妄为世所束。兴来当暂往，兴尽期自复。大雪暗溪路，新晴月微烛。去非斯人慕，返岂斯人辱。优游便所适，偃蹇尚幽独。"

《野客丛书》

王子猷多言俗事，谢安以为不如献之。仆谓此特以一时之言察其优劣耳，未考其终身之行也。《子猷传》所载，率多旷达，如不答长官拄笏而看西山，不顾主人坐舆而造行下，山阴雪夜，咏《招隐诗》而访戴逵。观此数事，胸中洒落，正自不凡，未易贬之也。然《传》又云："人钦其才而秽其行。"仆观此语，始知其为人内行不谨，为当时所鄙，信非子敬之及。惟史氏没其迹而不书，盛陈前数事，且居名父之下，名弟之上，左右掩映，故后世闻其风者，击节赏叹，以为不可及，而莫知有大节之累云。

王桢之

《晋书·王羲之传》

桢之字公干，历位侍中、大司马长史。桓玄为大尉，朝臣毕集，问桢之："我何如君亡叔？"在坐咸为气咽。桢之曰："亡叔一时之标，公是千载之英。"一坐皆悦。

王操之

《晋书·王羲之传》

操之，字子重，历侍中、尚书、豫章太守。

王献之

《晋书·列传》

献之,字子敬。少有盛名,而高迈不羁,虽闲居终日,容止不怠,风流为一时之冠。年数岁,尝观门生樗蒲,曰:"南风不竞。"门生曰:"此郎亦管中窥豹,时见一班。"献之怒曰:"远惭荀奉倩,近愧刘真长。"遂拂衣而去。尝与兄徽之、操之俱诣谢安,二兄多言俗事,献之寒温而已。既出,客问安王氏兄弟优劣,安曰:"小者佳。"客问其故,安曰:"吉人之辞寡,以其少言,故知之。"溥南《王若虚集》:吉人之辞固寡,而寡者未必皆吉人。遽以是定其优劣可乎?晋人议论浅近不切,大抵皆此类也。尝与徽之共在一室,忽然火发,徽之遽走,不遑取履。献之神色恬然,徐呼左右扶出。夜卧斋中,而有偷人入其室,盗物都尽。献之徐曰:"偷儿,青毡我家旧物,可特置之。"群偷惊走。

工草隶,善丹青。七八岁时学书,羲之密从后掣其笔不得,叹曰:"此儿后当复有大名。"尝书壁为方丈大字,羲之甚以为能,观者数百人。桓温尝使书扇,笔误落,因画作乌驳牸牛,甚妙。

起家州主簿、秘书郎,转丞,以选尚新安公主。尝经吴郡,闻顾辟强有名园,先不相识,乘平肩舆径入。时辟强方集宾友,而献之游历既毕,傍若无人。辟强勃然数之曰:"傲主人,非礼也。以贵骄士,非道也。失是二者,不足齿之伦耳。"便驱出门。献之傲如也,不以屑意。

谢安甚钦爱之,请为长史。安进号卫将军,复为长史。大元中,新起太极殿,安欲使献之题榜,以为万代宝,而难言之,试谓曰:"魏时陵云殿榜未题,而匠者误钉之,不可下,乃使韦仲将悬橙书之。比讫,须鬓尽白,裁余气息。还语子弟,宜绝此法。"献之揣知其旨,正色曰:"仲将,魏之大臣,宁有此事!使其若此,有以知魏德之不长。"安遂不之逼。安又问曰:"君书何如君家尊?"答曰:"故当不同。"安曰:"外论不尔。"答曰:"人那得知!"寻除建威将军、吴兴太守,征拜中书令。

及安薨,赠礼有同异之议,惟献之与徐邈共明安之忠勋。献之乃上疏曰:"故太傅臣安少振玄风,道誉洋溢;弱冠遐栖,则契齐箕皓;应运释褐,而王猷允塞。及至载宣威灵,强猾消殄。功勋既融,投绂高让。且服事先帝,眷隆布衣。陛下践阼,阳秋尚富,尽心竭智以辅圣明。考其潜跃始终,事情缱绻,实大晋之俊辅,义笃于曩臣矣。伏惟陛下留心宗臣,澄神于省察。"孝武帝遂加安殊礼。

未几,献之遇疾,家人为上章,道家法应首过,问其有何得失。对曰:"不觉余事,惟忆与郗家离婚。"献之前妻,郗昙女也。俄而卒于官。安僖皇后立,以后父追赠侍中、持进、光禄大夫、太宰,谥曰宪。无子,以兄子静之嗣,位至义兴太守。时议者以为羲之草隶,江左中朝莫有及者,献之骨力远不及父,而颇有媚趣。桓玄雅爱其父子书,各为一帙,置左右以玩之。始羲之所与共游者,许迈。

制曰:书契之兴,肇乎中古,绳文鸟迹,不足可观。末代去朴归华,舒笺点翰,争相夸尚,竞其工拙。伯英临池之妙,无复余踪;师宜悬帐之奇,罕有遗迹。逮乎钟王以降,略可言焉。钟虽擅美一时,亦为迥绝,论其书善,或有所疑。至于布纤浓,分疏密霞舒云卷,无所间然。但其体则古而不今,字则长而逾制,语其大量,以此为瑕。献之虽有父风,殊非新巧。观其字势疏瘦,如隆冬之枯树;览其笔踪拘束,若严家之饿隶。其枯树也,虽搓桛而无屈伸;其饿隶也,则羁嬴而不放纵。兼斯二者,故翰墨之病欤! 子云近世,擅名江表,然仅得成书,无丈夫之气,行行若萦春蚓,字字如绾秋蛇;卧王蒙于纸中,坐徐偃于笔下;虽秃千兔之翰,聚无一毫之筋,穷万谷之皮,敛无半分之骨;以兹播美,非其滥名邪! 此数子者,皆誉过其实。所以详察古今,研精篆素,尽善尽美,其惟王逸少乎! 观其点曳之工,裁成之妙,烟霏露结,状若断而还连;凤翥龙蟠,势如斜而反正。玩之不觉为倦,览之莫识其端,心慕手追,此人而已。其余区区之类,何足论哉!

《绍兴府志》

王献之善书,有所书《洛神赋》传于世。其所居,在会稽山中,有五色云现,号云门山。尝从山阴道上行,语人曰:"山川自相映发,使人应接不暇。若秋冬之际,尤难为怀。"

《云麓漫抄》

嘉泰二年六月,绍兴府山阴农人辟地得古砖于黄阊冈,字十行,云"郎耶王献之保母,姓李,名意如,广汉人也。在母家,志行高秀。归王氏,柔顺恭勤善属文,能草书,解释、老旨趣。年七十,兴宁三年岁在乙丑二月六日,无疾而终。"望葬会稽。冈下殉以曲水小砚、交螭、方壶,树双松于墓上,立贞石而志之。悲夫! 八百余载,知献之保母宫于兹土者,尚焉。尚书李公大性伯和,时持浙东宪节,尝见,云"砚色紫而润,后有'晋献之'三字,傍有永和二字。折后归钱清王畿家。畿好古,三槐王氏后模得其本,出以示予。志字大小,甚类《兰亭叙》。其间曲水'会稽'字尤逼《叙》,笔力遒逸,真有父风。"或云:"乃近人伪为之。有五验:盖集王字,故大小不等,一也;书晋献之而不著姓,献之决不若是,二也;妇人谓嫁曰归,既为人保母,不当言归,复云志行高秀,皆非学者语,三也;献之非善日者,而云八百余载,四也;古人墓砖文皆突起无刊字者,五也。"以此推之,良有理。

王玄甫

《真仙通鉴》

玄甫,沛人也。同吴人邓伯元学道于赤城、霍山,受服青精石饭、吞日精丹景之法,内思洞房,积三十四年。乃内见五脏,冥夜中能书。晋穆帝永和元年正月十五日,天帝遣羽车迎之,玄甫与邓伯元乘云驾龙白日升天。今在此玄圃台受书,为中岳真人。

王丰

《晋书·外戚传》

丰,字促祖,哀靖皇后父也。曾祖黯,历位尚书,祖祐,北军中候。父讷,新淦令。丰少时放纵不羁,不为乡曲所齿,晚节始克己励行,有风流美誉,虚己应物,恕而后行,莫不

敬爱焉。事诸母甚谨，奉禄资产常推厚居薄，喜愠不形于色，不修小洁，而以清约见称。善隶书，美姿容，尝览镜自照，称其父字曰："王文开生如此儿邪！"居贫，帽败，自入市买之，妪悦其貌，遗以新帽，时人以为达。与沛国刘惔齐名友善，惔常称濛性至通，而自然有节，濛每云："刘君知我，胜我自知。"时人以惔方荀奉倩，濛比袁曜卿，凡称风流者，举濛、惔为宗焉。

司徒王导辟为掾。导复引匡术弟孝，濛致笺于导曰："开国承家，小人勿用。杖德义以尹天下，方将澄清彝伦，崇重名器。夫军国殊用，文武异容，岂可令泾渭混流，亏清穆之风，以允答具瞻，仪刑海内！"导不答。后出补长山令，复为司徒左西属。濛以此职有谴则应受杖，固辞。诏为停罚，犹不就。徙中书郎。

简文帝之为会稽王也，尝与孙绰商略诸风流人，绰言曰："刘惔清蔚简令，王濛温润恬和，桓温高爽迈出，谢尚清易令达，而濛性和畅，能言理，辞简而有会。"及简文帝辅政，益贵幸之，与刘惔号为入室之宾。转司徒左长史。晚求为东阳，不许。及濛病，乃恨不用之。濛闻之曰："人言会稽王痴，竟痴也！"疾渐笃，于灯下转尘尾视之，叹曰："如此人曾不得四十也！"年三十九卒。临殡，刘惔以犀把尘尾置棺中，因恸绝久之。谢安亦常称美濛云："王长史语甚不多，可谓有令音。"有二子：修、蕴。

王修

《晋书·王恬传》

修字敬仁，小字荀子，明秀有美称，善隶书，号曰流奕清举。年十二，作贤全论。丰以示刘惔曰："敬仁此论，便足以参微言。"起家著作郎、琅琊王文学，转中书司马，未拜而卒，年二十四。临终，叹曰："无愧古人，年与之齐矣。"

王蕴

《晋书·外戚传》

蕴，字叔仁，孝武定皇后父，司徒左长史丰子也。起家佐著作郎，累迁尚书吏部郎。性平和，不抑寒素，每一官缺，求者十辈，蕴无所是非。时简文帝为会稽王，辅政，蕴辄连状白之，曰："某人有地，某人有才。"务存进达，各随其方，故不得者无怨焉。补吴兴太守，甚有德政。属郡荒人饥，辄开仓赡恤。主簿执谏，请先列表上待报，蕴曰："今百姓嗷然，路有饥馑，若表上须报，何以救将死之命乎！专辄之愆，罪在太守，且行仁义而败，无所恨也。"于是大振贷之，赖蕴全者十七八焉。朝廷以违科免蕴官，士庶诣阙讼之，诏特左降晋陵太守。复有惠化百姓歌之。

定后立，以后父，迁光禄大夫，领五兵尚书、本州大中正，封建昌县侯。蕴以恩泽赐爵，非三代令典，固辞不受。朝廷敦劝，终不肯拜，乃授都督京口诸军事、左将军、徐州刺史、假节，复固让。谢安谓蕴曰："卿居后父之重，不应妄自菲薄，以亏时遇，宜依褚公故事，但令在贵权于事不事耳。可暂临此任，以纾国姻之重。"于是乃受命，镇于京口。顷之，征拜尚书左仆射，将军如故，迁丹杨尹，即本军号加散骑常侍。蕴以姻戚，不欲在内，

苦求外出，复以为都督浙江东五郡、镇军将军、会稽内史，常侍如故。

蕴素嗜酒，末年尤甚。及在会稽，略少醒日，然犹以和简为百姓所悦。时王悦来拜墓，蕴子恭往省之，素相善，遂留十余日方还。蕴问其故，恭曰："与阿大语，蝉连不得归。"蕴曰："恐阿大非尔之友。"阿大，悦小字也。后竟乖初好，时以为知人。太元九年卒，年五十五，追赠左光禄大夫、开府仪同三司。长子华，早卒。次恭，在列传。

王遐

《晋书·外戚传》

遐，字桓子，简顺皇后父，骠骑将军述之从叔也。少以华族，仕至光禄勋。宁康初，追赠特进、光禄大夫，加散骑常侍，谥曰靖。

长子恰，领军将军。恰子欣之，豫章太守，秩中二十石。欣之弟欢之，广州刺史。遐少子臻，崇德卫尉。

王雅

《晋书·列传》

雅，字茂达，东海郯县人，魏卫将军肃之曾孙也。祖隆，后将军。父景，大鸿胪。雅少知名，州檄主簿，举秀才，除郎中，出补永兴令，以干理著称。累迁尚书左右丞，历廷尉、侍中、左卫将军、丹阳令，领太子左卫率。雅性好接下，敬慎奉公，孝武帝深加礼遇，虽在外职，侍见甚数，朝廷大事多参谋议。帝每置酒宴集，雅未至，不先举筋，其见重如此。然任遇有过其才，时人被以佞幸之目。帝起清暑殿于后宫，开北上阁，出华林园，与美人张氏同游止，惟雅与焉。

会稽王道子领太子太傅，以雅为太子少傅。时王珣儿婚，宾客车骑甚众，会闻雅拜少傅，回诣雅者过半。时风俗颓弊，无复廉耻。然少傅之任，朝望属珣，珣亦颇以自许。及中诏用雅，众遂赴雅焉。将拜，遇雨，请以伞入。王珣不许之，因冒雨而拜。雅既贵幸，威权甚震，门下车骑常数百，而善应接，倾心礼之。

帝以道子无社稷器干，虑晏驾之后皇室倾危，乃选时望以为藩屏，将擢王恭、殷仲堪等，先以访雅。雅以恭等无当世之才，不可大任，乃从容曰："王恭风神简贵，志气方严，既居外戚之重，当亲贤之寄，然其禀性峻隘，无所苞容，执自是之操，无守节之志。仲堪虽谨于细行，以文义著称，亦无弘量，且干略不长。若委以连率之重，据形胜之地，今四海无事，足能守职，若道不常隆，必为乱阶矣。"帝以恭等为当时秀望，谓雅疾其胜己，故不从。二人皆被升用，其后竟败，有识之士称其知人。

迁领军、尚书、散骑常侍，方大崇进之，将参副相之重，而帝崩，仓卒不获顾命。雅素被优遇，一旦失权，又以朝廷方乱，内外携离，但慎默而已，无所辨正。虽在孝武世，亦不能犯颜廷争，凡所谋谟，唯唯而已。寻迁左仆射。隆安四年卒，时年六十七。追赠光禄大夫、仪同三司。

长子准之，散骑侍郎。次协之，黄门。次少卿，侍中。并有士操，立名于世云。论赞见顾和传后。

王恭

《晋书·列传》

恭，字孝伯，光禄大夫蕴子，定皇后之兄也。少有美誉，清操过人，自负才地高华，恒有宰辅之望。与王忱齐名友善，慕刘惔之为人。谢安常曰："王恭人地可以为将来伯舅。"尝从其父自会稽至都，忱访之，见恭所坐六尺簟，忱谓其有余，因求之。恭辍以送焉，遂坐荐上。忱闻而大惊，恭曰："吾平生无长物。"其简率如此。

起家为佐著作郎，叹曰："仕宦不为宰相，才志何足以骋！"因以疾辞。俄为秘书丞，转中书郎，未拜，遭父忧。服阕，除吏部郎，历建威将军。太元中，代沈嘉为丹阳尹，迁中书令，领太子詹事。

孝武帝以恭后兄，深相钦重。时陈郡袁悦以倾巧事会稽王道子，恭言之于帝，遂诛之。道子尝集朝士，置酒于东府，尚书令谢石因醉为委巷之歌，恭正色曰："居端右之重，集藩王之第，而肆淫声，欲令群下何所取则！"石深衔之。淮陵内史虞珧子妻裴氏有服食之术，常衣黄衣，状如天师，道子甚悦之，令与宾客谈论，时人皆为降节。恭抗言曰："未闻宰相之坐有失行妇人。"坐宾莫不反侧，道子甚愧之。其后帝将擢时望以为藩屏，乃以恭为都督兖青冀幽并徐州晋陵诸军事、平北将军、兖青二州刺史、假节，镇京口，初，都督以"北"为号者，累有不祥，故桓冲、王坦之、刁彝之徒不受镇北之号。恭表让军号，以超受为辞，而实恶其名，于是改号前将军。慕容垂入青州，恭遣偏师御之，失利，降号辅国将军。

及帝崩，会稽王道子执政，宠昵王国宝，委以机权。恭每正色直言，道子深惮而忿之。及赴山陵，罢朝，叹曰："栋梁虽新，便有黍离之叹矣。"时国宝从弟绪说国宝，因恭入觐相王，伏兵杀之，国宝不许。而道子亦欲辑和内外，深布腹心于恭，冀除旧恶。恭多不顺，每言及时政，辄厉声色。道子知恭不可和协，王绪之说遂行，于是国难始结。或劝恭因入朝以兵诛国宝，而庾楷党于国宝，士马甚盛，恭惮之，不敢发，遂还镇。临别，谓道子曰："主上谅暗，冢宰之任，伊周所难，愿大王亲万机，纳直言，远郑声，放佞人。"辞色甚厉，故国宝等愈惧。以恭为安北将军，不拜。乃谋诛国宝，遣使与殷仲堪、桓玄相结，仲堪伪许之。恭得书，大喜，乃抗表京师曰："后将军国宝得以姻戚频登显列，不能感恩效力，以报时施，而专宠肆威，将危社稷。先帝登遐，夜乃犯阁叩扉，欲矫遗诏。赖皇太后聪明，相王神武，故逆谋不果。又割东宫见兵以为己府，逸疾二昆甚于仇敌。与其从弟绪同党凶狡共相扇冲。此不忠不义之明白也。以臣忠诚，必亡身殉国，是以潜臣非一。赖先帝明鉴，浸润不行。昔赵鞅兴甲，诛君侧之恶，臣虽驽劣，敢忘斯义！"表至，内外戒严。国宝及绪惶惧不知所为，用王珣计，请解职。道子收国宝，赐死，斩绪于市，深谢愆失，恭乃还京口。

恭之初抗表也，虑事不捷，乃版前司徒左长史王廞为吴国内史，令起兵于东。会国宝死，令廞解军去职。廞怒，以兵伐恭。恭遣刘牢之击灭之，上疏自贬，诏不许。谯王尚之复说道子以藩伯强盛，宰相权弱，宜多树置以自卫。道子然之，乃以其司马王愉为江州刺史，割庾楷豫州四郡使愉督之，由是楷怒，遣子鸿说恭曰："尚之兄弟专弄相权，欲假朝威贬削方镇，惩警前事，势转难测，及其议未成，宜早图之。"恭以为然，复以谋告殷仲堪、桓玄。玄等从之,推恭为盟主,克期同赴京师。

时内外疑阻,津逻严急,仲堪之信因庾楷达之,以斜绢为书,内箭竿中,合镝添之,楷送于恭,恭发书,绢文角戾,不复可识,谓楷为诈。又料仲堪去年已不赴盟,今无动理,乃先期举兵。司马刘牢之谏曰:"将军今动以伯舅之重,执忠贞之节,相王以姬旦之尊,时望所系,昔年已戮宝、绪,送王廞书,是深伏将军也。顷所授用,虽非皆允,未为大失。割庾楷四郡以配王愉,于将军何损!晋阳之师,其可再乎!"恭不从,乃上表以讨王愉、司马尚之兄弟为辞。朝廷使元显及王珣、谢琰等距之。

恭梦牢之坐其处,且谓牢之曰:"事克,即以卿为北府。"遣牢之率帐下督颜延先据竹里。元显使说牢之,许以重利,牢之乃斩颜延以降。是日,牢之遣其婿高雅之、子敬宣,因恭曜军,轻骑击恭。恭败,将还,雅之已闭城门,恭遂与弟履单骑奔曲阿。恭久不骑乘,髀生疮,不复能去。曲阿人殷确,恭故参军也,以船载之,藏于苇席之下,将奔桓玄。至长塘湖,遇商人钱强,强宿憾于确,以告湖浦尉。尉收之,以送京师。道子闻其将至,欲出与语,面折之,而未之杀也。时桓玄等已至石头,惧其有变,即于建康之倪塘斩之。恭五男及弟爽、爽兄子秘书郎和及其党孟璞、张恪等皆杀之。

恭性抗直,深存节义,读左传至"奉王命讨不庭",每辍卷而叹。为性不弘,以暗于机会,自在北府,虽以简惠为政,然自矜贵,与下殊隔。不闲用兵;尤信佛道,调役百姓,修营佛寺,务在壮丽,士庶怨嗟。临刑,犹诵佛经,自理须鬓,神无惧容,谓监刑者曰:"我暗于信人,所以致此,原其本心,岂不忠于社稷!但令百代之下知有王恭耳。"家无财帛,唯书籍而已,为识者所伤。

恭美姿仪,人多爱悦,或目之云:"濯濯如春月柳。"尝被鹤氅裘,涉雪而行,孟昶窥见之,叹曰:此"真神仙中人也!"初见执,遇故吏戴耆之为湖孰令,恭私告之曰:"我有庶儿未举,在乳母家,卿为我送寄桓南郡。"耆之遂送之于夏口。桓玄抚养之,为立丧庭吊祭焉。及玄执政,上表理恭,诏赠侍中、太保,谥曰忠简。爽赠太常,和及子简并通直散骑郎,殷确散骑侍郎。腰斩湖浦尉及钱强等。恭庶子昙亨,宋义熙中为给事中。

史臣曰:生灵道断,忠贞路绝,弃彼弊冠,崇兹新履。牢之事非其主,抑亦不臣,功多见疑,势陵难信,而投兵散地,二三之甚。若夫司牧居愆,方隅作戾,口顺勤王,心乖抗节。王恭鲠言时政,有昔贤之风。国宝就诛,而晋阳犹起。是以仲堪侥幸,佺期无状,雅志多隙,佳兵不和,足以亡身,不足以静乱也。

赞曰:孝伯怀功,牢之总戎。王因起衅,刘亦惭忠。殷扬乃武,抽旆争雄。庾君含怨,交斗其中。猗欤群采,道睽心异。是曰乱阶,非关臣事。

王爽

《晋书·王忱传》王

爽,字季明,强正有志力,历给事黄门侍郎、侍中。孝武帝崩,王国宝夜欲开门入为遗诏,爽距之,曰:"大行晏驾,皇太子未至,敢入者斩!"乃止。爽尝与会稽王道子饮,道子醉呼爽为小子,爽曰:"亡祖长史与简文皇帝为布衣之交,亡姑、亡姊伉俪二宫,何小子之有!"及国宝执权,免爽官。后兄恭再起事,并以爽为宁朔将军,参预军事。恭败,被诛。

王猛

《晋书·列传》

猛，字景略，北海剧人也，家于魏郡。少贫贱，以鬻畚为业。尝货畚于洛阳，乃有一人贵买其畚，而云无直，自言家去此无远，可随我取直。猛利其贵而从之，行不觉远，忽至深山，见一父老，须发皓然，踞胡床而坐，左右十许人，有一人引猛进拜之。父老曰："王公何缘拜也！"乃十倍偿畚直，遣人送之。猛既出，顾视，乃嵩高山也。

猛瑰姿俊伟，博学好兵书，谨重严毅，气度雄远，细事不干其虑，自不参其神契，略不与交通，是以浮华之士咸轻而笑之。猛悠然自得，不以屑意。少游于邺都，时人罕能识也。惟徐统见而奇之，召为功曹。遁而不应，遂隐于华阴山。怀佐世之志，希龙颜之主敛翼待时，候风云而后动。桓温入关，猛被褐而诣之，一面谈当世之事，扪虱而言，旁若无人。温察而异之，问曰："吾奉天子之命，率锐师十万，杖义讨逆，为百姓除残贼，而三秦豪杰未有至者何也？"猛曰："公不远数千里，深入寇境，长安咫尺而不渡灞水，百姓未见公心故也，所以不至。"温默然无以酬之，温之将还，赐猛车马，拜高官督护，请与俱南。猛还山诸师，师曰："卿与桓温岂并世哉！在此自可富贵，何为远乎！"猛乃止。

符坚将有大志，闻猛名，遣吕婆楼招之，一见便若平生，语及废兴大事，异符同契，若玄德之遇孔明也。及坚僭位，以猛为中书侍郎。时始平多枋头西归之人，豪右纵横，劫盗充斥，乃转猛为始平令。猛下车，明法峻刑，澄察善恶，禁勒强豪。鞭杀一吏，百姓上书讼之，有司劾奏，槛车征下廷尉诏狱。坚亲问之，曰："为政之体，德化为先，苟任未几杀戮无数，何其酷也！"猛曰："臣闻宰宁国以礼，治乱邦以法。陛下不以臣不才，任臣以剧邑，谨为明君揖除凶猾。始杀一奸，余尚万数，若以臣不能穷残尽暴，肃清轨法者，敢不甘心鼎镬，以谢孤负。酷政之刑，臣实未敢受之。"坚谓群臣曰："王景略固是夷吾、子产之俦也。"于是赦之。

迁尚书左丞、咸阳内史、京兆尹。未几，除吏部尚书、太子詹事，又迁尚书左仆射、辅国将军、司隶校尉，加骑都尉，居中宿卫。时猛年三十六，岁中五迁，权倾内外，宗戚旧臣皆害其宠。尚书仇腾、丞相长史席宝数谮毁之，坚大恕，点腾为甘松护军，宝白衣领长史。尔后上下咸服，莫有敢言。顷之，迁尚书令、太子太傅，加散骑常侍。猛频表累让，坚竟不许。又转司徒、录尚书事，余如故。猛辞以无功，不拜。

后率诸军讨慕容晔，军禁严明，师无私犯。猛之未至邺也，劫盗公行，及猛之至，远近帖然，燕人安之。军还，以功进封清河郡侯，赐以美妾五人，上女妓十二人，中妓三十八人，马百匹，车十乘，猛上疏固辞不受。

时既留镇冀州，坚遣猛于六州之内听以便宜从事，简召英俊，以补关东守宰，授讫，言

符坚

台除正。居数月，上疏曰："臣前所以朝闻夕拜，不顾艰虞者，正以方难未夷，军机权速，庶竭命戎行，甘驱驰之役，敷宣皇威，展筋骨之效，故俛俯从事，叨据负乘，可谓恭命于济时，俟太平于今日。今圣德格于皇天，威灵被于八表，弘化已熙，六合清泰，窃敢披贡丹诚，请避贤路。设官分职，各有司存，岂应孤任愚臣，以速倾败，东夏之事，非臣区区所能康理，愿徙授亲贤，济臣颠坠。若以臣有鹰犬微勤，未忍捐弃者，乞待罪一州，效尽力命。徐方始宾，淮汝防重，六州处分，府选便宜，辄以悉停。督任弗可虚旷，深愿时降神规。"坚不许，遣其侍中梁谠诣邺喻旨，猛乃视事如前。

俄入为丞相、中书监、尚书令、太子太傅、司隶校尉，持节、常侍、将军，侯如故。稍加都督中外诸军事。猛表让久之。坚曰："卿昔螭蟠布衣，朕龙潜弱冠，属世事纷纭，厉土之际，颠覆厥德。朕奇卿于暂见，拟卿为卧龙，卿亦异朕于一言，回考蠡之雅志，岂不精契神交，千载之会！虽傅岩入梦，姜公悟兆，今古一时，亦不殊也。自卿辅政，几将二纪，内鏊百揆，外荡群凶，天下向定，彝伦始叙。朕且欲从容于上，望卿劳心于下，弘济之务，非卿而谁！"遂不许。其后数年，复授司徒。猛复上疏曰："臣闻乾象盈虚，惟后则之；位称以才，官非则旷。郑武翼周，仍世载咏；王叔昧宠，政替身亡，斯则取成败之殷监，为臣之炯戒。窃惟鼎宰崇重，参路太阶，宜妙尽时贤，对扬休命。魏祖以文和为公，贻笑孙后；千秋一言致相，匈奴吼之。臣何庸猥，而应斯举！不但取蚩邻远，实令羌虏轻秦。昔东野穷驭，颜子知其将弊。陛下不复料度臣之才力，私惧败亡是及。且上亏宪典，臣何颜处之！虽陛下私臣，其如天下何！愿回日月之鉴，矜臣后悔，使上无过授之谤，臣蒙覆焘之恩。"坚竟不从。猛乃受命。军国内外万机之务，事无巨细，莫不归之。

猛宰政公平，流放尸素，拔幽滞，显贤才，外修兵革，内崇儒学，劝课农桑，教以廉耻，无罪而不刑，无才而不任，庶绩咸熙，百揆时叙。于是兵强国富，垂及升平，猛之力也。坚常从容谓猛曰："卿夙夜匪解，忧勤万机，若文王得太公，吾将优游以卒岁。"猛曰："不图陛下知臣之过，臣何足以拟古人！"坚曰："以吾观之，太公岂能过也。"常敕其太子宏、长乐公丕等曰："汝事王公，如事我也"。其见重如此。

广平麻思流寄关右，因母亡归葬，请还冀州。猛谓思曰："便可速装，是暮已符卿发遣。"及始出关，郡县已被符管慅。其令行禁整，事无留滞，皆此类也。性刚明清肃，于善恶尤分。微时一餐之惠，睚眦之忿，靡不报焉，时论颇以此少之。

其年寝疾，坚亲祈南北郊、宗庙、社稷，分遣侍臣祷河岳诸祀，靡不周备。猛疾未瘳，乃大赦其境内殊死已下。猛疾甚，且上疏谢恩，并言时政，多所弘益。坚览之流涕，悲动左右。及疾笃，坚亲临省病，问以后事。猛曰："晋虽僻陋吴越，乃正朔相承。亲仁善邻，国之宝也。臣没之后，愿不以晋为图。鲜卑、羌虏，我之仇也，终为人患，宜渐除之，以便社稷。"言终而死，时年五十一。坚哭之恸。比敛，三临，谓太子宏曰："天不欲使吾平一六合邪？何夺吾景略之速也！"赠侍中，丞相余如故。给东园温明秘器，帛三千匹，谷万石。谒者仆射监护丧事，葬礼一依汉大将军霍光故事。谥曰武侯。朝野巷哭三日。

《朱子语录》时可问："王猛从苻坚如何？"曰："苻坚事自难看。观其杀苻生与东海公，分明是特地杀了，史家要出脱苻坚杀兄之罪，故妆点许多，此史所以难看也。经史百家制度，王猛明于大分。自三代以来，国之多故，莫如晋外有戎、丑之强，内有强臣之变，泯绝荒乱，有不忍观者。然后裂为东晋，晋至是亦微矣。然犹相与维持，传十余世未至遽颠骤绝。如十六国之纷纷篡代，何也？吾求其故，以为君臣之分实默制于其间。夫君臣之分，其始固有以制之，而其终至于不可解，殆非势使之也。苻坚以蕞尔夷狄之种，崛强于诸国之间。当是时，五胡云扰中原之地，非复晋之版图，衣冠礼乐，晋亦徒有虚器而已。王猛挟过人之资，奋然出身为苻坚之附。夫既不为晋用，而归僭窃之邦，宜其念虑不复知

有晋矣。而坚虽强悍，加兵于四方，三十年间独不敢南下而牧马，皆猛有以沮之。至于垂死丁宁之言，犹曰：'臣没之后，愿勿以晋为图。'呜呼！吾于是而知晋之所以未亡，徒以君臣之分存耳。夫以猛之材勇，较晋诸臣，宜无足畏，而乃敬惮退服如此，非知大分者能之乎？特其失身为潜窃之用，不于始为可深惜。君子于垂绝之言观之，犹足以明其初心之所存。彼其趋向，殆与反君事雠没齿不悔者，亦少异哉！其后淝水之役，一败涂地，世每以得谢玄为晋喜，吾则以亡王猛为坚恨。使猛尚在，必能制坚东行矣。虽然，晋之收是捷也，要非人力所能致，天秩所在，虽衰世而不可泯乱。坚之干名犯分，固天诛所不赦者。论者语君臣相得，类称坚、猛，吾谓有材如猛，不幸失身于坚，坚虽得而用之，而猛之心，坚实不足以知之，而何相得之有诸？"

《儒鸣道集》

王猛与大将邓羌伐燕，羌之部将徐成犯法，猛欲诛成，羌请之，不从。羌怒，遂勒兵欲攻猛。猛急语之曰："将军止，吾恕成矣。"猛卒不杀成。将与燕战，羌预求司隶校尉，猛拒之。至两军交锋，羌乃高卧帐中、猛躬请之，且许以校尉，羌乃出战。赖以破燕，欲成大事，必先小忍，故书曰："必有忍，其乃有济。韩信自立为假王，高祖因蹑足而遂封之，此高帝之小忍也，故卒赖信以灭楚。吴文称疾不朝文帝，不之罪，反赐以几杖，此文帝之小忍也，故终文帝之世无诸侯之患。及景帝不胜其忿，用晁错策，削列侯地，于是东南七国皆合兵以向京师，海内骚然，几有不测之祸，此不小忍之过也。以至元帝不能小忍，故用刁协、刘隗以促王敦之乱；庾亮不能小忍，故妄生猜忌，以促苏峻之乱。今邓羌以一部将，遽勒兵攻猛，兵未及战，复求校尉，此皆人情所难忍者，惟猛能容之，故卒得其死力以济大功。不然，则祸起萧墙矣，况灭燕乎？"又曰：王猛可谓豪杰之士矣。方桓温入关，拥兵十万，颐指气使，人谁不服慄者。猛乃披谒见之，扪虱而谈当世之务，旁若无人，再读史至此，虽未见猛之智谋如何，施设如何，然当踞见温之际，固已气盖天下矣。使温能引猛以渡江东，则温之功有过于取关中矣。惜乎！温不及此。

韩淲《涧泉日记》

王景略才大如孔明、羊叔子、杜征南，不在陆逊、陆抗之下。

王谈

《晋书·孝友传》

谈，吴兴乌程人也。年十岁，父为邻人窦度所杀。谈阴有复仇志，而惧为度所疑，寸刃不畜，日夜伺度，未得。至年十八，乃密市利锸，阳若耕锄者。度常乘舡出入，经一桥下，谈伺度行还，伏草中，度既过，谈于桥上以锸斩之，应手而死。既而归罪有司，太守孔岩义其孝勇，列上宥之。岩诸子为孙恩所害，无嗣谈乃移居会稽，修理岩父于坟墓，尽其心力。后太守孔廞究其义行，元兴三年，举谈为孝廉，时称其得人。谈不应召，终于家。

王欢

《晋书·儒林传》

欢,字君原,乐陵人也。安贫乐道,专精耽学,不营产业,常丐食诵诗,虽家无斗储,意怡如也。其妻患之,或焚毁其书而求改嫁,欢笑而谓之曰:"卿不闻朱买臣妻邪?"时闻者多哂之。欢守志弥固,遂为通儒。至慕容晖袭伪号,署为国子博士,亲就受经。迁祭酒。及晖为符坚所灭,欢死于长安。

王嘉

《晋书·艺术传》

嘉字子年,陇西安阳人也。轻举止,丑形貌,外若不足,而聪睿内明。滑稽好语笑,不食五谷,不衣美丽,清虚服气,不与世人交游。隐于东阳谷,凿崖穴居,弟子受业者数百人,亦皆穴处。

石季龙之末,弃其徒众,至长安,潜隐于终南山,结庵庐而止。门人闻而复随之,乃迁于倒兽山。符坚累征不起,公侯已下咸躬往参诣,好尚之士无不师宗。问其当世事者,皆随问而对。好为譬喻,状如戏调;言未然之事,辞如谶记,当时莃能晓之,事过皆验。

坚将南征,遣使者问之。嘉曰:"金刚火强。"乃乘使者马,正衣冠,徐徐东行数百步,而策马驰反,脱衣服,弃冠履而归,下马踞床,一无所言。使者还告,坚不悟,复遣问之,曰:"吾世祚云何?"嘉曰:"未央"。咸以为吉。明年癸未,败于淮南,所谓未年而有殃也。人候之者,至心则见之,不至心则隐形不见。衣服在架,履杖犹存,或欲取其衣者,终不及,企而取之,衣架逾高,而屋亦不大,履杖诸物亦如之。

姚苌之入长安,礼嘉如符坚故事,逼以自随,每事咨之。苌既与符登相持,问嘉曰:"吾得杀符登定天下不?"嘉曰:"略得之。"苌怒曰:"得当云得,何略之有!"遂斩之。先此,释道安谓嘉曰:"世故方殷,可以行矣。"嘉答曰:"卿其先行,吾负债未果去。"俄而道安亡,至是而嘉戮死,所谓"负债"者也。符登闻嘉死,设坛哭之,赠太师,谥曰文。及苌死,苌子兴字子略方杀登,"略得"之谓也。嘉之死日,人有陇上见之。其所造牵三歌谶,事过皆验,累世犹传之。又著拾遗录十卷,其记事多诡怪,今行于世。

王延

《晋书·孝友传》

延,字延元,西河人也。九岁丧母,泣血三年,几至灭性。每至忌月,则悲啼三旬。继母卜氏遇之无道，恒以蒲穰及败麻头与延贮衣。其姑闻而问之，延知而不言，事母弥谨。卜氏尝盛冬思生鱼，敕延求而不获，抶之流血。延寻汾叩凌而哭，忽有一鱼长五尺，踊出冰上，延取以进母。卜氏食之，积日不尽，于是心悟，抚延如己生。延事亲色养，夏则扇枕席，冬则以身温被，隆冬盛寒，体无全衣，而亲极滋味。昼则佣赁，夜则诵书，遂究览经史，皆通大义。州郡礼辟，贪供养不起。父母终后，庐于墓侧，非其蚕不衣，非其耕不食。

属天下丧乱，随刘元海迁于平阳，农蚕之暇，训诱宗族，侃侃不倦。家牛生一犊，他人认之，延牵而授与，初无吝色。其人后自知妄认，送犊还延，叩头谢罪，延仍以与之，不复取也。

年六十，方仕于刘聪，稍迁尚书左丞，至金紫光禄大夫。聪死后，靳准将作乱，谋之于延，延不从。准既诛刘氏，自号汉天王，以延为左光禄大夫，延又大骂不受，准遂杀之。

王堕

《晋书·列传》

堕，字安生，京兆霸城人也。博学有雄才，明天文图纬。符洪征梁犊，以堕为司马，谓洪曰："谶言符氏应王，公其人也"。洪深然之。及为宰相，著匡躬之称。健常叹曰："天下群官皆如王令君者，阴阳曷不和乎！"甚敬重之。

性刚峻疾恶，雅好直言。疾董荣、强国如仇雠，每于朝见之际，略不与言。人谓之曰："董尚书贵幸一时，公宜降意。"堕曰："董龙是何鸡狗，而令国士与之言乎！"荣闻而惭恨，遂劝生诛之。及刑，荣谓堕曰："君今复敢数董龙作鸡狗乎？"堕瞋目而叱之。龙，荣之小字也。

王尼

《晋书·列传》

尼，字孝孙，城阳人也，或云河内人。本兵家子，寓居洛阳，卓荦不羁。初为护军府军士，胡母辅之与琅邪王澄、北地傅畅、中山刘舆、颍川荀邃、河东裴遐，迭属河南功曹，甄述及洛阳令曹摅，请解之，摅等以制旨所及，不敢。辅之等赍羊酒诣护军门，门吏疏名呈护军，护军叹曰："诸名士持羊酒来，将有以也。"尼时以给府养马，辅之等入，遂坐马厩下，与尼炙羊饮酒，醉饱而去，竟不见护军。护军大惊，即与尼长假，因免为兵。

东瀛公腾辟为车骑府舍人，不就。时尚书何绥奢侈过度，尼谓人曰："绥居乱世，矜豪乃尔，将死不夕。"人曰："伯蔚闻言，必相危害。"尼曰："伯蔚比闻我语，已死矣。"未几，绥果为东海王越所杀。初入洛，尼诣越不拜。越问其故，尼曰："公无宰相之能，是以不拜。"因数之，言甚切。又云："公负尼物。"越大惊曰："宁有是也？"尼曰："昔楚人亡布，谓令尹盗之。今尼屋舍资财，悉为公军人所略，尼今饥冻，是亦明公之负也。"越大笑，即赐绢五十疋。诸贵人闻，竟往饷之。

洛阳陷，避乱江夏。时王澄为荆州刺史，遇之甚厚。尼早丧妇，止有一子。无居宅，

惟畜露车,有牛一头,每行,辄使御之,暮则共宿车上。常叹曰:"沧海横流,处处不安也。"俄而澄卒,荆土饥荒,尼不得食,乃杀牛坏车,煮肉啖之。既尽,父子俱饿死。

王节

《元一统志》

节,字祖游,河东猗氏人。今冀氏县幼丧父,哀毁过礼。乡亲皆叹曰:"王氏有子。"母终,柴毁骨立。居墓次积年,备览众书,多出异义。晋羊亮为平阳太守,荐之于司隶校尉王堪,出补都官从事。永宁初,举秀才,欲极陈所见。会惠帝复阵,以国有大庆,天下秀、孝,一皆不试,节以为恨。除中郎,补将军司马。后补尚书殿中郎,未至而卒。节学精《礼》《传》,注《公羊春秋》,有新义。

王烈

《真仙通鉴》

烈,字长休,邯郸人也。烈入海东抱犊山中,尝与嵇叔夜同游。烈得石髓如饴,即自服半,余半与叔夜。叔夜既至,皆凝为石。又入一石室,室中有两卷素书,烈读,不知其字,不敢取,颇记十数字形体。归,书之以示叔夜,叔夜尽知其字。烈喜,乃将叔夜同往,识其径分明了了,往至失石所在。烈因语弟子曰:"叔夜未应得仙也。"

王仲德

《通鉴纲目》

义熙十二年,冀州刺史王仲德,入魏滑台。仲德水军入河,将逼滑台,魏兖州刺史尉建,弃城北渡。仲德入城,宣言曰:"晋本诰以布帛七万匹、假道于魏,不谓守将遽去。"魏主嗣闻之,遣叔孙建,公孙表引兵济河,斩尉建于城下,呼晋军问以侵寇之状。仲德使人对曰:"刘太尉使王征虏,自河入洛,扫清山陵,借空城以息兵,行当西引,无损于好也。"嗣又使建问裕,裕谢之曰:"洛阳,晋之旧都,而羌据之。诸桓宗族,休之兄弟,晋之蠹也,而羌收之。晋欲伐之,故假道于魏,非敢为不利也。"

中华传世藏书

永乐大典

精华本

唐 庄宗六

《资治通鉴》胡三省注

　　庄宗光圣神闵孝皇帝讳存勖,晋王克用长子也。其先本号朱邪,出于西突厥,处月别部,居沙陀碛,自号沙陀,而以朱邪为姓。至执宜归唐。执宜子赤心有功于唐,赐姓名李国昌,编于属籍。克用,赤心之子也。《五代会要》曰:"执宜,沙陀府都督,拔野古之六代孙"。《欧阳史》曰:"拔野古,邪邪,同时人,非其始祖"。

　　同光元年,是年四月,始即位改元。春,二月,晋王下教置百官,于四镇判官中选前朝士族,欲以为相。四镇,河东、魏博、易定、镇冀。朝,直遥翻。相,息亮翻;下同。河东节度判官卢质为之首,质固辞,卢质后为晋王请弟,又能辞相位于惟新之朝,是必有见也。请以义武节度判官豆卢革、河东观察判官卢程为之。王即召革、程,拜行台左右丞相,《考异》曰:"《薛史》作卢澄,今从《实录庄宗列传》。"以质为礼部尚书。

　　梁主遣兵部侍郎崔协等册命吴越王镠为吴越国王。丁卯,镠始建国,仪卫名称多如天子之制,称,尺证翻。谓所居曰宫殿,府署曰朝廷,教令下统内曰制敕,将吏皆称臣,将,即亮翻。惟不改元,表疏称吴越国而不言军。以建国不肯复称镇海镇东军节度。以清海节度使兼侍中傅璙为镇海、镇东留后,总军府事。置百官,有丞相、侍郎、郎中、员外郎、客省等使。

　　使,疏吏翻。《考异》曰:"《十国纪年》镠功臣诸子领节制,皆署而后请命。居室服御,穷极侈靡。末年荒恣尤甚。钱氏据两浙,逾八十年。外厚贡献,内事奢僭;地狭民众,赋敛苛暴;鸡鱼卵菜,纤悉收取;斗升之遗,罪至鞭背。每笞一人,则诸案吏各持其簿列于庭,先唱一簿,以所负多少为数。笞已,次吏复唱而笞之,尽诸簿乃止。少者犹笞数十,多者至五百余,讫于国除,人苦其政。"《吴越备史》称:"镠节俭,衣衾用绉布,常膳惟瓷漆器。寝帐坏,文穆夫人欲易以青缯,镠不许。"尝岁除夜,会子孙鼓琴,未数曲,止之曰:"闻者以我为长夜之饮。"罢遂。钱易《家话》称镠公宴不二羹胾,衣必三浣然后易。刘恕以为钱元璙子信撰《吴越备史》《备史遗事》《忠懿王勋业志》《戊申英政录》,弘佐子易撰《家话》,俨子惟演撰《钱氏庆系图谱》《家王故事》《秦国主贡奉录》《故吴越五王》,行事失实,尤多虚美,隐恶甚于它国。按:钱镠起于贫贱,知民疾苦,必不至穷极侈靡。其奢汰暴敛之事,盖其子孙所为也。今从《家话》。

　　李继韬虽受晋王命为安义留后,事见上卷上年。终不自安,幕僚魏琢、牙将申蒙复从而间之,复,扶又翻。间,古苋翻。曰:"晋朝无人,朝,直遥翻。终为梁所并耳"。会晋王置百官,三月,召监军张居翰、张居翰,唐昭宗时为范阳监军。天复中,大诛官者。节度使刘仁恭,匿居翰于大安山之北豁,以免其后。梁兵攻仁恭,遣居翰从晋王攻梁潞州,以牵其兵,晋遂取潞州,因以居翰为昭义监军。节度判官任圆赴魏州,任音壬。琢、蒙复说继韬曰:"说,式芮翻。王急召二人,情可知矣。"继韬弟继远亦劝继韬自托于梁,继韬乃使继远诣大梁,请以泽潞为梁臣。梁主大喜,

更命安义军曰臣义，更，工衡翻。以继韬为节度使、同平章事，继韬以二子为质。质音致

安义旧将裴约戍泽州，泣谕其众曰："余事故使逾二纪，故使，谓继韬父嗣昭也。十二年为一纪。使，疏史翻。见其分财享士，志灭仇雠。不幸捐馆，死，谓之捐馆，言弃捐馆舍而逝也。柩犹未葬，而郎君遽背君亲，弃君事雠，不惟背君，亦背亲之教命。背，蒲妹翻。吾宁死不能从也！"遂据州自守。梁主以其骁将董璋为泽州刺史，将兵攻之。

继韬散财募士，尧山人郭威往应募。威使气杀人，系狱，继韬惜其才勇而逸之。郭威事始此。《欧史》云："威尝游于市，市有屠者，以勇服其市人。威醉呼屠者，使进几割肉，割不如法，威叱之，屠者披其腹，示之曰：'尔勇者，能杀我乎？'威即前取刀，刺杀之，一市皆惊，而威自如。为吏所执，继韬纵使亡去。"

契丹寇幽州，晋王问帅于郭崇韬，帅，所类翻。崇韬荐横海节度使李存审。时存审卧病，已卯，徙存审为卢龙节度使，与疾赴镇，以蕃汉马步副总管李嗣源领横海节度使。李嗣源，时从晋王总兵，使领横海节。

晋王筑坛于魏州牙城之南，夏，四月，已巳，升坛，祭告上帝，遂即皇帝位，曰遂者，先有即位之心，而今遂其事也。国号大唐，大赦，改元。因唐国号，改天祐年号为同光。尊母晋国太夫人曹氏为皇太后，嫡母秦国夫人刘氏为皇太妃。君子以是知帝之不终。以豆卢革为门下侍郎，卢程为中书侍郎，并同平章事；郭崇韬、张居翰为枢密使，徐无党曰："枢密使，唐故事，宦者为之，其职甚微"。至此始参用士人，而与宰相权任钧矣。余案："唐末两枢密，與两神策中尉，号为四贵。其职非甚微也，特专用宦官为之耳。"项安世曰："唐于政事堂后，列五房，有枢密房以主曹务。"则枢密之要，宰相主之，未始它付，其后宠任宦人，始以枢密归之内侍。卢质、冯道为翰林学士，张宪为工部侍郎、租庸使，宋白曰："租庸使，自天宝三年韦坚始。"又以义武掌书记李德休为御史中丞。德休，绛之孙也。李绛，相唐宪宗，有直声。

诏卢程诣晋阳册太后、太妃。初，太妃无子，性贤，不妒忌；太后为武皇侍姬，太妃常劝武皇善待之，晋王克用，谥武皇帝。太后亦自谦退，由是相得甚欢。及受册，太妃诣太后宫贺，有喜色，太后怃恍不自安。怃，女六翻。恍，女夷翻。太妃曰："愿吾儿享国久长，吾辈获设于地，园陵有主，余何足言！"因相向歔欷。歔，音虚。欷，音希，又许既翻。

豆卢革、卢程皆轻浅无它能，上以其衣冠之绪，霸府元僚，故用之。按《欧史》："豆卢为世名族，革父瓒，为唐舒州刺史。唐末之乱，革避地中山，为王处直判官，卢程不知其家世何人也。唐昭宗时，举进士为盐铁出使巡官，唐末，避乱变服为道士，游燕赵间。豆卢革为义武节度判官，卢汝弼为河东节度副使，二人皆故唐名族，与程门地相等，因共荐为河东节度推官。帝议择相，而唐公卿故家，遭乱丧亡且尽。卢汝弼、苏循已死，卢质又辞，故用革、程兴王之君命相如此，天下事可知矣！"胡寅《管见》：建王霸之绩者，必有心腹股肱之臣，其未济也，以为谋主；其既成也，遂登辅相。辅相之任，当承平无远虑者，或不知考慎矣。若创业垂绕之君，天下固以此卜，其成败而可忽诸。梁、唐、晋、汉之朝，无所称焉，岂气方纷乱，天不生贤耶？将人主无知人之鉴，而不能致之耶？何数十年间，栋桡鼎覆之相接也？或曰：天运无息，他化无方，日月之行，寒暑之变，万物生出成实，无岁不然，何独于人之贤才？则如是之难得也，曰小德小能，皆可致也；真才实贤，所谓名世者，非人主真有平治天下之意，则山林而已矣，其肯挥汗于甲骑之尘，而裹裳于流血之波哉；是故唐、梁、晋、汉无良辅，则以其君皆常人也。

初，李绍宏为中门使，郭崇韬副之。至是，自幽州召还，梁贞明五年，李绍宏出幽州，事见上卷。崇韬恶其旧人位在己上。恶，乌路翻。乃荐张居翰为枢密使，以绍宏为宣徽使，绍宏由是恨之。唐制：宣徽事，在枢密使之下，且权任不及远甚。居翰和谨畏事，军国机政皆崇韬掌之。支度务使孔谦自谓才能勤效，应为租庸使。众议以谦人微地寒，不当遽总重任。孔谦，魏州孔目吏也。晋王得魏州，以为支度务使。故崇韬荐张宪，以谦副之，谦亦不悦。

以魏州为兴唐府，建东京。薛居正《五代史》："晋王即位，升魏州为东京兴唐府，改元城为兴唐县，贵乡为广晋县。"又于太原府建西京，又以镇州为真定府，建北都。以魏博节度判官王正言为礼部尚书，行兴唐尹；太原马步都虞候孟知祥为太原尹，充西京副留守；潞州观察判

官任圆为工部尚书，兼真定尹，充北京副留守；京，当作都。皇子继岌为北都留守、兴圣宫使，判六军诸卫事。按：后唐洛阳有西宫、兴圣宫。此时未得洛阳，当以魏州府舍为兴圣宫。宋白曰：唐庄宗即位于魏州，宰相豆卢革因进拟为兴圣宫，以皇子继岌为兴圣宫使。时唐国所有凡十三节度、五十州。十三节度：天雄、成德、义武、横海、卢龙、大同、振武、马门、河东、护国、晋绛、安国、昭义。五十州：魏、博、贝、澶、相、郓、洛、磁、镇、冀、深、赵、易、祁、定、沧、景、德、瀛、莫、幽、涿、檀、蓟、顺、营、平、蔚、朔、云、应、新、妫、儒、武、忻、代、岚、石、宪、麟、府、并、汾、慈、隰、泽、潞、沁、辽，凡五十州。而昭义领泽潞二州已附于梁，止有十二节度，四十八州耳。

闰月，追尊皇曾祖执宜曰懿祖昭烈皇帝，祖国昌曰献祖文皇帝，考晋王曰太祖武皇帝。立宗庙于晋阳，以高祖、太宗、懿宗、昭宗洎懿祖以下为七室。唐庙四，亲庙三。

甲午，契丹寇幽州，至易定而还。还从宣翻。又如字。

时契丹屡入寇，钞掠馈运，钞，楚交翻幽州食不支半年，卫州为梁所取，潞州内叛，人情岌岌，以为梁未可取，帝患之。会郓州将卢顺密来奔。先是，梁天平节度使戴思远屯杨村，戴思远屯杨村，事始上卷，梁贞明五年。先，悉荐翻。留顺密与巡检使刘遂严、都指挥使燕□守郓州。燕，音烟，姓也。□，鱼容翻。顺密言于帝曰："郓州守兵不满千人，遂严、□皆失众心，可袭取也。"郭崇韬等皆以为"悬军远袭，万一不利，虚弃数千人，顺密不可从"。帝密召李嗣源于帐中谋之曰："梁人志在吞泽潞，不备东方，若得东平，则溃其心腹。东平果可取乎？"郓州本东平郡。嗣源自胡柳有度河之惭，事见二百七十卷，梁贞明四年。常欲立奇功以补过，对曰："今用兵岁久，生民疲弊，苟非出奇取胜，大功何由可成！臣愿独当此役，必有以报。"帝悦。壬寅，遣嗣源将所部精兵五千自德胜趣郓州。比及杨刘，趣，七喻翻比，必利翻。按《九域志》："郓州东阿县有杨刘镇，临河津东阿，东南至郓州六十里。以下文夜渡河观之，则李嗣源之兵，自德胜北城而东，循河北岸而行，至杨刘渡口。"日已暮，阴雨道黑，将士皆不欲进，高行周曰："此天赞我也，彼必无备。"夜，度河至城下，郓人不知，此自杨刘取径道至郓州城下。不经东阿县治所。李从珂先登，杀守卒，启关纳外兵，进攻牙城，城中大扰。癸卯旦，嗣源兵尽入，遂拔牙城，刘遂严、燕□奔大梁。嗣源禁焚掠，抚吏民，执知州事节度副使崔筜、判官赵凤送兴唐。筜，都郎翻。唐于魏州置兴唐府。帝大喜曰："总管真奇才，吾事集矣"。即以嗣源为天平节度使。

梁主闻郓州失守，大惧，斩刘遂严、燕□于市，罢戴思远招讨使，降授宣化留后，《欧史职方考》："梁置宣化军于邓州"。遣使诘让北面诸将段凝、王彦章等，趣令进战。诘，去吉翻。趣，读曰促。敬翔知梁室已危，以绳内靴中，入见梁主曰："见，贤遍翻。先帝取天下，不以臣为不肖，所谋无不用。今敌势益强，而陛下弃忽臣言，臣身无用，不如死。"引绳将自经。梁主止之，问所欲言，翔曰："事急矣，非用王彦章为大将，不可救也。"敬翔以王彦章一时，健一而取之耳。观其用兵无远略，乌足以救梁之亡乎？梁主从之，以彦章代思远为北面招讨使，仍以段凝为副。

帝闻之，自将亲军屯澶州，命蕃汉马步都虞候朱守殷守德胜，戒之曰："王铁枪勇决，乘愤激之气，必来唐突，宜谨备之！"《广韵》：唐突作傏突，又作荡突、唐荡，义同也。史言晋王善于料王彦章，不善于用人守德胜。守殷，王幼时所役苍头也。《欧史》曰：朱守殷，少事帝为奴，名曰会儿。帝读书，会儿常侍左右。

又遣使遗吴王书，遗，唯季翻。告以已克郓州，请同举兵击梁。五月，使者至吴，徐温欲持两端，将舟师循海而北，助其胜者。严可求曰："若梁人邀我登陆为援，何以拒之？"温乃止。

梁主召问王彦章以破敌之期，彦章对曰："三日"。左右皆失笑。自大梁出师拒晋，三日不能至河上，故笑其言。彦章出，两日，驰至滑州。《九域志》：大梁，北至滑州二百一十里。辛酉，

置酒大会,阴遣人具舟于杨村;夜,命甲士六百,皆持巨斧,载治者,具鞲炭,乘流而下。杨村,顺流趣德胜水程十八里耳。鞲,蒲拜翻,韦囊也,鼓以吹火。会饮尚未散,彦章阳起更衣,引精兵数千循河南岸趋德胜。更,工衡翻趋,七喻翻。天微雨,朱守殷不为备,舟中兵举锁烧断之,因以巨斧斩浮桥,而彦章引兵急击南城。浮桥断,南城遂破,时受命适三日矣。胡寅《管见》:敬翔佐朱温,无能改于其德。及辅嗣世,又不能扶其危亡,直研丧唐室为有功耳,真盗贼之指迷欤?梁之所以亡,以理言之,朱氏无长久之道;以事言之,友贞疏远勋旧,信任姻党,将士解体,卒伍离心,皆无以正之,独请用王彦章,自古颇闻倚一猛将能救危而抚颠者耶?而六一居士作《彦章传》称德胜之捷,由彦章出奇,盛夸大之,以为非天下伟男子不能也。夫彦章固善斗,然所当者,乃朱守殷。守殷盖晋王幼时苍头,是奴仆而宠将,夫人能破之矣。及存勖命李周固守杨刘,则彦章以十万众,百道并进而不能克,周非晋名将也,尚足以御彦章,则彦章之才亦可见矣。其所以著名者,特以死节不屈耳,此则五代之臣所难及者也。故尝论之,兵有二道:曰正、曰奇。王者之迹息,正兵不复见矣,后世惟诸葛武侯得其遗意。不行危,不侥幸,不急近功,不争小利,自余如汉高帝。唐太宗、曹孟德,最善用兵者,然皆以奇胜者也。其事有近正者,亦仗正为名耳,其本根血脉,非出于恻怛之爱,忠顺之教,节制之法,无敌于天下之实也。惟其用奇,而人不知其为奇,惑于奇正之形,贸乱以取败,此其所以为奇者,信曰奇矣。区区彦章,何足道哉! 守殷以小舟载甲士济河救之,不及。彦章进攻潘张、麻家口、景店诸寨,皆拔之,潘、张二姓,同居一村,因以为名。店,都念翻。崔豹《古今注》曰:店,所以置货鬻物也。有姓景者,先尝设店于其地,因以为名。凡此皆河津之要,晋人立寨守之。声势大振。

帝遣宦者焦彦宾急趋杨刘,趋,七喻翻。与镇使李周固守,命守殷弃德胜北城,撤屋为筏,筏,音伐。大曰筏,小曰桴。载兵筏浮河东下,助杨刘守备,徙其刍粮薪炭于澶州,所耗失殆半。王彦章亦撤南城屋材浮河而下,各行一岸,每遇湾曲,辄于中流交斗,飞矢雨集,或全舟覆没,一日百战,互有胜负。比及杨刘,比,必寐翻。殆亡士卒之半。此谓自德胜浮河东下之士卒也。已巳,王彦章、段凝以十万之众攻杨刘,百道俱进,昼夜不息,连巨舰九艘,横亘河津以绝援兵。舰,户黯翻。艘,苏遭翻。城垂陷者数四,赖李周悉力拒之,与士卒同甘苦,彦章不能克,退屯城南,为连营以守之。

杨刘告急于帝,请日行百里以赴之;帝在澶州,距杨刘几二百里。帝引兵救之,曰:"李周在内,何忧!"日行六十里,不废畋猎,六月,乙亥,至杨刘。梁兵堑垒重复,严不可入,重,直龙翻。帝患之,问计于郭崇韬,对曰:"今彦章据守津要,意谓可以坐取东平;苟大军不南,则东平不守矣。臣请筑垒于博州东岸以固河津,既得以应接东平,又可以分贼兵势。但虑彦章洞知,洞,古永翻。又□正翻。径来薄我,城不能就。愿陛下募敢死之士,日令挑战以缀之,令,力经翻。挑,徒了翻。苟彦章旬日不东,则城成矣"。时李嗣源守郓州,河北声问不通,人心渐离,不保朝夕。会梁右先锋指挥使康延孝密请降于嗣源。延孝者,太原胡人,《欧史》曰:康延孝,代北人。为太原军,卒有罪,亡命奔梁。有罪,亡奔梁,时隶段凝麾下。嗣源遣押牙临漳范延光送延孝蜡书诣帝,延光因言于帝曰:"杨刘控扼已固,梁人必不能取,请筑垒马家口以通郓州之路"。帝从之,遣宗韬将万人夜发,倍道趋博州至马家口度河,筑城昼夜不息。马家口,所谓博州东岸也。郭崇韬自杨刘夜发倍道而行,恐梁人知之故也。帝在杨刘,与梁人昼夜苦战。崇韬筑新城凡六日,王彦章闻之,将兵数万人驰至,戊子,急攻新城,连巨舰十余艘于中流以绝援路。时板筑仅毕,城犹卑下,沙土疏恶,未有楼橹及守备;崇韬慰劳士卒,以身先之,先,悉荐翻。四面拒战,遣间使告急于帝。帝自杨刘引大军救之,陈于新城西岸,城中望之增气,大呼叱梁军,梁人断绁敛舰;帝叙舟将渡,闻,古觅翻。使,□吏翻。陈,读曰阵。呼,火故翻。断,丁管翻。绁,息列翻,索也。叙,鱼倚翻,亦作檥。《汉书音义》:整舟向岸曰叙。彦章解围,退保邹家口。麻家口、马家口、邹家口,皆沿河津渡之口,亦因其土人所居之姓以为地名。郓州奏报始通。

李嗣源密表请正朱守殷覆军之罪,帝不从。帝不诛朱守殷,以成绛霄之祸。

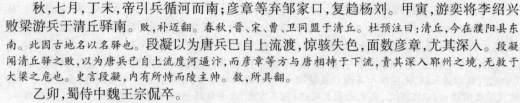

秋,七月,丁未,帝引兵循河而南;彦章等弃邹家口,复趋杨刘。甲寅,游奕将李绍兴败梁游兵于清丘驿南。败,补迈翻。春秋,晋、宋、曹、卫同盟于清丘。杜预注曰:清丘,今在濮阳县东南。此因古地名以名驿也。段凝以为唐兵已自上流渡,惊骇失色,面数彦章,尤其深入。段凝闻清丘驿之败,以为唐兵已自上流度河逼汴,而彦章等方与唐相持于下流,责其深入郓州之境,无救于大梁之危也。史言段凝,内有所恃而陵主帅。数,所具翻。

乙卯,蜀侍中魏王宗侃卒。

戊午,帝遣骑将李绍荣直抵梁营,擒其斥候,梁人益恐,又以火祆焚其连舰。连舰:即列于河流,以断援兵者。王彦章等闻帝引兵已至邹家口,己未,解杨刘围,走保杨村;唐兵追击之,复屯德胜。梁兵前后急攻诸城,士卒遭矢石、溺水、暍死者且万人,暍,于歇翻,伤暑而死也。委弃资粮、铠仗、锅幕,动以千计。锅,古禾翻,釜也。王彦章掩晋人之不备,取胜于一时,持久则败矣。使梁能终用之,亦未必成功。杨刘比至围解,比,必利翻。城中无食已三日矣。

王彦章疾赵、张乱政,及为招讨使,谓所亲曰:"待我成功还,还,从宣翻,又如字。当尽诛奸臣以谢天下!"赵、张闻之,私相谓曰:"我辈宁死于沙陀,不可为彦章所杀。"相与协力倾之。段凝素疾彦章之能而诌附赵、张,在军中与彦章动相违戾,百方沮桡之,沮,在吕翻。桡,奴教翻。惟恐其有功,潜伺彦章过失以闻于梁主。每捷奏至,赵、张悉归功于凝,由是彦章功竟无成。及归杨村,梁主信谗,犹恐彦章旦夕成功难制,徵还大梁。《考异》曰:《欧阳史》云:末帝罢彦章以段凝为招讨使,彦章驰至京师入见,以笏画地陈胜败之迹,岩等讽有司劾彦章不恭,勒还第。今从《实录》。使将兵会董璋攻泽州。

甲子,帝至杨刘劳李周曰:"微卿善守,吾事败矣"。劳,力到翻。

中书侍郎、同平章事卢程以私事干兴唐府,府吏不能应,鞭吏背。光禄卿兼兴唐少尹任团,圆之弟,帝之从姊婿也,从,才用翻。诣程诉之。程骂曰:"公何等虫豸,欲倚妇力邪!"豸,驰尔翻。《尔雅》曰:"有足曰虫,无足曰豸。"圆诉于帝。帝怒曰:"朕误相此痴物,相,息亮翻。乃敢辱吾九卿!"欲赐自尽。卢质力救之,乃贬右庶子。

裴约遣间使告急于帝,帝曰:"吾兄不幸,生此枭獍,李嗣,昭义儿也,以齿于帝为兄。獍,读如镜。裴约独能知逆顺。"顾谓北京内牙马步军都指挥使李绍斌曰:"泽州弹丸之地,朕无所用,弹丸之地,言其小也。自并路窥怀洛,则泽州为要地。帝志在自东平取大梁,故云然。弹,徒旦翻。卿为我取裴约以来。"为,于伪翻。八月,壬申,绍斌将甲士五千救之,未至,城已陷,约死,帝深惜之。

甲戌,帝自杨刘还兴唐。

梁主命于滑州决河,东注曹、濮及郓以限唐兵。濮,博木翻。

初,梁主遣段凝监大军于河上,敬翔、李振屡请罢之,监,古御翻。《考异》曰:《欧阳史》以为太祖时事。按晋人取魏博,然后与梁以河为境,故常以大兵守之,太祖时未也。就使当时曾屯军河上,亦未系社稷之安危也。况太祖时,振言听计从,均王时始疏斥,此必均王时事也。既不知其在何时,故因凝任招讨使而见之。梁主曰:"凝未有过。"振曰:"俟其有过,则社稷危矣"。至是,凝厚赂赵、张求为招讨使,翔、振力争以为不可。赵、张主之,竟代王彦章为北面招讨使,于是宿将愤怒,士卒亦不服,天下兵马副元帅张宗奭言于梁主曰:"臣为副元帅,虽衰朽,犹足为陛下扞御北方。段凝晚进,功名未能服人,众议讻讻,足为,于伪翻。讻,许拱翻。又音凶,义与汹汹同。恐贻国家深忧。"张宗奭此言,必敬翔等欲借其重以觉寤梁主。敬翔曰:"将帅系国安危,今国势已尔,言国势之危已如此也。陛下岂可尚不留意邪?"梁主皆不听。为段凝误梁张本。

戊子,凝将全军五万营于王村,自高陵津济河,《新唐书/地理志》:澶州临黄县东南有卢津关,一名高陵津。王村,亦因土人王氏聚居之地为名。将,即亮翻。剽掠澶州诸县,至于顿丘。剽,匹妙翻。澶,时连翻。

梁主命王彦章将保銮骑士及他兵合万人，屯兗、郓之境，谋复郓州，以张汉杰监其军。

庚寅，帝引兵屯朝城。宋白曰：朝城县属魏州，本汉东武阳郡，其后为县，唐武后改为武圣，开元七年改为朝城。九域志：朝城县在魏州东南八十里。

戊戌，康延孝帅百余骑来奔，帅，读曰率。骑，奇寄翻。帝解所御锦袍玉带赐之，以为南面招讨都指挥使，领博州刺史。帝屏人问延孝以梁事，屏，必郢翻，又卑正翻。对曰："梁朝地不为狭，兵不为少。朝，直遥翻。少，诗沼翻；下同。然迹其行事，终必败亡。何则？主既暗懦，赵、张兄弟擅权，内结宫掖，外纳货赂，官之高下唯视赂之多少，如温昭图以纳赂而得名藩，段凝以纳赂而得大将之类。不择才德，不校勋劳。段凝智勇俱无，一旦居王彦章、霍彦威之右，自将兵以来，专率敛行伍，敛，力赡翻，又上声。行，户刚翻。以奉权贵。每出一军，不能专任将帅，常以近臣监之，如张汉杰监王彦章军之类。帅，所类翻。进止可否动为所制。近又闻欲数道出兵，令董璋引陕虢、泽潞之兵自石会关趣太原，陕，失冉翻。趣，七喻翻。霍彦威以汝、洛之兵自相卫、邢洺寇镇定，相，息亮翻。王彦章、张汉杰以禁军攻郓州，段凝、杜晏球以大军当陛下，决以十月大举。臣窃观梁兵聚则不少，分则不多。愿陛下养勇蓄力以待其分兵，帅精骑五千自郓州直抵大梁，擒其伪主，旬月之间，天下定矣。"康延孝之计，与李嗣源、郭崇韬所见略同。帅，读曰率。帝大悦。

蜀主以文思殿大学士韩昭、唐末之迁洛也，改保宁殿为文思殿。蜀盖袭唐殿名。内皇城使潘在迎、《考异》曰：在迎光为内皇城使，贬雅州，蜀主北巡为马步使。今不知何官，故且称其旧官。武勇军使顾在珣为狎客，陪侍游宴，与宫女杂坐，或为艳歌相唱和，或谈嘲谑浪，鄙俚亵慢，无所不至，蜀主乐之。史言蜀主有陈后主之风。艳，以赡翻。和，户卧翻。嘲，陟交翻。谑，迄却翻。俚，音里。亵，息列翻。乐，音洛。在珣，彦朗之子也。顾彦朗，唐昭宗时帅东川。

时枢密使宋光嗣等专断国事，断，丁乱翻。恣为威虐，务徇蜀主之欲以盗其权。宰相王锴、庾传素等锴，口骇翻。各保宠禄，无敢规正。潘在迎每劝蜀主诛谏者，无使谤国。嘉州司马刘赞献陈后主三阁图，陈三阁，见一百七十六卷长城公至德二年。并作歌以讽。贤良方正蒲禹卿对策语极切直；蜀主虽不罪，亦不能用也。

九月，庚戌，蜀主以重阳宴近臣于宣华苑，重阳，九月九日也。九，阳数也；九月而又九日，故曰重阳。重，直龙翻。按路振九国志，蜀主乾德元年改龙跃池为宣华苑。酒酣，嘉王宗寿乘间极言社稷将危，流涕不已。韩昭、潘在迎曰："嘉王好酒悲。"间，古苋翻。人有醉后而涕泣者，俗谓之"酒悲"。好，呼到翻。因谐笑而罢。

帝在朝城。梁段凝进至临河之南，魏州临河县南也。隋志，开皇六年置临河县。《新唐书地理志》，贞观十七年省澶水县入焉。澶水即澶渊，避高祖讳，更"渊"为"水"。临河、澶渊，其地盖相近也。宋白曰：临河县本东黎县，魏孝昌中分汲郡置黎阳郡，领浚阳、东黎、顿丘三县，此即东黎也。隋开皇五年置临河县。九域志：临河县在澶州西六十里。澶西、相南，日有寇掠。澶州之西，相州之南也。自德胜失利以来，丧亡粮数百万，租庸副使孔谦暴敛以供军，民多流亡，租税益少，仓廪之积不支半岁。丧，息浪翻。敛，力赡翻。积，子赐翻，又如字。泽潞未下。卢文进、王郁引契丹屡过瀛、涿之南，比即言梁龙德二年契丹入镇、定境。传闻候草枯冰合，深入为寇。又闻梁人欲大举数道入寇，即康延孝之言。帝深以为忧，胡寅《管见》：刍粮数百万，非累年不能积，仓廪不支半岁，垂亡之势也。然则朱守殷之罪，安可不诛？庄宗以宦者之谮，罢李建及军职，而失忠壮之助；以俳优之悦，用李存儒刺卫州，而失河北要害之地；以役使之爱，使朱守殷守德胜，而陷南城，丧亡粮数百万几，如是而地不蹙，国不亡，然则不旋踵而克梁者，非晋必当克也，盖梁祚告终之期促耳。召诸将会议，皆请与梁约和，以河为境，沐兵息民，更图后举。帝不悦，独问郭崇韬。对曰："梁以精兵授段凝，凝非将才，无足畏者。若长驱入汴，必望风自溃。不然，今军粮将尽，若非决志，功何由成？"帝曰："丈夫得则为王，失则为虏，吾行决矣。"遂济河，遣魏国夫人及皇子归与唐。与之诀曰："事之成败，在此一决。"召诸将会议。宣徽使李绍宏等皆以为郓州城门之外皆为寇境，孤远难守，有之不如无之，请以易

卫州及黎阳于梁，梁取卫州，见上卷上年。贞明二年晋尽取河北，独黎阳为梁守。与之约和，以河为境，休兵息民，俟财力稍集，更图后举。帝不悦，曰："如此吾无葬地矣。"乃罢诸将，独召郭崇韬问之。对曰："陛下不栉沐，不解甲，十五余年，梁太祖开平二年，帝嗣晋王位，始战于夹寨，至是年凡在兵间十七年。栉，侧瑟翻。其志欲以雪家国之仇耻也。今已正尊号，河北士庶日望升平，始得郓州尺寸之地，不能守而弃之，安能尽有中原乎？臣恐将士解体，将来食尽众散，虽画河为境，谁为陛下守之！谁为，子伪翻。臣尝细询康延孝以河南之事，度已料彼。度，徒洛翻。日夜思之，成败之机决在今岁。梁今悉以精兵授段凝，据我南鄙，又决河自固，段凝自酸枣决河注郓州以限唐兵，号护驾水。谓我猝不能渡，恃此不复为备。复，扶又翻。使王彦章侵逼郓州，其意冀有奸人动摇，变生于内耳。段凝本非将才，不能临机决策，无足可畏。降者皆言大梁无兵，根本内虚，为敌所窥，所谓重战轻防，未有不败亡者也。降，户江翻。下同。陛下若留兵守魏，固保杨刘，自以精兵与郓州合势，长驱入汴，彼城中既空虚，必望风自溃。苟伪主授首，则诸将自降矣。不然，今秋谷不登，军粮将尽，若非陛下决志，大功何由可成！谚曰：'当道筑室，三年不成。'帝王应运，必有天命，在陛下勿疑耳。"帝曰："此正合朕志。丈夫得则为王，失则为虏，吾行决矣！"司天奏："今岁天道不利，深入必无功。"帝不听。

王彦章引兵逾汶水，将攻郓州，汶水过郓城南，春秋以郓、欢、龟阴为汶阳之田是也。汶，音问。李嗣源遣李从珂将骑兵逆战，败其前锋于递坊镇，败，补迈翻。《考异》曰：薛史作"递公镇"。今从实录。获将士三百人，斩首二百级，彦章退保中都。旧唐书地理志：郓州中都县，汉平陆县，旧治殷密城，在今治西三十九里；天宝元年改为中都县，移于今治。九域志：中都县在郓州东南六十里。近世改中都为汶上县。"殷密城，"宋白续通典作"致密城。"戊辰，捷奏至朝城，帝大喜，谓郭崇韬曰："郓州告捷，足壮吾气"。己巳，命将士悉遣其家属归兴唐。自朝城行营遣归魏州。

冬，十月，辛未朔，日有食之。

帝遣魏国夫人刘氏、皇子继岌归兴唐，与之诀曰："事之成败，在此一决；若其不济，当聚吾家于魏宫而焚之！"史言，帝此行，非有庙胜之策。胡寅《管见》：经营大业者，必厚其根本之地。西汉之于关中，光武之于怀、卫，曹操之于兖州之类，使进可以取，退可以保。今晋虽又有河东，其地瘠薄，故必兼得河北，然后富强，然晋王不择牧民御众兼贤之才，但以兵力守之。又令孔谦之徒，急政暴赋，趣办目前，自无一年之蓄，而梁亦无金谷可因，庄宗崇韬决策，捣汴则可矣，曾未及善后之计也。而帝所谓丈夫得则为王，失则为虏者，一何庾欤！汉、唐之初，其君臣皆英才盖世，非侥幸而偶成，固无为虏之道，虽曹操、刘备，亦皆有以自全，必不至为人所虏。若夫事败成禽者，其人可知矣，又安得为丈夫？庄宗此言，盖不敢决于克梁，故与妻子诀别而去。呜呼！捐身与家以争天下，意诚何为？将以济民乎？抑亦济欲乎？此特刘毅呼卢一掷，百万之比，非真豪杰之所为，不足道也。或曰："武王伐纣，犹虑克与不克，何况于庄宗？"曰："以壮士轻锐，尝试之举，而方圣人微戒不忽之虑，则过矣。"仍命豆卢革、李绍宏、张宪、王正言同守东京。帝以魏州为东京兴唐府。

壬申，帝以大军自杨刘济河，癸酉，至郓州，中夜，进军逾汶，以李嗣源为前锋，甲戌旦，遇梁兵，一战败之，败，补迈翻。追至中都，围其城。城无守备，少顷，少顷，谓少顷刻之间。梁兵溃围出，追击，破之。王彦章以数十骑走，龙武大将军李绍奇单骑追之，识其声，曰："王铁枪也。"按薛史，夏鲁奇尝事梁祖，与彦章素善，故识其语音。骑，奇寄翻。拔矛刺之，彦章重伤，马踬，刺，七亦翻。重，直陇翻。踬，陟利翻。遂擒之，并擒都监张汉杰、监，古衔翻。曹州刺史李知节、裨将赵廷隐、刘嗣彬等二百余人，斩首数千级。廷隐，开封人。嗣郴，知俊之族子也。刘知俊自徐降梁，自梁降岐自岐，降蜀，为蜀所杀。彦章尝谓人曰："李亚子斗鸡小儿，何足畏！"至是，帝谓彦章曰："尔常谓我小儿，今日服未？"又问："尔名善将，何不守兖州？将，即亮翻。九域志：中都东南至兖州九十里。中都无壁垒，何以自固？"彦章对曰："天命已去，无足言者。"帝惜彦章之材，欲用之，赐药傅其创，创，初良翻。屡遣人诱谕之。彦章曰："余本匹夫，蒙梁恩，位至上将，与皇帝交战十五年；今兵败力穷，死自其分，分，扶问翻。纵皇帝怜而生我，我何面目见天下之人乎？岂有朝为梁将，暮为唐臣？此我所不为也。"帝复遣李嗣源自往谕之，复，扶又翻。彦章卧谓嗣源曰："汝非邈佶烈乎？"佶，其吉翻。彦章素轻嗣源，故以小名呼之。于是诸将称贺，帝举酒属嗣源曰："属，之欲翻。今日之功，公与崇韬之力也。向从绍宏辈语，大事去矣"。

帝又谓诸将曰："向所患惟王彦章，今已就擒，是天意灭梁也。段凝犹在河上，进退之计，宜何向而可？诸将以为传者虽云大梁无备，未知虚实。今东方诸镇兵皆在段凝麾下，所余空城耳，以陛下天威临之，无不下者。若先广地，东傅于海，傅，读曰附。然后观衅而动，可以万全。"康延孝固请亟取大梁。李嗣源曰："兵贵神速。今彦章就擒，段凝必未之知；就使有人走告，疑信之间尚须三日。设若知吾所向，即发救兵，直路则阻决河，即谓段凝所决护驾水。须自白马南渡，数万之众，舟楫亦难猝办。此去大梁至近，前无山险，方陈横行，陈，读曰阵。昼夜兼程，信宿可至。段凝未离河上，离，力智翻。友贞已为吾擒矣。延孝之言是也，请陛下以大军徐进，臣愿以千骑前驱。"帝从之。令下，诸军皆踊跃愿行。

是夕，嗣源帅前军倍道趣大梁。帅，读曰率。趣，七喻翻。乙亥，帝发中都，舁王彦章自随，舁，音余，又羊如翻。遣中使问彦章曰："吾此行克乎？"对曰："段凝有精兵六万，虽主将非材，亦未肯遽尔倒戈，殆难克也。"帝知其终不为用，遂斩之。今汶上县有王彦章墓及祠。

丁丑，至曹州，《九域志》：曹州西南至大梁二百四十余里。梁守将降。将，即亮翻。降，户江翻。

王彦章败卒有先至大梁，告梁主以"彦章就擒，唐军长驱且至"者，梁主聚族哭曰："运祚尽矣！"召群臣问策，皆莫能对。梁主谓敬翔曰："朕居常忽卿所言，以至于此。今事急矣，卿勿以为怼。怼，直类翻。怨也。将若之何？"翔泣曰："臣受先帝厚恩，殆将三纪，梁太祖镇宣武，敬翔即为幕属，以至为相，迄于梁亡，故自言受恩殆将三纪。以此观之，则知二百六十六卷开平元年，史言翔在幕府三十余年，误也。名为宰相，其实朱氏老奴，事陛下如郎君。门主故史下至僮奴，呼主人之子皆曰郎君。臣前后献言，莫匪尽忠。陛下初用段凝，臣极言不可，事见上。小人朋比，指赵、张也。比，毗至翻。致有令日。今唐兵且至，段凝限于水北，不能赴救。言段凝之兵欲还救大梁，为决河之水所限，其道远。臣欲请陛下出避狄，陛下必不听从。请陛下出奇合战，陛下必不果决。虽使良、平更生，谁能为陛下计者？张良、陈平以智辅汉高祖定天下，后之言智者率称之。为，于伪翻。臣愿先赐死，不忍见宗庙之亡也。"因与梁主相向恸哭。

梁主遣张汉伦驰骑追段凝军。汉伦至滑州，坠马伤足，《九域志》：大梁北至滑州二百里。此注与前注王彦章三日破贼事，大梁至滑州有十里之差。盖《九域志》于《大梁注》及《滑州注》其道里远近自有微差者，今不敢轻改，因两存之。中间若此类颇多。复限水不能进。复，扶又翻。

时城中尚有控鹤军数千，朱珪请帅之出战。梁主不从，帅，读曰率。命开封尹王瓒驱市人乘城为备。

初，梁陕州节度使邵王友诲，全昱之子也，性颖悟，人心多向之。陕，失冉翻。或言其诱致禁军欲为乱，诱，音酉。梁主召还，与其兄友谅、友能并幽于别第。友能，友见上卷。梁龙德元年。及唐师将至，梁主疑诸兄弟乘危谋乱，并皇弟贺王友雍、建王友徽尽杀之。《考异》曰：薛史云："友谅、友能、友诲，庄宗入汴，同日遇害"。按中都既败，均王亲弟犹疑而杀之，况其从弟尝为乱者，岂得独存！故附于此。

梁主登建国楼，大梁宫城南门曰建国门，其楼曰建国楼。面择亲信厚赐之，使衣野服，衣，于既翻。赍蜡诏，促段凝军，蜡诏，犹蜡书也，命出于上，故谓之蜡诏。既辞，皆亡匿，或请幸洛阳，收集诸军以拒唐，唐虽得都城，势不能久留。或请幸段凝军，控鹤都指挥使皇甫麟曰："《考异》曰：《庄宗实录》'麟'作'鏻'。今从《庄宗列传》及薛史。凝本非将才，将，即亮翻。官由幸

梁太祖

进，段凝以其妹得进，事见二百六十八卷梁本祖乾化元年。今危窘之际，窘，渠陨翻。望其临机制胜，转败为功，难矣！且凝闻彦章败，其胆已破，安知能终为陛下尽节乎？"终为，于伪翻。下臣为同。赵岩曰："事势如此，一下此楼，谁心可保？"梁主乃止，复召宰相谋之，郑珏请自怀传国宝诈降以纾国难，复，扶又翻。珏，古岳翻。纾，商居翻，缓也。难，乃旦翻。梁主曰："今日固不敢爱宝，但如卿此策，竟可了否？"珏俯首久之，俯，音免。曰："但恐未了"。左右皆缩颈而笑，梁主日夜涕泣，不知所为；置传国宝于卧内，忽失之，已为左右窃之迎唐军矣。

戊寅，或告唐军已过曹州，尘埃涨天，赵岩谓从者曰："吾待温许州厚，必不负我。"遂奔许州。《九域志》：大梁西南至许州一百七十五里。从，才用翻。温韬由赵岩得许州，见上卷梁龙德元年。

梁主谓皇甫麟曰："李氏吾世雠，理难降首，降，户江翻。首，式又翻。言以事理推之，难于迎降而自首也。一读'降首'皆如字，言难低头为之下也。不可俟彼刀锯。吾不能自裁，卿可断吾首。"断，音短。麟泣曰："臣为陛下挥剑死唐军则可矣，不敢奉此诏。"梁主曰："卿欲卖我邪？"麟欲自到，到，古顶翻。梁主持之曰："与卿俱死"。麟遂弑梁主，因自杀。胡寅《管见》：朱友贞之死善矣，然礼国君，死社稷，友贞宜即太庙告亡而自杀，然后合礼。授刃臣下，处人以所不当为，岂不君臣交失乎？梁主为人温恭约，"约"上当有"俭"字。句断。无荒淫之失，但宠信赵、张，使擅威福，疏弃敬李旧臣，敬翔、李振皆佐梁太祖者。不用其言，以至于亡。唐天祐三年，梁受唐禅，岁在丁卯，三主，十七年而亡。

己卯旦，李嗣源军至大梁，攻封丘门，大梁城北面二门，封丘门在西，酸枣门在东。梁开平元年改封丘开为含曜门。时人犹以旧门名称之。晋天福三年又改为宣阳门。又汴京图：京城北四门，从东曰陈桥门，次曰封丘门。王瓒开门出降，嗣源入城，抚安军民。是日，帝人自梁门，梁门，大梁城西面北来第一，梁开平元年改为乾象门，晋天福三年改为乾明门。百官迎谒于马首，拜伏请罪，帝慰劳之，劳，力到翻；下劳赐同。使各复其位。李嗣源迎贺，帝喜不自胜，手引嗣源衣，以头触之曰："吾有天下，卿父子之功也，天下与尔共之。晁无咎《鸡肋集》：庄宗许李嗣源共天下，自李克用力战伐，与梁为敌国，，庄宗能继其业，遂得天下，斯亦难矣。方庄宗之，入汴梁，固未灭也。会其得意，遽思与人共。唐社稷未立，天下之定，于我未可知，而所以许嗣源者已极矣。夷狄尚气，喜于意外，一旦之获，而不图后日无以复加之弊，其亡非不幸也。帝于此际，可谓喜而失节矣，宜不能保有天下也。胜，音升。帝命访求梁主，顷之，或以其首献。《考异》曰：《实录》："帝惨然曰：'敌惠敌怨，不在后嗣。朕与梁主十年战争，恨不生识其面。'"按庄宗漆均王首藏之太社，岂有欲全之之理！此特虚言耳。

李振谓敬翔曰："有诏洗涤吾辈，相与朝新君乎？"朝，直遥翻；下同。翔曰："吾二人为梁宰相，君昏不能谏，国亡不能救，新君若问，将何辞以对？"是夕未曙，曙，常恕翻。天明为曙。或报翔曰："崇政李太保已入朝矣。"梁以李振为崇政使，故以称之。翔叹曰："李振谬为丈夫！朱氏与新君世为仇雠，今国亡君死，纵新君不诛，何面目入建国门乎？"乃缢而死。

庚辰，梁百官复待罪于朝堂，复，扶又翻。帝宣敕赦之。

赵岩至许州，温昭图迎谒归第，斩首来献，尽没岩所赍之货。元徽、赵岩可为怙权冒货之戒。昭图复名韬。梁赐温昭图名，见二百六十九卷均王贞明元年。

辛巳，诏王瓒收朱友贞尸，殡于佛寺，漆其首，函之，藏于太社。《考异》曰："《薛史末帝纪》云："诏河南尹张全义收葬之。"今从《实录》。

段凝自滑州济河入援，以诸军排陈使杜晏球为前锋；至封丘，遇李从珂，晏球先降。壬午，凝将其众五万至封丘，亦解甲请降。凝帅诸大将先诣阙待罪，帝劳赐之。帅，读曰率。劳，力到翻。慰谕士卒，使各复其所。凝出入公卿间，扬扬自得无愧色，梁之旧臣见者皆欲龁其面，抉其心。龁，恨没翻，又下结翻，啮也。抉，于决翻。

丙戌，诏贬梁中书侍郎、同平章事郑珏为莱州司户，萧顷为登州司户，翰林学士刘岳为均州司马，任赞为房州司马，姚顗为复州司马，封翘为唐州司马，李怿为怀州司马，窦梦徵为诉州司马，崇政学士刘光素为密州司户，陆崇为安州司户，御史中丞王权为随州司户；以其世受唐恩而仕梁贵显故也。岳，崇龟之从子；刘崇龟见二百五十三卷。唐僖宗广明元年。从，才用翻。顗，万年人；万年属京兆府，唐为赤县。时复以京兆为西京。翘，敖之孙；封敖仕唐武、宣朝，入翰林，位至尚书仆射。怿，京兆人；权，龟之孙也。王龟，式之兄也。唐咸通间有名。

段凝、杜晏球上言："上，时掌翻。伪梁要人赵岩、赵鹄、张希逸、张汉伦、张汉杰、张汉融、朱珪等，窃弄威福，残蠹群生，不可不诛。"诏："敬翔、李振首佐朱温，共倾唐祚，契丹撒刺阿拨叛兄弃母，负恩背国，撒刺阿拨奔梁，见二百七十卷贞明四年。背，蒲妹翻。宜与岩等并族诛于市。自余文武帝吏一切不问。"又诏追废朱温、朱友贞为庶人，毁其宗庙神主。

帝之与梁战于河上也，梁拱宸左厢都指挥使陆思铎善射，常于笴上自镂姓名，笴，古我翻，又公旱翻，箭茎也。镂，郎豆翻。射帝，中马鞍，射，而亦翻。中，竹仲翻。帝拔箭藏之。至是，思铎从众俱降，帝出箭示之，思铎伏地待罪，帝慰而释之，寻授龙武右厢都指挥使。

以豆卢革尚在魏，命枢密使郭崇韬权行中书事。

梁诸藩镇稍稍入朝，或上表待罪，帝皆慰释之。宋州节度使袁象先首来入朝，陕州留后霍彦威次之。象先辇珍货数十万，遍赂刘夫人及权贵、伶官、宦者，旬日，中外争誉之，誉，音余。恩宠隆异。已丑，诏伪庭节度、观察、防御、团练使、刺史及诸将校，并不议改更，将，即亮翻。校，户教翻。更，工衡翻。将校官吏先奔伪庭者一切不问。

庚寅，豆卢革至自魏。甲午，加崇韬守侍中，领成德节度使。赏决策灭梁之功也。崇韬权兼内外，谋猷规益，竭忠无隐，颇亦荐引人物，豆卢革受成而已，无所裁正。

丙申，赐滑州留后段凝姓名曰李绍钦，耀州刺史杜晏球曰李绍虔后各复其本姓名。

乙酉梁西都留守河南尹张宗奭来朝，复名全义，梁改张全义名见二百六十六卷太祖开平元年。献币马千计。帝命皇子继岌、皇弟存纪等兄事之。继岌，皇嗣也。岂可兄事梁之旧臣！存纪，皇弟也，既使其子以兄事全义，又使其弟以兄事全义，唐之家人长幼之序且不明矣；是后中宫又徙而父事之，嘻，甚矣夷，狄之俗好赀而已，岂知有纲常哉！帝欲发梁太祖墓，斫棺焚其尸，全义上言："朱温虽国之深雠，然其人已死，刑无可加，屠灭其家，足以为报，乞免焚斫以存圣恩。"帝从之，但铲其阙室，削封树而已。张全义犹不忘梁祖河阳之恩。铲，初限翻。削其封树者，隳其坟，赭其山也。胡寅《管见》：迹朱全忠暴蔑唐室，陵逼昭宗，并弑二主，杀一后及诸王，毁唐室三百年宗社，自古乱贼之凶悖残暴，无与为此。庄宗虽非陇西狄道苗裔，既赐姓通属籍矣。则入汴灭梁，非特为先王之仇，正欲与唐室，摅覆载不容之愤，雪沧溟不涤之耻也。列数其罪，诞告多方，发冢斫棺，焚尸而□之，污潴其宫居，夷棘其庙宇，然后快于人心，合于天意。虽古未有此举，良不为过，庶足以垂后来乱贼之监，非小补也。张全义怀全忠私遇，甘于贱辱，夫岂知帝王惩戒之大方？庄宗过听其似是之言，而略于讨恶之典，惜哉！

戊戌，加天平节度使李嗣源兼中书令；以北京留守继岌为东京留守、同平章事。时以镇州为北京，魏州为东京。

帝遣使宣谕诸道，梁所除节度使五十余人皆上表入贡。

楚王殷遣其子牙内马步都指挥使希范入见，见，贤遍翻。纳洪、鄂行营都统印，梁命殷为洪、鄂行营都统。上本道将吏籍。上，时掌翻。

荆南节度使高季昌闻帝灭梁，避唐庙讳，更名季兴，以献祖讳国昌也。更，工衡翻。欲自入朝，梁震曰："唐有吞天下之志，严兵守险，犹恐不自保，况数千里入朝乎！且公朱氏旧将，高季昌为梁将事始见二百六十三卷唐昭宗天复二年。安知彼不以仇敌相遇乎？"季兴不从。

帝遣使以灭梁告吴、蜀，二国皆惧。徐温尤严可求曰："公前沮吾计，谓自郓州遣使会兵，徐温欲以舟师浮海北进时也，事见五月。今将奈何？"可求笑曰："闻唐主始得中原，志气骄满，御下无法，不出数年，将有内变，吾卑辞厚礼，保境安民以待之耳。"善哉觇也。唐使称诏，吴人不受；帝易其书，用敌国之礼，曰："大唐皇帝致书于吴国主"，吴人复书称"大吴国主上大唐皇帝"，辞礼如笺表。

吴人有告寿州团练使钟泰章侵市官马者，徐知诰以吴王之命，遣滁州刺史王稔巡霍丘，因代为寿州团练使，霍丘，吴之边邑，徐知诰命王稔以巡边为名，因代泰章。以泰章为饶州刺史。徐温召至金陵，使陈彦谦诘之者三，诘去吉翻。皆不对。或问泰章："何以不自辨？"泰章曰："吾在扬州，十万军中号称壮士。寿州去淮数里，步骑不下五千，苟有它志，岂王稔单骑能代之乎？我义不负国，虽黜为县令亦行，况刺史乎？何为自辨以彰朝廷之失？"徐知诰欲以法绳诸将，请收泰章治罪。治，直之翻。徐温曰："吾非泰章，已死于张颢之手，事见二百六十六卷梁太祖开平二年。今日富贵，安可负之！"命知诰为子景通娶其女以解之。为，于伪翻。

彗星见舆鬼，长丈余，与鬼五星，秦、雍州分。彗，祥岁翻，又徐醉翻。见，贤遍翻。长，直亮翻。蜀司天监言国有大灾。蜀主诏于玉局化设道场，玉局化在成都。《彭乘记》曰：后汉永寿元年，李老君与张道陵至此，有局脚玉床自地而出，老君升坐，为道陵说《南北斗经》，既去而坐隐，地因成洞宂，故以"玉局"名之。道经以二十四化上应二十四气，玉局其一也，流俗相传而信奉之。右补阙张云上疏，以为："百姓怨气上彻于天，彻，敕列翻。故彗星见。此乃亡国之征，非祈禳可弭。"蜀主怒，流云黎州，卒于道。

郭崇韬上言："河南节度使、刺史上表者但称姓名，未除新官，恐负忧疑。"十一月，始降制以新官命之。

滑州留后李绍钦因伶人景进纳货于宫掖，除泰宁节度使。

帝幼善音律，故伶人多有宠，常侍左右。帝或时自傅粉墨，与优人共戏于庭，以悦刘夫人，优名谓之"李天下"。尝因为优，自呼曰："李天下，李天下"，优人敬新磨遽前批其颊。批，蒲结翻，又匹迷翻，反手击也。帝失色，群优亦骇愕，新磨徐曰："理天下者只有一人，尚谁呼邪？"帝悦，厚赐之。帝尝畋于中牟，践民稼，《九域志》：中牟县在大梁西七十里。践，慈演翻。中牟令当马前谏曰："陛下为民父母，奈何毁其所食，使转死沟壑乎？"帝怒，叱去，将杀之。敬新磨追擒至马前，责之曰："汝为县令，独不知吾天子好猎邪？好，呼到翻，下好采同。奈何纵民耕种，以妨吾天子之驰骋乎？汝罪当死！"因请行刑，帝笑而释之。

诸伶出入宫掖，侮弄缙绅，群臣愤嫉，莫敢出气；《书》云：狎侮君子，罔以尽其心。况使伶人侮弄之哉。亦反有相附托以希恩泽者，四方藩镇争以货赂结之。无材而干利禄者何可胜数哉！其尤蠹政害人者，景进为之首。进好采间阎鄙细事闻于上，上亦欲知外间事，遂委进以耳目。进每奏事，尝屏左右问之，屏，必郢翻，又卑正翻。由是进得施其谗慝，干预政事。自将相大臣皆惮之，孔岩常以兄事也。"孔岩"当作"孔谦"。

壬寅，岐王遣使致书，贺帝灭梁，以季父自居，辞礼甚倨，岐王李茂贞自以与晋王克用在唐并列藩镇，又各以有功赐姓、附唐属籍，义犹兄弟，故帝以季父自居。

癸卯，河中节度使朱友谦入朝，帝与之宴，宠锡无算。

张全义请帝迁都洛阳，从之。《考异》曰：《实录》："甲辰，议修洛阳太庙。"按梁以汴州为东京，洛阳为西京。庄宗以魏州为东京，太原为西京，真定为北都。及灭梁，废东京为汴州，以永平军为西京，而不云以洛阳为何京。若以为东京，则与魏州无以异。诸书但谓之洛京，亦未尝有诏改梁西京为洛京。至同光三年始诏依旧以洛京为东都。或者以永平为西京时即改梁西京为洛京而史脱其文也？今无可质正，故但谓之洛阳。

乙巳，赐朱友谦姓名曰李继麟，命继岌兄事之。

以康延李为郑州防御使，赐姓名曰李绍琛。

废北都，复为成德军。是年四月，于镇州建北都。

赐宣武节度使袁象先姓名曰李绍安。

匡国节度使温韬入朝，赐姓名曰李绍冲。绍冲多赍金帛赂刘夫人及权贵伶宦，旬日，复遣还镇。郭崇韬曰："国家为唐雪耻，为，于伪翻。温韬发唐山陵殆遍，事见二百六十七卷梁太祖开平二年。其罪与朱温相垺耳，垺，龙辍翻，等也。何得复居方镇，天下义士其谓我何！"上曰："入汴之初，已赦其罪。"竟遣之。胡寅《管见》：罪人不可不诛，赦令不可不守。守赦令则发陵之贼蒙宽宥，非所以正刑诛罪。人则惟新之需，有变渝非所以示信。二者将何处？必于未赦之前，揆情法，审轻重而区别之，使预赦者，无可诛之罪，彼刑者，无可恕之人，则一举而两得矣。然庄宗所见又异乎此。使温、韬不赂伶官货，宫姬必不以既赦为言也。

戊申，中书奏以："国用未充，请量留三省、寺、监官，余并停，俟见任者满二十五月，以次伐之。见任，谓见在官者。见，贤遍翻。其西班上将军以下，令枢密院准此"。朝会之序，武官班于西，故曰西班。从之。人颇咨怨。

初，梁均王将祀南郊于洛阳，闻杨刘陷而止，事见二百七十卷贞明三年。其仪物具在。张全义请上亟幸洛阳，谒庙毕唐东京亦有太庙，未世东迁尝严举，故张全义请上修谒。即祀南郊；从之。

丙辰，复以梁东京开封府为宣武军汴州。梁以宋州为宣武军，诏更名归德军。梁都汴，徙宣武军额于宋州。更，工衡翻。

诏文武官先诣洛阳。

议者以郭崇韬勋臣为宰相，不能知朝廷典故，当用前朝名家以佐之。朝，直遥翻；下同。或荐礼部尚书薛廷珪，太子少保李琪，尝为太祖册礼使，皆着宿有文，宜为相。崇韬奏延珪浮华无相业，琪倾险无士风；尚书左丞赵光胤廉洁方正，自梁未亡，北人皆称其有宰相器。三人者皆仕梁。延珪、琪为太祖册礼使，必唐之时尝奉朝命册晋王者也。豆卢革荐礼部侍郎韦说谙练朝章。谙，鸟含翻。丁巳，以光胤为中书侍郎，与说并同平章事。光胤，光逢之弟；赵光逢见二百六十六卷梁太祖开平元年。说，岫之子；廷珪，逢之子也。薛逢，唐会昌间有文声。光胤性轻率，喜自矜；喜，许记翻。说谨重守常而已。

赵光逢自梁朝罢相，梁均王贞明元年，赵光逢罢相。杜门不交宾客，光胤时往见之，语及政事。它日，光逢署其户曰："请不言中书事。"

租庸刘使孔谦畏张宪公正，欲专使务，言欲专租庸使一司事务也。使疏史翻。言于郭崇韬曰："东京重地，须大臣镇之。非张公不可。"崇韬即奏以宪为东京副留守，知留守事。出张宪守魏州

戊午，以豆卢革判租庸，兼诸道盐铁转运使。谦弥失望。

己未，加张全义守尚书令，高季兴守中书令。时季兴入朝，上待之甚厚，从容问曰："从，千容翻。朕欲用兵于吴、蜀，二国何先？"季兴以蜀道险难取，乃对曰："吴地薄民贫；克之无益，不如先伐蜀。蜀土富饶，又主荒民怨，伐之必克。克蜀之后，顺流而下，取吴如反掌耳。"上曰："善！"

辛酉，复以永平军大安府为西京京兆府。梁改长安为永平军，见二百六十七卷太祖间平三年；改京兆府为大安府，见二百六十六卷开平元年。

甲子，帝发大梁；十二月，庚午，至洛阳。

吴越王镠以行军司马杜建徽为左丞相。

壬申，诏以汴州宫苑为行宫。

以耀州为顺义军，延州为彰武军，邓州为威胜军，晋州为建雄军，安州为安远军。帝既灭梁，特改梁所置军名耳，凡诸藩帅未之易也。梁改耀州曰崇州，改义胜军为静胜军，乃歧所置。延州，唐保塞军，岐为忠义军。邓州，梁为宣化军。晋州，梁始为定昌军，后改建宁军。安州，梁为宣威军。自余藩镇，皆复唐旧名。

庚辰，御史台奏："朱温篡逆，删改本朝《律令格式》，梁改定《律令格式》事见二百六十七卷开平四年。本朝，谓前唐也。悉收旧本焚之，今台司及刑部、大理寺所用皆伪庭之法。闻定州敕库独有本朝《律令格式》具在，乞下本道录进"。下，户嫁翻。从之。

李继韬闻上灭梁，忧惧，不知所为，欲北走契丹，走，音奏。会有诏徵诣阙；继韬将行，其弟继远曰："兄以反为名，何地自容？往与不往等耳，不若深沟高垒，坐食积粟，犹不延岁月；入朝，立死矣。"或谓继韬曰："先令公有大功于国，先令公，谓继韬父嗣昭，嗣昭官中书令，故称之。主上于公，季父也，李嗣昭以晋王义儿，于上为兄，上于继韬为季父。往必无虞。"继韬母杨氏，善蓄财，家赀百万，乃与杨氏偕行，赍银四十万两，它货称是，大布贿遗。伶人宦官争为之言曰："称，尺证翻。遗，唯季翻。为，干伪翻；下亦为同。继韬初无邪谋，为奸人所惑耳。嗣昭亲贤，不可无后。"杨氏复入宫见帝，泣请其死，复，扶又翻；下复赂、子复同。以其先人为言；又求哀于刘夫人，刘夫人亦为之言。及继韬入见待罪，上释之，见，贤遍翻。留月余，屡从游畋，宠待如故。皇弟义成节度使、同平章事存渥深诋诃之，继韬兄弟欲杀存渥事见上卷梁均王龙德二年。梁改滑州义成军为宣义军，帝复唐旧。继韬心不自安，复赂左右求还镇，上不许。继韬潜遣人遗继远书，教军士纵火，冀天子复遣已抚安之，事泄，辛巳，贬登州长史，寻斩于天津桥南，并其二子。遣使斩李继远于上党，以李继达充军城巡检。

召权知军州事李继俦诣阙，继俦据有继韬之室，料简妓妾，料，音聊。妓，渠绮翻。搜校货财，不时即路。即，就也。继达怒曰："吾家兄弟父子同时诛死者四人，继韬及其二子，并继远为四人。大兄曾无骨肉之情，继韬兄弟七人，继俦居长，故呼为大兄。贪淫如此；吾诚羞之，无面视人，生不如死！"甲申，继达衰服，帅麾下百骑坐戟门呼曰："史照曰：列㦸载于门，故曰戟门。帅，读曰率。衰，仓回翻。呼，火故翻。谁与吾反者？"因攻牙宅，牙宅，即使宅也。斩继俦。节度副使李继珂闻乱，募市人，得千余，攻子城。继达知事不济，开东门，归私第，东门，潞州牙城东门也。尽杀其妻子，将奔契丹，出城数里，从骑皆散，乃自刭。从，才用翻。刭，古顶翻。

甲申，吴王复遣司农卿洛阳卢苹来奉使，严可求豫料帝所问，教苹应对，既至，皆如可求所料。苹还，言唐主荒于游畋，啬财拒谏，内外皆怨。

高季兴在洛阳，帝左右伶官求货无厌，伶官，谓伶人及宦官也。厌，于盐翻。季兴忿之。帝欲留季兴，郭崇韬谏曰："陛下初新得天下，诸侯不过遣子弟将佐入贡，惟高季兴身自入朝，当褒赏以劝来者；乃羁留不遣，弃信亏义，沮四海之心，沮，在吕翻。非计也。"乃遣之。季兴倍道而去，至许州，《九域志》；洛阳东至许州三百一十里。谓左右曰："此行有二失：来朝一失，纵我去一失"。言彼此俱失也。过襄州，节度使孔勍留宴，中夜，斩关而去。勍，渠京翻。《考异》曰：《五代史补》："季兴行已浃旬，庄宗且悔，遽以急诏命襄州节度使刘训伺便图之。无何，季兴至襄州，就馆而心动，谓亲吏曰：'梁先辈之言中矣。与其住而生，不若去而死。'遂弃辎重，与部曲数百人南走，至凤林关，已昏黑，于是斩关而出。是夜三更，向之急诏果至，刘训度其去远不可及而止。"王举《天下大定录》亦云："庄宗遣使追之不及。"按季兴自疑，故斩关夜遁耳，未必庄宗追之也。今从《薛史》。丁酉，至江陵，握梁震手曰："不用君言，几不免虎口。"梁震所言见上。几，居依翻。又谓将佐曰："新朝百战方得河南，以庄宗新得天下，故曰新朝。朝，直遥翻。乃对功臣举手云，'吾

于十指上得天下’，矜伐如此，则他人皆无功矣，其谁不解体？又荒于禽色，何能久长？吾无忧矣。”乃缮城积粟，招纳梁旧兵，为战守之备。史言帝荒淫骄矜，为邻敌及奸雄所窥。胡寅《管见》：列圣，皆人极也，而舜、禹独以大称者，舜以取诸人为善，禹以不矜伐满假故欤？汉高大度，自三代而下，莫与敌矣。由亭长为天子，见监门戍卒如平日。然犹曰：“今臣所就，孰与仲多？”故劳而不伐，有功而不德，贤人君子，尚或难之。齐桓公九合诸侯，一臣天下，葵丘之会，微有振矜，而叛者九国，服楚还辕，陈大夫一谋不协，其身见执，其国见伐，见侵而怒，犹未息也。虽人之度量相越有远近，然事在勉强而已。意欲如是，少忍而思之，曰：“如是不善终忍而不为斯善矣。意不欲如是。少思而克之曰不如，是不善终克而为之，斯善矣。”此强勉之道也。意动即行，不复加思，而入于不善，如丸之下阪，水之赴壑，孰能御之？庄宗之徒是已。夫九五尊位，非觊望可得，圣人不以得之为喜，而以处之为惧。是以能济若其道心，又何芥蒂之有？故曰：“巍巍乎舜禹之有天下而不与焉！”不与云者，言若无物也。此孟子所以有敝屣之喻也。庄宗十年战争，屡濒危殆，仅乃克梁四方之未服者，方且圆视而内向，乃行百里半九十之时。其初入汴也，以头触李嗣源而喜，今又对功臣举手云：“吾于十指上得天下。”志骄气溢，为藩镇所窥，故高季兴轻之于前，何词诮之于后。严可求梁，震知之于数千里之外。凡所料度，其应如响，矜伐之为害乃尔。是故尚志之志，有自此用功而居仁者曰：“深省于身。凡过皆自矜而得之。”今华衣美食，则对客裕，然服弊馔菲，则不以出诸房或何为而尔也？求其所以尔者，治而绝之，则不矜不伐，不满假之德可成。革食瓢饮，与列鼎万锺，于我无加损焉。此学舜、禹之事也。

二年，春，正月，甲辰，幽州奏契丹入寇，至瓦桥。李存审奏也。以天平军节度使李嗣源为北面行营都招讨使。

陕州留后霍彦威副之，宣徽使李绍宏为监军，将兵救幽州。陕，失冉翻。监，古御翻。将，即亮翻。孔谦复言于郭崇韬曰：“首座相公万几事繁，居第且远，复，扶又翻。豆卢革时为首相，故称之为首座相公。租庸簿书多留滞，宜更图之。”请改用人为租庸使，孔谦盖欲自得之也。更，工衡翻。豆卢革尝以手书便省库钱数十万，今俗谓借钱为便钱，言借贷以便用也。时租庸钱皆入省库。谦以手书示崇韬，崇韬微以讽革。革惧，奏请崇韬专判租庸，崇韬固辞。上曰：“然则谁可者？”崇韬曰：“孔谦虽久典金谷，自帝得魏博，孔谦即为支度务使。若遽委大任，恐不叶物望，请复用张宪。”帝即命召之。谦弥失望。谦自去年四月帝即位之初即望为租庸使，事见上卷。

岐王闻帝入洛，内不自安，闻帝自太梁入洛，惧移兵西伐也。遣其子行军司马彰义节度使兼侍中继曮入贡，李继曮以凤翔行军司马领洼州节。始上表称臣。帝以其前朝耆旧，与太祖比肩，前朝，谓唐僖、昭之朝。帝即位，追尊考晋王克用曰武皇帝，庙号太祖。上，时掌翻。朝，直遥翻；下同。特加优礼，每赐诏但称岐王而不名。庚戌，加继曮中书令，遣还。曮，鱼险翻。还，从宣翻，又如字。

敕：“内官不应居外，应前朝内官及诸道监军并私家先所畜者，不以贵贱，并遣诣阙。”唐末，诛宦官，其有逃逸者，散授外镇及为私家所养。畜，吁玉翻。时在上左右者已五百人，至是殆及千人，皆给赡优厚，委之事任，以为腹心。内诸司使，自天祐以来以士人代之，唐昭宗天复三年诛宦官，以士人为内诸司使，时所存者九人而已。至梁有客省使，改小马坊使为天骥使，飞龙使，庄宅使，仪鸾使，文思使，五坊使，如京使，尚食使，改御食使为司膳使，洛苑使，教坊使，东上阁门使，西上阁门使，内园栽接使，弓箭库使，大内皇墙使，武备库使，引进使，左藏库使，闲厩使，宫苑使，翰林使，大和库使，丰德库使，乾文院使。后唐虽不用梁制，而复唐之旧，内诸司使其官亦多。至是复用宦者，浸干政事。既而复置诸道监军，节度使出征或留阙下，军府之政皆监军决之，陵忽主帅，怙势争权，由是藩镇皆愤怒。为复诸藩镇乘变杀监军张本。

契丹出塞。召李嗣源旋师，命泰宁节度使李绍钦、泽州刺史董璋戍瓦桥。

李继曮见唐甲兵之盛，归，语岐王，语，牛倨翻。岐王益惧，癸丑，表请正藩臣之礼。优诏不许。

孔谦恶张宪之来，时自魏召张宪复为租庸使，宪方正，故谦恶其来。恶，乌路翻。言于豆卢革曰：“钱谷细事，一健吏可办耳。魏都根本之地，顾不重乎！兴唐尹王正言操守有余，智力

不足，必不得已，使之居朝廷，众人辅之，犹愈于专委方面也。"革为之言于崇韬，为，于伪翻。崇韬乃奏留张宪于东京。甲寅，以正言为租庸使。正言昏懦，谦利其易制故也。易，以豉翻。

李存审奏契丹去，复得新州。新州陷见二百六十九卷梁均王贞明三年。

戊午，敕盐铁、度支、户部三司并隶租庸使。租庸使之权愈重矣。

上遣皇弟存渥、皇子继岌迎太后、太妃于晋阳，太妃曰："陵庙在此，若相与俱行，岁时何人奉祀？"遂留不来。帝即位，尊曾祖执宜庙号懿祖，陵曰永兴；国昌庙号献祖，陵曰长宁；克用庙号太祖，陵曰建极。三陵皆在代州雁门县，亲庙在晋阳。太妃之不来，夫岂专陵庙之为，其心固有所见也，且其辞义甚正。为太后、太妃俱以忧邑成疾张本。太后至，庚申，上出迎于河阳。辛酉，从太后入洛阳。

二月，己巳朔，上祀南郊，大赦。孔谦欲聚敛以求媚，敛，力赡翻。凡赦文所蠲者，谦复徵之。蠲，圭渊翻，除也。复，扶又翻。自是每有诏令，人皆不信，百姓愁怨。

郭崇韬初至汴、洛，颇受藩镇馈遗，遗，唯季翻。所亲或谏之，崇韬曰："吾位兼将相，郭崇韬为枢密使，加侍中，领成德节。枢密使，天下事无所不关；侍中，三省长官，又领节镇，故言位兼将相。禄赐巨万，岂藉外财？但以伪梁之季，贿赂成风，今河南藩镇，皆梁之旧臣，主上之仇雠也，若拒，其意能无惧乎？吾特为国家藏之私室耳。"为，于伪翻。郭崇韬受馈遗，未足以安藩镇疑惧之心，乃所以成其主好货之恶。及将祀南郊，崇韬首献劳军钱十万缗。先是，宦官劝帝分天下财赋为内外府，劳，力到翻。先，悉荐翻。州县上供者入外府，充经费，供，居用翻。方镇贡献者入内府，充宴游及给赐左右。于是外府常虚竭无余而内府山积。及有司办郊祀，乏劳军钱，崇韬言于上曰："臣已倾家所有以助大礼，愿陛下亦出内府之财以助有司。"上默然久之，曰："吾晋阳自有储积，积，子赐翻，又如字。可令租庸辇取以相助。"于是取李继韬私第金帛数十万以益之，李继韬父嗣昭从晋王克用起于晋阳，故私第在焉。继韬以友谋。其家赀没官。军士皆不满望，始怨恨，有离心矣。为后诸军离叛张本。胡寅《管见》：崇韬欲服故梁藩镇之心，惟反其旧俗，临以清正。彼方祗命之不暇，复何为而生惧心？独不闻杨绾之化与陆贽之言乎？身兼将相，不以廉节表率中外，而交通藩镇，显受略遗，何以禁人主之求私财？及中宫伶官之贪欲无厌耶？虽他日出助郊费，终非宰相之体，经国之方。而致庄宗祸败，则此举为多矣。夫贡赋所入，皆天子所有，以供邦用，安有内府外府之别？其名见于周官，虽王氏亦不能巧为词说。德宗琼林、大盈，乃其著者，与鹿台西园何异？庄宗之宦官，非为奸计，特举所见而言之。流弊之久，习以为常，此固明君贤相所当革也。

河中节度使李继麟请榷安邑、解县盐，每季输省课。每三月一输盐课于省也。榷，古岳翻。解，户买翻。己卯，以继麟充制置两池榷盐使。

辛巳，进岐王爵为秦王，《考异》曰：茂贞改封秦王，薛史无的确年月。《实录》，同光元年十一月壬寅，已称"秦王茂贞遣使贺收复"，自后皆称秦王。至二年辛巳制，"秦王李茂贞可封秦王"，岂有秦王封秦王之理！必是至是时始自岐王封秦王也。《通鉴考异》正本在二年正月岐王上表称臣之下，今移置于此。仍不名，不拜。

郭崇韬知李绍宏怏怏，乃置内句使，掌句三司财赋，以绍宏为之，冀弭其意，而绍宏终不悦，李绍宏恨郭崇韬，见上卷元年。句，音钩。徒使州县增移报之烦。按《薛史》云：同光元年十一月，以李绍宏兼内句，凡天下钱谷簿书悉委裁遣，自是州县供帐烦费，议者非之。与此有岁月之差。

崇韬位兼将相，复领节旄，以天下为己任，权侔人主，且夕车马填门。性刚急，遇事辄发，嬖倖侥求，多所推抑，嬖，卑义翻，又必计翻。倖，坚尧翻。宦官疾之，朝夕短之于上。崇韬扼腕，欲制之不能。腕，乌贯翻。豆卢革、韦说尝闻之曰："汾阳王本太原人徙华阴，说，读曰悦。华，户化翻。八世家雁门，岂其枝派邪？"崇韬因曰："遭乱，亡失谱谍，尝闻先人言，上距汾阳四世耳。"谱，博古翻，籍录也。谍，徒协翻。《汉郊祀歌》：披图科按谍。苏林注曰：谍，谱第也。汾阳王，谓郭子仪也。革曰："然则固从祖也。"从，才用翻。崇韬由是以膏粱自处，多甄别流品，处，昌吕翻。别，彼列翻。引拔浮华，鄙弃勋旧。有求官者，崇韬曰："深知公功能，然门地寒素，不敢相用，恐为名流所嗤"。嗤，丑之翻，笑也。由是嬖倖疾之于内，勋旧怨之于外。崇韬屡请以枢密使让李绍宏，上不许。又请分枢密院事归内诸司以轻其权，而宦官谤之不已。崇韬郁郁不得志，与所亲谋赴本镇以避之，其人曰："不可，蛟龙失水，蝼蚁足以制之。"

先是，上欲以刘夫人为皇后，先，悉荐翻。而有正妃韩夫人在，《欧史》曰：庄宗正室曰卫国夫人韩氏，其次曰燕国夫人伊氏，次魏国夫人刘氏。太后素恶刘夫人，按《欧史》，刘氏为袁建丰所得，内之太后宫，教以吹笙歌舞，庄宗悦之，太后以赐庄宗，然而恶之者，以其所出微而妒悍也。崇韬亦屡谏，上以是不果。于是所亲说崇韬曰：说，式芮翻。"公若请立刘夫人为皇后，上必喜。内有皇后之助，则伶宦辈不能为患矣。"崇韬从之，胡寅《管见》：大臣之义，以道事君。君有违道，则当谏而止之；谏而不从，则当辞而去之，非悻悻求胜，取必于君，义当然也。视君有过而不能谏，又不能去，乃多为容身之行，陷君于不义，是一意而多罪，未有能免于戮辱者也。崇韬希庄宗邪心，请立非所宜立，将以自安，曾未几时，反以自族，向也力求赴镇而出，其祸必轻矣。呜呼！岂不足为持禄迷邦之戒哉！与宰相帅百官共奏刘夫人宜正位中宫。癸未，立魏国夫人刘氏为皇后。郭崇韬以为求之自今，乃所以自祸也。为杀郭从韬张本。帅，读曰率；下同。皇后生于寒微，既贵，专务蓄财，其在魏州，薪苏果茹皆贩鬻之。采木为薪，采草为苏。果，核也。茹，菜也。及为后，四方贡献皆分为二，一上天子，一上中宫。上，时掌反。以是宝货山积，惟用写佛经，施尼师而已。施，式豉翻。

是时皇太后诰，皇后教，与制敕交行于藩镇，奉之如一。妇言与王言并行，自古乱政未有如同光之甚者也。

诏蔡州刺史朱勍浚索水，通漕运。《水经注》：车关水出于嵩渚之山，发于层阜之上，一源两枝，分流泻注，世谓之石泉水，东流为索水，西注为车关水。索水在成皋北。勍，渠京翻。索，山客翻。

三月，己亥朔，蜀主宴近臣于怡神亭，酒酣，君臣及宫人皆脱冠露髻，喧哗自恣。知制诰京兆李龟祯谏曰："君臣沈湎，不忧国政，沈，持林翻。臣恐启北敌之谋"。北敌，谓唐也。不听。

乙巳，镇州言契丹将犯塞，此据谍报而上言也。诏横海节度使李绍斌、北京左厢马军指挥使李从珂帅骑兵分道备之。天平节度使李嗣源屯邢州。绍斌本姓赵，名行实，幽州人也。斌，悲巾翻。

丙午，加高季兴兼尚书令，进封南平王。

李存审自以身为诸将之首，季存审时为蕃汉马步军都总管。不得预克汴之功，感愤，疾益甚，季存审自沧徙幽，时已寝疾。屡表求入觐，郭崇韬抑而不许。存审疾亟，表乞生睹龙颜，乃许之。初，帝尝与右武卫上将军李存贤手搏，存贤不尽其技，存贤本许州王贤，少为军卒，善角觝。晋王克用得之，赐以姓名，养为子。技，渠绮翻。帝曰："汝能胜我，当授藩镇"。存贤乃奉诏，仅仆帝而止。及许存审入觐，帝以存贤为卢龙行军司马，旬日除节度使，曰："手搏之约，吾不食言矣。"以手搏而得大藩，是节镇可以戏取矣。

庚戌，幽州奏契丹寇新城。新城县属涿州。唐大和六年以故督亢地置。《匈奴须知》：新城县北至涿州六十里。

勋臣畏伶官之谮，皆不自安，蕃汉内外马步副总管李嗣源求解兵柄，帝不许。

自唐末丧乱，丧，息浪翻。搢绅之家或以告赤鬻于族姻，"赤"，当作"敕"。鬻于族姻则既非矣，安知后世有鬻于非其族类者乎！遂乱昭穆，昭，上招翻。至有舅叔拜甥、侄者，言舅拜其甥，叔拜其侄也。选人伪滥者众。郭崇韬欲革其弊，请令铨司精加考核。铨司，吏部也。选，须绢翻。核，下革翻。时南郊行事官千二百人，凡郊祀，预执事者皆谓之行事官。注官者才数十人，涂毁告身者十之九。选人或号哭道路，号，户刀翻。或馁死逆旅。唐室诸陵先为温韬所发，帝不

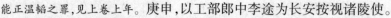

能正温韬之罪，见上卷上年。庚申，以工部郎中李途为长安按视诸陵使。

皇子继岌代张全义判六军诸卫事。

夏，四月，巳巳朔，群臣上尊号曰昭文睿武至德光孝皇帝。唐诸帝尊号皆有"孝"字，盖因汉制，今此又因唐制也。

帝遣客省使李严使于蜀，严盛称帝威德，有混一天下之志。且言朱氏篡窃，诸侯曾无勤王之举。王宗俦以其语侵蜀，请斩之，蜀主不从。宣徽北院使宋光葆上言："晋王有凭陵我国家之志，宜选将练兵，屯戍边鄙，积糗粮，治战舰以待之"。上，时掌翻。糗，去久翻。治，直之翻。舰，户黯翻。言治战舰，欲以防峡江。蜀主乃以光葆为梓州观察使，充武德节度留后。蜀置武德军于梓州。

乙亥，加楚王殷兼尚书令。

庚辰，赐前保义留后霍彦威姓名李绍真。唐既灭梁，改陕州镇国军为保义军。

秦忠敬王李茂贞卒，遗奏以其子继曥权知凤翔军府事。

初，安义牙将杨立有宠于李继韬，李继韬之求世袭也，改招义军为安义军。继韬诛，见上卷上年。常邑邑思乱。会发安义兵三千戍涿州，立谓其众曰："前此潞兵未尝戍边，晋与梁兵争，潞兵未尝北戍，盖以备梁耳。今朝廷驱我辈投之绝塞，盖不欲置之潞州耳。与其暴骨沙场，不若据城自守，涿州在幽州之南，未为绝塞也。唐人谓沙漠之地为沙场，岂涿州之地乎！杨立以此言激怒潞兵耳。事成富贵，不成为群盗耳。"因聚噪攻子城东门，焚掠市肆，节度副使李继珂、监军张弘祚弃城走，立自称留后，遣将士表求旌节。诏以天下节度使李嗣源为招讨使，武宁节度使李绍荣为部署，部署之官始见于《通鉴》，本在招讨使之下；其后有都部署，遂为专任主帅之任。帐前都指挥使张廷蕴为马步都指挥使以讨之。

孔谦贷民钱，使以贱佑偿丝，佑，音古，价也。以钱贷民，而以贱价徵丝，偿所贷钱。屡檄州县督之。翰林学士承旨、权知汴州卢质上言："梁赵岩为租庸使，举贷诛敛，结怨于人。敛，力赡翻。陛下革故鼎新，为人除害，《易杂卦》曰：革，去故也。鼎，取新也。为，于伪翻。而有司未改其所为，是赵岩复生也。复，扶又翻。今春霜害稼，茧丝甚薄，但输正税，犹惧流移，况益以称贷，称，举也。贷，借也。人何以堪？臣惟事天子，不事租庸，敕旨未颁，省牒频下，省牒，谓租庸使所下文书。下，户嫁翻。愿早降明命！"帝不报。

汉主引兵侵闽，屯于汀、漳境上。闽之汀、漳二州，皆与汉之潮州接境。闽人击之，汉主败走。

初，胡柳之役，见二百七十卷梁均王贞明四年。伶人周匝为梁所得，帝每思之。帝思周匝而不思周德威，此其所以亡也。入汴之日，匝谒见于马前，入汴见上卷上年。见，贤遍翻。帝甚喜。匝涕泣言："臣之所以得生全者，皆梁教坊使陈俊、内园栽接使储德源之力也，梁内园栽接使，犹唐之内园使也。"宋白曰："栽接使，贞元中已有之。《职官分纪》：五代有内园栽接使，国朝止名内园使。愿就陛下乞二州以报之。"帝许之。郭崇韬谏曰："陛下所与共取天下者，皆英豪忠勇之士。今大功始就，封赏未及一人，而先以伶人为刺史，恐失天下心。"以是不行。逾年，伶人屡以为言，帝谓崇韬曰："吾已许周匝矣，使吾惭见此三人。三人，谓周匝、陈俊、储德源也。周匝、李存贤之事，帝自以为践言矣，可以为政乎！公言虽正，当为我屈意行之"。为，于伪翻。胡寅《管见》：昔齐桓公之郭，间其父老曰："郭何故亡？"对曰："善善而不能用，恶恶而不能去也。"庄宗其是类乎？知温、韬为发陵贼而竟赦之，知崇韬之言正而竟违之。所以然者，不知克己之道也。克者，胜也。克己者，自胜其私意也。人有私意，有公心，克之久则公心大，莫之克则私意专。自身及家，中国之天下治与乱之原本也。百万之众，兵利甲坚，勇将将之，汤池可陷，铁障可摧，强国可平，元帅可取。方寸之地，无山谷之险，封疆之界，听其恣肆起复，惟欲所乡而无知之何，故曰："暴威武者，困于酒色之娱"。火在天上大壮，君子以非礼勿履。夫勇将之勇，鼓之以气，是可能也。克己复礼，以理自胜，非君子之大壮，不可能也。为人君者，当以君子之大壮自勉，则无善善不能用，恶恶不能去之失矣。五月，壬寅,以俊为景州刺史,德源为宪州刺史。宪州本楼烦监牧,唐昭宗龙纪元年晋王克用表置宪州。时亲军有从帝百战未得刺史者,莫不愤叹。宜其离叛也。

乙巳,右谏议大夫薛昭文上疏,以为:"诸道借窃者尚多,当是时,诸道奉贡者在所不谕,如蜀、如吴、如汉,皆唐之诸道也。征伐之谋,未可遽息。又,士卒久从征伐,赏给未丰,贫乏者多,此正时病也。宜以四方贡献及南郊羡余,羡,弋战翻。更加颁赏。又,河南诸军皆梁之精锐,恐借窃之国潜以厚利诱之,宜加收抚。又,户口流亡者,宜宽徭薄赋以安集之。又,土木不急之役,宜加裁省。又请择隙地牧马,勿使践京畿民田。"皆不从。

戊申,蜀主遣李严还。李严四月入蜀,至是而还。还,从宣翻,又如字。《考异》曰:《实录》:"七月,戊午,蜀遣欧阳彬朝贡。十月,癸巳,遣客省使李严充蜀川回信使。八月,戊辰,严自西川回。"《蜀书》:"四月,巳巳朔,唐使李严来聘。五月,戊申,遣严归本国。十一月,己未朔,遣彬为唐国通好使。"按《锦里耆旧传》:"是岁遣欧阳彬通聘洛京,庄宗遣李严来修好"。笺记云:"岂谓大蜀皇帝,特遣苏、张之士,来追唐蜀之欢!吾皇回感于蜀皇,复礼远酬于厚礼。"然则严为回信使也。或者欧阳彬之前,蜀已有入洛之使乎?若如《实录》年月,则李严以二年十月奉使,至三年八月方归,何留之久乎!《十国纪年·蜀史》又云:"九月,巳亥,唐帝遣李彦稠来使。十一月,辛丑,遣彦稠东还"。又,八月,以复遣王宗锷等戍利、州以备东师,似用宋光葆之言;十一月以后以唐国通好,召诸军还,似因彦稠而罢之。今并从《蜀书》年月。初,帝因严入蜀,令以马市宫中珍玩,而蜀法禁锦绮珍奇不得入中国,其粗恶者乃听入中国,谓之"入草物"。粗读曰粗自盛唐以来,蜀贡赋岁至京师。此法乃王衍之法也。严还,以闻,帝怒曰:"王衍宁免为入草之人乎!"严因言于帝曰:"衍童骏荒纵,不亲政务,斥远故老,昵比小人。骏,语骇翻。远,于愿翻。昵,尼质翻。比,昆至翻。其用事之臣王宗弼、宋光嗣等,谄谀专恣,黩货无厌,贤愚易位,刑赏紊乱,厌,于盐翻。紊,音问。君臣上下专以奢淫相尚。以臣观之,大兵一临,瓦解土崩,可翘足而待也"。帝深以为然。为伐蜀张本。

帝以潞州叛故,庚戌,诏天下州镇无得修城浚隍,悉毁防城之具。毁防城之具,虑天下将卒有凭城而拒命者耳。然赵在礼攻魏而魏不能守,赵在礼据魏而攻不能拔,而帝由是亦死于乱兵,防患之道固不在此也。

壬子,新宣武节度使兼中书令、蕃汉马步总管李存审卒于幽州。李存审受宣武之命而未离幽州也。存审出于寒微,常戒诸子曰:"尔父少提一剑去乡里,少,诗照翻。存审,陈州宛丘人,从李罕之归晋王。四十年间,位极将相,言以节度使同平章事也。其间出万死获一生者非一,破骨出镞者凡百余"。因授以所出镞。命藏之,曰:"尔曹生于膏粱,当知尔父起家如此也"。

幽州言契丹将入寇,甲寅,以横海节度使李绍斌充东北面行营招讨使,将大军渡河而北。契丹屯幽州东南城门之外,虏骑充斥,馈运多为所掠。

契丹族人壁画

壬戌,以李继曮为凤翔节度使。嗣李茂贞帅岐。

乙丑，以权知归义留后曹义金为节度使。时瓜，沙与吐蕃杂居，义金遣使间道入贡，故命之。唐懿宗咸通八年，张义潮入朝，以族子惟深守归义。十三年，惟深卒，以义金权知留后。自咸通十三年至是五十四年，盖曹义金亦已老矣。间，古苋翻。

李嗣源大军前锋至潞州，日已暝。暝，莫定翻，夕也。泊军方定，张廷蕴帅麾下壮士百余辈逾堑坎城而上，帅，读曰率。上，时掌翻。守者不能御，即斩关延诸军入。比明，比，必利翻，及也；下比起同。嗣源及李绍荣至，城已下矣，嗣源等不悦。以张廷蕴不待其至而先取城也。丙寅，嗣源奏潞州平。六月，丙子，磔杨立及其党于镇国桥。磔，陟格翻。潞州城池高深，帝命夷之。夷，平也。

丙戌，以武宁节度使李绍荣为归德节度使、同平章事，梁都汴，移宣武军于宋州；唐灭梁，复以汴州为宣武军，以宋州为归德军。留宿卫，宠遇甚厚。帝或时与太后、皇后同至其家。帝有幸姬，色美，尝生子矣，刘后妒之。会绍荣丧妻，丧，息浪翻。一日，侍禁中，帝问绍荣：“汝复娶乎？复，扶又翻。为汝求昏。”为，于伪翻；下为之同。后因指幸姬曰：“大家怜绍荣，何不以此赐之！”帝难言不可，微许之。后趣绍荣拜谢，趣，读曰促。比起，顾幸姬，已肩舆出宫矣！帝为之托疾不食者累日。史言帝惮刘后之妒悍。

壬辰，以天平节度使李嗣源为宣武节度使，代李存审为蕃汉内外马步总管。自副总管陞都总管。

秋，七月，壬寅，蜀以礼部尚书许寂为中书侍郎、同平章事。

孔廉复短王正言于郭崇韬复，扶又翻。又厚赂伶官，求租庸使，终不获，意快快，癸卯，表求解职。帝怒，以为避事，将置于法，景进救之，得免。

梁所决河连年为曹、濮患，梁决河见二百七十卷均王贞明四年。濮，博木翻。甲辰，命右监门上将军娄继英督汴、滑兵塞之。未几，复坏。塞，悉则翻，几，居岂翻。

庚申，置威塞军于新州。

契丹恃其强盛，遣使就帝求幽州以处卢文进。处，昌吕翻。时东北诸夷皆役属契丹，惟勃海未服；契丹主谋入寇，恐勃海掎其后，勃海时为海东盛国，置五京、十五府、六十二州，尽有高廉、肃慎之地。掎，居蚁翻。乃先举兵击勃海之辽东，遣其将秃馁及卢文进据营、平等州以扰燕地。燕，于贤翻。

八月，戊辰，蜀主以右定远军使王宗锷为招讨马步使，帅二十一军屯洋州。帅，读曰率。乙亥，以长直马军使林思锷为昭武节度使，戍利州以备唐。

租庸使王正言病风，恍惚不能治事，恍，许昉翻。惚，音忽。治，直之翻。景进屡以为言。癸酉，以副使、卫尉卿孔谦为租庸使，右威卫大将军孔循为副使。循即赵殷衡也，梁亡，复其姓名。《欧史》曰：孔循不知其家世何人也，少孤，流落于汴州，富人李让闲得之，养以为子。梁太祖以李让为养子，循乃冒姓朱氏，给事太祖帐中。太祖诸儿乳母有爱之者，养循为子；乳母之夫姓赵，又有姓赵，名殷衡。梁亡，事唐，始改孔名循。按唐天祐二年赵殷衡已权判宣徽院事，见二百六十五卷。谦自是得行其志，重敛急征以充帝欲，民不聊生。癸未，赐谦号丰财赡国功臣。《记》曰：与其有聚敛之臣，宁有盗臣。而以是为功臣之号以宠孔谦，唐之君臣，不知其非也。民困军怒，其能久乎！为明宗诛谦张本。

帝复遣使者李彦稠入蜀，九月，已亥，至成都。复，扶又翻；下复踩同。

癸卯，帝猎十近郊。时帝屡出游猎，从骑伤民禾稼，洛阳令何泽伏于丛薄，草聚生曰丛；草木交错曰薄。俟帝至，遮马谏曰：“陛下赋敛既急，今稼穑将成，复踩践之，踩，人九翻，又如又翻。践，慈演翻。使吏何以为理，民何以为生？臣愿先赐死。”帝慰而遣之。谏猎一也，中年令几不免于死，洛阳令乃蒙劳遣者，意必有伶官为之容也。夷考何泽终身之行，实非亮直之士。泽，广州人也。《薛史》：何泽，广州人，梁贞明中清海节度使刘陟荐其才，以进士擢第。

契丹攻勃海，无功而还。还，从宣翻，又如字。

蜀前山南节度使兼中书令王宗俦以蜀主失德，与王宗弼谋废立，宗弼犹豫未决。庚戌，宗俦忧愤而卒。宗弼谓枢密使宋光嗣、景润澄等曰："宗俦教我杀尔曹，今日无患矣。"光嗣辈俯伏泣谢。宗弼子承班闻之，谓人曰："吾家难乎免矣。"

乙卯，蜀主以前镇江军节度使张武为峡路应援招讨使。蜀置镇江军于夔州。

丁巳，幽州言契丹入寇。

冬，十月，辛未，天平节度使李存霸、平卢节度使符习言："属州多称直奉租庸使帖指挥公事，使司殊不知，有紊规程。使司，谓节度使司也。紊，旨问。租庸使奏，近例皆直下。时租庸使帖下诸州调发，不关节度观察使，谓之直下。下，户嫁翻。敕："朝廷故事，制敕不下支郡，节镇为会府，巡属州为支郡。牧守不专奏陈。今两道所奏，乃本朝旧规；租庸所陈，是伪廷近事。时以梁为伪廷，黜之也。自今支郡自非进奉，皆须本道腾奏，租庸征催亦须牒观察使。"唐制：节度使掌兵事，观察使掌民事，故敕租庸征催止牒观察使司。虽有此敕，竟不行。史言微敛严急，但期趣办，竟不奉敕而行。

易定言契丹入寇。

蜀宣徽北院使王承休请择诸军骁勇者万二千人，置驾下左、右龙武步骑四十军，兵械给赐皆优异于它军，以承休为龙武军马步都指挥使，以裨将安重霸副之，旧将无不愤耻。重霸，云州人，以狡佞贿赂事承休，故承休悦之。为安重霸背王承休而降唐张本。

吴越王镠复修本朝职贡；钱镠本唐臣，唐亡事梁，梁亡复事唐，故云复修本朝职贡。壬午，帝因梁官爵而命之。镠厚贡献，并略权要，求金印、玉册、赐诏不名、称国王。有司言"故事惟天子用玉册，王公皆用竹册；竹册，编竹为之，以存古意。又，非四夷无封国王者。"帝皆曲从镠意。

吴王如白沙观楼船，更命白沙曰迎銮镇。路振《九国志》曰：杨溥巡白沙，太学博士王谷上书请改白沙为迎銮，其略曰"日月所经，星辰尽为黄道；銮与所止，井邑皆为赤县。"徐温自金陵来朝。白沙，杨子县地。五季之末改杨子为永贞县，宋朝乾德二年以扬州永贞县迎銮镇为建安军，大中祥符六年升为真州，而永贞县先是复改为杨子。其地东至扬州六十里南临大江，渡江而南至金陵亦六十里。更，工衡翻。先是，温以亲吏翟虔为阁门、宫城、武备等使，使察王起居，先，悉荐翻。虔防制王甚急。使钟泰章杀张颢、闭牙城门讨朱瑾，皆翟虔也，故徐温亲任之。翟，直格翻。至是，王对温名雨为水，温请其故。王曰："翟虔父名，吾讳之熟矣。"因谓温曰："公之忠诚，我所知也，然翟虔无礼，宫中及宗室所须多不获。"须者，意所欲也，求也。温顿首谢罪，请斩之，王曰："斩则大过，远徙可也。"乃徙抚州。

十一月，蜀主遣其翰林学士欧阳彬来聘。《考异》曰：《实录》"七月，戊午，蜀主遣户部侍郎欧阳彬来使，致书用敌国之礼。"《蜀书后主纪》："十一月，乙未，命翰林学士、兵部侍郎欧阳彬为唐国通好使。"令从之。彬，衡山人也。又遣李彦稠东还。李彦稠至蜀见上九月，还，从宣翻，又如字。

癸卯，帝帅亲军猎于伊阙，伊阙县在洛阳南二百余里，有伊阙山，大禹所凿也。宋朝省伊阙县为镇，入伊阳县。帅，读曰率。命从官拜梁太祖墓。梁祖，帝之仇雠，前欲发墓斫棺，今使从官拜之，何前后之相违也！从，才用翻。涉历山险，连日不止，或夜中合围；士卒坠崖谷死及折伤者甚众。史言帝荒于从禽而不恤士卒，折，而设翻。丙午，还宫。

蜀以唐修好，罢威武城戍，召关宏业等二十四军还成都。戊申，又罢武定、武兴招讨刘潜等三十七军。

丁巳，赐护国节度使李继麟铁券，以其子令德、令锡皆为节度使，诸子胜衣者即拜官，胜，音升。宠冠列蕃。朱友谦之宠，乃所以速祸也。是其反覆多矣，能无及乎！冠，工唤翻。

庚申，蔚州言契丹入寇。

辛酉，蜀主罢天雄军招讨，命王承骞等二十九军还成都。

十二月，乙丑朔，蜀主以右仆射张格兼中书侍郎、同平章事。初格之得罪，事见二百七十卷梁均王贞明四年。中书吏王鲁柔乘危窘之。窘，渠陨翻。及再为相用事，杖杀之。许寂谓人曰："张公才高而识浅，戮一鲁柔，它人谁敢自保？此取祸之端也。"张格则失矣，许寂同在相位，不知蜀有垂亡之势，但知张格有取祸之端，蜀亡，为相者得免祸乎！胡寅《管见》：侵辱必报，人之常情，圣人为之处，其当曰："以直报怨。"以直报怨，为恕矣。则犯而不校者，无乃过乎？曰："犯有轻重，犯有大小，莫大乎君父之怨，莫轻乎言色之犯。为言色之犯而校焉多矣，颜子则不校也；忘君父之怨而不报焉多矣，孔子则必报也。此轻重之权，大小之辨也。中书吏于故相有伏事之礼，乃敢乘危而窘之，此不特言色之犯而已，张格再相，责以礼义，黜而远之可也，用意杀之过矣。泯然不报，则又几于矫枉过直。设使鲁柔罪乏以死避，复怨之名贷而不治，只所以为不直，惟不怨于义，无愧于心可也。

蜀主罢金州屯戍，命王承勋等七军还成都。蜀主恃与唐和而辙边备，是驯狎虎豹而不严设圈槛也。

己巳，命宣武节度使李嗣源将宿卫兵三万七千人赴汴州，遂如幽州御契丹。命李嗣源将兵赴镇，因而北出备边。

庚午，帝及皇后如张全义弟，全义大陈贡献。酒酣，皇后奏称："妾幼失父母，见老者辄思之，请父事全义。"帝许之。全义惶恐固辞，再三强之，竟受皇后拜，复贡献谢恩。刘后利张全义之财，此如倡婢屈膝于人，志在求货耳，恶可以母天下乎！强，其两翻。复，挟又翻。明日，后命翰林学士赵凤草书谢全义，凤密奏："自古无天下之母拜人臣为父者。"帝嘉其直，然卒行之。卒，子恤翻。自是后与全义日遣使往来问遗不绝。遗，唯季翻。

初，度僖、昭之世，宦官虽盛，未尝有建节者。蜀安重霸劝王承休求秦州节度使，承休言于蜀主曰："秦州多美妇人；请为陛下采择以献。"为，于伪翻。蜀主许之。庚午，以承休为天雄节度使，封鲁国公；史言蜀政之乱有唐末之所无者。以龙武军为承休牙兵。是年十月，蜀方置龙武军。

乙亥，蜀主以前武德节度使兼中书令徐延琼为京城内外马步都指挥使。蜀以成都城为京城。延琼以外戚代王宗弼居旧将之右，众皆不平。蜀主之母、之妃，皆徐氏也。蜀主建遗命不以徐氏兄典兵，虽王衍昏纵，而蜀之臣亦无以建遗命为衍言者。王宗弼亦何邑任！众之所以不平徐延琼者，但以非次耳。

壬午，北京言契丹寇岚州。同光之初，以镇州为北都，太原为西京；寻废北都复为镇州，以太原为北京。岚，卢含翻。

辛卯，蜀主改明年元曰咸康。

卢龙节度使李存贤卒。

是岁，蜀主徙普王宗仁为卫王，雅王宗辂为幽王，褒王宗纪为赵王，荣王宗智为韩王，兴王宗泽为宋王，彭王宗鼎为鲁王，忠王宗平为薛王，资王宗特为莒王，宗辂、宗智、宗平皆罢军役。蜀以诸王为军役，见二百七十卷梁均王贞明四年。

堂 明堂诗文四

唐《李翰林集明堂赋》

昔在天皇，告成岱宗改元乾封，经始明堂，年纪总章。时缔构之未集，痛威灵之遄迈。萧士赟曰："《书》曰：'昔在帝尧。'《唐书高祖纪》：'上元元年八月壬辰，皇帝称天皇天后。乾封元年正月戊辰，封于泰山，禅于社首，以皇后为亚献。'《书》曰：'东巡狩至于岱宗、柴望。'《五经通义》：'泰山一名岱宗。王者受命易姓，报功告成于岱宗。岱者，代也。东方物之志交代之处，又群岳之长。'《唐书·礼乐志》：'高宗时改元总章，分万年，置明堂县，示欲必立之。而议者益纷然，或以为五室，或以为九室，而高宗依两议以帘幕为之。与公卿临观，而议亦不一。乃下诏率意颁其制度，至取象黄琮，上设鸱尾，其言益不经，而明堂亦不能立。'《诗》云：'经始灵台。魏都赋缔构之初。'《山海经》曰：'穷山际有轩辕丘，射者不敢西向，畏黄帝之威灵也。'礼天子曰崩，告丧曰天王登遐，此言遄迈者，即登遐之义也。"天后继作，中宗成之。因兆人之子来，崇万祀之丕业。士赟曰："唐《礼乐志》：'至则天毁坏。'东都乾元殿，以其地立明堂，其制淫侈，无复可观，皆不足记。其后火焚之。既而，又复立。《诗》云：'经之营之庶民子来。'《陶潜诗》：'奚止千万祀。'"盖天皇先天，中宗奉天。累圣纂就，鸿勋克宣。士赟曰："《易》曰：'先天而天弗违，后天而奉天时。'《书·顾命注》曰：'布其重光，累圣之德。'臣白美颂，恭惟述焉。士赟曰：'《诗大序》：颂者美盛德之形容，以其成功告于神明者也。'其辞曰：伊皇唐之革天创元也，我高祖乃仗大顺，赫然雷发以为首。"士赟曰："《周易》曰：'汤、武革命，应乎天而顺乎人。'又曰：'天地革而四时成。'《史记》：'武王革殷，受天明命。创元者，开创基业，体元以居正也。'《通鉴·晋元帝纪》：刘琨劝进表：'陛下抗明威以构不类，仗大顺以号宇内。'"于是横八荒，漂九阳，扫畔换，开混茫。士赟曰："八荒混茫，并见《大鹏赋注》。《列子》：'远在八荒之外。'《楚辞》：'晞余身乎九阳。'王逸注曰：'九阳谓九天之涯也。'嵇康《琴赋》：'旦□于于九阳。'《汉高祖纪叙传》曰：'项氏畔换。'颜师古曰：'畔换，强恣之貌，犹言跋扈也。'左思《魏都赋》：'云彻叛换。'"景星耀而太阶平，虹蜺灭而日月张。士赟曰："《汉书音义》：'端星曰景星，亦曰德星。'孙氏《瑞应图》：'景星者，大星也。状如半月，生于晦、朔，助月为明，王者不敢私，人则见。'汉《东方朔传》：'愿上太阶六符以观天变。'注孟康曰：'太阶，三台也。每台二星，凡六星符，六星之符验也。'应劭曰：'黄帝《太阶六符经》曰：'太阶者，天之三阶也。上阶为天子，中阶为诸侯、公卿、大夫，下阶为士、庶人。上阶上星为男主，下星为女主。中阶上星为诸侯三公，下星为卿大夫。下阶上星为元士，下星为庶人。三阶平，则阴阳和，风雨时，社稷神只，咸获其宜，天下大安，是为太平。'《杨雄传》：'逮至孝文，躬服节俭，是以玉衡正而太阶平。'汉《天文志》：'虹蜺，阴阳之精。'《春秋》：'元命苞曰：雄曰虹，雌曰蜺。'《后汉·郎顗传》：'白虹贯日者，侵太阳也。见于春者，政变常也。'又唐尧在上，增日月之耀。'"钦若太宗，继明重光。士赟曰："《书》：'钦若昊天。'《汉·倪宽传》曰：'宣重光。'班固《典引》：'圣汉宣二祖之重光。'《书·顾命》曰：'昔君文王、武王宣重光。'《选》张景阳《七命》'继明代照，配天光定。'《易》曰：'明两作离，大人以继明照于四方。'"廓区宇以立极，缀苍昊之颓纲。士赟曰："张平子《东都赋》：'区宇又宁。'班固《宾戏》：'超荒忽而躆昊苍。'颜师古曰：'颢颢，天也。元气颢汗，故曰颢天；其色苍苍，故曰苍天。'《文中子》：关子明

曰：'圣人辅相天地，准绳阴阳，恢皇纲，立人极。'范宁《谷梁集解·序》云：'拯颓纲以继三五。'《选·陆云诗》曰：'颓纲既振。'"淳风汤亡弗切。穆，鸿恩滂洋。士赟曰："陶潜《扇上书赞》曰：'三五道邈，淳风日尽。'唐张蕴古《太宝箴》：'我皇抚运，扇以淳风。'汉《贾谊传》：'汤穆亡间。'颜师古曰：'汤穆，深微貌。'汉司马相如《封禅书》：'湛恩庞鸿。'汉《礼乐志》歌：'福滂洋，泽汪濊。'颜师古曰：'滂洋，饶广也。洋，音羊。又音祥。'"武义烜赫于有截，仁声驭先合功。沓乎无强。士赟曰：'扬雄《羽猎赋》：'仁严惠于北狄，武谊动于南邻。'《诗》云：'海外有截。'又'九有有截'，又'无此疆尔界。'《扬子》：'旁独无疆。'按：《诗》：'赫兮咺兮。''咺'字当作'烜'字。《尔雅·释诗》者曰：'赫兮烜兮，威仪也。'郭璞注云：'貌光宣。'陆德明《音义》曰：'赫，火格反。烜，吁远反。烜者，光明宣著。今并作咺字，音同。'宋《五十先生释疑韵》二十阮：'烜字下注曰：'赫兮，烜兮者。'太学私试《魁冯炎天秉阳垂日星赋》云：'日晕烜赫。'又太学公《试天子当阳赋》，李泛父云：'不有重明之烜赫。'皆此烜字。则知唐、宋以前，诗之咺字皆此烜字。作咺字者，后缘宋朝旧讳，故遂改之耳。予尝疑此咺字，因注及之。"若乃高宗绍兴，祐统锡羡，申休傍臻，瑞物咸荐。士赟曰："《七启》：'神应休臻，屡获嘉祥。'《韩诗外传》：'符瑞并臻，皆应德而至。'"元符剖兮地珍见，既应天而顺人，遂登封而降禅。士赟曰："《长杨赋》方将俟元符，以禅梁父之基，增太山之高。《易》曰：'汤武革命，应乎天而顺乎人。'班固《东都赋》：'握乾符，阐坤珍。'又'冀行昊天罚，应天顺人。'张衡《东都赋》曰：'登封降禅，齐步黄轩。'"将欲考有洛，崇明堂，惟厥功之未辑兮，乘白云于帝乡。士赟曰："《列子·封人》曰：'千岁厌世，去而上仙。乘彼白云，生于帝乡。'"天后勤劳辅政兮，中宗以钦明克昌。士赟曰："《诗·卷耳》，后妃之志也。又当辅佐君子，求贤审官，知臣下之勤劳，内有进贤之志，而无险诐私谒之心。朝夕思念，至于忧勤也。《书》曰：'钦明文思。'《诗》云：'克昌厥后。'"遵先轨以继作兮，扬列圣之耿光。士赟曰："书立政，以觐文王之耿光，以扬武王之大烈。"则使轩辕草图，羲和练日。经之营之，不彩不质。因子来于四方，岂殚税于万室。士赟曰："汉《郊祀志》：'武帝欲治明堂，未晓其制度。济南人公玉带上黄帝时明堂图，天子从之。是岁封禅，则祀太一五帝于明堂，如郊祀。'黄帝，名轩辕。《广雅》：'日御曰羲和。'《诗》曰：'经始灵台，经之营之。庶民攻之，不日成之。经始勿亟，庶民子来。'张平子《东都赋》：'秦政利觜长距，思专其修，乃构阿房，起甘泉。征税尽，人力殚，然后收太平之赋，咸以参夷之刑。'"乃准水臬，倪结切。攒云梁，士赟曰："《周礼·匠人》：'建国水地，以县置槷，以悬低，以景为规，识日出之景与日入之景。'郑玄：'于四角立植，而县以水，望其高下。高下既定，乃为位而平地也。槷，古文臬，假借字也。于所平之地中，树八尺之臬，以县正之，低之以其景，将以正四方也。'何晏《景福地赋》曰：'制无细而不协于规景，作无微而不违于水臬。'又曰：'涣若云梁之承天。'"礲玉石于陇坂，空环站回切材于潇湘。士赟曰："《汉书音义》应劭曰：'天水有大坂曰陇坻。'秦州记曰：'陇坂九曲，不知高几里。'班固《西都赋》：'因坏材而究奇。'"巧夺神鬼，高穷昊苍。士赟曰："庄子声侔鬼神。昊苍见前注。王文考《鲁灵光殿赋》：'水苍昊之纯殷。'"听天语之察察，拟帝居之将将。七将切。士赟曰："前《五行志》曰：'不敢察察言。'《山海经》曰：'浪风之山，或上倍之，是谓玄圃。或上倍之，是谓大帝之居。'《西京赋》云：'仰福帝居，阳耀阴藏。'《诗》：'应门将将。'毛苌曰：'将将，严正之貌。'"虽暂劳而永固兮，始圣谟于我皇。士赟曰："《魏都赋》：'与冈岑而永固。'"观夫明堂之宏壮也，则突兀瞳昽，乍明乍蒙，太古元气之结空。宄力孔切岋宄力孔切颓沓，若丑嵬若巖。逆怯切。士赟曰："扬雄《橄灵赋》：'自今推古，至于元气始化。'《淮南·招隐赋》：'山气宄岋兮石嵬峨。'张平子《西京赋》：'状崔嵬以岌业。'"似天阊地门之开阖。士赟曰："扬雄《甘泉赋》：'天阊决兮地垠开。'《东都赋》：'顺阴阳以开阖。'"尔乃划岌土伯切崿五伯切以乐立，郁穹崇而鸿纷。士赟曰："《木华海赋》：'启龙门之岋嶂。'司马长卿《长门赋》：'正殿岌以造天兮，郁并起而穹崇。'《灵光殿赋》：'羌环谪而鸿纷。'"冠百王以垂勋，烛万象而腾文。士赟曰："《西都赋》：'绍百王之荒屯。'复李邕《明堂论》：'万象翼之。'"寍惚恍以洞启，呼嵌口衔切岩而傍分。士赟曰："记祭义于是，渝其志意，以其慌惚，以与神明交。《甘泉赋》云：'间阖洞启。'"又比乎岷山之天柱，矗九霄而垂云。士赟曰："《景福殿赋》：'仰崇山而垂云。'潘岳《射雉赋》：'天泄泄而垂云。'潘岳诗：'托慕九霄中。'"于是结构乎黄道，岩巉乎紫微。士赟曰:"何晏《景福殿赋》:'结构则修梁彩制,下裹上奇。'前汉《天文志》曰:'有中道。中道者,黄道。一曰光道。'何晏《景福殿赋》:'岧峣岑立,崔嵬峦居。'《西京赋》:'思比象乎紫微。'"络勾陈以缭垣,辟闾阖而启扉。士赟曰:"班固《西都赋》:'周以钩陈之位。'《乐什图》曰:'钩陈后宫也。'服处《甘泉赋》注:'紫宫,外营钩陈星然,王者亦法之。'《淮南子》:'阊阖,天门也。'《西都赋》曰:'临峻路而启扉。'"峥嵘摧疾陵切巇,鱼其切粲宇宙分光辉;士赟曰:"《说文》:'峥嵘,高貌。'《文中子》,'上下四方之宇,古往今来之宙。'颜延年诗:'万物生光辉。'"崔嵬赫奕,张天地之神威。士赟曰:"《诗》云:'维山崔嵬。'扬雄《甘泉赋》:'配帝居之玄圃分,象大一之威神。'何晏《景福殿赋》:'张圣主之威神。'夫其背泓黄河,垠濑清洛。士赟曰:"张平子《东都赋》:'沂洛背河,左伊右瀍。'"大行却立,通谷前廓。士赟曰:"《书》:'大行恒山,至于碣石。'《山海经》曰:'大行之山,其首曰归山,其上有金玉,下有碧。'《洛阳记》曰:'大谷,洛城南五十里,旧名通谷。'张平子《东都赋》:'大谷通其前。'"远则标熊耳以作揭,豁龙门以开关。士赟曰:"《尚书传曰》:'熊耳山,在宜阳之西。'《西京赋》:'天室作镇,揭以熊耳。龙门在西,京河南县。'《西征赋》:'胸中豁其洞开。'沈约撰《齐安陆昭王碑》文曰:'幽阎洞开。'《尚书璇玑铃》曰:'禹开龙门,导积石。'郑玄注曰:'龙门,山名也。'《木华海赋》云:'启龙门之崒彩岭。'"点翠彩于鸿荒,洞清阴乎群山。士赟曰:"《扬子》曰:'鸿荒之世,圣人恶之。'江淹诗:'清阴往来远。'注曰也。'沈休文诗:'卢馆清阴满。'"及乎烟云卷舒,忽出乍没。士赟曰:"颜延年诗:'城关生云烟。'《西都赋》:'烟云相连。'《淮南子》:'至道无为,盈缩卷舒,与时变化。'何邵诗:'悬象迭卷舒。'"岌嵩喷伊,倚日薄月。士赟曰:"孔安国曰:'伊水出陆浑山。'扬雄《羽猎赋》:'出日入月,天与地沓。'谢灵运诗:'拙疾相倚薄。'"雷霆之所鼓荡,墨斗之所伛扳悲切。伿。鱼一切。士赟曰:"《周易》:'鼓之以雷霆。'《乐记》:'阴阳相摩,天地相荡,鼓之以雷霆,奋之以风雨。'"挐金龙之蟠蜿,挂天珠之磈郎忽切。兀。士赟曰:"此二句见题注。"势拔五岳,形张四维。士赟曰:"五岳:太、华、衡、恒、嵩、岱也。四维,乾、坤、艮、巽四隅也。"轧地轴以盘根,摩天倪而创规。士赟曰:"《河图括地象》曰:'地下有四柱,广十万里,有三千六百轴。'《木华海赋》:'又以地轴挺拔而争回。'汉《虞诩传》:'盘根错节。'《庄子》:'和之以天倪。'"楼台崛区勿切。岰文弗切。以奔附,城阙盆区金切。釜宜金切。而蔽亏。士赟曰:"《选灵光殿赋》:'隆崛岰乎青云。'淮南《招隐赋》:'兒釜邏嵗,砠礚魂硇。'司马相如《子虚赋》:'岑釜参差,日月蔽亏。'"珍树翟草,含华扬蕤。士赟曰:"《魏都赋》:'珍树猗猗。'曹摅诗:'严霜凋翠草。'《南都赋》:'芙蓉含华。'《吴都赋》:'羽毛扬蕤。'"目瑶井之荧荧,拖玉绳之离离。士赟曰:"《春秋》运斗枢:'北斗第七星曰瑶光。'春秋元命苞曰:'玉衡北两星为玉绳。'《毛诗》:'其实离离。'"撒知利切。华盖以倪涝,仰大微之参差。士赟曰:"晋《天文志》:'天皇大帝上九星曰华盖,所以蔽覆大帝之坐也。又大微,天子庭也,五帝之坐也。汉《天文志》:'大微为五帝之庭,明堂之房。'《选》诗:'列宿正参差。'"拥以禁扃,横以武库。士赟曰:"《西京赋》:'武库禁兵,设以兰绮。'晋《天文志》曰:'西方奎十六星,天之武库也。'"献房心以开凿,瞻少阳而举措。士赟曰:"《史·天官书》:'东宫苍龙房心,房心为明堂。'汉《郎顗》传:'房心者,天帝明堂布政之宫。'后汉《五行志》:'房心为明堂。'前汉《律历志》:'少阳者东方。东,动也,阳气动于时为春。'《景福殿赋》:'规矩既应乎天地,举措又顺乎四时。'"采殷制,酌夏步,杂以代室重屋之名,括以辰次火木之数。士赟曰:"《礼·冬官·考工记》:'夏后氏世室,堂二七,广四修一,五室三四步,四三尺,九阶,四旁两夹牕,白盛门堂三之二,室三之一。'注曰:'堂上为五室,象五行也。木室于东北,火室于东南,金室于西南,水室于西北。又殷人重屋,堂修七寻,堂崇三尺,四阿重室。'注:'重室者,正宫。正堂若大寝也。'"壮不及奢,丽不及素。士赟曰:"《东都赋》:'奢不可逾,俭不能侈。'"层簷凯其霞矫广厦郁以云布。士赟曰:"郭璞《江赋》:'吸翠霞而天矫。'潘正叔诗:'广厦构众材。'《木华海赋》:'气似天霄,被磕云布。'《韩子》曰:'云布风动。'"掩日道,遏风路。士赟曰:"前汉《天文志》:'日有中道,中者黄道,一曰光道。'《吴都赋》:'迳路绝,风云通。'"阳鸟转影而翻飞,大鹏横霄而侧度。士赟曰:"《蜀都赋》:'羲和假道于峻坂,阳鸟回翼乎高标。'张景阳《七命》曰:'阳鸟为之顿羽。'《广雅》:'日亦名阳鸟。'《诗》云:'翻飞维鸟。'谢宣远诗:'翻飞指帝乡。'"近则万木森下,千宫对出。士赟曰:"张景阳诗:'木落

柯条森。'左思《蜀都赋》:'里闬对出。'"熠乎光碧之堂,灵古迥切。乎琼华之室。士赞曰:"东方朔《十洲三岛记》:'昆仑山北户永渊山,有墉城、金台,玉楼相映,如流精之阙、光碧之堂、琼华之室,紫翠丹青,景云烛日,朱霞九光,西王母之所治也。'"锦烂霞驳,星错波沏。十结切。士赞曰:"《诗》云:'锦衾烂兮。'《灵光殿赋》:'霞驳云蔚,若阴若阳。'《木华海赋》:'飞涝相映,激势相沏。'沏,刘良曰:'沏浪相拂也,言大波之飞相摩激也。'"飒篝寥以飕飂,窅阴郁以栉密。士赞曰:"左大冲《吴都赋》:'与风飖飏浏飕。'马融《长笛赋》:'密栉叠重。'"含佳气之青葱,吐祥烟之郁葎。士赞曰:"汉《光武纪》:'气佳哉郁郁葱葱。'《尔雅》曰:'青谓之葱。'《甘泉赋》:'翠玉树之青葱。'郭景纯《江赋》:'气滃渤以雾杳,时郁葎其如烟。'"九室窈窕,五闱联绵。士赞曰:"《大戴礼》曰:'明堂者,古有之。凡九室五闱,即五室也。'见前注《灵光殿赋》:'旋室㛹娟以窈窕。'注:窈窕,深也。《西京赋》:'缭垣绵联。'"飞楹磊砢,走栱寅缘。士赞曰:"《灵光殿赋》:'万楹丛倚,磊砢相扶。'《吴都赋》:'寅缘山岳之罡。'"云楣立岌以横绮,彩桷攒峦而仰天。士赞曰:"王褒《甘泉颂》:'采云气以为楣。'《西京赋》:'绪栭云楣。'《灵光殿赋》:'高径华盖,仰观天庭。'"皓壁画朗,朱甍晴鲜。赪栏各落,偃蹇霄汉。士赞曰:"《灵光殿赋》:'飞梁偃蹇以虹指。'班固《西都赋》:'神明郁其特起,遂偃蹇而上济。'《刘孝标论》:'升之宵汉非其悦。'"翠楹回合,蝉联汗漫。士赞曰:"《吴都赋》:'蝉联丘陵。'"沓苍穹之绝垠,跨皇居之太半。士赞曰:"《尔雅》:'穹苍,天也。'张华《鹪鹩赋》:'或托绝垠之外。'《景福殿赋》:'备皇居之制度。'曹植表曰:'情注乎皇居。'《西都赋》:'轶云雨之太半。'《汉书音义》韦昭曰:'凡数三分有二为太半。'"远而望之,赫煌煌以辉辉,忽天旋而云昏;迫而察之,粲炳焕以照烂,攸山讹而晷换。士赞曰:"《西京赋》'叛赫戏以辉煌。'又'彤庭辉辉。'扬雄《羽猎赋》:'壁垒天旋。'宋玉《笛赋》:'天旋少阴,白日西靡。'《蜀都赋》:'望之天回,即之云昏。'曹植《洛神赋》:'远而望之,皎若太阳升朝霞;迫而察之,灼若芙蕖出绿波。'《景福殿赋》:'远而望之,若摛朱霞而耀天文;迫而察之,若仰崇山而戴垂云。'张平子《东都赋》:'瑰异诡谲,粲烂炳焕。'"誇蓬壶之海楼,吞岱宗之日观。士赞曰:"《西都赋》:'滥瀛洲与方壶,蓬莱起乎中央。'《五经通义》曰:'泰山一名岱宗,群岳之长也。'汉马第伯《封禅仪记》曰:'泰山东名日观,鸡一鸣时,见日始欲出。长三丈,所秦观者,望见长安;吴观者,望见会稽;周观者,望见哜也。'《泰山记》:'东南岩名曰日观。黄河去岳三百余里。望见之如带。'"猛虎失道,潜虬登梯。士赞曰:"谢灵运诗:'潜虬媚幽姿。'"经通天而直上,俯长河而复低。士赞曰:"《三辅黄图》:'有通天之台。'《月令记》曰:'明堂者,上通于天象日辰。'《西京赋》:'通天訬以竦诗。'《西都赋》:'巡回涂而下低。'"玉女攀星于网户,金娥纳月于璇题。士赞曰:"扬雄《甘泉赋》:'屏玉女而却宓妃。又'攀璇玑而下视兮,行游目乎三危'。《楚辞》宋玉《招魂》:'网户朱缀'。王逸曰:"网户,倚文彩也'。鲍明远诗:'璇题纳行月'。扬雄《甘泉赋》:'于台间馆,璇题玉英。'应劭曰:'题头也,榱椽之头,皆以玉饰,言其英华相爆也。'"藻井彩错以舒蓬,天牕赩迮力切翼而御霓。士赞曰:"《西京赋》:'蒂倒茄于藻井。'薛综曰:'藻井,当栋中交木方为之,如井干也。'《西都赋》:'徼道绮错。'《灵光殿赋》:'天牌绮疏。'《景福殿赋》:'飞宇承宽。'"扶标川而罔足,拟跟絓而罢跻。士赞曰:"《西京赋》:'笑倒投而跟絓,譬殒绝而复联。'《说文》:'跟,足踵也。'《公羊传》曰:'跻者何,跻升也。'"要离欻矐而外丧,精视冰背而中迷。士赞曰:"《吕氏春秋》曰:要离走,往见王子庆忌于卫,庆忌喜。要离曰:'请与王子往夺之国。'王子庆忌与要离俱涉于江,拔剑以刺王子庆忌。王子庆忌捽而投之于江,浮出,又取而投之于江,如此者三。其卒曰:'汝,天下之固士也,幸汝以成名。要离不死,归吴矣。'精视事未详出处。"亘以复道,而接乎中掖;坌蒲閟切。入西楼,是为昆仑。士赞曰:"《史天官书》:'济南人公玉带,上黄帝时《明堂图》。《明堂图》中有一殿,四面无壁,以茅盖,通水围宫垣为复道,上有楼,从西南入,命曰昆仑。'前相如赋:'坌入曾宫之嵯峨。'"前疑后丞,正仪躅以出入;士赞曰:"《尚书大传》:'天子四邻,前曰疑,后曰丞,左曰辅,右曰弼。天子有问无以对,责之疑;有志而不志,责之丞;可正而不正,而责之辅;可扬而不扬,责之弼。'"九夷五狄,顺方面而来奔。士赞曰:"《礼记》:'明堂位,昔者周公朝诸仪于明堂之位。天子负斧扆南向而立,三公中阶之前,北面东上;诸侯之位阼阶之东,西南北上;诸伯之国西阶之西,东面北上;诸子之国门东,北面东上;诸男之园门面,北面东上;九夷之国东门之外,西面北上;八蛮之国南门之外,北面东上;六戎之国西门之外,东面南

上;五狄之国北门之外,南面东上;九来之国应门之外,北面东上。四塞世告至,此周公明堂之位也。’”其左右也,则丹陛崿崿,彤庭煌煌,士赟曰:“《西京赋》:‘金苑玉陛,彤庭辉辉。’”列宝鼎,敌金光。士赟曰:“《汉书》:‘武帝时,祠后土,营旁得鼎,有黄金焉。公卿大夫议尊宝鼎,有司曰:今鼎至甘泉,光润龙几,承休无疆也。’班固《宝鼎诗》:‘岳修贡兮川效珍,吐金景兮歆浮云。宝鼎现兮色纷纭,焕其炳兮被龙文。’吕延济注曰:‘景光也。’”流辟雍之滔滔,像环海之汤汤。尸羊切。士赟曰:“《白虎通》曰:‘天子立辟雍者何? 所以宣德也。雍以水,象教化流行也。’《三辅黄图》曰:‘辟雍水,四周之外象四海也。’班固《东都赋》:‘喝若辟雍海流,道德之富。’又《辟雍诗》:‘乃流辟雍汤汤。’”辟青阳,启总章,廓明台而布玄堂。俨以大庙,处乎中央。士赟曰:“唐《礼乐志》:‘其青阳、总章、玄堂、大庙,左右个皆路寝之名,记月令。中央土,天子居大庙大室。’蔡邕《明堂论》:‘明堂者,天子大庙,所以崇礼其祖,以配上帝者也。东曰青阳,南曰明堂,西曰总章。北曰玄堂,中曰大室,故虽有五名,而主以明堂也。其正中焉,皆曰大庙。取其宗祀之清貌,则曰清庙;取其正室之貌,则曰大庙;取其尊崇,则曰大室;取其堂,则曰明堂;取其四门之学,则曰大学;取其四面水环如壁,则曰辟雍。异名而同事,其实一也。’”发号施令,采时顺方。士赟曰:“《书》:‘发号施令,罔有不减。’张平子《东都赋》:‘乃营三宫,布政颁常。规天矩地,授时顺乡。’《三辅黄图》:‘明堂,顺四时行令也。’”其间域也,三十六户,七十二牖,士赟曰:“《三辅黄图》:‘明堂九室,一室有四户八牖,凡三十六户七十二牖。’”虞筵列位,南七西九。士赟曰:“《礼·冬官·考工记》:‘夏后氏世室,堂备二七,虞四修一,五室三四步,四三尺。殷人重屋,堂修寻,堂崇三尺,四阿重屋。周人明堂,度九尺之筵,东西九筵,南北七筵,堂崇一筵,五室,凡室二筵。’注:‘明堂者,明政教之堂。周度以筵,亦王者相改。周堂高九尺,殷三尺,夏一尺矣。’”白虎列序而蹲跙,女夷切。青龙承隅而蚴于求切。蟉。士赟曰:“《灵光殿赋》:‘奔虎攫挐以梁倚,仡奋鬐而轩鬐。虬龙腾骧以蜿蟺,颔若动而蹲跙。’李尤《辟雍赋》:‘万乘蹲跙以攫挐。’蹲跙,动貌。《记·曲礼》:‘行前朱雀而后玄武,左青龙而右白虎,招摇在上,急鳝其怒。’司马相如《子虚赋》:‘青龙蚴蟉于东厢。’”其深沉奥密也,则赤熛必尧切。掌火,招拒司金,灵威制阳,汁音叶。光摧阴,坤斗主土,据乎其心。士赟曰:“唐《礼乐志》:‘冬至祀昊天上帝于圆丘,以高祖神尧皇帝配,东方青帝灵威仰,南方赤帝赤熛怒,中央黄帝含枢纽,西方白帝白招拒,北方黑帝汁光纪。及大明夜明,在坛之第一,天皇大帝,北辰北斗,天一太一,紫微五帝,五帝座并差在行位前。’”若乃熠耀五色,张皇万殊。人物禽兽,奇形异模。势若飞动,瞪直证切。盱许规切。眴匹觅切。盱。勾子切。明君暗主,忠臣烈夫。威政兴灭,表示贤愚。士赟曰:“《诗》:‘熠耀宵行。’《书》:‘以五采彰施于五色。’又‘张皇六师。’《易·系》:‘万物散殊。’《灵光殿赋》:‘图尽天地,品类群生,杂物奇怪,山神海灵。载写其状,托之丹青。下及三后,淫妃乱主。忠臣孝子,烈士贞女。贤愚成败,靡不载叙。恶以诫世,善以示后。’《灵光殿赋》:‘齐首目以瞪眴,又厥状睢盱,焕炳可观。’《庄子》:‘睢睢盱盱。’《字林》曰:‘睢,仰目也。盱,张目也。’何晏《景福殿赋》:‘命共工使作缋明五采之彰施。’图象古者,以当成规。李周翰曰:‘言尽古者,明君暗主贤愚之象,以为君主之诫。’《家语》曰:‘孔子观于明堂,睹四牖有尧、舜、桀、纣之象,而各有善恶之状,兴废之诫焉。’”于是王正孟月,朝阳登曦。天子乃施苍玉,辔苍螭,临乎青阳左个,方御瑶瑟而弹鸣丝。士赟曰:“《春秋》:‘元年,春,王正月。’《记·月令》:‘孟春之月,天子居青阳左个,乘鸾辂,驾苍龙,载青旗,服苍玉。’《唐志》:‘丝为琴为瑟。’”展乎国容,辉乎皇仪。士赟曰:“前汉《胡建传》:‘司马法曰:国容不入军。’《东都赋》:‘究皇仪,展帝容。’又《明堂诗》:‘抑抑皇仪。’”傍瞻神台,顺观云之轨,士赟曰:“《礼》统云:‘夏曰清台,商曰神台,周曰灵台。’后汉《明帝赞》:‘登台观云。’《章帝纪》:‘宗祀明堂,礼毕,登灵台,望云气。’”俯对清庙,崇配天之规。士赟曰:“《诗》:‘清庙,祀文王也。’又‘思文后稷,配天也。’”钦若肸蠁,维清缉熙。崇牙树羽,荧煌葳蕤。士赟曰:“日书若昊天。《于虚赋》:‘肸蠁布写。’《甘泉赋》:‘肸蠁丰融,懿懿芬芬。’《蜀都赋》:‘景福肸蠁而兴作诗,维清缉熙文王之典,又崇牙树羽。’张平子《东都赋》:‘羽盖葳蕤。’”纳五服之贡,受万邦之籍。士赟曰:“《书》:‘弼成五服。’即句侯绥要荒也。又《万邦黎献》。《东都赋》:‘是日也,天子受四海之图籍,膺万国之贡珍。’”张龙旗与虹旌,攒金戟与玉戚。士赟曰:“《诗·閟宫》:‘龙旂承祀,六辔耳耳。’《魏都赋》:‘虹旌摄麾以就卷。’《记·祭统》‘夫大尝禘升歌清庙,下而管象,未干玉戚以舞大武,

一二四九

八佾之舞大夏，此天子之乐也。'"延五更，进百辟，举珪瓒，祖赞切献琛帛。士赟曰："唐《礼乐志》：'皇帝亲养三老五更于所司。先秦三师、三公致仕者，用其德行及年高者一人为三老，次一人为五更。尚食具牢馔，皇帝请三老座前，执酱而馈，执爵而馈，以次进珍羞酒食。皇帝即座，三老乃论五孝六顺，典训大刚，格言宣于上，惠音被于下。皇帝乃虚躬请受，敦史执笔录善言善行。'《汉书》明帝诏曰：'复践辟雍尊事三老，凡事五更。'注曰：'五更老人，知五行更代事者。'《记》：'文王世子，适东序，释奠于三老，遂设三老、五更、群老之席位焉，皆年老更事致事者也。书百辟卿士，记王制诸侯锡珪瓒，然后为鬯。又明堂位，灌用玉瓒大圭。'《诗》云：'来献其琛。'张平子《东都赋》：'具惟帝臣，献琛执贽。'唐《礼乐志·雅乐四》曰：'肃和登歌，以奠玉帛于天神。'此言琛即玉也。"颙昂俯偻，俨容叠迹。士赟曰："《诗》云：'颙颙卬卬。'《庄子》：'正考父一命而伛，再命而偻，三命而俯，循墙而走，孰敢不轨？'刘孝标《广绝交论》曰：'影组云台者摩肩，趋走丹墀者叠迹。'"乃洁菹醢，修粢盛，士赟曰："《礼记·郊特牲》：'恒豆之菹，水草之和气也。其醢，陆产之物也。'又'鼎俎奇而笾豆耦，醯醢之美，而煎盐之尚，贵天产也。'《记·表记》：'天子亲耕，粢盛秬鬯以祀上帝。'"奠三牺，荐五牲，享于神灵。士赟曰："《左传·昭公二十五年》：'五牲三牺。'注：'祭天地宗庙谓之牺。'《东都赋》：'于是荐三牺，效五牲，礼神祇，怀百灵。'"太祝正辞，庶官精诚。士赟曰："《周礼》：'大祝掌六祝之辞，以事鬼神。'张平子《东都赋》曰：'然后以献精诚奉禋祀。'"鼓大武之隐辚，张钧天之鉴钧。士赟曰："《诗》：武，奏大武也。注曰：'大武，周公作乐所为舞也。'《礼·春官》'歌夹锺，舞大武，以享先祖。'《子虚赋》：'隐辚郁垒。'张平子《东都赋》：'习习肃肃，隐隐辚辚。'《史记》：'赵简子疾，二日寤，曰'我之帝所甚乐，与百神游于钧天广乐，九奏万舞，不类三代之乐。'班孟坚《东都赋》：'钟鼓铿钧，管弦烨煜。'《礼记》：'子夏曰：'钟声铿，亦声也。''"孤竹合奏，空桑和鸣。士赟曰："《周礼》：'孤竹之管。'郑玄曰：孤竹，竹之特生者。春官大司乐，空桑之琴瑟。夏至日，于泽中之方丘奏之。'"尽六变，齐九成，群神来兮降明庭，士赟曰："《礼·春官·大司乐》：'凡大乐者，文之以五声，播之以八音，六变而致象物及天神。'又'若乐六变，则天神皆降，可得而礼矣。'《书》：箫韶九成，凤凰来仪。'《甘泉赋》：'选巫咸兮叫帝阍，开天庭兮延群神。傧暗蔼兮降清坛，瑞穰穰兮委如山。'"盖圣主之所以孝治天下而享礼窅冥也。士赟曰："《孝经》：'昔者，明王之以孝治天下也，又祭则鬼享之。'"然后临辟雍，宴群后，阴阳为庖，造化为宰，餐元气，洒太和，千里鼓舞，百寮赓歌。于斯之时，云油雨霈，恩鸿溶兮泽汪秽，四海归兮八荒会。哤聒乎区寓，骈阗乎阙外。群臣醉德，揖让而退。士赪曰："《东都赋》：'觐明堂，临辟雍，陈百寮而赞群后，究皇仪而展帝容。'又'万乐备，百礼暨，皇欢浃，群臣醉，降烟煴，调元气，然后撞钟告罢，百寮遂退，书群后德让。'贾谊《鹏鸟赋》：'天地为炉兮造化为工，阴阳为炭兮万物为铜。'《灵光殿赋》：'含元气之烟煴。'《苏绰传》：'天之北斗，斟元气，酌阴阳。'《易》：'保合大和，扬子鼓舞万民者，其号令乎！'《礼》：'王畿千里，书乃赓载歌。'《孟子》：'天油然作云，霈然下雨。'汉《礼乐志》：'福滂洋，泽汪濊。'司马相如《封禅书》：'湛恩庞鸿。'晋《慕容盛传》：'四海归其仁。'扬雄《甘泉赋》：'八方协兮万国谐。'《蜀都赋》：'喧哗鼎沸，则哤聒乎宇宙。'注曰：'《国语·管子》曰：'四人杂处，则其言哤。''莫江反。《说文》曰：'聒，欢语也，公连切。'《西都赋》：'区宇若兹，不可殚论。'《诗》云：'既醉以酒，既饱以德。'《仪礼》曰：'若四方宾燕，揖让而升。'"而圣上犹夕惕若厉，惧人未安，乃目极干天，耳下于泉。士赟曰："《易》：'夕阳若，厉无咎。'《淮南子》：'下楔三泉，上寻九天，盖上下察之意也。'"飞聪驰明，无远不察，考鬼神之奥，摧阴阳之荒。士赟曰："《易·系辞》：'精气为物，游魂为变，是故知鬼神之情状。'《记·郊特牲》：'鬼神，阴阳也。'《记·祭义》：'宰我曰：'吾闻鬼神之名，而不知其所谓。'子曰：'气也者，神之盛也；魄也者，鬼之盛也。''"下明诏，班旧章，振穷乏，散敖仓。毁玉沉珠，卑宫颓墙。使山泽无间，往来相望。士赟曰："班固《东都赋》.'班旧章，下明诏。'《史·周纪》：'发钜桥之粟以振贫弱萌隶。'《记·月令》：'孟春之月，命有司发仓廪，赐贫穷，振乏绝。'汉《郦食其传》：'敖仓，天下转输久矣。臣闻：其下乃有藏粟甚多。'《庄子》：'摘玉毁珠，小盗不起。'班固《东都赋》：'沉珠于渊。'汉《五行志》：'禹卑宫室，此圣人所以昭教化也。'《上林赋》：'命有司曰：'地可垦辟，悉为农郊，以赡萌隶，颓墙填堑，使山泽之人得至为。实陂池而勿禁，虚宫馆而勿仞，发仓禀以救贫穷，补不足。'"帝躬乎天田，后亲于郊桑。弃末反本，人和时

康。士赟曰:"张平子《东都赋》:'躬三推乎天田,修帝籍之千亩。'唐《礼乐志》:'皇帝孟春辛亥,享先农,遂以耕籍田。皇帝耕止三推,诸王耕五推,尚书、卿九推。籍田之谷,敛而钟之神仓,以拟粢盛。及五齐三酒,穰薰以食牲,籍田祭先农。'唐《礼乐志》:'皇后岁祀一:季春,言已享先蚕,遂以亲桑。皇后采三条,命妇一品采五条,二品采九条。'唐《高宗纪》:'永徽四年,丁亥,耕籍田。'又:'显庆元年三月,皇后亲蚕。'班固《东都赋》:'遂令海内弃末而反本,背伪而归真。'"建翠华兮葳葳,鸣玉銮之铁铁。士赟曰:"《上林赋》:'建翠华之旗。'淮南《招隐赋》:'春草生兮萋萋。'萋,草色也。又盛貌。《楚辞》:'鸣玉銮之啾啾。'张平子《东都赋》:'銮声哕哕,如铃铁铁。'"游乎昇平之圃,憩乎穆清之堂。士赟曰:"张平子《东都赋》:'文帝躬自菲薄,致升平之德。'《司马迁传》:'于穆清庙。'"天欣欣兮瑞穰穰,巡陵于鹑首之野,讲武于骊山之旁。士赟曰:"《庄子》:'尧治天下,使天下欣欣,焉人乐其性。'《贾山传》:'天下皆诉诉焉。'师古曰:'诉,读为欣同。'《诗》云:'降福穰穰。'《甘泉赋》:'选巫咸兮叫帝阍,开天庭兮延群神。傧暗蔼兮降清坛,瑞穰穰兮委如山。'《汉书·志》曰:'自井至柳,谓之鹑首之次,秦之分也。巡陵者,迤幸诸陵也。'唐《玄宗纪》:'开元元年十月,癸外,讲武于骊山。'"封岱宗兮祀后土,掩栗陆而包陶唐。士赟曰:"《唐书志》:'开元十三年,有事泰山。'栗陆氏、陶唐氏,皆古帝王之号。即《史·封禅书》:'所谓古者封泰山、禅梁父七十二家之二也。'《庄子》:'子独不知至德之世乎?昔者容成氏、大庭氏、伯皇氏、中央氏、栗陆氏、骊畜氏、轩辕氏、赫胥氏、尊卢氏、祝融氏、伏羲氏、神农氏,当是时也,民结绳而用之。'陶唐,帝尧也。"遨游乎崆峒之上,汾水之阳,士赟曰:"《庄子》:'尧治天下之民,平海内之政,往见四于藐姑射之山,汾水之阳,窅然丧其天下焉。'又'黄帝立为天子,十九年令行于天下。'间广成子在于崆峒之上,故见之而问至道。"吸沆瀣之精英,黜滋味之馨香。贵理国其若梦,几华胥之故乡。士赟曰:"《楚辞》:'食六气而饮沆瀣兮,漱正阳而含朝霞。'陵阳子明,经冬饮沆瀣者,北方夜半之气也。'《西都赋》:'鲜景气之清英。'《史·律书》:'万物皆或,有滋味也。'《庄子》曰:'声色滋味,不待学而乐之。'嵇康《养生论》:'滋味煎其五脏,书至治馨香。'《甘泉赋》:'犹仿佛其若梦。'《列子》:'黄帝昼寝而梦游于华胥氏之国。华胥氏之国,在弇州之西,台州之北,不知斯齐国几千万里,盖非舟车足力之所及,神游而已。其国无师长,其民无嗜欲,自然而已。黄帝既悟,怡然自得,召天老力牧太山稽告之。'又'二十九年,天下大治,几若华胥氏之国焉。'"于是元元澹然,不知所在,若群云从龙,众水奔海,士赟曰:"《晁错传》:'元元之民幸矣。'《长杨赋》:'海内澹然。'《淮南子》:'来不知其所。'《周易》曰:'云从龙,风从虎。'《庄子》:'天下之水,莫大于海,万川归之而不盈。'"此真所谓我大君登明堂之政化也。士赟曰:"《汉书·平帝纪》注:'明堂所以正四时,出教化也。'"岂比夫秦、赵、吴、楚,争高竞奢,结阿房与崇台,建姑苏及章华。非享祀与严配,徒掩月而凌霞。由此观之,不足称也。况瑶台之巨丽,复安可以语哉!士赟曰:"张平子《东都赋》:'是时也,七雄并争竞,相尚以奢丽。楚筑章华于前,赵建崇台于后。'《史记》:'秦始皇作前殿阿房,东西五百步,南北五十丈,上可以坐万人,下可以建五丈旗。'《越绝书》曰:'吴王起姑胥之台,五年乃成。高见三百里。'《史记》:'越戍吴败之姑苏。'《汉书》:'伍被曰:子胥云:将见麋鹿游于姑苏之台。''姑胥,即姑苏也。《左传》:'楚子成章华之台于乾溪,一朝叛之。'《史记》'赵武灵王起丛台,太子围之。'《孝经》:'孝莫大于严父,严父莫大于配天。'汲郡地。《中古文册书》曰:'桀作倾宫,节瑶台。'"敢扬国美,遂作辞曰:穹崇明堂倚天开兮,它九孔切。屼则孔切。鸿濛构环公四切。材兮,偃蹇块鸟朗切。塝母党切。邈崔嵬兮,周流辟雍炭鱼及切。灵台兮。士赟曰:"《江赋》:'嗷如地裂豁天开。'《灵光殿赋》:'彤彤灵宫,岿巍崇穹,纷庞鸿兮;崱屴嵫嶷,岑崟嶛嶷,骈它岹兮;连拳偃蹇,仑菌□嶓傍倾兮。'《子虚赋》'它岹崔嵬。'《校猎赋》:'鸿濛沆茫。'《西都赋》:'因环材而究奇。'《西京赋》:'山谷原隰,泱漭无疆。'《诗》云:'陟彼崔嵬。'《西都赋》:'降周流以傍徨。'班固《辟雍诗》:'乃流辟雍,辟雍汤汤。'"赫奕日,喷风雷。宗祀朌蟛,王化弘恢。镇八荒,通九垓。士赟曰:"《乐记》:'鼓之以雷霆,奋之以风雨,暖之以日月。'班固《明堂诗》于昭明堂,明堂孔阳。圣皇宗祀,穆穆煌煌。'《子卢赋》:'朌蟛布写。'又见前注。《诗·云汉》:'天下喜于王化复行。'汉明帝诏曰:'光武恢弘大道,被之八极。'班固《幽通赋》'咸振八荒。'司马相如《封禅书》:'上畅九垓,下沂八埏。'"四门启兮万国来,考休征兮进贤才。士赟曰:"《尚书》:'四门穆穆。'《甘泉赋》:

'八荒叶兮万国偕。'《尚书》：'休征。'孔安国注曰：'叙美行之验也。'《东都赋·灵台诗》曰'爰考休征。'"俨若皇居而作固，穷千祀兮悠哉！士赟曰："《景福殿赋》：'备皇居之制度。'张孟阳《剑阁铭》：'作镇作固。'《魏都赋》：'虽逾千祀，而怀旧蕴于遐年。'《诗》云：'悠哉悠哉。'"

《锦绣万花谷》刘允济
《明堂赋》

太学既崇，三宫既章。灵台司天，群耀弥光。太室宗祀，布政国阳。辟雍岩岩，规圆矩方。偕序牖闶，双观四张。流水汤汤，造舟为梁。神圣班德，由斯以祥。喜喜济济，春射秋飨。李尤浚哲惟唐，受天之明，究皇王之鸿休，包宇宙之纯精，恢天禄以作义，摅元命之振英，鼓黔黎以播气，运苍昊而时成，括闓阳于泰阶，袭三圣以光亨。礼乐交通，典谟洋溢。天以洛视而龟书至，地以河观而马图出。拥神麻，尊明号，激清流，扬茂实，将大报于玄天，享神祇以称秩，愿卑宫而自处。惟禋宗而是恤，思致美于总章。览娲甞而法营室，访夏后之轨仪云广。四而修一，彼宗周之有制。闻或九而或七，错综乎旧典。经始乎丕律，绍先志以高兴，匪务功而首出，乃延公侯卿士艺人表臣而审其议焉。咸以为明堂者，明乎天道者也。所以明有功，褒有德，崇大教，发大政，登假严禋，钦修宗祀，非夫为己者也。安可已乎！粤正月庚午，始创明堂之制焉。考经纬之长策，应黄钟之旋宫。穆穆四门，坐纳四气；明明八窗，均调八风。靡金靡玉，匪磨匪砻。却隋侯之夜光，明素质以为工。思承天以接神，故峻极乎皇穹。飒乎懿濞，画乎丰融。雷承乾以震耀，灵大壮乎其中。非至圣之精诚，孰能克勤乎此功！

《文苑英华》刘允济
《明堂赋》

大哉乾象，紫微疏上帝之宫；邈矣坤舆，丹阙披圣人之宇。聿观文而听政，宜配天而宗祖。体神化以成规，应灵图而立矩。度七筵以垂宪，分四室而通辅。合宫之曲，<small>疑作典</small>郁乎轩丘；重屋之仪，崇于夏禹。因殷成于五帝，继周道<small>一作贵</small>于千古。统正朔之相循，起皇王之踵武。大礼兴而三灵洽，至道融而万物睹。其在国乎惟圣践极，配永登枢，浃生成于大冶，销品汇于洪炉。贯星象而调七政，列山川而宅五都。开洛阳之宝籍，受河阙之祯图。总夒龙于国序，集鹓鹭于天衢。包壮业于玄顼，笼景化于黄虞。功既成矣，道既贞矣，答后土之嘉祥，霭上玄之殊祉。望仙阁之秀出，瞻月观之宏峙。缕红玉以图芳，肃龟坛而荐祀。道不言而有洽，物无为而自致。向明南面，高居北辰。属天下之同轨，率海内以严禋。想云台以应物，考明堂以临人。叶和万寓，怀柔百神。降虔心，启灵术，采旧典，询故实，表至德于吹万，起宏规于太一。欣作之于有范，亿成之于不日。工以奔竞，人皆乐康。访子舆于前迹，揆公玉之遗芳。顺春秋之左右，法天地之圆方。乘八风而统刑德，观四序而候炎凉。跨东西而作句，掩二仉以疏疆。下临星雨，旁控烟霜。翔鹓坠于层极，宛虹拖于游梁。崐山之玉楼偃蹇，曾何仿佛；苍海之银宫焕烂，安足翱翔！于是览时则，征月令，观百王，绥万姓，肆类之典攸集，郊禋之礼爰盛。衣冠肃于虔诚，礼乐崇于景令。二阳再启，百辟来朝。玄纁雾集，旌斾云摇。湛恩毕被，元气斯调。罗九宾之玉帛，舞六代之咸韶。泽被翔泳，庆溢烟霄。穆穆焉，煌煌焉，粤自丌辟，未有若斯之壮观者矣。焕乎王道，昭贲三才，远乎圣怀，周流九垓。鸿名齐于太昊，茂实光乎帝魁。浃群山于雨露，通庶品以风雷。盛矣美矣，皇哉唐哉！

任华赋

粤若稽古巨唐,千灵累圣,二叶重光。思文烈以宗祀,象天地之圆方。考遗训,建明堂,俯南端之赫赫,致北极之锵锵。盘螭黝纠,捧神珠而高骞;游鹍翕习,仰层槛以回翔。星辰出纳于疏牖,虹蜺萦带于轩廊。远而望之,若扶桑吐日生高冈;近而察之,若丛云转盖陵昊苍。屹峥嵘以岑立,漫离披而翼张。其粤秘也,懿瀇退概,灵仙仿佛,肃枚枚以实实,窅眇清爽,日月来往;赫旷旷以煌煌,阶陛嶙峋而分据,乐栌磊落以相望。实造化之难测,非翰墨之所详。吾君正冠冕,垂衣裳,佩玉玺,腰干将。猛簴列,崇牙张,百揆时序,万国来王。敦行尚年,既在南而近夏;贵仁亲族,乃居东而曰阳。中主尊于太室,西导德于总章。务竞竞之孝理,匪晏宴之乐康。然后知向明之位正,随时之教盛;因方备色,乘五运以顺行。选士养贤,崇四学而敷令,岂直若斯而已哉!其宫十二以象辰,行水四周而为海。堂筵楣径,可以见乾坤之筹策;暑往寒来,可以知六九之变改。室也州之数,窗也卦之在,高得黄钟之实,柱悬列星之彩。毕千古之能事,终一人之不宰。至有虞之总期,夏后之太室,殷重屋以五,周太庙以七。伊数君之余制,各殊途而并逸。虽信美于当年,是无取于今日。别有青河绊鸟,长沙求赟。一作试讨论公玉之图,错综伯喈之议。傥绣楣之有渐,庶青云之可致。

王諲赋

大唐混合,寰宇开张。时雍体黄中之一德,居紫微之九重。既而化成载造,天下有道。得彩凤之灵图,据飞龙之大宝。美其历数会昌,累叶重光,真宰无为。盛先天之景业,圣人有作;立配帝之明堂,写神规之大造。巍崇丘一作基之正阳,燐燐烂烂,荧荧煌煌。徒观其藻画周设,雕刻具美。绮寮豁达以生风,重檐周流以藏暑。□釜崎嶬,状崑岳含雾而插天衢;隆崇峛岏,若蓬莱驾鳌而涌海水。屹乎氤氲,孤标紫氛,琁题皓饰,金铺洞文。拱星辰以端居,傍眺白日;凭轩槛以直视,俯见青云。尔乃环曲枅构重屋,莲衔绮井。艳窔吒见灵光殿赋以垂珠,阶接彤庭;影连延而造玉,若夫灵姿众出。诡奓一作变丛生,画栱攒施。龙桷参差以星布,阴室昼朗,粉垣皎曜以月明。及夫四海被晏,一人有庆,寒风初尽,阳月既正。蛮夷飒沓以来王,文物葳蕤以交映。信所谓不宰而合通,居中而作圣。

《于沼赋》

天子朝诸侯于明堂,惟古之制。始以讲信修睦,终以布宪施惠。含至德之休光,旌中国之巨丽。下之象地也,以列五位之神;上之法天也,以配五方之帝。禀太一之威灵,顺阴阳之开闭。左个右个,分以寒暑之宜;以筵以几,度以堂室之际。观乎万国来朝,威仪济济。圣人负斧扆而南向以布政,百僚端冕弁而北面以陈礼。是知人以君为心,君以人为体。宴会之节以明于尊卑,庆赐之仪以旌于孝悌。原夫宅中而起,继天而作,遥眠嵩、少,俯枕伊、洛。巍巍煌煌,厥高不可乎弥度,挈龙枨以蚴蟉。亘虹梁而各落,综以绮藻,施以丹镬,四阒以四气而开,八窗以八风斯廓。祥风布影,对宝槛以交辉;皎日悬光,耀金床而璀错。于是陈三献之礼,臻九成之乐。申仪于辟雍,崇业于太学。甄古今之至理,议沿袭之蹉驳。既而顺斗极,运天关,皇思普矣,贵贱以颁。东门之外,以朝乎九国;南门之下,将享于八蛮。正德是弘,惠风斯布。禁淫慝,节制度。重三台之任,乃申命于中阶。宠五伯之功,遂授铖于东户。夫明堂者,明帝之德,体天为状,必资阐化以准程,岂独弘规而取壮。出庶物而咸仰,包宇宙而为量。惟先圣之是则,信百代之可尚。

谢观《周公朝诸侯于明堂赋》

以九垓向序外方同心为韵赫赫明堂，居国之阳，巍峨特立，镇压殊方。所以施一人政令，所以朝万国侯王。面室有三，总数惟九。间太庙于正位，处太室而中霤。启闭乎三十六户，一作扉罗列乎七十二牖。左个右个，惟季孟之交分；上圆下方，法天地之奇耦。时也六年之初，孟春之首，有截而至，无胫而走。将欲交正于成王之命，所以立辟于周公之手。洞八闳以临八极，辟四门而来万有。所司备班品于庭除，执事肃文物于前后。及夫诸位散设，三公最崇，当中阶而列位，与群臣而不同。诸侯东阶之东，西面而北上；诸伯西阶之西，东面而相向；诸子应门之东而鹗立，诸男应门之西而鹤望；戎、夷金木之户外，蛮、狄水火而位配。九采外屏之右以成列，四塞外屏之左而遥对。朱干玉戚，森耸以相参；龙扬豹韬，抑扬而相偕。肃肃沉沉，峦崇壑深，烟收而卿士齐列，日出而天颜始临。戴冕旒以当轩，见八纮稽颡，负斧扆而南面，知万国归心。于是锵金石，扬律吕，动埙篪，摇祝敔，俨若思而山立，悄不言而雁序。一拜一起，岳抃而齐倾；舞之蹈之，雷电而复举。俄而翠华转，仙仗回，思覃率土，化溢九垓。合蛮貊以毕至，尽梯航以负一作爰来。彼禹有太室，武作灵台，曷与此而同哉。

宋《范文正公集·明堂赋》

臣闻明堂者，天子布政之宫也。在国之阳，于巳之方。广大乎天地之象，高明乎日月之章。崇百王之大观，揭三宫之中央。昭壮丽于神州，宣英茂于皇猷。颁金玉之宏度，集人神之丕休。故可祀先王以配上帝，坐天子而朝诸侯者也。粤自苍牙开极，黄灵耀德，巢穴以革，栋宇以植，彻太古之弊，明大壮之则。风雨攸止，宫室斯美，将复崇高乎富贵之位，统和乎天人之理。乃圣大造，明堂肇起。明以清其居，堂以高而视。辟廓焉而四达，殿岿焉而中峙。礼以洁而俭，必奏之以茅，教以清而流，故环之以水。暨二帝之述焉，合五府而祭矣。逮夫夏礼秩秩，奉以世室。商祀穆穆，制以重屋。神禹卑宫，阶以一尺之崇；成汤受命，革以三尺之盛。赫赫周堂，制度景彰。七筵兮南北之广，九筵兮西东之长。堂并包于五室，室辨正于五方。左青阳而右总章，面明堂而北北堂。耽然大室，俨乎中黄，都徽名之在

范仲淹

南，取盛德之向阳。或谓厥堂惟一，厥室惟九，辟阖其三十六户，疏达兮七十二牖。亦规上而天覆，复矩下而坤厚。近郊之宫，广而能受。通天之宇，高而弗偶。八方象其幅员，九陛参其前后。柏柏焉听政之庙，应辰而周彰；趦趦焉承天之柱，列宿而相望。环林兮葱葱，圆海兮漠漠。既方舟而经梁，复素节其回墙。陈位序以有严，议法象而必臧。示邦域之景铄，期人神之乐康。左有辟雍，天子学宫。坟籍浩以明备，文物森其会同。奉三寿以纮天下之孝，设二之以动诸侯之风。右有灵台，庶民子来若经始于神明，乃占候于昭回。天之道也，惟默默以有象；圣之心也，盖惕惕于无灾。此三雍之大者，故百世以钦哉。若夫约周之礼，禀夏之正。天子升青阳之位，体大德之生。彼相协谋，有司奉行。庆赐必均，历象必明。布农事于准直，习舞德于和平。止伯益之伐木，禁蚩尤之称兵。惟仓禀兮

赈天之穷,惟弊帛兮礼邦之英。无隐不彰,无潜不享,蒙荡荡之至仁,浸灏灏之醇精。此明堂之春也,万物为之荣。又若炎以继天,羲以永日,始于仲吕之管,复于清宫之律。天子乃登诸明堂,暨夫太室,命盛乐以象德,致大雩以祈实。升高明而有豫,定正气而无逸。静百官之事,驱五谷之疾。无索于关,无难于门。止北伐之威,以助养于生生。导南风之和,以饰喜于元元。此明堂之夏也,万物为之繁。尔乃象正火位,德王金行。羽渐干以南向,谷万斯而西成。天子乃居总章之奥,奏清商之声。图有功而专任,语不义而徂征。修法制以谨收藏之令,养衰老以恻摇落之情。同我度量,平予权衡。人社以崇厚兆民报本之志,神仓以秘示万邦致孝之诚。此明堂之秋也,天下为之清。及夫虫介时分,虎威夕永。诗人发其凉之咏,日官宾可爱之景。天子乃北堂以居。南面而省。锡饮蒸之庆,从祀寒之请。于是戒门闾,备边境。劳三农于休息,警百辟于恭靖。关市必易,宫室必整。无用之器斯彻,无事之官必省。饬国典以俟来岁之宜,讲武经以肃万邦之屏。此明堂之冬也,天下之静。斯乃顺其时与物咸宜,适其变使民不倦者也。稽夫宗祀之文,大享之辰,上仪乎皇皇,盛节兮彬彬。此于郊也,我则取文之胜;方其庙也,我则取质之纯。损益其礼,尊严其亲。五天之座,晔晔以陈;五常之席,奕奕而伦。惟太室之位,乃上帝之神。作配者先王,从祀者五臣。樽罍离离,玉币莘莘。牲牢之举既尊于夏后,蔬果之荐复本于周人。礼无不当,诚无不臻,圣人于是出斋宫而肃肃,被法服而循循。酌一献以从质,恭百拜以表寅。司仪实相,乐正攸宾,进俎豆之吉蠲,罗簠簋之轮囷。六乐咸在,统美乎列皇;八风相汤,同和乎大钧。下舞上歌,蹈德咏仁。非常之祭,骏奔者万国;莫大之孝,蚁怀者兆民。于是神醉其德,人乐而极。太史书于策,大夫颂于国。

颂曰:明堂崇之,明王祀之,礼以成之,乐以歌之。光天下之,教以化之。若夫元朔会同,群后对越,穆穆乎舜门之辟,晰晰乎宣燎之发。帝时待旦而久,求衣以先。纡黄组,冠通天,建日月,服乾坤,佩干将,升昆仑,进山狱之圭,当云龙之轩,正圣人之大宝,示天下之有尊。巍巍焉负扆而立,济济焉辨色而入。太常正其等衰,九宾序其名级。中阶之前,三公屹然;应门之外,九采察焉。阼阶之东,诸侯以同;西阶之西,诸伯以齐。门东北面者子之位,门西东上者男之次。东门之外,则乐浪蟠木。九夷之国,西面而北上。西门之外,则有蒙汜大秦。六戎之属,南上而东向。南门之外,则有朱垠越裳。八蛮之族,唯北是望。北门之外,则有劳粥幽陵五狄之种,唯东是向。于是莘莘旅进,锵锵肆觐。向明者盖取诸离,观光者受之以晋。君臣之位定,礼乐之道振。雅韶以奏,文铎以徇,皆望云而就日,必歌尧而诵舜。上和而下乐,金声而玉润。况乎晨光赫曦,天颜弗违。晃绶兮霞集,玉帛兮川归。盛乎王庭之声明,焕乎天萌之光辉。若北辰之会,众星咸粲粲而右拱;如太阳之临,多露普湛湛而将□。莫不君三揖于上,臣再拜于下。行典礼,扬风雅,访隽良,议穷寡。人曷幽而覆盆,贤曷侧而遗野。于以盛名器,于以休宗社。署圣法于圆阙,驰神教于方夏。皇哉耀兮昔之荣观,至哉敷亿兆之纯嘏。故揖让而治天下者,明堂之谓也。惜乎三代以还,智者间间,诸儒靡协,议者喋喋,而皆胶其增损,忘礼乐之大本,泥于广狭,废皇王之大业。使朝廷茫然有逾远之叹,惘然有中辍之议。殊不知五帝非沿乐而兴,三王岂袭礼而至!为明堂之道,不必尚其奥;行明堂之议,不必尽其制。适道者与权,忘象者得意。大乐同天地之和,岂匏竹而已矣;大礼同天地之节,岂豆笾之云尔。自汉、魏之下,暨隋、唐之际,堂或三五之上,道非三五之世。盖不取其厚而取其薄,不得其大而得其细。享配之文,或然未分;政教之烈,斯焉弗闻。是则帝道之施,胡取乎总期?皇德不隆,胡取乎合宫?故夫明堂之设也,天子居之,日慎日思。思之何也?万微存乎消息。慎之何也?兆灵系之安危。繇是惟克念以作圣,思尧、舜之齐名。惧巍巍之弗逮,乃孜孜于鸡鸣。唯至平之休代,思阜财于吾民。惧四维之有艰,尚疮痍而百辛。故圣人之宝俭,

弗下剥而上侈;思寡费而薄索,民庶几于格耻。惟下武之太宁,亦省躬于干戈。取诸豫于四方,慨风云以长歌。惟知人其古难,思济济乎贤者。盖举一于皋陶,乃连茹于天下。惟好生之至德,思与物而为春。惧幽陋之靡及,常咨命于仁人。惟及人之一德,始若晦而弥彰。故三五之君子,腾茂实而无疆。惟皇极之大范,思天下而与平。惧万物之或差,持我心于诚衡。然后见天下齐于无体,和于无声。疣眉而寿,吾何仁之有?含哺而嬉,吾何力之为?但渊渊绵绵,无友无偏,浸淳泽以咸若,乐鸿化于自然。此明堂之道也,盖无得而称焉。

我国家凝粹百灵,荐馨三极,东升禋于岱首,西展琼于汾侧,未正天神之府,以让皇人之德。祖考来格,俟配天之仪;诸侯入朝,思助祭之职。岂上圣之谦,而愚臣之惑也。臣请考列辟之明术,塞处士之横议。约其制,复其位,俭不为其陋,奢不为其肆。斟酌乎三五,拟议者简易。展宗祀之礼,正朝会之义。广明堂之妙道,极真人之能事。以至圣子神孙,亿千万期,登于斯,念于斯,受天之禧,与天下宜而已乎!

熊晃山《瞿梧集·明堂礼备乐和赋》

丹辰思孝,明堂葳祠。礼既备以享此,乐亦和而感之。禋在所严,中寅交乎之实。敬于我尽,音谐中节之时。闻之君有所亲,必有所尊。祭如以文,何如以实。俨然对越,此敬肃肃;随所感通,厥音秩秩。制而为礼,作而为乐。于堂之明,备不在物,和不在声,自心而出。时也伊嘏既缬,肇禋有成。赫赫俨临于穹昊,洋洋如对于神明。若曰心术精神,有无感不通之妙,声容文物,皆积中发外之诚。惟天惟父,此地昭格是礼是乐。吾心所生,伊霜露之感,春秋之思,宗祠煌穆。允玉帛之粲,钟鼓之节,实意流行,但见夫帝可承于骏奔执豆之仪。考来格于兽舞鸣球之乐,散则形器,敛而诚悫。物所以多,将敬内之玉帛,音所以谐,发胸中之祉角。盖鬼神礼乐,虽幽亦明。必方寸中间,有纯无驳。地昭永孝,九重益致于肃雠;制不求文,六律且谐于清浊。大抵心乃神之会,于祭可见。物无意以将,其文持虚。频繁何所荐,信所荐尔;笙镛豆能格,德能格欤!故八窗重屋之肆祀,即丹府灵台而有余。璋粲辟辉,天则森布。金铿石调,心声发舒。不有实也,亦徒祀欤!想美以盛仪,寓汉室荐神之际。谅洽于至德,在周宫享帝之初。吾故谓和明堂之声,不在乎祉畅宫宣;备明堂之物,岂专乎牲陈币奠。盖其神与此念以相接,况所祭于斯时而如见。今也,文钟于乐,文纯德之流动。禹冕致美,禹孝心之发见。则知多其仪物,未必成享。苟有明信,庶几可荐!果事之至也,威仪式称于三十。若祀以文之,歌舞谩形于六变。尝论夫礼废于《内则》,何取祭义乐淫于《关雎》。有惭我将,盖游衍莫畏于天盛之鉴。而左右最关乎神听之洋,毋小人同其和工敢鸣玉,母后宫极其备妾形僭裳。非平日宫庭,常积意诚之学;岂一旦礼乐,可登宗祀之堂。切笑夫唐重九筵,圭璧曷汗于房闼;秦严五室,歌弦胡侈于宫粒。虽然,不诚无物,神固难孚。助祭非人,心胡能启。今此庙而于穆,宜其意于歌咏。禋不敢宿,将此忱于拜稽。然则于明堂而相严父配天之祀者谁欤?有周公之作乐制礼。

萧昕《总章右个赋》

以气变铜浑灰移玉管为韵大君向明,神道设位,恢三皇之轨物,张五帝之经纬。居皇极以体尊,配升平而作谥。上栋下宇,图出震之垂功;昆仑辟雍,模大壮之成器。分五行以配德,合四时而导气。审圆象以规天,揆方仪而法地。因节候之开辟,得阴阳之奥秘。不然何以审宝位之尊,彰后王之贵者也。夫其体物辨方,因宜制变,壮云构之直耸。属星躔而右转,玉露朝落,金风夕扇,收帝籍于西成,誓武人于南面,然后缉以众政,休兹百工,草黄月季,虚正昏中,释菜吹豳。命乐人而万舞,斩牲示衅;习军威于五戎,既依方以服玉。遂候吕以吹铜。徒观其在阳体尊,规模所存,取□寒暑以法乾坤。环泭彼之流水,设有阆之高门。布政居方,顺时开阖。乞言讲德,肆志讨论。宣八风而配律,齐七政以同浑。尔其大礼尽设,明堂洞开;兴亡之迹,厥德不回。见周公之负扆,看纣王之罹灾。设殷监于既往,垂大轨于将来。邃宇九房,采唐尧之衢室,神阶十二,惩夏癸之瑶台。故当勤求庶政,想望英才。不尔,何劳谦于昊日,而旋斡于飞灰。既而,四方述职,九品陈仪,礼有攸叙,政无不施。发声明于风动,趋剑履而星移。道敷鹓鹭,兆合熊罴,永恭巳而南面,故垂拱而无为。非斯宇以攸赞,亦何取于成规。是月也,天子礼神只,展牲玉感物增思,虔心以纮。既尝稻以荐火,疑作大亦趋刑而断狱。明大阅以讲威,训群驺而抚俗。别有粉署承风,金门献款。念无媒以赠策,谬谈天于窥管。

《锦绣万花谷》梁孝元
《明堂诗》

质明摄上宰,诘旦乘轺轩。四圭邸苍玉,云变舞云门。香浮郁金酒,烟绕凤凰樽。貂冕交晖映,珩珮自相喧。微风□清管,轻雨发陈根。新花临御陌,春色起天园。河间献乐语,斯道愧能论。

韩魏公《安阳
集·明堂庆成诗》

至矣君严父,其惟祀配天。明堂兹有法,路寝复申虔。礼简刊前误,图新焕昔传。乾坤隆正位,辰火协高躔。宗德停参侑,推尊独大圆。兼崇太极坐,并享总章筵。节物丰秋后,齐精吉亥前。既祇真馆驾,遂洁閟宫拴。泛洒轻尘失,涵濡惠泽先。直由诚易感,卒使祭无愆。翌日回清跸,中宵俨邃延。一纯通胁蠁,五室敞蟾蜍。和必流金石,馨非主豆笾。灵光烛窗户,飙驾触旍旃。齐酌终三荐,神厘答万年。欢声摇海岳,瑞色变云烟。馂巳均庖贱,恩思被幅员。星鸡随敕竖,赦鹤下楼宣。教不烦家至,民惟视德迁。普天知子道,斯匪化之然。

《胡文恭公集·明堂大礼诗》

路寝尊严配,明庭考旧图。房心通气象,太紫状规摹。翊卫多仪缛,齐祠至信孚。边羞甘菲薄,鼎味却鲜腴。日月垂天象,鸾龙奋宝趺。乐均谐叡律,礼蕊润宸谟。剑珮千官拱,梯航四海趋。谦恭虚小次,登降谨黄衢。德盛三灵格,恩流万物苏。甘泉陪法从,千载喜歌虞。

《礼毕庆成》诗

路寝凝中宇,星文直大辰。总章裁往范,齐驾奉明禋。惟圣能严父,于皇重飨亲。永怀深肃偲,昭事极精纯。钟律咸韶古,衣冠黼黻新。九金徕贡职,万玉俨朝伦。夷夏观殊礼,乾只享至仁。参祠七世庙,再降六天神。万宝成秋野,千祥拥禁宬。睿恩覃四海,寿域济斯民。

郑刚中《北山集·九月
二十二日侍祀明堂诗》

明廷百辟奉君王，祀事严称肃建章。天拱星辰陪日表，风回灯烛避龙光。侍祠官拜闻鸣玉，导驾班回散宝香。宣室受厘谁入对，为时陈论莫荒唐。

马碧梧《玩芳集·恭进
明堂大礼庆成诗并序》

臣恭闻孝宗皇帝，淳熙六年，宗祀明堂，积雨频霁。词臣周必大上言曰："谓天难谌，乃尔易回。谓天盖高，乃尔易见。不特执珪弊，陈牺牲，而景贶固已骈臻矣。"书之简策，至今以为美谈。臣恭惟皇帝陛下，黉威宝命，严恭帝祖，乃卜中辛，称秩元祀。宫中齐戒祷晴，先夕阴雨如晦。诘旦，群臣奏请宿斋，阴霾洞开，天日清晏。迄于竣事，景气融明，都人聚观，万口嗟异，格天盛德，同符孝宗。臣以疏庸蒙恩，兼掌内外制，斋宿之夕，伏奉宣谕以肆赦之文。臣正当日必有拟述，俾臣缴进顾惟书生庸陋，何以蒙被圣知如此。臣于先儒，无能为役，辄循故事，撰到《明堂大礼庆成诗》五言二十四韵，缮写上进。唐人韩愈所谓辞语浅薄，不足以自效。然而指事实录，则庶几焉。冒渎宸严，伏候诛戮，臣无任感激。诗曰：

钜典崇邦祀，精阴展国阳。泰元神援策，癸亥日宣光。艺祖郊天始，高皇受命长。后庚基再造，先甲迓殊祥。率育歌时夏，仪刑咏我将。天街澄析木，农扈庆金穰。筑塞惩獯鬻，梯山谢越裳。宗祈严美报，亲享荐嘉尝。周士成奔走，尧民共欲扬。青冥收夕雨，华耀炳朝阳。月御金波穆，星留珠幄黄。九重纷羽卫，十二驾龙骧。铜玉琳琅展，轩朱磬管锵。时行肃天步，安坐集神翔。圣孝昭初裸，元良俨贰觞。旂常森阿娜，黼黻罢周张。柴焰千灵堕，兰生百末香。金鸡初日丽，丹凤德风翔。浃海乾施博，垂云解泽滂。批周仍蹋晋，蹴汉亦超唐。臣贱来蓬户，君仁点玉堂。恩书容藁进，嘉颂愧辞荒。有道帝能享，难谌圣敢康。畏威勤夙夜，万寿祝君王。

《周益公大全集·明堂庆
成二十韵己亥九月十八日并序》

臣恭睹皇帝陛下，肇禋总章，积雨骤霁，星月粲烂，烛光不摇，天瑞应诚，舆情呼舞。臣忝陪近侍，抃蹈尤深。谨按皇祐大飨明堂，翰林学士王尧臣、孙抃、赵概、杨伟，侍读学士丁度、宋祁，皆进贺诗一篇。今臣猥兼二职，合遵故事，谨撰到《明堂大礼庆成诗二十韵》，缮写上进。言虽无取，事则纪实。冒黩宸辰，伏俟诛戮。诗曰：

亲飨严三岁，邦彝重九筵。祖宗垂统大，天地著功全。惟睿崇昭报，于时展吉蠲。发挥皇祐日，润色绍兴年。稽古千龄契，斋心十日专。揭名新扁榜，御书明堂及明堂之铭书册屏荤荤。竹册御名以九月七日书假庙阴云剥，升烟皓月圆。无风摇烛影，有瑞粲星躔。不值连宵雨，那彰修宵天。贰觞犹翼翼，百拜愈乾乾。三日行礼，上拜百余。归次徒劳奏，酌献毕，有司依旧制，请归小次。上弗许，立俟。亚终献行礼。回班特许胺。驾来，百官例侧班，皆止之。贺仪随仅入，霈泽御楼宣。礼毕，即时御垂拱殿受贺。黎明御楼，圣躬益庄。献胙金丝合，簪花锦绣鲜。慈皇颜有喜，圣孝古无前。肆赦才毕，即时献胙德寿宫，禁卫皆赐花。和气腾都邑，欢声遍海壖。祺祥应曼羡，寿禄自绵延。臣也刍荛贱，恩斯雨露遍。执绥华盖里，草赦玉堂边。玉堂，盖殿名之。第颂甘居后，逢辰幸独先。四方今日靖，申请我将篇。

杨冠卿《客亭类藁·祀明堂》

总章备物严秋飨,尊祖合祠规汶上。宰臣恭肃相明禋,精意潜交通肸蠁。殊庭朝荐燎烟升,阴云剥落天日明。百神骏奔风马下,休嘉协应年谷成。

王珪《华阳集·大飨明堂庆成诗》

皇祐更秋律,明堂奉帝禋。粢盛虽荐德,霜落木怀亲。于赫朝三后,无文秩百神。九筵交玉币,重屋近星辰。邃幄留飙御,清坛堕月津。衣冠汉仪旧,金石舜韶新。受胙开宣室,鸣钟降紫宸。群阴先伏旦,协气斗回春。灵贶丛千祀,丰恩渗四垠。惭非老辞笔,徒学颂尧人。

史浩《鄮峰真隐漫录·进明堂庆成诗》

六阅淳熙祀,秋高日仲辛。大君敷涣号,重屋荐明禋。玉辂兴清庙,龙旂亘紫宸。云阴连夜解,霁色一朝新。周礼尊坒备,虞韶乐舞陈。合宫天地并,侑席祖宗均。峻巇登三献,修楹秩百神。肃祗申睿意,肸蠁降高旻。宣室宜膺福,慈闱亟拱辰。参花驰万骑,归胙见音现双亲。厘事超隆古,年龄肇亿春。蓼萧覃有截,成命播无垠。惠俵盼群后,恩波逮老臣。祝尧非健笔,徒学华封人。

《杨慈湖集·明堂礼成诗并序》

嘉定二年,秋,九月,辛丑,皇帝祀上帝于明堂。礼成,馆职祗承,旧比作诗以奏忠。朝请郎、秘书省著作郎、兼权兵部郎官杨简上进。后不上去腊,陈三札兹秋奉九筵,群英俱有赋,孤迹敢无篇。宗祀新隆礼,宸衷上格天。虚明融静漠,大化合敷宣。近骇边烽急,前惊内寇连。鬼神虽默祐,刑政谨将然。咸谓公私杂,希聆守宰贤。积深千私币,任止二三年。苟且姑循旧,嗟咨亦屡传。旱蝗难熟视,殍馑惨胥联。寒后裘方索,薪间火已然。晃旒几咫尺,轩陛隔天渊。善颂无谀语,愚忠有至虔。愿兢兢业业,安止出刚乾。

《明堂侍祠十绝》

礼行肆类又称禋,喜见承平景铄信。堪笑汉人夸肸蠁,何如明德远精纯。

先皇鸿烈寇重兴,庙社依然总燕宁。今日孝思严陟配,必知深妥在天灵。

王轪才驰霁色开,都人欢谇殷如雷。曰旸曰雨元无定,都自吾皇一念来。

唱彻严更凤铃开,侍祠济济列崇陔。小臣亦忝廊西献,惟秉温恭对越来。

玉佩珊珊出禁扉,金莲分炬散芳菲。祠班咫尺临黄道,惹得天香满袖归。

登歌奏罢乐初成，懿懿芬芬荐德馨。好是天心彰信顺，故敷华月吐青冥。

合宫深敞匝修廊，万烛辉辉粲奉璋。自有质文昭俭度，不须扬厉述齐房。

在个明堂是集英，鹄袍曾此接文明。饧馀钦听钧天奏，疑是吾伊雅颂声。

千官移杖拱端门，一日鸡竿万里春。汤网本疏民自格，要知家法在深仁。

盼蠁丰融富媪厘，班回长乐奉愉怡。休嘉最易生安逸，翼翼当如未裸时。

《文天祥集·明
堂庆成恭进诗》

于皇艺祖德乘乾，圣主宣光奕叶前。运再庚申皇建极，祀同癸亥数参天。中严外办三千礼，累洽重熙四十年。愿赞帝心长对越，至忱功用贯垓埏。

《明堂庆成诗》时差作读祝

晓移天伏入思成，雨脚先驱御路清。虹影倒垂云气卷，日轮飞上衮衣明。韶音九奏真游格，酌献三行福酒倾。景命有开知未艾，万年孙子庆纯精。

清庙严更夜未央，珠星璧月灿殊光。香飘黄道移天步，烛引红纱转殿廊。裸荐交神诸室醉，骏奔执豆庶羞芳。都人报道君王喜，争睹和銮入建章。

淳熙稽古再明禋，制作规模汶上新。未植羽旄朝万国，首将玉币荐三神。灵车欲下天先雨，御幄虚张帝在茵。熙事告成中外贺，与民同乐需恩均。

皇心寅畏格皇天，旱岁俄书大有年。报本愈严阳馆祀，庆成复第从臣篇。祠官瑞纪灵光烛，太史星占贯索捐。黼座正中图贡上，万方归德更乾乾。

《四六丛珠·四六全篇》

凤涓刚日，祗见合宫。诚意上孚，色动房心之次；灵厘下被，恩均辉翟之余。作民恭先，惟圣时克，陛下灵承天地，光昭祖宗，具绵蕝于曲台，懋建中和之极。仿燔柴于吉土，允符精禋之交。幸托宗枝，获承慈荫，闻神祇之昭格，与民庶以交欣。肆觐东后，方躬五载之巡，平秩西成，不忘九室之缋。躬事天之礼，莫如干者之心。极严父之恩，是谓圣人之孝。盖诸儒之说为不经，则折衷于孔子；而近世之事为非古，则取法于周公。五室九筵，制就严于路寝；三牲八簋，诚自接于高灵。以尊莫大于祖，故郊于吉土以配天；以本莫重于亲，故享于合宫以配帝。广哉皇矣，实难偶之昌期；巍乎焕焉，信非常之盛礼。即路寝以亲祠，兆于仁祖；黜五精而并祭，断自神宗。时和岁丰，乃高穹顾谍而然；刑清武偃，乃七庙威神之致。宫室面离，画自伏羲之卦；茅次圜水，出于公玉之图。仰以事天，则格其精享；亲以严父，则尽其孝思。王者布政，实严太室之居；圣人享亲，莫隆上帝之配。谷旦涓辰，广圣人之能飨；合宫尽志，膺上帝之居歆。我将我享，既交举于上仪；来下来崇，用永膺于纯嘏。金行在序，载嘉万宝之成；瓒裸惟时，爰秩九筵之祀。行涓吉日，既殚孝

飨之诚;只锅见合宫,益懋骏奔之礼。稽我将之诗,而推本于古;用皇祐之诏,而稽裁厥中。皇祐之盛,始寓总章于外朝;元丰之隆,载严上帝之定位。圣以享帝为难,孝以严父为至。季冬令日,吉月上仪。天神地灵,允协合袷之制;祖功宗德,于昭并配之文。九含龟图之数,五居坤马之中。合袷之制,并配之文。崇敞室筵,仿圜丘之美报;阐扬诗乐,参锵玉之和鸣。作民恭先,惟帝时克。德柔百神,向用五福。必有尊也,肇新王者之堂;庶或享之,克尽圣人之孝。八窗五室之堂,四海九州之荐。讲明大礼,对越皇天。万物本乎天,式谨明禋之报;五经重于祭,是严昭配之文。乃因万物之秋成,爰即九筵而祀事。宗祀明堂,爰厘宣室。乃稽六籍之传,建兹阳馆,欲馨一纯之意,享以秋辛。属本朝之盛际,讲三代之阔仪。以妥以侑,是享是宜。惟圣为能飨帝,式降成命之休;尊祖推以配天,尤重生民之本。旅万玉以来成,崇九筵而昭事。相予肆祀,绥我思成。太宫祼鬯,具宣列圣之光;吉日升禋,昭格万灵之睨。参讲我将之仪,备举亲祠之典。秋旋律管,礼展合宫。上帝临下有赫,既申景命之休;圣人以天为宗,爰谨嘉禋之报。历吉秋辛,备康年之嘉奠;逆厘阳馆,来率土之欢声。共惟千龄难遇之君,博刺六艺不刊之训。谓因天事天,而因地事地。有丘泽之方员,惟以圣继圣,而以明继明,宜祖宗之并侑。讲配帝之旧文,致严父之精意。燕及皇天,礼实严于大飨;率时昭考,孝莫重于宗祧。图太室之仪,卜杪秋之吉。相方视址,于国之阳,面势饬材,循周之旧。达卿重篑,总合六经之坠绪;方舆圆盖,是兴万世之阔摹。陈物采,接神明。永惟继志述事之图,敢忘严父配天之礼。具伸报本,用昭万寓之成;虔示宁宗,以教诸侯之孝。若古哲后,皆建合宫。体房心布政之名,行祖宗侑飨之礼。周同庙制,盖严配之所先;汉比郊仪,故精禋之为重。汶上之图,国南之制。顺稽古训,祗答灵心。即路寝之正居,讲总章之大祀。遍举累朝之阔典,再修宗祀之上仪。重阴屏浸,协气宣和。复五室之肇禋,广六天而合祭。三神鉴德以孚休,四海述职而来助。房心应明堂之成,钩钤本圣人之孝。陟降荐献,百官以职而各供;膺受福厘,一人有庆而咸赖。四方万里,执玉帛以盈庭;群卿百司,洁豆笾而恭事。有严布政之宫,备饰亲祠之典。胎合我将之颂,无烦玉带之图。崇崇阳馆,王者之堂;翼翼明禋,一人之孝。清庙严祼献之将,紫坛谨燎熏之报。乃即颁常布政之地,聿修严父配天之诚。揆季辛之谷旦,修大享于合宫。开九筵之重屋,格四表之欢心。值大火之骈芒,乘季秋之肃气。神光陆离,烛于荐鬯之夕;喜气休晏,被于钦柴之时。物无上帝之称,非躬祀不足昭乎虔;圣惟烈考之尊,非严配不足尽乎孝。格灵娭于真庭欵清德于太宇。按奉高之仪,思承上帝之祀;咏我将之什,知配文王之功。诹辰季秋之良,尽志孝享之事。定一郊之吉卜,躬三岁之宗祈。璧玉温洁,粢盛令芳。灵光烛于大庭,休气蒙于广宇。凄怆怵惕之感集,则孝所以兴;聪明齐肃之教形,乃福为之降。崇堂乡明,美玉荐信。在天之象,主布政于大辰;在国之阳,有通神之灵府。览轩皇拜帝之图,举姬周陟父之典。以季秋之嘉辰,会五气之精德。总章右个,季秋上辛。载度礼神之筵,益修严父之事。物莫不本于天,人莫不严于父。稽祥符之肇志,酌皇祐之阔文。涓成宗飨,昭辑上仪。乘季秋之良,修大飨之报。历裸清庙,升烟紫旻。气景晏温,福瑞纷委。荐豆笾之和气,陈礼乐之盛容。缉三代之弥文,规九筵之阔制。涓路寝之室,制总章之筵。临裸在庙,以追孝养之心;钦柴于天,以达岁成之报。并侑五精之严,下勉诸侯之孝。奠美玉于法席,升紫烟于泰坛。念物蕃俗阜,兹灵顾所以降休;谓德大报微,非亲祠无以格意。乘凉露之感怀,拜高穹之大睨。玉帛荐洁,粢盛告丰。物登商序,孝奉合宫。顺复昆仑之拜,参讲我将之篇。季秋肇辰,五室合飨。属诹辰于商律,载讲礼于路廷。述修旷仪,升秩宗祀。内尽飨亲之孝,上孚拜帝之休。卜秋吉序,讲古阔文。极严父之孝思,崇事天之美报。九秋蠲吉,五室会精。议礼九房,荐诚上帝。辑仪昭前,追孝风下。钦循旧典,包举上仪。乘秋季序,秩古遗文。前卜

季秋之良,躬陈五府之祀。报物生之大本,竚神监之下临。严烈考之配,交上灵之欢。秋旻晚序,世室宗祈。九筵修配,万玉相成。孝尽人伦,报明天道。嘉盛荐芳,美乐象德。躬三岁之祠,会五精之气。牲拴博硕,笾豆静嘉。因严以教人之孝,反始以为民之祈。怀宗庙之灵,霜露以之怵惕;事天地之重,夙夜罔或怠遑。明禋肇序,旷礼具修。谓钦柴之祈,已数见于郊庙;而合宫之飨,当严报于粢盛。王者反物始之报而乃飨于帝,圣人极孝思之隆而又配以亲。礼备者文必昭,诚至则体或简。袖两仪之临,陟三后之对。乃涓路寝之居,以象圆丘之飨。粢盛芳洁,璧玉华光。陟配三后之灵,导迎上帝之觌。为人子者孝之尽,有天下者报之隆。驰斋跸之严,祇太室之荐。三岁然后卜郊,维王者能类于帝;七庙所以观德,维圣人能飨其亲。神晻蔼而来顾,气嘉美而下游。祭莫严于报本,礼必顺于沿情。自前世祀于明堂,各殊其制;惟本朝因以路寝,允得其宜。奉承圣考,升配上天。惟天为大,辟乎上以居尊;帷圣为能,严于亲而作对。以言其位则卑高之不敌,以言其道则纯一而无殊。比周公独曰其人,而文王是为克配。和鸣作于备奏,肤敏参于祼将。式典以靖四方,用膺纯嘏;宁神而达八表,各得欢心。远而尊者祖,则祀于郊之员丘而配天;迩而亲者祢,则祀于国之明堂而配帝。礼神者莫尚于亲祠,尊祖者尤严于陟配。钦柴展报,既昭告于元功;严父致隆,又推明于极孝。肇称吉礼,已见于三岁之郊;载考彝章,又闻以九筵之觌。从昆仑而入,奉茧栗以祠。即九筵之室,躬三岁之祠。一纯二精,拜熙成之飨;千乘万骑,环拱扈之勤。修重屋之仪,谨周卢之卫。迺修吉礼,歌昊天成命之诗;翕受灵厘,拜黄帝泰元之策。会天地祖宗之神,奉梁牲圭币之荐。稽汶上之图,以灵承天地;歌我将之颂,以升配祖宗。涓吉杪秋,乘上幸之正气;肇禋重屋,修邃古之阔仪。昭五室之祼容,辑两仪之灵觌。礼有登配,神期顾歆。属尊祀于合宫,方骏奔于百执。民心知孝,天下归仁。举莫大之典,承无疆之休。顾旷礼之备成,导鸿休之来假。孝志饰尽,上灵居歆。神明顾怀,福嘏绥辑。上灵昭格,万祉来宁。告成精禋,随格遐福。灵心顾歆,协气充塞。鸿仪绎陈。嘉应显见。灵顾保飨,美祥降绥。诚孝孚尽,休祥显臻。讲礼崇配,答神降康。熙典备成,灵心昭答。拥绝瑞以如山,肆鸿禧而冒海。受泰元之神册,拥宣室之繁厘。洒泽丰融,含灵鼓舞。五室成礼,百神降休。精诚孚通,景气休晏。风历鸿休。率百神之丕歆,拥万福而来下。厘事备成,群元大庆。上灵昭答,万祉来同。威蕤盛容,鼓舞群动。嘉祥,叶气。合宫大启,爰讲于上仪;明诏忽颁,俾祇于严召。清尘在望,自若周南之留;紫囊仍持,不与甘泉之从。永怀故事,难求汶上之图;归远清尘,方叹周南之滞。祀而严配,王国之上仪;助者骏奔,人臣之常奉。闻合宫之毖祀,承明诏以骏奔;当柴燎之升禋,奉匏尊而参酌。逮豆笾而祇役,罔获施劳,逮辉翟之馂馀,遽蒙均惠。陪一二大臣之后,既窃窥于盛仪;献千万岁寿之觞,获共庆于成礼。赞祼将而在列,侍柴燎而克勤。靖佩无诈,夙助斋居之格;盥至致洁,屡陪献礼之升。奉璋趋前,既陪祠位之肃;端弁拜俯,又助精诚之通。奉祠于中,不显礼乐之助;述职于外,有虔牲玉之奔。想闻路寝之鼓钟,曾叨奉列;嘉与海隅之草木,同被恩私。青云多士,皆预桥门之听观;黄发孤生,独叹周南之留滞。盖上德孝慈之至厚,宜格于幽;虽臣工奔走之靡宁,则维其职。当见帝以亲郊,莫陪严祀,顾受厘而均庆,亦被宠光。赐之胙馂,蒙福已多;加以宠荣,在臣岂称。骏奔述职,阻奉于豆笾;涣汗推恩,并升于勋爵。青宫列位,式表茂仪;朱缓侍祠,宜颁异数。预陪冕黻之严,均被勋封之赐。维兀崇鼎分器之锡,亦有濮田多芉之加。肆休成之在旦,加异数之兼崇。初闻渥命之施,居有啧言之畏。祀而致福,虽欲泽四海之均;赏不因荣,岂足劝多士之道。且祭大者多泽,亦既均受忝之祥;然器小则易盈,岂不怀覆餗之戒。爰均拜胙之休,首布告廷之命。乐与群臣,同沾大庆。上自股肱之列,下同笾库之微。嘉其显相之勤,录其骏奔之助。需然大赉,夫岂无名。草木微生,桑榆莫景。顾田卢

而愿逝，窃秩禄以常惊，多病支离，已无任于陪祀。宠光沾洽，尚不问于推恩。紧陪扈之实劳，岂褒扬之可后。比缘禋祀，特有褒封，燔柴藏事，亲陪三事之班。涣汗覃恩，首被九迁之命。燔柴升燎，爰华盛仪。舍爵策勋，式覃大庆。第五玉以褒封，发三钱而庆赐。顾录相仪之勤，猥尘庆典之厚。旁同覆载，罔不欢呼；下达缙绅，咸加命数。太室精禋，方集神明之睨；华门增耀，亦沾庆赐之优。祀典之休，允答丕睨；恩章之广，覃及具臣。配帝合宫，爰遵旧典；正名郡吏，肇易新阶。方涣发于德音，遂均厘于近列。启札会元。庆绵国祚，喜溢人寰。藏事合宫，礼既伸于祔配；均厘六变，人皆得于自新。举合宫之享，致高厚以博临；疏丹扆之恩，与途遐而更启。修报本之诚，克遵盛典；奉合宫之制，虔致明禋。庆熙事之备成，荷鸿休之均被。和气充盈，欢声洋溢；涣发大号，恩覃有生。眷讲上仪，神天辰豫；敷施大号，夷夏交欣。中贺盖闻圣以辛帝为难，孝以严父为至。周右烈考，或委政而弗专；汉纪诸神，或窃礼而无实。夙涓刚日，祗见合宫。诚意上孚，色动房心之次；灵厘下被，恩辉辉习之馀。作民恭先，惟圣时克。恭惟以圣继圣，因天事天。仁兼天覆，量极海涵。钦柴展报，既昭告于元切；严父致隆，又推明于极孝。用神只安乐之休，享华夏和平之福。只燕孙谋，辰隆明德。明德以荐馨香，聿严嘉享；敛福而用敷锡，遂及绵区。上帝眷而风雨时，壬人去而蛮夷服。性仁育物，孝道宁亲。岂止欲图圉空虚而谨罚，庶几俾盗贼向化而革心。正叙载涓刚日，申敕群工。关文既备，熙典告成。金行在序，载嘉万宝之成；瓒祼惟时，爰迭九筵之祀。爰遵三岁之仪，载举九筵之祀。以安以侑，是享是宜。精意潜孚，想百神之受职；湛恩下逮，敛五福以锡民。近循皇祐之规，远配我将之颂。五室成礼，百神降休。必有尊者，肇新王者之堂；庶或享之，克尽圣人之孝。四方万里，执玉帛以盈庭；群卿百司，洁豆笾而恭事。昭五室之禩容，辑两仪之景贶。明禋肇祀，旷礼具修。王者布政，实严太室之居；圣人享亲，莫隆上帝之配。揆季秋之谷旦，修太享于合宫。民心知孝，天下归仁。八窗五室之堂，四海九州之荐。祗奉严禋，肆行大赉。宗祀告成，修累朝之盛典；端门肆肯，答万宇之欢心。和鸣作于备奏，肤敏参于祼将。会天地祖宗之神，奉粢盛圭辟之荐。庶典交修而罔缺，百神遍祐以无遗。讲祀帝之旧文，致严父之精意。清庙严祼献之将，紫坛谨燎熏之报。会天地以同禋，升祖宗而合配。皇帝陛下道包众甫，运会丕平。巍巍成功，尧之所谓大；业业致孝，舜之所由昌。涓选休辰，肇称嘉享。百礼既至，而正惟已独；万寿攸酢，而福与众均。结尾逖在遐方，钦闻宽宥。滥膺闻寄，阻赞邦仪。梦想钧天，莫预骏奔之列；心驰巍阙，徒勤抃蹈之私。闻盛事之告成，与外朝而同庆。肃雝显相，莫陪列辟以骏奔；鼓舞兴谣，第与群生而同戴。群书足用事对布政听朔。世室国阳。通八风，正四时。体题严禋大享。宗祀尊祖。五室七筵。赋偶仪具九室，制存七筵。轮焕尧室，规恢舜章。开元合祭，而特谨员丘之寓；建初配祀，而复修汶上之封。四阔分众彼四序，八窗分达其八风。鸾辂欸调，龙颜肃庄。总章虽未祀，而竞业之意常存；清庙弗必临，而肃恭之诚不替。明堂备举于仪文，精意期孚于胗蠁。雷动法驾，天临国赐。路门画虎，日虽正于五位；法驾鸣鸾，时必临于九筵。璪旒端御于一殿，翠驾俯临于九筵。于舜章是访，尧室是问；适周夜已半，商鸡已鸣。左右个兮随序迭居，南北筵兮因方肆祀。赋隔想乘舆南入，清风微动于八窗；谅警跸东行，霁日交辉于五室。

丧　丧礼三十九

中兴礼书

发引

　　乾道三年七月二十日,礼部太常寺言,今来大行皇后上仙,今续次讨论到章穆皇后故事,发引日,皇帝服素服,亲行遣奠,改常服还内。群臣服初丧服,不会葬者,城外奉辞讫,改常服奉慰;会葬者,俟掩皇堂毕,改常服,所有将来发引日,欲乞并依前项礼例,内皇帝行遣奠礼所服素服,欲乞至日,服白罗软脚幞头、白罗衫、黑银带、丝鞋,令文思院制造,御药院送纳。诏依。同日又言,今检会章穆皇后园陵故事,系差五使,昨来昭慈圣献皇后攒宫,显仁皇后攒宫,并止差总护使、桥道顿递使,今来大行皇后攒宫差官,合取朝廷指挥,诏总护使差居广顿递使差史正志。四日,御史台言,将来梓宫发引,其日文臣百官,合排设路祭一座,所有合用真衣、彩赠、宜器、花果、香烛、斋供道场等,其所用钱乞令应文臣至选人,并照本身合得料钱、每贯纳钱三十文省,欲乞依昨显仁皇后梓宫发引例,于临安府送纳出给朱钞,将所收到钱,乞令临安府委官排办路祭等。支使侯事毕日,具所收并支使过钱物,报本台照会,或有支费不尽钱数,令临安府一面缴纳,左藏库。诏依。同日工部言,礼部尚书周执羔等札子,今来皇后上仙,今检照礼例,发引日合用大升𪓰,并龙𬨨大升𪓰,合用牌一面,朱漆青地金字,系制造官司,委官书写:“谥号:皇后大升𪓰”七字为文。及合用哀册并沿册法物,欲乞并令工部下文思院修制,仍乞令本院依昨懿节皇后,并安穆皇后谥册宝等体例,赴太常寺看详讫,下院制造。奉圣旨依下将作监施行,据文思院上下界申,今来修制哀谥册宝,并大升𪓰龙𬨨车等法物,虽已降指挥,令逐院彩画图本,赍赴太常寺看详,下院制造,窃虑所画名件与制度内有声,说不尽去处,若再申本寺,委是往复迟误,今欲乞下太常寺专差,谙知次第礼直官一名,赴院及作头,不妨本役往来赴院,指说样制、色额,造作、施行、庶合典礼。诏依。大升𪓰床重明,长一丈二寸,两面匙头各长八寸,计一尺六寸,通长一丈一尺八寸。床程垂面,阔七寸,床程厚五寸,床脚高五寸,并床程共高一尺二寸。床缦外阔五尺八寸,其床上随程两边空二寸,其余用毡板。大升𪓰四角柱,四条各通长七尺二寸,各上安各杆子,德木全。大升𪓰床脚于床程上第一光重过半卯外上面造殿子头,与大升𪓰相称,造作未见得高低两壁上有板,雕青龙白虎,并各有龙虎神童子,事件意带全,前后安朱红球,路开闭隔子门二扇,镙钥立坫全于门。立坫上,前有雕木朱雀,后有雕木玄武,两壁锦幪前后,乾红绿帘,量大升𪓰高低,阔狭、造作绯锦鼓索条八条,前后木力士一十四个,量大升𪓰,角柱德木高低造作各抹绿桐油,莲花敦坫木四个，故大升轝四角床脚下，使用各用铁手把全，上有大杆二条，外杆二条，雁翅杆二条，牛头杆二条，各雕造螭头，并大横抹竿二条，已上并用刷白画云鹤，桐油内龙輴车程，裹明长一丈一尺二寸，两面匙头各长七寸，计一尺四寸，通长一丈二尺六寸，床程缦外阔六尺，两边把头长九尺，垂面八寸，各厚三寸，四脚各高二尺五寸，轴长九尺，两面轿子随车拽脚缦势造作，板底用跕抹子，龙輴车两边造拘栏子，高一尺二寸，脱卸造作其拘栏子朱红漆造压元杆子二条，两头直经各五寸，杆身立厚六寸，床程厚四寸，垂面阔八寸，两面把头木厚三寸，并刷白彩画云凤，四脚各画莲花及用桐油油造。同日礼部尚书周执羔等言，今来大行皇后上仙，依礼例，合差撰哀册文官一员，书哀册文官一员，伏乞朝廷差官施行，诏撰哀册文官差王昞，书哀册文官差梁克家。同日，礼部太常寺言，今参酌礼例，条具下项：一、依懿节皇后礼例，太傅持节导梓宫，合用节一副，及合用赠玉匣床一副，镶匙复帕全，并乞依例下工部，令文思院制造。一依国朝会要园陵故事发引日，合用卤簿仪仗，缘即目未备，权以仪卫服紫衫，执持本殿仪物，令主管禁卫所前相度，差拨，所有将来大行皇后发引日，欲乞依前项故事施行。一、所有哀册欲乞依礼例，俟有司修制毕，依旧文思院收掌，俟发引前一日，礼部设于行宫门外册宝幄次，俟发引日行遣奠礼。读哀册讫，陈列哀册于大升轝之前，影殿之后，导引至攒宫日，交割赴攒宫都监收掌。俟将来迁奉园陵，即依故事入皇堂安设。一谥册宝依礼例，发引前一日，本殿降出，付礼部设于行宫门外册宝幄次，俟发引日行遣奠礼讫，陈列于大升轝前，哀册之后，导引至攒宫于幄次安设。俟掩攒宫毕，却以谥册宝导引虞主回日，谥册宝依旧交付本殿官，俟导引虞主至太庙，其谥册宝交割付太庙奉安所收掌。诏依。十二日太常寺言，准尚书省札子，大行皇后丧事，都大主管所状，今来梓宫攒殡去处，已承指挥就安穆皇后攒宫，所有将来梓宫发引，合选定利方经由道路门户，下所属讨论，奉圣旨依太史局申，将来梓宫发引，合出本殿门头北，出北宫门至和宁门外，系是岁空方，至都亭驿新路头东，向南出嘉会门已次委曲经大路，转至赤山路口头，东至安穆皇后攒宫，依得阴阳经书即与国音，别无妨碍。太常寺今讨论，欲依太史局所申，事理其道路，乞令桥道顿递使司措置。诏依。十三日，礼部太常寺言，将来大行皇后奉谥册宝并梓宫发引，皇帝亲行遣奠之礼，依礼例合差太傅一员后从，系差宰臣。诏依。十五日，礼部太常寺言，将来梓宫启攒讫，今具启奠等合行事件。一行启奠祖奠遣奠之礼，共合用牙床三张，乞令工部下文思院制造。一发引合用黝三匹，以熟皂绢充。纁二匹，以熟绯绢充。令太府寺下左藏库支供。诏依。十六日，礼部太常寺言，将来皇帝亲行遣奠礼，总护使行启奠祖奠礼，今条具合行事件：一、依礼例，发引日百官于城外奉辞，依故事并服孝服，所有自成服后，其文武官至行在者，不当别造孝服，止合公服黑带立班，今来发引奉辞日，今欲并依上件故事施行。一发引日，皇帝亲行遣奠之礼，合差赞导太常卿一员，赞引太常卿太常博士一员，乞差太常寺官。合差卷帘、侍香、捧币、爵酌、酒捧、盘匜、悦巾、拭爵巾、监烧燎等内侍，乞下入内内侍省差。一、抬擎哀册轝官，及礼部职掌，各乞下所属差拨。一、亲行遣奠之礼，依仪皇帝诣梓宫前上香不跪，致钦不拜。所有奠币、奠酒，欲奠于香案上，其奠酒依殿攒例，就香案上设奠酒盂子，所有合用幄次，欲乞于和宁门东壁待漏院，令仪鸾司排办。一、启奠祖奠遣奠行礼，依仪，并合用牲牢礼料，实笾豆簠簋设于牙床，系太常寺排办外，所有大行皇后梓宫前，合设香案麻炉奠酒盂子，乞从本殿排办。一梓宫前，窃虑有铺设供养花版果垒等有妨，将来安设牙床行礼，欲乞从都大主管所下本殿，于至日时前撤去。一、行遣奠之礼，合差读哀册官一员，举册官二员，进币爵酒官一员，酌酒官一员，伏乞朝廷降敕差官。一总护使行启奠祖奠礼，合差奉礼郎、太祝太官令各一员，欲乞轮差太常寺官。诏依。同日，又将来大行皇后梓宫发引，今条具下项：一、依礼例，梓宫升大升镶内侍封镶，检会昨显仁皇后灵驾发引，赴攒宫日，不曾封镶，今来梓宫升大升轝发引日，欲乞依礼例，更不封镶。一、行遣奠礼，欲乞依礼例，太傅亲

王总护使，及行事侍中等南班诸亲陪位。内诸亲系大行皇后本宅亲属。一启奠祖奠合用祝文二首，一首述以总护使行启奠之意，一首述以总护使行祖奠之意。乞下学士院修撰。一、合用御封降真香三合，乞下入内内侍省请降。一启奠祖奠遣奠行礼，合用币帛三段，各长一丈八尺。令户部下左藏库支供。及合用羊豕各三副，羊豕各一，乞下临安府收买。其合用礼料酒齐等，乞具合用数，报临安府排办。内启奠祖奠交割付本殿，及差殿内幕士等，抬擎铺设事毕。抬出。一合用盥洗盘匜并巾，乞下文思院制造。一、昨懿节皇后梓宫发引前一日，奏告行在宫观，及祭告经过十里内祠庙。内宫观乞申请差官行礼，其经过祠庙令临安府随置差官，备酒脯币帛修写祝文行礼。今来梓宫发引前一日，欲乞依前项礼例施行。一、依礼例梓宫发引前一日，总护使行夜祭之礼，俟行礼毕退。其挽歌初更入殿，祗应至初更后并令出殿，今来梓宫发引前一日，欲乞依礼例施行。其合用灯烛，并供养食茶酒果香等，乞令诸司排办。其祝文下太史局排办。一依礼例梓宫发引前一日，呈拽按视章轝方相，大升轝并一行仪卫僧道等，从总护使同都大主管按视。一发引日行遣奠礼毕，除总护使并都大主管官合随从外，其余行事侍中已下陪位讫，并乞依故事先赴攒宫内随从。官吏等沿路，若值雨，许施雨具。一发引日其亲王南班宗室，并本宅诸亲，俟行遣奠陪位讫，后从梓宫升大升轝至攒宫，俟掩攒宫毕，奉辞讫退。一发引并掩攒，系同日。乞行一就祭告安穆皇后攒宫，其祭告官，乞依例系总护使司行下大宗正司，差南班宗室一员，前一日赴攒宫致斋，所有合用御封香、祝文，乞依例关报所属请降。合差太祝一员并合用供养茶酒果等，乞报临安府差官，及依自来祭告礼例排办。一发引日沿路等合用御封降真香，具数报入内内侍省请降。一攒宫合用梓宫待时幄次，乞下领递使司行下所属相度，钉设所有方位，乞令都大所克择官指引利方。一依礼例将来掩攒宫日，总护使率应在攒宫官进表奉慰。诏依。十七日，礼部太常寺言，梓宫发引至攒宫，今条具下项：一、发引日，其方相买道舆等，除彩结物色外，其余大升轝方相买道舆等，候至攒宫日依故事合于攒宫外焚烧，所有焚烧方位，乞下都大主管所就差本所克择官指引方位。一、大行皇后重候至攒宫日，即乞随方相等于利方焚烧，所有铭旌黝缋赠玉，乞依例随梓宫于神冗内安设。诏依。二十七日，礼部太常寺言，梓宫发引，合差侍中一员，奏请梓宫升降进发权驻太傅一员，持节导梓宫监掩攒宫少傅一员，率捧梓宫官奉升大升轝并摄少保复土九钟，太常少卿一员率执翼障梓宫。监察御史一员监掩攒宫少府监一员，进龙辐将作监一员，捧梓宫登龙辐兼掩攒宫，赞引太傅持节导梓宫太常博士一员，伏乞降敕差官。诏依。二十九日，礼部太常寺言，将来梓宫发引，已降指挥前一日，奏告行在宫观，所有合用御封降真香一十四合，青词二首，祝文一首，并述以安恭皇后梓宫发引前一日奏告之意。苍币四段，白币一十段，各长一丈八尺。并合用礼料酒烛，及差奉礼郎以下行事官等，并乞令太常寺，依自来奏告礼例，关报所属差官排办。其合差奏告官，乞降敕差。诏依。闰七月三日，礼部太常寺言，梓宫发引，今比附条具下项：一、梓宫发引行遣奠礼，皇帝所服，欲乞依启攒礼例，供进忌日之服；其后从太傅并应奉前导等官，并常服黑带。一、梓宫发引行遣奠礼，依已降指挥是日，皇帝出祥曦殿乘辇，诣和宁门外幄次，俟梓宫升大升轝讫，行遣奠礼。其所设幄次于和宁门里东壁，随地绞缚，及合用露屋，并令仪鸾司同临安府排办。今欲乞是日，皇帝自内服常服，出苑西便门，诣幄易忌日之服，以俟行遣奠礼毕。归幄释忌日之服，服常服还内。所有合用禁卫等，乞令禁卫所，相度施行。所有大升轝，欲乞于和宁门外近门安设，以俟梓宫降龙辐升大升轝安卓讫，行遣奠礼毕，次用杆杖绞缚捧擎进发。诏依。四日，礼部太常寺言，梓宫发引掩攒宫，今参酌到合行事件下项：一、发引日，文武百僚赴嘉会门外奉辞讫，赴后殿门外进名奉慰。并是日掩攒时，文武百僚亦合诣后殿门外奉慰，契勘今来同日两次奉慰，委是繁数。今欲乞文武百僚于嘉会门外奉辞讫，候掩攒时至，文武百僚诣后殿门外，一就进

名奉慰。一、发引日,南宫门并丽正门,并依时开门,缘是日梓宫发引,太傅已下后从等,行礼毕内有合赴嘉会门外奉辞立班官,缘至日梓宫已进发,难以前路挽越,欲乞至日梓宫发引行礼毕,换常服吉带,入和宁门,出丽正门,赴嘉会门外,易衰服奉辞。今欲乞是日,南宫门并丽正门比常日早三刻开放,令太傅以下后从等,趁赴奉辞。诏依。

哀册文

维乾道三年,岁次丁亥,六月丁卯朔,二十五日辛卯,安恭皇后崩于坤宁殿。七月壬寅殡于殿之东南隅,粤闰七月癸酉迁座于蒉宫。礼也,东渚星高,西陵月下,缟绋前驰雕辒肃驾,动永怆于终天,隔徽音于厚夜。皇帝情深邦媛,礼重长秋。问灵宫之既启,嗟缥帐之将收,乃即宾阶是临遣奠。爰命辞臣奉扬芳宪辞曰:惟昔有娀,功被万世,席庆流光,发祥贲祉,珠瞳炳灵,瑶魄降瑞,际于休明。生此淑懿辒辉素里,育德仁门淑问不已。德仪攸尊,恩于尧母,慧心彰闻,见于内殿,柔风益芬。轩象应符,兰闺钟粹,代邸膺历,重华协帝,黄龙绚采,紫宫正位。体极坤元尊如天妹,内辅阴教旁裨政机。训组致力,璲珩有仪,罩葛播美,睢鸠在诗。家道以正,王化之基,丝枲是饬,穜稑是共。频御茧舘,希从濯龙。喜不失节,怒不变容;惠有恤隐,恩无滥封。处约戒奢,怀冲履素;服练斥华,脱簪知度。领略风雅,披拂韶汉,辩有微言,诗多奇句。贵则俪极,尊惟承天。既备五福,宜膺百年;忽六气之滔,厉嗟二童之梦言,顾甚迫之短景,曾不留于逝川。呜呼哀哉,龟策告猷,龙辒御辙,云物结而凄凝,箫鼓合而攒咽。路隐隐兮回重阜,旌冉冉兮背双阙,衬玉衣兮何之,望珠棂兮远诀。呜呼哀哉,美莲娟兮抚宫楹,包红颜兮陨朱荣,指新宫兮离故庭,去昭昭兮就冥冥。华殿尘兮神眇眇,花栏萎兮草青青。屑兮不见,超兮西征。呜呼哀哉!遗组香兮犹称,故鞠妹兮未封。宝瑟委兮弦齿断,玉台移兮镜奁空。象服具兮疑晓,房栊虚兮多风。波浪深兮雌剑。竟去,水霜苦兮别鹤无踪。呜呼哀哉!半波绝源,中春掩媚,天理莫知,人心是瘁。虽怛化之有终,亶垂芳之长在,惟德行之可传,塞天渊而不昧。呜呼哀哉!

总护使行启奠祖奠仪

其日有司设牙床、牲牢、礼馔讫,启奠时前引奉礼郎,诣殿上西向立,太祝诣殿上东向立,太官令于酒樽,所后北向立。太史局报时前二刻,礼直官引总护使诣殿下褥位西向立,礼直官揖舻拜讫,诣盥洗位,盥手、帨手,诣爵洗位,洗爵、拭爵,升殿诣梓宫前酒樽所西向跪,执爵,俟太官令酌酒讫兴,诣梓宫前跪,上香、再上香、三上香。奉礼郎奉币,总护使受币,奠币,执爵三祭酒,奠爵俯伏兴,少立,太祝跪读祝文讫,兴总护使再拜讫,降阶复位立。礼直官揖舻拜讫,退。俟有司撤牙床讫,祖奠时至,礼直官引侍中,诣梓宫前俯伏跪奏,称侍中臣某言:"请安恭皇后梓宫进发。"奏讫俯伏兴,退复位。凡侍中奏请皆俯伏跪奏讫,伏兴。俟辇官捧梓宫稍前,侍中又奏请梓宫少驻,奏讫,权退归次。俟梓宫权置定,有司设牙床、牲牢、礼馔毕,以俟总护使行祖奠礼,并如启奠之仪毕退。

皇帝亲行遣奠仪

其日,皇帝于发引时前一刻,服常服出祥曦殿乘辇,禁卫如常仪。诣和宁门外幄次,降辇入幄帘降,易素服即御座讫。次前导官等立于御幄前,次礼直官引侍中,奏请安恭皇后梓宫进发,初总护使行祖奠之礼,少府监帅,其属进龙辒于别殿门外。太傅持节导梓宫进发降殿,太常少卿帅执翼者分左右障梓宫。亲王总护使等并南班及诸亲,先于别殿门外立,以

俟举哭,后从次引侍中诣梓宫前奏称,侍中臣某言:"请安恭皇后梓宫升龙辅。"奏讫,退,次将作监捧梓宫,升龙辅至和宁门外,侍中奏请梓宫权驻,升大升轝。少傅率梓宫官,系将作监。奉梓宫升大升轝讫,有司设哀册、牙床、实牲牢、礼馔毕。次引读哀册官,各就位西向立,进币爵酒官东向立,酌酒官于酒樽之后立。次引太傅亲王总护使等,南班诸亲并行事侍中等,诣梓宫前南向立,次礼直官太常博士引太常卿当幄前俯伏跪,奏称,太常卿臣某言:"请皇帝行遣奠之礼。"奏讫,俯伏兴,退复位。帘卷,前导皇帝出幄,诣大升轝之东褥位西向立,次引太傅后从奏请皇帝举哭不拜;在位官皆举哭,再拜。次内侍进盘匜沃水,奏请皇帝盥手,内侍进巾;奏请皇帝帨手;内侍进爵,奏请皇帝洗爵;内侍进巾,奏请皇帝拭爵。前导官前导皇帝,诣安恭皇后大升轝香案前,又奏请皇帝上香、再上香、三上香。进币爵酒官东向跪。先进币,次进爵、酒,又奏请皇帝受币、奠币、执爵,三祭酒,奠爵。并于香案上又奏请皇帝少立,哭止,次举册官跪举册,读哀册官西向跪,读哀册讫。又奏请皇帝举哭不拜,在位官皆举哭再拜。前导官前导皇帝归幄,并哭止,太傅已下并前导官并退。内合赴攒宫者赴攒宫。次礼直官引侍中,奏请梓宫进发。有司率僧道,各执威仪锣钹道具,并应奉车轝法物,及仪卫执持仪物人,前引梓宫进发。皇帝易常服还内。如来仪。

奉辞仪

其日,百官先赴城外幕次,易初丧之服。俟安恭皇后梓宫将至,有司设香案定,御史台阁门太常寺集百官立定,礼直官引班首已下诣班前立定。俟梓宫至,礼直官赞跪拜,在位官皆再拜,次引班首诣香案前,上香、再上香、三上香,复位,立班首举哭,在位官皆举哭。俟哭止,礼直官赞跪拜,在位官皆再拜,奉辞讫,权退立。俟大升轝过,并退易吉带,入丽正门,至后殿门外幕次,易常服黑带进名奉慰讫,易吉带退出和宁门。所有将来奉迎虞主日,百官并常服黑带,班首播笏上香,如上仪,唯不举哭奉慰。《宋会要》闰七月八日,梓宫进发,百官常服黑带奉辞于城外。是日,申时,掩攒宫百官,常服赴后殿门进名奉慰。总护使率应在攒宫官进表奉慰。梓宫进发,亲王、宗室、本宅亲属,并随从余行事官侍中已下,并俟遣奠陪位讫,先赴攒宫梓宫。至攒宫并掩攒各前一日,合奏告于安穆攒宫,以发引掩攒同日,乃一就奏告。

掩攒

乾道三年七月十七日,礼部太常寺言,今来大行皇后梓宫发引,至攒宫行迁奠并掩攒宫,今参酌合行事件下项:一、迁奠行礼官,依礼例差总护使。一、掩攒宫行礼官,依礼例差太常卿。一、迁奠并掩攒宫,各合差奉礼郎、太祝太官令各一员,并乞轮太常寺官,如职事相妨乞报临安府差官。一、合用祝文二首。一首述以迁奠之意,一首述以掩攒宫之意。御封降真香二合。一、迁奠并掩攒宫各合用礼料酒齐羊豕等,报临安府排办。一、合用白币二段,各长一丈八尺。一合用香炉、匙合、炭火、燎草等,乞下诸司排办。一、依礼例,梓宫到攒宫捧梓宫升献殿权安奉,以俟迁奠掩攒宫。一、将来掩攒宫时,欲乞依礼例,文武百僚,常服黑带于后殿门外进名奉慰。所有掩攒宫定时克择官,下太史局差。诏依。

迁奠掩攒宫仪

用闰七月八日。其日,俟大升轝至攒宫,侍中诣大升轝前,俯伏跪奏称:"侍中臣某言请梓宫降轝、升龙辅诣献殿。"奏讫,俯伏兴。有司捧梓宫,升龙辅入献殿,讫。俟掩攒时前行迁奠礼,有司于梓宫前陈设祭器,实牲牢礼料毕。先引陪位官立定,次奉礼郎已下入就位立,次引总护使诣梓宫殿下立定。并服孝服。礼直官赞跪拜总护使再拜,在位官皆再拜讫。次引奉礼郎太祝太官令各升就位立定,次引总护使诣盥洗位,盥手帨手讫,诣爵洗位,洗爵,拭爵,诣酒樽所跪,执爵俟太官令酌酒讫。兴诣梓宫前跪,上香"再上香"三上香;奉礼郎奉币,总护使受币,奠币,执爵三祭酒,奠爵,俯伏兴少立。俟太祝跪,读祝文讫,总护使再拜讫,降阶复位立。又再拜,在位官皆再拜讫。次引总护使诣望瘗位立,奉礼郎太祝太官令重行立定,有司瘗祝币讫,退。陪位官以次退。俟掩攒宫时至,用申时八刻后庚时。引侍中诣梓宫前俯伏跪奏,称侍中臣某言:"请梓宫赴攒宫。"奏讫俯伏兴,有司捧迁梓宫赴攒宫毕。次太傅少傅监察御史,将作监并监掩攒宫讫,次引少傅复土九钟,太史招神灵上神帛。

奉辞并掩攒毕行缋礼仪

掩攒毕,礼直官引总护使,并行事官,本司官属,诣安恭皇后攒宫再拜,奉辞讫,初招神灵上神帛讫。次有司排办牲牢礼馔讫,礼直官常服黑带,引奉礼郎太祝太官令立定,引太常卿诣攒宫殿下立,礼直官赞躬拜,太常卿拜,奉礼郎以下皆再拜讫,奉礼郎以下升就位,引太常卿诣盥洗位搢笏,盥手、悦手、洗爵、拭爵。执笏,升诣樽所,搢笏,跪执爵,俟太官令酌酒讫,执笏兴,诣攒宫殿上搢笏,跪上香、再上香、三上香、受币,奠币,执爵,三祭酒,奠爵,执笏,俯伏兴少立。俟太祝读祝文讫,请再拜讫,降复位,礼直官赞躬拜,在位官皆再拜讫,引诣望瘗位南向立,奉礼郎太祝太官令,重行。俟焚瘗祝币讫,次内谒者诣虞主幄次内浴虞主讫,以白罗巾拭讫,内谒者捧虞主升腰舆,次捧腰舆官扶夹侍官,以次捧虞主腰舆,升攒宫献殿穴上,南向权置定。次引扶夹侍启匮讫,内谒者北向俯伏,跪奏,称内谒者臣某言:"请安恭皇后神灵上虞主。"奏讫,俯伏兴少顷。内谒者再诣腰舆前,俯伏跪奏称,内谒者臣某言:"请安恭皇后虞主降舆升座。"内谒者捧迁虞主即座,以青罗巾盖之腰舆,退以俟行虞祭之礼。

御容

乾道三年七月十七日,礼部太常寺言:将来大行皇后梓宫至攒宫掩攒毕,下宫安奉御容,乞依礼例,差太常少卿行奉安烧香之礼,合用御封香一合,乞令入内内侍省请降,其供养,牙盘食茶、酒、果、器皿、香案、香炉、匙合、奠茶酒、钞锣盆台、拜席褥等,并下临安府排办。诏依。闰七月十一日,龙图天章宝文显谟徽猷敷文阁奏,近承降到安恭皇后御容二轴,赴阁一轴,内中神御殿崇奉。一轴本阁神御殿收奉,本阁已于幄殿内权行安奉外,今据礼直官开具到合行事件。一、收奉并安奉安恭皇后御容,依见今别庙室次序,系于安穆皇后之次,今欲乞就安奉日于时前,捧迁见安奉神御趱那稍北,安奉安恭皇后御容。本阁官行烧香礼已后,并依祖宗诸后例崇奉。一、合用御封香三合,乞依本阁例于睿思殿外库请降。一、合奏告本阁祖宗神御,并收奉;一、合奏告内中祖宗神御并安奉;一、合告迁安恭皇后御容。一、告迁时前,本阁官常服吉带诣神御殿,并诣内中神御殿行烧香奏告礼,毕。俟时告迁安奉行烧香之礼。一、依礼例合差援卫亲从官五十人,肩擎辇官三十二人,自本阁捧擎腰舆至祥曦殿门,其自殿门捧擎腰舆至神御殿,乞差供内仪鸾司一十六人,就用本处服色。一、乞下太史局,选迎奉安奉吉日时刻,及至日时前告迁安恭皇后御容时,并差克择官一名。诏依。

安奉御容仪

有司排办供养食酒果等,备次太常寺少卿常服黑带,礼直官引诣安恭皇后下宫殿下东向立。次有司捧迁安恭皇后御容,正安奉讫。礼直官赞太常少卿躬拜,次引太常少卿,

升诣安恭皇后御容香案前,搢笏,上香、再上香、三上香,跪奠茶,三奠酒,讫,执笏俯伏兴,请再拜讫,降复位。礼直官赞太常少卿再拜讫,次易吉带诣安恭皇后攒宫,并下宫朝拜讫退。

虞祭

乾道三年七月六日,礼部太常寺言,今来大行皇后上仙,依故事虞主回,合用翟车缘为仪,伏未备止,就用已造虞主腰舆。差辇官,自攒宫捧擎虞主赴本殿。今来虞主回日,欲乞依礼例施行,其辇官令御辇院计会,主管诸司差拨。诏依。二十一日,礼部太常寺言,今来大行皇后梓宫发引掩攒毕,行九虞卒哭祭,检照礼例,掩皇堂毕,陵下设第一虞奉主回,通行九虞及卒哭祭毕。择日祔庙,今参酌条具事件下项:一、依礼例掩攒毕,迎奉虞主回,诣几筵殿权安奉,以俟行虞祭,及卒哭祭。所有几筵殿,欲乞就梓宫攒殿作几筵殿。一、依礼例,掩攒毕行第一虞祭毕,就攒宫献殿权安奉虞主,至次日早,行第二虞祭毕,迎奉虞主回几筵殿权安奉。一、掩攒毕,虞主回,合于几筵殿权安奉,系本殿官照管,以俟祔庙。所有香炉匙合炭火等,乞令本殿排办,及幄次,乞下仪鸾司钉设。一虞主回诣几筵殿权安奉讫,皇帝行安神烧香礼毕,次太常卿以酒脯行安神礼,合差前导太常卿太常博士奉礼郎、太祝太官令各一员,并乞轮太常寺官,其行礼太常卿,乞降敕差官。所有酒脯等,欲乞依自来祝祭礼例排办。一、合差内谒者一员,浴虞主,并奏请神灵上虞主,并合差捧腰舆内侍四员,扶侍夹侍各二员,兼安奉虞主祗应。及掩攒毕,行九虞卒哭祭,及虞主回,沿路及本殿合差内侍官一员,干办守宿照管,并行礼捧迁虞主,并乞下入内内侍省差官。仍乞差皇城司亲事官八人,并管押一人,沿路守宿祗应。礼毕发遣。一、安奉虞主于攒宫献殿,行虞祭礼。合用倚卓一副,搭席等,令临安府计会主管诸司排办。一、九虞祭毕,祔庙前行卒哭祭,合差行礼官一员,依礼例,乞差南班宗室正任以上充。一、行九虞祭,并卒哭祭,各差奉礼郎太祝太官令各一员,并乞轮请太常寺官。一、九虞并卒哭祭,并皇帝行安神烧香礼,并太常卿行安神礼,共合用御封降真香一十二合。一、九虞祭,合用祝文九首,并述以大行皇后掩攒官毕,遣官行九虞祭之意。并卒哭祭祝文一首,述以为大行皇后神主祔庙前,遣官行卒哭祭之意。及太常卿行安神礼祝文一首,述以迎奉大行皇后虞主回诣几筵殿,遣官行安神礼之意。并乞令学士院修撰,一九、虞并卒哭祭,及太常卿行安神礼,共合用白币一十一段,各长一丈八尺。一九虞并卒哭祭,各合用羊豕各一口,乞下临安府收买,并馔造神食御厨工匠,乞下御厨差拨。一、将来立虞主,并神主祔庙,所有浴虞主神主,各合用檀沉笺茹香末,各半两,柴二十五斤,下临安府排办。一、行礼日,合用香炉匙合上香木炭灯烛燎草,并乞令神主祔庙,都大主管所下所属排办。内燎草乞令主管诸司,一面报皇城司照会,放入其币帛祝文。乞依例俟行礼毕交割付几筵殿官,一面焚烧。一、卒哭祭行礼日,依礼例皇帝不视事。俟几筵前行礼毕,文武百僚,诣后殿门外进名奉慰。一奉迎虞主回几筵殿,皇帝行安神烧香礼。合设御幄施帘,乞下仪鸾司钉设并排办。黄罗袱褥奏请紫褥。一自攒宫捧擎虞主腰舆回赴本殿,合用彩结殿子,乞下仪鸾司绞缚,及辇官,乞下御辇院差拨,所有威仪僧道等,并执持仪物人,并乞就用发引日威仪等人充。诏依。二十八日,礼部太常寺言,将来安恭皇后掩攒毕,立虞行九虞祭,今排定日分闰七月初八日掩攒毕,就攒宫献殿行第一虞祭。九日早就攒宫行第二虞祭毕,迎奉虞主回几筵殿权安奉。十日行第三虞祭。十一日神主祔庙受誓戒。十二日行第四虞祭。十三日行第五虞祭。十四日行第六虞祭。十五日行第七虞祭。十六日行第八虞祭。十七日行第九虞祭。十八日行卒哭祭。二十一日皇帝行虞神礼毕,次迎奉虞主赴太庙,次有司行祔庙礼。诏依。闰七月三日,礼部太常寺言,将来安恭皇后虞主还殿,皇帝行安神烧香礼,及祔庙日行宁

神烧香礼。依仪太常卿太常博士前导,奏请不载,百官陪位,今相度既无百官陪位,其前导官亦不合用,今欲乞俟将来虞主赴几筵殿安奉讫,皇帝行安神烧香之礼,及祔庙日,皇帝行宁神烧香之礼,并如宫中之仪。诏依。五日,御史台阁门太常寺言,已降指挥虞主回赴几筵殿,文武百僚于钱湖门外奉迎虞主,今来相视到自钱湖门外一带街道窄狭,难以立班,所有净慈寺前地步宽展,今欲乞是日,文武百僚于净慈寺前立班奉迎。及就贴设本寺充,宰执以下百僚待班幕次,如值雨,沾湿,三门上立班,仍免拜。诏依。

虞祭仪

有司排设牲牢礼馔讫,行事官各服常服黑带,赞者引奉礼郎太祝太官令,诣殿下北向立,礼直官引太常卿诣殿下西向立,礼直官赞躬拜太常卿拜,在位官皆再拜讫,次引奉礼郎以下升就位立,引太常卿诣盥洗位,搢笏、盥手、帨手、执笏,诣爵洗位,搢笏、洗爵、拭爵、执笏,升殿诣酒樽,所搢笏跪,执爵,俟太官令酌酒讫。执笏兴引太常卿,诣虞主前搢笏跪,上香"再上香"三上香,受币奠币、执爵、三祭酒、奠爵,执笏俯伏兴请少立。俟太祝读祝文讫,请再拜,引降阶复位,礼直官赞躬拜,太常卿拜,在位官皆再拜讫,引诣望瘗位南向立,奉礼郎以下重行,俟焚瘗祝币讫班退。

仓

总叙

《事物纪原》

仓,所以贮国储也。商有钜桥;汉有成皋敖仓,及常平;隋有黎阳。自古亦无名额。

《通典·食货篇》

隋文开皇三年,华州置广通仓。则仓有名额,此其始也。《六帖》乃云:吴仓,春申君所造,名均输。武王发钜桥之粟,孔安国以为纣所积之仓也。郑康成注:周禀人云藏米曰廪。然则仓廪,盖一事也。孟子曰:瞽瞍使舜完廪损阶,召康公之美公刘,曰乃积乃仓。则其始,乃见于陶唐之世也。

《周礼》

有仓人掌人之藏。《礼记》月令曰:季春发仓廪,赐贫穷。孟冬穿窦窖,修囷仓。

《管子》

仓廪实,知礼节。不务地利则仓不盈。

《能改斋漫录》

仓廪二字,蔡邕月令章句曰:谷藏曰仓,米藏曰廪。虽其义如此,然后世作文者,亦未尝分别而用。如《广韵》云:仓有屋曰廪,盖此意出于邕后也。

王祯《农器图谱》

仓廪,皆蓄积之所。古有定制,重民仓也,次而囷京,卜而窖窦。世所共作,俱谷藏去声类也。然又各有切要,以从省便。凡欲储贮、务俭德者,当取为法。至于始终出纳之用,尤不可阙,故以嘉量继之云。又曰:今国家备储蓄之所,上有气楼,谓之敖房;前有檐楹,谓之明厦;仓为总名,盖其制如此。夫农家贮谷之屋,虽规模稍下,其名亦同。皆系累年蓄积所在。内外材木,露者悉宜灰泥涂饰,以辟火灾。木又不蠹,可为永法。《书叙指

南》:仓曰仓廥,史平淮又曰敖廥,李晟又曰京,淳于意又曰仓庤。罗艺。仓廪实,曰京庾流衍;左思《魏都》。仓敖

敖空乏,曰仓无见谷;粟钱乏,曰仓府空。卜式。

神仓

《礼记·月令》

藏帝籍之收于神仓,祗敬必饬。注云:天子籍田千亩,故曰帝籍之收。籍田所收之谷也,神仓仓也。藏祭祀之谷于神仓,重粢盛之委也。

籍田仓

《礼仪志》

注《汉旧仪》曰:种百谷万斛,为立籍田仓。

太仓

罗泌《路史后纪》

炎帝神农氏,豫若天令,正气节,审寒暑,以平早晚之期。谓人之生,太仓为主,而太

神农氏

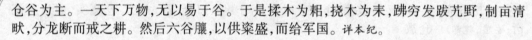

仓谷为主。一天下万物，无以易于谷。于是揉木为耜，挠木为耒，趼穷发跂芫野，制宙清眹，分龙断而戒之耕。然后六谷朦，以供粢盛，而给军国。详本纪。

《汉书·高帝纪》

七年，萧何治未央宫，立太仓三辅黄图太仓。萧何造在长安城外东南。文景节俭，太仓之粟，红腐而不可食。《汉书》：武帝之初，民给家足，太仓之粟，陈陈相因。

《汉会要·食货志》

西汉武帝之初，国家亡事，太仓之粟，红腐而不可食。

《西汉书·百官公卿表》

大司农属官，有太仓。均输平准，都内籍田，五令丞。

《汉书·律历志》

龠合升斗斛，职在太仓掌之。

《水经注·洛阳地纪》曰

大城东有太仓，仓下运舡常有千计。

《魏志》曰

袁涣为魏国郎中令，及卒，太祖为之流涕。以谷二千斛，一教以太仓谷千斛赐郎中令家，一教以垣下谷千斛与曜卿家。外不解其意，教曰："以太仓谷者官法也，垣下谷者新旧也。"

《相台志》

临彰县在镇东南七里，魏所置，今其窖尚在。

《晋志·武帝纪》

咸宁二年，于城东起太仓，于东西市起常平仓。晋咸和中，苏峻反，王师连败绩。时太仓惟有烧余米数石，以供御膳。太仓在苑城内，亦曰苑仓。乾道中，赵公彦端，《广济新仓记》云：图记独称吴苑仓，在苑城内，于晋为太仓，余无闻焉。此盖未考也。

《洛阳志》

河南府太仓，在建春门内。杜预曰：翟泉在太仓西南。

《南北史》

北齐司农寺掌仓，正统大仓。

《隋书·百官志》

隋司农寺，统太仓典廪。

《唐会要》

德宗正元十四年六月,以久旱,谷贵人流,出太仓粟赈给京畿诸县。九月,以岁饥出太仓粟三十万石出粜。十九年十月,太仓奏请依六典,置太仓令二员,丞六员,监事十员,支计官、驱使官三人,典六人,府史六人,从之。宪宗元和九年四月,诏出太仓粟七十万石,开六场粜之,并赈贷外县,待百姓秋熟征纳,便于外县,收贮以防水旱。十二年四月,诏出粟二十五万石,分两街降估出粜。长庆四年,勅出太仓陈米三十万石,于两街出粜。

《北京府志》

太仓在寅宾南薰二坊,设监支纳一员,大使一员,副使一员,攒典一名。洪武四年二月设置。其所属各州县仓,分设大使副使各一员,攒典一名,

《唐李义山集·太仓箴》

险哉太仓,险若太行。彼悬车束马,为陟高冈。此祸胎怨府,起自斗量;无小无大,不可不防。澄陂万顷,不废汪汪;火烈人畏,不废刚肠。曷若宽猛,处于中央;泉谷之地,勿言容易。贪夫殉财,有死无二。御点马衔,不得不利。下或谀我,过人之聪;是人甘言,将欲相聋。我或夸我,秋毫必睹;是人甘言,将欲相瞽。长如欲战,莫舍强弩;长如获禽,莫忘缚虎。众人之言,有讹有真;如彼五味,有甘有辛。口自尝取,无信他人;天生五色,有白有黑。目自别取,无为人惑,而况乎九门崇崇,近在墙东。天视天听,惟明惟聪。问龠合斗斛,何以用铜?取寒暑暴露不改其容。亦象君子,介然居中,终日战栗,犹惧或失。衔用何利?鍜之以清;虎用何缚?接之以明;弩用何射?发之以诚。俾后来居上,无由以生有余不足。无由以争,心为准椠,何忧乎不直不平?各敬尔职,一乃心力。仓中水外,人马不食。陶母及鱼,以之叹息。岂无他粟?岂无他刍?薏苡似珠,不可不虞。仓中役夫,千径万途,桀点为炭,睢盱为炉。应事成象,无有定模,缘私指使,慎勿以呼。宾朋姻娅,或来燕话。仓中酒醴,慎勿以贯。海翁忘机,鸥故不飞;海翁易虑,鸥乃飞去。是以圣人,从微至著,不遗忠恕,借借贷贷,此门先塞。须防苍蝇,变白为黑。呜呼!孰虑孰图?昔在汉家,仓令淳于,致少上诉。无辜陷身,至是不亦悲乎?敢告君子,身可杀,道不可渝。

又地名太仓《苏州志》

在崑山县,抽分竹木场,本处设置。

元顾世名《梅山集·太仓道中二首》

"露气侵衣月满舡,梦回依约五更天。枕间听得鸣鸡犬,知在谁家村上眠。""江烟漠漠暮天昏,且把扁舟系树根。欲问村中沽酒处,家家风雨不开门。"官名太仓令。见后仓职下。

醴源仓

《经世大典》

至元二十五年，光禄寺属省部，始置醴泉仓。掌受香莎、苏门等，酒材糯米，乡贡曲药，白面成曲，以供上酝。及岁以赐诸王百官者。秩从六品，置提举大使副使各一员。今定置：提举一员，大使一员，副使一员，此系大都醴源仓。至元二十五年，始置掌受大都转输米麹，并酝造车驾临幸次舍，供亿之酒。秩从九品，置大使直长各一员，大使一员，直长一员，此系上都醴源仓。

常平仓

罗泌《路史后纪》

黄帝桓常审乎地利，以为常平。注：地官之职，管云为廪者。于是地献草木，乃述耕种之利。

《汉制丛录》

战国时，李悝为魏文侯言："籴甚贵伤民，甚贱伤农。民伤则离散，农伤则国贫。故甚贵甚贱，其伤一也。善平籴者，必谨观岁有上中下熟而籴，使民适足，价平则止。小饥则发小熟之所敛，大饥则发大熟之所敛，而粜之，故虽遇饥馑水旱，籴不贵而民不散，取有馀以补不足也。"行之魏国，魏国以富强。汉兴至宣帝世，大司农中丞耿寿昌请筑常平仓，此亦李悝平籴之遗意也。

《文献通考》

汉宣帝筑常平仓，后汉明帝置常满仓，晋又曰常平仓，自此后无闻。梁亦曰常平仓，而不籴粜。陈因之。后魏大和中虽不名曰常平，亦各令官司籴贮，俭则出粜。隋曰常平仓。唐武德中置常平监官以均天下之货。市肆腾踊，则减价而出；田啬丰美，则增籴而收。触类长之。后省监署，常平署令一人掌仓粮管钥出纳粜籴，兑天下仓廪和籴者，为常平仓。正租为正仓，地子为义仓。

《事物纪原》

《宋会要》曰："淳化三年六月，京畿大穰，物价至贱。遣使于京城四门置场，增价籴，令造仓贮之，名曰常平。岁歉减价以粜，用振贫民。景德三年正月，上封者请诸路皆置。"

《宋朝太子记讲义》

熙宁四年,鬻广惠仓田。吕中云为常平本故也。常平所积,尽散而为青苗,不惟常平之法坏,而广惠仓赈济之意,亦坏矣。苏东坡万言书曰:常平之为法也,可谓至矣。所守者约,而所及者广。借使万家之邑,止有千斛;而谷贵之际,千斛在市,物价自平。一市之价既平,一方之食自足。无操瓢乞丐之弊,无里正催驱之劳。

《通鉴长编》

范景仁曰:常平仓,始于汉之盛时。贱则贵而敛之,恐伤农也;贵则贱而散之,恐伤民也。最为近古,虽唐虞之政,无以易也。

《鹤林玉露》

卢陵罗氏曰:惠民之法,莫善于常平。司马温公云:此三代圣人之法,非李悝、耿寿昌所能为也。陈止斋曰:周礼以年之上下出敛法。盖年下则出,恐谷贵伤民也;年上则敛,恐谷贱伤农也。即常平之法矣。孟子曰:狗彘食人食,而不知检;途有饿莩,而不知发。检字一本作敛。盖狗彘食人食,粒米狼戾之岁也,法当敛之。途有饿莩,凶岁也,法当发之。由此而言,三代之时,无常平之名,而有常平之政。特废于衰周耳,真非耿、李所能为也。制锦管见常平义仓,本给鳏寡孤独疾病不能自存之人。每岁仲冬合勒里正,及丐首括数申县,县官当厅点视以给,盖防妄冒。然里正及丐首藉是以求赂,有赂,非穷民亦得预;无赂,虽穷民不得给。文振初来永丰,时会岁连饥,仲冬点视丐者给米矣。殆数日出郊,偶见饥饿而狼狈于道者,俱不得预。始榜示诸乡,许无时自陈。旬日间,携抱辐凑而来者二百余人,乃真饥饿鳏寡孤独疾病不能自存者。始知向以无赂,不得给耳。兼由丐首括数而得给者,往往先与丐首约,当给米时,则分其半。疾病孱弱者不能行履所给,或尽为丐首席卷以去;不然亦衰常例,而丐者所得无几矣。夫丐首强壮亡疾病,一家率数人蚕食于常平,而又强掠如是,其弊可不革哉?要当严禁其乞觅不公之弊。遇初冬散榜,令穷民自陈,庶几常平不为虚设。

《为政九要》

公侯之职,随岁丰俭,所收分科粮另置常平仓,以备凶荒,济贫之本也。二三分收不科,五分收科三分,六分收至十分,各降一分科。

《朱子语录》

因论常平仓曰:"某自典二州,知常平之弊如此,更不敢理会着。南康自有五六万石,漳州亦六七万石,尽是浮埃空壳。如何敢挑动这一件事,不知做什么合杀。某在浙东尝奏云:常平仓与省仓,不可相连,须是东西置立。令两仓相去远,方可每常官吏检点省仓,则挂省仓其号牌子,检点常平仓,则挂常平仓牌子。只是一个仓,互相遮瞒。今所在常平仓都教司法管,此最不是。少间太守要侵支,使一司法,如何敢拗他。通判虽管常平,而其职实管于司法;又所在通判,大率避嫌,不敢与知州争事。韩文公所谓例以嫌,不可否事者也。且如经总制钱、牙契钱、倍契钱之类,尽被知州瞒朝廷夺去,更不敢争。"

《岭外代答》

常平米斛见存无几，所在皆是也。广右诸郡，唯静江常平米，止支诸司人吏俸米。自余诸郡，不以军粮不足，借支不还。则以久不赈发，腐损耗失，军粮不足而借之。所至皆然，非独广右。且广西米斗五十钱，谷贱莫甚焉。夫其贱，非诚多谷也，正以生齿不蕃，仓谷不多耳。田家自给之外，余悉粜去，曾无久远之积。富商以下价籴之，舳舻衔尾，运之番禺以罔市利。名曰谷贱，其实无积贮，尔州郡久不赈发。一连遇大凶年，米斗仅至二百钱，则人民已有流离之祸，州县拱手无策以处之。然则谷贱之果不足恃也如此。若夫以新易陈，在州郡所得为之事。曰敛曰散，曷不于乐岁广籴以为之备乎？

《清波杂志》

常平备凶荒，立法甚严。而米斛有以陈易新之条，州郡恃以借兑。先人任信幕，后守不偿前欠，一旦漏底，官吏并送邻州勘鞫。先人亦坐失于催促拨还，科公罪答，不理遗阙。二十年后，因同时坐累该改秩，为铨曹留难，索案至朝廷。时宗衮益国公恭大政，从容见语，近见先文常平伏辩，既不曾金书，何亦被鞠？辉因言州郡刑狱冤滥，有司以被朝命，虽知不曾着字，盖亦行三问，岂容不承？罪及无辜，大率类此。退而思之，先人尚无恙，或陷深文，固可雪理于今日矣。自昔初除执政，例荐所知三两人。建康王元枢初得政，首以先人名闻，乃自临安管库除江东漕司干官。见次一任，屡更使长，皆欲发文字力辞之，竟终于选调。

《册府元龟》

夫岁有凶穰，故谷有贵贱。令有缓急，则物有重轻。始自列国李悝起平籴之法，至于汉世寿昌建常平之制，裁之得宜，驭之有道。虽复天灾流行，水旱作珍，而谷有常价，民无饥色。其后迫于群议，乃从中辍。永平之岁，遵用旧典，市籴益贱，廪庾充积。既而罢焉。晋氏之后，南北更王，或建置有初，或评论靡决，名称之际，因革或殊，经制之方，损益小异。讫于隋室，复有义仓社仓之名。唐祚延久，条式咸著。朱梁五代，干戈未息，杨榷奏议，亦颇及之。原其立法之意，诚以均节货币之高下，防虞稼穑之丰歉。调盈虚而御国用，谨聚散而济民命。管子所谓多则贱，寡则贵，散则轻，聚则重。其得治财之术哉！夫为邦者，不可以不务也。

《西汉会要》

宣帝即位，谷石至五钱，农民少利。时大司农中丞景寿昌，奏言故事。岁漕关东粟四百万斛，以给京师，用卒六万人。宜籴三辅、弘农、河东、上党、太原郡谷，足供京师，可以省关东漕卒过半。萧望之奏寿昌未足任，上不听，事果便。寿昌遂白令边郡皆筑仓，以谷贱时，增其价而籴以利农；贵时减其价而粜，名曰常平仓。民便之。帝乃下诏，赐寿昌爵关内侯。《食货志·按宣纪》。五凤四年，设常平仓。

《赵充国传》

充国曰：金城湟中，谷斛八钱。吾谓景中丞籴三百万斛，羌人不敢动矣。中丞请籴百万斛，乃得四十万斛耳。失此二策，羌故敢为逆。充国传。

《西汉书·酷吏传》

严延年,为河南太守。府丞义道:"司农中丞耿寿昌,为常平仓利百姓。"延年曰:"丞相御史不知为也,当避位去,寿昌安得权此?"师古曰:"作此仓,非奇异之功也。公卿不知为之,是旷官也。而寿昌安得擅此以为权乎?"

《西汉书·食货志》

元帝即位,天下大水,民多饿死,人相食。诸儒多言可罢常平仓,帝从其议。《食货志》按纪初元五年,罢常平仓。

《东汉书·刘般传》

永平年间,帝欲置常平仓。公卿议者多以为便,般对以常平仓外有利民之名,而内实侵刻百姓。豪右因缘为奸,小民不能得其平,置之,不便。帝乃止。《山堂考索》永平五年,又作常平仓。

《续后汉书·杜预传》

时匈奴师刘猛举兵反,自并州西,及河东平阳。诏杜预以散侯定计省阃,俄拜度支尚书。预乃奏立籍田,建安边论,兴常平仓,定谷价,较盐运,制课调,上皆纳焉。

《册府元龟·晋武帝纪》

泰始四年,立常平仓,丰则籴,俭则卖,以利百姓。咸宁二年,起常平仓于东西市。宋沈昙庆为右丞。时岁有水旱,昙庆议立常平仓以救民急。太祖纳其言,而事不行。

《通志略》

晋武帝欲平一江表,时谷贱而布帛贵。帝立平籴法,用布帛市谷以为粮储。四年乃立常平仓,丰则籴,俭则粜,以利百姓。宋文帝元嘉中,三吴水潦,谷贵人饥。彭城王义康立议:以东土灾荒,人稠谷踊,富商蓄米,日成其价。宜班下所在,隐其虚实。令蓄积之家,听留一年储,余皆勒便粜货,为制平价。此所谓常道行于百世,权宜用于一时也。又缘淮岁丰,邑地沃壤,麦既已登,黍粟行就可折其估赋,仍就交市。三吴饥人,即以贷给,使强壮转运,以赡老弱。未尽施行,人赖之矣。

《册府元龟》

南齐永明中,天下米谷布帛贱。武帝欲置常平仓,市积为储。六年下诏,兼尚书右丞李珪之等参议。出上库钱五千万,于京师市米买丝绵绫绢布;扬州出钱千九百一十万,南滁州二百万,各于郡所市籴。南豫州二百万,市丝绵绫绢布米菽麦;江州五百万,市米胡麻;荆州五百万,郢州三百万,皆市绢布米大小豆大胡麻,荆州米兼粳粟。湖州二百万,市米布蜡。司州二百五十万,西豫州二百五十万,南兖州二百五十万,雍州五百万,皆市绢绵布米,南兖州兼大麦大豆,使台传,并于所在市易。后魏孝文太和十二年,诏群臣求安民之术。有司上言,请折州郡常调九分之二,京都度支岁用之余,各立官司。丰年籴贮于仓,时俭则加私之一粜之于民。如此民必相力田,以买绢积财,以取官粟。年登则常积,

岁凶则直给。帝览而善之，寻施行焉。自此公私丰赡，虽时有水旱不为患也。二十年十二月，置常平仓。东魏孝静天平中，常调之外，遂于丰稔之处，折绢籴粟，以充国储。于诸州缘河津济，皆官仓贮积，以拟漕运。自是之后，仓库廪之实，虽有水旱凶饥之处，皆仰开仓以振元元之众。后周太祖初为魏相，创制司仓，掌办九谷之物，以量国用。国用足，蓄其余以待凶荒。不足则止余用，用足则以粟贷人。春颁之，秋敛之。开皇三年，陕州置常平仓，京师置常平监。仁寿二年九月，置常平官。唐高祖武德元年，置常平监，五年废之。《唐志》曰：仓部以常平备凶，置令丞监事。出《山堂考索》。太宗贞观十三年，十二月十四日，诏于洛相幽徐齐并秦蒲等州，置常平仓。粟藏九年，米藏五年；下湿之地，粟五年，米三年。著于令。见《会要》。高宗永徽六年，大雨，道路不通，京师米价暴贵。出仓粟粜之，京师东西二里，置常平仓。《旧唐书》。显庆二年十二月三日，京西常平仓置，常平置官员。玄宗开元二年九月，诏曰："天下诸州，今年稍熟，谷价全贱，或虑伤农。常平之法，行自往古，苟绝欺诈，利益实多。宜令诸州加时价三两钱，籴不得抑敛，仍交相付领，勿许悬欠。蚕麦时熟，谷未必贵，即令减价出籴。豆等堪贮，熟者亦宜准此。以时出入，务在利人。江岭淮浙剑南，地皆下湿，不堪贮积，不在此例。其常平所须钱物，宜令所司支料奏闻，并委长官专知。改任日递相付受，且以天灾流行，国家代有，若无粮储之备，必致饥馑之忧。县令亲人，风俗所系，宜随当处丰约，劝课百姓，未办三载之粮，且贮一年之食。每家别为仓窖，非蚕忙农要之时，勿许破用。仍委刺史及按察使检校觉察，不得容其矫妄。

《旧唐书·食货志》

开元七年六月，勅关内、陇右、河南、河北五道，及荆、杨、襄、夔、绵、益、彭、蜀、汉、剑、茂等州，并置常平仓。其本，上州三千贯，中州二千贯，下州一千贯，每籴具本利与正仓帐同申。天宝间，天下常平仓粮，总四百六十万二千二百二十石。

《唐会要》

玄宗开元十年九月十五日，废河阳栢崖垣县等仓。十六年十月二日，勅自今岁普熟，谷价至贱，必恐伤农。加钱收籴，以实仓廪，纵逢水旱，不虑阻饥。公私之间，或亦为便。宜令所在，以常平本贱，及当处物。各于时价上，垒加三钱，百姓有粜易者收籴，事须两和，不得限数配籴。讫具所用钱物，及所收籴得物数，具申所司，仍令上佐一人专勾当。

《册府元龟》

开元二十九年，制曰："本置仓储，用防水旱。朕每念黎庶，常忧匮乏。承前有遭损之州，皆待奏报，然始赈给。近年亦分命使臣与州县相知处置，尚虑道路应远，往复淹滞，以此恤人，何救悬绝？自今已后，若有损处，应须赈给。宜令州县长官与采访使，勘会量事给乞奏闻。朕当重遣使臣，宣慰按覆。"

《新唐书·宇文融传》

宇文融，下诏以客赋所在，并建常平仓。益贮九谷权发敛，官司劝作农社，使贫富相恤。凡农月，州县常务，一切罢省，使趋刈获。《唐会要》：广德二年正月二十五日，第五琦奏，每州置常平仓，及库使司，商量置本钱。随当处米物时价，贱则加价收籴，贵则减价粜卖。

《新唐书·韦丹传》

丹为永州刺史,州负岭转饷,艰险每饥,人辄莩死。丹始筑常平仓,收谷羡余以待乏。

《册府元龟》

德宗建中元年七月,勅:夫常平者,常使谷价如一,大丰不为之减,大俭不为之加。虽过灾荒,人无菜色。自今已后,忽米价贵时,宜量出官米十万石,麦十万石,每日量付两市行人。下价粜货。三年九月,户部侍郎赵赞,上言曰:"伏以旧制置储粟,名曰常平。军兴已来,此事浸废。因循未举,垂三十年。其间或因凶荒流散,馁死相食者,不可胜纪。古者平准之法,使万室之邑,必有万钟之藏;千室之邑,必有千钟之藏。春以奉耕,夏以奉耘,虽有大贾富家,不得豪夺吾人者,盖谓能行轻重之法也。自陛下登极以来,许京城两市置常平,官粜盐米,虽经频年少雨,米价不复腾贵。此乃即日明验,实要推而广之。当军兴之时,与承平或异,事须兼储布帛以备时须。臣今商量请于两都,并江陵、成都、杨、汴、苏、洪等州府,各置常平。轻重本钱,上至百万贯,下至十万贯,随其所宜,量定多少。唯贮斛斗匹段丝麻等。常候物贵,则下价出卖;物贱,则加价收粜。权轻重以利疲人。"从之。赞于是条奏诸道津要都会之所,皆置吏。阅商人财货,计钱每贯税二十文,天下所出竹木茶漆,皆十一税之,以充常平本。时军用稍广,常赋不足,所税亦随得而尽,终不能为常平。宪宗元和元年正月,制,岁时有丰歉,谷价有重轻,将备水旱之虞,在权聚敛之术。应天下州府,每年所税地子数内,宜十分取二分,均充常平仓及义仓。仍各逐稳便收贮,以时粜粜,务在救人。赈贷所宜,速须闻奏。

《册府元龟》

后唐明宗天成二年六月,中书舍人张文宝,请复常平仓。四年九月,左补阙张昭远,奏:"切见今秋物价绝贱,百姓随地亩纽配钱物,名目多般,皆贱粜供输,极伤农业。既未能减放,则请加估折纳斛斗,稍便于民。又国朝已来,备凶年之法,州府置常平仓,饥岁以赈贫民。请于天下最丰熟处,折纳斛斗,以仓贮之,依常平法出纳。则国家常有粟,而民不匮也。"疏奏不报。长兴元年五月,右司郎中卢导,奏请置常平义仓,以备凶岁。

《五代史》

汉隐帝乾祐二年,太子詹事曹允升,上言国以民为本,民以食为天。时或水旱为灾,虫蝗害稼,既无九年之蓄,宁救万姓之饥?天灾流行,古今代有,而前代纵逢灾歉,免至流亡,盖以分灾恤民,素有储备。臣请依古法置常平仓,请于天下京都州府租赋斛斗上,每斗别纳一升,别仓贮积。若凶灾之处,出贷贫民;丰年即纳本数,庶几生聚,永洽绥怀。

《宋会要》

太宗淳化三年六月,诏京畿大穰,物价至贱,分遣使于京城四门置场增价以粜。令有司虚近仓贮之,命曰常平。以常参官领之,岁歉减价以粜,用赈贫民,以为永制。真宗景德三年正月,上封官请于京东、京西、河北、河东、陕西、淮南、江南、两浙,各置常平仓。淮沿边州郡,则不置。以逐州户口多少,量留上供钱一二万贯,小州或二三千贯,付司农寺系帐,三司不问出入。委转运司,并本州选幕职,州县官清干者一员,专掌其事。每岁秋夏

加钱收籴,遇贵减价出粜。凡收籴,比市价量增三五文;出粜减价亦如之。所减仍不得过本钱。以三年为界,所收钱谷,羡利止委本寺专掌,三司及转运司不得支拨。事下三司详定,请如所奏。乃命御史知杂事王济,判司农寺,孙崇谏同判。三月,以都官员外郎乔希颜,知开封府开封县。太常丞晁谅,知开封府浚仪县,仍兼监常平仓。判司农寺王济等所举也。四月,司农寺言诸路州军,当河路通舟船,及虽不当大路河道,而人户繁会,可以运粟赡他处者,望并令多籴。其或僻在山险之处,止约本处主客户收籴,贵无枉费。应收籴斛斗之时,官吏敢受行人请求,高其价直者,许人纠告,严行区断。告者给赏钱百千。并

汉元通宝

从之。大中祥符二年二月,分遣使臣出常平仓粟麦,于京城四面开八场,减价以粜。四月诏司农寺,京师所粜常平仓粟,前诏虽已减价,可更斗减五钱。五年正月二十六日,诏京城常平仓,所置七场分粜粮米。如间趋市者众,遂至壅溢,其令分为十四,以便于民。六年十一月,三司言司农寺,请以开封、祥符两县常平仓,并为在京常平仓。其在京及诸路常平仓斛斗,若经二年,即支作军粮,以新者给还,请并如所奏。从之。八年五月,诏常平仓所籴斛斗,夏色限至八月终,秋色至次年正月终。七月,判司农寺盛度言:"诸路州军常平仓斛斗,如于元约数外增籴,及一倍已上者,其当职官,并与理为劳绩。"从之。九年十二月,诏:"江南淮南诸州军谷价稍贵,民颇阙食,令本路转运司,以常平仓斛斗,减价一斗已下,零细出粜。"天禧元年二月一日,诏灾伤州军常平仓斛斗,减价出粜,止以元籴价为准。十二日,诏在京常平仓,合计度斛斗,并令三司擘画,或许人中,无使扰人。二年正月,诏诸州常平仓斛斗,其不满万户处,许籴万硕;万户已上,不满二万户,籴二万硕;二万户已上,不满三万户,籴三万硕;三万户已上,不满四万户,籴四万硕;四万户已上,籴五万硕。六月,三司言勘会司农寺,于左藏库封桩市米钱五万贯,自今如有宣旨须索,及诸友遣望以其钱充给,候诸处纳到旋补其数。从之。四年五月,判司农寺张士逊,言诸州常平仓斛斗,自今每遇出粜,望委本州通判,每日在仓提举,多方约束,以绝奸倖,使贫下阙食之人,市籴不至艰阻。从之。八月六日,诏益、梓、利、夔州,荆湖南北,广南东西路,并置常平仓。仁宗天圣二年十一月,司农寺言,旧制在京,并府界县分,及诸州府军监常平仓,如有粜籴,即供月帐;如无粜籴,只供季帐。今诸州所供,多不如式,有烦往复会问。欲望自今不以有无粜籴,并作季帐供申。从之。是月,都官员外郎刘厚载言,自置常平仓以来,每年司农寺转运司,遍下诸道州府催籴夏秋斛斗,盖不知外方时价,贵贱不同,一例行遣。其外处官吏人,不能平准物价,但务多积以为劳效。欲望自今遇贱即籴,当贵则粜。若麦粟两色,可以久积,其他并令减数。从之。景祐元年正月二十五日,臣僚上言,伏睹沧州粮仓,白米数少,小豆万硕甚多。饥民就贱,多籴小豆。欲乞以常平仓白米五万硕,易粮仓小豆出粜。诏河北转运司依奏。七月二十五日,臣僚上言,常平仓所管钱斛,乞降敕下司农寺转运司,选差幕职州县官,或京朝官,兼监常平仓。诏开封府界提点诸路转运施行。《九朝纪事本末》:景祐元年七月,天下常平仓置已久,领于司农寺。至是月壬子,始诏诸路转运使,与州长吏举所部官,专主常平钱粟。既而淮南转运副使吴遵路,言本路丁口百五十万,而常平钱粟才四十余万,岁饥不足以救恤。愿自经画增为二百万,它无得移用。许之。枢密直学士杜衍,亦尝建议,曰:岁有丰凶,谷有贵贱,计本量委,散滞取赢,宜究其术。若官以法平之,则农人有利,粟有所泄。今豪

姓蓄贾，乘时贱收，而拙业之人，旋致罄竭。水旱则稽伏而不出，须其翔踊，以牟厚利。而农民贵籴。九谷散于穰岁，百姓困于凶年。虽劝课官家至日见，亦奚益于事哉！盖常平仓制度不立，有名而无实。谓量州郡远近，户口众寡，时其饥熟，取贱出贵。严以赏罚，课责官吏，出纳无蠹。增损有宜，公籴未充，则禁争籴，以规利者。籴毕而储之，则察其以供军为名，而借假者。夫香象珠玑，久藏府库，非衣食之急。若州郡阙母钱，愿斥卖以赐之，补助其乏。《杜衍传》常平议在衍为中丞后，今摭出附见，衍为中丞，乃明年二月也。康定元年十二月丙戌，诏司农寺以常平钱百万缗，助三司给军费。自景祐末，不许移用常平，数年间有余积矣，而兵食不足。故降是诏。庆历二年八月壬申，诏河南府、孟、郑、滑、陈、许、颍、蔡、邓、唐、隋等州，发常平仓粟，以赈贫民。庆历四年正月，诏陕西谷价翔贵，其令转运司，出常平仓米，减价以市贫民。《九朝纪事本末》：庆历四年正月，陕西谷价翔贵。丁丑，诏转运司，出常平仓米，贱粜贫民。七月，先是范仲淹以灾异数见，请行数事。其三曰："今诸道常平仓，司农寺管辖，官小权轻，主张不逮。逐处提点刑狱，多不举职，尽被州府借出常平仓钱本使用，致不能及时聚籴。每有灾沴，及遣使安抚，虽民委沟壑，而仓廪空虚，无所赈发。徒有安抚之名，而无救恤之实。又国家养民之政。本在务农。因民之利而利之，则朝廷不劳心而民自养。臣请选辅臣一员，兼领司农寺，力主天下常平，使以时聚籴，以防灾沴。并诏诸路提点刑狱，令后得替上殿，并先进呈本路常平仓斛斗数目，方得别奏公事。移任者，亦须依此发奏，后方得起离。仰司农寺常切纠举，及委辅臣等，速定劝农赏罚条约，颁行天下。"七月二十九日，诏天下常平仓，本备救济贫民，不得别有支借。违者以违制论。其收积年深者，许依旧条兑换，毋致损恶。八月二日，诏令司农寺下逐路转运使提点刑狱朝臣等，今后得替上殿，先具本路常平仓斛斗数目进呈。移任者准此发奏，方得起离。本寺纠察之。五年九月二十八日，司农寺言天下常平仓，自景德中起置，自后承准条约不少，乞将降到敕札参定，为一司条贯，久可遵行。从之。六年二月三日，中书门下言向以臣僚上言川峡中国，初无常平仓，自康定二年，益州路提刑司擘画创置。访闻州县收籴，多为约栏入场，或分配人户，遂致物价踊贵，人民艰食。遂令司农寺下益、梓、利三路州军，罢常平仓。见管钱斛，拨系省仓库帐管。夔州路因亦不置。而司农寺复上言，川峡四路，既罢常平仓，万一川峡水旱阻饥，何以救济？乞依旧帐管，不得别用。倘饥歉之岁，可备赈贷。诏四路转运司，如所请施行。皇祐三年十月十八日，淮南两浙路，体量安抚陈升之等，言灾伤州军，乞出粜常平仓斛斗。诏逐仓初籴。并当丰年价贱，如依元价出粜，缘置场差官收籴积贮，铺衬折耗，废用不少。宜令淮南、两浙、江南东西，荆湖南北等路提刑司，勘会元籴价上，每斗量添钱十文至十五文，足出粜。升之复言，如添钱，即非恤民之意。乃诏依元籴价出粜。《九朝纪事》：皇祐三年十二月癸巳，诏天下常平仓，其依元籴价粜，以济贫民。毋得收余利，以希恩赏。至和二年三月五日，知益州张方平，言益梓利夔路，卖户绝庄田价钱。欲乞下四路转运司，尽拨入提刑司，添籴常平仓斛斗，今后并令依此。从之。嘉祐四年七月十日，诏天下常平仓，多所移用，而不足以支凶年。其令内藏库，与三司共支钱一百万，下诸路助籴粜之。神宗熙宁元年九月十四日，司农寺言常平仓之法最切要。伏见诸路年岁丰凶，谷价贵贱，自来并无关报。乞下府界提点，及诸路提刑司，今后夏秋责辖下州县，供析丰荒的实分数，文状类聚以闻。降付本寺，所贵籴粜，不至失时。从之。二年二月八日，三司言天下屯田省庄，皆子孙相承，租佃岁久；兼每亩所出子斗，比田税数倍。及户绝田，已拨入广惠仓者，并乞不计卖，其余没纳庄田，愿买者听。从之。九月三日，诏出内藏库钱百万缗，分赐河北诸州，增籴常平仓谷。五月，制置三司条例司，言乞令河北、京东、淮南路转运司，施行常平广惠仓。移挪出纳，及预散之法。委转运司，及提举官，每州于通判幕职官内，选差一员专管勾。令知通点检在州及诸县钱斛广惠仓斛斗，除依例合支老疾贫穷乞丐人，据数量留外，其余并令常平仓监官，通管一般转易。其两仓见钱，依陕西出俵青苗钱例，每于夏秋未熟以前，约逐处收成时，酌中物价，立定预支，每斗价例，召人

户情愿请领。又言今欲将常平广惠仓见在斛斗,遇贵量减市价出粜,就贱量增市价收籴,其可以计会转运司用苗税,及系省钱就便博易者,亦许计会兑换。仍以见钱依陕西青苗钱例。取人户情愿预行支给,令随税送纳。斛斗内有愿请本色斛斗,或纳时价贵,愿纳见钱,皆听从便。务在优民,如遇灾伤,亦许于次料收熟日送纳,兼初措置非一。欲量逐路州军钱物多少,选官一两员分头提举。仍乞于京东、淮南、河北三路,先行此法,俟成次第,即下诸路施行。并从之。宋《续通鉴长编》:神宗熙宁三年己未,条例司,言天下常平仓谷,元价贵者,乞令入中省仓,易钱以充青苗支用。从之。闰十一月二十三日,又言乞体量鄜延环庆泾原三路斛斗,价高之处,权住收籴常平斛斗。其已籴下者,兑充军粮。所有封桩在京、盐院见钱三十万贯,即令转运司及管勾常平仓官,兑便到本州军。二十四日,又言昨乞卖诸路见管广惠仓田,为河北河东京东陕西四路常平籴本。寻准诏诸路,熙宁元年以前,见管斛斗,并令变转见钱金银绸绢,充河北河东陕西三路籴本。缘已差诸路提举常平广惠仓官,若悉令变转,移之三路,则诸路却阙斛斗,恐不为便。诏淮南等路,前诏更不施行,所积斛斗,并只留本处。《能改斋漫录》:神宗熙宁二年,天下常平钱谷,见在一千四百万贯石。诸路各置提举常平广惠仓相度,农田水利,差役利害二员,以朝官为之。管干一员,以京官为之。路共置二员,开封府界一员,凡四十一人。三年正月,又言访问河北、河东、陕西,州军少阙省钱,多不坐仓收籴。欲乞三路如阙见钱,许提举常平仓司,坐仓收籴,以备俵散。如合留充军粮,即却令拨兑和籴,或入中。从之。二十三日,诏诸路常平广惠仓,给散青苗钱。本为农种之时,惠恤贫乏。元令取人户情愿,今虑诸处当职官吏,不体朝廷本意,不问民间愿与不愿,辄行追呼。或即均配,翻为搔扰。今仰诸路提点刑狱臣僚,体量觉察,如违,即一面禁止,具官吏姓名以闻,当议重行朝典。如敢阻抑人户情愿请领,亦依此施行。三月,制置三司条例司,言奉旨以臣僚累言,常平新法不便,盖未喻朝廷之意,令本司明谕中外。凡今所患,尽是州县官吏弛慢,因缘为奸,不可归于法。请委按察官,谨绳官吏,而朝廷严督按察官而已。今具画一言者,谓国家无所利于人。今河北乃取息三分,周礼民之贷者,取息有至于二十而五。今如俵青苗价钱,但约熟时,酌中物价。若熟时物贵,即许量减市价纳钱,然则未定合纳实数。故约束河北不得过三分,京西陕西等路,不过二分而已。所以防遏纳时价贵,恐亏损百姓,尔就诸路,惟河北最多,尚不过三分。又非定取,若物价低平,即有合纳本色,不收其息,或只取一二分时,多少相补。比于周官,已不为多。况近令若遇物价极贵,亦不得过二分。且周礼国事财用,取具于泉府之宫。振贷之息,今则不领于三司。专以振民乏绝,言者谓上三等户,及城郭有物力家,素患兼并,今又许贷借。况河北每保须要上三等户一名,则终不免为贫户代陪。又提举官峻责州县,如人户不愿请,即结罪申报。若选官晓谕,却人户愿请,即别作行遣,官吏惧此。亦因有贫户浮浪愿请之人,或须行散配。本司案乡村上三等,及城郭有物力户内,亦有阙乏之时。就人取债,岂皆是兼并家令贷贫民?有余则俵之,免就私家取倍息,乃是抑兼并意。河北每保须要上三等者,盖关防浮浪之辈。若官吏抑勒州县,自违元法,况今年开封诸县,甚有上三等愿请。以近验远,事理可知。如提举官约束州县,正防避事坏法之人,或急于功利,讽州县抑配与人。即诸路各有安抚转运提刑,委任皆在其上。若有官吏或设新法,或曲徇提举官意,抑勒百姓。首言者,谓百姓有本户税赋,及买绢绸,又生出一重,则愈不易。本司按逐路承例科敛,名目诚多,然当阙乏时,不免私家举债,常出倍息,此贫者愈困也。今贷与常平本钱,乃济其艰急。又令约熟时中价例纳斛斗,至于时物价贵,乃纳见钱,比元本不得过二分,即是免出倍息于兼并之家。何至不易?言者谓但躬行节俭撙节浮费,则国用足,何必四出兴利之臣,以疑远近?今案先王之政,未尝不以食货为始。张官置吏,大抵多为农事也。近世以来，农尤困苦，朝廷但有徭役加之，而无岁时补助之法。自京畿陂防沟洫，多有不治，都城侧近，至弃数百里为污莱。骨肉流离失业，况四方遐僻。从可推知，一方水旱，则饿死者相枕藉，而流移者填道路。如前岁河北一饥，不免漕江淮之米以救之，然未有补于流亡也。或不免就人强借钱物，以至典质田产，以供暴令，此亦可谓国用乏矣。至于差役困苦，尤使失职。今置此官，正为忧此，即非朘削百姓，以佐人主私费；亦岂得为兴利之臣而致疑也？言者谓今常平，千余万缗，散在民间，将须不返。常平旧法，自合古制，而无失陷之弊。今新法兼存旧法，但以旧法储蓄抑兼并，振贫弱之方未备。又无专领官司，致乘余之时，百端奸弊。贵价籴入，经数十年后，出籴不行，无补振救。故顷约周礼赊贷，增立新法，专置一司，即非违旧制也。言者谓新法不当示之条约，明言利息。本司案周官贷民，明言以国服为息。圣人于天下，取之有道，非以为私，于理何嫌，而不可明示条约？言者谓坊郭人户，既无青苗不可贷借。本司案常平旧法，亦籴与坊郭之人。今散农民有余，仍不许坊郭贷借，是令常平有滞积余藏，而坊郭之人，独不被赈救乏绝之惠也。周礼贷民之法，即无都邑鄙野之限。今乃约周礼太平已试之法，即非专用陕西豫俵青苗条贯也。先是御史中丞吕公著，翰林学士司马光，谏官孙觉、李常，御史张戬，程颢等，皆言常平新法不便。或谓且召　大名府韩琦，乞罢诸路提举官。上以琦等所奏，付制置司令申明法意，布谕诸路也。五月四日，诏莫霸、保雄、安肃、广信、顺安、信安、乾宁、保定军、为系极边沿塘泊，及西山军人户，苦无田畴，可罢支散青苗钱。十八日，诏今后诸路常平广惠仓，出俵青苗钱。委转运府界提点提举，每年相度留钱斛准备非时赈济出籴外，更不限定时月，只作一料支俵。或却作两料送纳，以便本处人情，如愿分作两料请者，亦听。七月二十八日，赐京东预买绸绢，并所得息钱五十万贯，与本路常平仓。九月一日，同判司农寺吕惠卿，言淳化中，都下初置常平仓，贱籴贵发。至景德中，差开封府浚仪知县监仓事。祥符六年，始以两县常平仓，并为在京常平，其斛斗经二年，即支充军粮，货易新好，充见在数，其法实为利民。而其后，籴粜之政久不行，文字末本，随亦废坠。今常平有封桩米，至五十二万硕，但寄积在京仓界，唯据逐界每月具见数申寺，而朝廷初无发敛之政，甚可惜也。欲乞遇价贵即出之，贱即以其钱籴之，如淳化中故事。于是中书请以司农见桩管米，指射新好者货易，仍与开封府界斛斗，通融支用。从之。十月七日，京东路提举常平广惠仓司，言本路州军，例少见钱支俵青苗。转运司有熙宁元年朝廷借赐纳绢收买军粮除已还外，余钱一十四万贯。欲乞借支用，候三年内依数还内藏库。从之。十一月十九日，河北路提举河北常平广惠仓司，言大名府等处州军，今秋薄熟，人户不易。乞依旧条作两料支散青苗钱，及许令灾伤州军，欲行支俵。诏从所请。仍令诸路所散青苗钱料次，今后令提举官体量施行。二十四日，诏诸路给青苗钱斛官司，诸色公人取受人户钱物，虽已依敛掠，乞取差点人夫钱物条约，虑未禀。惧今后应诸色公人，因给纳常平仓等钱斛取受，杖罪，送邻州编管。徒罪以上，刺配本州牢城。并许诸色人陈告，杖罪支赏钱五十千；徒罪一百千。先以官钱给赏，后以犯事及干系人家财充。或无可送纳，官吏保明除破。四年正月六日，诏出卖天下广惠仓见管田，仍令府界及诸路具年终所卖钱，申司农寺，为三路并京东常平仓本钱。其合赈济，即以广惠常平等仓，所贮粟麦给之。二月八日，诏内藏库，借钱六十万贯，付淮南江东均给两路为常平仓籴本。其钱令淮南发运司，将合拨河东陕西，折斛钱兑还。六月十二日，河北提点刑狱王广廉，言乞将广惠仓钱斛，入常平仓。从之。十月十六日，赐绢七十万匹，为陕西常平籴本。仍许自京召入供抵当，赊买于本路送纳见钱。十一月二十八日，司农寺言，乞将诸路出卖到户绝田土钱，从本司

移助诸路常平籴本。从之。七年十月二十二日，诏三司借上供粮十万硕，与淮南西路提举常平司，准备出籴，或借支用。《续通鉴长编》:神宗熙宁七年，司农寺请下广西安抚司，依泾原等五路，置常平仓。从之。九年正月九日，诏司农寺，自今两经倚阁常平钱人户，更不得支借钱斛。八月六日，诏陕西等五路提举常平仓司，具降指挥，令诸常平，存留一半钱，遇斛斗价钱，许趁时收籴。后至今夏，籴到是何斛斗，及实数目以闻。十二月三日，诏开封府界，诸县人户，见欠今年秋料常平钱斛，并缓急钱米，除官户外，并与展限，至来年随秋料送纳。十二日，诏中书门下诸路提举管勾常平仓官，自来未有明降著令，画一职守。致辖下官司，不知适从，凡有举动，辄与转运司一例申禀，提举司亦多不问。是与不是，本管职事，便为行遣。或有闻奏朝廷者，上下烦劳，弊害颇甚，宜参详前后指挥闻奏。十年二月十五日，诏诸路熙宁十年合散常平钱斛，并勘会州县内有数少支散不足去处，于邻近州县有余处借支。却令元散州县认数催纳，即不得令人户隔远州县请纳，有妨农作。其乡民有因灾伤全户逃移者，名下旧欠常平钱斛候归业日，从提举司相度料次送纳。三月二十七日，提举两浙路常平仓司，言本路累年灾伤，死损人口至多，见存人户少欠官中钱物，尚送纳不办。又为摊填逃绝户名下请过钱物，显见难为送纳。所有摊填熙宁九年以前，逃绝户请过青苗钱斛，乞候送纳本户数足，向去丰熟日，理纳外。更有全甲人户死绝，除依条将本家财产填纳外，如目下尚有少欠。一甲内死绝数多，只有一两户见在，贫阙难为摊纳者，更乞别立条法。从之。元丰元年正月二十二日，诏司农寺，应常平留一半钱谷籴籴数，岁终类聚，春季点检，仍开逐路以闻。闰正月十三日，诏河北路，以常平米赈贷饥民。二月四日，京东东路体量安抚黄廉，言西路及徐州淮阳军良田百余万顷被水，若退迟，麦种不入，秋田失期。乞于淮南路沿流丰熟州县，借常平钱十万缗和籴。或于去年折纳粮内借十万硕，依元折价，计数为所借钱，水运赴京东以备赈籴，听司农寺移用。诏京东淮南东路提举官，于界首会议以闻。四月十九日，诏开废田，兴水利，建立堤防，修贴圩埠之类。民力不能给役者，听受利民户具应用之类，贷常平钱谷，限二年两料输足，岁出息一分。二十二日，诏麟府丰州，见欠熙宁七年至九年振贷米，人户不以等第，与展限分秋夏纳。五月十七日，诏常平钱谷，愿以谷及金帛，准市直中价，计二分息折纳者听。七月八日，环庆路经略司，乞以本司及常平钱帛，乘秋成广籴，如将来别无支用，即依籴价兑与转运司。从之。九月十四日，诏诸路提举司，与转运司兑换粮，并以钱物对交拨。诸官户欠常平钱物，第四等以上，虽经灾伤，毋得展限依阁。二年二月六日，诏河北东路提举司，借常平钱四万缗，分给大名府澶州籴军粮。四月十二日，诏河北东路提举常平仓司，依散济沧州饥民食至五月上。九月二十四日，诏以永兴路常平仓谷十九万硕，给鄜延路九将守御之用，余令转运司以渐计置。以鄜延路言，岁计军食一十七万余硕，而常平无余故也。十月六日，权发遣司农寺都丞吴雍，言淮浙连岁丰稔谷贱，乞借逐路积剩免役坊场钱，就并河州县镇，增价籴粳米，常与别司仓储兑换。如后去价稍高，兑充上供。下司农寺请如雍议，先以常平所留之半，并散不尽钱充籴本。次以坊场免役余钱，坊场钱留半，免役钱留二年。从之。三年四月四日，真定府路走马承受黄诰，言本路差禁军采泥城沾草，有妨教阅，及踩民田，诏市以常平仓头子钱。六月十三日，诏司农寺，于永兴军等路，给常平仓谷十八万硕，充环庆路将下守御，及缓急汉蕃弓箭手阙之借贷。八月九日，赐常平米二万硕，坊场钱三万缗，付梓州路转运司，应副夷事。二十七日，诏令于近便州县，以常平司钱留三万贯，米五万硕，以待泸南夷事支费。同日，诏开封府界诸路提举司，于要会州县指占空闲地，或空营，盖造常平仓。同日，权发遣司农寺都丞吴雍，言淮浙连岁丰稔。尝乞存留杨州转般仓充，浙淮常平都仓。欲乞委提举司辟官一员专主管，每年广谋收籴，除年计外，常积万硕。及受纳两浙转般粮斛，与发运司上供额斛斗兑换。从之。十二月二日，诏琼管州军皆有常平，若推行如法，自无人户倍称出息之弊。据朱平等所奏，措置海南事不少，并不及常平事，令具析以闻。四年六月十七日，诏诸路提举官，散敛常平钱，比较增亏，中书立法。五年二月二十四日，知泰州吕公孺，言经略司常平钱斛法，以救恤属蕃弓箭手之类。今所在甚少，望特权借提举司钱斛，相兼支俵，仍展至三月，诏借钱斛五千贯硕。三月二十七日，诏颖昌府三县灾伤，特支常平仓米二万硕。十月二十一日，赐梓州路转运司，常平等米十万硕，以本路应副泸南军，前放阁运粮夫税致阙乏故也。六年正月二十一日，诏陕西河东路常平仓籴价，不得过转运司；河北诸司籴价，不得过措置籴便司。二十六日，尚书户部，言准朝旨诸路提举官，散敛常平物，可自行法。至今酌三年之中数，取一年立为额，岁终比较增亏。今以银钱，谷帛，贯硕，匹两，定年额，散一千一百三万七千七百七十二，敛一千三百九十六万五千四百五十九。元丰三年，散一千三百一十八万六千一百一十四，敛一千五百万四百二十二。比较散增二百一十四万八千三百四十二，敛增一百三万四千九百六十三。元丰四年，散一千三百八十三万七千七百三十六，敛一千一百九十七万八千八百九十四。比较散增二百七十九万九千九百六十四，敛亏一百九十八万六千五百一十五。诏三年四年，散多敛少，及散敛俱少处，户部下提举司，分析以闻。八月二十七日，赐泾原路经略司，度僧牒千道为常平钱。礼部言已给过所立年额，于是特给。七年三月十七日，尚书户部言提举京东路常平等事燕若古，乞州县积欠钱斛，对移令佐催督看详。欲下提举常平司，具可以权对，移职位姓名关吏部。从之。八月七日，诏户部支常平积剩钱二十万缗，赐秦州计置粮草，从经略使吴雍请也。十四日，诏洺州水灾粮料不足，许借邻近州县常平仓米麦小豆共五万硕，限三年还。二十一日，中书省言，闻今岁广西秋稼大稔，粒米狼戾，正宜蓄积。诏广南西路提举常平司，乘时广籴。二十九日，诏支常平积剩钱五十万缗，付熙河兰会路经制司市粮草。十月十一日，尚书吏部言经制变运川峡路常平积剩钱，所增息钱二百三十二万缗，乞推恩诏，李元辅迁两官。史君俞、张茂、先候改官日，各迁一官，减二年磨勘。刘何、虞仲荀，减磨勘年有差。哲宗元祐元年四月二十二日，三省言诸路旱灾处，已降指挥赈济外，按常平条遇谷贵，则量减钱粜，不得亏本；贱则量添钱籴。昨臣僚言淮南米斗，直百七十文，虑官司拘执量减市价之文，致民不需实惠。欲令府界诸路阙食处，其常平谷价，但不亏元本，并许出粜。仍委州县严加觉察，不得与兴贩之人。从之。二十六日，三省言提举官，累年积贮钱物，委提点刑狱司主之，依旧常平仓。其常平仓，每年春秋敛散，及岁成收籴，岁饥出粜，以陈易新，与省谷交兑，及饥馑赈贷。主司并合依法推行元条，贷常平钱谷丝麦。丰熟，许随夏税先纳所输之半，愿并纳者，止出息一分。从之。八月五日，诏府界诸路提点刑狱司，自今后常平钱，令州县依旧法籴粜，其青苗钱，更不支俵。十一月二十七日，臣僚言朝廷罢俵青苗钱，令诸路提刑司委丰熟州县广籴，意欲常有储蓄。而户部乃请令转运司，更不收籴年计，止将常平斛斗兑籴，失朝廷养民之意。欲乞诸路转运合籴年计，并先籴，次令常平仓籴。若转运司不预备本钱，过时占籴，致与常平仓相妨者，委提刑司觉察以闻。从之。《九朝纪事本末》：哲宗元祐元年。八月丁亥，司马光札子勘会：熙宁之初，执政以旧常平法为不善，更将籴本作青苗钱，散与人户，令出息二分，置提举官以督之。丰岁则农夫粜谷，十不得四五之价；凶年则屠牛卖肉，伐桑卖薪，以输钱于官。钱货愈重，谷直愈轻。朝廷深知其弊，故罢。提举官令将累年蓄钱积谷财物，尽桩作常平钱物，委提点刑狱交割至管依旧常平仓法施行。今岁诸路除有水灾州军外，其余丰熟处多。今欲特降指挥。下诸路提点刑狱司，乘有此籴本之时，委丰熟州县官员，体察在市斛斗实价，多添钱数，广

行收籴。如阙少仓敖之处，以常平仓钱添盖。仍令少籴麦豆，多籴谷米。其南方及川界卑湿之地，有斗斛难以久贮者，即委提点刑狱相度。逐州县合销数目，抛降收籴。才候将来市物货价，比元籴价稍增，即行出粜，不得令积压损坏。仍令州县各勒行人将十年以来，在市斛斗价例比较，立定贵贱酌中价例，然后将逐名价分为三等。自几钱为中等价钱，几钱以上为上等价钱，几钱以下为下等价钱。令逐处临时斟酌加减，务在合宜。既约定三等价，仰自今后州县，每遇丰岁斛斗价贱，至下等之时，即比市价相度，添钱开场收籴，凶年斛斗价贵，至上等之时，即比市价相度，减钱开场出粜；若在市见价，只在中等之内，即不粜籴。更不申取本州及上司指挥，免有稽滞失时之患。仍委提点刑狱常平提举觉察。若州县斛斗价及下等，而不收籴；价及上等，而不出粜；及收贮不如法，变转不以时，致有损坏；并监官不逐日入场，致壅滞籴粜人户，并取勘施行。若州县长吏及监官，能用心及时籴粜，至得替时酌中价钱，与斛斗通行比折，与初到任时增剩，及十分中一分以上，许批书上历子，候到吏部日，与升半年名。次及二分以上，许指射家便差遣一次。所贵官吏，各用心，州县皆有储蓄，虽遇荐饥，民无菜色。又得官中所积之钱，稍稍散在民间，可使物货流通。其河北州县，有籴司斛斛见多，缘边州县转运司见籴军粮处，更不籴常平仓斛斗。若今来指挥内有未尽未便事件，委提点刑狱司，逐旋擘划申奏施行。从之。其后王岩叟言，臣伏睹昨降朝旨，文虽详而未通，四方来者更言其未便。臣按常平旧法，但遇年丰物贱，即于市价上添钱收籴；如年歉物贵，即相度在市实直价例，特减钱出粜，此所以为常平。今既限以价钱，至下等方许收籴；贵至上等，始得出粜，乃是必待丰歉十分而后行。法稍不及等，即官司拘文束手坐视，而不敢粜籴。臣恐久之，天下救灾之备寡，而伤农之患深。失常平本意远矣。臣乞依旧法不分立三等，仍更不申取本州及上司指挥外，余约新降朝旨，别行修定颁降。户部尚书李常建言，伏见今常平坊场，免役积剩钱共五千余万贯，散在天下州县，贯朽不用，利不及物。切缘泉货流通，乃有所济。平民作业，常苦币重，方夏蚕毕工。秋稼初敛，丝帛米粟，充满廛市。而坐买富家，巧以贱价取之。曾不足以酬其终岁之勤，而未免寒饥之患，良可愍也。臣愚欲乞命有司议于天下州县，各置平籴一司，以选人领之县欲令今主簿兼管。仿古常平粜籴之法，于夏蚕秋稼之时，就其直加数分而敛之，及其价腾也，裁数分而出之。但无亏元价，靡有赢息，无事酬赏，唯以利农桑之民为务。庶乎泉货流通，四海蒙福，三代之仁泽也。十一月辛巳，臣僚上言朝廷罢俵青苗钱，今诸路提刑司，委丰熟州县，广行收籴，意欲常有储蓄。而户部乃请令转运司，更不收籴，年计止将常平斛斗兑粜，失朝廷养民之意。欲乞诸路转运司，合籴年计并先次，令常平籴买。若转运司不预备本钱，过时占籴，与常平仓有妨者，委提刑司觉察以闻。从之。**二年六月九日，户部请应常平谷价，比市价不亏。或虽亏，而贵贱通计不及一分者，移转运司兑充和籴。或止二税，听人户从便纳钱。亏及一分已上，即不以年限兑转运司新谷。若三年已上，亏及三分，亦许粜。或晓谕人户愿请者听，仍从夏秋纳，愿纳钱者，依粜价，并免出息。从之。《九朝纪事本末》：四年七月丙申，右司谏刘安世言：臣闻国无九年之蓄，曰不足；无六年之蓄，曰急；无三年之蓄，曰国非其国。**盖先王之制，三年耕，必有一年之食。以三十年之通，则可以有十年之备。故尧汤之水旱，至于累岁，而无捐瘠之民者，用此道也。三代而下，井田废缺，利民之法，无善于常平。由汉迄今，莫能变易，唯自近世有名无实。凡所以养民之具，月计不足，岂议三年之蓄哉？是以岁或不登，民辄菜色。强者转而为盗贼，弱者不免于饿莩。保民之术，如此其疏。臣等窃谓自罢青苗钱后来，天下州县皆有积镪。朝廷虽更立常平之制，条目甚详，而上下因循，未尝留意。既无统属，以纠其乖缪；又无赏罚，以为之劝沮。加之转运司，苟纾目前之急，多端借贷，日朘月削，殊无偿足之期。非有惩革，将不胜弊。伏望圣慈特赐睿旨，取今日以前，应干常平，敕令严责近限，专委户部删为一书，付之有司，悉俾遵守。仍先行指挥，将天下见在常平钱，乘今秋丰稔之时，令五路籴粟一色。其余路分并相度逐处。可以久留斛斗，广行收籴。仍以本司钱修盖合用仓廪，将一路所有钱衮同应副。一路之中，不得偏聚一州；一州之境，不得偏聚一县。各随户口之多寡，以制籴之大数。每遇凶歉，依法出粜。籴粜之法，常比市价增减。如此，则官本常存，而物价不能翔踊。或遇旱干水溢之灾，则民有所济，不致流散。朝廷之惠泽可继，而无乏绝之患。相因日久，渐至九年之蓄，太平之策，莫大于此。惟陛下推至诚恻怛之意，明诏执政，协力施行。所有官吏殿最，亦乞参酌修定。将来颁降之后，或有违犯，州县委监司，监司令户部御史台觉察奏劾。庶使二圣恤民之仁，不为徒善之政，传之万世，天下幸甚。诏户部指挥诸路提刑司，下丰熟州县，依条量添钱广行收籴，仍觉察违慢。六年七月辛巳，御史中丞赵君锡，言伏睹元祐编敕文，诸常平钱斛，州县遇价贱量添钱籴，价贵量

减钱㮚。仍申知提刑司，又条诸州县长吏，及监㮚官，任内如能用心，及时收㮚，据用过钱本等第酬奖。臣切谓元祐初年，惩散敛常平钱斛之弊，专用㮚㮚为常平法。然自更制之后，州县官吏多熟视诏条，恬不奉行。故自二圣临御，虽恤深切，蠲除赋敛，尤多以理论之，当渐苏息。然比岁以来，物力凋弊，甚于熙宁元丰之间，至人心复思青苗之法行，而不可得。岂非诸路钱货在官者，大抵亡虑数千万贯，钱常壅滞不发。旧法虽未尽善，逐年犹有钱货千百贯，流布民间。㮚㮚之法，虽善而不行，则民间钱货，无从而得。所以艰难困匮，反甚于前，无足怪也。欲望圣慈指挥尚书户部下诸路提刑，令州县先次计置仓㮚，今后每遇物斛收成日，广行收㮚。逐年终具本并支出㮚到色额数目，价例高下，画一申尚书户部，点检类聚闻奏。仍关牒御史台照会，内有丰熟州县，当职官不能用心收㮚，致谷贱伤农，并阙食之际，无以备出㮚济助人户者，并从本台纠奏，严赐黜责施行。仍乞下有司，改修元条赏格，务令优厚。及添入纠奏黜责一节，所贵劝沮两立，上下尽心。如此，则泉货流布，民力纾缓，仓廪充实，公私皆获利济。可以副圣政敦本厚生，富而后教之意，取进止。绍圣元年正月辛丑，户部言淮东提刑司奏，乞于本路户部封桩并续收到坊场钱内，拨赐五十万贯，充常平钱，应副乘时收㮚斛斗。欲依所乞拨三十万缗充常平㮚本支用，除助役钱外。于所乞坊场钱内拨赐。从之。绍圣元年九月十二日，诏府界诸路罢广惠仓。其户绝田土，并行出卖，并本仓见管钱斛，拨入常平仓收管。所有赈济合行事件，令户部检举元丰敕令，立法以闻。二年十二月二十二日，户部奏自元祐以来，诸处官司借用常平等钱，习以为常。乞今后他司并不许奏乞借用，从之。其朝廷封桩钱，准此。《续资治通鉴长编》：元符二年五月辛亥，淮南两浙察访孙杰，言被命按察两浙路监司职事。体访得偏远州县，多有提举常平官，不曾到处。臣详得提举司，所总常平免役农田保甲等，乃先朝复古之法，所以为民之意至厚。条令委曲纤悉，在提举官躬亲讲究，开谕州县，以次推行，姑可布宣惠泽。乞自今提举官，虽与监司互分巡历，并虽本司官二年，遍所部州县。元符三年十月二十八日，前京东西路提刑郑仅，奏顷岁河北灾伤，流民至齐郓。去岁河北又饥，流民遍及京东。今常平有折纳之法，而未尝折纳；有㮚㮚之法，而多不广㮚。欲民不流，不若多积谷；欲多积谷，不若推行折纳㮚㮚之法。视民口多寡，使县常有三五万斛，州常有三五万斛。小饥则平价㮚与下户；中饥则㮚及中户，而贷下户；大饥则㮚及上户，而贷中户，甚则贷及上户。官不虚费，而民实受惠，自不流徙。仍依和㮚用实价折纳，无和㮚处，比市价量增，庶于民户无所亏损。从之。徽宗崇宁五年，正月七日，太府少卿张绶，奏请依元丰旧制，复置江湖淮浙常平都仓。乘谷甚贱时，岁额外，㮚谷百万贮之。且受纳两浙转般所输，与发运司上供额斛，相易以待挪用。从之。大观二年，八月十四日，户部侍郎李孝称，奏诸路军州秋稼十分丰稔。所可虑者粒米狼戾，复置伤农。已蒙朝旨，将人户输纳，并积欠增价折纳，仍以本司见在钱数，于沿流州军收㮚。尚虑无抛降钱数，所㮚未广。检会崇宁四年指挥，取今年已前五年中一年，通一路所㮚最多之数，加一倍收㮚。欲乞下诸路提举常平司，今秋并依前项已得指挥，加倍收㮚。㮚本阙处，即便借支诸色系官并封桩钱应副，所贵便于公私。从之。三年四月十一日，诏常平所㮚斛斗，多是本仓合干人巧为名目弊倖，自行收㮚，甚非神考立法之本意，可严行止绝。除依常宪外，重立配法，仍增赏典，许人陈告官吏。准此。十月八日，户部奏淮浙每年起发常平谷三十三万石，上京以备赈㮚支用。所起斛斗，纲运少欠，合依条于押纲人名下追理，及兵稍请给内克折，缘自来未有拘催补发限。欲乞令提举常平司，将欠数置籍拘管，候年终具数关转运司，据所克合纳之数，次年拨还。仍令提举常平司，将追克到数，尽行起发，以补年额之数。从之。十五日，尚书省言知江宁府曾孝序，奏江宁府界。夏秋相继亢旱，民间高田一例不熟，诸县人户，例皆诉旱，已差官检放。向去必大阙食，决至流移。除已出㮚常平米谷，稍平物价，及依条措置赈济，准备将来贷给外，契勘民间种田稻种，每岁于收成之时，各据地段广狭存留，准备春种。今既岁旱，不以充口食，欲将常平司见存诸色钱，诸司封桩钱，趁时收㮚稻种，候将来春种，出㮚与力田之人。不惟抑兼

并厚邀高价之弊,庶使被灾下户,来岁无旷土之患。或人户无钱趁籴,有情愿借贷之人,仍许官司量度逐户田亩,税数多寡借贷。并依常平敛散之法,候秋熟先次带纳,庶几稍宽民间嗣岁之忧。诏依所奏,疾速施行。四年二月一日,提举京西北路常平等事韩向,奏比年累降朝旨,令诸路提举司加倍收籴,及增例折纳斛斗封桩,于沿流处计置起发。或朝廷特降指挥,别作支用。窃谓常平等钱,本以视年谷丰凶,散敛籴粜,以平物价,而抑兼并。今持籴折到斛斗,起发支用,深恐常平钱日朘月削,非立法之本意。欲应提举司钱物籴折斛斗,更不封桩起发,依旧存留本路,庶无妨阙。从之。六月二十三日,户部奏常平钱物,非缘役事辄用。若佗司陈乞借支者,前后敕条申明,非不详备,盖以示天下,使晓然知之。又以示佗司,无复借用之理。形之诏书,发乎宸翰,委曲丁宁,固宜有司所当虔奉。而比年以来,复有官司陈乞借用,乃曰不以诸般违碍,仍免执奏。又有权免再得旨,奏知不行者,如此类非一,条法殆为虚文。今罪法非不重,禁约非不明,尚欲申严,无以加矣。欲乞诏自今官司,尚有陈乞或借用者,请依条执奏不行外,仍许本部关报御史台弹劾以闻。从之。政和元年三月十一日,户部奏诸路常平斛斗,本以待敛散赈济之用,法禁擅支甚严。比来州县,往往擅将支用。欲乞自今来指挥到日,州县如有擅支常平钱数等物,责限十日,经常平司自陈,依前降指挥特与免罪,从本部量多寡责限拨还。限满不自陈,并仰提举司按罪以闻,仍依擅支法,罪贵有以惩诫。从之,仍限一季拨还。二十一日,臣僚言常平钱物,擅支借移动,禁约甚严。近京西漕臣违法,申请借拨。若不禁止,一路不已,遍于天下,侵蠹之弊,可胜道哉!乞诏三省,务遵成宪,如违,御史台奏劾。从之。十二月十八日,前知汝州慕容彦达,奏常平之法,唯纳欠多寡,最见推行之实。欲乞应散敛常平钱谷,逐岁令佐印纸内批书,纳欠分数,候三考满日,别立殿最之法,庶知所劝沮,罔或偷惰。从之。三年,五月二十八日,诏逐路提举司,所籴二麦加倍斛斗,并收买绵帛。合用本钱,若取拨封桩钱不足,许用本司不系封桩钱贴数收买,即不得有妨岁计支用钱,依已降指挥,余路依此。七月十七日,河北东路提举常平司,言承朝旨,诸路今岁二麦收成,当乘时取拨诸色封桩钱,加倍收籴,仍于常平。所籴一倍上,更加一倍,约计合籴十六万余硕。访闻二麦不可久贮,若少候秋熟,收籴粟豆,委得经久。诏依,余路更有似此去处,依此。五年七月二十四日,诏人户青苗钱,折纳到斛斗,逐路常平司系帐收管。其余斛斗,提刑司封桩。八月二十日,尚书省言,勘会今岁秋苗大丰。窃虑一并上市,价贱伤农。诏诸路丰熟州军,令常平司将诸色积欠钱物,见合催纳者,并许依在市价直,用斛斗折纳,只就本处仓送纳,每月具数申尚书省。如愿将未合催旧欠,亦行折纳者,仍于市价上增一分,并不得抑勒。六年正月二十日,诏提举司折纳斛斗,兑粜到价钱,并归提举司。其提刑司封桩指挥一节,更不施行。余路依此。二十一日,臣僚言常平之法,天下之利。而比者州县,惮于出给文移之劳,虽遇谷贵,不即经画出散。及朝廷访闻,亦已后时,乞令州县,常斟酌民间阙食,随时赈救。仍令常平司,具有无出粜,申户部以考勤惰。从之。十月二十七日,诏常平钱物,充俵散赈贷,并顾役支酬之费,岂可辄将他用。有司妄行划刷,全失旨意。自今如奉御笔,并除本司支用外,方得取拨。违者,以违御笔论。七年十二月十八日,手诏应日前诸路他司借支常平钱物,并特除破,与免拨还。今后仰遵守元丰绍圣敕令,敢有陈乞借用者,以大不恭论。八年,御笔,常平敛散法,利天下甚博。而比年以来,诸路欠阙,至未及散,而遽收之,甚失神考制法之意。今常平司恪遵条令,敛散必时。违者,以大不恭论。宣和元年,六月二十一日,诏神考常平之政,一年之上下制谷价,以岁之丰耗为兴积,储蓄盛多,兼并无所牟大利。比年官失其守,他司移用殆尽,籴本既竭,储蓄

一空。利归兼并，民受其弊。仰诸路提举常平司，检详前后诏条，令州县官审度年岁，遇贱必籴，遇贵必粜。不许他司辄有移用。虽奉诏支借，亦须执奏不行。每岁春季，提举司具前一年部下所粜所籴及所收息数，申尚书省，取旨赏罚。若籴粜失时，及有欺弊，官以违制论，人吏决配千里。八月二日，都省言奉诏常平法。在元丰中诸司不敢请用，守官者不敢擅支，在处储积丰盈。比年以来，有司辄行申请，执奏殆成空文。仰三省疾速措置取旨，今恭依措置常平司，除本司常平钱依本法审度籴买外，仍许将本司管朝廷诸色封桩钱，免役坊场剩钱，并桩留旧顾者户长壮丁剩钱，除合用数外，并应副乘时计置收籴。其籴到谷，并依元桩名桩管。遇本司常平斛斗阙用，即许逐旋以常平钱，依元籴价桩钱兑拨。今后官司有擅支过钱物，按察点检官，到辄移兑。或改易散库牌额，妄指别色钱物应数者，加本罪二等。按察点检官，知而不举，各与同罪。诸州县如有违犯者，委廉访使者，按察以闻。他司破条宛转，因事陈乞支借移用，虽奉特旨，亦执奏，如再得旨奏知，方行。违者，以违制论。诏依拟定。十一日，诏常平提举官，任非其人，法令日以弛废。比览奏牍，有一年之间，一县拖欠常平免役坊场等谷钱，至数万贯硕。并逃亡诡名失陷本息者不可胜计。或人吏冒税户姓名，未纳拖欠。或当职官容纵知情，冒请钱谷以新盖旧。如此甚众，其前项违法官吏等，中书省候案到，将上取旨，重行审责。仰诸路提举常平官，遍行取旨点检违法废令去处，按劾以闻。具所部有无拖欠，及失陷本息。今后给纳俵散，如申状不实，若公吏人并命官之家，诡名假冒，卑幼私请，并两经倚阁，或年终有欠，辄行给散。若公吏人缘给纳受讫，或将新盖旧，抑勒留难，一切违法，当职官及主管官不检察，提举官不按劾，仰漕宪并廉访使者互察闻奏，当议重行黜责。仍许人户越诉。先是臣僚言神宗皇帝理财之政，莫大于常平之法。比来借支擅用蓄积籴本，既已两耗。又吏缘为奸，邀阻百端，民不肯市。去年诸路水灾，常平司钱谷，遂不足以赈救。致截拨上供，望申戒诸路提举常平，检详前后诏条，举行如初。岁遍历所部，精加稽察，缮修仓廪。本钱欠阙，挪移应副州县官常切依法审度籴粜。其粜兑不行处，依法相度革邀阻之弊。使民乐市，毋令兼并复擅厚利。仍每岁县以旧积所籴收息，各若干数申州，州申提举司，提举司类逐州数申户部，户部总天下数，申尚书省。尚书省度大小，以最多寡处，取旨赏罚，故有是诏。二年三月十三日，户部侍郎虞奕等，奏常平封桩钱物，本以待朝廷支用，昨缘诸路侵借，总计七百余万。大观二年八月二十二日，诏三限十年拨还，今年限已满，所还未及三分之一。欲将大观二年八月以前限满未还之数，自今年为始，再限五年均还。其追欠约束，并依已降指挥施行，从之。八月二十四日，诏诸路今岁丰熟倍常，令常平司，依条广行收籴。三年，九月二十四日，手诏。常平之法，所以惠天下，垂后世，其泽甚厚。自熙丰迄今五十余年，财用之在有司者，诏令具存。比年官失其守，侵耗殆尽，时有水旱，民或流亡，则截上供，发内帑，常平所积，殆阙如也，甚非熙丰之旨。如潼川路昌州，失陷常平钱一十三万。倘诸州类此，则所失岂可胜计。除已行根治外，仰诸路常平提举官，考究见在实数，或官司移用，开析闻奏。其后四年，十二月十一日，提举潼川府路常平郑庭芬等，具常平见在钱物等四十六状，并五册闻奏。诏曰："前违法侵支，移兑拖欠失陷等，并他司借出钱物，并限一月改正，追理拨还。内转运司，限一季。未得归着数目，令常平司疾速根究。见缘违法等取勘去处，疾速取勘，依条施行。其不可存留之物，变转出卖抵当。下诰敕度牒，立限收赎，不管占压本钱。民间见欠钱物，依条催理。如常平官，奉行违戾，当议重行黜责。"五年八月四日，诏常平系熙丰成法，不可加损。今后官司妄有申请，意在侵渔，令户部按劾以闻。六年闰三月十六日，新差提举河东路常平林积仁，言欲天下州县，每岁散常

平钱谷既毕,即具所请姓名数目揭示,逾月而敛之,庶使人户遍知。苟为假冒,得以陈诉。从之。七年二月一日,诏二麦将登,仰诸路新除常平官,以封桩钱广行收籴。仍具所籴及价以闻。六日,太宰白时中奏,臣窃以常平之法,元丰成宪。比岁以来,任非其人,官失厥守,侵紊隳废,浸失本旨。或并缘为奸;谓如诡名冒请,官吏同为侵盗之类。或倚公布私;谓如以本司钱物献纳之类。或名色混淆,用成侵蠹;谓如诸司钱物衮同收贮,致有侵用之类。或徇情假贷,致有失陷;谓如诸司,私相挪融之类。或散敛无实,而本息交废;谓如州县散敛转息为本之类。或检察无方,而名实代易。谓如州县,监司点检,以有易无,互换诸司钱物之类。遂使良法善治,殆成虚文。愿诏执事核散给之实,严执奏之令,参稽本末,灼见积弊。讲画措置行下,申之以告诫,励之以赏罚。庶几前日成效,渐可追复。诏送讲议司相度取旨。六月十六日,诏诸路丰熟州县,令提举常平司,据合催今年夏料常平钱物,并依价加一分,取人户情愿折纳。亦依此施行,不得辄有抑勒。每月令逐州具数申尚书省。高宗建炎二年,臣僚言常平和籴州县,视为文具。以新易旧,法也。间有损失蠹腐,而未尝问。不许借贷,法也。间有悉充他用,而实无所储。诏委官遍行按视。绍兴九年,宗丞郑鬲,言乞以常平钱,于民输赋未毕之时,悉数和籴。即诏行之。上因谕宰执曰:"常平法不许他用,惟时赈饥,取于民者,还以予民也。"孝宗乾道八年,知台州唐友仲,言鳏寡孤独老幼疾病之人,乞依例取拨常平义仓赈给。上以常平米低价出粜,以义仓米赈济。